浙江省习近平新时代中国特色社会主义思想研究中心省委党校基地研究成果

浙江省“八八战略”创新发展研究院研究成果

共同富裕先行:浙江的理论与实践探索

中共浙江省委党校 编著

浙江工商大學出版社
ZHEJIANG GONGSHANG UNIVERSITY PRESS
·杭州·

图书在版编目(CIP)数据

共同富裕先行 : 浙江的理论与实践探索 / 中共浙江省委党校编著. — 杭州 : 浙江工商大学出版社, 2022.12

ISBN 978-7-5178-5262-9

Ⅰ. ①共… Ⅱ. ①中… Ⅲ. ①共同富裕—研究—浙江 Ⅳ. ①F127.55

中国版本图书馆CIP数据核字(2022)第238023号

共同富裕先行:浙江的理论与实践探索

GONGTONG FUYU XIANXING:ZHEJIANG DE LILUN YU SHIJIAN TANSUO

中共浙江省委党校 编著

责任编辑 吴岳婷
责任校对 何小玲
封面设计 朱嘉怡
责任印制 包建辉
出版发行 浙江工商大学出版社
(杭州市教工路198号 邮政编码310012)
(E-mail:zjgsupress@163.com)
(网址:http://www.zjgsupress.com)
电话:0571-88904980,88831806(传真)
排　　版 杭州朝曦图文设计有限公司
印　　刷 杭州高腾印务有限公司
开　　本 710mm×1000mm 1/16
印　　张 29.25
字　　数 600千
版 印 次 2022年12月第1版 2022年12月第1次印刷
书　　号 ISBN 978-7-5178-5262-9
定　　价 98.00元

编委会

主　任:陈柳裕

副主任:徐明华　陈立旭

成　员:(按姓氏笔画排序)

王国华　王祖强　方柏华　朱荣伟　刘力锐　阮积庆
李　一　李　涛　李　唯　杨立新　吴为民　邱　巍
何建华　余尧正　沈红屹　陈仁军　陈正希　陈宏彩
林晓珊　周显荣　胡承槐　洪文滨　柴宁宁　徐邦友
徐梦周　黄奇凡　董　明　谢向前

执行主编:吴为民

副 主 编:范增钍　黄卫堂　金国娟

共同富裕的原创性价值与世界性意义

浙江省习近平新时代中国特色社会主义思想研究中心

贫穷是千年顽疾，是文明进步的绊脚石，也是世界各国最棘手的难题之一。在生产力落后的历史阶段，贫穷难以避免；但在生产力十分发达的今天，全球尚有十数亿人口处于绝对贫穷状态。人类如何才能实现人人丰衣足食的"大同社会"？古今中外的种种方案与尝试，都未能真正圆梦。中国共产党秉持"为中国人民谋幸福，为中华民族谋复兴"的初心使命，擘画并扎实推进"全体人民共同富裕"蓝图，反映了中华民族传统文化精髓和全体人民共同期盼，彰显了中国特色社会主义的时代魅力，是具有世界意义的原创性理论与实践。

共同富裕是人类历史上从未有过的新事物

人类发展史就是一部人类不断摆脱自然压迫、阶级压迫与精神压迫的斗争史，也是一部人类追求"共同富裕"美好愿景的奋斗史。虽然古代并未出现"共同富裕"这个词，但中外圣贤的思想里蕴涵着丰富的"共同富裕"观念。从柏拉图的"理想国"，到托马斯·莫尔的"乌托邦"、康帕内拉的"太阳城"、欧文的"新和谐公社"等构想或探索，都有着深厚的共同富裕意蕴。中国古代思想家的"大同社会"构想，也包含着消除贫困、追求共同富裕的意蕴。春秋时期《诗经·大雅·民劳》的"民亦劳止，汔可小康"是中国古代最早蕴涵"共同富裕"思想的论述。战国时期，思想家们从不同角度阐述了富民思想。管仲的"甚富不可使，甚贫不知耻""富能夺，贫能予""以天下之财，利天下之人"等治国理念，老子的"有余者损之，不足者补之"的哲思，晏子的"权有无，均贫富"的忠言，以及孔子的"大同""小康"社会理念，墨子"兼相爱，交相利""兼爱非攻"的大爱思想，孟子的"仁政""王道"，荀子的"开源节流""节用裕民"等思想，都在不同程度上蕴涵了"共同富裕"理念。中国历代农民起义提出的"均贫富""除霸安民、劫富济贫""均田免赋""有田同耕，有饭同食，有衣同穿，有钱同使，无处不均匀，无人不饱暖"等口号，也都体现了对"共同富裕”的诉求,反映了中国传统文化的价值原则。

但迄今为止,无论中国还是西方发达国家,都还未曾实现真正意义上的“全体人民的共同富裕”。在古代,由于生产力不够发达,社会产品不够丰富,少数统治阶级集团占有全部或大部分生产资料和劳动产品,因而能过上富裕甚至奢靡的生活;而普通劳苦大众则处于饥寒交迫的悲惨境地,“共同富裕”只不过是一个遥不可及的梦。资产阶级革命以来,特别是第二次世界大战之后,生产力得到迅猛发展,社会产品越来越丰富,但是全球还有十数亿人过着贫困的生活。究其根源,私有制乃贫富分化的罪魁祸首。尽管许多西方发达国家走上了富裕道路,但无论在资本主义早期还是在当下,财富两极分化的问题都十分明显。马克思用毕生心血撰写的《资本论》揭示了资本主义社会的运行规律,指出资本逻辑主宰下的“劳动异化”“剩余价值”是无产阶级贫困的根源。

共同富裕是中国共产党的原创性理论与实践

“共同富裕”概念是“共同”与“富裕”的统一体,也是生产力和生产关系的统一体。“富裕”是前提和基础,建立在高度发达的生产力之上。没有生产力的高度发达,就不可能有社会物质财富的极大丰富,也就无法实现共同富裕。“共同”是社会财富的占有方式,是相对于两极分化而言的,以“人人共享”的社会制度为基础,是“共同富裕”的核心与灵魂。从生产力层面看,新中国一直坚持大力发展生产力,创造了世界经济史上罕见的经济持续、高速、稳定增长的奇迹,为历史性地解决绝对贫困问题奠定了物质基础;从生产关系角度看,中国共产党开启深刻的社会革命,构建了促进共同富裕的政治、经济与社会制度等。

第一,从富裕的主体范围来看,我国追求的共同富裕不是个别人或小部分人的富裕,而是覆盖全体人民群众的共同富裕,这是古今中外前所未有的新事物,是中国共产党的原创性贡献。在我国,人民是国家的主人。这就决定了我国不能走西方资本主义国家少数人富裕的路子,而必须努力实现全体人民的共同富裕。1953年12月16日中共中央通过的《关于发展农业生产合作社的决议》最早明确提出“共同富裕”概念:“逐步实行农业的社会主义改造,……并使农民能够逐步完全摆脱贫困的状况而取得共同富裕和普遍繁荣的生活。”1955年毛泽东主席接见工商界代表时说:“现在我们实行这么一种制度,这么一种计划,是可以一年一年走向更富更强的……而这个富,是共同的富,这个强,是共同的强,大家都有份。”1992年邓小平同志“南方谈话”强调:“社会主义的本质,是解放生产力,发展生产力,消灭剥削,消除两极分化,最终达到共同富裕。”党的十八大以来,习近平总书记一再重申,共同富裕是社会主义的本质要求。我国只有坚持人民主体地位,充分发挥全体14亿人民群众的积极性、主动性与创造性,走“共商共建共享”的路子，才能扎实推进共同富裕。

第二，从内容看，我国追求的共同富裕是物质富裕、精神富有与生态美好相互促进、协调发展的富裕，这是中国共产党对"富裕"的重要原创性发展。首先，从物质层面讲，我国致力实现的共同富裕，是物质的富裕。没有强大的物质财富为基础，共同富裕只能是一句空话。正如恩格斯所说："人们首先必须吃、喝、住、穿，然后才能从事政治、科学、艺术、宗教等等。"马克思也曾指出，高度发达的生产力，是未来社会建立和发展的前提。没有生产力的高度发展，只能导致贫穷的普遍化，全部陈腐的东西又要死灰复燃。所以我国坚持以经济建设为中心，大力发展生产力，不断提升物质富裕水平。其次，从精神层面看，我国追求的共同富裕，是精神的富有。物质富裕非常重要，正所谓"仓廪实而知礼节，衣食足而知荣辱"；而精神富有也同样重要，没有精神富有的支撑，物质富裕也将失去意义。物质富裕是"硬指标"，而精神富有是"软实力"，它会直接影响人民群众的情绪和幸福感、获得感、安全感。习近平总书记曾说过："共同富裕是全体人民共同富裕，是人民群众物质生活和精神生活都富裕。"在不断夯实物质富裕的同时，我国大力弘扬社会主义核心价值观，"以科学的理论武装人、以正确的舆论引导人、以高尚的精神塑造人、以优秀的作品鼓舞人"，大力培育优良社会风尚和浓郁的家国情怀，培养爱国主义情操，增强"做中国人的志气、骨气、底气"。再次，从生态环境看，我国的共同富裕，也内在蕴含着对生态美好的追求。美好的生态环境是共同富裕不可或缺的有机内容，是"最公平的公共产品，是最普惠的民生福祉"。习近平总书记强调："绿水青山就是金山银山。""环境就是民生，青山就是美丽，蓝天也是幸福。""要正确处理好经济发展同生态环境保护的关系，牢固树立保护生态环境就是保护生产力、改善生态环境就是发展生产力的理念。"我国坚决摒弃西方国家为追求利益最大化而无限掠夺自然、破坏生态环境的资本逻辑，坚持"人与自然生命共同体"理念，让"美丽"与"富裕"同行，让绿色成为共同富裕的靓丽底色，坚持保护改善生态环境与经济发展相互协调、相互促进的原则，让自然生态资源得到高效利用，为共同富裕提供优质的生态保障。

第三，从途径或手段看，社会主义道路是实现共同富裕的必由之路。从历史上看，西方发达资本主义国家主要靠侵略、掠夺、垄断、金融与科技霸权等手段去实现富裕。而中国实现共同富裕，是通过高效有力的组织化手段和全体人民的共同奋斗来扎实推进，摆脱了对西方新自由主义所谓"市场万能"路径的依赖，这是中国共产党对实现"共同富裕"路径的重要原创性发展。

从现有世界秩序看，少数西方发达资本主义国家主导着全球化，利用军事霸权、金融霸权、知识产权等先发优势进行"全球剥削"，把第三世界国家变成为发达国家源源不断输送质优价廉产品的"生产国"。这种"生产国—消费国"的国际格局与秩序，使少数发达资本主义国家的富裕建立在广大发展中国家普遍贫穷的基础上。甚至有西方政客妄言:“如果中国十几亿人口都过上像美国那样富裕的日子,将是人类的一场灾难!”这句话毫不掩饰地暴露了资产阶级政客的狭隘性!中国是社会主义国家,只能靠和平发展、互利共赢,决不搞侵略、掠夺等行径。

从国家层面看,共同富裕主要是在党的全面领导下依靠组织化手段来扎实推进。共同富裕是“为中国人民谋幸福”的题中之义。中国共产党团结带领中国人民,推翻了“三座大山”,彻底改变了中国人民被欺负、被压迫、被奴役的命运,建立起人民当家作主的社会主义国家,进行了深刻的社会变革和艰辛的社会主义建设,成功地开辟了一条中国式现代化道路,为实现全体人民共同富裕奠定了坚实的政权基础、制度基础与物质基础。改革开放之后,坚持以经济建设为中心,不断优化完善生产关系、上层建筑来促进生产力的持续发展,不断“做大蛋糕”,使我国经济总量跃居世界第二。进入新时代以来,扎实推进脱贫攻坚与精准扶贫,“在中华大地上全面建成了小康社会,历史性地解决了绝对贫困问题”,为扎实推进共同富裕奠定了坚实基础。所有这些成就,都是由党和政府有组织有计划实施并取得的,体现了社会主义制度的优越性。

从社会角度看,我国的共同富裕要通过全体社会成员的艰苦奋斗共同创造来实现。西方发达国家搞了几百年工业化和现代化,社会财富总量已经达到很丰富的水平,但其贫富差距却呈不断扩大趋势。根据联合国2021年7月6日发布的《2021年可持续发展目标报告》,2020年全球极端贫困人口增加了1.19亿;据瑞士信贷《2021年全球财富报告》,处于全球财富底层的50%人群拥有财富占比不足1%;全球最富有的10%人群拥有全球82%的财富,其中,最富有的1%人群就拥有近一半(45%)的财富。近三年,美国贫困率与新冠疫情同步持续走高,但同期美国巨富们的财富不降反升,贫富差距进一步拉大。实践证明,资本主义制度和新自由主义政策难以避免贫富“两极分化”;西方国家所谓“从摇篮到坟墓”的高福利政策,无止境增加政府财政负担,出现“养懒汉”现象,本质上是不可持续的“福利陷阱”,造成社会撕裂。而我国正努力推进“人人参与、人人尽力、人人享有”的共同富裕,把共同富裕建成普遍富裕基础上的差别富裕,避免陷入同等富裕、同步富裕、均贫富、杀富济贫等误区。坚持一切依靠人民,鼓励全体人民共同奋斗、勤劳创新来扎实推进共同富裕。正如习近平总书记所强调的:“幸福生活都是奋斗出来的,共同富裕要靠勤劳智慧来创造。”这种共同富裕,超越了西方所谓的“福利国家”,为世界不发达国家摆脱贫困与贫富两极分化、走向共同富裕提供了可借鉴的中国方案。

第四,共同富裕是中国共产党坚持和发展新时代中国特色社会主义制度,稳妥解决经济社会发展不平衡不充分问题的创造性方案。改革开放之后,中国共产党对马克思主义经典作家关于社会主义的构想进行了创造性发展,开辟了中国特色社会主义。一方面,它坚持了科学社会主义的基本原则,“中国特色社会主义是社会主义而不是其他什么主义”;另一方面,它解决了我国面临的诸多历史性课题,使我们迎来了“从站起来、富起来到强起来的历史性飞跃”。历史和现实证明，只有社会主义才能救中国，只有中国特色社会主义才能发展中国；同样，只有中国特色社会主义才能实现共同富裕。

其一，从基本经济制度上看，中国特色社会主义坚持公有制为主体、多种所有制经济共同发展的基本经济制度，坚持按劳分配为主体、多种分配方式并存的分配制度。这种制度设计，既牢牢掌握国民经济命脉，又保障劳动者的劳动报酬；既大力支持生产性私人投资，又将财产性收入的非生产性使用控制在最小范围，比较有利于实现共同富裕；既可以防止走平均主义吃大锅饭那种“封闭僵化的老路”，又能有效避免走资本主义弱肉强食、丛林法则那种“改旗易帜的邪路”。

其二，从市场与政府关系看，中国特色社会主义经济制度更具合理性。一直以来，西方资本主义国家迷信“市场万能论”，导致垄断资本“野蛮生长”，最终发展为超级大资本集团，甚至凌驾于政府之上，比如美国的“八大财团”。我国改革开放之后，一改此前片面依赖政府在配置资源发展生产力方面存在的弊端与不足，开始发挥市场配置资源与发展生产力的重要作用，弥补“有形之手”的不足。综合运用法律、政策、党纪党规等手段约束政府或权力，“把权力关进制度的笼子”，为市场经济发展提供根本保障。

其三，中国特色社会主义对于市场、资本决不是放任自流的。实践证明，对市场的盲目性和资本的逐利性，如果不加以必要约束的话，必然导致“无序竞争”和“野蛮生长”。社会主义市场经济是一个伟大创造，在坚持社会主义基本经济制度的框架内，支持和引导资本健康发展，毫不动摇巩固和发展公有制经济，毫不动摇鼓励、支持、引导非公有制经济发展。既要充分发挥各种形态资本作为生产要素的积极作用，同时也要切实有效规避其消极作用，依法加强对资本的有效监管，“为资本设置红绿灯，防止资本野蛮生长”。

共同富裕具有世界历史意义

摆脱贫困、走向富裕，是全人类共同的愿景与追求。但是，曾经代表人类文明进步方向的资本主义，却不可避免地带来贫富分化，并且在缓解、消除贫困问题上“一筹莫展”。正如习近平总书记所指出的：“一些发达国家工业化搞了几百年，但由于社会制度原因，到现在共同富裕问题仍未解决，贫富悬殊问题反而越来越严重。”与此相对，中国仅用几十年时间就历史性地解决了十四亿人口大国的绝对贫困问题，正意气风发地扎实推进“共同富裕”，无疑具有世界意义。

第一，彰显了社会主义制度的优越性，为发展中国家实现共同富裕提供了新的路径选择。长期以来，资本主义自诩是人类文明的“灯塔”。但是，在资本主义的制度框架内，无论是荷兰、西班牙、葡萄牙、英国等老牌资本主义国家，还是美国、日本等“后起之秀”,都没能消除贫富分化难题,实现共同富裕更是遥遥无期。而中国共产党自成立以来,团结带领全国人民自力更生、艰苦奋斗,实现了从一穷二白、百废待兴到经济总量跃居世界第二的历史性飞跃,仅用70多年时间就“时空压缩”般地走完了西方资本主义国家几百年才走完的现代化道路,创造了经济持续高速增长与社会长期稳定“两大奇迹”。中国人民从“普遍贫困”到“解决温饱”再到“总体小康”进而实现“全面小康”,从文盲半文盲占人口绝大多数到义务教育普及化与高等教育大众化,从新中国成立前人均可预期寿命仅35岁到现在的77.6岁……所有这些深刻改变中华民族和中国人民命运的伟大成就,都是在中国共产党领导下,坚定不移走中国特色社会主义道路所取得的,彰显了社会主义制度的优越性,也展示了马克思主义的价值魅力和真理伟力。

第二,彰显了中国共产党的人类情怀。对穷人和弱势群体的态度,反映一个人的良心和修养,折射一个政党、政府的人文情怀。在封建社会,“朱门酒肉臭、路有冻死骨”反映了当时社会的冷漠无情。资本主义的本质是“资本至上”。在资本“赢者通吃”的丛林法则下,大资本攫取了绝大部分社会财富,而失去所谓“信用保障”而陷入“破产”的人只能流落街头,这样“两极分化”与绝对贫穷成为不可避免,“共同富裕”成为遥不可及的神话。与西方国家不同,我国是社会主义国家,社会主义的本质就是“解放生产力,发展生产力,消灭剥削,消除两极分化,最终实现共同富裕”。群众利益无小事,消灭贫穷是中国共产党的头等大事。作为执政党,中国共产党采取一切举措发展生产力、消灭贫穷与两极分化,力争让每一个社会成员都能过上“共同富裕”的美好生活。特别是应对新冠疫情时,与资本主义国家冷酷无情的所谓“全民免疫”政策迥然不同,中国政府严格科学防控,坚持“动态清零”政策,不惜代价救治每一个患者,决不放弃任何一条生命,努力把感染率、死亡率降到最低,不让患者因疫致贫。对外而言,中国政府本着人道主义原则,减免一些不发达国家的债务,通过“一带一路”等举措支持帮助其他国家经济发展,尽最大努力支援世界各国的抗疫斗争,极大地彰显了中国共产党的人类情怀。

第三,提升了人类文明高度。文明是对原始、野蛮的超越。只有彻底脱离了丛林法则和弱肉强食的野蛮逻辑,人类文明才能真正意义上产生。资产阶级革命胜利以后,资本主义开始成为现代文明的标志,引领世界文明方向。但是,这种文明背后是野蛮和血腥:对内而言,革命成功之后,资产阶级对曾经的同盟军——无产阶级——进行无情地剥削;对外而言,大搞殖民主义,将侵略的魔爪从“文明的故乡”伸向了世界各地,进行疯狂的侵略与掠夺,虚伪野蛮的本性暴露无遗。从印第安人的悲惨遭遇,到对印度、中国的种种严重违反人类道义的残忍屠杀、洗劫,以“文明”之名实施的血腥暴行,成为人类历史上不能抹去的污点。而资本主义国家在逐步“洗白”其“原罪”之后,又化身人类文明的“灯塔”,运用各种手段“薅羊毛”进行“全球剥削”。可以说,发达资本主义国家的“富裕”正是建立在其他国家的“贫穷”之上,资本主义对内无法实现全体国民的共同富裕，对外滥用战争、金融等手段加剧其他国家的贫困状况。这样的“文明”，又怎能代表人类文明的发展方向？

中国共产党坚持“人民至上”，团结领导中国人民以经济建设为中心，坚持“发展为了人民、发展依靠人民、发展成果由人民共享”，自力更生、艰苦奋斗，使中国经济社会发生天翻地覆的变化，不断提升人民群众的“获得感、幸福感、安全感”，扎实推进全体人民共同富裕，极大提升了中华文明的高度。对外，我国坚持走和平共建、互利共赢的发展道路，倡导“各美其美，美人之美，美美与共，天下大同”的价值理念，推动构建人类命运共同体，发起“一带一路”倡议促进各国经济发展，推动世界各国人民早日实现共同富裕，极大提升了人类文明的高度。

总之，共同富裕是中国共产党原创性理论与实践结合的范例，是中国共产党为发展中国特色社会主义、擘画人类发展蓝图、促进人的自由全面发展、塑造人类文明新形态所贡献的中国智慧与中国方案。

目 录

打造全过程人民民主实践高地

打造新时代文化高地

打造社会全面进步高地

打造生态文明高地

打造促进全体人民全面发展高地

共同富裕理论探索

论劳动方式、劳动伦理、财富伦理的历史演变及共同富裕的现实基础与实践路径[①]

胡承槐[②]

一、引言

共同富裕作为一种理想、观念,就其理论的现实内容来说,一方面是中国经济社会发展水平达到全面小康之后的下一个行动目标,另一方面是对当前中国社会财富分布贫富差距过大的反思、反抗、批判。就其理论的形式方面来说,可说是古老的原始大同思想的现代再现,更是现代世界性社会(共产)主义思想更为现实的理论创新和发展。其次,共同富裕作为一种社会财富分布状态,它必然地是社会生产方式、劳动方式发生革命性变革、社会财富总量达到非常丰富之后的必然后果,脱离这一前提,任何指望通过分配领域外部强加措施(不论是革命的还是慈善的抑或是法律的)都不可能让共同富裕得以持续。诚如马克思恩格斯在《德意志意识形态》中所言,在地域的、落后贫穷基础上实行共产主义(粗陋的),旧社会的沉渣将会很快“死灰复燃”。[③]再次,共同富裕作为改变贫富不均社会状态的方式方法和具体路径,是生产方式、劳动方式发生革命性变化在分配领域的必然要求,只有当共同富裕的分配方式与生产方式、劳动方式及其发展趋势的要求相一致时,共同富裕的分配方式才是可能的、可持续的。[④]

在对以上三点唯物史观的解释的基础上,本文作者还认为:极而言之,自有人类以

① 本文为国家社科基金项目《“场域-惯习”视角下农民生态价值观研究》BKA170232的阶段性成果。

② 作者简介:胡承槐,中共浙江省委党校马克思主义研究院名誉院长。

③ 见《马克思恩格斯选集》第一卷,人民出版社1990年版,第86页。并参见《德意志意识形态·费尔巴哈》全章、马克思《1844年经济学哲学手稿——共产主义》全章。

④ 上述三个基本观点更为详细的论述请参见胡承槐《从人类历史发展规律看共同富裕的底层逻辑——兼论人民性建设的基础性地位和作用》(载《治理研究》2022年1期),胡承槐、陈思宇《关于共同富裕的若干重大理论和实践问题的思考》(载《浙江学刊》2022年1期)。

来,生产财富的方式只有一种,即劳动。而获取财富的方式却有两种,一种是经由劳动而获,另一种是不劳而获。不劳而获的形式大致又可归纳为三种方式,一是直接或间接地为生产劳动提供各种条件,进而获取劳动财富,二是赐予(包括自然赐予和社会性赐予),三是直接或间接地掠夺劳动财富,比如偷窃和抢掠。虽然迄今为止,人类(人们)所拥有的财富仍然不外乎经由以上一种或几种方式而获得,但是另一方面,人类因整个文明水平的提高和历史性进步,也使得获取财富的方式愈来愈文明。在这一文明进步背后所发生的则是生产方式、劳动方式的进步,进而劳动伦理发生历史性改变,继而促使社会财富分配方式、财富随之发生历史改变。而共同富裕将是这历史性进步的最新实验和最为美丽的精神之花。本文下面将依照从生产(劳动)方式到劳动伦理、财富伦理再到财富分配及其相互作用的逻辑关系和历史演变,讨论构建共同富裕社会状态的生产(劳动)方式前提、劳动伦理、财富伦理的伦理基础和要求。

二、自然经济条件下的劳动伦理、财富伦理

在自然经济历史条件下,撇开奴隶生产劳动这种极端抢掠的财富分配的非正义性不谈①,在小农生产方式中,农业生产者独立面对自然,直接与自然界进行物质交换,获取生活资料,一般说来,因其自给自足,一分耕耘一分收获,多劳多得成为最基本的劳动信念和劳动伦理且为社会所推崇。在这里,劳动伦理与财富伦理直接同一:劳动成为财富来源且具有伦理道德正当性,而不劳而获则与这种正当性相悖而不具有伦理道德的正当性,且普遍地生成独立劳动与小私有制相结合的观念。因此,鼓励劳动致富成为一条首要且普遍的道德原则。这一道德原则的最大社会功用是为小农生产及财富提供道德保护。但是,由于劳动总是需要一定的社会条件作为自己的历史前提,因此,这一似乎不言自明的天然的道德原则,在具体的道德实践过程中总是时常面临特定的困境或者说时常被突破。首先,第一个被突破的普遍场境是,租地农民为获得耕种的土地而向地主交付地租;第二个更为普遍地被突破的场境是,国家或社会共同体以提供公共秩序的名义向小农征收税赋;第三个被突破的场境是个体向特定人(群)或相关机构(如寺观庙宇)的赠予;等等。这一现象告诉我们,虽然数千年来社会总是倡导以勤劳致富为荣、不劳而获为耻的道德原则,但在实际社会物质生活中,这一原则总是一再地被突破,"按

① 奴隶劳动方式及其欧洲中世纪的农奴劳动方式,无疑是史前生产状态的延续。这种劳动方式的前提是剥夺奴隶的人身(格)权利,把奴隶降低到物的状态,其后果是无偿掠夺奴隶的全部劳动成果。这里的劳动,对于劳动者来说,无劳动伦理(德性)可言,如果一定要说有,也只有强迫劳动的来自他者的强制。与强迫劳动相对应,掠夺奴隶的劳动成果则成为奴隶主天经地义的财富伦理。与奴隶生产方式相联系的奴隶贸易,是古代欧洲最重要的贸易,奴隶贸易与其他一般商品贸易的兴盛,还促成了欧洲古代商业伦理及其民法的发展。

劳分配”始终是小农所祈盼的道德理想，真正依靠劳动致富的情况少之又少。

小农经济因其生产方式的有限性，总是需要小商品生产及其交换作为补充(庄园经济、部落经济的自给自足属性更强一些，但也需要偶然的外部交换作补充)。商品交换的介入，其所引起的影响，在手工劳动占主导的历史时期虽然没有大工业生产时期那么广泛、深入，但也是非常明显的。首先，商品交换，使得人们的劳动替换成为现实，人们为了获取物质资料，不必事必躬亲，而可专注于自身专长的行当，从而提高了生产劳动的效率，这一方面使分工(尽管还很有限)成为可能和现实，专业的手工业者、专业的地域产业的广泛生成，即是这一状况的写照，另一方面，它还改变或说丰富了人们的劳动伦理认知和财富伦理观念。从劳动伦理的视角看，自给自足地生产所有生产生活资料的生产模式，可以通过产品的社会并存的分工生产来加以改进；从财富伦理的视角看，在劳动生财之外还可通过交易生财。商人和商人阶层(阶级)的产生，既是社会生产分工交换关系发展的人格化体现，同时也是劳动伦理、财富伦理潜移默化的结果。当然，另一方面，手工业阶层尤其是商人阶层的出现和壮大也反过来不断强化着这一劳动伦理、财富伦理关系和观念。

其次，生产劳动方式与劳动伦理、财富伦理的这一持续的历史性变化及其发展，在中国古代历史上产生了一个长久的且非常有趣的矛盾现象。一方面，由小商品生产和分工劳动方式发展的必然性、合理性所决定，手工业阶层、商人阶层存在的合法性早在战国时期就得到官方的承认，“士农工商”并称，尽管排名最后，但存在的合法性不容置疑。但是另一方面，由于农业的小农生产方式始终占据主导地位，人数众多的小农始终是帝国的政治基础和主要财政来源，手工业者和商人的社会地位、政治地位始终不高。商人更是悲惨，被污名化为“无奸不商”。商人被冠之为“奸人”，其实并不是所有的商人都“奸”(商人中当然有“奸人”，犹如任何其他社会人群中也有“奸人”一样)，而是源于被小农生产劳动方式及其劳动伦理、财富伦理的正统观念所排斥。尽管手工业者的生活状况普遍地要优于小农生产者，商人也普遍地更加富有，并为人们私下所向往，但当整个社会的劳动伦理、财富伦理观念将人与自然的直接物质交换，且主要由体力完成的活动定义为正当的劳动时，将劳动伦理与财富伦理直接统一定义为正义、正当或最高的甚至是唯一的正义、正当时，商人被污名化为“无奸不商”的“奸人”，也就变得顺理成章了。其实这一矛盾的历史现象在今天并没有绝迹，其余绪依旧存在，比如，关于私有经济存在的道德合理性的争议，关于民营企业家政治身份的争论，在一定意义上讲，也可看作是这一历史现象的回音。

概而言之，或许是源于对远古小国寡民状态的美好想象，或许是出于人道人本主义精神共情同理心的表达，古代的先贤先哲在小农生产的基础上提出了“大同”社会的理想愿望[①]，但这一愿望不仅缺乏现实的社会物质基础，以手工劳动为基础的小农经济根本支撑不起“大同”社会的美好愿望，而且，独立的小农生产方式也只会产生小私有观念和个人发财的愿望，只有在需要解决共同面临的巨大的外部灾难时，才有可能将他们组织成为有机的共同体，进行共同的劳动，共同的奋斗，在通常的正常情况下，则很难生成有机的共同体，进行共同劳动，进而产生互相合作的共同劳动的伦理观念、共同致富的财富伦理观念。即使通过外部强力把这些小农生产方式强行改造成为集体经济组织，除了短期内可能产生简单协作所带来的有限效益之外，随着时间的推移，搭便车的机会主义行为必然盛行于这种生硬的无机共同体内部，故而难以成为手工业、农业生产劳动的经常的组织形式。小商品生产和交换倒是蕴含着社会共同劳动的因素，它把原本由单个劳动者（或家庭）完成的劳动和产品生产变成由平行平存的不同生产者劳动者来完成，比如董永和七仙女原本要从事耕作和纺织二项劳动，如在分工和商品交换的条件下，他们只需专注耕作或纺织一项劳动就可以，这种分工、交换、协作关系，按其本质来讲是具有历史超越性的，即它包含着共同劳动、社会合作，一起致富的新型劳动伦理和财富伦理的要素。但是私有制的前置条件却把这一新型劳动伦理、财富伦理封闭在生产劳动领域之中，并阻碍其进入财富分配领域，这样也就造成了劳动伦理和财富伦理的分隔。同时，与独立的小农自给自足的生产方式，劳动者直接生产自己需要的产品且劳动产品归自己所有有所不同，在小商品生产和交换方式中，劳动者生产别人所需要的产品，进而，财富的获得取决于劳动产品在市场上的实现程度，衡量财富的尺度也不再是产品的多或少，而是一般等价物货币的多或少。这就进一步动摇了传统的小农生产方式下劳动伦理、财富伦理的地盘，现在，在小农的劳动伦理、财富伦理的旁边生出了一块小商品生产和交换方式的劳动伦理与财富伦理的地带。恰恰是这一地带的变化、发展，将人类社会带入到商品经济历史时期。

三、市场和大工业生产历史条件下劳动伦理、财富伦理的一般特性

如果说自然经济形态既无法提供让人们普遍变得富裕的物质基础，也无法生成共同劳动、共同拥有物质财富的社会关系及其劳动伦理、财富伦理，那么，在以大工业生产为基础的商品经济形态下，则为人类的普遍富裕甚至是共同富裕提供了可能性。[②]

首先，具有无限发展潜力的工业生产方式为人类走向富裕（有）状态成为可能和变为现实。自然经济生产能力的边界是清晰的，这就是生产要素的自然限制。在自然经

① “大同”思想，最早可追溯到儒家的《礼记·礼运》篇和墨家的“兼爱”“尚同”学说。

② 关于普遍富裕、共同富裕的差异性、共同性的讨论，请参见胡承槐《从人类历史发展规律看共同富裕的底层逻辑》（载《治理研究》2022年1期）。

济条件下，由生产要素的自然限制所决定，导向“马尔萨斯陷阱”便是一种必然结局。由于科学技术的导入，大工业生产方式不断突破生产过程中的自然限制，从而不仅为工业发达国家避开“马尔萨斯陷阱”开辟道路，实现了普遍富裕，而且还开辟了人类物质生活的无限多样性，并为人类缩短劳动时间到极短时间提供无限想象空间。顺便指出，当今世界虽然普遍地存在贫困现象，但是，这在工业发达国家主要是由社会制度方面的缺陷造成的，其危机主要地表现为过剩，在传统的农业国家，则主要是缺乏工业生产能力或由工业生产能力落后和社会制度缺陷双重原因造成的。而从全球来看，依照当前的总体生产能力，从可能性上讲，当前的许多贫困现象是完全可以直接消除的，比如饥饿。

其次，分工、协作的生产劳动方式克服了自然经济条件下生产劳动方式的狭隘性。自然经济的最大特点是自给自足，凡事不求人，一切自己生产，与之相对应则是生产效率的低下，且必然地发展出小生产商品和交换并作为自身的补充，发展出独立的手工业部门并与农业部门相并列。在这里，我们已经可以看到后来在工业社会更为广泛、深入、频繁的劳动的社会并列并存在劳动的社会合作、社会交换的最初形态，进而提高了所有个体劳动者及其整个社会的生产劳动效率。劳动分工、市场交换的持续发展，尤其是在美洲大发现后大量输入黄金、白银所带来的一系列变化的刺激下，以英国为代表的部分西欧国家的工场手工业迎来了高速发展时期，进而为机器、机器体系的产生、运用准备了必要的社会条件。以蒸汽机为代表的工业生产方式的诞生，首先完成了对以手推磨为代表的欧洲的封建生产方式的革命，随后在一系列文化的、军事的、政治的等软硬力量的加持下，向世界各地扩散，有时激烈有时缓慢地把所有国家和地区都或早或迟地纳入全球分工生产和交换体系之中，把人类历史推向商品经济历史阶段。①

以机器大工业为物质条件和手段的生产劳动方式、商品交换方式，从根本上改变了人们的劳动方式和劳动伦理。其一，一方面，数倍数十倍地（从长期可能上讲是无限地）延长或放大了人类与自然进行物质交换的整体身心（脑）能力，另一方面又将人类个体的传统劳动技能无情地予以抛弃，颠覆劳动者对劳动工具的主体支配地位，将劳动者个体变为机器体系的一个从属部分。其二，一方面，不仅把每一个终端消费品的生产变成一个个并立并存的生产行业、生产部门和生产单位，而且把任何工业品和中间产品的生产变成一个个并立并存的生产部门和生产单位，从而把生产过程无限地加以细分，从而突破传统农业、手工业生产方式的时间约束，实现了生产过程时空变化的自由转换，人类劳动的整体自由度得到了极大的提升；另一方面，由于现在的一切劳动都是社会性的并存劳动，劳动者个体的任何劳动不仅受到生产工具的约束、支配，而且也受到与他并存的其他劳动者的劳动也即劳动分工、劳动协作、劳动交换体系的约束、支配，劳动者个

① 参见胡承槐：《现代化：过程、特征与回应》，浙江人民出版社2000年版。

体的劳动自由进一步被削弱。其三，进而，一方面，人类财富收获的增长越来越依靠自我创造出来的新的生产部门和行业，且具有无限增长的可能性，从而越来越降低对原始自然的依赖；另一方面，个体却越来越丧失传统的通过与自然直接进行物质交换而收获财富、积累财富的确定性，数千年来的"天不变，道亦不变"的那种谋生方式、谋财方式越来越不起作用了，面对时常多变的外部社会生产方式、劳动方式，那种空虚感、无力感越来越强且时时压迫着每一个劳动者、生产者，任何个人都越来越像无根的浮萍且处于对未来社会变化不确定性的焦虑之中。其四，在农业社会，人们生产财富主要依靠劳动者个体与自然界直接进行物质交换，劳动者个体和土地是财富生产的最为核心的条件和财富尺度，拥有奴隶农奴的数量、土地的多寡成为奴隶社会、封建社会的财富尺度，拥有土地的数量成为小农经济、土地经济的财富尺度；而在以大工业生产为物质条件，以普遍分工交换为社会条件的商品经济历史时期，资本及其他的最初形式货币成为财富的尺度和主要存在形式，谁拥有资本或货币谁就拥有财富（土地和人口当然还是财富的存在形式，但是土地和人口在现在只有财富的潜在意义，只有在能够转化为资本或货币时才具有财富的即时意义），衡量一个人是处于富有还是贫困状态就看他拥有多少资本或货币，看一个人能量的大小，就看他能支配、调动多少资本或货币。

在这里，一方面，资本是一种独立的社会力量，它可以不依赖于任何个人而存在并凌驾于任何个人之上，因为它是在普遍的分工生产、普遍的商品交换体系上生成的，它本身就是这种普遍性的抽象化形式化存在；另一方面，它最初又是在传统的封建社会（西欧）、小农经济（东方，如中国）胎胞里形成并挣脱出来的，资本的私有性（制）是它的最初形式，且迄今为止，资本的私有制依然是资本存在的最广泛的社会形式。这就产生了一个深刻的历史性矛盾：一方面，资本按其产生的社会物质条件来说，按其本性即所包含的社会物质内容来说，它是一种社会共生共有的即因劳动分工、合作、交换而产生的社会公共产品，进而，按其本身的内在发展规律来说，其最终趋向、最终结局来说，它必将当为联合起来的全体个人所占有、控制，亦即导向自由人联合体。[①]但是，另一方面，从资本是从封建社会的缝隙中、从小商品生产和交换的小私有制母胎而来的私有制基因来看，资本似乎天然地以私人所有的人格化形式来到世上并存在于世；同时如果说在小农经济、庄园经济中财富与它的承载形式是直接同一的，财富就是实物，就是使用价值，那么，在商品经济中，交换价值才是财富的承载形式，实物、使用价值只有成为、转化为交换价值时才是财富，资本则是进一步地运动着的活着的能够增殖自身的交换价值的实现形式、运动形式，资本获得了无中生有（在交换领域）和自我繁殖（在生产领域）

---

① 参见马克思：《1857—1858年经济学手稿》，《马克思恩格斯全集》第31卷，人民出版社1988年版，第69—119页；《经济学手稿1861—1863》，《马克思恩格斯全集》第32卷，人民出版社1988年版，第264—406页；《共产党宣言》，《马克思恩格斯选集》第10卷，人民出版社1995年版，第287页。

的外观（这一假象，在20世纪70年代，美元发行脱离黄金之锚之后，更似脱缰的野马随意奔驰，财富似乎可以通过印钞而无限制地增长）。

概而言之，在以大工业为生产力基础的商品经济历史条件下，不论是劳动伦理还是财富伦理都发生了一系列深刻的变化。首先是传统的劳动伦理遭到挑战并发生根本性变化，其一，劳动者个人力大如牛不再重要，传统手工业的技艺也不再重要，重要的是与机器、机器体系相匹配的恰如其分的机器操作；其二，个体劳动不再是劳动的唯一形式，更为重要的是由劳动分工、劳动协作、劳动交换所构成的体系性的社会共同的整体劳动，在这一社会共同的整体劳动中，任何个体劳动都转化成为其中的一个要素。换言之，现在劳动不再是只有个体劳动一种形式，而是两种形式，在个体劳动之外还有成系统的全体劳动者通过劳动分工、劳动协作、劳动交换构成的共同的社会总体劳动。这种总体劳动，肉眼看不见，但它真实存在，它能被人的抽象思维之眼所真切地看见。这种劳动者共同的整体的社会劳动的丰富发展与科学技术（转化为工业体系的进步）构成整个社会尤其是生产力进步发展的源泉和根本的核心推动力。

其次，传统的财富伦理及与劳动伦理的关系进一步遭到挑战并发生颠覆性的根本变化。其一，劳动依然是财富之母，但是这里的劳动已不再局限于甚至不再是传统所指的个体劳动，而是劳动者共同进行的社会整体劳动；其二，评价个体劳动贡献及报酬的核心指标不再是单纯个体本身的能力，而是与机器体系的契合指数、与社会整体的劳动分工协作体系的相互关系，并据此给予相应的劳动报酬（工资）；其三，由于社会整体劳动的产出远大于个体劳动的算术总和（分工、协作也是生产力），这个大于个体劳动算术总和的盈余部分，现在被掌控社会生产过程和物质条件的利益集团所无偿占有（包括资本所有者和土地所有者以及大型企业的高管们），就像过去农民劳动的剩余产品被地主所占有那样；其四，由于社会分工、协作、交换是一个立体的、分层次的网状的结构体系，它不仅规定了社会物质生产过程的边界和复杂性，同时也规定了劳动与分配之间，劳动伦理和财富伦理及其相互之间的复杂性、多样性。比如，现在不仅有按劳取酬、按资取利的财富分配形式，还有按分工层级取利、以专利方式取利等财富分配形式，极大地模糊了劳动与剥削的界限。

四、共同富裕的劳动伦理基础与实现路径

从自然经济形态转向商品经济形态是人类社会发展的一般规律，在这一转变进程中，西方发达国家因处于先发地位而率先进入“普遍富裕”状态，并对后来者设置进入“富裕”状态的壁垒和门槛。虽然说西方发达国家的“普遍富裕”状态，是在工人阶级斗争的加持下实现的，工人阶级的斗争，是改变工人劳动者贫困状况的必备条件。但是，

沿着阶级斗争这个思路行进的东方社会主义国家,其初始时期实行的更为激进的社会革命措施,由于缺乏发达的工业基础和商品经济体系,虽然实现了“共同”的目标,却没能实现“富裕”的预期目标。中国的改革开放,致力于发展健全的工业体系和市场经济体系,使中国进入财富快速增长的通道,且即将迈入高收入国家的门槛,并促使中国启动尝试将“共同”和“富裕”有机统一起来的新进程。

共同富裕是不同于西方“普遍富裕”,超越“普遍富裕”样式的社会财富分布状态和人类反贫困的新路程,它与“普遍富裕”样式有重叠、相交叉的方面,但也有自己特殊的物质(社会关系)基础和逻辑路径。本文下面将沿着劳动形态、劳动伦理、财富伦理的历史变化轨迹,进一步深入阐明、揭示共同富裕的物质(社会关系)基础和逻辑路径。

从自然经济到商品经济,农业社会到工业社会,人类的劳动方式发生了两大根本性的进步,一是在技术形态上,由手工劳动转变为机器生产,这一转变为科学技术在生产劳动过程中的运用和生产劳动的科学化,进而把生产劳动过程变成科学的生产劳动过程开辟了无限空间;二是在社会形态上,个体劳动转变为以分工为基础,劳动交换为内容的社会合作劳动。这一转变把生产劳动过程从劳动者与自然进行物质交换的单向过程转变为劳动者既与自然进行物质交换,又同时与其他劳动者进行劳动交换、相互合作的双向过程,并进而把所有劳动联结为一个社会总体性劳动,把所有劳动者连接为社会总体劳动网络中的有机个体,生成潜在的自发状态下的工人阶级(工人阶级从自发状态转向自觉状态,还需要其他中介环节尤其是组织的环节,这里不述)。进而,从总体工人总体劳动的视角,抽象地来说,依据劳动价值论,全部社会劳动产品、社会财富应归全体工人劳动者所有(这一想法,在早期的欧洲工人运动中比如拉萨尔主义就曾出现过。在这里,我们还可以看到,这一想法在一定意义上讲是自然经济条件下个体劳动者劳动伦理和财富伦理直接同一观念在更高层次上的复活)。①然而,现实历史具体的实际进程并不是按照劳动价值论的抽象原则行进的,而是按照“工资铁律”行进的,因为工人劳动的物质条件即劳动工具、劳动对象是由资本(家)提供的,就像租地农民的土地是由地主提供的那样,资本(家)现在也要获取资本投入的收益,更进一步,现在,资本(家)比地主更为文明的地方(也是更为辛苦、更具风险的地方)是利用市场机制获取社会整体劳动的盈余(科技进步和分工合作劳动所产生的无偿惠赠),②也就是说,与地主阶级相比较,资产阶级的收益是双重的,既有可以测度的资本投入的收益,又有难以测度的以劳动分工、劳动协作、劳动交换为内容的社会整体劳动进步发展所带来的收益。前一个收益是公开的,后一个收益是隐蔽的。

---

① 参见马克思:《哥达纲领批判》,《马克思恩格斯选集》第3卷,人民出版社1995年版,第296—304页。

② 参见马克思:《资本论》第1卷,《马克思恩格斯文集》第5卷,人民出版社2009年版,第387页。

如何实现对资本主义生产关系的改造,进而消除剥削关系,实现劳动者的共同富裕,这是一个多世纪以来现代社会主义运动一以贯之的根本任务。然后,从当下反思的角度来看,第一代社会主义制度创建者(以列宁、斯大林、毛泽东为代表)对完成这一历史性任务想法简单了一些,创建过程中走得急了一些,而对资本的私人所有制与社会劳动的分工合作体系、社会劳动分工合作体系与它的价值呈现形式即市场体系之间的紧密性、复杂性的估计却相对不足;没有看到工业大生产(相异于传统的农业、手工业生产)呈几何级数扩张、增长的特性,且这种增长、扩张的实现,在客体方面有赖于市场为它提供活动及发展的平台和空间,在主体方面有赖于资本持有者不停顿地奔走和冒险,有赖于劳动者在就业市场上的竞争;没有看到单一的公有制和高度集中的计划体制,虽然有利于集中力量办大事,有利于消除剥削和两极分化,却不利于社会生产各方主体积极性、创造性的持续发挥,并限制了社会生产领域扩张尤其是科技引领和社会分工引领的创新性扩张的边界。改革开放以来,我们逐渐弥补了社会主义实践初始时期的那些理论认知和实践上的不足和缺陷,建起以公有制为主体、多种所有制并存的所有制体系,建起社会主义市场经济体系,建起按劳分配和按要素分配的分配体系,从而实现了四十余年的社会经济高速发展,实现了中华民族祈盼数千年的全面小康。

然而,依照实现人民美好生活愿望的高标准来看,一方面,比照社会主义实践第一阶段时期的共同性、均平性,这四十多年来,富贫差距、城乡差距、地区差距不仅仍然存在,且在某些方面已经扩得相当大,比如基尼系数高企;另一方面,比照西方发达国家的普遍富裕,我们还没有迈入高收入国家的门槛,人均收入与发达国家相比较仍有很大差距,“富起来”依然在路上。故而,如何在全面小康的基础上,探索出一条共同富裕的道路,实现全民共同富裕,已摆上议事日程,成为“等不得”同时也是“急不得”的历史性重大任务。

如何完成这一历史性重大任务?这是重大的实践问题,但首先是一个重大的理论问题。

人是有意识的动物,人的行为无不受伦理观念的支配,社会规则无不包括伦理原则的约束,而伦理观念、伦理原则又无不是现实的客观伦理关系的主观反映。众所周知,按劳分配是劳动创造财富这一现实伦理关系的主观反映和要求,按要素分配是资本提供社会生产条件、资本从事组织社会生产活动这一现实伦理关系的主观反映和要求;前者虽然更具历史久远性,并反映着劳动者的主观要求,却更多地反映着小农经济、小手工业者的主观愿望,在现实生活中则是逐渐远去的自然经济历史形态下劳动伦理的现实回音;后者按要素分配(土地得到地租,劳动得到工资,资本得到利润)虽然是新近商品经济历史形态下才出现的财富分配原则,但却表现得更为强势,并上升为资本主义商品经济制度下唯一的分配原则。我国实行公有制基础上的社会主义商品经济,社会财富分配自然是既要体现劳动者主体地位、劳动创造财富占有财富的指导思想和伦理原则,又要体现商品经济的时代性,遵循市场要素参与财富生产和分配的财富伦理原则。在这里,两组重大的理论和实践问题亟须加以科学的解释。一是按劳分配与按要素分配两大不同的甚至是相互冲突的分配原则是通过怎样的体制、机制结合在一起的?抑或仅仅只是现实生活中的策略性的妥协?它在现实的经济运行过程中,在财富分配过程中尤其是微观企业内部的分配过程中是如何体现的?是同时发挥作用的,还是分别分时段体现的?两大原则各自的权重又是多少?(由于这组问题过于复杂和重大,且不是本文的中心议题,故在此仅仅限于提出问题而不予讨论)二是按劳分配与按要素分配相结合的分配原则、分配体系与共同富裕又是一种怎样的关系?构建共同富裕的财富分配方式的现实基础是在按劳分配、按要素分配这两大分配方式之中还是在它们之外,抑或两者兼而有之?

从马克思的政治经济学基本原理来看,一方面,劳动创造财富,劳动创造价值,但另一方面,现实的社会物质生产产品的分配则始终遵循“物质生产条件的分配决定物质产品分配”的一般规律。进而,构建共同富裕的财富分配方式,同样要到“物质生产条件的分配”方式中去寻找生产要素占有状况,及其参与生产的状况当中去寻找。众所周知,在资本主义生产方式兴起的早期,或者说在古典政治经济学占主导地位时期,呈现于人们眼前的感性具象的最为基本的参与物质生产的生产要素是土地、资本和劳动,进而在财富的分配上分别表现为地租(土地所有者所获报酬)、利润(资本所有者所获报酬)、工资(劳动力所有者所获报酬),而工业大生产因为社会化(劳动分工、劳动协作、劳动交换)而产生的无形生产力所创造的物质财富则作为无偿的社会恩赐融化于地租和利润之中。而现今,随着科学技术在生产中应用的不断深化、加强,生产过程的不断科学化及人们以科学技术是第一生产力认知的强化,人们越来越认识到科学技术是现代工业生产不可或缺的生产要素,于是,科学技术或以专利的方式或以股份的形式参与到财富分配当中来。与此相类似,随着劳动分工、劳动协作、劳动交换的不断扩大和深化,管理(本质上是对劳动分工、劳动协作、劳动交换的推动、操作和控制)的重要性不断凸现,管理也是生产力的观念日益深入人心,管理和管理工作越来越成为一个独立且广泛的专业领域和专门职业,如在大型企业(公司)中,管理(者)从资本那里独立出来成为一种独立的力量、独立的主体并参与财富的分配。

也就是说,随着工业生产力的不断扩大,市场亦在不断地扩大,市场的扩大意味着社会宏观的劳动分工、劳动协作、劳动交换也在不断地扩大、不断地深化,意味产业在不断地分化,新产业在不断涌现,意味着产业链在不断地拉长并被分层和固化,而这一切又综合为一个总的结果:因社会交往关系(劳动分工、协作、交换)不断扩大、深化而带来的“社会恩惠”也在不断地增加。在这里,有两点需要我们特别加以关注,一是这个不断增长的以“社会恩惠”而存在的物质财富是由社会整体劳动创造的(包括科技劳动和管理劳动)。二是在资本主义市场经济体系下,工人阶级主体尤其是产业工人、生产线上的体力劳动者他们并没有参与到这个“社会恩惠”的分配中来。现在,相较于资本主义早期,贫富不均、两极分化的缘由越来越模糊,越来越隐蔽了。

进而,如果我们对上述两点有了清晰的认知,那么,对在社会主义市场经济体系下构建共同富裕的社会财富分配方式的经济(关系)基础是什么、在哪里亦就明朗了:即劳动者(总体)参与到因分工、协作、交换而带来的那个以“无偿的社会恩惠”的形式而存在的社会财富的分配中来,让普通劳动者分享到因社会生产力水平提高、社会整体劳动升级、扩展所带来的红利。明白了这一点,对于构建共同富裕的财富分配方式具有十分重要的认识论意义和实践意义。当前社会各界在讨论如何建设共同富裕时,有一种把二次、三次分配当作重点的倾向,这种意见注重二次、三次分配对于扼制贫富分化、弥补贫富不均的作用,无疑是正确的。但必须指出的是,比这更为关键的重点仍然在一次分配领域,提高劳动所得在一次分配中的占比才是构建共同富裕的根本。对此,社会各界的有识之士已讨论呼吁多年,现行的劳动法亦有较好的体现,但是,客观地实事求是地说,成效还很不明显,究其原因,除了各种客观因素的制约之外,主观认知方面的欠缺即不知提高劳动所得占比的依据何在亦是一个重要的原因。毕竟,一次分配领域不同于二次、三次分配领域,尤其是三次分配领域的基于人道主义基础之上的慈善行为并不适用于一次分配领域。二次、三次分配作为构建共同富裕社会状态的补充渠道是有益的、也是必需的,但还不是最根本的。分配作为整个社会经济运行的一个环节一个领域,分配(各生产要素所得的占比)的根本问题还得在经济领域内部来解决。劳动所得占比提高的依据还得在社会主义市场经济体系下劳动形态、劳动伦理的变化发展中寻找:把由劳动分工、劳动协作、劳动交换而生成的那个增值部分还给劳动者(总体工人)!也就是说,共同富裕并不仅仅是社会主义的良好的主观愿望,它同时也有着坚实的客观的社会物质条件和劳动伦理基础。

然而,明了了共同富裕分配方式的经济基础是什么、在哪里,并不等于马上就能构建起共同富裕的分配方式。如果我们企图一天之内建起这样的分配方式,很可能重犯历史上左的错误。因为,其一,由劳动分工、劳动协作、劳动交换而带来的红利总量或说“社会恩惠”的总量有多大难以测算;其二,社会物质财富增量当中哪些是由社会整体劳动即劳动分工、劳动协作、劳动交换所带来的也难以测算;其三,以劳动分工、协作、交换为内容的社会整体劳动,在表现形式上是由资本的活动(市场)组织起来的,这种表象遮蔽了劳动者的尤其是劳动者总体(工人阶级)的实质性贡献;其四,在当今的全球化时代,劳动分工、劳动协作、劳动交换体系是以立体分层的方式分布于全球的。受这四个方面原因的影响,在劳动分工、劳动协作、劳动交换为物质内容的劳动伦理基础上构建共同富裕的社会愿景,可谓是道阻且远,只能徐缓图之,在发展市场经济和进一步扩展深化劳动分工、协作、交换体系的进程中,逐步建立起共同富裕的财富分配的有机体系。

构建共同富裕的社会分配体系是一项长期的又是紧迫的当下急需实践的系统工程。依笔者愚见,近期的工作着力点可放在以下5个方面:

1.建立和完善三次分配体系;

2.加大改革创新步伐,完善二次分配体系,进一步增强社会公共产品供给。

3.发展和壮大基层集体经济,让更多的基层群众进入共同富裕的行列。

4.加大落实《劳动法》的力度,切实保护劳动者的合法权益。

5.切实节制资本,约束和防止资本的野蛮生长对劳动者、消费者的侵害。

长期的基础性的但当下又应着力做起来的主要有以下3项工作:

1.进一步加大教育投入,增加义务教育时长,提高全民文化科学素养;

2.进一步加强以集体主义、爱国主义为核心内容的道德思想建设,切实增强全体国民的人民性;①

3.紧紧抓住互联网、人工智能、云计算等现代科学技术发展的风口,着手建立劳动分工、劳动协作、劳动交换的测度体系②,为构建共同富裕分配体系和减少市场经济的盲目性提供技术支撑。

总结全文,概而言之,在影响社会财富分配方式的众多因素中,劳动形态(方式)、劳动伦理的变化发展是最为深层的因素,它直接决定着社会生产条件分配的具体历史样式,进而决定着社会财富分配的样式和财富伦理。以商品经济为社会表现形式的现代大工业及其劳动分工、协作、交换体系的诞生和发展,首先促成了西方资本主义国家按要素分配的社会财富分配方式和"普遍富裕"的社会财富分布样态。同样,它也为社会

① 关于人民性建设的讨论,参见胡承槐:《从人类历史规律看共同富裕的底层逻辑》,载《治理研究》2022年1期。

② 让广大劳动者分享因劳动分工、劳动协作、劳动交换而带来的红利("无偿的恩惠")是实现共同富裕的根本路径。迄今为止,劳动分工、劳动协作、劳动交换体系的建立、运行主要是由市场所组织、推动的(部分是由国家发展计划、行政调控制所组织、推动),其红利也多为市场主体(关系)所获,这种情形在当前的互联网企业如某些平台的身上表现得尤为明显。为让广大劳动者能够分享到劳动分工、协作、交换所带来的红利,首先必须建立测度(测量和显示)劳动分工、劳动协作、劳动交换的技术系统,并在此技术基础上建立共同富裕的社会财富分配体系。在当今互联网、人工智能、云计算技术高速发展的当下,建立这样的技术系统是可能的,可行的。比如,以人们出行乘坐出租车为例,在原来的市场运行方式下,需求方和供给方的情况都是隐形的,非显示的,乘车人和出租车司机都是盲目的,他们的相遇完全是在马路上撞运气随机实现的,现在有了叫车平台后,出行人和出租车(网约车)的分布情况在平台上显示了出来,他们的相遇也不再是盲目的,不可测的。顺便说一句,在这一层面上,马云说未来的经济运行方式,是计划经济,我认为他是正确的。与此相类似,如果我们抓住互联网、人工智能、云计算技术发展的机遇,在构建物联网(华为)的同时,建立起一个关于测度劳动分工、劳动协作、劳动交换的技术系统(可暂且称之为"劳动网"),那么,构建共同富裕的社会财富体系将获得可靠的现代技术支撑。

主义市场经济条件下的共同富裕提供了巨大的可能性空间,并将在中国特色社会主义实践中转化为现实。

殊途不同归:共同富裕政策的西方镜鉴

卜永光[①]

一、问题的提出

二战结束以后,资本主义国家为缓和社会矛盾,普遍采取了扩大中产阶级比重和推行社会福利政策的系列举措。扩大中产阶级比重强调通过国家政策引导与市场化行为相结合的方式,改造社会结构;推行社会福利政策则注重以"国家兜底"的方式,为社会多数甚至全体成员,提供基本乃至全方位的生活保障。这两类政策既相互区别又相互配合,共同促成了二战后一个时期内,资本主义民主较为巩固、阶级矛盾较为缓和、社会相对安定局面的形成——即从20世纪50年代初至70年代"石油危机"发生、长达二十余年的所谓资本主义的"黄金年代"(the Golden Age)。[②]"黄金年代"的出现,也推动主要发达资本主义国家进入到一种"普遍富裕的社会状态"。[③]

实现共同富裕是社会主义本质的要求,是我们党在开启改革开放伟大历史征程之初作出的郑重承诺,也是中国共产党人初心和使命的内在要求。早在20世纪80年代,邓小平同志就强调"社会主义与资本主义不同的特点就是共同富裕","社会主义的目的就是要全国人民共同富裕"。[④]不过,在共同富裕的具体实现路径上,中国共产党在改革开放之初就摒弃了不切实际的同步富裕思路,提出"让一部分人、一部分地区先富起来"的著名口号,形成了在此基础上"先富带后富"的现实路径。

随着改革开放的深化,扩大中等收入群体比重、推进民生社会保障工作日益受到重

---

① 作者简介:卜永光,中共浙江省委党校政治学(科社)教研部副教授。

② 艾瑞克·霍布斯鲍姆:《极端的年代:1919~1991》,郑明萱译,中信出版集团股份有限公司2014年版,第337页。

③ 胡承槐:《从人类社会历史发展规律看共同富裕的底层逻辑——兼论人民性建设的基础性地位和作用》,《治理研究》2022年第1期,第16页。

④《邓小平文选》第三卷,人民出版社1995年版,第110、123页。

视，并逐步被明确为推动共同富裕的重要政策手段。进入新世纪后，从党的十六大到十九大，连续四次全国党代会报告都对共同富裕问题作出阐释，均有关于“扩大中等收入者比重”一类的表述和加强社会保障工作的相关论述。[①]步入“新时代”，特别是党的十九大以来，随着生产力发展和社会财富累积，我国迈入到扎实推进共同富裕的历史阶段。在论及推动共同富裕“总的思路”时，习近平总书记也着重强调“扩大中等收入群体比重”，“形成中间大、两头小的橄榄型分配结构”。[②]

如果将改革开放中的我国社会政策取向置于当代世界历史进程看，不难发现，中国共产党开创的共同富裕道路，与西方资本主义国家的一些政策主张和实践存在若干共通之处。不过，在当前“百年未有之大变局”的时代背景中，西方发达国家普遍陷入到了系统性的国家治理困境之中。为此，习近平总书记在阐释我国当前共同富裕政策时强调，“当前，全球收入不平等问题突出，一些国家贫富分化，中产阶层塌陷，导致社会撕裂、政治极化、民粹主义泛滥，教训十分深刻！”[③]

从中西方历史比较的角度看，我们甚至可以把“二战”结束后，一些资本主义国家采取的“扩大中产”、普及和提升社会福利等政策，称作西式“共同富裕”政策。那么，我国的共同富裕政策与西方以缩小阶级差距为目的的社会政策有何异同？其本质差异何在？西方社会政策在为我国实现共同富裕提供有益借鉴的同时，又有哪些弊病值得警惕？这些问题，特别是习近平总书记关于共同富裕重要论述中强调的“一些国家十分深刻的教训”及其背后机理，是本文着重探讨的问题。

二、中西方社会政策底层逻辑的差异及其后果

资本逻辑和市场逻辑是现代资本主义制度建立及其运行中的底层逻辑，无论是“扩大中产”还是普及和提升社会福利等政策，都没能超出这种底层逻辑的支配；相较而言，我国的共同富裕则建立在社会主义制度基础上的民本逻辑，以及基于这种社会制度的国家逻辑之上。这种底层逻辑的差异，使我国的共同富裕政策与西方“扩大中产”、普及

---

① 比如，十六大报告提到“以共同富裕为目标，扩大中等收入者比重”“完善城镇职工基本养老保险制度和基本医疗保险制度，健全失业保险制度和城市居民最低生活保障制度”；党的十七大报告提及“中等收入者占多数”，强调“再分配更加注重公平”“加快推进以改善民生为重点的社会建设”；党的十八大报告提及“中等收入群体持续扩大”，强调“统筹推进城乡社会保障体系建设”“在改善民生和创新社会管理中加强社会建设”；十九大报告在总结成绩时提及“中等收入群体持续扩大”，在阐释政策目标时强调“中等收入群体比例明显提高”，提出“按照兜底线、织密网、建机制的要求，全面建成覆盖全民、城乡统筹、权责清晰、保障适度、可持续的多层次社会保障体系”。参见党的十六大至十九大报告，电子版本可访问：http://www.cntheory.com/tbzt/sjjlzqh/ljddhgb。

② 习近平：《扎实推动共同富裕》，《求是》2021年第20期，第4页。

③ 习近平：《扎实推动共同富裕》，《求是》2021年第20期，第6页。

和提升社会福利等政策,在基本性质和发展方向上分道扬镳。

(一)资本逻辑与民本逻辑:中西方社会政策主导逻辑的差异

资本主义的生产组织和社会运转围绕资本展开,资本主导、“以资为本”的逻辑渗透在西方社会各个领域和环节。这决定了西方国家治理就其根本而言,也是为资本增殖服务、受资本逻辑支配的。这种资本逻辑也决定着西方资本主义国家在不同历史阶段对待国家作用问题的态度。有学者指出:“无论是倡导国家的绝对权威,还是主张消解国家权力、让权力回归社会,在本质上都反映和满足了一定历史阶段资本主义生产方式和资本增殖方式的现状和需求。”[①]20世纪70年代后期,随着“石油危机”的影响衰减和新科技革命的加速,新一轮全球化浪潮逐步开启。这波全球化浪潮随着冷战终结和互联网革命的到来出现加速,进一步巩固了西方在世界体系中的中心位置,使其资本得以在全球更大范围内参与财富分配,并反向加强着西方国内治理中的资本特别是金融资本主导的逻辑。与“黄金年代”不同,在这一历史进程中,防范国家权力妨害资本逻辑向国内社会领域和全球的延伸扩张,构成了西方国家建设理念的主基调。这种政策主基调也对此前以“扩大中产”、提升社会福利水平为主导的社会政策产生了消解作用。

相比之下,中国自先秦时期就形成了以儒家思想为代表的民本传统。随着对秦帝国覆亡教训的汲取和儒家正统地位的确立,先秦时期形成的“民惟邦本,本固邦宁”“天视自我民视,天听自我民听”一类的国家治理训条,自西汉起成为历代统治阶层的主流认识;“民贵君轻”一类的命题和舟水之喻一类的训诫,也在传统文化中被作为资政之鉴世代延承并产生广泛影响。虽然这些思想的出发点都是为了通过赢得民心巩固专制王朝的统治,本质上是一种“牧民之术”,但客观上却使民本逻辑成为中国古代国家治理的重要遵循。

中国共产党成立后,其在新民主主义革命时期形成并作为重要法宝始终坚守的群众路线,以及“为人民服务”等口号,体现着对传统民本思想的继承、发展、重构与超越。在党的十九大报告中,习近平总书记把坚持“以人民为中心”作为新时代坚持和发展中国特色社会主义的重要内容。“以人民为中心”体现了马克思主义与中国优秀历史文化传统的结合,是新时代中国共产党治国理政中民本逻辑的集中概括。与中国历史上的传统民本思想相比,“以人民为中心”的国家治理实现了从臣民到人民的治理主体角色转换,以及从治民到为民的治理目标革新,推动了传统民本思想的内涵革新和现代转型。在阐释新时代扎实推动共同富裕“总的思路”时,习近平总书记首先强调的也是“坚

---

① 陈进华:《治理体系现代化的国家逻辑》,《中国社会科学》2019年第5期,第27页。

持以人民为中心的发展思想”。[①]可以说,以人民为中心的发展思想蕴含着中国共产党和中国人民求富求强的价值旨归,也构筑起共同富裕政策区别于西方社会政策的基本底色。[②]

(二)市场逻辑与国家逻辑:中西方社会政策运行逻辑的不同

邓小平指出:“计划经济不等于社会主义,资本主义也有计划;市场经济不等于资本主义,社会主义也有市场。计划和市场都是经济手段。”[③]市场作为一种经济手段,对优化资源配置发挥着关键作用。不过,由于“市场失灵”(market failure)现象的存在,市场在经济运行中的自我调节功能并非总是有效;而当“市场原则”超越经济领域,成为社会运行的主导规则时,则可能严重侵害公平正义,导致社会达尔文主义盛行、不平等加剧等一系列社会弊病。资本主义社会追求资本增殖、实现资本利润率最大化的本质,决定了其不仅要在经济领域贯彻市场原则,还具有将该逻辑拓展到国家和社会生活一切领域的倾向。

卡尔·波兰尼(Karl Polanyi)提出的“脱嵌” (disembedding)理论有助于我们理解市场逻辑过度延伸的成因及后果。波兰尼指出,经济体系应当是嵌入 (embedding)在政治和社会关系之中的,但资本主义体系中自由放任的市场具有推动经济运行摆脱政治和社会关系约束的倾向,由此形成“嵌入”与“脱嵌”之间的相互博弈和双向运动。神话市场作用和过度依赖市场的自我调节功能,就可能导致经济体系从社会中“脱嵌”,进而让社会运行完全被市场逻辑支配,最终造成灾难性后果。[④]

“二战”结束后,西方普遍实施的普及和提升社会福利等政策,有效抑制了市场逻辑向社会领域的过度延伸。不过,从20世纪80年代开始,里根—撒彻尔主义深刻影响了西方国家治理实践,让市场逻辑的主导范围逐渐超越了经济领域,渗入国家的社会领域乃至人们生活的方方面面,并在此过程中发展为至高原则;而在20世纪90年代,随着冷战的结束和全球化浪潮加速,新自由主义得以强势扩张,绝对市场原则又从一种国内规则拓展到国际社会,成为一种全球性的强势规则。

市场逻辑也是我国经济领域优化资源配置所遵循的根本逻辑,但其主导作用仅限于经济运行领域,而并未像西方那样渗透在社会生活的各个方面;即便是在经济运行中,我国也始终坚持国家宏观调控与市场原则的有机统一,而不是片面地强调市场原则

---

① 习近平:《扎实推动共同富裕》,《求是》2021年第20期,第6页。

② 张晓晶:《中国共产党领导中国走向富强的百年探索》,《中国社会科学》2021年第11期,第92页。

③《邓小平文选》第三卷,人民出版社1995年版,第373页。

④ 波兰尼:《大转型:我们时代的政治与经济起源》,冯钢、刘阳译,浙江人民出版社2007年版,导言第15—19页。

的绝对主导地位。与西方相比,中国基于其悠久的强国家传统,始终强调国家在实现社会安定和良政善治中的决定性作用。这种“国家逻辑”贯穿在中国政治运行和社会生活的诸多领域,在当代集中地表现为中国共产党全面领导作用的发挥。有学者指出,国家是规范多元治理主体之间要素分层和功能重叠的关键因素,强调发挥国家权威引领功能的国家逻辑不是国家权力主观意志的体现,而是面向实践解决国家均衡建构问题的实际需要;在新的时代背景下,中国倡导建设的以国家逻辑为主导的现代治理体系,则是对西方治理方案难以应对世界范围内日益凸显的治理赤字这一时代问题的积极回应,有助于打破西方“多中心治理”的迷思,能够有效矫正资本主导必然带来的社会贫富鸿沟无法弥合的弊病。①

(三)殊途不同归:我国共同富裕政策与西方“扩大中产”和社会福利政策的本质差异

应当承认,我国的共同富裕政策汲取了资本主义现代化道路中在社会政策方面的有益经验。西方国家通过扩大中产、普及和提升社会福利部分实现“普遍富裕”的实践,为我国追求共同富裕提供了可资借鉴的政策工具。正如有学者所指出,“如果看不到两者的共通之处,把两者绝对地对立起来,视其为一种绝对的排异排斥关系,则极易犯‘左’的错误”,但与此同时,如果看不到两者的本质区别,将其混为一谈,就会“不知不觉地在意识形态上犯‘右’的错误”。②

大同理想是我国传统文化的重要诉求,而社会主义制度则把消灭剥削、消除两极分化作为目标理想。中西方不同的社会文化传统特别是社会制度性质的差异,决定了我国共同富裕政策与西方旨在缩小阶级差距的社会政策有着不同的基本性质和发展方向。虽然中西方当代社会政策都强调“扩大中产”、普及和提升社会福利,但于我国而言,这种政策具有明显的工具性特征,并不是目的本身,所谓的“中等收入群体”也从来不是一个独立的阶级,反而是消除阶级差异的一种手段,因而具有明显的、彻底的社会革命趋向;反观资本主义制度下的此类举措,则试图塑造一个所谓的“中产阶级”,并以此缓和其根深蒂固的阶级矛盾,就其本质看,不过是一种范围和程度有限的内部改良政策。西方社会对“普遍富裕”的追求,并没有超越内嵌于其制度体系的“资本逻辑”和从经济领域外延到社会民生领域的“市场逻辑”,而新自由主义及其主导下的西式治理理论的兴起,在很大程度上即是制度决定的“资本逻辑”反噬其人为推动的社会政策的结果,是对其制度底层逻辑的回归。这种反噬和回归,也造成了西方“黄金年代”形成的社

① 陈进华:《治理体系现代化的国家逻辑》,《中国社会科学》2019年第5期,第23—39页。

② 胡承槐:《从人类社会历史发展规律看共同富裕的底层逻辑——兼论人民性建设的基础性地位和作用》,《治理研究》2022年第1期,第16页。

会政策的失灵和"共同富裕"幻象的破灭。

三、西方社会政策失灵与"共同富裕"幻象的破灭

"二战"结束以后,西方国家普遍实施的旨在缩小阶级差距、保障民生福利的系列社会政策,一度制造了资本主义正在走向"共同富裕"的幻象。但这种社会政策的协调运转,有赖于特定的政治经济和社会文化条件组成的较为适宜的国家治理生态。[①]2008年全球金融危机发生以来,西方国家治理生态日益恶化,其固有的国家治理逻辑在新环境的演进中出现严重失衡,也造成了两极分化日趋严重、与真正的"共同富裕"渐行渐远的社会现实。总体来看,西方"共同富裕"幻象破灭是最近十余年来才日渐凸显的现象,但其理论和政策根源,却可以追溯至20世纪80年代新自由主义和西式治理理论兴起带来的一系列经济社会变革。

(一)新自由主义和西式治理理论兴起对西方经济社会政策的重塑

从20世纪80年代开始,西方国家治理的宏观环境发生了巨大变化,造成其"共同富裕"背后起支撑作用的资本逻辑和市场逻辑不断演化变迁。这种变化既包括世界政治变迁的实践层面,也包括国家治理理论演进的观念层面。从实践层面看,里根、撒切尔掀起的改革运动、冷战终结以及随之而来的全球化加速,都对西方国家治理逻辑的演进带来了重要影响;从理论层面看,新自由主义和治理理论的兴起,则为西方国家治理逻辑注入了新变量,塑造着其新的演进轨迹。当然,上述实践进程与理论进程在很大程度上是结合在一起、相互呼应甚至有时是难以分割的。[②]

新自由主义的核心要旨在于奉行绝对的市场原则,具有鲜明的市场拜物教特征,其主要观点与推崇自由放任经济政策、强调"最小政府"的古典自由主义并无差异,因而可以看成是在批判凯恩斯主义基础上对古典自由主义的回归。新自由主义的"新",主要在于其把主导经济运行的市场逻辑引入到社会领域,并借助全球化的力量将其推广至国际社会。该理论的核心要义虽然早已由哈耶克等人进行了学术阐释,却并未形成广为传播的全球性理论思潮。其真正兴起并被广泛运用于国家治理实践始于20世纪80年代初,早期主要体现为撒切尔、里根推动的以私有化和市场化为核心的政治改革运动。

---

① 卜永光:《美国国家治理系统性困境的主要体现、关联机理与演化逻辑》,《统一战线学研究》2021年第1期,第77页。

② Simon Springer, Kean Birch, Julie MacLeavy. "An introduction to neoliberalism", Handbook of neoliberalism, Routledge, 2016, pp.29-42.

冷战终结之际,全球化进程的加速和治理理论的兴起进一步放大了新自由主义的理论影响力。1989年,也就是在治理概念被提出的同时,被称作"新自由主义政策宣言"的"华盛顿共识"经由经济学家约翰·威廉姆森(John Williamson)等人系统总结后正式提出。该宣言通过罗列以市场化为核心的十项"改革清单"的形式,为拉美等发展中国家提出了国家治理"药方",也为新自由主义向全球的复制打造了模板。[①]随着冷战走向终结,在西方主导下,新自由主义的政策主张在拉美和原苏东地区得到迅速推广,影响力日益显著,从而发展成得以在西方世界和不少发展中国家大行其道的一种意识形态。与此同时,自20世纪90年代起,"治理"一词逐步在政治学、公共管理等学科获得话语霸权。从表面上看,治理理论具有"问题导向"特征,因而容易给人造成"价值中立"、超越意识形态之争的假象。但考察治理理论在西方的历史演进和基本主张,该理论与新自由主义全球浪潮之间却存在着复杂而紧密的关联,并将西方意识形态嵌入到了其主要观点之中,两者的合力也瓦解和重塑了"二战"结束后西方资本主义"黄金年代"的经济社会模式。

(二)新自由主义主导下西式治理理论与"共同富裕"的内在张力

新自由主义将社会视为负担,提出了以消减社会福利为核心的改革举措。撒切尔声称:"没有社会这件事情,只有一个个男人女人,一个个家庭。"[②]治理理论则强调发挥社会的作用,具有明显的"社会中心主义"倾向,两者的核心诉求从表面上看似乎并不一致。不过,治理理论强调建设"大社会",重点在于通过鼓励多元主体的有效参与来发挥社会的自治功能,而新自由主义所反对的,只是给政府带来负担特别是造成财政压力的"大社会"。两种"大社会"的内涵并不一致,而两种理论关于社会建设的主张非但并不矛盾,反而在基本理念上高度契合:新自由主义关于建立"最小国家"的主张,是把更多的治理任务留给了社会来解决,而治理理论则主张更多承接传统上由政府管理的事务。

冷战结束后,西方的意识形态自信空前膨胀。以福山为代表的学者甚至提出,人类关于意识形态的论辩和竞争,已经随着西方自由民主价值观在冷战中胜出而走向"历史终结"。在这种背景下,西方治理理论与"华盛顿共识"相互呼应,被不少西方学者视为世界各国走向现代化、实现善治的必然选择。然而,正如王绍光通过对相关文献的大量梳理和词源回溯所指出,西方学术话语中的"治理"概念不过是一个"空洞的能指",是被

---

① Charles Gore."The rise and fall of the Washington Consensus as a paradigm for developing countries", World development, Vol.28, No.5 , 2000, pp.789-791.

② Margaret Thatcher. "Interview for 'Woman's Own'('No Such Thing as Society')", in Margaret Thatcher Foundation: Speeches, Interviews and Other Statements, London, 1987, https://newlearningonline. com/new-learning/chapter-4/margaret-thatcher-theres-no-such-thing-as-society.[2022-04-12]

打上了浓重的新自由主义意识形态烙印的术语，其在后冷战时代广为流传的过程中，宣扬的不过是新自由主义的规范性主张。[①]

新自由主义主导下的全球化虽然推动着西方资本走向世界，并让世界财富向西方跨国公司和掌握大量资本的富豪手中汇聚，但西方广大中下阶层并没有完全从中受益，甚至还要承受制造业向海外转移、国外廉价商品冲击民族经济、外来移民大量涌入等带来的冲击。由此，新自由主义及其主导下的西方治理理论和实践，与此前指向“普遍富裕”的社会政策产生了巨大张力。这种不均衡的全球化模式逐渐在西方制造出面向世界的国际经济和面向国内的民族经济两种经济形态的对立。两者之间的对立与19世纪美国内战前的工业经济与种植园经济之分一样，成为导致西方社会重新走向两极分化和阶级对立的重要根源。[②]

（三）西方“共同富裕”幻象遭遇系统性困境

在新自由主义和治理理论的交互作用下，西方一方面走出了此前的经济滞胀，在全球化加速进程中实现了新发展，并将其相关政治理论发展为一种在世界范围内广为传播的强势意识形态；但另一方面，这种理论与实践也削弱了治理进程中的国家权威，制造着大量新的矛盾和问题。2008年前全球金融危机发生以来，西方国家治理逻辑在演进中出现了日益严重的失衡，最终使西方众多国家陷入严重的社会阶层对立和系统性的国家治理困境之中。

在新自由主义主导的全球化进程中，西方国家出现了经济金融化、产业空心化等弊病，导致其经济的结构性失衡日趋严重；在资本走向世界的同时，利润虽然流向了西方，但获利者却主要限于其少数国家的少数群体。法国经济学家托马斯·皮凯蒂在2013年首版的《21世纪资本论》引发了世界性的广泛关注，该书揭示了20世纪70年代以来资本在收入分配中的占比日益上升、劳动收入占比逐渐下降的态势，并用大量翔实的数据证实了西方主要大国收入分配差距不断扩大的趋势。[③]这种不平等扩大既是西方国家“资本逻辑”和“市场逻辑”扩张的结果，也让全球资本变得更加强势和难以控制，成为造成西方国家一系列困境的重要根源。

西方国家在经济层面的鸿沟日渐扩大的同时，社会层面的阶级对立与意识形态冲突也趋向严峻。英国社会学家安东尼·吉登斯（Anthony Giddens）在20世纪90年代指出：“随着工人阶级队伍的急剧萎缩以及东西方两极对立格局的消失，阶级政治的突出

① 王绍光：《治理研究：正本清源》，《开放时代》2018年第2期，第166—168页。

② 李滨：《当前美国政治社会分裂的根源探析》，《学术前沿》2018年第11期，第40—46页。

③ 托马斯·皮凯蒂：《21世纪资本论》，巴曙松、陈剑、余江等译，中信出版社2014年版，第24—28页。

性和‘左’与‘右’的传统分界也模糊了。”[①]实际上，由于二战后西方劳工阶级的生活和福利水平得到显著改善，诸如此类的资本主义“阶级消亡论”在二战后就已经出现。冷战的终结给西方人造成他们已经在意识形态较量中胜出的幻象，加之随后以调和意识形态分歧面貌出现的“第三条道路”的提出，认为阶级概念已经不再重要的观点变得更加盛行。不过，阶级对立并未在资本主义国家真正消失，随着西方经济不平等的扩大，阶级问题的重要性重新凸显出来。无论是“占领华尔街运动”中提出的“99%对1%的反抗”，还是“黄马甲运动”中马克龙被底层民众冠以“金融总统”“贵族总统”的名号加以激烈反对，都表明近年来资本主义内部呈现出阶级对立加剧的态势。与此同时，从“勒庞现象”到“科尔宾狂热”的形成，再到“桑德斯现象”和“特朗普主义”的出现，西方“左”与“右”的分界重新变得泾渭分明，从而使其社会阶层分化和意识形态分歧重新趋向严重。

四、西方“共同富裕”幻象破灭的若干教训

出于维护阶级统治、防范经济危机等目的，受“资本逻辑”和“市场逻辑”支配的西方资本主义国家，又不得不进行必要的国家建设。“二战”结束后，在汲取1929—1933年经济危机教训的基础上，西方国家普遍推行加强国家经济干预的凯恩斯主义，并通过提升福利水平开展社会建设，乃至在有限的范围内追求“共同富裕”，产生了积极而明显的社会效应。那么，西方“共同富裕”幻象何以又走向了破灭？资本主义缘何在过去数十年间，从部分实现了普遍富裕的“黄金年代”跌入到了当今涵盖经济社会和政治诸领域的系统性困境之中？从这些问题出发并基于前文的分析，我们可以总结出若干重要教训。

（一）“国家缺位”是西方“共同富裕”幻象破灭的重要根源

英国历史学家艾瑞克·霍布斯鲍姆（Eric Hobsbawm）将“黄金年代”的出现解释为“一连串由政府支持、监督、引导，有时甚而由政府主动计划、管理的工业化发展的故事”，同时也是由于各国政府“尽量减少社会上的生活不平等”，“全力保障社会福利和社会安全制度”。[②]这段时期，西方国家治理中的资本逻辑和市场逻辑受到抑制，普遍富裕的部分实现和“共同富裕”的幻象有效缓解了资本主义的基本矛盾和各类具体的社会矛盾。

当然，“黄金年代”并没有消除资本主义社会的固有矛盾，受到抑制的“资本逻辑”和“市场逻辑”也一直在积蓄着反弹的能量。20世纪80年代以来，在西方先后兴起的新自由主义和治理理论，都具有削弱国家权威、限制政府作用的理论取向。这一理论取向突

---

① 安东尼·吉登斯：《左派瘫痪之后》，杨雪冬译，《马克思主义与现实》1999年第1期，第15页。

② 艾瑞克·霍布斯鲍姆：《极端的年代：1919—1991》，郑明萱译，中信出版集团股份有限公司2014年版，第337页。

出地反映在两种政治理论强势兴起之际产生的一些广为流传的政治口号之中:里根在其首次当选总统后的就职演说中提出“政府不能解决我们的问题,政府本身才是问题”,[①]这一著名口号生动地反映了新自由主义对二战后西方政府职能扩张的批评和关于建设“小政府”的理论主张;而治理理论的代表人物詹姆斯·罗森瑙教授提出的“没有政府统治的治理”的著名学术主张,也蕴藏着类似的理论逻辑,并经广泛传播后产生了超越学界的理论影响。新自由主义与治理理论的合力,削弱了西方国家政府的有效程度,从而造成西方治理实践的关键领域出现了“国家缺位”问题,也最终造成了其“共同富裕”幻象的逐步破灭。这种深刻教训警示我们,作为社会主义国家的中国追求共同富裕,必须有效发挥国家的举旗定向和规范引导作用。

(二)追求共同富裕必须防止陷入“福利陷阱”

福利国家模式与西方选举政治结合,导致福利只能增加难以削减。选举在某种程度上异化为“福利拍卖会”:开出最多福利支票的候选人往往更有可能当选。然而,过度依赖福利体系的财富再分配功能扭曲了劳动力市场,带来了“养懒人”等一系列问题,导致经济丧失活力,并有可能因福利开支超出政府负载能力而引发财政乃至经济危机。

环顾现实,西方国家当前面对的是一种各类弊病和复杂矛盾交织的社会,或者用吉登斯的说法,已经成为一种“受阻社会”。在阐释“受阻社会”概念时,吉登斯指出:“在这种社会中,不仅许多公民,而且绝大多数有见地的观察家都认为,变革的必要性是显而易见的——然而,其中固有的保守主义或既得利益者,或两者,会阻碍必要改革的实行。”[②]

就我国而言,推动共同富裕绝不是简单地普及和提升社会福利,全面深化改革和实现共同富裕是当前社会主义现代化进程中不可分割的一体两面。这两项工作的协同推进,都要求在全社会范围内调整和优化利益关系,形成新的、更加合理的利益格局。这种新的利益格局需要更好地惠及全体人民,因而必须防止出现仅由部分群体构成的、排他性的利益集团——不管这种利益集团是由少数群体还是由相对多数群体组成的。从这个意义上看,我们必须时刻警惕西方式的“福利陷阱”,防止形成可能危及全面深化改革进程的“受阻社会”。

---

① Ronald Reagan.The Presidential Inaugural Address,January 20, 1981. https://www.reaganfoundation.org/media/128614/inaguration.pdf.[2021-06-16]

② 安东尼·吉登斯:《全球时代的欧洲》,潘华凌译,上海译文出版社2015年版,第30页。

(三)资本脱离羁缚必然造成两极分化

马克思指出,资本主义社会的市场“不承认任何别的权威,只承认竞争的权威”。[①]这表明,在经济运行领域,资本主义社会具有与生俱来的“去权威化”倾向。受资本主导和为资本服务的国家本质,决定了资本主义具有防止国家干预影响资本肆意扩张和增殖、因而主张“最小政府”的天然倾向——20世纪80年代以来兴起的新自由主义和西式治理理论,本质上是顺应了资本在新一轮所谓“超级全球化浪潮”中摆脱羁缚、更好增殖的需求,也瓦解了西方此前旨在缩小阶级差距的社会政策,造成了资本主义“共同富裕”幻象的破灭。

不受羁缚的资本必然危及共同富裕。当前,在我国扎实推动共同富裕的时代背景下,如何正确对待资本问题,已经受到广泛关注。我国已经明确提出要“正确认识和把握资本的特性和行为规律”“为资本设置‘红绿灯’”等一系列重要政策。[②]有学者基于对资本主导下西方困局的分析提出,我国对待资本的态度应当是“利用资本但不被资本所俘获,运用资本的力量但不让资本占主导”。[③]在把握资本特性和行为规律、规范和引导资本健康运行的过程中,认真汲取资本脱离羁缚造成“西方之乱”的深刻历史教训,有助于我国在开辟“中国之治”过程中避免重蹈西方的覆辙,更好地实现社会主义制度下的真正共同富裕。

---

①《资本论》第1卷,人民出版社1972年版,第394页。

②《中央经济工作会议在北京举行》,《人民日报》,2022年12月11日第1版。

③ 韩庆祥,黄相怀:《资本主导与西方困局》,《光明日报》2016年9月28日第13版。

共同富裕：全球议题和中国方案

葛　亮[①]

当今世界，实现全体国民共同富裕业已跨越政治体制、意识形态成为全球各国的紧迫任务。据联合国开发计划署《2020年人类发展报告》数据显示，在全球96个公布各自国家贫困线的发展中国家中，生活在贫困线以下的人口占全国总人口比超过50%的国家有19个，超过40%的有18个，超过30%的有10个，超过20%的有27个。即便对于美国这样的发达国家而言，消除贫困同样任重道远。据美国人口普查局数据显示，新冠肺炎疫情暴发前的2019年，全美贫困发生率高达10.5%，共有3400万美国人身处贫困。值得注意的是，这一数字已经是自1959年有统计以来的最低值。当世界各国纷纷投身减贫、发展之际，挖掘共同富裕中国方案的内在特质和全球价值，有利于更好地展现中国特色社会主义制度优越性，并以共同富裕为载体更好地对外讲述中国故事。

一、美好社会：实现共同富裕的西方方案

20世纪中后叶，贫富差距在世界范围内显著增强。自1960年至1991年，全球最富裕的20%人群所掌握的财富在全球占比从70%增长至85%，同期全球最贫穷的20%人群所掌握的财富在全球占比从2.3%跌至1.7%；自1975年至1990年，美国最富裕的1%人群所掌握的资产在全国占比从20%增长至36%；在20世纪90年代中期的美国，最贫穷的20%人群的收入不到全国平均收入的1/4。[②]

基于这一情况，西方学术界及时做出反映。虽然没有用“共同富裕”这样的提法，但20世纪90年代以来，西方学术界开始构建“美好社会”（Good Society）概念，并尝试将其作为解决西方社会问题，特别是新自由主义盛行下贫富差距日益突出的修正性方案。

---

① 作者简介：葛亮，中共浙江省委党校副教授。

② 参见 www. nytimes. com/1996/12/11/opinion/IHT-glaring-inequality-is-growing-between-and-inside-countries.html?searchResultPosition=45.

从一般意义来讲,美好社会不仅化解绝对贫穷,更应对贫富不均;美好社会重点关注贫富差距,但也涉及环境、教育、权利等全面议题;美好社会是蓝图方案,也是理论范式。在近30年左右的时间里,西方国家对美好社会热议的主要代表人物包括埃奇奥尼、贝拉等人、加尔布雷斯,他们推动形成了迄今为止关于美好社会的两股主要力量。

其一,埃奇奥尼和贝拉等人提出了作为理论范式的美好社会。这本质上是一个社群主义理论下解决西方社会问题的路径构想。这股力量的潜在假设是,西方社会所出现的贫富差距等社会问题主要是基于个体理性的无序增长。然而,新自由主义兴盛产生的社会问题并不意味着解决问题必然要诉诸国家调控。在国家、市场之外尚存第三条道路。通过有共同兴趣、共同利益的小群体,并经由小群体内部互动达成的共识,才是约束、推动个体产生合理行为的动能,进而促成社会和谐有序。为了规范个体行为进而建立良好的社会秩序,埃奇奥尼和贝拉等人提出"文化"和"制度"的概念。当个体行为受"文化"或"制度"约束、诱导时,就会表现出亲社会性,进而形成美好社会。因此,美好社会的动能是"文化"或"制度"。换言之,理解埃奇奥尼和贝拉等人提出的美好社会方案,关键就是理解社群主义理论下的"文化"和"制度"。"文化"和"制度",其实质是稳定且具有共识的行为倾向,因为是超越个体进而在群体中形成的,所以它是通过群体压力和群体约束解决西方社会行为个体化倾向迈向极端以后产生巨大社会成本的问题。

需要强调的是,社群主义介于自由主义和社会保守主义之间,但基于社群主义理论的美好社会本质上偏向于自由主义。第一,"文化"或"制度"依托的主体,不是整体社会,而是家庭、社区、志愿组织、利益相关者等众多小群体。现实情况是,并不是所有小群体都具有建构"文化"和"制度"的能力,有建构能力的小群体往往是市场中存在的强势利益集团。第二,美好社会并不拒斥道德多元主义(Not Seek to Ban Moral Pluralism)。[①]依托小群体存在的道德多元主义是美好社会的正常状态。而多元主义恰恰是自由主义的内核。第三,文化道德虽然是小群体中的共识,但"道德声音的形成与其说来源于国家强制,还不如说来源于自由选择"。[②]用贝拉等人的话来说,制度与其说具有限制性,还不如说具有能动性。[③]

其二,加尔布雷斯提出作为蓝图方案的美好社会。他所说的美好社会不是一个乌托邦,而是一个有可能实现的未来,是一个可行目标。相较埃奇奥尼和贝拉等人,加尔布雷斯所提出的是他对美好社会的目标构想。第一,美好社会内含经济决定论。加尔

① Amitai Etzioni."Debate: The Good Society", The Journal of Political Philosophy, Vol.7, 1999, No.1, pp.88-103.

② Amitai Etzioni."Debate: The Good Society", The Journal of Political Philosophy, Vol.7, 1999, No.1, pp.88-103.

③ Robert N. Bellah etc. The Good Society, New York:Alfred A. Knopf, Inc., 1991, p.12.

布雷斯说："在美好社会里，经济是基础；经济决定论是一种无情的力量。"[①]在美好社会中，经济体制运转良好，就业机会充分，致富手段健康。更为确切地说，每个社会成员都应当获得就业、医疗、社会福利等基本保障，没有人会被落下。第二，美好社会是去意识形态的。加尔布雷斯认为："在一个美好且有智慧的社会里，政策和行动并不服从于意识形态或教条。"[②]无论是资本主义还是社会主义，都只能是政府行为的教条依据。换言之，在美好社会中，能否有效地为社会提供产品和服务是经济行为的唯一标准，只要可以实现这个目标，无论是市场自发调节还是政府调控都是可以采用的手段。第三，美好社会是全面工程。所谓全面工程，就是说美好社会绝不仅是经济富裕，更包含教育充分、环境宜人、政治平等、移民健康等诸多问题的妥善解决。第四，美好社会反对特权阶层。谈及美国政治体制下形成的利益集团，加尔布雷斯忧心忡忡。他指出，美国社会的主导者正在转为由大企业管理层构成的统治集团，他们主宰政府和企业。[③]利益集团的形成将会导致众多的社会政策失去公平，进而倾向于保护和强化富人的利益。第五，美好社会是全球责任。加尔布雷斯说："许多非洲、亚洲、拉丁美洲地区仍然存在极度的贫穷。美好社会不能对这一情况置之不理，所有出于良知的人必须关心这些国家的穷人，所有国家公共政策都要致力于消除这一现象。"[④]也就是说，美好社会应当是一个必然要从发达国家走向发展中国家的全球方案。

西方学术界构建美好社会的方案是诱人的，因为它尝试解决的诸如贫穷、环境、教育、健康等社会问题是全人类当前共同面对的议题，也因为它倡导的路径或目标至少从表面上看直接关怀实践中的社会问题。然而，透视美好社会的方案可见其本质特征。

第一，美好社会蕴含鲜明意识形态主张。自由主义主宰西方资本主义社会几个世纪。社群主义理论下的美好社会其实只是对自由主义的一种修正，而不是超越。与此同时，加尔布雷斯把社会主义和传统资本主义下的美好社会双双否决[⑤]，进而提出无关乎意识形态的美好社会，尽管如此，他根本上并不反对资本主义的政党制度和民主模式，只是反对富人和利益集团挡道形成美好社会的诸项政策而已。因此这两股力量的美好社会都具有鲜明的意识形态导向，绝不能将其理解为对新自由主义的摒弃。

第二，美好社会展现强权逻辑。加尔布雷斯批驳历史上曾经存在的殖民统治、跨国

---

① [美]约翰·肯尼思·加尔布雷斯：《美好社会——人类议程》，王中宝等译，江苏人民出版社2009年版，第20页。

② [美]约翰·肯尼思·加尔布雷斯：《美好社会——人类议程》，王中宝等译，江苏人民出版社2009年版，第19页。

③ John Kenneth Galbraith."What Happened to the Good Society?", *Challenge*, Vol.44, 2001, No.4, pp.5-13.

④ [美]约翰·肯尼思·加尔布雷斯：《美好社会——人类议程》，王中宝等译，江苏人民出版社2009年版，第112页。

⑤ [美]约翰·肯尼思·加尔布雷斯：《美好社会——人类议程》，王中宝等译，江苏人民出版社2009年版，第16页。

公司、意识形态,将其视作发达国家强权政治业已退去的表现形式,同时,将美好社会阐释为富国对穷国负责的新形式,并且强调这种新形式完全不具有传统形式蕴含的强权逻辑。至于美好社会方案下,富国到底该如何对穷国负责,加尔布雷斯不仅明确蔑视跨国基础设施硬件建设援助的意义,反而提出要通过文化输出(例如教育)和制度(例如法律)输出推动实现全球各国美好社会。如此,美好社会与其说是发达国家对发展中国家的责任履行形式,还不如说是过往各种强权政治表现形式的当代变种。

二、共同富裕中国方案的内在特质

当共同富裕业已成为全球议题,何为共同富裕中国方案?在《中共中央国务院关于支持浙江高质量发展建设共同富裕示范区的意见》(下文简称《意见》)中有过集成说明:“具有鲜明的时代特征和中国特色,是全体人民通过辛勤劳动和相互帮助,普遍达到生活富裕富足、精神自信自强、环境宜居宜业、社会和谐和睦、公共服务普及普惠,实现人的全面发展和社会全面进步,共享改革发展成果和幸福美好生活。”深入挖掘共同富裕中国方案的内在特质,应当牢牢立足中国新型政党制度这一根本条件,从目标对象、内在要求、战略步骤、根本方法等四个方面进行阐释,展现中国共产党领导实施的共同富裕中国方案迥异于西方方案的独特性。

(一)中国共产党始终把全体社会成员作为实现共同富裕的目标对象

实现共同富裕,首先要凸显“共同”。因此,中国共产党始终把全体社会成员作为实现共同富裕的目标对象。所谓全体社会成员,是指共同富裕的目标对象是14亿中国人民。中国共产党承诺“不落下一个贫困地区、一个困难群众”。其反映的本质是,中国共产党不以自由竞争、社会发展等各种理由维持收入悬殊格局,也不以民族、身份、城乡、区域、职业等各类标准维护群体差异格局。推进共同富裕,不是要在14亿中国人民中深描界限,而是旨在消弭界限。越是在群体对照中处于弱势地位,就越要成为共同富裕的重点帮扶对象;越是通过不当方式实现富裕的群体,越要成为纠错对象;越是率先实现富裕的群体,越要敦促其履行社会责任。不允许各种原因导致的“掉队落伍”,不宽容无原则的“生财之道”,而是鼓励合理有序地“发家致富”,进而实现差异群体间的和谐和融合。简言之,共同富裕就是在全体社会成员中“让穷的人富起来,让富的人负起责”。

在全体社会成员中,中国共产党无论是过去还是未来格外关注尚未富起来的人群。党的十八大以来,党中央针对共同富裕的重点目标对象展开了攻坚战役。目前,决战脱贫攻坚已取得决定性胜利,困扰中华民族几千年的绝对贫困问题得到历史性解决。按照现行标准,9899万农村贫困人口全部脱贫,832个贫困县全部摘帽,12.8万个贫困村全部出列。全国城乡收入差异逐渐缩小，人均可支配收入城乡倍差已从2013年的3.03下降至2020年的2.56。2020年，全国已有24个省市自治区的人均可支配收入城乡倍差低于全国平均水平。

在此基础上，《意见》已明确将欠发达地区群众、农村地区群众、中低收入群众作为下一阶段实现共同富裕的主攻目标。改革开放使东部沿海地区、城市地区的一部分群众大幅提高了生活水平，下一步，就是让所有群众共享发展成果。这就是在一部分人、一部分地区业已富起来的情况下，直面有生活困难的群众、直面有迫切发展需求的群众、直面为大局牺牲局部利益的群众，花大力气拉他们一把，加快推动另一部分人、另一部分地区一同富起来，最终实现全体社会成员的共同富裕。

（二）中国共产党始终把高质量发展作为实现共同富裕的内在要求

实现共同富裕，也要强调"富裕"。因此，中国共产党把高质量发展作为共同富裕的内在要求。所谓高质量发展是指要对照系统集成、结构优化、制度完善以及依赖内部动能的标准衡量富裕水平。实现共同富裕，不能狭义理解为增加群众收入，也不能错误地理解为低水平的"共同"或曰"共同贫穷"，更不能荒谬地理解为"你干你的我干我的、河水不犯井水"。中国共产党旨在实现全面、综合、集成、长久的共同富裕，使得中国的富裕水平在世界范围内有竞争力、影响力、感染力。高质量发展必然是其内在要求。这区别于西方国家以美好社会之名，把政党利益、小集团利益作为政治行动的真正导向。

系统集成，即党建引领下在经济、政治、社会、文化、生态各领域形成相互支撑、相互保障、相互推进的高质量发展进程。长期以来，中国共产党以群众收入为切入点开始并推进实现共同富裕。但不能将共同富裕狭义理解为群众收入均等化。中国共产党的共同富裕，旨在各领域同步实现群众生活富足、增强群众体验感，包括收入水平均等、民主参与充分、社会福利完备、文化公平和文化高水平、生态优势明显等，同时，旨在实现各领域各自充分发展基础上的相互促进、协同共进。

结构优化，即建立经济体系完备、社会建设完善、文化治理发达、生态文明先进的高质量发展进程。在实现共同富裕的进程中，及时化解外部风险挑战、不断增强内在发展动力、持续巩固社会发展基础是必然要求。这就要求通过适时优化各领域结构，为共同富裕进程注入新鲜活力。

制度完善，即通过各领域成文硬制度和社会道德、习俗、文化等软制度合理规范、有序保障高质量发展进程。中国共产党渴望实现共同富裕，也期待实现长久富裕、广泛富裕。因此，中国共产党着力将建立体制机制方面可转化的标志性成果作为重点，把传承改革精神、厚植干事决心、确立公平正义作为在全社会建构共同心理基础的重点，进而为共同富裕增强制度保障。

依赖内部动能,即坚持对外开放的基础上,把国内力量作为高质量发展的根本动力。改革初期,邓小平同志指出,开放包括两个开放,对内开放和对外开放。改革开放历经40余年,中国对外开放之路越走越远、越走越宽、越走越稳,取得了丰硕成果。综览世界主要大国历史,在其崛起过程中往往是通过各种对外交往形式实现其发展目标。但要真正稳定屹立在世界之巅,实现国内长久富裕,还是要依赖内部动能。共同富裕是中华民族的富裕,要实现长久、安全、稳定的富裕,必然要在对外交往中增强自主性。

(三)中国共产党始终把渐进式发展作为实现共同富裕的战略步骤

中国共产党带领中国人民渴望尽快实现共同富裕,但也坚持把渐进式发展作为实现共同富裕的战略步骤。共同富裕不是乌托邦,绝不可能实现于朝夕之间,而是需要代代共产党人和中国人民在前赴后继中接续奋斗。这是美好社会绝不可能设想的方案。

所谓渐进式发展,首先意味着"一张蓝图绘到底"。改革开放以来,中国共产党始终秉持"一张蓝图绘到底"的干事理念和成事决心,不求跳跃式的变革、不谋跨越式的发展,脚踏实地、一步一脚印,一任接着一任推动实现共同富裕的奋斗蓝图。在这张蓝图的指引下,党的中心工作从以经济建设为中心的社会主义现代化建设迈向全面建设社会主义现代化国家新征程,工作目标从实现小康社会迈向共同富裕取得更为明显的实质性进展,实现途径从改革开放迈向全面深化改革。其中,持久不变的是共同富裕的根本内核、根本目标、根本途径。

所谓渐进式发展,还意味着阶段性成就。贫穷不是社会主义。从"共同贫穷"到共同富裕历久漫长,中国共产党坚持实事求是原则,总结历史经验,不盲目追求一步到位,按照"先局部富裕后共同富裕"的步伐,适时提出阶段性目标、积极促成阶段性成就。改革初期,邓小平同志提出"允许一部分人先富裕起来,一部分地区先富起来"①,到20世纪末实现小康社会。这实乃对局部富裕阶段性成就的形象定义,即"做大蛋糕"。至"十三五"末,决胜全面建成小康社会取得决定性成就,共同富裕的阶段性目标顺利实现。在此基础上,中国共产党适时提出,到2035年,人民生活更加美好,人的全面发展、全体人民共同富裕取得更为明显的实质性进展。这是对共同富裕新阶段性成就的定义,即"做优蛋糕、分好蛋糕"。也就是说,既要寻求高质量发展,也要共享发展成果。

之所以可以把渐进式发展作为实现共同富裕的战略步骤,是因为有中国新型政党制度保驾护航。中国新型政党制度意味着,在实现共同富裕的进程中,不存在因为民主选举而刻意迎合利益集团、因为轮流执政而强行推动政策更替、因为党派斗争而恶意批判政治主张等政治现象。多党轮流执政所必然导致的政治动机狭隘和重大政策波动是

① 《邓小平文选》第1卷,人民出版社1993年版,第23页。

不被中国新型政党制度允许的。反过来说,中国新型政党制度决定了中国共产党历代领导集体无一不把保持方针政策延续性、维护人民利益崇高性、遵循干事作风务实性作为必要的执政品格,进而持续推进共同富裕宏伟蓝图。

(四)中国共产党始终把破解社会主要矛盾作为实现共同富裕的根本方法

中国共产党坚持运用马克思主义矛盾分析法,把破解社会主要矛盾作为实现共同富裕的根本方法。这是一种从根源上诊断阻碍实现共同富裕的思路,也是一种从源头上治愈实现共同富裕困境的方法。改革开放以来,中国共产党先后两次关于社会主要矛盾形成政治论断。这根本上是基于特定历史条件下实现共同富裕症结、困境的“诊断书”。相应地,从“解放和发展生产力”到“高质量发展”实际上是针对不同社会主要矛盾下实现共同富裕开具的“药方”。进而,从改革初期城市和农村各领域的方案举措到当前“房住不炒”等重点领域的实施办法,则是针对实现共同富裕热点、焦点问题下的一剂“猛药”。

之所以可以把破解社会主要矛盾作为实现共同富裕的根本方法,是因为中国共产党除了最广大人民的根本利益和全国各族各界的根本利益,没有自己的特殊利益。社会主要矛盾的根在于利益格局和利益集团。在中国共产党看来,任何具体利益格局和利益团体只不过是暂时性、阶段性、工具性的。没有什么具体利益格局和利益团体是永恒的,是不能被破除的。只要不符合广大人民群众的整体利益、长远利益,就不符合中国共产党的利益。为了实现共同富裕,中国共产党可以打破任何不当利益格局和既得利益团体。由此,中国共产党可以以人民的利益为基点,心无旁骛地直面真正的社会主要矛盾,并以此“牛鼻子”为牵引,实现共同富裕。

进而言之,中国共产党之所以可以抛弃狭隘的利益立场、站在广大人民群众的利益立场上,也是因为有中国新型政党制度保驾护航。在中国,各民主党派是中国共产党的合作者而非竞争者。中国共产党能否长期执政,根本上不是取决于能否取得对各民主党派的选举胜利,而是取决于能否实现广大人民群众的根本利益进而获得广大人民群众的认同。中国共产党与各民主党派的合作,本质上是过程或途径,最终目的是实现人民群众的根本利益,而不是相反。这就决定了,中国共产党以广大人民群众的根本利益为起点,分析判断社会主要矛盾,进而推动实现共同富裕是切实可行的方法途径。

三、共同富裕中国方案的全球价值

共同富裕是全球各国的共同梦想。当今世界,无论是发达国家还是发展中国家,无论是政治家还是理论家,纷纷将共同富裕作为政党、国家以及相应研究的使命任务。共同富裕中国方案基于中国国情,迥异于西方方案。中国方案的成功实践对于包括部分发达国家在内的全球各国有着重要价值。深刻认识共同富裕中国方案的全球价值,有助于中国共产党展现马克思主义政党形象、中国履行负责任大国义务。

(一)理论价值:共同富裕使马克思主义理论活力再现

当今世界,中国共产党是最大的马克思主义政党,中国是最大的社会主义国家。共同富裕中国方案使马克思主义理论在全球范围内活力再现。

共同富裕是社会主义的本质要求。所谓本质要求,意味着马克思主义把化解社会贫困现象和收入悬殊问题作为其理论的关键内涵。因为,马克思主义从其诞生起,就将资产阶级和无产阶级因大机器生产形成的收入差异和财富差别作为其逻辑起点,进而将弥合社会成员的贫富差距作为其理论使命的一方面。恩格斯曾经写道:“工业革命使资产阶级及其财富和势力最大程度地发展起来。”[①]在大机器生产中,“劳动的价格或工资将是维持生存所必须的最低额。”[②]也因为,马克思主义在其诞生之初,将由生产资料私有制及自由竞争引发的经济危机视为必然现象,进而将化解经济危机及其带来的贫困和破产作为其理论使命的另一方面。恩格斯曾经写道:“每次混乱对全部文明都是一种威胁,它不但把无产者抛入贫困的深渊,而且也使许多资产者破产。”[③]

中国共产党自建立起就秉持马克思主义理论使命,将立党之本、革命之基扎实建构于使全体中国人民共同过上幸福生活。中国共产党创始人之一的李大钊在1923年的一次演讲中指出:“资本主义制度能使社会破产,使经济恐慌和贫乏,能使大多数的人民变为劳动无产阶级,而供奉那少数的资本家。社会主义就是应运而生的起来改造这样的社会,而实现一个社会主义的社会。这样一来,能够使我们人人都能安逸享福,过那一种很好的精神和物质的生活。”[④]

之所以共同富裕中国方案具有理论价值,是因为它用当代实践展现了马克思主义理论的时代生命力。作为世界上最大的马克思主义政党,中国共产党业已用40多年的

---

①《马克思恩格斯文集》第1卷,人民出版社2009年版,第680页。

②《马克思恩格斯文集》第1卷,人民出版社2009年版,第678页。

③《马克思恩格斯文集》第1卷,人民出版社2009年版,第682页。

④《建党以来重要文献选编(1921—1949)》第1册,中央文献出版社2011年版,第331页。

改革实践证明了马克思主义理论的有效性。改革开放初期,特别是在国际社会主义事业跌宕起伏的背景下,邓小平仍坚定地强调要用马克思主义理论指导中国实践:“如果走资本主义道路,可以使中国百分之几的人富裕起来,但是绝对解决不了百分之九十几的人生活富裕的问题。而坚持社会主义,实行按劳分配的原则,就不会产生贫富过大的差距。”①以马克思主义理论为指引,中国共产党带领全国人民不仅决胜全面建成小康社会取得决定性成就,更是一轮又一轮地防范经济发展风险、克服贫富分化倾向、缓解社会矛盾乱象、遏制资本无序扩张,成功摆脱了资本主义在经济社会领域一再陷入的诸多困扰。上述成就,使得诞生于19世纪欧洲大陆工业革命背景下的马克思主义理论设想——即便在苏联解体和东欧剧变之后——仍可以在21世纪的东方大国逐渐成为现实图景。在通往共同富裕道路上,马克思主义理论不断展现突出价值,马克思主义理论的旺盛生命力可见一斑。

之所以共同富裕中国方案具有理论价值,还是因为它为马克思主义理论增添新内涵。共同富裕中国方案用实践回答了在政党领导核心代际传承情况下稳定推进共同富裕的问题、国家宏观调控和市场自主调节间关系的问题、各领域实现效率和公平共生共存的问题、信息化时代劳动关系的问题等。这些鲜活实践为马克思主义理论的当代发展提供了问题指引,使什么是共同富裕、谁领导共同富裕、如何推进共同富裕、在哪些领域推进共同富裕、国家和市场什么关系等一系列理论问题得以进入马克思主义理论的延展视野。值得注意的是,上述问题的核心要义同样也是西方美好社会的关切点。无论是作为路径抑或作为目标的美好社会,都就上述问题提出了西方方案。共同富裕中国方案不仅证明西方方案并不具有唯一性,更是为马克思主义理论的当代发展提供实践案例,使其在当今时代依旧具有传承创新空间。

(二)实践价值:共同富裕是导向人的全面发展和社会全面进步的系统方案

人的全面发展和社会全面进步是共同富裕中国方案的实践导向。《意见》明确提出共同富裕示范区建设要实现人的全面发展和社会全面进步。共同富裕既不是“国富民穷”,也不是“国穷民富”,而是国家和人民同步富足的发展状态。即便对于很多发达国家而言,同时取得社会进步和个人发展既是执政党追求的实践目标,也是一对较难调和的实践矛盾。例如,加尔布雷斯在谈及美好社会时,用“肮脏的街道和干净的房屋”形容美国社会进步和个人发展间的巨大反差。②资本主义的内在特质使得部分西方国家正

---

① 《邓小平文选》第3卷,人民出版社1993年版,第64页。

② John Kenneth Galbraith. “What Happened to the Good Society?”, Challenge, Vol. 44, 2001, No. 4 pp.5-13.

在为社会生机和个人活力的矛盾所困。特别是在一些关系到社会发展的关键领域,例如基础设施、国家重大项目等方面,部分西方国家不得不以延缓社会进步为代价优先保护个人利益。然而,中国共产党在推动实现共同富裕的进程中,充分兼顾国家和个体两个层面,使共同富裕中国方案展现社会主义的实践价值。

之所以共同富裕中国方案具有实践价值,是因为它践行马克思主义对社会进步和个人发展的同步要求。马克思主义基于生产资料所有制,尝试推动社会形态向更高阶段发展。马克思和恩格斯撰写《共产党宣言》,即号召全世界无产阶级联合起来推动社会发展。与此同时,马克思主义同样关切个人发展。工业革命催生强化个体间分工,使得每一个人都只偏重个人才能的一部分而忽略了其他方面。因此,恩格斯指出:"教育将使他们摆脱现在这种分工给每个人造成的片面性。根据共产主义组织起来的社会,将使自己的成员能够全面发挥他们得到全面发展的才能。"[①]共同富裕中国方案是马克思主义理论指导下的系统方案。社会主义的内在特质决定中国共产党在推动共同富裕进程中,既注重GDP、经济发展、基础设施建设、环境保护等社会层面的进展步伐,也强调广大人民群众获得感、幸福感、安全感以及人均可支配收入等个体层面的发展脚步。以牺牲个人为代价寻求社会成就,或以牺牲社会为代价寻求个人发展,都不符合社会主义的内在要求。

之所以共同富裕中国方案具有实践价值,更是因为它以阶段性方式兼顾实现人的全面发展和社会全面进步。新中国成立以来,中国共产党不机械追求同步实现"两个全面",但也从未放弃这一追求,科学谋划了从社会和个人有所侧重迈向社会和个人同步富足的发展历程,为众多后发国家树立了实践样板。这一历程集中体现于社会主要矛盾的三次变迁。1956年,在党的八大开幕词中,毛泽东说:"我们现在也面临和苏联建国初期大体相同的任务。要把一个落后的农业的中国改变成为一个先进的工业化的中国。"[②]因此,党的八大关于社会主要矛盾的判断虽然是"人民对于建立先进的工业国的要求同落后的农业国的现实之间的矛盾,人民对于经济文化迅速发展的需要同当前经济文化不能满足人民需要的状况之间的矛盾",但基于当时的基本国情,将共同富裕的重心放在国家建设上,提出"党和人民的当前的主要任务,就是要集中力量来解决这个矛盾,把我国尽快地从落后的农业国变为先进的工业国"。1981年,党的十一届六中全会提出,社会主要矛盾转变为"人民对于经济文化迅速发展的需要同当前经济文化不能满足人民需要的状况之间的矛盾"。较之于1956年的社会主要矛盾,这一主要矛盾开始兼顾个人层面的生产生活需要,并将其与国家层面的建设任务统筹兼顾。因此,解放和

---

①《马克思恩格斯文集》第1卷,人民出版社2009年版,第689页。

②《毛泽东文集》第7卷,人民出版社1999年版,第117页。

发展生产力，既要实现国家工业化，也要逐步满足人民日益增长的物质和文化需要，在人的发展和社会进步的相互促进下协同推进。2017年，党的十九大就社会主要矛盾提出新的政治判断，不仅一如既往地融合社会进步和个人发展，更是前所未有地突出社会发展的落脚点是人民日益增长的美好生活需要。党的十九大报告不仅从人的体验感的角度提出“获得感、幸福感、安全感”，更是把个人放到政权建设的角度加以强调：“全党必须牢记，为什么人的问题，是检验一个政党、一个政权性质的试金石。”

（三）政治价值：共同富裕展现中国推动构建人类命运共同体的责任担当

人类命运共同体的最终落脚点，就是要把世界各国人民对美好生活的向往变为现实。实现共同富裕必然是世界各国——特别是众多发展中国家——政党和人民无差别的共同诉求。中国共产党运用共同富裕的成功经验感染发展中国家，通过共同富裕取得的成就能力帮助发展中国家。即，把共同富裕作为推动构建人类命运共同体的有效途径。习近平指出：“我们要努力建设一个远离贫困、共同繁荣的世界。共同推动世界各国发展繁荣，共同消除许多国家民众依然面临的贫穷落后，共同为全球的孩子们营造衣食无忧的生活，让发展成果惠及世界各国，让人人享有富足安康。”[①]实际上，改革开放以来，中国共产党不仅矢志不渝地推动中国国内实现共同富裕，而且始终坚守大国责任，尝试通过国内共同富裕带动发展中国家共同富裕。1979年，邓小平曾经说：“到了那个时候（指达到小康状态），我们就有可能对第三世界的贫穷国家提供更多一点的帮助。”[②]

之所以共同富裕中国方案具有政治价值，是因为它是真正意义上全体社会成员的共同富裕。当今世界，在部分西方国家存在或轻或重的种族歧视、民族矛盾，社会流动贫乏、社会分层僵化，以及利益集团固化等现象，各类主要群体间的张力持续凸显。同时，部分西方国家执政党与利益集团相互关联，以致诸多社会政策的制定和出台不仅无法弥合社会分裂（Social Cleavage），反而进一步强化政党利益和局部利益。西方民主体制下的政客、学者、媒体一边对此忧心忡忡，一边却在用各种实际行动强化政治关联关系和既有利益格局。共同富裕在部分西方国家正在演化成为“资本主义神话”和“西方民主神话”。与之相应，共同富裕中国方案关照全体社会成员，致力于在全体社会成员间最大限度地形成共识与一致。邓小平早就说过：“由于社会主义制度的这些特点，我国人民能有共同的政治经济社会理想，共同的道德标准。以上这些，资本主义社会永远不可能有。”[③]40多年改革开放实践充分展现，共同富裕中国方案一方面坚定给予资本生

① 《习近平谈治国理政》第3卷，外文出版社2020年版，第434页。

② 《邓小平文选》第2卷，人民出版社1994年版，第237页。

③ 《邓小平文选》第2卷，人民出版社1994年版，第167页。

长空间,允许资本持续展现内在活力、促进社会发展,另一方面坚决限制资本的无序扩张,适时纠正资本对社会整体利益和全体社会成员带来的损害;一方面持续挖掘先发地区发展潜力,树立发展典型,另一方面坚决扶持后发地区加速赶超,实现区域均衡。这就意味着,共同富裕中国方案既注重激发社会优势群体的潜在动能,更关怀社会弱势群体的切身利益。它不是弱肉强食后的狂欢,而是和谐共生下的盛宴。这一方案有力地回应了西方民主体制和资本主义制度"赢者通吃""零和博弈"的固有缺陷,可以为世界上很多后发国家提供借鉴。

之所以共同富裕中国方案具有政治价值,也是因为中国共产党不对外输出"中国模式"。中国共产党乐于与世界各国政党分享共同富裕中国方案,但不主动、不强求世界各国照搬中国方案、重走中国道路。习近平强调:"我们不'输入'外国模式,也不'输出'中国模式,不会要求别国'复制'中国的做法。"[①]作为马克思主义政党,中国共产党认为别国理论、别国方案在推动本国发展中具有充分借鉴意义,但也始终坚信只有参照本国国情、形成本国方案才能真正促成本国发展。共同富裕中国方案本身就是中国共产党运用马克思主义原理与中国具体实际相结合形成的实践方案,它的形成深刻基于中国特有的政治体制、经济水平、文化脉络等各种条件。中国共产党始终牢记这一方案的来源,认识这一方案的全球价值,但也尊重世界各国的道路选择。作为负责任的大国政党,中国共产党追求国家强盛但绝不信奉霸权主义、强权政治。在参与国际交往过程中,中国一贯以来致力于与世界各国在各领域平等对话、共同协商。邓小平早在改革初期就明确表示中国反对霸权主义。[②]现如今中国虽已取得巨大成就,但也无意经由共同富裕中国方案在全球范围拉帮结派、推陈出新搞各种小圈子,更不会借机推行强权政治。当部分西方国家借由发展、富裕之名向第三世界国家推销各种"主义"、制度时,共同富裕中国方案的政治价值恰恰是其不附带各种政治条件。

四、结语

在十九届中共中央政治局第三十次集体学习时,习近平同志指出:"讲好中国故事,传播好中国声音,展示真实、立体、全面的中国,是加强我国国际传播能力建设的重要任务。"增强国际传播能力,就是要让世界各国听得到中国声音,更要听得进中国声音。这就需要主动讲述全世界感兴趣的故事、共同的故事。没有什么比贫富差距问题更能引起世界各国的普遍关注。一部共同富裕的民族发展史,几乎是世界上所有国家、政党的

① 《习近平谈治国理政》第3卷,外文出版社2020年版,第436页。

② 《邓小平文选》第2卷,人民出版社1994年版,第415页。

共同追求。与此同时，自改革开放以来，中国共产党为什么能、中国特色社会主义为什么好、马克思主义为什么行，其答案集中凝结在实现共同富裕的进程中。充分把握共同富裕中国方案的内在特质，深刻认识共同富裕中国方案的全球价值，就是将共同富裕作为对外讲述中国故事的载体和内容，进而增强中国国际传播能力，展现大党形象、履行大国责任。

走自己的路:
准确把握共同富裕的理论和实践立足点

徐　琪[①]

方向决定道路,道路决定命运。习近平总书记在庆祝中国共产党成立100周年大会上指出:“走自己的路,是党的全部理论和实践立足点,更是党百年奋斗得出的历史结论。”[②]这一重要论断是中国共产党对社会主义道路探索的凝练表达,是对马克思主义世界观方法论的深化运用与丰富发展。回溯百年大党的发展全景,从毛泽东同志提出要“以苏为鉴”思考和探索中国人自己的道路,到以邓小平同志为代表的共产党人带领中国人民继续探索“走自己的路,建设有中国特色的社会主义”的重要命题,再到习近平总书记强调,中国特色社会主义是社会主义不是别的什么主义。中国共产党用实际行动和伟大成就生动诠释了无论是中国的革命、建设,还是改革,都要把马克思主义基本原理同中国的实际相结合,同中华优秀传统文化相结合。这既彰显了中国共产党坚韧不拔的探索精神和敢为人先的开拓精神,又深刻反映出中国特色社会主义道路作为国内外多重因素叠加作用下的选择,有其特定的时空条件,以及基于自身演进逻辑生成的制度形态和制度优势,共同为共同富裕构建起符合发展规律和人民意志表达的理论范式和实现逻辑。

促进全体人民共同富裕,是对中国特色社会主义道路优越性和中国式现代化丰富内涵的生动表达,蕴含着深邃的马克思主义理论智慧和丰富的实践内涵。只有“回到中国自身”,把共同富裕放在中国特色社会主义和现代化的视野中加以考察,才能准确把握这一伟大奋斗目标的核心要义和世界范围的广泛意义,才能全面认识中国式现代化对西方现代化的借鉴和扬弃,才能深刻理解中国共产党对初心使命的孜孜以求。只有坚持“走自己的路”,在开辟“中国道路”、运用“中国智慧”的基础上,才能牢牢把握实现

---

① 作者简介:徐琪,中共绍兴市委党校哲学与科社教研室副主任、副教授。

② 习近平:《在庆祝中国共产党成立100周年大会上的讲话》,《人民日报》2021年7月2日002版。

共同富裕的科学方法论和实践原则，才能充分发挥党的集中统一领导、凝聚全社会共同奋斗的合力、运用国家力量驾驭资本逻辑、构建符合人民意志表达的共享机制等鲜明制度优势和独特中华文化优势，在开创新时代中国特色社会主义伟大事业新局面、创造人类文明新形态中实现共同富裕。

一、走自己的路，坚持马克思主义基本原理与中国的具体实际相结合，在对后发国家如何在社会主义条件下开启现代化的道路探索中实现共同富裕

共同富裕是中国特色社会主义现代化语境中的重要概念。习近平总书记指出，共同富裕是中国式现代化的重要特征。[①]共同富裕既内置于中国特色社会主义现代化的理论创新中，又贯穿在现代化道路的实践探索与不断现实化的历史进程中。中国特色社会主义现代化道路是实现共同富裕的必由之路，内置表征着共同富裕的基本范式和价值取向。我们要站在人类文明新形态的高度，深刻理解共同富裕是社会主义现代化区别于资本主义现代化的重要标志，着眼于全面建成现代化强国的目标要求，在探索后发国家如何在社会主义条件下开启现代化的道路中实现共同富裕。

走自己的路，要求我们坚持做大蛋糕的增量思维，在稳步推进社会整体富裕的基础上实现每位社会成员的富裕。现代化是以生产力的现代化为基础的社会变迁。中国作为后发国家，其所处的时空条件完全不同于拥有种种现代化先发优势的西方发达国家。西方现代化道路既是以资本为中心的资本增殖之路，也是资本转嫁劳资矛盾、生态危机、劳动力成本过高等制度性成本之路。可以说，先发国家的现代化是建立在对全球范围内人和物的资源掠夺基础上而实现的，是通过把资本主义必然引发的危机转嫁到全球其他空间为代价而实现的。先发国家在尚不需要考虑自然资源的枯竭和生态环境的制约等限制条件下，加速促进了现代化进程。反观中国作为落后的东方大国开启的现代化道路，是在对内面临一穷二白的基本国情，对外遭遇西方现代化引发的全球性、普遍性、深层性的现代化危机的国际环境，以及全球产业链分工下隐蔽的新的剥削与被剥削关系中展开的。中国的现代化道路不仅面临后发国家普遍面临的全球资源相对紧张、生态环境恶化等一般性问题，还面临中国具体国情之下的特殊性问题。历史的教训和现实的国情都要求中国的现代化之路必须跳出资本主义现代化的理论框架，道义上决不能重蹈西方覆辙，现实性上亦无法复制西方道路。这就要求我们在方法论上必须坚持一切从实际出发，实事求是的原则，走一条完全不同于发达国家的社会主义现代化

---

① 习近平：《扎实推动共同富裕》，《求是》2021年第20期。

道路，回答好如何在尚未达到发达社会主义阶段的国家开启现代化建设的问题。破解这一问题的首要任务就是解放和发展生产力。作为对以往哲学的扬弃和超越，马克思主义唯物史观科学揭示了人类从贫穷走向共同富裕的最一般基础和前提要求，即物质生产力的巨大增长和高度发达。马克思主义认为，物质生产力及其发展对于人类社会和人的发展而言具有基础性作用，"物质生活的生产方式制约着整个社会生活、政治生活和精神生活的过程。"[①]也就是说，社会主义必须代表先进生产力的前进方向。这是我们党团结带领全国各族人民建设社会主义的正确认知。党的十八大以来，习近平总书记多次强调发展是解决我国所有问题的关键，在2021年底的中央经济工作会议上又重申以经济建设为中心的基本路线。这为共同富裕确立了以做大蛋糕为前提的实践路径。我们迫切需要把对共同富裕的理解从单纯"分蛋糕"的存量思维中解放出来，在思想上清醒地认识到中国仍处于并将长期处于社会主义初级阶段，实现共同富裕是一项长期艰巨任务。在实践中坚持增量思维，把做大做优蛋糕作为工作重点，承认合理差距的差别富裕，以先富带后富、帮后富的方式创造更多社会财富，在稳步推进社会整体富裕的基础上实现每位成员的富裕。

走自己的路，要求我们尊重人民主体地位和首创精神，将实现共同富裕的宏伟目标与全体人民的共同奋斗联系起来，在构建全体人民共建共享格局中实现共同富裕。在一个拥有14亿人口之多的发展中国家实现共同富裕，是一项世界范围内前无古人的伟大事业。这是一个人口数量规模超过已实现现代化国家全部人口总和的现代化目标。这一目标的实现，不仅将会是中国和中国人民的伟大奇迹，也将会是人类文明发展史上的伟大奇迹。同时，这项伟大事业的艰巨性和复杂性，也是包括发达国家在内的其他任何国家都难以比拟的。达成这一目标，势必离不开14亿全体中国人民的共同奋斗。换言之，共同富裕不仅是党和政府自上而下的战略推动，或是企业、团体、组织的责任，更是每一位社会成员的责任。全体人民共同奋斗才是共同富裕的根本实践途径。马克思主义唯物史观从哲学高度指明了"历史活动是群众的活动"，[②]人民群众是推动社会前进的决定力量。历史已经证明，善于组织动员人民群众和团结社会各界力量是我们党夺取胜利的力量源泉。我们迫切需要把对共同富裕的理解从"等靠要"、政府大包大揽的惰性思维中解放出来，从杀富济贫的错误理解中纠正回来，将共同富裕的实践切入点聚焦到完善社会发展环境与鼓励个人奋斗上来，有效组织动员全体社会成员共同奋斗，激发个体的主动性和创造性。习近平总书记强调，幸福生活都是奋斗出来的，共同富裕要靠勤劳智慧来创造。[③]中央财经委第十次会议强调，鼓励勤劳创新致富，形成"人人参

① 《马克思恩格斯文集》第2卷，人民出版社2009年版，第591页。

② 《马克思恩格斯文集》第2卷，人民出版社2009年版，第287页。

③ 习近平：《扎实推动共同富裕》，《求是》2021年第20期。

与、人人尽力、人人享有”的生动格局。[①]促进全体人民共同富裕，不仅强调满足人民，还强调依靠人民、引导人民。人民群众既是共同富裕的直接受益者，也是共同富裕的直接参与者和积极贡献者。要建立健全充分释放社会活力的共建共享机制，为每个人增强自我发展能力提供更加普惠公平的条件。以增强人的自我发展动力为目的，打破社会阶层固化，畅通向上流动通道，给更多人依靠勤劳智慧创造致富的机会，让每个人既能均等化地参与经济社会发展活动，又能共享经济社会发展成果，为实现共同富裕注入不竭动力。

走自己的路，要求我们强化创新驱动发展战略，在充分激活超大国内市场规模和质量优势的基础上为共同富裕注入可持续发展动能。发展总是螺旋式上升的。当前中国面临问题的复杂性、挑战的严峻性超过了历史上任何时期。党的十九大报告指出，我国社会主要矛盾发生变化，发展不平衡不充分问题凸显，人民群众对美好生活的需求增长。党的十九届五中全会提出，要加快构建以国内大循环为主体、国内国际双循环相互促进的新发展格局。这一系列新目标新挑战从客观上要求我们必须因时因势及时调整工作着力点，把促进全体人民共同富裕放在更加突出的位置。同时要拿出直面现实、变革创新的魄力，在推动我国经济社会步入高质量发展轨道中持续做大做好做优蛋糕。中国进入新发展阶段，人口红利的比较优势日渐式微，未来发展将越来越转向和依靠创新驱动。这就要求中国制造必须向中国创造转变，对外开放必须向高水平提升，全球分工产业链必须向高端攀升。实现以上内容的关键就是提升自主创新能力。习近平总书记强调：“关键核心技术是要不来、买不来、讨不来的。”[②]我们要把科技自立自强作为战略支撑，鼓励和包容创新的发展环境，建立健全以创新贡献为导向的激励机制和体现创新要素价值的分配机制，激发全社会的创新潜能和创新动力，引导高层次人才、高端技术加快向科技领域汇聚。当前，共同富裕在中央层面被摆在更加突出的战略地位，是主动适应我国经济社会发展和世界政治经济格局深刻变化的现实要求，是立足新发展阶段、贯彻新发展理念、构建新发展格局的重大战略部署，是着力解决社会主要矛盾，满足人民对美好生活向往的治本之策，也是解决我国消费需求长期过小，激活中国作为超级大国的规模优势，切实把消费潜力转化为消费现实的破解之道。因此，共同富裕不仅是伟大的奋斗目标，也是基于现实基础的发展过程，不仅是再分配环节的调整，也是集生产、分配、交换、消费等各个环节于一体的系统性变革与重塑，不仅是高质量发展的目的，也是迈向高质量发展的必然选择。这对于统筹发展与安全，推动经济社会持续健康发展具有重要的战略意义。

---

① 习近平：《扎实推动共同富裕》，《求是》2021年第20期。

② 习近平：《努力成为世界主要科学中心和创新高地》，《求是》2020年第6期。

二、走自己的路,准确把握唯物史观视域下的人民至上理念,在永葆马克思主义政党的人民性底色中实现共同富裕

先进的政治目标唯有倚靠先进的政党组织类型才能实现。贯穿中国政治的一个显著特征,就是中国共产党始终发挥总揽全局、协调各方的领导核心作用。中国共产党是理解当代中国政治的钥匙。[①]坚持党的集中统一领导彰显出强大的"理论优势、政治优势、组织优势、制度优势和密切联系群众的优势",[②]这无疑是衡量现代政党"党力"强弱的重要指标。[③]没有强有力的政党领导,就难以让中国走上独立自主的道路,更无法成就中国道路。要想深入了解中国,就要深刻认识中国共产党,就要深刻理解坚持党的领导作为一项制度安排,使得中国共产党能够同时成为国家战略的推动者和人民利益的维护者,能够在长期执政的安排下谋划全局和长远,确保国家和人民利益、整体和长远利益均得到保障,[④]如此才能真切感悟"没有共产党,就没有新中国"的深刻内涵。

走自己的路,要求我们党在唯物史观视域中准确把握"人民"概念,从"现实的人"而非"抽象的人"出发,在厚植为民服务情怀、扎实推进为民办实事中实现共同富裕。党的历史上第三个历史决议将坚持人民至上总结为党的历史经验之一。把握唯物史观视域下的人民至上理念,要避免将其简单理解为西方的人本主义或人性论思想,避免将"人民"概念混淆于西方人性论做出的"人是人的最高本质"等所谓普世性、永恒性的抽象理解,而要把人放在现实的社会经济关系中予以考察。马克思恩格斯在《德意志意识形态》中把"有生命的个人的存在"视为"全部人类历史的第一个前提",[⑤]这样的人不再只是停留在思想观念和理性思辨层面的非现实的人,意即"不是处在某种虚幻的离群索居和固定不变状态中的人,而是处在现实的、可以通过经验观察到的、在一定条件下进行的发展过程中的人。"[⑥]正因如此,唯物史观被称为是关于"现实的人及其历史发展的科学"。[⑦]习近平总书记也强调:"以人民为中心的发展思想,不是一个抽象的、玄奥的概

① 参见景跃进、陈明明、肖滨主编:《当代中国政府与政治》,中国人民大学出版社2016年版。该书提出"党政体制"这一核心概念,用以概括中国政治的基本特征。

② 习近平:《始终坚持和充分发挥党的独特优势》,《求是》2012年第15期。

③ 王奇生:《党员、党权与党争:1924-1949中国国民党的组织形态》,华文出版社2010年版,第152页。

④ 参见鄢一龙等:《大道之行:中国共产党与中国社会主义》,中国人民大学出版社2015年版。

⑤ 参见《马克思恩格斯文集》第1卷,人民出版社2009年版,第519页。

⑥《马克思恩格斯文集》第1卷,人民出版社2009年版,第525页。

⑦《马克思恩格斯文集》第4卷,人民出版社2009年版,第 295页。

念，不能只停留在口头上、止步于思想环节，而要体现在经济社会发展各个环节。"[①]中国共产党准确把握住了人民群众是历史创造者的群众史观，在思想上确立了全心全意为人民服务的群众观点，在实践中形成了从群众中来，到群众中去的群众路线。回顾百年奋斗历程，我们党始终保持"空谈误国，实干兴邦"的实践自觉，紧紧围绕人民群众最关心、最迫切的问题开展工作，不务虚功、不图虚名，"根据现有条件把能做的事情尽量做起来"，[②]以只争朝夕的干劲努力创造"经得起实践、人民、历史检验的实绩"。[③]实现共同富裕，要坚持以"人民"关心的热点重点难点问题为导向，既重视科学顶层设计，又强调问计于民，以饱满的热情、更大的力度、更实的举措，着力回应和疏通人民群众最关心的热点重点难点问题，不断赢得最广泛的民心民意，增强共同富裕实践的主动性。当前，共同富裕的关键破题领域之一是解决一系列不平衡问题，要加快缩小地区与地区之间、城市与农村之间和不同收入群体之间的差距，促进社会公平正义，让共同富裕的实现过程变得真实可感。要坚持以"人民"的实际需求为导向，自觉把满足人民多样化、多层次、多方面的民生需求作为共同富裕的基本内容，统筹好发展与民生的关系，做好普惠性、基础性、兜底性的民生建设，切实解决人民群众普遍关心的教育、医疗、就业、养老等与人民群众生活工作密切相关的现实问题，在更高水平上实现习近平总书记强调的"幼有所育、学有所教、劳有所得、病有所医、老有所养、住有所居、弱有所扶"[④]，增强共同富裕实践的针对性。要坚持以"人民"满不满意、高不高兴作为衡量尺度，树立"为民造福是最大政绩"的政绩观，努力提升为民办实事的能力，切实让人民群众在日常生活中感受到实惠，在更广阔的范围、更丰富的领域中不断增强人民群众的获得感、幸福感、安全感。总之，共同富裕是"人民至上"理念的目标指向和具体化落实，是让老百姓过上好日子的重要着力点，闪耀着群众史观的历史唯物主义光芒。

走自己的路，要求我们深刻认识和矢志践行初心使命，在为人民美好生活接续奋斗的过程中实现共同富裕。人民立场是党的根本立场。不同于其他代表任何利益集团、权势团体、特权阶层的狭隘利益和眼前利益的政党类型，马克思主义政党是在"同人民群众的密切联系中成长、发展、壮大起来的，"[⑤]从建立之初就在"无产阶级先锋队"的定位之下自觉强调政党的无产阶级属性，葆有强烈而明确的阶级意识。这既形成了马克思主义政党区别于其他政党的显著标志，又塑造了其在政党"党力"上的明显优势。因

---

①《习近平在省部级主要领导干部学习贯彻十八届五中全会精神专题研讨班开班式上发表重要讲话强调 聚焦发力贯彻五中全会精神 确保如期全面建成小康社会》，《人民日报》2016年1月19日第1版。

②《习近平在省部级主要领导干部学习贯彻十八届五中全会精神专题研讨班开班式上发表重要讲话强调 聚焦发力贯彻五中全会精神 确保如期全面建成小康社会》，《人民日报》2016年1月19日第1版。

③ 习近平：《在"不忘初心、牢记使命"主题教育工作会议上的讲话》，《求是》2019 年第 13 期。

④ 习近平：《在纪念马克思诞辰200周年大会上的讲话》，《人民日报》2018年5月5日第2版。

⑤ 习近平：《始终坚持和充分发挥党的独特优势》，《求是》2012年第15期。

为"广泛的群众参与必然极大地增强政党的组织能量",[①]人心向背关系党和国家的生死存亡。马克思主义指出,人民群众的利益就是共产党的利益,"他们没有任何同整个无产阶级的利益不同的利益。"[②]毛泽东同志强调:"共产党是为民族、为人民谋利益的政党,它本身决无私利可图。"[③]习近平总书记指出:"党性和人民性从来都是一致的、统一的。"[④]作为马克思主义政党的中国共产党没有任何不同于国家、民族和人民利益之外的私利。中国共产党从小到大、由弱到强发展壮大成为当今世界上最大的政党,这一政治奇迹的实现绝非偶然,而是人民立场、初心使命的力量彰显。带领全体人民走向共同富裕的共产主义新社会,是我们党同整个国家、民族和人民的发展相适应、利益相一致的必然选择,也是我们党践行初心使命的决心信心。党为人民而生,因人民而兴。这是党的价值起点和价值归宿,也是永葆先进性纯洁性的内在动力。中国共产党在国家面临内忧外患的危难之际应运而生,从诞生之初就承载起了救亡图存、救国救民的光荣使命。带领全国人民夺取无产阶级政权后,中国共产党没有陶醉和满足于政治革命胜利的喜悦之中,而是以"明知山有虎,偏向虎山行"的勇气,按照马克思恩格斯在《共产党宣言》中号召的那样"尽可能快地增加生产力的总量",[⑤]开启了伟大社会革命的艰辛探索,并一以贯之地进行下去。从改革开放之初强调以经济建设为中心,满足人民群众基本物质文化需求,到党的十八大以来,以全面深化改革统筹推进"五位一体"总体布局,从党的十九届五中全会提出"到2035年全体人民共同富裕取得更为明显的实质性进展",[⑥]到"全体人民共同富裕迈出坚实步伐"被列入"十四五"时期经济社会发展主要目标,从摆脱绝对贫困、实现全面建成小康社会的巨大跨越,到习近平总书记作出"现在,已经到了扎实推动共同富裕的历史阶段"的科学判断,[⑦]中国共产党人承前启后、继往开来,在"我将无我,不负人民"的精神追求中永葆马克思主义政党的人民性底色,在"一张蓝图绘到底、一任接着一任干"的使命担当中为人民美好生活接续奋斗,在扎实推动共同富裕的过程中夯实党的执政基础。

---

① 参见王奇生:《党员、党权与党争:1924—1949中国国民党的组织形态》,华文出版社2010年版,第152页。

②《马克思恩格斯文集》第2卷,人民出版社2009年版,第44页。

③ 中共中央文献研究室、中央档案馆编:《建党以来重要文献选编(1921—1949)》第18册,中央文献出版社2011年版,第679页。

④《习近平在全国宣传思想工作会议上强调胸怀大局把握大势着眼大事努力把宣传思想工作做得更好刘云山出席会议并讲话》,《党建》2013年第9期。

⑤《马克思恩格斯文集》第2卷,人民出版社2009年版,第52页。

⑥《中国共产党第十九届中央委员会第五次全体会议文件汇编》,人民出版社2020年版,第7页。

⑦ 习近平:《扎实推动共同富裕》,《求是》2021年第20期。

三、走自己的路，运用国家力量自觉调整生产关系和上层建筑，在充分发挥国家制度优势和提升治理效能中实现共同富裕

制度优势因国家治理效能的不同而产生分殊。实现共同富裕迫切需要形成与之相适应的现代化治理水平。作为转型经济体的中国，面临的一大挑战是如何将市场机制嵌入社会主义制度，既有利于摆脱经济相对落后的状态，又能规避西方现代化进程中出现的种种负面问题，确保“社会整体富裕”与“每个人富裕”同时成为社会主义的特征。中国奇迹的创造推动中国迅速跃升为世界第二大经济体，探寻中国崛起的成功密码成为国内外普遍关注的焦点。形成的普遍共识之一，就是中国道路对政府与市场这一基本关系的重新定位。政府与市场关系的重新定位，所体现的是政府与市场的分权与合作，所要求的是如何通过改革提升治理的现代化水平，促进政治逻辑与市场逻辑的相互适应，实现有为政府和有效市场的统一。马克思主义指出，生产力与生产关系、经济基础与上层建筑的矛盾是社会基本矛盾。这一矛盾运动为中国制度体系的改革与完善提供了理论支撑。习近平总书记指出：“我们要勇于全面深化改革，自觉通过调整生产关系激发社会生产力发展活力，自觉通过完善上层建筑适应经济基础发展要求，让中国特色社会主义更加符合规律地向前发展。”[①]共同富裕的实践蕴含着全面深刻的制度体系的变革要求，是生产力与生产关系，经济基础与上层建筑的自觉调适，是发挥制度优势和提升治理效能的重要体现。

走自己的路，要求我们不能忽视生产关系对生产力的反作用，发挥社会主义的制度优势，在驾驭、利用和引导资本逻辑的制度创新中实现共同富裕。中国道路最重要的制度创新之一，就是创造性地实现了“社会主义基本制度”和“市场经济”的结合，建立了社会主义市场经济体制，并将其上升为基本经济制度，贡献了主动运用并超越资本逻辑的中国智慧。习近平总书记把社会主义市场经济体制的改革视为“我们党在建设中国特色社会主义进程中的一个重大理论和实践创新”。[②]贯穿其中的一个核心命题就是驾驭、利用和引导资本逻辑。资本逻辑是资本主义社会起源与发展的核心逻辑，指的是资本以最本身的方式不断追求自我增殖的扩张过程。马克思指出，资本“同比以前的奴隶制、农奴制等形式相比，都更有利于生产力的发展，有利于社会关系的发展，有利于更高级的新形态的各种要素的创造。”[③]这是对资本和资本主义在人类文明发展史上进步意义的肯定。也就是说，资本有其“文明面”。实现共同富裕不意味着不要资本、打击资

① 习近平：《在纪念马克思诞辰200周年大会上的讲话》，《人民日报》2018年5月5日第2版。

②《习近平关于深化改革论述摘编》，中央文献出版社2014年版，第62页。

③《马克思恩格斯文集》第7卷，人民出版社2009年版，第927—928页。

本,而是依然要积极占有资本主义创造的一切文明成果,在制度层面完善社会主义市场经济体制,不断革除阻碍经济社会发展的体制机制障碍,坚持“两个毫不动摇”,使一切要素活力竞相迸发,使一切创新源泉充分涌流,为经济的高质量发展提供动力机制,为共同富裕奠定坚实的物质基础。但是,我们同样要清醒地看到,马克思恩格斯在肯定了资本进步意义的同时,又尖锐地指出:“资本来到世间,从头到脚,每个毛孔都滴着血和肮脏的东西”。[①]也就是说,资本有其“不文明面”。对此,我们必须持续发挥好政府的调控作用,健全市场准入制度、公平竞争审查机制等,为资本设置“红绿灯”,创新探索适应新经济形态的监管工具,警惕政府监管失灵。概言之,“社会主义基本制度”和“市场经济”的结合,指的是要在工具理性上看待资本,既激活资本在解放和发展社会生产力方面的积极作用,运用国家力量引导更多资本进入与国家发展战略相契合的领域,服务国家发展战略和人民需要,又要充分发挥社会主义制度的优越性驾驭资本,防止资本无序扩张和对公平竞争的损害,以及对国家权力的侵蚀,最终实现整体富裕和每个人的富裕。

走自己的路,要求我们超越资本至上的资本主义,建立健全共享发展机制,发挥国家权力在资源配置上的调配优势,确保全面建设现代化强国与现代化成果由全体人民共享并重。马克思主义理论和社会主义制度内在地蕴含着让全体人民过上幸福生活的美好价值追求。马克思恩格斯深入到资本主义生产方式内部探究人类贫困的生成根源,揭示了资本主义私有制之下人类社会贫富差距悬殊、两极分化的必然趋势,并从发展先进生产关系的根本视角出发,主张消除生产资料私人占有的资本主义制度,建立起以所有人富裕为目的的共产主义新社会才是反贫困的根本路径。既言之,仅重视生产力的决定作用是不够的,还必须建立起人民共享的先进生产关系。资产阶级尽管像马克思恩格斯评价的那样,“在它的不到一百年的阶级统治中所创造的生产力,比过去一切世代创造的全部生产力还要多,还要大”,[②]但是,资本增殖作为资本主义的唯一追求,其结果必然陷入社会财富越增长,贫富差距越拉大的现实悖论。究其根本,资本主义生产关系过于狭窄,使得生产出来的巨大财富无法通过足够多的渠道返回社会,让多数人共享。反之,以公有制为主体的社会主义所有制关系破除了资本主义生产资料私人占有与生产社会化之间的矛盾,追求造福全体人民,而非服务资本增殖的目的。邓小平曾一针见血地指出,共同富裕不可能产生在资本主义社会,其本质属性只能是社会主义。这既是社会主义所有制关系区别于资本主义所有制关系的题中应有之义,也是从根本上遏制两极分化,实现共同富裕的根本性制度保障。共同富裕追求的是一个都不能少、

---

①《马克思恩格斯文集》第5卷,人民出版社2009年版,第871页。

②《马克思恩格斯文集》第2卷,人民出版社2009年版,第36页。

一个都不能掉队的富裕。因此,共同富裕在处理公平与效率这对关系时,追求的是二者的有机统一。我们既不能放弃效率,要持续完善市场机制,不断提高资源配置效率,又要突出公平,做出更有效的制度安排,维护好人民群众的根本利益。中国制度具有高度自主性,[①]可以通过加大再次分配环节的调节力度和精准性,破除导致不公平的制度性因素等,为实现共同富裕提供更合理的制度安排、更有效的政策措施和更坚实的治理基础,让改革发展成果更多更公平地惠及全体人民。

四、走自己的路,坚持把马克思主义基本原理与中华优秀传统文化相结合,在拓宽人类对文明新形态的理解和创造中实现共同富裕

全球化的进程意味着不同文化和文明之间的碰撞、冲突和激活。塞缪尔·亨廷顿在其代表作《文明的冲突与世界秩序的重建》[②]中断定文明的冲突是影响世界的主要冲突。尽管这一论断引发诸多争议,但不可否认的是,世界的多元发展迫使我们主动或被动地将目光延伸至更深层更内在的文化根基。中国特色社会主义不仅是一条基于特定时空条件出发确立而成的道路,也是一条深得中华文化浸润、博采世界文明成果而创造性前行的道路。习近平总书记在庆祝中国共产党成立100周年大会上指出:“必须继续推进马克思主义中国化,坚持把马克思主义基本原理同中国具体实际相结合、同中华优秀传统文化相结合。”[③]两个“相结合”的重要论断首次出现在党的文献中,凸显了中华优秀传统文化的重要地位。正如有学者指出,中国特色社会主义发生了由“自我辩护”到“中国主体”再到“影响世界”的历史性转变,[④]这意味着仅用“特殊”或“特色”已然无法涵盖中国道路所彰显的全部意义。这预示着中国要以一种对人类文明形态的全新理解和现代化理念来建设一个代表着人类文明新高度的现代化国家。其中,历史悠久且从未中断的中华文化必将为中国道路注入富有内生性、系统性、稳定性和包容性的文化内涵,为“走自己的路”注入强大、持久且自信的精神力量。因此,我们要从创造人类文明新形态的高度出发,激活文化在引领经济社会高质量发展中的新引擎作用,发挥文化在催生制度自信、强化制度认同、凝聚思想共识、汇聚磅礴力量上的重要支撑作用,在彰显独特中华文化的巨大优势中铸魂塑形赋能。

走自己的路,要求我们赓续传统文化“以民为本”“天人合一”“和而不同”等思想精

① 参见鄢一龙等:《大道之行:中国共产党与中国社会主义》,中国人民大学出版社2015年版,第97页。

② 参见塞缪尔·亨廷顿:《文明的冲突与世界秩序的重建(修订版)》,周琪等译,新华出版社2010年版。

③ 习近平:《在庆祝中国共产党成立100周年大会上的讲话》,《人民日报》2021年7月2日第2版。

④ 韩庆祥:《21世纪马克思主义的基础性问题》,《中国社会科学》2022年第4期。

髓,在以人的现代化为根本的现代化道路中实现共同富裕。在马克思主义唯物史观视野中,生产力、生产关系的变革发展最终反映的都是历史的主体——“人”的发展。人的自由全面发展是马克思主义的永恒主题。共同富裕作为现代化目标的嵌入,强调生产尺度的同时蕴含着人的尺度,将人从手段、要素的定位转变为目的本身,将内容拓展为物质生活和精神生活双富裕,将目标提升至人的全面发展和社会全面进步。共同富裕是以人民为中心的思想在发展观上的新发展,对“发展为了谁”“发展依靠谁”等根本性问题进行了有力澄清,乃党和政府心怀“国之大者”的重要体现。在五千多年的历史长河中,中华文化孜孜追求“天下为公”的社会理想,倡导“以人为本”的治国理念,厚植“惠民利民、安民富民”的为民情怀,而非狭隘的西方人本主义思想。中华文化追求“天人合一”“民胞物与”的大局观念,倡导“人与自然和谐共生”的现代化发展之路,而非割裂人与自然、轻视自然、破坏自然的现代化。中华文化倡导“和而不同”“兼容并蓄”的东方智慧,强调打造“人类命运共同体”的平等和谐、文明互鉴,而非零和博弈。这些千百年传承下来的智慧,为中国道路的崛起奠定了文明之基,为中国新型政党制度的伟大政治创造注入了文明之魂,为中国式现代化对世界现代化道路的开拓创新注入了文明之光。走中国特色社会主义道路的共同富裕,不是以其他地方的贫穷为代价,不是以牺牲子孙后代的利益为代价,也不是以攫取大量自然资源、破坏生态环境为代价。共同富裕在理论上的发展和实践中的探索,不仅具有中国意义,还具有原创性贡献和世界意义。它在吸取传统社会主义现代化的历史教训,反思和借鉴西方理论的基础上,历史辩证、守正创新地回答了后发国家在社会主义条件下的现代化道路中如何实现共同富裕这个世界性难题,为包括发达现代化国家、后发国家在内的全人类应对全球发展难题、解决现代性危机,贡献了中国智慧。我们要持续丰富、日臻完善中华优秀传统文化精髓,重视学习和总结历史经验,拓宽共同富裕的文化向度和面向未来的广阔空间。

走自己的路,要求我们坚持中华优秀传统文化的创造性转化、创新性发展,在增强文化自信、凝聚思想共识中汇聚共同富裕的强大精神力量。理论一经掌握群众,也会变成强大力量。文化自信、思想共识之于制度自信、道路成功具有根本性、方向性意义。走自己的路,离不开文化这个更基本、更深沉、更持久的动力。习近平总书记指出:“优秀传统文化是一个国家、一个民族传承和发展的根本,如果丢掉了,就割断了精神命脉。”[①]博大精深的传统文化是中国人最深厚的文化软实力,孕育了中华民族优秀的思想品格、人文精神和价值观念。共同富裕不仅是社会主义的本质要求,也是中华文化持续发展的伟大演绎。中华民族一直以来就有不懈追求“共同富裕”的美好愿景,在源远流

① 习近平:《在纪念孔子诞辰2565周年国际学术研讨会暨国际儒学联合会第五届会员大会开幕会上的讲话》,《人民日报》2014年9月25日002版。

长的文化长河中蕴含着大量关于小康、天人合一、大同社会的思想精华。无论是“仓廪实而知礼节，衣食足而知荣辱”对物质基础和精神富足的强调，还是“自强不息”“民生在勤，勤则不匮”对奋斗精神的价值引导，又或是“扶危济困”对社会公德的培育，共同富裕的伟大奋斗目标有着深厚的历史渊源和中华文化传统。实现共同富裕，不仅是物质财富不断累积的过程，也是人民群众精神文化生活不断丰富的过程，必须坚持满足人民文化需求和增强人民精神力量相统一。立足时代条件，挖掘中华传统文化的精髓，走具有中国特色、符合时代特征的文化发展之路。培育利用中华优秀传统文化作为提高人民思想观念，完善思维活动方式，提升实践活动水平的重要源泉，为构建中华民族共有的精神家园、丰富精神世界，发挥基础性、先导性和决定性作用。夯实全体人民共同奋斗、共同富裕的文化基础，深入挖掘中华文化蕴含的关于美好社会构想的思想观念、人文精神和道德规范，拓展中华文化与共同富裕的内在契合点，提高全体人民对共同富裕的理性认知和价值认同，增强全国各族人民的道路自信、理论自信、制度自信、文化自信，为凝聚起各民族共同奋斗的力量提供坚强的思想保证。厚植共同富裕的文化氛围和舆论引导，调动全社会济困扶弱的力量，激发企业、组织、个人等主体在第三次分配中的主观能动性，积极践行先富带后富、帮后富，让中华文化对共同富裕理想社会的美好想象在新时代中国特色社会主义现代化建设中成为现实。

走自己的路，要求我们用中华优秀传统文化滋养社会主义核心价值观，为实现共同富裕筑牢坚实的思想道德根基。习近平总书记在《扎实推动共同富裕》一文中指出：“要强化社会主义核心价值观引领，加强爱国主义、集体主义、社会主义教育，发展公共文化事业，完善公共文化服务体系，不断满足人民群众多样化、多层次、多方面的精神文化需求。”[①]社会主义核心价值观是我国社会主义现代化国家建设目标和社会基本属性的高度凝练，是全体人民共同恪守的基本准则和价值标准。只有植根于中华文化的深厚土壤中，社会主义核心价值观才能被全体人民普遍理解和自觉接受。要强化教育引导，聚焦“以文化人，以文育人”的主要任务，发挥社会主义核心价值观在公民道德建设、精神文明创建等活动中的积极作用，以社会公德、职业道德、家庭美德、个人品德为建设重点，把社会主义核心价值观内化为人民群众共同的理想信念、道德观念和价值理念。要强化实践养成，将社会主义核心价值观融入人民群众的日常生活，建立和完善市民公约、乡规民约、学生守则等与人民群众日常生活息息相关的行为准则，把核心价值观外化为人民群众的自觉行动，不断提升人民群众的文明素养和全社会文明程度。要强化制度保障，坚持核心价值观教育与社会治理相结合，立足国家治理体系和治理能力现代化的高度，着力解决文化领域的突出问题，为促进全体人民精神生活共同富裕提供有效

① 习近平：《扎实推动共同富裕》，《求是》2021年第20期。

制度保障。丰富和健全多样性、多层次、多方面的精神文化生活,推动城乡公共文化服务体系一体化建设、高质量发展,让全体人民共享文化发展成果,努力建设物质文明和精神文明双管齐下的中国式现代化,实现物质富裕和精神富裕齐驱并进的全面富裕。

共同富裕:中国式现代化的伦理之维

程丽琴①

人类文明是不断向前推展的历史性过程,它既可以指代人类在物质文化生产活动中逐渐脱离于动物性存在的野蛮状态,也可以指相较于此前时代的人类更高的发展水平。基于后者对文明释义的考量,可以历时性地将文明划分为不同历史形态,诸如渔猎文明、农耕文明、工业文明或信息文明等。基于文明内部所展现的社会性质、发展道路的差异性,也可以横向地对相同社会发展阶段的文明进行更细致的分类,如资本主义文明和社会主义文明。现代文明起始于西方,基于经济、文化或科技层面的不同解读,现代的起点既可以追溯至大航海时代,亦可以置于启蒙运动以来,甚或推至工业革命以降。尽管不同维度的理解将现代性置于不同的历史分期,但现代文明的基本架构都是以工业化为支撑的。现代化源起于西方社会变革,讽刺的是,以"文明"为补缀的西方现代化的展开却是以野蛮的军事入侵以及资本的血腥积累为基本前提。质言之,在"文明"尚未到来之前,资本驱动下的坚船利炮已几乎将全世界的"旧文明"碾压劫掠。资本在血腥积累中建立起了自己的统治形式,多数人创造物质财富以服务于少数人的剥削统治的制度模式被建立起来。仅仅如此尚不足够,资产阶级内部的思想家们制造了以"民主""自由""平等"为光环的意识形态体系,将资本主义快速发展阶段时所展现的优于过往一切社会形态的巨大生产力,作为资本主义走上恒定永久神坛之铁据,甚至强调资本主义现代性文明已经是"历史的终结",资本主义当成为一种"普世"的文明形态。但这种制度"越是公开地把营利宣布为自己的最终目的",便越是会加速其内部矛盾的发酵,资本主义在机器轰鸣中构造了百年"荣光"后,以"人的异化"为伦理表征的西方现代文明内部矛盾丛生,并在阶级矛盾的生发演绎中催生了以批判资本主义制度进而达至人的真正解放的马克思主义理论。习近平在纪念中国共产党成立一百周年大会上指出,"我国现代化是人口规模巨大的现代化,是全体人民共同富裕的现代化,是物质文明

① 作者简介:程丽琴,中共湖州市委党校讲师。

和精神文明相协调的现代化,是人与自然和谐共生的现代化,是走和平发展道路的现代化”,“共同富裕”作为中国式现代化的基本特质,是实现人的解放的物质前提,因此“共同富裕”的价值指向明确了作为马克思主义范畴下的中国式现代化与西方现代化的伦理分野。若以西方现代化作为伦理坐标,那么中国式现代化则在对“共同富裕”的理论释义中,鲜明地呈现了现代化的新型伦理结构。

一、“共同富裕”是对中国式现代化正义性的确证

对正义的追寻是人类伦理精神中永恒不变的题旨。在古希腊哲学家柏拉图那里,各尽其职便意味着正义,因此正义指向了群体抑或城邦的利益,而不是少数“强者的利益”;在其学生亚里士多德看来,正义则更倾向于一种美德,“一切人都认为是种由之而做出公正的事情来的品质”,正义既是全部德性的汇聚,亦是城邦法律的基本依据,它以城邦的公共利益为最终依归。近代西方理论家则在启蒙运动中逐渐将正义归入了政治与法律范畴,以“自然状态”的思想实验为出发点,这些思想家围绕着“权利”与“权力”之间复杂的张力结构演绎出政治正义的基本原则。如霍布斯的“正义”理念便是附着于自然法则的正义,“正义的性质在于遵守有效的信约,而信约的有效性则要在足以强制人们守约的社会权力建立以后才会开始”。这种正义观强调了社会权力对于个体权利的制约,但其最终目的还是为了将“一切人对一切人的战争”转变为相对和谐的社会状态。其后的英国思想家洛克则反其道而行之,认为自然状态下人人都拥有天赋的自然权利,而为了避免自然状态下不公的事件发生,人们需要一个公正的裁决者,政府充当了裁决者的角色,但政府的权力必须进行分割以防其对人民自然权利的侵犯,政府一旦侵犯了人们的自然权利就是违背了正义原则,人们有权将之推翻。因此自古希腊以来正义阐释的道德(美德)传统中,又汇入了近代基于“权利”与“权力”二元结构中衍生出的法权意义。在德国古典哲学奠基人康德看来,正义是人类由自然状态走向文明状态或法律状态的产物,评价某个行为正义与否在于其是否符合外在法则(法律)所规允的正当性,若不然便是非正义的。于马克思而言,无论是以权利论立基的现代正义观还是以道德论为柱的古典正义观,都仅是遵循着从观念到观念的阐释逻辑,事实上进入资本主义社会后的正义原则,已经脱离了其原初设定的目标指向,受到了资本的深层制约而沦为空泛的概念失去应有的效力。在对资本主义政治经学展开批判的过程中,马克思潜在地解构了以权利为基础的资本主义法权所定义的正义尺度,批判了将资本主义正义泛化为一般性正义原则的阐释。由于“权利决不能超出社会的经济结构以及由经济结构制约的社会的文化发展”,若是用权利、平等或类似尺度去评判正义与否,只会陷入某种“永恒正义”的逻辑陷阱。这些附着于资本主义生产方式之上的正义界定标准,将得出

资本主义所产生的剥削方式并非不正义的“塔克-伍德命题”[①]的正义悖论。在《资本论》手稿中，马克思开宗明义直指“法的关系，是一种反映着经济关系的意志关系”，而在《德意志意识形态》中也阐明了作为上层建筑的法律其实是由其经济基础决定的。评判正义的标准或正义的尺度作为经济关系的产物，自然也是由人们的物质生产活动所决定的，因此在《资本论》中马克思曾指认，“只要与生产方式相适应，相一致，就是正义的”。但在历史唯物主义视野下的生产方式从来不是恒定不变的，“资产阶级生产形式是一种历史的和暂时的形式，也正像封建形式的情况一样”。因此资本主义生产方式指涉的正义也仅是暂时的历史的形式，也即资本主义正义并非永恒正义，正义受到了具体社会物质生产方式的制约。那么照此推演，正义也必将走向一种超脱于资本主义之上、抛弃了私有制与雇佣劳动的正义形态，那时的生产活动将是自由人的联合体之下自由自觉的劳动实践，劳动实践不再是“谋生手段”而是人的真实需要，人们在劳动中生成了平等协作的社会关系，而非基于利益冲突的剥削关系。

根据马克思历史唯物主义所揭示的社会历史发展规律，在共产主义的初始阶段仍将存在不平等与劳动分工的缺陷，但溯源马克思在《哥达纲领批判》中提及的“生产者自由联合的社会”的正义原则，以按劳分配为基础的分配正义将实现对资本主义法权正义的替代，尽管这种分配正义也只是暂时的，并未能真正达至共产主义高级阶段人的“劳动正义”（自由自觉的劳动实践），但是正义原则在不断演化中呈现出向更高层次的正义或实质性正义的螺旋式上升的推进。中国式现代化道路的正义性是基于对西方现代化道路非正义性的省思而建构的。在《资本论》及其手稿中，马克思阐释了劳动不仅创造价值，更创造剩余价值，以资本对剩余价值的剥夺而揭示出隐藏在“资本与劳动”对立背后的“资本正义”的虚伪性，资本正义的虚假性依靠颠倒映现社会关系的资本主义意识形态予以确证，以获得无产阶级大众的认同。马克思曾指出：“资本不是一种物，而是一种以物为中介的人和人之间的社会关系。”这表明资本实质是一种隐性的支配性社会力量，这种隐性权力构成了阶级压迫、不平等、剥削以及人的片面化发展的所有根源。从珍妮纺纱机问世开始，西方的现代化道路便以资本为前驱，无孔不入地渗透到了现代化的全过程全领域，从“羊吃人”的圈地运动，至法国里昂工人运动，再到西里西亚纺织工人起义，资本主义将温情脉脉的田园诗般的宗法关系完全破坏，失地的农民被迫成为一无所有的无产阶级，只能承受着资本剥削下的压抑性生活。资本逻辑主导下的西方现代化道路将资本的增殖、利润的增长作为发展的核心驱动力，生产与消费均以资本扩张

---

① 注释：“塔克-伍德命题”提出“按照生产方式而言，马克思认为资本家占有剩余价值不包含不平等或不正义的交换，因此按照与它自身的生产方式所适用的固有尺度来说，这完全是公平的或者说完全是正义的”。实际上是指认在马克思的阐释中“剥削”并不等于“不正义”。参见：Robert C. Tucker. The Marxian Revolutionary Idea, New York: Norton & Company, 1969, p 44.

为导向,并衍生出非理性的生产中心主义和消费主义,在无限制的资本扩张中,自然、生态、资源均成为资本增殖的工具,直至人本身也成了资本增殖的工具。因此西方的现代化道路实质是以拆解、贬抑人的价值和人的自由全面发展为代价的,物统治人的异化社会中自然更谈不上覆及全社会的正义问题,“马克思的历史唯物主义在根本上就是对资本主义野蛮社会的病理学诊断,是资本主义世界自我摧毁过程的历史”。

客观地看,中国式现代化道路尚未真正实现共同富裕,但以共同富裕为伦理目标决定了中国式现代化道路的发展为了人民、发展依靠人民、发展成果由人民共享。因此共同富裕就是指向以人的逻辑为中心的发展,即要求提供全体人民以充足的物质与精神财富来保障人的自由而全面的发展。共同富裕所需要的物质与精神财富是基于社会主义制度下的劳动实践所创造的,而基于马克思主义劳动实践维度,可以发掘出中国式现代化道路区别于西方现代化的正义原则。众所周知,以共同富裕为基本特质的中国式现代化道路将社会主义制度作为其核心范畴:在生产资料占有上,社会主义生产资料公有制超越了资本主义生产资料私人占有的非正义性,尽管资本主义以“天赋人权”“自由平等”为表征性意识形态掩盖了生产资料私人占有的不合理,但劳动者与劳动资料的分离,将广大劳动者限定为“丧失客观条件的自由工人”,劳动资料占有中的不对等关系将在整个劳动实践中迫使无产阶级始终处于被压迫的地位,也终将引发工人阶级的反抗斗争;基于劳动过程来看,资本主义劳动过程是“形式上的等价交换与内容上的无偿占有”的统一,也即资本家以看似符合市场规律的等价交换原则换取劳动力,实则是无偿“占有他人的已经对象化的劳动的一部分,来不断再换取更大量的他人的活劳动”,在社会主义劳动过程中,“人民权力高于资本权力,资本从属和服务于人民”,也即尽管社会主义市场经济中存在着资本,却旨在有效利用资本服务于人民利益,资本在人民的劳动实践过程中处于从属性地位,而在资本主义劳动过程中,所有要素服务于资本的增殖运动,参与劳动实践的工人群众实质上“都只是劳动工具,不过因为年龄和性别的不同而需要不同的费用罢了”;基于劳动的结果来看,社会主义的劳动成果归属于全体人民共享,在劳动成果的分配上实行按劳分配的原则,而资本主义劳动则是以资产阶级占有绝大部分劳动成果为主要形式,这种占有实则是“窃取”了不属于资本家自身所创造的价值。因而从人的劳动实践这一本体论维度出发,资本主义生产方式侵占了人的劳动,构造了极不平衡的劳动付出与劳动所得的割裂关系,继而产生人的生存与发展意义上的普遍不平等与不公正。若无法从人的物质生产实践中建构实质性的正义,则无论是法权正义抑或制度正义都将是映现在虚空中的精致楼阁,可望而不可即。在社会主义共同富裕的理论释义中,“‘共同’反映了社会成员对财富的追求与占有方式,是社会生产关系性质的集中体现”。以共同富裕为伦理目标的中国式现代化道路将资本主义停留于空泛的法权概念的正义、停留于追逐理性或自然法则的制度正义彻底解构,从人的劳动实践出发重新定义了现代化道路的正义之维。

二、"共同富裕"是对中国式现代化人民性的守护

作为中国共产党所领导并开创的新型现代化道路,中国式现代化深刻烙印了中国共产党的伦理属性。马克思、恩格斯在《共产党宣言》中清晰地阐释了无产阶级政党的基本属性,共产党作为工人阶级的政治代表,它"不是同其他工人政党相对立的特殊政党",也"不提出任何特殊的原则,用以塑造无产阶级运动"。无"特殊原则"意味着共产党并不谋求自身的特殊利益,因而他们所领导"无产阶级运动"本质上"是绝大多数人的、为绝大多数人谋利益的独立的运动",为以工人阶级为主体的广大人民群众谋利益因此构成了中国共产党的伦理属性。正因为与其他一切关切本阶级特殊利益的资产阶级政党不同,中国共产党所领导并开创的中国式现代化同西方资产阶级政党所领导并构建的现代化道路形成鲜明的伦理分野。在现代化领导者自身属性之外,马克思主义唯物史观在更广阔的历史发展规律视域中揭示了建设现代化的真正主体,也即人民是社会历史发展的真正推动者,任何人类文明的演进都必然是在最广大人民群众的物质生产活动中得以生成的。人民性既是现代化道路不断推进演绎的正确方向引领,亦是选择了社会主义道路的中国对于执政者和治理者提出的规范性要求。以资本逻辑为中心的西方现代化,将在财富的无限集中以及贫富分化的日益凸显中出现文明停滞甚或倒退的现代化困境,而以人的逻辑为中心则会走向持续演进的现代化道路,这种持续性源自以人民为主体的改革创新活力的不断激发。中国式现代化道路的人民性不仅是基于马克思主义科学理论对人类社会发展规律的客观性认识,也是基于中华文明独特的"文明根底"而锻造。在持续几千年的政治文化统一的中华文明内部,生成了对"民"的深刻理论认识。商周时期中国便已经发端出"民为邦本,本固邦宁"的民本思想,民为国之本也构成了中华文明最核心的政治伦理;春秋战国时期,民本思想有了更直接鲜明的理论解释,即"民为贵,社稷次之,君为轻","民贵君轻"更生动地定位了"民"在社会结构中的地位;隋唐时期,唐太宗在《贞观政要》中将君民关系化喻为"君舟民水",并指出:"为君者,须先存百姓,若损百姓以奉其身,犹割股以啖腹,腹饱而身毙",在国家治理层面厘清了"民"的显性地位。尽管"以民为先"的治理之道如同"天下为公"的"大同社会"般只是历朝君主们用以警勉自身的理想境界,而"民本"却作为一种显性伦理镌刻进了中华文明的文化基因中。"中国式现代化"既是指向充满了未来感的现代性文明,亦浓墨重彩地渲染着中国传统文化基因以表征"中国式"的独特之处。如果说"现代化"印证着当代中国社会对马克思主义所阐释的现代性的规律性认识,那么"中国式"则传承了中华文明独特的心理意识、文化传统与精神烙印,在传统与现代的承接过程中,中国式现代

化道路得以生成,而人民性则是传统与现代融汇交接处最深刻的共鸣。

新中国成立以来,从工业化、四个现代化、社会主义现代化直至中国式现代化道路的确立,在探索现代化的艰难历程中,中国共产党创造出彰显马克思主义基本原则的生产方式、生活方式和价值方式,以人民逻辑代替资本逻辑的发展擘画,以共同富裕代替两极分化的财富分配,以命运与共代替零和博弈的国际交往,中国式现代化构造出迥异于西方的新形态现代文明。“现代化是一个不断创新、不断创造奇迹的发展过程,其根本动力来自人的主体性和创造性的充分发挥。”以人民为中心的价值观照始终是中国共产党引航破浪的根本遵循,而共同富裕则构成了中国式现代化道路人民性的伦理表征。现代化道路如何抵定方向、掌控大局,需要对社会基本状况进行宏观把握、对社会主要矛盾进行精准定性。1956年社会主义三大改造完成意味着中国开启了社会主义现代化建设的征程,中共八大在现代化起点上对主要矛盾进行了准确的分析:“人民对于建立先进的工业国的要求与落后的农业国的现实之间的矛盾,人民对于经济文化迅速发展的需要与当前经济文化不能满足人民需要之间的矛盾。”工业化是转变国家发展方式,迈向现代化的必然选择,而工业化的意义在于转变“落后农业国”的现实境况,增加物质生产能力与类型,而其本质就在于“满足人民需要”。归根究底,“共同富裕”的基本前提是首先能够“富裕”,“富裕”意味着社会物质的丰富程度,也标明能够满足人民群众的基本生活需要。1981年,十一届六中全会公布了《关于建国以来党的若干历史问题的决议》,将初级阶段的社会主要矛盾提炼为“人民日益增长的物质文化需要与落后的社会生产之间的矛盾”。这不仅是中国现代化道路的重新拨乱反正,也将社会主要矛盾更凝练地聚焦到了人民群众的物质文化需要上,也即指向了提升全社会“富裕”程度的目标。2017年,在改革开放社会经济高速发展了四十年后,党的十九大报告中对新时代中国社会主要矛盾进行了全新判断,即人民日益增长的美好生活需要与不平衡不充分的发展之间的矛盾。所谓“不平衡”,意味着要求改革发展的成果必须更好地惠及全体人民;所谓“不充分”,则旨在提升全体人民生活的“富裕”指数,扩充生活“富裕”的内涵,即在物质生活富余的基础上向着更美好的生活迈进。在现代化道路探索中的诸次社会主要矛盾判断,既是根据社会发展总体状况对人民群众的实际需要的精准判断,也是对“共同富裕”内涵的层次性、过程的渐进性与目标的坚定性的阐释。中国式现代化既是在中国社会主要矛盾的正确判断中行稳致远,也是在对“共同富裕”的追寻与实现过程中得以不断推动向前。质言之,中国式现代化的人民性在“共同富裕”的社会主义理想中得到了确证。

从“共同富裕”内蕴的丰富内涵来看,中国式现代化道路尽管以物质现代化为基本前提,却绝不自限于物质现代化。纵览世界各国的现代化历程,在经济高速增长的过程中,物质现代化抑或经济中心论一度成为工业化社会中的“世俗宗教”,对人民的许诺似乎也成了经济增长对民众的承诺。在"全面模仿"西方的过程中,社会主义现代化建设也曾与西方现代化中的诸多症候相遇。因此改革开放后的几十年间,人们开始面临更多未曾思考过的复杂的现代化症候,健康问题、环境污染抑或精神危机,在获得现代化建设的初步成功后,人的现代化被有意无意地忽略,生态破坏的巨大威力开始显现。关切人是伦理学的基本使命,也是中国式现代化的终极旨归。"共同富裕"的理论表达从未将"富裕"留滞于肤浅的物质层面,由全体人民共享的"改革发展成果"也从未限定于"物质成果"。中国式现代化能够在现代化的轨道中不断地纠偏、修复、重回正轨并循环生息不断向前推展,其根源就在于以人为主体。中国特色社会主义进入新时代以来,"共同富裕"更加鲜明地彰显了"人民至上"的至善伦理,它在内涵上全面覆盖了经济-民生、文化—精神、环境—生态、法治—权利等伦理诸领域。首先,"共同富裕"在经济领域保障每一个人的物质需求。"每个人的福利都依靠着一个社会合作体系,没有它,任何人都不可能有一个满意的生活。"共同富裕不是少数人的富裕,也不是大多数人的富裕,而是所有人的富裕,缺少任何一个群体都不是指向美好生活的"共同富裕"。无论是反贫困取得历史性成就,还是补齐民生短板,实现社会财富分配朝着更加公平的方向倾斜,都是力求将改革发展的物质成果惠及每一个人,使之在物质上更有尊严地生活。其次,"共同富裕"在文化领域丰富每一个人的精神生活。"富裕"不仅是物质上的丰富,同样指向精神上的"丰富"。"促进共同富裕与促进人的全面发展是高度统一的",中国式现代化以社会主义主流意识形态引领多元文化发展,大力发展公共文化事业,完善公共文化服务体系,在文化领域充实和丰富人民的精神生活,"不断满足人民群众多样化、多层次、多方面的精神文化需求"。再者,"共同富裕"在环境领域增进每一个人的生态福祉。良好的生态环境是最普惠的民生福祉,因此美好生活离不开人与自然的和解,要求建立人与自然和谐共生的生命共同体。新时代生态文明建设持续推进,将生态自然纳入了"共同富裕"所必需的"金山银山"范畴,创造出更健康的生态公共产品,满足了人民群众对优美人居环境的需求。最后,"共同富裕"在法治领域确保每一个人的基本权利。无论是维护社会公平正义,还是促进人的自由全面发展,都离不开生存权与发展权等人的基本权利的保障。换言之,"共同富裕"离不开人的基本权利的保障,也即需要推进社会主义法治文明建设。无论是日臻成熟完善的社会主义法治体系,抑或在重大突发疫情中对"生命至上"的坚守,都将以人为本的社会主义人权真正落到实处。

三、"共同富裕"是对中国式现代化责任性的彰显

诚如马克思所言:"资产阶级在它的不到一百年的阶级统治中所创造的生产力,比过去一切世代创造的全部生产力还要多,还要大。"在工业革命所创造的机器伟力加持

下,资本的航船带着极其廉价的商品穿行到了世界各地。“不断扩大产品销路的需要,驱使资产阶级奔走于全球各地”,在军舰重炮的轰鸣中,它摧毁一切封闭文明的大门,“按照自己的面貌为自己创造出一个世界”。在新旧世界的碰撞中,“资产阶级社会本身把旧大陆的生产力和新大陆的巨大的自然疆域结合起来,以空前的规模和空前的活动自由发展着,在征服自然力方面远远超过了以往的一切成就”。辉煌的西方现代文明滚滚向前,却无法隐藏资本嗜血的本质,超越以往的物质财富下堆积着工人阶级匮乏腐朽的躯体,“挤在工厂里的工人群众就像士兵一样被组织起来……他们每日每时都受机器、受监工,首先是受各个经营工厂的资产者本人的奴役”。质言之,西方现代化进程中始终伴随着资本的血腥积累,并借此集聚了现代化所需的社会物质条件。在资本集中的过程中,大资本逐渐与国家机器相结合并确立了以垄断资本主义为基石的帝国主义与殖民主义。正是依靠着对内剥削、对外掠夺的现代化程式,西方在世界各民族的竞逐中率先进入现代文明,确立了以西方为中心的世界政治经济体系。这种“中心—边缘”式的政治经济结构的确立,理所当然地将亚非拉地区边缘化与他者化。但裹挟着国家权力、冲出民族国家疆域的资本集团的竞争导致了主要西方国家之间冲突的爆发:帝国主义国家间相互争夺生产资源与倾销市场,垄断资本则是在寻求无限增殖的地理空间。资本无序扩张与无限增殖加剧了国际利益的争夺与冲突,最终以战争的极端形式来呈现资本的恶性对抗。也正基于此,西方现代化道路无法规避此起彼落的“修昔底德陷阱”,一国之崛起总伴随着另一些国家的衰落。这种矛盾集聚至无法调和后,终于对整个人类文明产生不可挽回的伤害:两次世界大战以现代化程度最高的欧洲为中轴,将世界主要国家卷入其中,垄断资本所外化的帝国主义终究在自我矛盾的混乱扩张体系中阻滞了现代化进程。回望整个西方现代化历史,以制造本国贫困完成资本的首轮积累,而这种贫困随着全球市场的开拓如同瘟疫不断向外扩散,在炮火与血腥中造成了全世界的贫困群体。在当今富裕的资本主义国家中,所有充斥着技术感、未来感与繁荣面的文明样态似乎都已冲淡了资本野蛮生长时的罪恶,而高度集中的优质教育资源、完善的社会保障体系与先进的医疗卫生条件则将历史的尘埃抹去,使西方现代化被泛化为唯一通往现代“文明”的道路。现代化运动源起于欧美并冲破了旧世界的藩篱是客观事实,因此欧美现代化进程所创造的历史程式不可避免地成为世界各国走向现代化的重要参考系。但文明的形态既是多样的,通往现代文明的道路便不可能以独属于某种社会形态的方式而成为普世之光。资本主义文明的现代化以多数服务于少数人、以多数国家附庸于少数几国的模式在当今世界既未必行亦不可取。

中国自古便有着“己欲立而立人,己欲达而达人”的文明传统,这种传统源自以“仁爱”为核心的伦理秩序。以他者为先的伦理在个体与社会的关系上,呈现为“苟利社稷,死生以之”的担当精神，在人与人的关系中则表现出“躬自厚而薄责于人”的责任理念。因此中华文明的文化基因始终承载着道德主体对自身人格期待与德性要求的责任伦理，这与马克思主义的伦理要求不谋而合。在马克思恩格斯看来，作为无产阶级先锋队的共产党应“强调和坚持整个无产阶级共同的不分民族的利益”。无产阶级政党的胸怀既不是局促于本阶级特殊利益的权力操弄，亦非简单地实现本民族国家的富裕繁荣，其最终的利益趋向“应该遵循的主要指针是人类的幸福”。因为在“历史向世界历史转变”的不可逆的历史洪流中，世界各国形成了荣损俱在的结构性关系，对于以“人类幸福”为自身事业的无产阶级政党而言，人的解放也成为世界历史性的事业。无论是对“中国式”文化基因中“达己”必“达人”的责任伦理的传承，抑或始终将马克思主义人类解放理想视作引航旗帜，中国共产党所领导的中国式现代化进程中始终彰显出利益共在的伦理精神。中国式现代化作为世界现代化浪潮的重要组成，不可避免地受到西方先发国家现代化理论的深刻影响，经典现代化理论中的政治现代化、经济现代化、文化现代化、社会现代化以及后现代化思潮中所衍生的生态现代化理论等均为当前中国现代化提供了重要的理论参照。中国式现代化既从西方经典现代化理论中寻求走向现代化的一般性规律，将经济、政治、文化、社会与生态等结构性要素统合到社会主义现代化事业的整体性布局中，亦在传统文明基因与马克思主义宏阔视野相结合中升华出属于中国现代化道路的独特伦理意蕴。在伦理品格上，中国式现代化与资本主义现代化的不同既体现在富裕的范围和富裕的主体上，更彰显于富裕的延展性上。如前所述，西方所选择的现代化道路本身具有“牺牲性”特质，即以本国大多数人的利益服务于资本集团的壮大、服务于资本财富的积累，在世界市场的开拓中以他国经济体系的附庸性服务于本国经济体系的转型发展，建构全球性的利益剥削链条，谋求本国资本集团的利润最大化。质言之，在社会财富的创造中，西方现代化走向了一种非责任性的、实现少数人“富裕”的文明形态。中国式现代化与西方早发内生型现代化不同，从近代被侵略以致陷入民族危亡的外力压迫中开启现代化道路的探索，从“器物”至“制度”再到“文化”，现代化发轫阶段的中国始终以救亡图存与不受外侮为标的，这就决定了中国式现代化在伦理本质上与西方现代化的界别。

当“十月革命”将马克思主义送入中国，中国现代化探索终于出现了历史性转机，中国共产党承接了实现中国现代化的历史性任务。“共产党人的忧患意识，是忧党、忧国、忧民意识，是一种责任，更是一种担当”，共产党的责任担当展现在改变旧中国贫穷落后面貌，践行其初心使命，也即实现民族复兴与人民幸福的双重任务上，推进社会主义现代化建设则是实践初心的根本路径。“富裕”是民族复兴的物质前提，而“共同富裕”则是人民幸福的基本要求，中国式现代化所要实现的共同富裕正是其责任性的具体表征。

早在新中国成立之初,毛泽东就已经指明,建成“强大的社会主义国家”必然会实现全体人民“共同的富”“共同的强”;改革开放后,邓小平在阐释社会主义本质特征时同样指出,“社会主义的特点不是穷,而是富,但这种富是人民共同富裕”。社会主义现代化与资本主义现代化根本之别与最大优越性就在于“社会主义财富属于人民,社会主义的致富是全民共同致富”。实现全体人民共同富裕,并不意味着现代化进程中必须实现人民同步富裕或同等富裕,社会主义“最大优越性”的实现首先要抓住社会主义的根本任务,即“解放和发展生产力”。因此在现代化初期须强调效率优先,以经济建设为中心“做大蛋糕”,让“一部分地区发展快一点,带动大部分地区,这是加速发展、达到共同富裕的捷径。”在经济建设取得一定成就的基础上,才能够“分好蛋糕”,实现社会财富分配中效率和公平相协调。共产党人将共同富裕作为渐进性的历史过程,破除了对马克思主义理论的教条式理解,“逐步实现全体人民共同富裕……这是历史唯物主义的真谛”。此外,任何国家的现代化都不是孤立封闭式发展的,中国式现代化同样具有溢出性效应,与西方现代化进程中资本必然对外扩张的掠夺性外溢不同,中国式现代化以“富富与共”的积极性外溢为价值指向。经济全球化日益深入发展的当今时代,世界各国早已形成了相互依存的命运共同体,“财富的吸引力是不可抗拒的,而贫穷则是引爆危险的潜在污染源……从长远看,我们的和平与繁荣则依赖于他国的富足”。基于全球性维度审视,曾经的中国具有庞大的绝对贫困人口数量,以实现共同富裕为重要目标的中国式现代化所彰显的脱贫减困显性效应,本身便是对世界减贫事业的巨大贡献,而以无数历史性成就所确证的中国式现代化亦破除了西方现代化话语所构造的现代化枷锁,为正在开展现代化建设的其他国家摆脱对西方现代化的路径依赖提供了良性示范,“为人类对更好社会制度的探索提供了中国方案”。在建构中国式现代化的进程中,中国始终秉持开放性的合作思维,无论是“一带一路”建设、倡议建立亚投行抑或成立丝路基金,中国作为世界经济增长的重要引擎持续与各国分享现代化建设中的发展红利。从内在逻辑上看,中国式现代化是以生态文明为逻辑导向的现代化模式,2015年中央《生态文明体制改革总体方案》指出:“树立自然价值和自然资本的理念,自然生态是有价值的,保护自然就是增值自然价值和自然资本的过程,就是保护和发展生产力。”众所周知,以征服或侵夺自然为特征的工业文明尽管实现了西方国家的现代化,却将现代化所内蕴的物质丰裕限定在了地球自然资源可供损耗的期限内。若复制西方现代化的路径,则无可避免地陷入资源消耗性现代化窠臼中,加速地球自然资源的枯竭速度。自然价值论将生态自然纳入了“金山银山”的范畴,要求以人与自然和谐共生式的保护性发展开展社会主义现代化建设,人类活动限制在生态环境能够承受的限度内则可以实现人类文明的永续发展。因此以生态文明为逻辑导向的中国式现代化增强了共同富裕的延展性,共同富裕不是某代人或几代人的富裕,而是在永续性富裕中彰显出对人类文明未来发展的责任性。

区域共同富裕指数评价体系构建:设计、论证与比较

胡汉青[①]

“没有测量,就没有管理。”[②]从古至今,富裕都是一个吉利祥瑞的词,代表着“丰收、富足、强大、充沛”[③]。当前,如何实质性推进全体人民共同富裕,是当前我国最具前沿性的重大理论和实践议题之一。2021年浙江高质量发展建设共同富裕示范区实施方案的公布,显示出党中央领导全体人民实现共同富裕的必胜决心和坚定步伐。

共同富裕是一项系统性全局性工程,需要“软”“硬”结合:不仅要提升经济增长、收入增加等“硬”指标,还要把握社会诚信度、全面从严治党成效度等“软”指标。把共同富裕看作一项“软”“硬”结合的综合实力,怎样用理性手段全面把握共同富裕概念,怎样用数量化的硬指数来衡量共同富裕实现程度,是一项具有理论实践意义的命题。

一、研究目标与创新亮点

(一)研究目标

本文的研究目标,是以量化的手段来呈现一个区域的共同富裕实现程度。需要回答的问题:一是指标评价体系依靠什么来实现?二是构建指标体系之后,如何结合地方实际,得出具有说服力的评价结果?三是有了结论之后,共同富裕的提升路径如何选择?

回答以上几个问题,首先需要学习借鉴国内外关于共同富裕指标体系构建的先进经验和科学方法。同时选取具体地区作为样本进行验证分析,将前期采集的数据代入测评模型,得出区域共同富裕评价结果,继而分析其在实现共同富裕过程中的机遇、优势和不足,探析如何充分利用其自身有利条件,克服不利方面,为区域高质量发展建设

---

① 作者简介:胡汉青,中共台州市委党校讲师。

② 参见彼得·德鲁克:《人与绩效·德鲁克论管理精华》,机械工业出版社2019年版,第89页。

③ 参见《现代汉语词典(第7版)》,商务印书馆2017年版,第328页。

共同富裕先行市开辟路径，提供依据。

（二）创新亮点

1. 现有考评办法及其局限性

2021年12月13日，浙江省高质量发展建设共同富裕示范区领导小组办公室印发了《高质量发展建设共同富裕示范区绩效考评办法（试行）》的通知，明确提出了市、县两级共同富裕涉及的指标，是目前官方认定的衡量共同富裕的指标。经过长期跟踪、调研和思考，作者认为现有共同富裕评价体系存在以下2个局限性：

（1）统一权重欠妥。现有测评办法中，对于市级考评共7个方面43个指标因子[①]。这43个指标采用了统一权重的方法，即：无论其与共同富裕相关度高还是低，这43个指标的权重是一样的。

事实上，每个指标对于共同富裕的影响程度肯定是不一样的，如人均生产总值、居民人均可支配收入、城乡居民收入倍差等指标，与居民综合阅读率、人均体育场地面积等指标相比，显然与共同富裕相关性更强。因此，现有考评办法中将指标权重简单一刀切的办法，明显是存在局限性的。

（2）明确指数欠缺。现有考评办法中，对于共同富裕实现程度没有一个直观的明确的指数，也没有7个方面的富裕程度，无法让人很直观地了解到共同富裕程度。此外，也缺少年度间变化情况的反映，不利于开展年度间、地区间的情况比较。

2. 本文研究的创新亮点

针对以上分析出的局限性，本文尝试运用数理统计原理进行更加客观、科学的权重赋值，构建出衡量共同富裕指数的改进模型，从而进行量化、直观的研究和比较。具体来说，主要有以下4方面。

（1）针对现行考评办法平均赋权的局限性，本文尝试利用熵权法、变异系数法、CRITIC法3种方法对各项指标进行数理统计分析，综合3个方法的结果，客观赋权，确定最终权重。

（2）构建改进测评体系，对区域共同富裕指数（简写：TCPI）及7个二级指数进行量化分析，便于了解区域共同富裕及7个二级指数子项的变化情况，也利于不同地区间的比较。

（3）对2016—2021年台州市的共同富裕指数，分别进行计算并加设年度间的比较。从而得出区域共同富裕的发展情况及存在的主要短板。

---

① 指标因子：即因子分析法，指用少数几个代表性的因子，去描述许多指标或因素之间的联系，即将相关比较密切的几个变量归在同一类中，每一类变量就成为一个因子，以较少的几个因子反映共同富裕实现水平的大部分信息。

(4)对2016—2021年浙江省、台州市的共同富裕指数进行省、市间的纵向比较,从而得出相比于全省,台州市存在的主要不足,并提出针对性的意见建议。

二、共同富裕评价指标体系构建

(一)"标的":确定指标

《高质量发展建设共同富裕示范区绩效考评办法(试行)》中对于设区市的共同富裕指标体系,提出了包含经济高质量发展、收入分配格局优化等7个方面共43项指标(表1)。

表1 浙江省共同富裕考评指标表

<table>
<tr><th>类别</th><th>序号</th><th>考核指标</th><th>类别</th><th>序号</th><th>考核指标</th></tr>
<tr><td rowspan="11">经济高质量发展</td><td>1</td><td>人均生产总值</td><td rowspan="6">城乡区域协调发展</td><td>24</td><td>城乡居民收入倍差</td></tr>
<tr><td>2</td><td>全员劳动生产率</td><td>25</td><td>常住人口城镇化率</td></tr>
<tr><td>3</td><td>单位GDP能耗</td><td>26</td><td>地区人均GDP最高最低倍差</td></tr>
<tr><td>4</td><td>单位GDP碳排放</td><td>27</td><td>地区人均可支配收入最高最低倍差</td></tr>
<tr><td>5</td><td>单位GDP建设用地使用面积</td><td>28</td><td>3个"1小时交通圈"人口覆盖率</td></tr>
<tr><td>6</td><td>规上工业亩均税收</td><td>29</td><td>城乡公交一体化率</td></tr>
<tr><td>7</td><td>高技术制造业增加值占规上工业比重</td><td rowspan="7">精神文明建设</td><td>30</td><td>每万人拥有公共文化设施面积</td></tr>
<tr><td>8</td><td>居民人均可支配收入</td><td>31</td><td>居民综合阅读率</td></tr>
<tr><td>9</td><td>R&D经费支出占GDP比重</td><td>32</td><td>文明好习惯养成实现率</td></tr>
<tr><td>10</td><td>数字经济核心产业增加值占GDP比重</td><td>33</td><td>社会诚信度</td></tr>
<tr><td>11</td><td>居民人均消费支出</td><td>34</td><td>人均体育场地面积</td></tr>
<tr><td rowspan="3">收入分配格局优化</td><td>12</td><td>劳动报酬占GDP比重</td><td>35</td><td>国民体质合格率</td></tr>
<tr><td>13</td><td>居民人均可支配收入与人均GDP之比</td><td rowspan="5">全域美丽建设</td><td>36</td><td>生活垃圾分类覆盖面</td></tr>
<tr><td>14</td><td>家庭可支配收入群体比例</td><td>37</td><td>设区城市PM2.5平均浓度</td></tr>
<tr><td rowspan="2">公共服务优质共享</td><td>15</td><td>每千人口拥有3岁以下婴幼儿托位数</td><td>38</td><td>地表水达到或好于Ⅲ类水体比例</td></tr>
<tr><td>16</td><td>普惠性幼儿园在园幼儿占比</td><td>39</td><td>县级以上城市公园绿地服务半径覆盖率</td></tr>
</table>

续 表

类别	序号	考核指标	类别	序号	考核指标
公共服务优质共享	17	儿童平均预期受教育年限	社会和谐和睦	40	全面从严治党成效度
	18	技能人才占从业人员比重		41	亿元生产总值生产安全事故死亡率
	19	人均预期寿命		42	万人成讼率
	20	每千人口拥有执业(助理)医师数		43	律师万人比
	21	每万老年人口拥有持证养老护理员数			
	22	城镇住房保障受益覆盖率			
	23	最低生活保障标准			

该考评办法体现了指标体系设计的全面性原则、层次性原则、可量化原则、可行性原则、可比性原则,且代表了官方的测评方法。因此,本文也基于该指标体系进行。

(二)“标量”:建立模型

1. 数据来源

本文数据主要来源于2016—2021年的《浙江统计年鉴》《浙江年鉴》《台州统计年鉴》等资料以及统计局、教育局、环保局等部门数据。对于部分缺失值采用年均增速进行处理并插补。

2. 模型构建

根据党的十九届五中全会提出“2035年全体人民共同富裕取得更为明显的实质性进展”①,假定2035年基本实现共同富裕,并将2035年得分设定为100分,综合评价2016—2021年区域共同富裕指数。在2035年目标的设定上,以归纳2016—2021年各指标的发展趋势为主,结合地方政府发布的规划,对每个指标分别设定预期值,作为评价依据。

(1)指标数据标准化。

由于各指标的单位不同,为了消除不同量纲对结果的影响,在进一步数据处理之前,需要先进行指标标准化处理。本文采用min-max标准化进行标准化处理。对于正向指标,数值越大,得分越高;对于逆向指标,进行倒数处理,数值越大,得分越低。

i表示年份,j表示三级指标,Z_{ij}表示j指标在i年标准化后数据,x_{ij}表示j指标在i年原

① 参见《中国共产党第十九届中央委员会第五次全体会议公报》,《人民日报》2020年10月29日。

始数据,x_{jmax}表示j指标的最大数据,x_{jmin}表示j指标的最小数据。

对于正向指标:

$$Zij = \frac{x_{ij} - x_{j\min}}{x_{j\max} - x_{j\min}}$$

对于逆向指标:

$$Z_{ij} = \frac{x_{j\max} - x_{j\min}}{x_{ij} - x_{j\min}}$$

(2)确定权重。

本文采用熵权法、变异系数法、CRITIC法等客观赋权法,最后通过综合方法评定,确定最终权数。

①熵权法。

在信息系统中的信息熵是信息无序度的度量,信息熵越大,信息的无序度越高,其信息的效用值越小;反之,信息熵越小,信息的无序度越小,信息的效用值越大。基本步骤如下。

a.计算每个指标不同年份的占比。

$$P_{ij} = \frac{x_{ij}}{\sum_{i=1}^{n} x_{ij}}, 0 \leqslant P_{ij} \leqslant 1$$

b.计算各个指标的熵值。

$$H_j = -K\sum_{i=1}^{n}(P_{ij}\ln P_{ij}), 0 \leqslant H \leqslant 1$$

其中,$K = 1/\ln(n)$

c.计算信息熵冗余度。

$$G_j = 1 - H_j$$

d.计算各评价指标熵权法的权重。

$$w_j = \frac{G_j}{\sum_{j=1}^{m} G_j} = \frac{1 - H_j}{n - \sum_{j=1}^{m} H_j}$$

②变异系数法。

变异系数法(Coefffficient of variation method),又称“标准差率”(标准差与均值的比值),是直接利用各项指标所包含的信息,通过计算得到指标的权重。

a.计算各指标的标准差。

$$\sigma_j = \sqrt{\frac{\sum_{i=1}^{n}(x_{ij} - \overline{x_j})^2}{n - 1}}$$

式中,$\overline{x_j}$为2016—2021年指标x_j的平均值;S_j为指标x_j的标准差。

b.计算每个指标的变异系数。

$$CV_j = \frac{\sigma_j}{\overline{x}_j}$$

c.计算每个指标的权重。

$$w_j = \frac{CV_j}{\sum_{j=1}^{m} CV_j}$$

③CRITIC法。

CRITIC法是基于评价指标的对比强度和指标之间的冲突性来综合衡量指标的客观权重。考虑指标变异性大小的同时兼顾指标之间的相关性。

a.计算各指标相关系数并构建矩阵。

$$R_j = \sum_{i=1}^{n}(1 - r_{ij})$$

式中，r_{ij}为指标x_i和指标x_j的相关系数，R_j为各指标的相关系数矩阵。

b.计算信息量。

$$C_j = \sigma_j \times R_j = \sigma_j \times \sum_{i=1}^{n}(1 - r_{ij})$$

c.计算各指标权重。

$$w_j = \frac{C_j}{\sum_{j=1}^{m} C_j}$$

(3)权数计算结果。

熵权法、变异系数法和CRITIC法均为客观赋权法，分别以1/3,1/3,1/3的比重计算得到综合权重。结果见表2。

表2　区域共同富裕指数测评权重表

一级指标	二级指标	考核指标	熵权法	变异系数法	CRITIC法	综合权重
共同富裕指数	经济高质量发展指数	人均生产总值	0.034	0.081	0.017	0.044
		全员劳动生产率	0.007	0.043	0.015	0.022
		单位GDP能耗	0.012	0.015	0.022	0.016
		单位GDP碳排放	0.012	0.015	0.022	0.016
		单位GDP建设用地使用面积	0.012	0.015	0.022	0.016
		规上工业亩均税收	0.012	0.015	0.022	0.016
		高技术制造业增加值占规上工业比重	0.042	0.013	0.018	0.024
		居民人均可支配收入	0.048	0.064	0.035	0.049
		R&D经费支出占GDP比重	0.042	0.017	0.018	0.026

续 表

一级指标	二级指标	考核指标	熵权法	变异系数法	CRITIC法	综合权重
		数字经济核心产业增加值占GDP比重	0.042	0.019	0.018	0.026
		居民人均消费支出	0.024	0.037	0.016	0.026
	收入分配格局优化指数	劳动报酬占GDP比重	0.042	0.013	0.018	0.024
		居民人均可支配收入与人均GDP之比	0.038	0.068	0.017	0.041
		家庭可支配收入群体比例	0.048	0.043	0.041	0.044
	公共服务优质共享指数	每千人口拥有3岁以下婴幼儿托位数	0.024	0.005	0.018	0.016
		普惠性幼儿园在园幼儿占比	0.018	0.005	0.018	0.014
		儿童平均预期受教育年限	0.015	0.032	0.018	0.022
		技能人才占从业人员比重	0.016	0.019	0.014	0.016
		人均预期寿命	0.013	0.006	0.014	0.011
		每千人口拥有执业(助理)医师数	0.019	0.006	0.016	0.014
		每万老年人口拥有持证养老护理员数	0.019	0.006	0.016	0.014
		城镇住房保障受益覆盖率	0.024	0.020	0.018	0.021
		最低生活保障标准	0.031	0.014	0.017	0.021
	城乡区域协调发展指数	城乡居民收入倍差	0.047	0.057	0.038	0.047
		常住人口城镇化率	0.031	0.038	0.037	0.035
		地区人均GDP最高最低倍差	0.035	0.055	0.018	0.036
		地区人均可支配收入最高最低倍差	0.008	0.025	0.026	0.020
		3个“1小时交通圈”人口覆盖率	0.018	0.004	0.016	0.013
		城乡公交一体化率	0.018	0.004	0.016	0.013
	精神文明建设指数	每万人拥有公共文化设施面积	0.02	0.014	0.016	0.017
		居民综合阅读率	0.019	0.009	0.014	0.014
		文明好习惯养成实现率	0.015	0.018	0.02	0.018
		社会诚信度	0.02	0.029	0.02	0.023
		人均体育场地面积	0.012	0.013	0.018	0.014
		国民体质合格率	0.013	0.013	0.086	0.037

续 表

一级指标	二级指标	考核指标	熵权法	变异系数法	CRITIC法	综合权重
	全域美丽建设指数	生活垃圾分类覆盖面	0.015	0.015	0.027	0.019
		设区城市PM2.5平均浓度	0.017	0.014	0.016	0.016
		地表水达到或好于Ⅲ类水体比例	0.018	0.014	0.026	0.019
		县级以上城市公园绿地服务半径覆盖率	0.014	0.009	0.018	0.014
	社会和谐和睦指数	全面从严治党成效度	0.018	0.025	0.091	0.045
		亿元生产总值生产安全事故死亡率	0.029	0.043	0.017	0.030
		万人成讼率	0.02	0.014	0.016	0.017
		律师万人比	0.019	0.016	0.014	0.016

(4)共同富裕指数计算方法。

确定好各个指标的权重以后,可以计算t年的某个共同富裕二级指数为:

$$TCPI_{ti}=\sum_{j=1}^{n}W_{\mathrm{ij}}\frac{X_{tij}}{X_{\mathrm{T}ij}}$$

可以计算区域t年的共同富裕指数为:

$$TCPI_{\mathrm{t}}=\sum_{\mathrm{i}=1}^{7}W_{\mathrm{i}}TCPI_{ti}$$

公式中,t代表2016—2021年的具体年份,T代表2035年,i代表二级指数(i=1,2,…,7),j代表二级指数中的某个具体指表(j=1,2,…,n),则X_{tij}表示该地区t年i类j指标的水平,2035目标年i类j指标的水平为X_{Tij},W_{ij}为i类j指标的权数,$\sum \mathrm{W}_{\mathrm{ij}}=1$。$\mathrm{W}_{\mathrm{i}}$为i类指标的权数,$\sum \mathrm{W}_{\mathrm{i}}=1$。

三、台州市共同富裕测评结果综合分析

在现有评价体系基础上,构建了更为适用的共同富裕指数评价模型。接下去,通过采集台州市2016—2021年的数据,对其共同富裕程度进行年度间的定量分析,并将台州市与其他地区进行横向比较,从总指数和分指数两方面对共同富裕发展水平进行科学准确地分析。

(一)实证结果

采用综合权重与台州市2016—2021年各项标准化后的指标数据相乘,得到三级指标的得分,汇总得到2016—2021年台州共同富裕发展水平,结果见表3。

表3 2016—2021年台州共同富裕指数测评情况表

指标	2035年目标	2016	2017	2018	2019	2020	2021
共同富裕指数	100	27.28	30.37	40.52	44.61	43.72	48.16
(一)经济高质量发展指数	28.20	8.76	9.78	11.90	13.12	13.80	14.98
(二)收入分配格局优化指数	10.93	3.58	3.65	5.31	5.85	5.97	6.84
(三)公共服务优质共享指数	14.78	3.63	4.04	6.59	6.59	5.81	6.26
(四)城乡区域协调发展指数	16.39	4.47	4.98	6.64	7.31	7.16	7.89
(五)精神文明建设指数	12.27	2.51	2.79	3.73	4.65	4.02	4.43
(六)全域美丽建设指数	6.74	1.56	2.05	2.32	2.56	2.51	2.60
(七)社会和谐和睦指数	10.70	2.77	3.09	4.12	4.54	4.45	5.16

(二)台州共同富裕测评结果分析

1.一级指数测评分析

2016—2021年,台州共同富裕综合评价得分总体向上,从2016年的27.28分提升至2021年的48.16分,意味着台州共同富裕进程近半。从综合评价得分各阶段看,2016—2019年阶段提升幅度较大,2020年受疫情影响,得分有所下降,2021年疫情影响减弱,经济逐步复苏,得分开始回升(图1)。

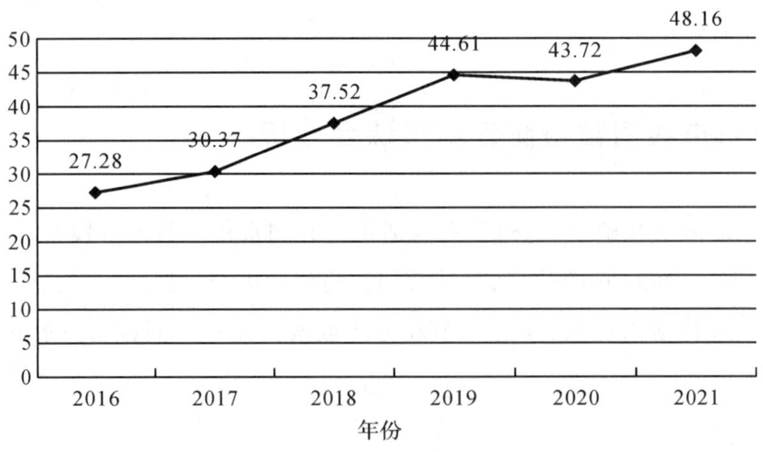

图1 2016—2021年台州共同富裕指数测评图

2. 二级指数测评分析

为了更直观地表现各个分指数的完成情况，将表3中的各个分项指数得分除以2035年目标，可以得到各个指数在2016—2021年的得分率（表4）。

表4　2016—2021年台州共同富裕二级指数测评表

指标	2016	2017	2018	2019	2020	2021
（一）经济高质量发展指数	31.1%	34.7%	42.2%	46.5%	48.9%	53.1%
（二）收入分配格局优化指数	32.7%	33.4%	48.6%	53.5%	54.7%	62.6%
（三）公共服务优质共享指数	24.6%	27.3%	44.6%	44.6%	39.3%	42.4%
（四）城乡区域协调发展指数	27.3%	30.4%	40.5%	44.6%	43.7%	48.2%
（五）精神文明建设指数	20.5%	22.8%	30.4%	37.9%	32.8%	36.1%
（六）全域美丽建设指数	23.2%	30.4%	34.4%	37.9%	37.2%	38.5%
（七）社会和谐和睦指数	25.9%	28.9%	38.5%	42.4%	41.5%	48.2%

从上表中可以看到，得益于台州发达的民营经济，劳动报酬占GDP比重、居民人均可支配收入与人均GDP之比都比较高，收入分配格局优化指数在2016—2021年都位列7个分项之首，完成情况都是最好的，2021年达到的62.6%；其次是经济高质量发展指数，随着近几年经济的不断发展，该指数也不断提高，2021年的得分率也超过了50%，达到53.1%。发展相对较慢的是精神文明建设指数、全域美丽建设指数、公共服务优质共享指数，都低于50%，且2020年由于疫情影响，都出现了一定程度的回落。

将2016年及2021年的数据做一张雷达比较图，可以更直观地看出6年来，各分项指数的增长情况（图2）。

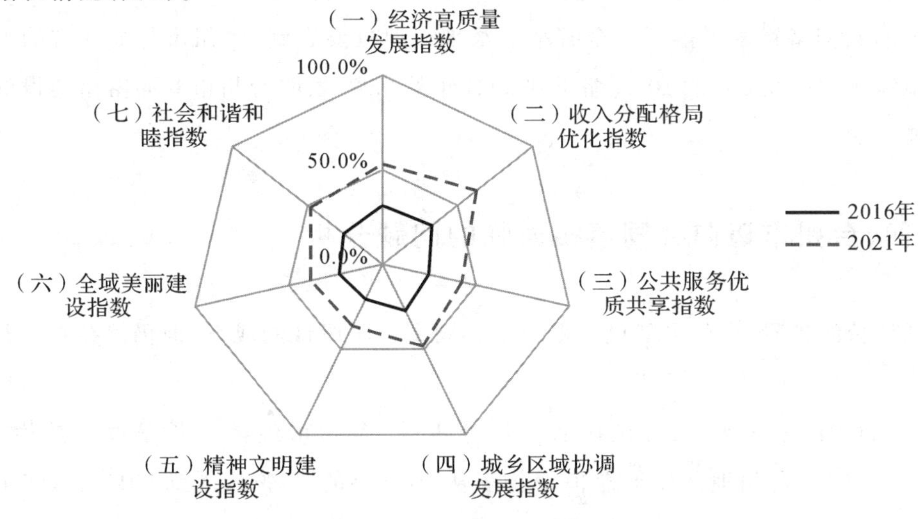

图2　2016与2021年二级指数对比图

从上图也可以明显看到,在这6年间,7个分项指数都获得了明显增长。其中,收入分配格局指数增长是最突出的,精神文明建设指数和全域美丽建设指数增长相对要慢一些。但要达到2035年的共同富裕目标,7个分项指数都还有较长的一段距离,还有较长的一段路要走。

(三)台州市与全省指数的比较分析

为了增强横向对比性,我们同时对浙江省2016—2021年的数据进行了测算。2016-2021年,台州市共同富裕指数发展趋势与浙江省的基本一致,都在2016—2019年有明显增长,2020年受疫情影响,得分有所下降。2021年疫情缓解后,开始回升(图3)。

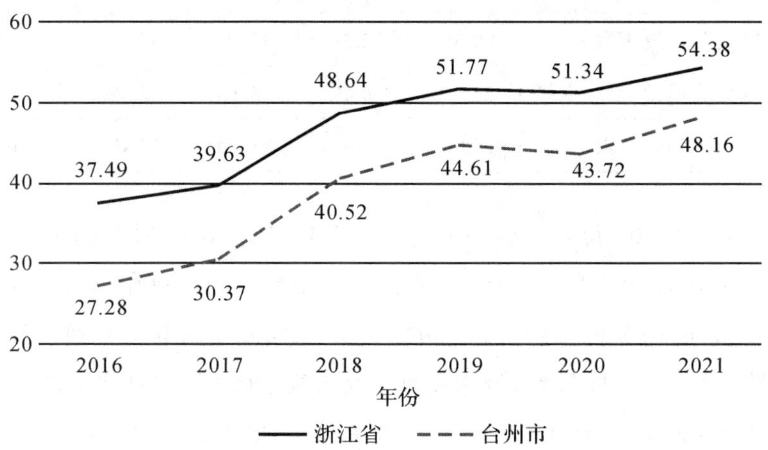

图3　2016—2021年台州市与浙江省共同富裕指数比较图

从上图还可以看出,2016—2021年间,台州市共同富裕指数一直都低于浙江省,表明台州的共同富裕水平落后于全省平均水平。但也要看到,台州市与浙江省的差距在不断地缩小,从2016年的10.21缩小到2021年的6.22,表明台州市共同富裕建设的步伐在加速。

四、台州市迈向共同富裕面临的问题分析

从评价结果看,台州虽然已经取得了共同富裕阶段性的成就,但仍然存在一些短板弱项。

(一)GDP增速放缓,排位靠后。从分析看,台州市经济增长呈逐步放缓趋势。2016—2021年,台州地区生产总值增长率从2016年的7.7%放缓到2019年的5.1%,而

2020年受到疫情影响,增速仅为3.4%[①]。GDP总量在全省的排位从2016年的第5位掉到了2021年的第6位;2019-2021年台州市GDP增速在全省的排位分别为第11位、并列第5位(3个地市并列第5)和并列第8位,已连续3年处于中下游位置。

(二)人均GDP和人均收入水平相对靠后。人均GDP是反映居民人均创造财富的重要指标。2016年,台州的人均GDP均位列全省第8位,2017—2021年均位列全省第7位,表明我市人均GDP长期处于全省中下游水平。2016年—2019年和2021年,台州居民人均可支配收入水平均位列全省第9位,2020年位列全省第8位,也长期处于全省中下游水平。

表5　台州全体居民收入和人均GDP在全省排位情况表

年份	全体居民收入水平排位	人均GDP排位
2016年	9	8
2017年	9	7
2018年	9	7
2019年	9	7
2020年	8	7
2021年	9	7

(三)文化软实力仍需提高。精神富裕也是社会主义共同富裕的重要内容。测评结果显示,台州市有两大重要指标仍需进一步提升:一是文教娱乐占比提升缓慢。2016—2021年,居民人均教育文化娱乐服务支出占生活消费支出比重提升缓慢,从2016年的9.0%提高到2021年的10.1%[②],5年时间只提高了1.1个百分点,可见台州市居民教育文化娱乐发展相对不足。此外,教育公共服务发展较慢。2016—2021年间,台州普通高等学校数量一直都只有4所[③],没有增加,反映出在精神富足和文化软实力的欠缺。

(四)城镇化率相对较低。总体来看,台州市城镇居民收入明显高于农村居民。据浙江省统计局最新数据显示,2020年七人普,台州城镇化率为61.98%,低于省均10.19个百分点位,居全省第9位;与2010年六人普相比,台州城镇化率提高了6.44个百分点,幅度居全省第10位,低于省均增幅4.11个百分点[④];2010—2020的10年台州市的城镇化率在全省所处的位次还下滑了2位,说明台州对外来人口的吸引力处于相对衰退的

① 参见台州市统计局:2016年—2020年《台州市国民经济和社会发展统计公报》。

② 参见台州市统计局:《2021台州统计年鉴》,北京:中国统计出版社,第285页。

③ 参见台州市统计局:《2021台州统计年鉴》,北京:中国统计出版社,第307页。

④ 参见浙江省统计局:《六人普、七人普浙江省及11个地市人口普查主要数据公报》。

境况。

表6　各市城镇化率变化情况(%)

地区	2020年七人普	2010年六人普	增幅(百分点)
全省	72.17	61.62	10.55
杭州	83.29	73.25	10.04
宁波	78.00	68.31	9.69
温州	72.16	66.02	6.14
嘉兴	71.34	53.33	18.01
湖州	65.64	52.89	12.75
绍兴	71.02	58.58	12.44
金华	68.19	59.02	9.17
衢州	57.57	44.13	13.44
舟山	71.89	63.59	8.30
台州	61.98	55.54	6.44
丽水	61.82	48.40	13.42
台州位次	9	7	10

五、结语:共同富裕实现之路任重而道远

共同富裕评价指标体系的构建仅仅是提供了一个测评工具,最终的目标是通过指标体系更好地促进区域共同富裕的实现。从台州市的测评结果来看,经济的发展与文化软实力建设、民生建设等的步伐并不完全一致。下一步,全面提升台州市共同富裕水平,需要从多方面入手。

(一)稳步推进城镇化水平

城镇化是社会经济发展的必由之路,城镇化过程中可以提供大量的就业岗位,吸引人口向城市流动,能够对于全面提升居民收入发挥明显作用。在区域交通条件进一步改善背景下,杭州、宁波等周边大城市对人口集聚能力将继续增大,对我市中高端人才流动带来机遇和挑战,要坚持以产业为导向,高质量稳步推进城镇化发展。

(二)加快第三产业发展

实体经济是强市之本,是基础,而第三产业是实体经济发展的强大支撑。加快第三产业优质项目建设,通过项目建设扩大总量、优化结构、形成核心带动点。增强城市服务功能,完善配套设施,打造购物、餐饮、休闲、娱乐经济圈,积极推进各类第三产业健康发展。

(三)建设更有活力的小微经济发展环境

小微经济是社会经济活力的重要体现,是实现收入多次分配的重要渠道,在扩大劳动就业、促进技术创新、改善社会民生等方面具有不可替代的作用。要重视大型平台对实体经济的挤出,要防止资本垄断对中小微创业者利益的过高分成,要通过适度反垄断措施,让大型平台承担更多的社会公益义务,将平台的分成控制在一定范围。

(四)优化农业发展模式,提升农村居民收入

鼓励更多"公司+农户"的农业发展模式,实现小生产与大市场的对接,推动生产要素的流动和组合,促进农业的规模经营和技术进度,提高农业生产的组织化和商品化程度。同时,通过优化分配比例,提高农民收益,促进农村经济健康发展。

打造新时代党建高地和清廉建设高地

浙江:历史方位、时代内涵、价值体系①

董　瑛②

根据习近平新时代中国特色社会主义思想和习近平总书记关于浙江发展的一系列指示批示精神,浙江在全国省域层面首次提出并全面展开清廉建设。2017年6月浙江省第十四次党代会提出建设清廉浙江的战略目标,2017年11月浙江省委十四届二次全会提出到2035年全面建成清廉浙江,2018年7月浙江省委十四届三次全会出台了推进清廉浙江建设的专项决定,2021年2月浙江省委发布《关于纵深推进清廉浙江建设的意见》,力求在全面从严治党上"更进一步、更快一步",全域化、单元化、智治化推进干部清正、政府清廉、政治清明、社会清朗的清廉浙江建设,着力打造海晏河清、朗朗乾坤的清廉中国的"重要窗口",为争创社会主义现代化先行省、高质量发展建设共同富裕示范区提供有力的政治保障。

一、历史方位:回答了管党治党的重大理论和实践问题

坚持和发展中国特色社会主义,是一篇马克思主义发展史上的新文章,是中国共产党人一脉相承、不断续写的大文章。在中国特色社会主义新时代,浙江省委以习近平新时代中国特色社会主义思想为指导,以习近平总书记关于浙江发展的一系列重要指示批示和精神要求为重要遵循,牢牢把握中国特色社会主义这个主题,紧紧围绕党的长期执政能力建设、先进性和纯洁性建设这条主线,把握新时代党的建设总要求,把握管党治党新的历史方位,布局和展开"干部清正、政府清廉、政治清明、社会清朗"的清廉浙江建设,构建全面从严治党的先行示范区,打造海晏河清、朗朗乾坤的清廉中国的"重要窗

① 本文系国家社科基金一般项目"强化对纪检监察权力运行的制约和监督研究"(20BDJ019)和2021年度教育部哲学社会科学研究重大课题攻关项目"中国共产党基层党建百年经验研究"(21JZD007)阶段性成果。

② 作者简介:董瑛,中共浙江省委党校法学教研部教授。

口”,科学回答了新时代管党治党和清廉建设的重大理论和实践问题。

(一)清廉浙江是习近平新时代中国特色社会主义思想在“重要萌发地”的新实践

在中国特色社会主义理论体系形成和发展过程中,浙江担负着重大的历史使命,作出了不可替代的历史性贡献,成为中国改革开放的先行地,也是习近平新时代中国特色社会主义思想的重要萌发地。习近平主政浙江期间,提出并深入实施浙江省域经济社会发展总纲——“八八战略”,即发挥“八个优势”,推进“八项举措”,推动省域现代化建设走在全国前列,奠定了浙江经验的基本形态;同时,提出并努力推进党建“八项能力建设”,即“巩固八个方面的基础,增强八个方面的本领”,其中特别强调构建一个“让人不想腐败”“让人不敢腐败”“让人不能腐败”的惩防并举体系,“努力把‘不能为、不敢为、不想为’的工作抓实做细”,为习近平新时代中国特色社会主义思想的生成和创新发展作了理论铺垫和实践探索。党的十八大以来,习近平总书记紧密结合新的时代条件和实践要求,以全新的视野深化对三大规律的认识和把握,进行伟大的理论创新和实践探索,从理论与实践的结合上系统回答了新时代坚持和发展什么样的中国特色社会主义、怎样坚持和发展中国特色社会主义的重大问题,带领全党创立了习近平新时代中国特色社会主义思想。其中关于坚定不移全面从严治党、一刻不停地推进党风廉政建设和反腐败斗争、努力打造海晏河清、朗朗乾坤的清廉中国的重要论述,内涵丰富、思想深刻,视域宽广、继往开来,成为习近平新时代中国特色社会主义思想的重要内容。同时,浙江作为中国革命红船起航地、改革开放先行地、习近平新时代中国特色社会主义思想重要萌发地,习近平总书记高度关注并亲自指导、推动浙江的发展和建设。党的十八大以来,习近平总书记多次对浙江工作充分肯定、作出批示、提出要求,勉励浙江“干在实处永无止境,走在前列要谋新篇”,期待浙江“在提高全面建成小康社会水平上更进一步,在推进改革开放和社会主义现代化建设中更快一步,继续发挥先行和示范作用”,希望浙江“秉持浙江精神,干在实处、走在前列,勇立潮头”,寄语浙江“干在实处永无止境,走在前列要谋新篇,勇立潮头方显担当”,要求浙江“努力成为新时代全面展示中国特色社会主义制度优越性的重要窗口”;2021年5月,中共中央、国务院印发《关于支持浙江高质量发展建设共同富裕示范区的意见》,把清廉浙江建设作为重要保障措施,要求“落实全面从严治党主体责任、监督责任,持之以恒加强党风廉政建设,不断深化清廉浙江建设,营造风清气正的良好政治生态”,等等。浙江省第十四次党代会凝聚全省20.45万个党组织和384万多名党员的智慧,形成了清廉浙江的重要共识和建设蓝图,这是学懂弄通做实习近平新时代中国特色社会主义思想的重要体现,是对新时代“强起来”新篇章、党的建设总要求的把握定位,是对“‘八八战略’再深化、改革开放再出发”新布局的把握定位，是对“八八战略”思想内涵的传承和创新，是对党建“八项能力建设”的深化和拓展，推进习近平新时代中国特色社会主义思想在浙江大地植根结果、再造经验。

（二）清廉浙江是把握党的自我革命规律、推进全面从严治党“更进一步、更快一步”的浙江方案

“探索在地方，规范在中央”，是改革开放的实践逻辑，是坚持和发展中国特色社会主义的重要经验。全面从严治党是新时代党的自我革命的伟大实践，自我革命是党跳出治乱兴衰历史周期律的成功秘诀，清廉建设、反腐败斗争是刀刃向内、刮骨疗毒的自我革命。全面从严治党，是党的十八大以来“伟大工程”的鲜明主题和党的自我革命的伟大实践，也是习近平总书记在浙江工作期间的一贯要求，还是习近平总书记对新时代的浙江管党治党、清廉建设提出的新期待。习近平总书记2015年5月在考察浙江时明确提出，浙江要“在提高全面建成小康社会水平上更进一步，在推进改革开放和社会主义现代化建设中更快一步，继续发挥先行和示范作用”。习近平同志在浙江工作期间把“干在实处、走在前列”当作浙江各项工作的总要求，2003年2月在十一届浙江省纪委二次全会上提出强化“不能为”的制度建设、“不敢为”的惩戒警示、“不想为”的素质教育，走出一条预防和惩治腐败的新路子；2005年1月31日，在浙江省委保持共产党员先进性教育活动专题报告会上的讲话中，习近平强调，要紧密结合浙江实际，认真总结中国特色社会主义在浙江的生动实践，对浙江现象、浙江经验、浙江精神进行再认识、再探索、再发展，不断与时俱进；2005年2月1日，在十一届浙江省纪委七次全会上，习近平强调，“我们必须主动适应发展社会主义市场经济的新要求，积极探索市场经济条件下治理和解决腐败问题的途径和方式”。“不能为”“不敢为”“不想为”的腐败治理“新路子”，“更进一步、更快一步”的“先行和示范作用”，与党的十八大以来“严紧硬”的全面从严治党战略布局精神契合、一脉相承，要求浙江在取得反腐败斗争压倒性态势的基础上，必须在推动全面从严治党向纵深发展上更进一步、更快一步，必须在推动管党治党从宽松软走向严紧硬上更进一步、更快一步，必须在坚决打赢反腐败正义之战、推进海晏河清、朗朗乾坤的清廉中国建设上更进一步、更快一步。由此，清廉浙江建设，是浙江省委综合分析浙江发展所处的历史方位、顺应社会主要矛盾的新转变、把握新时代党的建设总要求、直面管党治党的突出矛盾和问题作出的重大判断和战略安排，是对浙江改革开放尤其是党的十八大以来全面从严治党理论和实践的总结和升华，是浙江省党代会向党中央和全省人民作出的庄严承诺，是管党治党、纵深推进全面从严治党的浙江方案，是党的初心使命和红船精神、浙江精神的时代诠释，是对全面从严治党“更进一步、更快一步”等系列要求的时代化、具体化，回答了清廉浙江与党的建设伟大工程、全面从严治党、清廉中国建设、作风建设、纪律建设、反腐败的关系，不断创新和发展全面从严治党

和反腐败斗争的思想成果、理论成果、实践成果和制度成果,为纵深推进全面从严治党创造浙江经验,为党风廉政建设和反腐败斗争注入浙江元素,为百年大党建设世界强党、打造清廉中国提供浙江方案。

(三)清廉浙江是争创社会主义现代化先行省、高质量发展建设共同富裕示范区、高水平谱写浙江新篇章的重要保障

建设清廉浙江,是浙江省第十四次党代会提出的重大战略目标,与富强浙江、法治浙江、文化浙江、平安浙江、美丽浙江一道,构成了有机联系的整体,成为新时代浙江"两个高水平"建设目标的四梁八柱,是新时代"强起来"目标在浙江的本土化和具体化。在"六个浙江"之中,清廉浙江起决定性作用,为富强浙江、法治浙江、文化浙江、平安浙江、美丽浙江提供有力保障。清廉浙江保障供给侧结构性改革,保障数字化改革,为高质量发展营造更良好的市场环境,为改革开放注入更持续的动力,与富强浙江逻辑相贯通;清廉浙江倡导法治思维和法治方式,坚持依法治省与制度治党、依规治党统筹推进、一体建设,努力健全人民当家作主的制度体系,与法治浙江要求相一致;清廉浙江植根于人民群众最基本的心理诉求,保障人民群众"对美好生活的向往",大力弘扬红船精神和浙江精神,与文化浙江精神相契合;清廉浙江致力于解放和增强社会活力,更好地保障和改善民生,营造公平正义、人人出彩的社会氛围,与平安浙江价值相趋同;清廉浙江着力打造山清水秀的政治生态,治"病树"、拔"烂树"、保护"森林",与美丽浙江目标相呼应,保障浙江新时代有新气象,更有新作为。因此,清廉浙江作为清廉中国的"重要窗口",坚持以党的政治建设为统领,让忠诚核心、坚定信念、补钙壮骨成为一种自觉;把纪律和规矩挺在前面,实践好监督执纪"四种形态",让严于监督、严格执纪、严肃问责成为一种常态;高标准落实好中央八项规定精神成果,抓具体、补短板、防反弹,让知敬畏、存戒惧、守底线成为一种习惯;将反腐败斗争进行到底,切实减少腐败存量,重点遏制腐败增量,让不敢腐、不能腐、不想腐一体推进成为一种有效机制。

二、建构优势:回答了清廉浙江何以能、为何行问题

"当代中国正经历着我国历史上最为广泛而深刻的社会变革,也正在进行着人类历史上最为宏大而独特的实践创新"。建设清廉浙江,是马克思主义党的建设理论和反腐败理论在浙江大地的继承与创新,是习近平新时代中国特色社会主义思想和习近平总书记系列重要批示及讲话精神在浙江大地的落地生根。40多年来,浙江改革开放和党的建设的伟大实践和积累,特别是习近平同志主政浙江以来的独特实践和创新,为清廉浙江建设创造了独特的政治优势、奠定了坚实的实践基础、蕴藏了先进的文化基因,提

供了浙江打造清廉中国“重要窗口”何以能、为何行的答案。

(一)建设清廉浙江,具有独特的政治优势

改革开放以来,在党中央和中央纪委的坚强领导下,浙江历届省委始终坚持“两手抓、两手硬”,坚定不移推进党要管党、从严治党,形成围绕中心、服务大局的政治意识,养成维护核心、拥戴领袖的政治品格,扛起反对腐败、保持廉洁的政治责任,党风廉政建设和反腐败工作走在全国前列。特别是习近平在浙江工作期间,就党风廉政建设和反腐败工作提出了一系列具有开创性、前瞻性的科学理念,推行了一系列行之有效的重大举措。习近平先后强调,坚持有贪必反、有腐必惩、有乱必治,把腐败现象滋生蔓延的势头坚决遏制住;坚持标本兼治、综合治理,铲除滋生腐败的土壤和条件,不断强化“不能为”的制度建设、“不敢为”的惩戒警示和“不想为”的素质教育;推动权力运作机制和监督机制的进一步变革,充分发挥法规和制度在防范和克服腐败现象中的重要作用;认真研究加强对权力的监督方式、手段和途径,从制度上保证人民赋予的权力真正用来为人民谋利益;紧紧抓住工程建设领域这个重点,把“五大百亿”工程建设成为“廉洁工程”;“莫把制度当‘稻草人’摆设”,“要立说立行、严格执行,不能说在嘴上,挂在墙上,写在纸上”,等等;同时,带头作出“六项廉政承诺”(坚决抵制跑官要官、坚决拒收钱物、坚决反对以权谋私、带头坚持“两个务必”、带头遵纪守法、严格执行党风廉政建设责任制),带动全省各级普遍建立领导下访的长效机制,在全国率先推出浙江版的八项规定——机关效能建设“四条禁令”(严禁擅离岗位,擅离职守;严禁网上聊天、炒股,玩电脑游戏;严禁中餐饮酒;严禁在办事、办证中接受当事人宴请和礼品、礼金),在全国最早设立村务监督委员会,开展权力结构和运行机制的改革探索,等等,走出一条预防和惩治腐败的新路子。中共中央和中央纪委的坚强有力领导,浙江历届省委特别是习近平在浙江工作期间形成的政治意识、政治品格、政治担当,成为浙江跨越“中等收入陷阱”和“塔西陀陷阱”、纵深推进全面从严治党、建设清廉中国“重要窗口”的独特政治优势。

(二)建设清廉浙江,具有坚实的实践基础

改革开放以来,浙江成为中国特色社会主义的先发地区、习近平新时代中国特色社会主义思想的重要萌发地;党的十八大以来,浙江成为“四个伟大”“四个全面”的前列地区。浙江各级党组织和广大党员干部管党治党、全面从严治党的不懈探索,为清廉浙江建设奠定了坚实的实践基础。历届浙江省委不断提高政治站位和政治觉悟,一届接着一届干,一张蓝图绘到底,深入推进从严治党,着力解决人民群众反映最强烈、对党的执政基础威胁最大的突出问题,在全国较早探索建立行政服务、会计核算、招投标、经济发展环境投诉等四个中心,进一步规范事权、财权和人事权,着力解决经济体制转变过程

中权力运行的一些深层次矛盾,改革管理体制和运行机制,党风廉政建设和反腐败斗争取得显著成效,各方面都呈现出新气象。特别是党的十八大以来,浙江省委以“零容忍”态度惩治腐败,在全省推行公务活动禁酒令,高标准贯彻中央八项规定精神,健全党内法规制度体系,制度笼子越扎越紧,实现巡视监督和派驻监督全覆盖,全面落实“两个责任”,深化纪检体制改革,扎实完成国家监察体制改革试点工作,推动“最多跑一次”改革,推进全面从严治党向纵深发展,反腐败斗争取得压倒性胜利并巩固发展,不敢腐的目标初步实现,不能腐的制度日益完善,不想腐的堤坝正在构筑,沉甸甸的浙江实践为清廉浙江建设积累了良好的物质基础,创造了“走在前列、勇立潮头”的优势和条件。

(三)建设清廉浙江,具有丰厚的文化基因

“国有四维,礼义廉耻”。清廉,自古以来就是治国理政的重要根基,是中华优秀传统文化的先进基因,也是共产党人始终不变的初心。浙江历史悠久,人文荟萃,文化积淀深厚,清廉基因历久弥新。清官海瑞在淳安廉洁从政、余钱不够买棺材的历史故事,“江南第一家”郑义门孝义传家900年的家风建设范例,明代嘉兴人袁黄创立的《了凡四训》——“立命之学、改过之法、积善之方、谦德之效”,等等,都是浙江先人留下的先进文化基因。特别是百年前的嘉兴南湖,产生了贯穿中国革命建设改革的“红船精神”,引领中国历史发生了“开天辟地的大事变”;新民主主义革命时期,陈望道作为上海的共产党早期组织者之一,在家乡义乌的茅棚里翻译出中国第一部中文全译本《共产党宣言》,为幼年的中国共产党提供了最好的精神食粮和行动指南;社会主义建设时期,浙江人民以开天辟地、敢为人先的首创精神,创造了“枫桥经验”“大陈岛精神”等光辉典范。改革开放以来,浙江在全国率先开展廉政文化建设,大力挖掘浙江优秀传统文化,全面推进廉政文化进机关、进学校、进企业、进家庭、进社区、进农村等“六进”工程,使清廉元素不断融入浙江人的文化基因之中。党的十八大以来,浙江坚定文化自信,弘扬清廉文化,建设党内先进政治文化,挖掘宣传家规家训文化,在全省高标准开展党的群众路线教育实践活动、“三严三实”专题教育、“两学一做”学习教育和“不忘初心、牢记使命”主题教育、党史学习教育,强化理想信念和从政道德教育、党的优良传统和作风教育、党性党规党纪教育,营造惩恶扬善、激浊扬清的良好氛围,努力形成党风政风与社会风气良性的互动局面。清廉浙江的提出,顺应了浙江传统优秀文化发展的源流和趋势,把握了人民群众对清正廉洁政治环境、规范有序市场环境、和谐清朗社会环境的新期待,成为浙江省委一届接着一届干、一张蓝图绘到底的行动指南,成为各级党组织和广大干部群众“干在实处,走在前列”的精神动力。

三、时代内涵：回答了清廉浙江是什么、怎么建问题

坚持和发展中国特色社会主义，是科学社会主义的伟大创举，在人类社会发展史上没有现存经验可循。勇于探索创新的中国共产党人，坚持以重大问题为导向，发挥优势、补齐短板，从点上探索到面上推广，不断推进中国特色社会主义伟大事业。党的十八大以来，浙江省把握新时代和新发展阶段特征，大力推进"八八战略"再深化、改革开放再出发，锚定全面从严治党和清廉建设的更高目标，努力提示改革开放40多年来浙江"干在实处、走在前列"的"浙江经验"的清廉密码，回答新时代的清廉浙江作为清廉中国的"重要窗口"是什么、怎么建问题。

（一）清廉浙江的基本内涵

清廉浙江是增强全面从严治党的系统性、创造性、实效性的创新工程，是推动管党治党由"宽松软"走向"严紧硬"的系统工程，是不断增强人民群众对反腐败的获得感的民生工程，因而要厘清新时代清廉浙江的基本内涵，把握清廉浙江建设方向。

1. 从政治维度看

清廉浙江是思想建党、纪律强党、制度治党的同向发力，是干部清正、政府清廉、政治清明、社会清朗的集合体现，是党内监督同国家机关监督、民主监督、司法监督、群众监督、舆论监督的相互贯通，从而营造风清气正的良好政治生态，形成一体推进不敢腐、不能腐、不想腐的有效机制，广大党员、干部特别是"关键少数"知敬畏、存戒惧、守底线，习惯在受监督和约束的环境中工作生活。

2. 从社会维度看

清廉浙江是清廉机关、清廉国企、清廉民企、清廉村居、清廉学校、清廉医院、清廉交通的全域化、智治化、单元化、具体化，全社会各领域、各阶层、各群体投入清廉浙江建设，人人参与、个个效力，构建清清爽爽的同志关系、"亲""清"的政商关系，全省上下党风政风优良、行风社风淳正、民风家风清新，工农商学兵以清为美、以廉为荣，东南西北中廉人之廉、廉廉与共，形成学廉、思廉、崇廉、守廉的良好社会风尚和行为习惯。

3. 从文化维度看

清廉浙江是红船精神、浙江精神的时代诠释，弘扬的是忠诚老实、公道正派、实事求是、清正廉洁的价值观念，彰显的是信念坚定、为民服务、勤政务实、敢于担当、清正廉洁的奋斗状态，建设的是正气充盈的党内政治文化，从而更加注重铸牢理想信念这个魂、拧紧世界观人生观价值观这个总开关、坚定文化自信这个本，更加关注清廉自觉意识的激发、清廉自信心理的培育、清廉自强能力的提升、清廉认同心理的强化，揭示"秉持浙

江精神,干在实处、走在前列、勇立潮头”背后的“文化密码”。

(二)“重要窗口”的构建目标

习近平总书记指出:“勇于自我革命,是我们党最鲜明的品格,也是我们党最大的优势。”浙江省委坚持以“八八战略”为统领,创造性落实习近平总书记关于全面从严治党“更进一步、更快一步”等系列新要求,在全国省域层面率先开展全域化的清廉浙江建设,科学回答新时代管党治党和清廉建设的重大理论和实践问题,破解长期执政条件下实现自我革命、自我监督的世界课题,努力建设新时代清廉中国的“重要窗口”,打造全面从严治党的先行示范区。

1. 努力建设一以贯之全面从严治党、推进国家治理现代化的“重要窗口”

办好中国的事情关键在党,关键在党要管党、全面从严治党。习近平同志主政浙江期间,强调“坚持把维护党的政治纪律放在首位”,“作为党组织,最根本的就是要坚持党要管党、从严治党、从严治政的方针”,推动全省深入开展“党的八项能力建设”,成功打造“千万工程”(千村示范、万村整治)、“全面工程”(基层党建全面过硬、全面进步)等品牌,以党建引领基层社会治理和现代化建设走在前列。历届浙江省委坚持一张蓝图绘到底,一以贯之贯彻落实全面从严治党方针和要求,着力解决党内存在的思想不纯、政治不纯、组织不纯、作风不纯等突出问题。特别是党的十八大以来,根据习近平总书记的重要指示批示精神要求,浙江省十四次党代会决定在全省开展“干部清正、政府清廉、政治清明、社会清朗”的清廉浙江建设,推动全面从严治党向纵深发展、向基层延伸、向每个支部和党员覆盖,构建践行“两个维护”、全面从严治党“四责协同”机制,引导全省各级党组织在实践中不断优化管党治党、全面从严治党的浙江方案,如景宁县积极探索政治生态“体检”和清廉指数考核,宁波健全完善激励机制和容错纠错机制,绍兴深化治理困扰基层的形式主义官僚主义问题,等等,锻造忠诚干净担当、敢于善于斗争的浙江铁军,奋力书写全面从严治党、高水平推进省域治理现代化的新篇章,成为国人乃至世界观察和解读中国之制、中国之治的“重要窗口”。

2. 努力建设完善党和国家监督体系,强化权力运行制约和监督的“重要窗口”

推进国家治理关键是治权,治权离不开监督。习近平同志主政浙江期间,省委抓住“三头”(龙头、源头、苗头)、纠治“两不”(不廉洁行为和不正之风)、规范“三权”(事权、财权、人事权),在全国率先建立“三书两报告”制度、出台反腐倡廉六大机制、颁发党内监督十项制度实施办法、建立第一个村务监督委员会,基本形成浙江特色的权力制约和监督体系。党的十八大以来,浙江省委坚定不移沿着“八八战略”指引的路子走下去,系统构建“四张清单一张网”,大力推进全省“最多跑一次”改革和数字化改革,鼓励基层开展监督体系的创新探索,宁海的村级小微权力清单、象山的村民说事、桐乡的三治融合等基层创新经验先后被写入"中央文件",强化对权力运行的制约和监督。特别是浙江在全国率先开展国家监察体制改革,构建起党统一领导、权威高效、全面覆盖的监督体系,探索一套行之有效的权力监督制度和执纪执法体系,推动纪法贯通、法法衔接的制度优势向治理效能转化,为全国改革不断提供浙江经验,成为中国共产党破解"世界性难题"的地方范例。

3. 努力建设一体推进不敢腐、不能腐、不想腐、提高治理腐败效能的"重要窗口"

浙江是习近平新时代中国特色社会主义思想的重要萌发地,也是一体推进不敢腐、不能腐、不想腐的"重要窗口"。习近平同志主政浙江期间,系统阐发了关于"使人不想腐败""使人不能腐败""使人不敢腐败"的重要论述,努力探索一体推进"三不"的"预防和治理腐败的新路子"。近些年来,浙江省委学思践悟习近平总书记关于一体推进"三不"重要论述,正确把握"不敢""不能""不想"的内在联系,把一体推进"三不"作为清廉浙江建设的主线,从无禁区、全覆盖、零容忍的惩治和威慑上深化"不敢腐",从全域化、立体化、常态化的制约和监督上深化"不能腐",从立德铸魂、补钙壮骨、化风成俗的教育和引导上深化"不想腐",以更高水平、更高层次一体推进"三不",不断巩固和发展反腐败斗争压倒性胜利,努力成为一体推进"三不"的"重要窗口"。

(四)"重要窗口"的功能拓展

清廉浙江建设,是浙江省委基于国内外形势发生的深刻变化,统筹"两个大局",进行的总体谋划和系统设计。这就要求按照习近平总书记提出的五大发展理念,把握好清廉浙江建设的张力,从全局的视角、全球的视野来探索清廉浙江建设规律,拓展打造清廉中国的"重要窗口"的多重功能。

1. 从省域维度看

清廉浙江是对全省各级党组织和广大党员干部政治过硬、本领高强的全面要求,全面增强学习本领、政治领导本领、改革创新本领、科学发展本领、依法执政本领、群众工作本领、狠抓落实本领、驾驭风险本领,以既要做实干家又要做宣传家的自觉,学懂弄通做实党的十九大精神和习近平新时代中国特色社会主义思想,坚定维护以习近平同志为核心的党中央权威和集中统一领导;以既要有担当的宽肩膀又要有成事的真本领,努力谋划好实施好新时代清廉浙江建设,在夺取反腐败斗争从压倒性胜利到全面性、根本性胜利上走在前列,奋力谱写新时代全面从严治党和清廉建设的浙江篇章。

2. 从全国维度看

清廉浙江是清廉中国"重要窗口",应提供山清水秀的政治生态的路线图,创造反腐败斗争从压倒性胜利到根本性胜利转变的新经验。从法治浙江到法治中国,从平安浙江到平安中国,从美丽浙江到美丽中国,从健康浙江到健康中国,浙江为坚持和发展中国特色社会主义提供了一个个鲜活样本。新时代新阶段推动反腐败斗争由“压倒性胜利”到“根本性”胜利的转变,打造海晏河清、朗朗乾坤的“清廉中国”,同样需要浙江勇立潮头、再立新功,为推动全面从严治党向纵深发展、实现清廉中国建设目标提供浙江样本。

3. 从世界维度看

清廉浙江是清廉中国的地方样本,是推动构建人类命运共同体的中国元素。腐败是人类社会的毒瘤,是世界人民的共同敌人;反腐败是历史性的课题,也是世界性的难题。清廉浙江就是要讲好建设世界上最强大的一个政党的中国故事,传播新时代全面从严治党的中国声音,展现中国共产党人为人类进步事业而奋斗的新气象新作为,为人类社会对腐败问题的治理贡献中国智慧,特别是为广大发展中国家政党治理及其国家治理现代化提供中国方案。

四、价值体系:回答了清廉浙江为了谁、依靠谁问题

马克思主义政党的一切理论和奋斗都应该致力于实现劳动人民为主题的最广大人民的根本利益,这是马克思主义最鲜明的政治立场。坚持“以人民为中心”,保证“人民对美好生活的向往”,是马克思主义的根本立场、显著标志,也是中国共产党人永远不忘的“初心”。浙江省在固本培元、激浊扬清的管党治党、全面从严治党、清廉建设实践中,坚持以人民为中心的价值体系,打造清廉浙江建设责任综合体,构建清廉浙江建设协同运行的治理体系,全面开展清廉浙江的全域化、单元化、协同化、智治化建设,推动全面从严治党和清廉建设向纵深推进、向基层延伸、向每一个党员和公民覆盖,努力形成以人民为中心的共建共治共享大合唱。

(一)打造多责同构的清廉浙江建设责任体系

清廉浙江建设是一个多元参与的系统工程,既要把多样性的治理对象和需求纳入清廉浙江建设系统之中,更要把党政军民学多元化的治理主体进行功能性的合作和互补。因而,必须始终坚持省委对清廉浙江建设的全面领导,坚持党政齐抓共管,专责机关组织协调,职能部门各负其责,人民群众支持、参与,各方力量合作、协同,在多元化的主体之间形成一个共治、共洽、互联、互补的治理结构。全省各级党组织要有真抓的实劲、敢抓的狠劲、善抓的巧劲、常抓的韧劲,抓铁有痕、踏石留印抓落实,切实履行好清廉浙江建设的主体责任,党组织领导班子要履行好全面领导责任,主要负责人和直接主管的班子成员要履行好主要领导责任,书记是第一责任人,参与决策和工作的班子其他成员要履行好重要领导责任;纪检监察部门是党内监督专责机关,要履行好清廉浙江建设

的监督执纪问责职责；党委的组织、宣传、统战等各职能部门要把清廉浙江建设融入各自的工作之中；政府组织、群团组织、国有企事业单位要担负清廉浙江建设的政治责任；新经济组织、社会组织以及公民、家属、学生要担负清廉浙江建设的社会责任；广大党员、干部特别是"关键少数"要争当清廉浙江建设的促进派和带头人，把责任扛在肩上，勇于挑最重的担子，敢于啃最硬的骨头，善于接最烫的山芋，在全省上下形成全面覆盖、协同推进清廉浙江建设的责任体系，各尽其责、协同夺取反腐败斗争根本性胜利的体制机制。

（二）坚持以人民为中心的清廉浙江建设价值体系

《共产党宣言》指出：共产党人"没有任何同整个无产阶级的利益不同的利益"。习近平总书记在党的十九大报告中指出：坚持以人民为中心，依靠人民创造历史伟业。清廉浙江建设，顺应了新时代人民在民主、法治、公正、安全等方面的美好需求，充分体现了以人民为中心发展思想，既要重视与民共享，更要重视与民共建，把党的群众路线贯彻到清廉浙江建设全部活动之中，不断增强人民的获得感、幸福感、安全感。在价值取向上，坚持"以人民为中心"，保障"人民对美好生活的向往"；在目标追求上，坚持"江山就是人民，人民就是江山"的人民至上立场，人民群众反对什么、痛恨什么，我们就坚决防范和纠正什么，"让正风反腐给老百姓带来更多获得感"；在动力系统中，尊重人民群众的"主人""主体"和"中心"地位，发挥人民群众积极参与和支持反腐败的深厚伟力；在评价标准上，坚持"时代是出卷人，我们是答卷人，人民是阅卷人"，始终把人民放在心中最高位置，以人民拥护不拥护、人民赞成不赞成、人民高兴不高兴、人民满意不满意作为清廉浙江建设绩效的评价标准。

（三）构建协同运行的清廉浙江建设治理体系

新时代党的建设的鲜明主题是全面从严治党，核心是坚持和加强党的领导，基础在全面，关键在严，要害在治，切实加强党的革命性锻造，推动管党治党从宽松软走向严紧硬，不断增强党的政治领导力、思想引领力、群众组织力、社会号召力。清廉浙江建设，是全面从严治党的浙江样本，既要体现新时代党的建设全面领导、全面从严，把握主线、长期执政，政治统领、坚定根基，提高质量、永葆先进等总要求，又要契合新时代浙江党的建设实际，着力探索全面从严治党和清廉建设的本土路径，塑造具有浙江地域特色、人文特征和风格气派的浙江样本，形成政治建设、思想建设、作风建设、纪律建设、制度建设、反腐败斗争协同运行、整体推进的"5+2"总体布局，为增强全面从严治党的系统性、创造性、实效性提供实践参照和理性思考。

共同富裕背景下村党组织软治理能力的培育逻辑与形塑路径研究

徐　珍[①]

一、引言与文献述评

(一)引言

现在我国正处于全面深化改革开放的深度上升期,夯实国家治理能力建设成为党中央高度重视的目标内容。而基层治理也成为整个“国家治理体系和治理能力现代化”宏观战略框架指导下的重点改革区域。尤其是在我国全面推进乡村振兴重点工作的重要历史节点,处理好乡村治理与乡村共富之间的关系问题,关键要看核心力量的领导。因为“实现共同富裕不仅是经济问题,而且是关系党的执政基础的重大政治问题”。[②]农村基层党组织既是党在农村领导一切工作的一线阵地堡垒,更是推进乡村治理体系和治理能力现代化建设的核心主力。村党组织的治理能力水平直接影响共同富裕背景下乡村治理改革的进度和实效。在乡村治理改革的转型阶段,村党组织如何软嵌入到乡村治理的活态场域中来,进而更好地促进乡村共富实践?在我省高质量建设共同富裕示范区的时代背景下,加强党在农村地区的软治理能力建设议题理应得到更多关注。

当下,我国乡村治理改革实践正进入一个新的转型期,刚性治理的弊端逐渐显露,“内卷化”危机加重,软治理的柔性优势趋显。走向软治理,势必成为推进国家治理体系和治理能力现代化的趋势导向。乡村软治理意味着公序良俗等软性作用再次凸显,价值、伦理、信仰、文化等柔性要素的德性功能将进一步得到强化。这也要求村干部群体需要以一种更加全面、柔和的治理方式去应对乡村治理结构的变化与革新。进一步讲,

---

① 作者简介:徐珍,中共临海市委党校教师。

②《中共中央 国务院关于支持浙江高质量发展建设共同富裕示范区的意见》, http://www.gov.cn/zhengce/2021-06/10/content_5616833.htm。

作为党建主体需要具备“软硬兼施”的政治本领。既有“硬治理”实力，更有“软治理”能力。所谓“软治理”能力，一般指行为主体在乡村治理过程中表现出来的柔性领导力。对于村干部群体而言，可以通过软性权力和软法规范的双重辅助，巧妙运用价值引领、情感沟通、心理疏导等柔性手段，发挥其引导动员、濡化吸纳、整合协调等功能，实现对治理威权的重塑，达到盘活乡村人才资源、规范治理生态秩序、融洽村社干群关系等目的。然而，受硬控制思维的长期影响，大部分农村干部群体柔性领导力的发挥成效并不明显。从结构二重性的解释框架来看，党建主体在与村民客体的互动交流中还未能完全养成能够适应于当前治理话语体系的能力惯习，在权力禀赋予能力转换之间存在一定的互嵌阻力。

（二）文献述评

村党组织是国家政权下沉到乡村社会的基层组织代表，是衔接国家与乡村关系的重要媒介枢纽。在塑造共富型乡村社会形态的实践中，打破乡村传统固化治理模式的屏障，让柔性治理模式适用到乡村场域，其关键在于要梳理好村党组织与乡村软治理的主体关系问题。

围绕治理主体，在现有的乡村软治理能力研究中，国内大多数学者把关注点集中在权力关系、职能转换、路径探索等层面。比如，杨华[①]从乡村治权与乡村组织间的关系角度论证了当前国家基础性权力无法有效转化为基层组织治理能力的现实性困局，主张通过厘清国家政权建设与乡村治权变迁的统一性关系，梳理出乡村治权与乡村社会属性耦合的客观事实，进一步阐明推进基层政权和基层治理能力建设的合理性和必要性。周根才[②]则从基层政府的职能调适入手，基于中部地区C县的案例支撑，指出走向软治理才是基层政府治理能力现代化的路向选择。也有学者将研究对象从作为基层政权机构主体的政府转向具有主观能动性且“身体在场”的基层干部群体。主张在合作治理模式的逻辑机理下，从合作共治的视角探讨基层干部软治理能力的缺失问题。[③]这类研究让基层干部治理能力现代化建设议题在学理上有了更深一步回应。何柯桦、葛宏翔[④]同样认为在国家治理体系建构过程中，基层干部的软治理能力是一个不可忽视的重要变量，需要进行系统性的深入研究。他们力图在协同共治的理论视野下，重点阐述基层干部软治理能力缺失的行为表征及其深层次原因问题。由此，不难发现，不管是基层政权单位还是基层干部群体，多数学者研究的着眼点基本上放在了治理主体的软治理能力

① 杨华：《.乡村治权与基层治理能力建设》，湖湘论坛2018年底5期。

② 周根才：《走向软治理：基层政府治理能力建构》，《学术界》2014年第10期。

③ 张玉荣，李彦峰：《合作治理语境下基层领导干部软治理能力探析》，《领导科学论坛》2017年第23期。

④ 何柯桦，葛宏翔：《协同共治语境下基层干部社会软治理能力发展研究》，《领导科学》2020年第10期。

关系层面,在治理能力现代化语境下横向构建了"主体—能力—路径"的逻辑框架。有关乡村社会内部的软治理动态,透视不足。胡卫卫等[①]虽然关注到了乡村社会内部这一村级场域,并进行了情景透视-培育机制-建构路径的机理分析。不过,其研究的重点并没有放在村级党建治理主体本身,而是从乡村权力关系的博弈来论证乡村柔性治理能力得以提升的内源性逻辑问题。这种非线性的研究视角为城乡一体化进程中的乡村软治理能力提升实践提供了一定的学理支撑。

实际上,这些学术研究虽切实可行地触及了乡村软治理能力的存在本质,但围绕村级党建主体本身展开的内容还不够深入细致。共同富裕背景下如何有效剖析乡村软治理与乡村共富间的互构性问题?村党组织的柔性介入理应成为解决该类问题的路径选择。在市场经济的浪潮下,我们需要认清这样一个事实:乡村社会结构的碎片化趋势渐显,养成于乡村场域的公共文化秩序遭遇解构,公序良俗的约束力趋于式微,德性因子的治理优势弱化。而刚性治理的"僵化"问题逐渐暴露,刚柔不协调的治理现象客观存在,乡村治理生态亟须得到有效优化。于此,面对村民群体日渐多元化的治理诉求,我们不仅要从国家层面的宏观维度着手应对,还应从党建主体本位的微观层级进行学理回应。研究村党组织的软治理能力问题既有助于厘清乡村治理外推动力与内聚性动力之间的互通逻辑,也有助于创新党建引领乡村治理的嵌入模式,在有力推进乡村共富社会形态构建的同时,能够进一步强化中国共产党在农村地区的治理威权,有效夯实执政之基。

二、新形势下村党组织软治理能力的培育逻辑

新时代以来,我国乡村社会的治理生态发生了深刻变化,乡村治理需求也趋向多元化、精细化。如何通过能力建设实现"治理有效",进而促进乡村全面振兴、走向共同富裕?笔者认为,当下我们不仅要承认乡村治理结构经历变迁与革新的事实,更要关注到村级党建主体本身的软治理能力建设问题。实践证明:乡村治理能力不应是治理主体单一能力的一元化呈现,而应是其硬治理能力与软治理能力叠加优势释放下的多元化能力呈现。从这个角度讲,基于"三治融合"的乡村治理语境,有关村党组织软治理能力提升的政治议题,不容忽视。其实,早在2019年,"增强乡村治理能力"就以单列条目的形式被写进中央一号文件,从中可以看出国家对乡村治理能力建设问题的重视程度。如果说硬治理能力是生成于正式制度运行下的刚性治理能力,那么软治理能力则是生成于非正式制度运行下的柔性治理能力。现下乡村软治理主体缺位的现象日渐凸显,

① 胡卫卫,张国磊,唐伟杰:《乡村柔性治理能力的情境透视、培育机制与建构路径研究》,《农林经济管理学报》2022年第3期。

村党组织的软治理能力还较难跟上乡村治理的建设步伐。为此，提升村党组织软治理能力的建设命题，亟待得到学界更多关注。新形势下，文章尝试从主体形塑、过程治理、实践运行三个维度进一步厘清村党组织软治理能力的生成机理与培育逻辑，进而为推进乡村治理体系和治理能力现代化提供有力的学理支撑。

（一）主体维度：凝聚基层干部治理威权的政治需求

在基层，国家权力的主导作用不可或缺。夯实党（村党组织）在乡村场域中的治理威权，必不可少。而提升村党组织的软治理能力也成为重塑基层党组织治理威权的先决条件。完善现代化的乡村治理体系机制，不仅需要战略政策导向下的制度红利与资本依赖，还需要有一个相对完备的治理系统去运行。而良性的乡村治理系统得以正常运转的关键还是要靠人去完成，这就更有必要重视主体本位的治理能力研究。具体而言，在乡村治理语境中，不管是国家层面设计的正式制度，还是民间层面生成的非正式制度，它们共同效力于同一个空间维度，合力形成了同时空维度下非线性形态的治理能量源，其目的是服务广大的基层民众。这就意味着作为服务主体的基层党组织需要颇为强大的内嵌式动力支撑，才能更加有力地推动乡村治理模式朝着善治方向发展。因为制度与乡规民约实现耦合发展的理想化呈现是走向善治。[①]然而，随着乡村治理结构的多元化趋势变迁，乡村个体在社会交互层面呈现原子化表征，邻里关系趋向疏离，原有的道德成规遭遇解组，大多数村民在治理价值层面还未真正达成新的社会共识。基于此，基层党组织内嵌于乡村社会内部场域的内生性治理威权趋于式微。实际上，很长一段时期以来，“压力型体制”下多数村社干部养成的刚性制度依赖于强势思维惯性，短时间内还未发生根本性转变，多重主体力量较为分散，党领导下的一核多元乡村共治格局还未真正落地形成。这也间接导致作为先赋性权威代表的多数村社干部在进行乡村配置性资源转换过程中，若不注重微权力执行的规则，则很容易出现信任危机。为此，从主体维度来看，提升村党组织软治理能力是凝聚基层干部治理威权的政治需求。我们需要从治理主体的本位出发，通过建构与基层政党行动逻辑相吻合的角色符码，努力扩大基层党员干部柔性治理的领导张力，进而充分释放能够作用于乡村软治理发生情境的党建优势。

（二）过程维度：对基层党组织嵌入乡村治理的柔性回归

一是对乡村软治理模式的柔性回归。在“皇权不下县”的传统社会，费孝通先生认

① 张爱军，张媛：《迈向善治：制度与乡规民约的契合逻辑与建构理路》，《河南师范大学学报（哲学社会科学版）》2019年第5期。

为中国传统的乡村治理呈现出“双规政治”的特点。国家意志并没有随意渗透到乡村社会,[①]“县政绅治”成为乡土社会的一大治理特色。到了近代,我国乡村治理模式经历了由“政权下乡”到“政社合一”的发展过渡。改革开放以后,我国对乡村社会的治理结构进行合理性配置与优化,逐步强化源自国家自上而下的基础性权力,有序推动对乡村社会的整合与形塑。从战略制度层面来看,不论是从“乡政村治”到“新农村建设”,还是从“美丽乡村建设”再到“乡村振兴”,我们党一直在摸索、变革乡村治权的关系结构,以适应不断发展中的乡村治理实际需求。正如杜赞奇所讲:“要理解村庄权力结构的变化,就必须考察更大范围的历史变迁,即国家政权的变迁,然后再回到农村中”。[②]基于国家-社会的权力关系维度,我国农村基层治理实践也经历了由“强国家-弱社会”到“弱国家-弱社会”再到“强国家-强社会”的趋势转变。[③]为此,走向软治理,是重构乡村治理权力空间,平衡国家、社会与农民三者关系的善治选择。而村党组织软治理能力的培育逻辑也是在该趋势背景下展开的。同时,提升村党组织的软治理能力也成为推进乡村走向软治理,加快基层党组织职能转型的必经环节。

二是对非正式软权力作用于乡村治理生活的柔性回归。费孝通先生认为,中国的乡土社会是面对面的熟人社会,是礼治社会。维系农民生活世界正常运转的是伦理,是道德。而“从社会观点说,道德是社会对个人行为的制裁力,使他们合于规定下的形式行事,用以维持该社会的生存和绵续”。[④]进入后乡土社会,虽然原有民众建构起来的“差序格局”正经历着重组与革新,但是“半熟人”式的民间社交网系依然需要道德仪礼、民俗成规等软权力的秩序维系与功能供给。从这个意义上讲,作为党建统领下的组织主体,村社干部更要遵循自身治理行为与民众认知需求相互契合的培育逻辑,以软嵌入形式巧妙融入乡村柔性治理的生成框架中去,从而更好地服务广大基层民众,充分彰显我们党坚持“以人民为中心”的根本宗旨。

(三)实践维度:对乡村社会治理共同体建构的有效回应

从实践维度看,提升村党组织的软治理能力是对乡村社会治理共同体建构的有效回应。党的十九届四中全会明确指出,要“建设人人有责、人人尽责、人人享有的社会治理共同体”。这为我们今后乡村治理结构调整与模式创新提供了明朗的路径指向。何谓“共同体”?李强认为:“共同体是一种特定的社会关系,其成员有着互为取向的行为

① 费孝通:《中国绅士》,生活·读书·新知三联书店2009年版,第62—73页。

② 杜赞奇:《文化、权力与国家》,王福明译,江苏人民出版社1996年版,第247页。

③ 杨弘,胡永保:《建国以来我国农村基层治理中国家与社会关系的演变及启示》,《理论学刊》2012年第7期。

④ 费孝通:《乡土中国》,北京出版社2011年版,第43页。

作为基础，而外在表现为成员的相互认同的感受。”①笔者比较赞同该观点。于是，沿着这种学理逻辑，在构成乡村社会治理共同体的话语体系中，我们需要具备这两个条件：一是有“互为取向”的行为示范，二是有“相互认同”的价值共识。比如，各地方对五级书记治理联动机制的推动与落实，足以看出我国治理共同体建构趋向耦合共振的发展态势。实际上，这种学理分析框架是符合“共建共治共享”新社会治理格局的建构逻辑的。对该分析框架的设计与研究，有助于为村党组织软治理能力的培育与形塑实践提供有力的价值支撑。换言之，在党和国家有关乡村振兴宏观政策导向下，面对社会变迁中乡村文化机理的异质与政治生态的复杂，探索党领导下乡村治理共同体的同频共振模式，势必要重点处理好村党组织的软治理能力建设问题。

首先，在乡村共治语境中，能够让治理要素由松散转向集中，让治理系统由碎片化转向集约化，其关键就在于坚持中国共产党的核心领导。这就要求广大基层干部在具体的治理实践中要表现出与民众心理预期相匹配的治理能力与认知水平。其次，作为党建统领的主力载体，村党组织需要逐步打破过去单一固化的队伍结构模式，多渠道吸纳社会各类优秀人才，渐以壮大基层组织队伍力量，不断提升组织队伍的引领力。最后，在治理行动集体推进的实践过程中，村党组织还需要着重发挥道德、信仰、文化等软性要素的德性功能，有序扩大口碑效应，营造乡村善治格局氛围，逐步形成正向的乡村治理系统内循环。这样做，一方面有利于增强民众对治理共同体的价值认同力，另一方面也有利于提升基层组织队伍的柔性领导力。

三、走向耦合共振：共同富裕背景下村党组织软治理能力的形塑路径

当前，我们国家已经到了扎实推进共同富裕的历史阶段，如何让乡村治理水平跟上乡村共富的步伐？不仅要注重乡村治理与乡村共富之间的关联逻辑，更要重视党（村党组织）在乡村社会治理转型中与多元化的社会主体之间建构起来的共治关系。而要保持好这种共治关系的良性循环，就要处理好阵地组织的领导力形塑问题。于是，探讨村级党建主体软治理能力的提升实践，一方面可以创新村党组织领导力重构模式，另一方面也为乡村柔性治理效能的有序转化提供了路径思路。尤其是在我国积极推动县域高质量发展的特殊阶段，面对乡村社会治理生态的复杂与异质，克服主体互动失语、政社互动错位、技术互动失衡等掣肘，既是重点也是难点。基于乡村全面振兴的战略背景，

① 李强：《社会分层十讲（清华社会学讲义）》，社会科学文献出版社2011年版，第102页。

并结合乡村共富的时代语境,文章尝试从价值嵌入、功能转型、空间共振三重维度提升村党组织的软治理能力,力图通过非权力性权威重塑、组织功能定位调整和共治共富空间锻造等路径形塑,实现对当前村级党建主体软治理困境的突围,力争为深化乡村柔性治理效能、优化乡村软法推广生态、全面推进乡村治理体系和治理能力现代化建设提供可行的形塑路径。

(一)价值嵌入:重塑非权力性权威,提升权力转换能力

其一,重塑村党组织的非权力性权威,是对村级党建主体柔性领导能力的理性回归。基层干部主体的非权力性权威是相对于权力性权威而言的,生成于法律条文之外、基于道义层面产生的权威。其建构基础来源于意识层面人民对干部主体发自内心的自觉拥护和价值认同。而这种"认同—服从"的关系维系,不仅依托于村党组织不断扩充自身权威资源的存量[①],还需要其能够通过价值嵌入的形式将自身附带的主流价值观融入乡村社会,与运行于民众生活世界的处世智慧实现对接,进而完成新的价值共识的耦合建联。进言之,表面上来看,这种价值共识的耦合行为,实际上为乡村软治理文化共振秩序的建立提供了有效的共情基础,某种程度上也凸显了乡村价值治理的重要作用。深层次讲,这种价值共识的耦合实践,其实是多数党建治理主体在乡村工具治理过程中注入柔性价值理性的文化调试行为,是其柔性领导能力理性回归的外化表现。从这个意义上来讲,以价值嵌入的方式进行非权力性权威重塑的路径设计,不仅有助于夯实基层党组织的治理威权,强化与村民群体间的政治信任,还有助于提升自身的柔性领导力,为最大程度地满足基层民众的生产生活治理需求提供了可靠的组织保障。

其二,提升村党组织权力转换能力,是对乡村社会实现结构性要素重构的权力再生产过程。作为基层权威代表的村党组织在维系基层党群关系、疏通农民主体利益诉求渠道、整合乡村资源要素等方面发挥着重要作用。而其诸多作用功能得以充分发挥的前提是村党组织自身能够保持有效的合法性地位。其治理合法性的取得,不仅依赖于硬性条文的司法解释,还生成于客体世界中与村民群体的互动情境中。村民群体能否正确理解并接受、认同来自国家层面的宏观治理策略,关键要看村级党建主体的媒介转换能力是否发挥得当。吉登斯认为权力是一种转换能力,是"行动者能够获得其理想结果的能力"。不过,遗憾的是,这种权力转换能力恰恰是当前多数村社干部所欠缺的。在"权力-行动"的解释框架中,"这些结果的实现依赖于其他行动者的能动性"。[②]于是,广大村民群体的能动性回应则是多数村社干部转换能力得以充分发挥的最好见证。

---

① 赵大朋:《农村社会结构的转型与村级党组织的应对》,《上海行政学院学报》2015年第4期。

② 吉登斯:《社会理论的核心问题:社会分析中的行动、结构与矛盾》,郭忠华、徐法寅译,上海译文出版社2015年版,第101页。

然而,在过去"经济硬增长"发展模式的影响下,国家在场的政治威压策略虽有效规范了乡村社会的运行秩序,但是也间接弱化了乡村本能的自我修复功能。与此期间,村党组织与村民之间的自主式互动情境逐步让位于组织主体行政化的单向输入情境,村民能动性意愿降低,村党组织的权力转换效果不佳,乡村治理能力遭遇提升屏障。那么,在乡村共富的时代语境下,村党组织如何在与村民客体进行治理实践互动中有序实现自身权力的再生产?基层党建主体需要注意两点:一是要发挥好乡村社会资源的媒介价值。"资源是作为权力的转换能力得以行使的媒介"。村党组织需要将自身的公共权力放置在资源可以支配的乡村互动空间维度,通过对资源要素的应用性重构,在完成乡村治理结构规范性调整的同时,获得民众自发式的权威认同。二是要注重行动者在乡村治理系统中的"在场可得性"。即党建主体可以通过"身体在场"的治理示范,内化为以社会主义核心价值观为信仰基础的价值标准,与村民之间形成自主依赖的共治关系,在交惠性治理实践中逐步获得村民能动性的认同与信服,有序完成对自身非权力性权威的形象塑造。

(二)功能转型:回归服务职能本位,提升心理疏导能力

一是乡村软治理能力的建构要求基层党组织在乡村治理实践中充当好"黏稠剂"角色。若想扮演好"黏稠剂"角色势必要对自身的组织功能定位进行耦合调适。而回归服务职能本位既是村党组织进行柔性治理能力锻造的现实要求,也是乡村软治理模式得到系统性优化的主体性需要。党的十八大以来,强化基层干部的服务功能成为中国共产党领导乡村治理结构改革中着重凸显的主体价值导向。纵观2013年至2022年的中央一号文件,"服务"一词共计出现425次,其中在2013年的中央一号文件中出现58次,2018年出现59次,均高于其他年份的"服务"一词出现次数(详见图表1)。

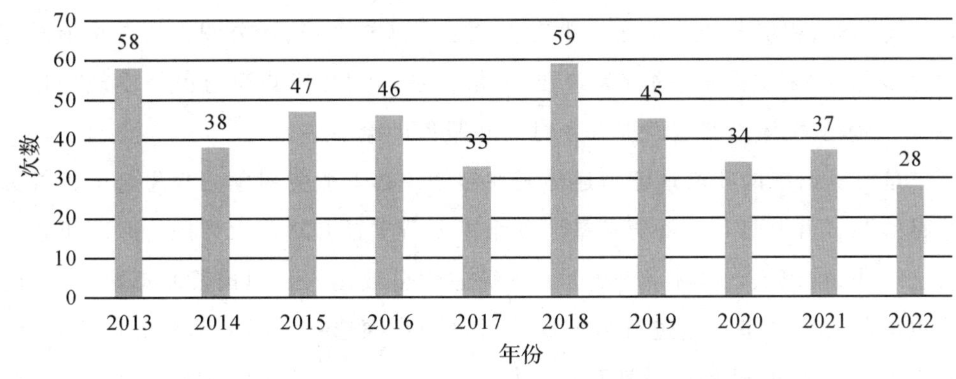

图1　2013—2022年中央一号文件"服务"一词出现次数统计表

结合我国有关“三农”主题的战略政策背景,并通过梳理近10年的中央一号文件,我们能够发现2013年与2018年的中央一号文件中有关乡村服务与治理建设层面发生了较为显著的表述变化,从中也能体悟到中国共产党领导乡村治理建设的战略调整与思想脉络,这也为中央一号文件中“服务”一词的高频出现提供了解释缘由。党的十八大报告曾指出要“加快形成源头治理、动态管理、应急处置相结合的社会管理机制”。面向社会基层,报告着重对社会管理的体系机制进行优化完善,力图从制度层面探索党建引领基层治理实践的最优方案。基于此,在2013年的中央一号文件中,有关乡村管理建设内容,则着力从乡村治理的服务体制机制层面进行框架指导,旨在健全并逐步完善服务“三农”的制度管理体系。比如,文件中提到要“健全村级组织运转和基本公共服务经费保障机制”等。经过5年的乡村治理实践经验累积与科学论证,党的十九大报告提出要“打造共建共治共享的社会治理格局”,并且在文字表述上作了重要改动。比如将党的十八大报告中“社会管理”表述为“社会治理”,从中可察觉到党中央对乡村治理的战略定位愈加精细化、精准化。同时,2018年的中央一号文件强调从乡村服务的主体功能与要素层面进行调适创新,继续“推动乡村治理重心下移,尽可能把资源、服务、管理下放到基层”。将服务与资源、管理并列,以治理要素的形式渗透到乡村社会治理内部,治理方式更加柔性化、多元化。通过比较发现,在有关党领导乡村治理建设方面,中国共产党对自身的功能定位正在发生深刻转变。不管是推动“农村基层服务型党组织建设”,还是加快“乡镇服务型政府建设”等,均可以视为我们党为了强化服务责任、优化系统配置、促进功能转型而进行的诸多定位设计。从这个角度来看,“去行政化”的治理趋势已渐显。回归服务职能本位,就是要求广大基层干部在“物质治理”过程中能够有效嵌入组织力量,积极探索需求型公共服务机制建构,着力凸显人本化的服务理念,尽可能弱化“官本位”色彩,努力形成正向的政治生态系统良性循环。再者,还要完善“县区-镇街-村社”三级督查制衡系统,多层级全方位规范乡村治理秩序,深度优化乡村政治生态。与此同时,积极营造法治教育常态化的公共认知环境,让公职人员在法治教育的熏陶中逐步养成“依法办事”的行为习惯,能够灵活运用法律知识与民俗成规处理乡村公共事务,力争从主体培育层面提升乡村公共服务供给水平。

二是村党组织的软治理能力还体现在组织主体对服务对象心理思想的把控力和情绪情感的调节力上面。这就要求基层党组织要着重提升对广大村民的心理干预与疏导能力。首先,可以嵌入技术治理理念,分级建构全域化的心理预警服务机制,适时把控行为主体的心理动态。通过行为数据分析进一步筛选存有不良动机的村民主体,将其列入心理预警名单,并做好后期跟踪工作。同时,组织有威望的村社干部出面进行心灵沟通,巧妙化解潜在的利益冲突与心理危机。近年来,随着新型城镇化建设的深度推进,村民的主体身份也经历着城镇化形塑过程。尤其是在乡村形态快速转型的过渡阶段，多数村民群体在应对物质发展与精神培育关系调节方面出现了失衡状态。物质层面的快速富裕与精神层面的匮乏空虚，形成了不对称的关系落差，为社会不良风气的滋生、社会不安定因素的生成埋下了安全隐患。为此，我们在提升组织服务性能的过程中不应忽略心理服务这一环节。其次，健全乡村心理服务渗透机制，全方位把控行为主体的思想动态，加强“心灵治理”。在社会心理服务建设方面，党的十九大报告就曾指出要“加强社会心理服务体系建设，培育自尊自信、理性平和、积极向上的社会心态”。这就要求我们在乡村心理服务网系构建中继续践行新时代“枫桥经验”，深化矛盾纠纷调处化解中心的作用机制，提升县镇村三级网系联动治理效能，进一步畅通村民利益诉求表达渠道，充分体现“以人为本”的柔性治理思想。在经费有限的情况下，鼓励并支持乡贤、本土企业家反哺家乡，积极吸纳社会资本。在条件允许的情况下，加大乡村公共服务基础设施配给投入，分级设立专门的心理咨询场所，分批次开设心理教育专题辅导培训，多渠道做好乡村心理服务渗透工作，从物质治理层面凸显制度优势。最后，可以以大数据智能技术做数字化支撑，通过创新乡村心理服务呈现形式，做好乡村心理教育引导工作。具体而言，村社干部要实地排摸走访村民住户，走进村民生活世界，了解村民真实所求所需。在走访排摸中，收集具有典型性的人物案例，进行艺术化包装，利用数字化技术手段转化为可视化的影像作品，做好双线宣传教育工作，进而形成良好的心理教育舆论导向，以达到心理矫治的预期效果。同时，还可以调动乡村闲散人力资源，成立乡村心理辅导志愿者团队，以文化礼堂等公共文化场所为空间载体，组织开展心理教育专题讲座或者心理主题艺术展演活动。并借助抖音、快手等短视频软件平台进行直播或转播宣传，潜移默化中影响广大民众的心理认知，进而营造良好的乡村共治氛围。

（三）空间共振：打造软法共治矩阵，提升文化润富能力

第一，生成软法共治生态，增强公序良俗约束力。从历史维度看，过去的中国是以农耕文明为精神载体的乡土社会，是面对面交流的人情社会，是传统礼法得以维系的礼治社会。这为乡村软法秩序的构建与运行提供了良好的生存土壤。软法治理在乡村社会的生成与推广，实质上可看作是国家权力的理性回归。[①]乡村软治理实践不仅需要刚性治理机制的物质维系，还需要柔性治理机制的精神辅助。在乡村社会，生成软法共治生态是对软法治理能够渗透到乡村肌理的空间制度保障，而公序良俗的存在价值则体现在它的运行逻辑符合乡村社会村民主体的行为习惯与认知惯性。打造新农村善治格局势必要联合自治、法治、德治同频推进。即使在现代社会，公序良俗的治理效力依然不可小觑。

---

① 刘亚娟：《论村民自治的软法治理》，东北林业大学2019年硕士论文。

于是,乡村软治理能力体现出对软法治理的合理运用上,这就需要村党组织提升对软法治理的运用能力。首先,对于治理主体而言,要树立软法共治理念,参与法治教育专题培训,锻炼法治思维。重视乡规民约的软法作用,通过开展好家风、好儿媳等道德模范评比活动,形成积极向上的乡村柔性治理价值导向。其次,我们要正视当下乡村社会存在的不正之风,通过正向舆论引导与模范榜样引领,推动柔性治理有效实施。比如,针对有些行政村出现的不赡养老人现象,我们要重振孝文化传统,对乡土社会历来重视的孝文化传统进行大力弘扬与传承。可以通过创新孝文化传统传播的路径形式,不断丰富孝文化传统的精神内涵,为乡村柔性治理注入新的内生活力。最后,软法生态的有效维系不仅需要国家自上而下的正式制度的规则管控,也需要民间自下而上的非正式制度的柔性辅助。我们不单要借助国家、社会层面的多重刚性外力,建构秩序井然的乡村规则空间,还要借助乡村治理共同体的多元主体力量,形成内外互应的治理合力,推动软法治理的有序开展。实际上,村党组织软治理能力的作用发挥很大程度上透视了软法治理运用到乡村社会的合理性议题。从这个角度来讲,软法共治生态的营造不仅为公序良俗的德性作用提供了释放载体,也为传统型村民向现代化公民身份的过渡提供了制度条件。

第二,强化公共精神驱动,激活文化润富新动能。首先,提升村党组织的软治理能力应重塑基层党组织领导角色,强化公共精神驱动。解决好广大基层干部的公共角色设定问题,对形塑乡村公共精神驱动的领导力量具有重要意义。习近平总书记曾指出:"致富不致富,关键看干部。"在广大农村地区,多数村社干部的能力水平直接影响着其所管辖村落片区的发展效能。即使在治理层面,也不例外。随着当前传统村落公共秩序的解构与新公共精神的生成,多数村社干部所扮演的社会角色愈加丰富,而其多重角色建构背后所隐含的关系冲突也愈加明显。"在角色规定责成的内容与作为特定社会位置占有者的行动者的作为之间,可能存在着各种各样的错位。"[①]基于社会结构的广泛性特征,党建主体角色错位的现象客观存在。例如,在"公与私"的角色关系中,有些利益本位的经济角色某种程度上弱化了服务本位的公仆角色。同时,基层政府的职能水平与部分村民群体的治理需求之间存在异位,这也进一步反映出当前不少基层党建主体对自身的公共角色认知失之偏颇。一方面,我们要深度细化镇街政府的角色权责关系,强化服务导向,做好权力结构调试工作,尊重草根群体的民主话语权,彰显协同共治的合作精神。另一方面,我们要明确基层干部主体的角色定位,强化公仆意识,做好政治素养培育工作,着力加大对村民群体的情感投入,进一步凸显基层党建主体的柔性领导

---

① 吉登斯:《社会理论的核心问题:社会分析中的行动、结构与矛盾》,郭忠华、徐法寅译,上海译文出版社2015年版,第129页。

魅力。

其次，提升村党组织的软治理能力应优化乡村公共价值空间，激活文化润富内生动能。在共享经济时代，基层干部要提升共富引领能力，积极联络与整合各类社会主体资源，引导其加入乡村软治理共同体建设中来，形成多元主体并存的治理合力。在“共建共治共享”新治理格局框架指导下，为乡村文化资源的配置共享与绿色发展提供有力的资源支撑与可靠的策略指南。一方面，基层干部可以借助县域区位优势，开展有效的文化治理实践，与村民建立政治信任与平等关系。注重乡村公共空间的互动体验，形成乡村治理共同体文化矩阵，着力提高在文化礼堂或祠堂、戏台、庙会等公共空间的互动频率，增强村民的参与获得感和“空间在场感”，为新的公共精神的生成提供价值共振空间与认知共识载体。另一方面，通过对乡村多元文化资源的整合与调适，完成对乡村文化资源的再组织过程。比如，可以将民俗仪礼、非遗、民间艺术与技艺等带有地方性传统特色的文化元素运用到文艺活动展演、文创产品开发、在地化文化产业链打造中来，积极探索“文化+”的党建引领乡村共富实践模式，整体提升乡村文化润富的内生动能。同时，还可以借助政策红利与地理优势，有序规划乡村空间景观，增强“虹吸效应”，逐步打破传统村落与外界之间的交流壁垒，积极推进与地方企业、民间组织、高校院所等平台的对接与合作，畅通乡村社会资本培育渠道，为乡村软治理的开展提供财力支撑。

最后，提升村党组织的软治理能力应注重对乡村公共文化认同的能力培育。实际上，在“半熟人”式的现代乡村社会，若想让人地亲密关系再次回归，就要重拾乡愁人文景观，重构乡土文化空间，重建公共价值认同。因为“没有一定的社会文化共识，一切政治共识和治理策略都是很难自下而上地建构起来的”。①而能够将过去村民赖以维系的文化权力网系进行重组并回归民众视野的行为实践，势必需要由我们广大的基层干部群体在党的统一筹划部署下完成。

四、结语

实际上，如何在现有乡村治理体系机制基础上探讨具有本土党建特色的乡村软治理能力形塑问题是一项亟待关注的学理议题。村党组织软治理能力的培育与形塑是基层政党的组织逻辑与适用于乡村软治理语境的平民逻辑实现互嵌耦合的关键内容。基于此，文章在系统阐述村党组织软治理能力提升内涵释义的基础上尝试建构了“引言与文献述评-培育逻辑分析-形塑路径探索”的理论解释框架。基于共同富裕的时代语境，文章从党建主体本位的视角出发，从主体形塑、过程治理、实践运行三个维度重点探讨

① 文军：《社会文化共识是基层治理的支点》，《文汇报》2014年5月20日第10版。

了新形势下提升村党组织软治理能力的培育逻辑问题,并针对当前村党组织软治理能力提升实践中遭遇的主体互动失语、政社互动错位、技术互动失衡等掣肘,提出了形塑路径。文章尝试从耦合共振的线路视角,通过价值嵌入、功能转型、空间共振三个层面对村党组织的软治理能力建设框架进行学理化建构,力图从基层干部主体的权力转换能力、心理疏导能力、文化互嵌能力等多个方面,提出可操作化的能力形塑路径,以期为新时代基层党组织引领乡村软治理实践提供可行的方案设计与耦合策略。

数智赋能基层党建高质量发展研究

张 乐[①]

党的基层组织建设是党的优良传统和政治优势，中国共产党历来重视基层党建，不断发挥基层党组织战斗堡垒作用。面对基层的新形势新问题，传统的党建方式难以取得较大突破和进展。浙江省历来重视数字化、信息化对各领域的撬动作用，从习近平主政浙江时提出的“数字浙江”建设到“最多跑一次”改革，从政府数字化转型到省委十四届八次全会提出以数字化改革撬动各领域各方面改革，数字化、信息化、智能化俨然成为撬动浙江经济社会高质量发展的重要引擎。运用数字化技术、数字化思维、数字化认知，把数字化、智能化运用于基层党建中，有利于破解当前基层党建难题，对于构建党政机关整体智治新格局、深化各领域的数字化变革都具有战略作用。因此认真审视党的基层组织建设的新困难、新问题并基于现有实践思考数智如何赋能基层党建，一方面是对基层党建实践的有益探索，另一方面也为党的建设理论提供有益的补充，对于新时期提高基层党建质量具有重要的理论与现实意义。

一、问题的提出与文献综述

习近平指出：“要高度重视信息化发展对党的建设的影响，做到网络发展到哪里党的工作就覆盖到哪里，充分运用信息技术改进党员教育管理。”伴随着数字信息技术的迭代发展与应用普及，我们正在快速进入数字时代。数字时代是基层党建发展的重要机遇，将数字技术应用到基层党建中既是理论问题，也是实践问题。

首先，数智赋能基层党建要重点关注党建数字化的实践研究。从现有的研究来看，我国党建数字化的实践是先于理论研究而展开的，在20世纪末我国数字技术发展迅速并逐渐运用到各领域中，基于信息技术的发展，基层党建数字化、智能化有着清晰的实

---

① 作者简介：张乐，中共绍兴市委党校。

践脉络，近二十年的时间里大致走过了前后三个重要的发展阶段：一是新媒体阶段。北京、重庆、武汉、宁波等地创新利用网络平台、数字电视、手机等为代表的新媒体技术提高基层党建的传播力与影响力（吴辉，2010；曹艳，2010）。二是平台化阶段。随着信息技术的进一步发展，上海、杭州、福州、临朐、湖州等地运用网络技术及信息管理系统管理党务、开展活动，不断提升基层党建工作效率（王少泉，2019；陈丹，2019；张玲丽，2020）。三是智能化阶段。发达地区利用信息技术发展优势将大数据、人工智能等更深层次地运用到党建工作中，分析研判、提前预测，体现出智慧化、智能化发展的新趋势（黄淑惠，2020；李传忠，2020）。从单向宣传到双向互动，从数字化到数智化再到数治化发展，这些实践为深入研究数智赋能基层党建提供了鲜活的案例和实践启示。

其次，数智赋能基层党建要放在数字治理的理论背景中去考量。伴随着信息技术的发展与普及，数字治理这一领域逐渐获得学者更多的关注和探讨，相关研究主要聚焦以下三个方面：一是关注信息技术在创新治理工具、优化治理体系、变革治理结构中的作用，具体体现为“互联网+”在各个领域的具体表现为议题展开探讨（黄璜，2015；郑磊，2017；孟天广，2018）；二是学者聚焦数字、数据、信息本身，就数据权利（程啸，2018）、新技术治理原则（贾开、蒋余浩，2017）、数据风险（Frosio, Giancarlo F., 2017）等进行分析；三是在中国的语境下考虑政府在数字治理中的主体作用，“数字政府”的相关研究占数字治理全部研究成果数量的70%以上（根据中国知网统计）。数字政府研究集中研究数字信息技术对政府内部信息资源整合利用以及政务服务效率方面的作用，服务型政府（何水，2008）、无缝型政府（竺乾威，2012）、整体型政府理论（张望、张毅，2016）在这一趋势下进一步发展，试图通过政府的系统性变革，从整体上回应数字社会形态下的治理挑战与治理需求。（鲍静、贾开，2019）

最后，数智赋能基层党建要以党的基层组织建设理论为基础。党的基层组织建设历来是党的建设理论的重要内容，学者们近年来关注党的基层组织建设出现的一系列新情况、新问题，并重点聚焦基层党组织的组织力及政治功能，关注基层党组织的覆盖问题、群众基础、规范运作、工作作风等。学者们从不同角度出发，在加强基层党组织建设方面大致形成了以下路径：第一，突出政治功能、发挥政治优势、加强政治建设、提高政治领导力（罗平汉，2017；张日升，2018）；第二，严格执行组织制定、严格组织生活（程婧，2018；李炯，2017；徐丙祥，2018）；第三，要密切联系群众，将基层党组织深深扎根于广大人民群众中，坚持群众立场和群众路线（李小新，2017；程婧，2018；虞崇胜，2017）。此外，还有学者从创新方法、量化考核、人才建设等角度提出提升组织力的实践路径。

通过对以上研究现状的述评可以发现，数字时代以数智赋能基层党建是重要的历史趋势，为破解当前基层党建难题提供了新的路径，现有成果也为深入探讨此问题提供了坚实的学术基础，然而直接关注数智赋能基层党建的学术文章相对较少且当前研究还存在以下不足：一是更多研究数智赋能基层党建的实然状态并进行理论解读，而忽视了数字技术与基层党建之间的应然联系，数字技术赋能基层党建的逻辑关系应被重点关注；二是就技术谈技术，将数智作为一种技术手段而忽视了其对基层党建中的原则、认知、权力分配以及决策模式等的根本性变革；三是在探讨数智赋能基层党建的过程中更多地将党建局限为党建业务，可从宏观上对基层党建加以分析并重点关注信息时代运用数字技术对基层党组织自身建设及基层党建对基层社会治理的引领作用的意义。

因此，本研究致力于回答“数智技术如何赋能基层党建、提高党建质量？”通过对基层党建实践大量的调研及相关问题的理论阐释，构建数智赋能基层党建的路径，分析当前数智赋能基层党建面临的困境，总结好的经验，为新时期继续提高基层党建质量提供方向与启示。

二、时代命题：数智与基层党建的深度融合

互联网时代的到来使党的领导面临一些新问题新挑战，一方面中国的基层社会不仅面临着由农村向城市的转型，更面临着由现实向虚拟的转型，另一方面基层党建在新形势下迫切需要以提升党组织组织力为重点，突出政治功能，这需要借助数智技术、数智理念以及数智平台以弥补传统党建方式的不足。基于以上两点，数智与基层党建的深度融合，以数智赋能基层党建高质量发展便应运而生。

（一）数智时代对基层党建的新要求

得益于第三次科技革命的迅猛发展，中国从被动追随者变成在某些领域的主动引领者，互联网技术的开发与应用为中国的经济社会发展增添了活力与动力，也重塑了中国人民的日常生活，互联网成为当代人们不可或缺的一部分。根据中国互联网络信息中心在2022年2月25日发布的第49次《中国互联网络发展状况统计报告》现实，当前信息通信行业实现跨越式发展、我国工业互联网发展稳步推进、数字政府加速推进，而与此同时网民规模也在稳步增长。截至2021年12月，中国的网民规模达到10.32亿人，互联网普及率高达73%，人均每周上网时长达到28.5小时。此外，农村及老年群体也加速融入网络社会，而在城乡差异方面，未成年人互联网普及率基本拉平，分别达到95%和94.7%。[①]这些数据的背后折射出互联网时代党的建设的一系列新课题：如何加强对互联网产业、互联网企业党的领导？如何在互联网时代把握党的意识形态的主动权？习

① 参见中国互联网络信息中心官网：http://cnnic.cn/gywm/xwzx/rdxw/20172017_7086/202202/t20220225_71725.htm，最后访问时间：2022年3月1日。

近平总书记指出:“网络发展到哪里,党建工作就要覆盖到哪里。”这迫切需要数智与基层党建的深度融合。

(二)基层党建困境对数智的新需求

党组织既具有政治属性,又具有组织的一般特征,因此运用组织行为学的理论视角加以分析,可以发现当前基层党建也面临着新的问题与风险,这些新风险主要包括如下。一是组织安全风险。基础不牢,地动山摇。基层党组织在新形势下能否发挥战斗堡垒作用关系到中国共产党的形象与执政安全。尤其是当前包括新经济组织和新社会组织在内的“两新”组织在推动创新、增长就业、改善民生等方面的作用更加突出,因此党对“两新”组织的有效领导以及“两新”组织的党建工作的重要性日益凸显。二是组织使用风险。组织是资源、平台、手段的集中统一体,中国共产党始终全心全意为人民服务,做到权为民所用,而组织资源使用不当就会破坏基层党组织的政治属性和道德属性,造成腐败,影响党的形象和公信力。三是组织效率风险。这涉及基层党组织的执行效率,能否做到令行禁止。具体包括基层党组织贯彻执行党中央路线、方针、政策及上级要求的效率,以及服务中心、服务群众、服务党员的效率。四是组织管理风险。比如对基层信息及基层党员信息的掌握、对党员的有效管理、教育、监督等,是基层党组织发挥作用的关键。习近平总书记强调:“计算机技术的发展以及网络平台的激增为党建工作带来了新的条件,特别是基层党组织要加强数字化建设,更新党建活动组织方式,优化党建工作内容,顺应社会主义新时代发展需求强化党建作用。”浙江省数字化改革背景下“数”“智”技术具有科学性、实时性、信息化、移动性、互动性、可视化、规范性等根本性优势,对基层党建在思维模式、权责配置、互动方式、行政成本等方面产生根本性变革以及对于上述风险的有效控制。因此运用互联网技术和信息化手段开展党建工作是保持党的先进性的时代要求。

三、根本逻辑:数智赋能基层党建的路径分析

(一)基层党建高质量发展的根本要义:发挥基层党组织的核心功能

1.基层党组织与中央联结中的政治功能

从“支部建在连上”到“支部建在小区”上,都是我们党充分发挥基层党组织政治功能的成功实践。“基础不牢,地动山摇。”毛泽东提出“支部建在连上”最初是为了解决党对军队的领导。中国共产党是中国唯一的执政党,在各项事业中起到统揽全局、协调各方的作用,旗帜鲜明讲政治是我们党作为马克思主义政党的根本要求。基层党组织是党的基层组织,政治属性是其根本属性,政治功能是其根本功能。同时基层党组织是党

的细胞，是党在基层工作的战斗堡垒，在协调和领导社会各主体贯彻党的路线方针政策、落实具体部署中发挥重要的政治作用，是联结上下、畅通上情下达的重要渠道和纽带。而党的历史经验也表明基层党组织作为党的组织系统中最关键的部分，应该覆盖到每一个有党员的地方，深入各行业、各领域、各地域，实现全面覆盖，党的基层组织要做党的主张的宣传者、党的路线的执行者、党的事业的推动者，从而保证党对各项事业的领导，巩固党的执政地位不动摇。

2. 基层党组织与党员互动中的组织功能

“哪里有党员，哪里就有党的基层组织。”作为党组织系统中的神经末梢，党的基层组织在与党员的互动过程中通过教育宣传、组织动员等方式发挥组织功能。首先基层党组织建立领导机制、协调机制、激励机制、监督机制和责任机制，通过思想政治教育与宣传提高党员的党性修养，经常谈话、及时提醒、严肃处理，增强党员的初心与使命意识、宗旨意识，更好地发挥先锋模范作用，同时将党的意志转化为党员的自觉行动，使党员在任何情况下听党话、跟党走、做到始终与党同心同德、明辨是非，确保党的路线方针政策传达到基层、贯彻到基层、执行在基层。其次，通过组织原则充分发扬党内民主，倾听党员的声音，更好地掌握基层动态与呼声并作出调整，同时将党员的智慧与力量集中于党推进的伟大事业中来，并维护风清气正的党内生态。目前中国共产党正是通过468.1万个党组织，才把全国9191.4万名党员牢牢地凝聚起来并为党的建设和执政增强实力、提供支持，践行了我们党加强基层组织建设的光荣传统。①

3. 基层党组织与社会互动中的整合功能

在与社会的互动过程中，基层党组织的整合功能是推进中心任务的核心抓手。发挥整合功能有两个层次：一是党组织对各种社会群体的整合，在战争年代表现为发挥组织优势，整合多方利益，畅通利益表达，更好地激发组织活力，把工、农、商、学、兵等各个群体的力量以及工会、农会、妇联等各个组织的力量统一在党组织对争取民族独立、人民解放这一主要任务和共同目标之上。二是党组织对社会资源的整合。尤其是当前党建引领社会治理、乡村振兴等工作的过程中，发挥党组织的领导核心和政治核心作用，对各机关企事业单位以及各种新的社会和经济组织的人、财、物进行整合，将资源集中统一用于最需要的地方，以达到最佳效果，实现共建共享。

4. 基层党组织与群众互动中的服务功能

在与群众的互动过程中，基层党组织的服务功能是推进中心任务的价值链接。我们党做一切工作的出发点都是为人民谋幸福，这是我们党的初心。1949年6月30日，毛泽东在《论联合政府》一文中提到“我们共产党人区别于其他任何政党的又一个显著的

---

① 参见 http://cpc.people.com.cn/n1/2019/0701/c419242-31204435.html.

标志,就是和最广大的人民群众取得最密切的联系。全心全意地为人民服务,一刻也不脱离群众。”[①]基层党组织是联结和服务群众的最后一公里,一方面可以实现有效的宣传和动员,争取群众的理解、支持与用户,这是群众路线以及我们不断取得成功的重要法宝。其次基层党组织能够最直接地了解民意,通过为民办实事、解决群众的头等大事与关键小事来争取民心。最后基层党组织在与群众的互动过程中可以检验自身的工作实绩。衡量政绩的最终标准是人民拥护不拥护、赞成不赞成、高兴不高兴、答应不答应,这也可以为党不断完善自身建设、调整目标方向提供有益的参考。

(二)数智赋能基层党建高质量发展的路径阐释:从组织力到引领力

基层党组织以提升组织力为根本路径,在此过程中通过数智赋能优化基层党建数字化发展平台,加强数字化管理、智能化教育、信息化服务、网格化监督,构建创新型、学习型、服务型、廉洁性党组织,从根本上提升基层党组织的组织力,此外运用数字赋能提升基层党组织组织动员的实效性、资源整合的协同性、服务群众的精准性,从而增强基层党组织对基层社会的引领力及服务能力。如图1所示:

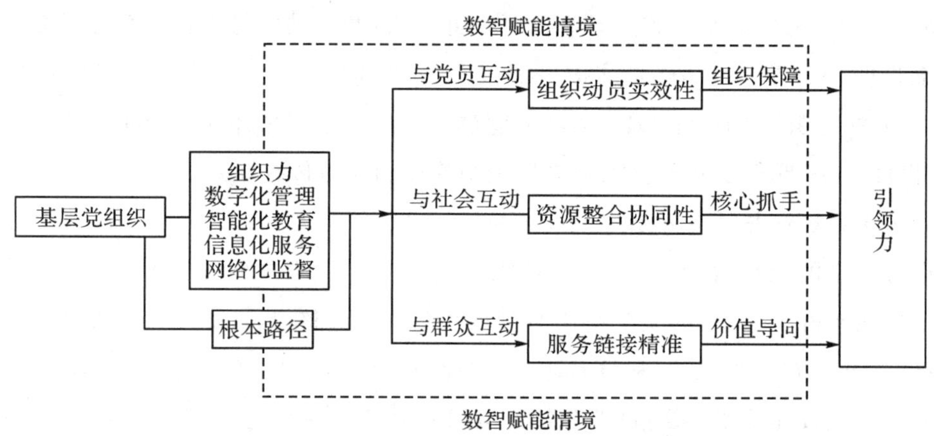

图1 数智赋能基层党建高质量发展的路径

1. 对内:数智赋能提升基层党组织组织力

习近平总书记指出:“党的力量来自组织,组织能使力量倍增。”组织力是组织力量的源泉,党的全部力量都来自党的组织,基层党组织是党的组织体系中的战斗堡垒,是党的全部工作和战斗力的基础。党的十九大报告提出“组织力”的概念,为基层党组织建设确立了新目标、指明了新方向、提供了崭新视角。组织力,可以理解为设计组织结构、调配组织资源、团结组织成员的综合能力,是组织内各个方面有机结合的一种整体力量,是组织结构力和组织文化力的综合体现。组织力是一个动态过程,基层党组织组

① 《毛泽东选集》第3卷,人民出版社1991年版,第1094页。

织力是在基层党组织建构和组织运行过程中,通过基层党组织和党员所体现出来的执行党的路线方针政策、实现服务功能的动态过程。组织力是一种组织合力,表现为对内对外的双向性,对内表现为为完成任务与职责而实现自身有序运行的能力,对外则表现为有效发挥战斗堡垒作用,发挥基层党组织的政治领导力、群众凝聚力、社会号召力、发展推动力、自我革新力等能力,在这里也可成为引领力。提升组织力,就是要把基层党组织建设成为坚强的战斗堡垒,充分发挥党员先锋模范作用。

基层党组织组织力对内主要通过党员来体现,通过数字化管理、智能化教育、信息化服务、网络化监督等方式帮助党员更好地发挥先锋模范作用。一是数字化管理。对党员信息及党组织数据进行数字化管理,动态监测、实时分析,同时通过完善党员发展、党组织关系转接、党费缴纳、党员单位、社区"双报到"等数字化功能,对基层党建工作全纪实,对基层党建基本情况做到"一览无余"。此外数字化技术突破了时空限制,营造了多媒体交互下的即时的、形象的通信渠道与交流场景,使得党组织与党员、党员与党员之间的跨时空交互沟通能够有效实现,方便了"三会一课"等常态化的党建活动,抑制了基层党建因时空限制而出现的松散现象,为"再组织化"提供了可能。

二是智能化教育。网络技术改变了传统官方掌握媒体内容呈现方式的相对单一性和刻板性,海量的党的文件、红色资源能够以可复制的数字化的图片、语音、动画和视频方式进行呈现,使得教育内容不仅鲜活生动,而且便于复制、传播与分享。①此外对不同年龄、行业及学习习惯的党员群体进行精准推送、全面覆盖,并通过数字平台对学习效果进行跟踪分析、准确评估。

三是信息化服务。首先是助推党内民主,利用信息化手段将"上传"与"下达"相结合,推进党务公开、加强民主建设,充分实行民主选举、民主决策、民主管理、民主监督,落实党员的知情权、参与权、选举权和监督权,保障党员各方面权利。其次是推进人文关怀。通过信息化平台知党员所忧、解党员所难,同时以信息化平台为依托建立党员困难帮扶、生日问候、生病探望、退休慰问等活动,让党员感受到组织温暖,提升对党组织的归属感。最后是丰富党员活动。以往的活动由于不了解党员诉求与需要,往往形式枯燥,效果不佳,党员参与活动的积极性不高。利用信息化手段能够及时了解党员诉求,做到线上线下联动,增强活动效果,提升党员评价。

四是网络化监督。利用网络化监督使党员与群众之间、党员与党员之间信息传播加速、距离缩短、监督成本下降,传统以信访、电话、信件等方式的监督逐渐被更低成本、更高效率、更具保密性的网络监督所取代,为有效监督提供了便利,也有利于纪检部门

---

① 肖光荣,盛文楷:《网络时代基层党组织的组织力建设:机遇、挑战与路径选择》,《湖湘论坛》2021年第1期。

利用网络定位、身份识别等手段对违纪行为的有效追踪,能够倒逼党员规范言行、永葆共产党员的本色。

2. 对外:数智赋能提升基层党组织引领力

提高基层党建质量,提升基层党组织组织力对外表现为利用数字化手段,通过提升组织动员实效性、资源整合协同性、服务链接精准性,提升基层党组织的引领力,将基层党组织建设成为宣传党的主张、贯彻党的决定、领导基层治理、团结动员群众、推动改革发展的坚强战斗堡垒。

首先是通过数智赋能将党的组织优势转化为基层发展的强大动力,提高组织动员实效性。党的百年历史是中国共产党有效开展群众动员的历史,中国共产党来自人民、依靠人民,在革命战争年代及社会主义建设时期,资源高度集中,中国共产党依靠群众路线动员广大群众投身到革命和建设中来,创造了伟大的奇迹,然而改革开放以来,社会活力被释放,人们的利益诉求呈现出多元化,党对基层群众的组织动员能力也在不断弱化。数智赋能则是增强党组织动员实效性的有效途径。基层党组织借助数智工具与群众直接进行思想互动与交流,将其作为引导舆论、凝聚共识、动员力量的有效载体,及时生动地将党的理论路线方针政策飞入寻常百姓家,形成全社会最大合力应对经济社会发展的一系列困难挑战。在此次疫情中基层党组织利用数智赋能对群众进行有效动员与管理,确保中国能够在全球疫情肆虐的大背景下最快地实现国家与社会机器的正常运转。

其次是通过数智赋能将党的领导与多元主体相结合,提高资源整合协同性。

资源整合是党建引领的凝聚作用的一大发挥领域,通过党组织数字化平台发挥组织优势和政治优势,解决基层治理中的信息不对称问题,同时为消化社区主体间合作的组织成本提供坚强保障。党建引领下凝聚效用的发挥还可以通过数字化平台建设来实现。通过搭建社区多元互动平台,使多元主体能够通过各种媒介实现多层次、全覆盖的沟通,促进主体之间在治理过程中的有益配合,进一步提升社区内各主体的凝聚力。社区党组织可以利用社区党建数字化平台加大对社会组织的孵化、扶持和培养,或通过购买服务等方式为社区治理扩充第三方力量。

最后是通过数智赋能将党的宗旨与执政理念寓于治理中,提高服务链接精准性。党建工作既要体现政治性,又要体现服务性,要寓政治于服务之中,寓服务于政治之中,宗旨是为人民服务。利用大数据、云计算、舆情监测等数智赋能技术对群众需求进行精准研判,制定符合基层的相关政策,构建便民网络、建立暖心队伍、创新帮民方式以及实施惠民项目等方式着力改善民生,提高工作针对性、有效性,提高党建引领的服务效用。同时数智赋能有利于提高老百姓的办实效率,使群众足不出户便可办结部分事项,方便群众生活,提高群众满意度。此外,数智赋能还可方便群众及时快速地向党组织反映问题，摆脱了传统现实空间彼此因为身份、地位而造成的彼此之间进行交流时的种种顾忌，拉近了心理距离，为组织与群众之间营造了去中心化的平等通畅的交流通道，也方便矛盾化解在萌芽中。

（三）数智赋能基层党建的平台应用

数智赋能基层党建应以多平台为载体，方便不同群体围绕党建开展工作提升质量与效能，这些载体应寓于同一系统中，主要包括但不限于信息咨询与业务管理平台、学习教育与线上活动平台、交流服务与监督反馈平台。

一是信息咨询与业务管理平台。数智赋能基层党建应帮助组织部门及基层党务工作者方便快捷地掌握党务信息、帮助党组织向党员及时传递各类信息，并且能够协同高效地在网上处理各类党务工作，如党组织关系转接、党费缴纳、党员先锋指数考评等，同时规范党建业务流程，推动党建工作规范化、标准化。二是线上活动与学习教育平台。数智赋能基层党建应方便党组织开展各类线上活动，实际解决因党员流动大、组织活动难等原因而无法组织党建线下活动等问题，扩大覆盖面与影响力，提升参与度。同时应当利用数智技术形成高效的线上学习教育平台，将党内各类权威的学习资源汇聚起来，方便党员随时在线学习、交流、考核、评估，形成学习型党组织的有益氛围。三是交流服务与监督反馈平台。数智赋能基层党建应当方便党员与群众之间的交流与互动，并在提升针对性与提升安全保密性等方面下功夫，使之逐渐成为交流与服务的新方式。同时基层党建工作不易量化考核，因此通过数智赋能建立党建数据分析与考核中心，实现党建科学化、系统化、数字化，并逐渐成为能够科学评价党建工作的重要工具。

四、案例分析：数智赋能基层党建的效用——以“先锋微家”数智平台为例

“先锋微家”数智平台主要解决了在职党员沉不下去、社区工作无从下手、群众需求无人问津的基层治理现状，通过数字平台高度整合了在职党员、在职党员所在党组织、社区党组织等的资源，更好地对接基层社会治理的难点以及群众的诉求，形成了以“全员报道—精准服务—考核反馈”为基本逻辑的运行流程。在此过程中，“先锋微家”数智平台功能非面面俱到，更多地聚焦在于在职党员、群众互动的过程中数智赋能基层党建提升对基层治理的引领力这一核心问题，有助于本文从微观视角更好地分析数智赋能基层党建的效用。

（一）“先锋微家”数智平台运行的基本逻辑

在职党员是党建引领基层治理的重要力量，由于其所在单位的资源优势及其自身

能力的附加优势,在职党员往往综合素质高、执行力强,理应成为党建引领基层治理的中坚力量。然而在职党员的党组织关系没有在居住场域,因此其居住地的基层党组织对在职党员没有领导和约束职能,所以实际情况往往是在职党员亮身份难、发挥作用难。Z市"先锋微家"数字平台是数智赋能基层党建过程中充分发挥在职党员作用的经典案例,通过信息技术和信息网络优势进行线上数智平台建设,使在职党员、基层党组织以及群众的供需得到精准对接,推进各主体间的高度融合和匹配,既大大减少了社区工作量,又主动把先进的信息技术和信息网络优势与基层党组织的政治优势和组织优势结合起来,推动基层"智治"升级。如图2所示。

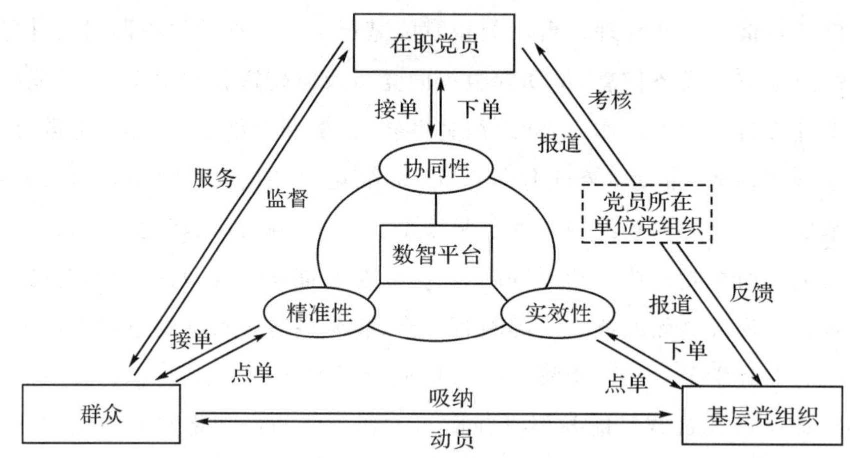

图2 "先锋微家"数智平台的运行逻辑

(二)"先锋微家"数智平台的效用分析

1."先锋微家"数智平台:提高组织动员协同性

"先锋微家"使在职党员的身份定位不仅仅局限于所在支部,而是延伸到了居住所在地甚至是更广大的基层。Z市制订了《在职党员进城市社区服务"亮旗"行动实施细则》,居住在城市社区的机关企事业单位党员全员下沉居住地社区(小区)服务,通过微信"扫一扫"功能,登录"先锋微家"小程序,机关在职党员线上注册报到。各单位党组织通过"先锋微家"小程序后台查看本单位在职党员社区报到情况,社区党组织通过后台能及时掌握居住在本社区党员的报到情况,做到在职党员家庭住址、工作单位、联系方式等基本情况"三清"。通过与全国党员信息系统的检索比对,及时将个人基本信息变动、社区报到情况等内容反馈给所在单位党组织,积极助推机关在职党员下沉社区一线。目前Z全市73个市直机关、23个乡镇(街道)机关、6个国企11366名在职党员完成线上注册,报到率达100%。

2."先锋微家"数智平台:提高为民服务精准性

"先锋微家"使群众所需与党员所能相结合,整合多方资源破解治理难题。首先是居民通过“先锋微家”点单。通过Z市小区居民的微信群、社区平安通、“三服务”小管家等线上载体和“居民夜话”“民情直通车”等线下形式，为居民提供了“点单”的渠道。如WY社区居民反映小区空调平台铁护栏老化生锈存在安全隐患，居民当天上午“点单”，社区下午“下单”，第二天就由“接单”的在职党员组团完成了老旧空调护栏的切割，消除了安全隐患。在此过程中，数智平台为群众提供了一个需求传递的便利站。其次是社区通过“先锋微家”下单。社区党组织将居民需求通过“先锋微家”平台进行服务项目发布，在职党员通过线上报名“抢单”，完成任务后由社区党组织进行综合评估，赋予相应“小红旗”。在调研过程中，D社区党组织书记提到，“以前是社区有事到处找党员，‘先锋微家’平台建立后，居民的困难和服务需求，在职党员是‘秒抢’，积极性大大提高”。最后在职党员通过“先锋微家”接单。在“先锋微家”平台上，在职党员可自主接单，也可通过“帮帮团”“睦邻社”等方式组团接单。如F社区30多名教师在职党员组成“家校社”，为留守儿童开展学业辅导、心理调适、兴趣培训等服务，得到居民点赞。目前，Z市各城市社区、小区累计发布组织活动5129场次，认领微心愿4.5万余个，受理并帮助居民解决身边小事3800余起，累计发放小红旗7.9万余面。

3.“先锋微家”数智平台：提高考核反馈实效性

“先锋微家”使党员的考核可视化、规范化，服务落地化、具体化。Z市通过强化“亮旗”式考评，建立“一榜”和“一档”两项考评制度。“一榜”即红旗榜，在职党员每开展一项服务，经社区党组织评估确认后，亮挂一面红旗，每名党员当年度至少需亮挂5面“红旗”。党员可在线查看全市得红旗数最多的十位党员排位情况和自己的排位情况。“一档”即在职党员社区表现档案，根据党员服务表现及社区（小区）反馈意见形成在职党员社区表现档案，与年度评优评先、职级晋升、干部提任挂钩，本单位在职党员服务实绩作为各级党组织书记年度党建述职的重要内容。在此过程中群众亦可对党员进行有效监督并如实反馈到数智平台中，有利于进一步改善党员的作风、密切联系群众。此外利用“先锋微家”数智平台将党员的小红旗转化为消费积分，激发志愿服务积极性。目前，积分商场已经入驻联盟商户20余个，包括餐饮美食、服饰美容、运动健身、休闲服务等多个领域。

五、结语与反思

当前基层党建高质量发展进入关键时期，利用数字化技术、数字化思维、数字化认知，把数字化、智能化运用于基层党建中，有利于破解当前基层党建难题，对于构建党政机关整体智治新格局、深化各领域的数字化变革都具有战略作用。本文基于分析研究，构建了数智赋能基层党建从组织力到引领力的运行路径。对内，通过数字化管理、智能化教育、信息化服务、网络化监督等方式帮助党员更好地发挥先锋模范作用,提升基层党组织组织力。对外,利用数字化手段,通过提升组织动员实效性、资源整合协同性、服务链接精准性,提升基层党组织的引领力,将基层党组织建设成为宣传党的主张、贯彻党的决定、领导基层治理、团结动员群众、推动改革发展的坚强战斗堡垒。数智赋能基层党建高质量发展是新时代的新命题,有利于解决长期以来基层党建工作的痛点与难点,但在实践过程中由于未能充分考量评估工具与价值、群体与个体以及形式与实质之间的关系,导致不同程度的“数字孤岛”“数字鸿沟”“数字万能”等现象与思维出现,降低了数智赋能基层党建的有效性。

一应警惕“数字孤岛”影响效率。数智赋能基层党建是基于党的思想、组织、作风建设等各要素整合而成的有机整体,需各要素、各环节高度协同配合,但当前依然存在不同级别数字党建平台信息壁垒的问题,使这些平台重复出现且基于有限数据未能真是做到精准分析研判。在调研中发现,大部分平台的党务信息填报模块,与全国党员信息管理数据库未形成互联互通,大大影响智慧化功能的发挥,影响党建工作效率。二应克服“数字鸿沟”影响公平。一些农村老党员年龄偏大,对于智能手机的应用很不熟练,上网流量费用高、村内信号不稳定等都制约了这些党员对数字化平台的应用,降低了他们的积极性。还有一些农村基层党务干部也存在同样的问题,在数字化改革的当下,不让任何一个人遭到“数字鸿沟”所带来的不公平也应当被充分考量。三应避免“数字万能”影响质量。数智赋能基层党建是基于数智技术、数智思维提升基层党建质量,更好地服务党员、服务群众,提升效率。但当前基层在推动数字化党建的过程中出现“数字万能”思维,用屏对屏代替面对面,忽视了数智赋能的实质,使得党员、群众之间的关系变得更加冷漠、反而拉远了距离,感受不到组织的温暖,影响了党建工作的质量。四应防范“数字异化”增加负担。数智赋能基层党建的一个重要目的是为基层减负,然而在实践过程中由于缺乏统一规划,出于“面子工程”及阶段性任务,数智赋能流于形式、忽视实质,为了数字化而数字化,实际使用体验差,不仅没有减负反而增加了基层负担。通过调研发现有的系统平台耗费了巨大的人力、财力成本加以开发,但使用效率很低,也未做到及时更新完善,平均使用时间不足一年便被弃用,而一些部门因面子工程又换成其他系统,使得基层需重新学习熟悉新系统,一些数据反复填报,加重负担。还有些信息化平台内容质量差、雷同率高、缺乏新意,难以引起党员兴趣,更无法广泛地服务群众。

综上所述,数智赋能基层党建道阻且长,需坚持系统观念,充分利用数智技术、运用数智思维,从党的政治引领、组织管理与服务形式上实现数智技术与党建工作的深度融合。

变迁、传承、发展：不同时期“好干部”标准比较研究

——基于优秀县委书记事迹材料质性分析

马笑笑[①]

2021年，全国首个且目前唯一一个共同富裕示范区正式落地浙江，浙江承担起高质量发展建设共同富裕示范区的重要使命。基层领导干部作为实现共同富裕的“领头雁”“排头兵”，其对工作核心价值理念的认识具有内在的深刻性和驱动性，如同“精神的太阳”，[②]直接影响干部的公共服务效能及管理实践水平，并在较大程度上牵引着共同富裕目标的实现程度。

县委书记是党的领导干部队伍的重要组成部分，是党领导人民进行革命、建设、改革和发展的重要领导力量，[③]县委书记优秀事迹蕴藏的价值追求、价值理念映射出所处时期的干部行政价值理念，也代表了不同时期“好干部”的基本标准画像。通过质性研究的方法对24名新中国第一任县委和21名2021年度全国优秀县委书记的报道事迹材料进行比较分析，以探索“好干部”价值标准的变迁和传承，进而结合新时代的发展特点，帮助基层领导干部树立更契合时代需求的价值理念，推动“好干部”标准进一步发展。

一、文献综述

习近平总书记强调指出要着力培养选拔党和人民需要的好干部。何为好干部？在不同时期有不同的具体要求，结合时代背景，从理论分析的角度，学者多将其划分为不

① 作者简介：马笑笑，中共慈溪市委党校讲师。

②《马克思恩格斯全集》第1卷，人民出版社2018年版。

③ 许宝健等：《新中国第一任县委书记》，中共中央党校出版社2019年版。

同的发展阶段:新民主主义革命时期,“好干部”标准是对党忠诚、英勇善战、不怕牺牲。新中国成立初期,在党的六届六中全会上首次强调要培养才德兼备的干部,后来毛泽东同志在才德兼备的基础上又首次提出了“又红又专”,强调“政治和业务是对立统一的,政治是第一位的,专业能力也必不可少”。十一届三中全会之后,邓小平同志提出干部队伍“四化”方针,强调干部要向革命化、年轻化、知识化和专业化方向发展。进入新时代,习近平总书记提出的“信念坚定、为民服务、勤政务实、敢于担当、清正廉洁”二十字作为“好干部”新标准。①②③

“好干部”标准彰显了人民立场,归根到底要落实到群众满不满意、认不认可上来。④推动“好干部”标准落在实处,可以从干部管理、宣传培训、制度保障等方面着手。如从干部管理的角度,在选人渠道和干部考核方式上树立实地考察和注重基层的导向,注重对年轻干部的实践锻炼,把握干部选拔的“尺度”等⑤。李明、郭庆松更是通过开放式问卷调查、深度访谈、专家论证等方法,建构了基于“好干部标准”的考核评价结构模型,并细化了“好干部”指标验证式考察方法路径。⑥从教育培训的角度,应坚持“信念为本”、党性提升、能力优先、知行合一的原则,系统化对干部加以培训。⑦从制度保障的角度,应从选拔、用人、监督等各个方面出台规范化制度。⑧

当前关于“好干部”标准的研究,多是从历史演进、理论分析、实践总结的角度予以分析,停留于理论、经验层面,缺少直观性材料的系统分析。因此,从不同时期优秀县委书记的角度切入,窥探不同时期“好干部”标准的具体体现,拓展了研究视野,对新时代“好干部”的选拔和培养具有重要的启示价值。

二、研究设计

(一)研究工具和方法

“质的研究是以研究者本人作为研究工具,在自然情境下采用多种资料收集方法对

① 卜昭滔:《新中国成立以来干部标准的历史演变及启示》,《岭南学刊》2019年第5期。

② 刘海飞:《党的好干部标准的百年历史演进》,《新疆社会科学》2022年第2期。

③ 孙明增:《中国共产党好干部标准的发展进程》,《探求》2018年第4期。

④ 李玉妹:《走群众路线来落实好干部标准》,《组织人事报》2013年8月17日。

⑤ 王方友:《好干部标准视角下沈浩精神的科学内涵及其启示》,《内蒙古农业大学学报(社会科学版)》2015年第5期。

⑥ 李明,郭庆松:《基于"好干部标准"的干部考核评价:模型建构与指标体系》,《中共中央党校学报》2018年第1期。

⑦ 梁瑞英:《哲学视域下的好干部标准与干部教育培训论析》,《中共石家庄市委党校学报》2015年第10期。

⑧ 王宾,万艳明,胡晓明:《围绕好干部标准做好干部工作》,《政工导刊》2015年第11期。

社会现象进行整体性探索,使用归纳分析方法形成理论,通过与研究对象互动对其行为和意义的建构获得解释性理解的一种活动"。[①]扎根理论是适用于质性研究的一种自下而上的理论建构方法,直接从调查资料中进行经验概括,提出概念,进而发展范畴以及范畴之间的关系,最后提升为理论,是一种从资料中衍生出理论的过程方法。而NVivo12则是质性研究计算机辅助分析软件,其可以实现编码、搜寻、建立以布尔逻辑为基础的系统以及概念网络系统。因此,对基层领导干部价值理念的研究主要采用质性研究方法,运用扎根理论和NVivo12软件进行系统地归纳分析,以探索不同时期"好干部"标准的变迁和传承,为新时代干部的培养管理提供启示。

(二)研究样本

研究样本均来自官方媒体、权威书籍的人物采访和事迹报道。2019年,《中国县域经济报》曾追寻采访并刊发了39位有代表性的新中国第一任县委书记相关报道,他们代表了那个时代干部的整体特征,显现出那个时代"好干部"的标准要求,因此,选择了其中24位的县委书记材料作为研究样本进行质性分析。1995年、2015年、2021年中央组织部均在全国范围内遴选出百名优秀县委书记并加以表彰,他们也代表了不同时期"好干部"的时代要求,2021年度全国优秀县委书记更是新时代"好干部"的参考样本,因此,选择其中21名2021年度获得全国优秀县委书记表彰的干部材料进行质性研究。

(三)研究过程

遵循质性研究的方法过程,首先搜集整理相关的事迹材料,导入项目。其次,利用NVivo12软件,通过自下而上的归纳过程,对材料进行开放式编码、关联式编码和核心式编码,形成概念类属和核心类属。最后,对研究结果进行理论分析。

三、研究结论

在对24名新中国第一任县委书记事迹材料文本进行编码分析基础上,共形成了52个开放式编码,进一步对开放式编码进行整合,形成了19个轴心式编码,包括平易近人、艰苦朴素、为民着想、深入基层调查研究等,最终形成包括保障安全、促进发展、个人能力或品格出色、理想信念坚定、扎根基层,联系群众等四个维度的核心类属。对21名2021年全国优秀县委书记事迹材料文本进行编码分析基础上,共形成了96个开放式编码,进一步整合,形成了16个轴心式编码,包括系统谋划、创新发展、大胆放权、改革增效

---

① 陈向明:《质的研究方法与社会科学研究》,教育科学出版社2000年版,第12页。

等,最终形成了信念坚定、为民服务、勤政务实、敢于担当、清正廉洁等五个维度的核心类属。通过比较分析发现,两个不同时期"好干部"标准既具有明显的时代差异性,同时又存在着一脉相承之处。

(一)扎根基层,联系群众一直是"好干部"首要要求

密切联系群众一直是党的优良传统和政治优势。通过对样本材料的词频查询与编码节点的层次分析,"群众""人民"词语具有较高的频率,"扎根基层,联系群众"与"为民服务"核心类属内容在材料中的覆盖率均最高。可见,群众路线作为中国共产党的三大作风之一,从新中国成立至今仍一以贯之,"从群众中来,到群众中去"一直是"好干部"的首要要求。

另外,通过分析发现,联系群众,为民服务在不同时期的表现具有一定的时代差异性。在新中国成立初期,干部艰苦朴素,平易近人的群体印象,以及在灾难面前与群众并肩作战,不搞特殊化对待等行为特征拉近了与群众之间的感情,干群之间情感链接增多。正如,"王子文说到当年的革命工作时,说过这样几句话:'农民很实在,他们是通过我们这些人的行为来认识共产党的'"(A—E—5)"当时的县委书记真是一心想着老百姓,他们不怕吃苦,吃饭在老百姓家,下乡坐马车"(A—J—3)。进入新时代之后,干群关系的打造更多地依赖干部的工作实绩,教育、医疗、交通等民生短板的改善,农民收入水平的提升,居民生活环境的优化等让群众切实感受到了生活的改变,也直接影响了群众对干部工作的价值认可度,干群关系的建立更多地强调实绩与成效。正如干部所言"我们改善民生、脱贫攻坚、保护生态,归根结底都是为了温暖百姓的心。"(B—F—15)"说一千、道一万,群众过上好日子是关键。"(B—G—12)。

同时,深入基层调查研究是成为"好干部"的重要工作方法。从群众集中起来又到群众中坚持下去,以形成正确的领导意见,这是党的基本领导方法。[①]通过分析发现,新中国成立初期及新时代背景下"好干部"均坚持深入基层调查研究。"王前书记经常深入基层,进行现场勋察,哪条河有几道弯儿、什么地方深,什么地方容易发生洪灾,他心里一清二楚,这为他带领群众'击倒'洪灾创造了良好的条件"(A—F—8)。"仅仅上任半个月,张志强就走遍了全县所有乡镇,与县四套班子、部门负责人、老领导逐个谈心。他还利用3个月时间,带领县乡干部进村入户大调研大走访,形成了精准脱贫行动方案和总体规划"(B—A—4)。

① 毛泽东:《关于领导方法的若干问题》,人民出版社1953年版。

图1　新中国第一任县委书记词频查询

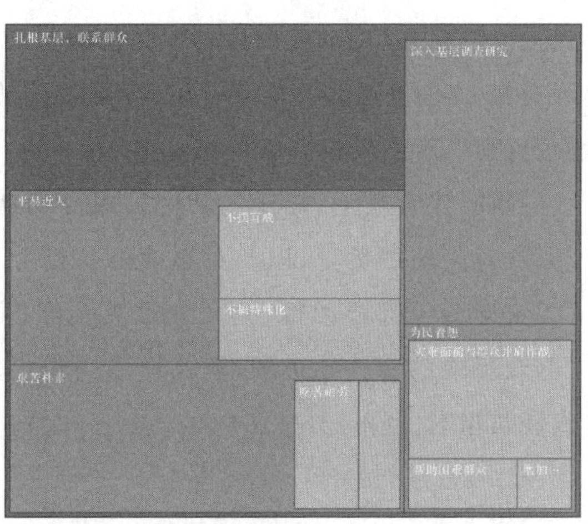

图3　按编码参考点比较——扎根基层，联系群众节点（新中国第一任县委书记）

图2　2021年全国优秀县委书记词频查询

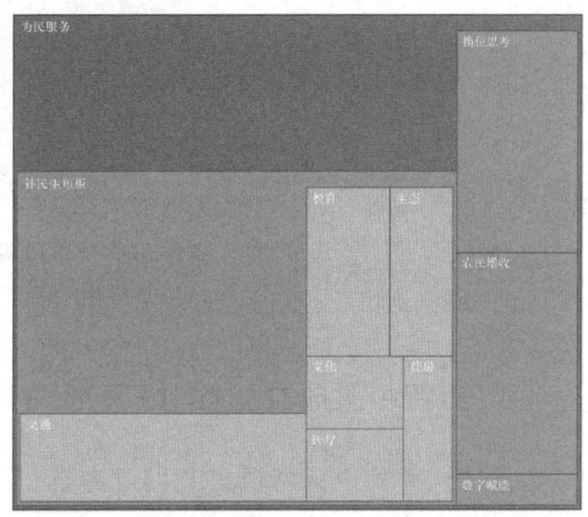

图4　按编码参考点比较——为民服务节点（2021年全国优秀县委书记）

（二）理想信念坚定是“好干部”的基本条件，但时代内涵不同

坚定理想信念始终是共产党人安身立命之根本，一代又一代的中国共产党人为了追求民族独立、人民解放、社会发展，不怕流血牺牲，靠的是一种信仰，为的是一个理想。可以说，理想信念坚定是我们党强大的政治优势，也是我们选择党的“好干部”的基本条件。通过对新中国成立初期和新时代优秀县委书记的材料分析，可以发现，“理想信念坚定”是他们共同拥有的特征。

但是，时代不同，面临的社会形势不同也决定了不同时期“理想信念坚定”的内涵也具有差异性。从图5中可以发现，新中国成立初期，干部的“理想信念坚定”体现为奉献主义精神、革命乐观主义、团结爱国人士等，将内在的信仰转化为对党方针政策的宣传，壮大党的队伍。“当时王子文常说这样一句话:‘今天脱下鞋和袜,不知明天穿不穿。’”(A—E—14)也正是当时第一任县委书记的大无畏精神,带领群众完成了反匪反霸任务,巩固了新生政权。

新时代背景下,相比于新中国成立初期,革命色彩明显淡化,更多地表现为对党的忠诚、对人民的负责,以及对事业的担当。正如江西南昌优秀县委书记熊运浪感慨道:“关键时刻干部要冲得上去、危难关头豁得出来,才是真正的共产党人。”(B—K—15)。“群众反映的每一件小事,我们都要当作天大的事来对待,这才是我们基层党员干部的责任与担当。”(B—H—16)

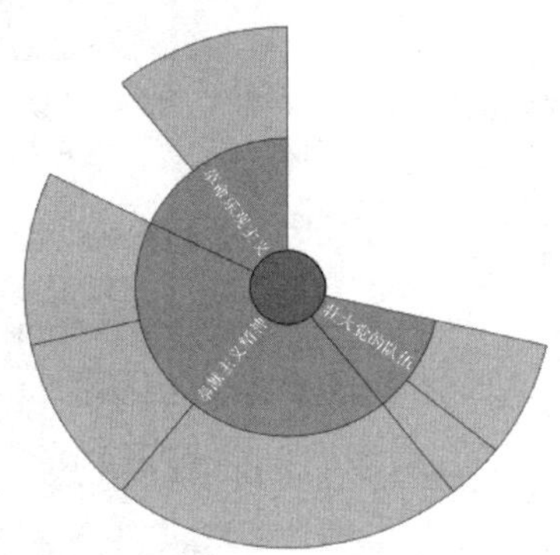

图5 按编码参考点比较——理想信念坚定节点
(新中国第一任县委书记)

(三)新中国成立初期“好干部”的个人特质更为明显

干部优秀的个人特质是我们党遴选干部的重要参考标准,通过比较分析发现,对新中国成立初期对“好干部”的个人特质有更多的评价和描述,而新时代的“好干部”则明显较少。这与编者对事迹材料的描写角度有一定的关系,但从另一个侧面也能够表明,新中国成立初期“好干部”自身的优秀品格和特质是其受到群众拥护的重要原因,例如善于学习、大公无私、乐观开明、廉洁自正、团结干部等,这也为群众对干部的初始化认识打下了良好的基础。具体化表现如表1所示。

表1 核心编码“干部个人品格优”子节点的材料信息

码节及节点参考点数	参考点内容列举
1.1 大公无私(7)	●“我家伯父啊,一心就想着别人,生怕家里人给公家添麻烦……”叹息间,杨开展老人的眉宇间有掩不住的自豪悄悄洋溢。 ●“那时的我工作非常忙,人民政权刚刚建立,有大量的工作要做,根本没时间顾及自己的婚事。”

续　表

码节及节点参考点数	参考点内容列举
1.2 善于学习(8)	●好学深思是王前同志的一大特点。他虽然只有高小文化程度,但他早已养成了读书学习的习惯。赵登科告诉我们:“王前书记不仅自己酷爱学习,还经常鼓励青年干部们也要加强学习。” ●“他是一个严肃、安静、不慕名利的人。工作、生活严谨,从不多说一句话。每天晚饭之后就在书房看书。”
1.3 团结干部(6)	●崔智对犯错误的同志也不放弃、不排斥,而是耐心帮助,不让每一位同志掉队。 ●县区从各方面来的干部,也都互相关心、互相尊重、互相学习、互相支持,各方面工作开展顺利。
1.4 廉洁自正(5)	●“在那个年代,贪污受贿、开后门、收好处,根本没有这个‘概念’,想都没想过。”
1.5 乐观开明(3)	●崔老经常告诫子女和亲戚朋友:“遇事不要钻牛角尖,不要想不开。考不上好学校就去差一点的学校读书;这次组织上没重用还有下一次机会,同时也说明自身存在着一定的问题,还需要再努力;对自身名利必须客观看待。”
1.2 家教严格(2)	●父亲工作非常认真,对子女要求也非常严格,公私分明。当时单位配一辆自行车给他用,有时我们想借用一下都不肯,还被严厉批评道:“这是公家单位配给我用于工作上的,你们怎么可以用”。

(四)新时代“好干部”更为强调干部的创新与担当能力

党的十八大以来,习近平总书记多次强调“创新”对中国全面深化改革和发展的重要作用,强调“创新是民族进步之魂”,并强调“事在人为”,“人才是创新发展的基础性要素”。①随着社会主要矛盾的改变,面临新任务、新挑战,亟须创新型干部带领实现共同富裕发展目标。同时,国家为了鼓励干部创新,各地区也纷纷探索实施了干部容错机制、年轻干部培养机制等举措。通过比较分析发现,在新中国成立初期,干部的主要任务在于武装斗争、政权巩固以及经济恢复。在新时代背景下,能够入选2021年优秀县委书记的干部主要表现为勇于创新、敢于担当,能够为地方经济发展、民生改善提出创新性做法,并付诸实践,可见新时代“好干部”标准对其创新、担当能力提出了很高的要求,具体化为创新发展、改革增效、系统谋划、大胆放权等。

在创新发展方面,表现为抓住战略机遇、完善创新链条、开发扶贫项目、坚持绿色发展,“积极带头在一线招引推进重大项目,不断贯通融合产业链、创新链、人才链、金融链”(B—J—4),即通过创新理念的引导,探索符合地方的发展产业。在改革增效方面,通过改革政府管理体制、行政服务体制、干部考核体制释放政府管理活力,激发干部干事创业的动力,“为让群众在家门口看得了病、看得好病,陈章杰决定用改革的思路和办法破题解难:重塑管理体制、重构运行机制、改革绩效考核、改变薪酬发放……”(B—

① 周毅:《新时代亟须创新型干部》,https://theory.gmw.cn/2019-04/20/content_32759949.htm。.

H—12)。在系统谋划方面,表现为根据地方实际明确发展思路、制定发展目标并形成推进机制。另外,干部的创新发展还表现为适当放权,“不能光指挥别人干,要带着大家一起干”(B—E—5)。

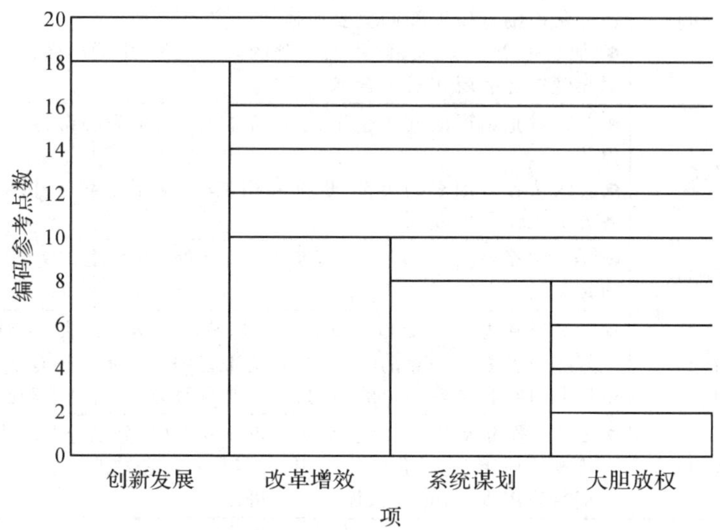

图6 按编码参考点比较——敢于担当节点
(2021年全国优秀县委书记)

四、时代启示

通过以上对新中国初期和新时代优秀县委书记的材料的比较分析,可以发现“好干部”标准既一脉相承又体现了时代要求。扎根基层,联系群众、理想信念坚定是“好干部”一以贯之的要求,传承了“德才兼备,以德为先”的政治要求。同时,“好干部”标准又顺应社会发展的需要,结合不同时期的历史任务要求,提升为具体的要求,体现了不同的时代内涵。新中国成立初期更多地讲究革命精神,为民情怀,对干部个人优秀品质要求突显,新时代更为强调干部的创新与担当能力,注重工作实绩。推动“好干部”标准落在实处,培养出更多契合时代需求的好干部,应从宣传教育、实践培养、制度保障等方面着手探索。

(一)加强“好干部”标准宣传教育,为干部成长指明方向

“好干部标准”反映了不同历史时期干部群众对优秀领导干部的实际期待和内隐认知。在党的历史上,曾经涌现过无数的好干部典型和楷模,从人民公仆典范周恩来到干部楷模焦裕禄,再到90年代的孔繁森、沈浩等,以及今天脱贫攻坚道路上时代楷模毛相林、黄文秀等等,他们用自己的实际行动践行了共产党员的初心和使命,体现了共产党

员的精神风貌。对此,一方面应以优秀干部先进典型为引领,加强宣传教育,发挥榜样示范作用,实现以点带面、正面引导的积极作用,激励着广大党员干部自我教育与成长。另一方面,在干部教育培训过程中,应加强对"好干部"标准的宣传与解读,让广大党员干部认识到干部标准的现实意义、丰富内涵以及实践路径,为党员干部按照"好干部"干部成长提供学习与参考条件。

(二)用"好干部"标准锤炼干部,在实践中提升干部素养

通过上面的分析,可以发现深入基层调查研究是成为"好干部"的重要工作方法,从群众中来,到群众中去也是我们党的基本领导方法。因此,对于新时代背景下"好干部"的锤炼和培养,应坚持在实践中不断提升干部的素养。

首先,应积极提倡调查研究的工作方法。实践出真知,新中国成立初期,干部在调查研究中积蓄了革命的力量,增加了与群众之间的感情,新时代背景下,干部在调查研究中探寻到了脱贫攻坚、共同富裕的新路径。在干部工作中,领导干部应带头提倡通过深入基层、调查研究的方法制定发展规划、解决民生困境。其次,应通过挂职锻炼、岗位交流的方法为年轻干部提供实践的平台,党的十九大报告中也提出"注重在困难艰苦和基层一线的地方培养锻炼年轻干部",让干部在不同层次、不同岗位、不同领域接受必要的锻炼,从而增加对问题的认识,对工作价值的理解。最后,应提高干部培训管理的有效性,理论传授与实践体验相结合,创新教育教学方法,建立健全学员考核竞争机制。

(三)做好"好干部"标准制度保障,营造良好的政治生态

干部标准的制度化建设是"好干部"标准实施的重要保障,体现了党选人用人的基本原则。用制度保障"好干部"标准的落在实处,就要注意发挥制度的指导性、约束性和激励性作用,提升干部按照标准努力提升自我的自觉性、积极性,营造良好的政治生态。首先,应明确正确的选人用人导向,应破除"唯GDP论""唯票论",要树立注重实地考察、一线考察的导向。既要看到干部在经济发展方面实现的数字增长,也要看到其在维护稳定、改善民生、发展生态等打基础做铺垫工作上的"潜绩"。其次,应进一步完善干部容错纠错机制,激发干部潜能。新时代强调干部新担当、新作为,亟须创新型干部。容错纠错机制设计的出发点也在于鼓励干部担当作为,但是现阶段容错的范围界定模糊、保障性条件不足等机制不完善问题在很大程度上影响了实际成效,导致很多干部并不想在工作当中创新,只想能够按部就班地把工作做好。完善干部容错纠错机制应进一步探索容错纠错的范围事项、具体操作、保障条件等,从而更好地激发干部的创新动力。最后,应强化干部监督管理体制,建立多元化监督体系,拓宽群众监督渠道,强化对落实好干部标准情况的监督检查,通过制度的规范性和程序性来保障清朗的用人风气,选择

出真正的“好干部”。

“好干部”标准明确了不同时代干部成长的方向和标杆,它不是一个个具体化的指标体系,但它融入了每个干部日常工作服务之中,体现了每个干部的担当作为。共同富裕的道路上需要每个干部努力践行“好干部”标准,共同推进完成共同富裕的历史使命。

打造高质量发展高地

浙江省共同富裕的水平测度、区域差异性分析及对策研究

刘成凯[①]

一、引言

共同富裕是社会主义现代化的重要目标,也是走向社会主义更高阶段的必经之路。脱贫攻坚的全面胜利,为新发展阶段推动共同富裕奠定了坚实基础。然而在新发展阶段下,我国面临的发展不平衡不充分问题仍然突出。一是社会收入分配与社会财富结构不够合理,由土地、资本、专利等带来的资本性收入和一般劳动者所获得的工资性收入分配不合理,社会整体财富差距较大;二是城乡间和区域间发展不平衡问题依然存在,城市与农村之间、区域与区域之间居民收入和财富、社会基本公共服务提供能力与效率仍然存在不小差距;三是居民生活品质还需改善,精神文明和生态文明建设还有很大提升空间。

基于新的发展形势和发展不平衡不充分的问题,浙江省从自身发展现状出发,提出共同富裕示范区建设。2021年5月,中共中央国务院印发《关于支持浙江高质量发展建设共同富裕示范区的意见》(以下简称《意见》),支持浙江先行探索高质量发展建设共同富裕示范区。《意见》指出,要在高质量发展中建设好共同富裕示范区,示范区建设的主攻方向是解决"差距问题",其中第一个主攻方向就是解决区域发展差距问题。

自浙江提出共同示范区建设以来,学界围绕该课题开展了大量研究。何立峰(2021)对浙江高质量发展建设共同富裕示范区的意义、战略方向、目标成效等方面进行论述,认为支持浙江高质量发展建设共同富裕示范区具有重大历史意义和现实意义[②]。郭晓琳等(2021)从浙江共同富裕示范区的基础、发展启示、面临的问题和挑战等方面对

---

① 作者简介:刘成凯,中共衢州市委党校助教。

② 何立峰:《支持浙江高质量发展建设共同富裕示范区 为全国扎实推动共同富裕提供省域范例》,《宏观经济管理》2021年第7期。

浙江共同富裕示范区建设进行较为宏观的探讨[①]。余丽生等(2021)梳理和总结了浙江省33个市县和乡村通过产业融合、发展集体经济、乡村旅游等路径实现共同富裕的典型案例,并对浙江共同富裕的探索实践经验进行阐述[②]。

通过对浙江共同富裕示范区建设研究文献分析发现,当前学界对浙江共同富裕的研究主要集中在浙江共同富裕示范区建设的必然性、重要意义、问题挑战、发展方向和实践经验等方面。打造共同富裕示范区,首先要对当前共同富裕水平有一个全面系统的认知,然而当前对浙江共同富裕水平进行指标化、量化分析的研究较少,缺乏系统客观地对当前浙江共同富裕水平的评价;其次,区域发展差距问题是《意见》指出的第一个主攻方向,由于自然禀赋、自身发展状况不同,浙江省内仍存在一定的发展差距,需要科学认识共同富裕建设中区域发展差异,进而为浙江省共同富裕建设提供方向指引和政策依据。故本研究将从以下几个方面开展:第一,根据当前阶段下共同富裕的内涵和发展目标构建可观测、可统计、可获得、可评估性强的评价指标体系;第二,通过该指标体系对浙江省共同富裕建设水平进行整体测度并得出结果;第三,对浙江省各市共同富裕建设水平进行测度并对区域差异性深入分析;第四,针对当前区域差异提出针对性政策建议。

二、新阶段共同富裕的内涵与目标

在新的发展阶段,共同富裕被赋予新的内涵。习近平同志在《扎实推动共同富裕》(2021)中提出共同富裕是全体人民共同富裕,是人民群众物质生活和精神生活都富裕,不是少数人的富裕,也不是整齐划一的平均主义[③]。郁建兴等(2021)提出共同富裕是发展性、共享性和可持续性的统一[④]。刘培林等(2021)从政治、经济和社会三个层面把握共同富裕的内涵,即基于中国特色社会主义制度保障,生产力水平逐渐提升达到领先世界水平,全体人民共享幸福美好生活[⑤]。新阶段共同富裕是在解决绝对贫困、达成全面小康的基础上的进一步发展,是在加快经济高质量发展、提高社会生产力的基础上同时注重社会利润和资源更加公平地分配。

基于共同富裕的新内涵,政府和学界在共同富裕上提出了新的发展目标。政府方面:浙江省根据《意见》制定《浙江高质量发展建设共同富裕示范区实施方案》(以下简称

① 郭晓琳,刘炳辉:《"浙江探索":中国共同富裕道路的经验与挑战》,《文化纵横》2021年第6期。
② 余丽生等:《共同富裕:浙江实践的典型案例》,经济科学出版社2021年版,第3页。
③ 习近平:《扎实推动共同富裕》,《求是》2021年第20期。
④ 郁建兴,任杰:《共同富裕的理论内涵与政策议程》,《政治学研究》2021年第3期。
⑤ 刘培林,钱滔,黄先海,董雪兵:《共同富裕的内涵、实现路径与测度方法》,《管理世界》2021年第8期。

《实施方案》),《实施方案》提出7个方面共同富裕省域范例来细化落实发展目标(参见图1)。学界方面:张来明等(2021)基于经济社会发展的内在规律从收入分配、城乡区域发展平衡性、基本公共服务水平与可获得性、精神文明与文化普惠发展等方面确立共同富裕发展目标①。杨宜勇等(2021)从定性目标(人民生活富裕程度、中等收入群体比例、城乡区域发展差距、居民生活水平差距、基本公共服务均等化)和定量目标(人均GDP、中等收入群体比重、基尼系数)等确定共同富裕的阶段目标②。综上,当前共同富裕的发展目标主要集中在两个层面,一方面提高整体社会富裕程度,主要是指由人民生活水平的提高,涵盖经济水平、物质财富、基础设施便利性、社会福利保障和生活环境友好度;另一方面是发展成果共享程度,即缩小区域差距、城乡差距和人群差距,实现公共服务均等化,形成更加合理的社会结构。

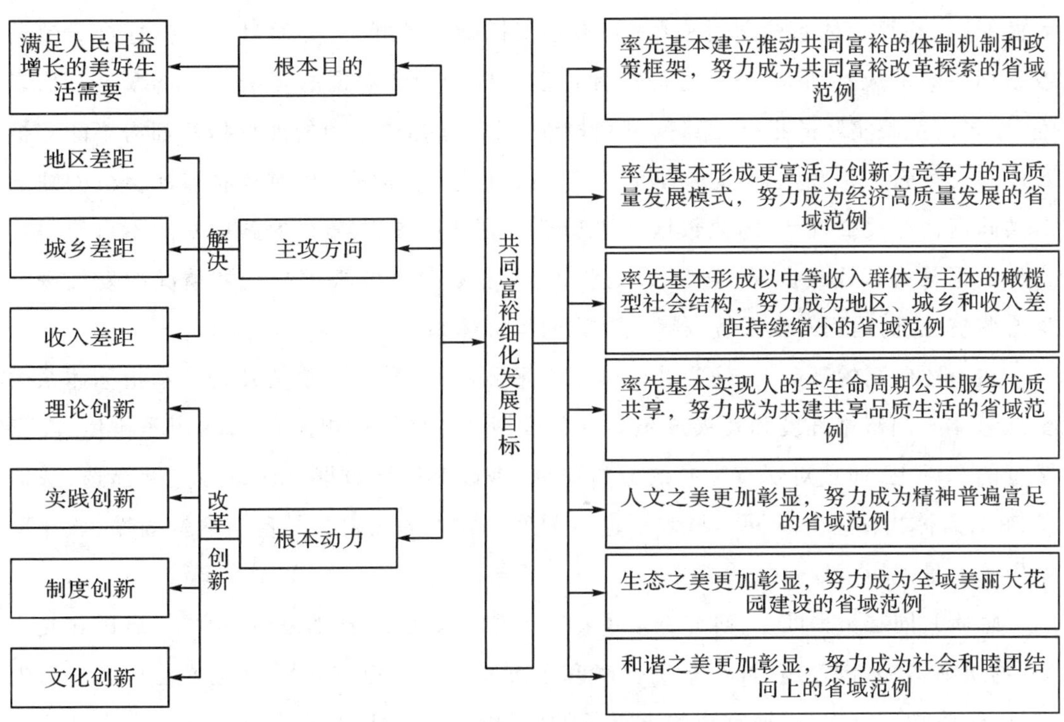

图1 浙江共同富裕细化发展目标(2021—2025年)

数据来源:作者根据《浙江高质量发展建设共同富裕示范区实施方案(2021—2025年)》绘制。

① 张来明,李建伟:《促进共同富裕的内涵、战略目标与政策措施》,《改革》2021年第9期。

② 杨宜勇,王明姬:《共同富裕:演进历程、阶段目标与评价体系》,《江海学刊》2021第5期。

三、浙江省共同富裕水平的测度

基于上述新阶段共同富裕的内涵、目标,同时遵循系统性、显著性、可衡量性、可获得性和动态性的原则,本研究构建了共同富裕水平测度指标体系对浙江省共同富裕水平进行测度。

(一)共同富裕水平测度指标体系构建

构建共同富裕水平测度指标体系是以便于更加直观、系统地认知当前共同富裕发展水平。指标体系的构建应坚持以下5个原则。第一,系统性原则,构建的指标体系需要从社会发展的总体富裕程度和社会发展成果共享程度两个维度加以衡量①;第二,显著性原则,在评价体系构建过程中,并不是指标越多越好,一方面过多的指标会导致获取指标参数的成本加大,另一方面指标过多可能会导致数据的冗余②,应选取具有代表性、能客观反映实际的指标;第三,可衡量性原则,指标体系中的评价指标都需要能够被观测与可衡量③,以便之后研究的测度;第四,可获得性原则,当前政府和社会机构缺乏对共同富裕相关的统计,因此数据只能基于当前可获得的渠道,实践中对于不可获得的指标数据只有替代或摒弃;第五,动态性原则,指标体系需要根据现实情况的发展进行动态调整,进而达到一个系统、科学、客观的指标体系。

在上述研究的基础上,构建共同富裕水平测度指标体系(参见表1)。本指标体系主要从总体共同富裕程度和发展成果共享程度两个主要维度出发,涵盖9个子维度,在子维度的基础上,通过对现有文献的分析研究,辅以对统计数据可获得性查阅筛选,选取了58个具体指标来对共同富裕水平进行测度。同时为反映共同富裕的均衡性,该体系采用了大量人均指标。

总体共同富裕程度上,研究选取了6个子维度来测度,分别是经济水平、居民收支水平、物质财富、基础设施、社会福利保障和生态文明④。该6个子维度主要是从生产力先进性、经济物质富裕、精神富裕的支撑条件以及社会的保障性和宜居性等多方面来反映人民生活水平。

发展成果共享程度上,主要由《意见》提出的三个主攻的差距来构建细化指标。在

---

① 刘培林,钱滔,黄先海,董雪兵:《共同富裕的内涵、实现路径与测度方法》,《管理世界》2021年第8期。

② 彭张林,张爱萍,王素凤,白羽:《综合评价指标体系的设计原则与构建流程》,《科研管理》2017年第1期。

③ Drucker P F.,"The essential Drucker: selections from the management works of Peter F. Drucker", *Journal of Documentation*, 2001, 58(2):249 - 252.

④ 陈丽君,郁建兴,徐铱娜:《共同富裕指数模型的构建》,《治理研究》2021第4期。

具体指标中通过比值的方式更加直观地比较区域间、城乡间、人群间的差距，并且根据三个不同子维度的差距选择不同的具体指标有针对性地进行测度。

表1　共同富裕水平测度指标体系

维度	子维度	具体指标
总体共同富裕程度	经济水平	生产总值(万亿元)
		人均生产总值(万元)
		全员劳动生产率(万元/人)
	居民收支水平	人均可支配收入(万元)
		人均生活消费支出(万元)
		恩格尔系数(%)
	物质财富	人均储蓄余额(万元)
		人均住房面积(平方米)
		每百户拥有家用汽车(辆)
		每百户拥有家用计算机(台)
		电话普及率(部/百人)
	基础设施	每百万人拥有普通高等教育学校数(个)
		每万人拥有医疗床位数(张)
		人均拥有道路面积(平方米)
		每万人文化机构数(个)
		人均体育场地面积(平方米)
		每千人口拥有社会服务机构床位数(张)
	社会福利保障	学龄儿童入学率(%)
		中小学每个教师负担学生数
		3岁及以上人口大专以上学历占比(%)
		城乡居民基本养老保险参保率(%)
		城乡居民基本医疗保险参保率(%)
		失业保险参保率(%)
	生态文明	空气质量优良天数比例(%)
		PM2.5平均浓度($\mu g/m^3$)
		污水处理率(%)

续 表

维度	子维度	具体指标
		城镇垃圾分类覆盖率(%)
		森林覆盖率(%)
		单位 GDP 能耗(吨标准煤/万元)
		单位GDP碳排放(吨/万元)
发展成果共享程度	区域差距	域内生产总值倍差
		人均生产总值倍差
		人均可支配收入倍差
		恩格尔系数倍差
		年末户均存款余额倍差
		每百户拥有民用汽车数量倍差
		人均高等学校数量倍差
		人均医疗床位倍差
		人均养老服务机构床位数倍差
		人均剧场、影剧院数量倍差
		人均体育馆数量倍差
		养老保险参保率倍差
		医疗保险参保率倍差
		失业保险参保率倍差
		空气质量优良天数比例倍差
		$PM_{2.5}$年平均浓度倍差
	城乡差距	户籍人口城镇化率(%)
		人均可支配收入倍差(农村=1)
		人均生活消费支出倍差(农村=1)
		恩格尔系数倍差(农村=1)
		人均住房面积倍差(农村=1)
		每百户家用汽车拥有量倍差(农村=1)
		每百户拥有彩色电视倍差(农村=1)
		每百户拥有家用电脑倍差(农村=1)
	人群差距	基尼系数

续 表

维度	子维度	具体指标
发展成果共享程度	人群差距	中等收入群体占比(%)
		居民收入五等分组,最高最低收入倍差
		劳动报酬GDP占比(%)

注:全员劳动生产率为地区生产总值(现价)与全部就业人员年平均人数的比率;普通高等教育学校包括普通本科[含民办本科(含中外合作办学)、独立学院]和高职(高专)院校(含民办);文化机构包括电影放映单位、艺术表演团体、文化馆、文化站、公共图书馆、博物馆;区域差距维度中倍差是国家/地区内指标数值最高的区域与指标数值最低区域的比值,域内指标最低区域的指标=1。

(二)测度结果

在数据的来源上,本研究选取权威的《浙江省统计年鉴》最新数据作为主要数据来源,而《浙江省统计年鉴》的最新数据为2020年度,因此选取浙江省2020年度数据对浙江省共同富裕水平进行测度。

1. 总体共同富裕程度

2020年,浙江省生产总值为64613亿元,同比增长3.6%;人均生产总值10.1万元;全员劳动生产率为16.6万元/人。全省居民人均可支配收入为5.2万元,同比增长5.0%;人均生活消费支出3.1万元,同比下降2.3%。截至2020年年底,浙江省人均储蓄余额9.4万元;人均住房面积53.5平方米;每百户拥有家用汽车55.6辆;每百户拥有家用计算机73.7台,其中连接互联网的65.7台;电话普及率为168.4部/百人。

在基础设施方面,2020年浙江省每百万人拥有普通高等教育学校数1.7个;每万人拥有医疗床位数56.0张;人均拥有道路面积19.1平方米;每万人文化机构数2.6个;人均体育场地面积2.3平方米;每千人口拥有社会服务机构床位数53.3张。

在社会福利保障方面,学龄儿童入学率达99.99%[①];中小学每个教师负担学生数为1:14.5;3岁及以上人口大专以上学历占比为18.3%;城乡居民基本养老保险参保率达到67.4%;城乡居民基本医疗保险参保率达到86.1%;失业保险参保率为26.1%。

在生态文明方面,浙江省全域空气质量优良天数比例93.3%;$PM_{2.5}$平均浓度25.0为μg/m^3;污水处理率达97.7%;城镇垃圾分类覆盖面达到91.5%;森林覆盖率达到61.2%;单位GDP能耗为0.4吨标准煤/万元;2020年浙江省碳排放总量未公布,选用2019年数据,2019年浙江省单位GDP碳排放为0.6吨/万元。

① 注:为保证数据的准确性,此处与原数据保持一致,未四舍五入。

表2　2020年浙江省共同富裕水平测度

维度	子维度	具体指标	测算值
总体共同富裕程度	经济水平	生产总值(万亿元)	6.5
		人均生产总值(万元)	10.1
		全员劳动生产率(万元/人)	16.6
	居民收支水平	人均可支配收入(万元)	5.2
		人均生活消费支出(万元)	3.1
		恩格尔系数(%)	28.5
	物质财富	人均储蓄余额(万元)	9.4
		人均住房面积(平方米)	53.5
		每百户拥有家用汽车(辆)	55.6
		每百户拥有家用计算机(台)	73.7
		电话普及率(部/百人)	168.4
	基础设施	每百万人拥有普通高等教育学校数(个)	1.7
		每万人拥有医疗床位数(张)	56.0
		人均拥有道路面积(平方米)	19.1
		每万人文化机构数(个)	2.6
		人均体育场地面积(平方米)	2.3
		每千人口拥有社会服务机构床位数(张)	53.3
	社会福利保障	学龄儿童入学率(%)	99.99
		中小学每个教师负担学生数	14.5
		3岁及以上人口大专以上学历占比(%)	18.3
		城乡居民基本养老保险参保率(%)	67.4
		城乡居民基本医疗保险参保率(%)	86.1
		失业保险参保率(%)	26.1
	生态文明	空气质量优良天数比例(%)	93.3
		$PM_{2.5}$平均浓度($\mu g/m^3$)	25.0
		污水处理率(%)	97.7
		城镇垃圾分类覆盖率(%)	91.5

续 表

维度	子维度	具体指标	测算值
		森林覆盖率(%)	61.2
		单位 GDP 能耗(吨标准煤/万元)	0.4
		单位GDP碳排放(吨/万元)	0.6(2019)
发展成果共享程度	区域差距	域内生产总值倍差	10.7
		人均生产总值倍差	2.2
		人均可支配收入倍差	1.6
		恩格尔系数倍差	0.8
		年末户均存款余额倍差	3.4
		每百户拥有民用汽车数量倍差	3.3
		人均高等学校数量倍差	6.4
		人均医疗床位倍差	1.8
		人均养老服务机构床位数倍差	4.4
		人均剧场、影剧院数量倍差	9.5
		人均体育馆数量倍差	11.5
		养老保险参保率倍差	6.0
		医疗保险参保率倍差	2.5
		失业保险参保率倍差	3.6
		空气质量优良天数比例倍差	1.1
		$PM_{2.5}$年平均浓度倍差	1.8
	城乡差距	户籍人口城镇化率(%)	72.2
		人均可支配收入倍差(农村=1)	2.0
		人均生活消费支出倍差(农村=1)	1.7
		恩格尔系数倍差(农村=1)	0.9
		人均住房面积倍差(农村=1)	0.7
		每百户家用汽车拥有量倍差(农村=1)	1.7
		每百户拥有彩色电视倍差(农村=1)	1
		每百户拥有家用电脑倍差(农村=1)	1.8
	人群差距	基尼系数	0.37

续 表

维度	子维度	具体指标	测算值
		中等收入群体占比(%)	67.4
		居民收入五等分组,最高最低收入倍差	5.3
		劳动报酬GDP占比(%)	49.2(2019)

数据来源:根据以下网站数据编制:浙江省统计局.2021年浙江统计年鉴. http://tjj.zj.gov.cn/col/col1525563/index.html;浙江省人民政府.2021年浙江省政府工作报告. 2021-2-1.http://www.zj.gov.cn/art/2021/2/1/art_1554467_59080868.html;中国碳核算数据库. https://www.ceads.net.cn/data/province/。

2. 发展成果共享程度

在区域差距方面,通过查询浙江省内11个地市的指标相关数值,取11个数值中的最大值和最小值作比得出指标数值。浙江省区域间生产总值的最大倍差是10.7倍;人均收支上,人均生产总值最大倍差是2.2倍,人均可支配收入最大倍差为1.6倍,恩格尔系数最大倍差为1.3倍;物质财富上,地市间年末户均存款余额倍差为3.4倍,每百户拥有民用汽车数量倍差为3.3倍;教育上,区域间人均高等学校数量最大倍差为6.4倍,差距较大;医疗养老上,区域内人均医疗床位最大倍差为1.8倍,人均养老服务机构床位数倍差为4.4倍;体育文化上,人均剧场、影剧院数量倍差为9.5倍,人均体育馆数量倍差11.5倍;福利保障上,区域间养老保险参保率倍差达6.0倍,差距相对较大,医疗保险参保率倍差为2.5倍,失业保险参保率倍差为3.6倍;生态文明上,空气质量优良天数比例倍差为1.1倍,PM2.5年平均浓度倍差为1.8倍。

在城乡差距方面,本研究通过测算城镇相关指标与农村相关指标的比值来衡量城乡发展成果共享程度的差距。截至2020年末,浙江省户籍人口城镇化率达72.2%;居民收支上,城镇人均可支配收入是农村的2.0倍,城镇人均生活消费支出是农村的1.7倍,城镇恩格尔系数与农村恩格尔系数之比为0.9;生活条件上,城市人均住房面积约为农村的70%;城镇每百户家用汽车拥有量是农村的1.7倍,城镇平均每百户家用汽车比农村多22.6辆;城乡每百户拥有彩色电视数量相等;城镇平均每百户拥有家用电脑是农村的1.8倍。

在人群差距方面,2020年浙江省基尼系数为0.37;2020年浙江省中等收入群体占比为67.4%[①],浙江省在《实施方案》中提出未来要提高家庭年收入20万元到60万元的人群;统计上通常把城乡居民收入分成5个等份,最高的20%的人的平均收入和最低的20%的人的平均收入来比较社会收入的分配情况,2020年浙江该倍差是5.3倍;劳动报

① 注:根据国家测算,现阶段家庭年收入(三口之家)10万到50万之间为中等收入人群。

酬GDP占比是反映收入分配的重要指标，2020年浙江省劳动报酬总额数据缺失，以2019年为例，2019年浙江省劳动报酬GDP占比为49.2%，接近50%。

（三）2020年浙江省共同富裕水平测度结论

第一，总体经济富裕程度较高。2020年，浙江省64613亿元的经济总量排名全国第4位，占全国GDP的6.4%；人均GDP超过10万元，以2020年汇率计算，人均GDP为14588美元，达到初等发达国家水平（人均GDP超过1.2万美元[①]）。人均可支配收入5.2万元，仅次于上海、北京；每百户拥有家用汽车55.6辆，在省区中排名第三；每百户拥有家用计算机73.7台，在省区中排名第二。

第二，经济发展差距较小。2020年浙江省地市间人均GDP最高值和最低值的倍差是2.2倍，是全国省区中是最小的。2020年浙江城乡居民人均可支配收入倍差为1.96倍，在31个省份中位列第三位。2020年浙江省5.3倍的居民最高最低收入倍差，也是全国省份当中比较小的。

尽管浙江省共同富裕发展在上述指标上成绩显著，但依然有进步的空间。一是人均GDP有待进一步提升，2020年浙江省人均GDP上与中等发达国家的人均GDP（2.5万美元）仍有较大的差距。二是浙江域内在经济生产总值、高等教育、文化体育、养老保障等方面仍存在不小的差距，如何缩小上述领域的区域差距成为本研究重点思考的方向。

四、浙江省共同富裕水平的区域差异及其分析

上文对浙江省发展成果共享程度的区域差距进行了一个整体的测度，得出区域间指标的倍差。通过指标得出经济发展方面，浙江省域内人均差距相对较小，但在其他指标上，尤其是人均高校数量、人均养老服务机构床位数、人均体育馆数量、养老保险参保率等指标上存在较大差距。本研究通过对指标的展开、细化，进一步对浙江省共同富裕水平的区域差异进行较为全面的概括。

（一）区域差异指标的测算

2020年浙江省各地市经济总量占比上，杭州市和宁波市占比相当可观，杭州市生产总值约占全省生产总值的1/4，宁波市紧随其后，以19.2%的占比位居第二，杭州、宁波经济总量之和占浙江省44.1%。而末位衢州（2.5%）、丽水（2.4%）、舟山（2.3%）经济总量之和仅占浙江省的7.2%（参见图2）。由此可见，浙江省区域内生产总值差距依然较大。

---

① 李程骅，刘心怡：《在新征程上全面提升江苏现代文化治理能力》，《江苏社会科学》2020年第3期。

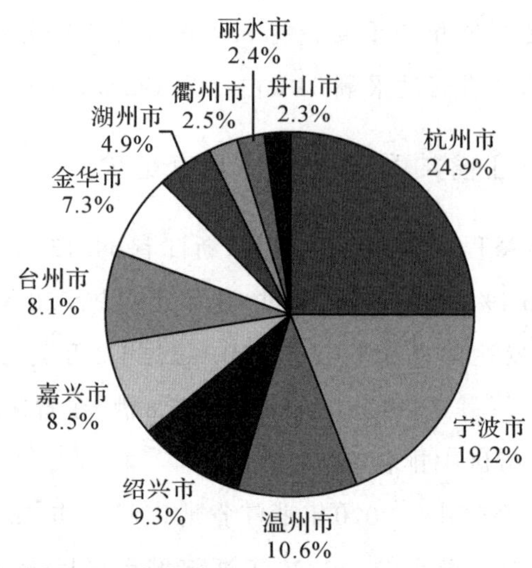

数据来源：浙江省统计局.2021年浙江统计年鉴。

图2　2020年浙江省各市生产总值占比

人均生产总值上，杭州、宁波依然以136617元、132614元分列第一和第二位，舟山以130130元位列第三。超过10万元的地市还有绍兴市（113746元）、嘉兴市（102541元）。而温州市（71766元）、金华市（67329元）、丽水市（61811元）居于全省末三位。人均可支配收入上，仅杭州突破6万元大关，达61879元。宁波市、绍兴市、舟山市、嘉兴市、温州市、湖州市、台州市和金华市均在5万~6万的范围内，而衢州市（37935元）、丽水市（37744元）与省内其他地市存在不小差距。恩格尔系数上，浙江省各市整体处于24%~30%的范围内，舟山市（29.9%）、台州市（29.2%）、温州市（28.0%）超过28%，相较于其他市较高，衢州市（25.9%）、杭州市（25.6%）、金华市（24.1%）低于26%，相对较低（参见图3）。

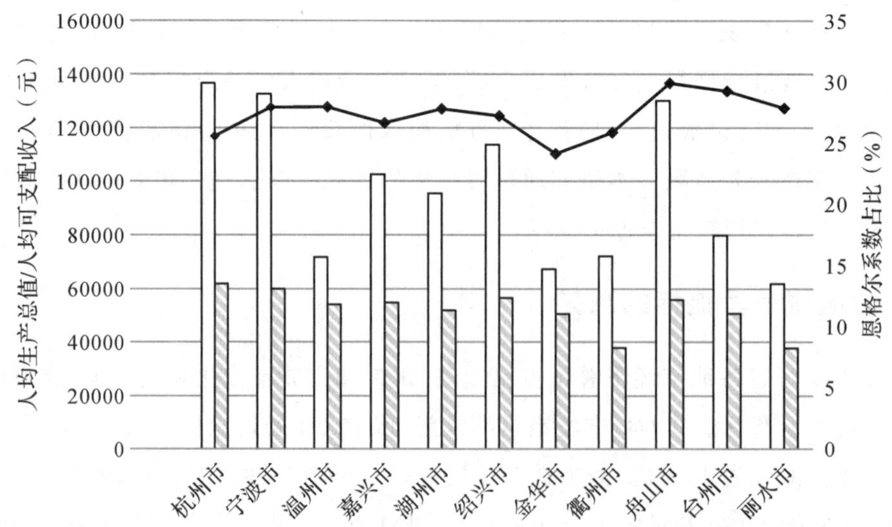

数据来源：浙江省统计局.2021年浙江统计年鉴。

图3　2020年浙江省各市人均生产总值、人均可支配收入、恩格尔系数占比

人均财富方面，本研究选取年末户均存款余额和每百户民用汽车拥有量两项指标来衡量。在年末户均存款余额上，杭州市以55.7万元与其他地区拉开不小差距，嘉兴以41.6万元位列第二，丽水市（19.2万元）、衢州市（16.2万元）与其他城市差距略大。每百户汽车拥有量上，嘉兴市（137.0辆）、宁波市（123.8辆）、金华市（113.8辆）、杭州市（112.2辆）、湖州市（108.0辆）、温州市（102.0辆）每百户民用汽车拥有量均超过100辆。绍兴市（98.3辆）、台州市（96.2辆）也接近100辆。舟山市（56.1辆）、衢州市（51.6辆）和丽水市（42.0辆）与上述地区差距较大（参见表3）。

表3　2020年浙江省年末户均存款余额、每百户民用汽车拥有量

城市	年末户均存款余额（万元）	每百户民用汽车拥有量（辆）
杭州市	55.7	112.2
宁波市	35.5	123.8
温州市	35.1	102.0
嘉兴市	41.6	137.0
湖州市	31.6	108.0
绍兴市	31.9	98.3
金华市	30.7	113.8
衢州市	16.2	51.6
舟山市	29.9	56.1
台州市	31.0	96.2
丽水市	19.2	42.0

数据来源：浙江省统计局.2021年浙江统计年鉴.http://tjj.zj.gov.cn/col/col1525563/index.html。

基础设施方面，本研究从教育、医疗、养老、文化和体育的人均数量来比较分析浙江省区域内的差距（参见图4）。相较于普及和标准化的基础教育，高等教育更加能反映地区间教育的差距。通过计算各市每千万人拥有高校数量，发现各市高等教育差距较大，其中杭州市和舟山市分别以每千万人拥有高校38.4所和34.5所位列第一和第二。绍兴市、宁波市、温州市、嘉兴市处于教育第二梯队，其他市处于第三梯队，其中，台州市以每千万人拥有高校6.0所居于末位。

医疗设施上差距相对较小。杭州市作为省会城市，以每万人70.4张医疗床位位居第一，衢州市、舟山市、丽水市分别以每万人59.9张、52.1张、51.9张分列第二、三、四位。其他市每万人拥有医疗床位均在40张以上。

养老设施上，衢州市以每万人106.4张养老服务机构床位位居浙江省第一，湖州市

(90.0张)、舟山市(88.8张)分列二三位。杭州市(42.4张)和温州市(24.4张)位列全省末位。

文化体育设施上,本研究以每千万人拥有剧场和体育馆数量来衡量省内文化体育设施差距。每千万人拥有剧场数量上,舟山市(172.6个)、嘉兴市(131.2个)、湖州市(121.6个)分列前三位;绍兴市(18.9个)、台州市(18.1个)居于末位。每千万人拥有体育馆数量上,绍兴市(207.9个)以绝对优势位列第一;嘉兴市(134.9个)、湖州市(133.5个)排名二三位;金华市(19.8个)、台州市(18.1个)居于全省末位。

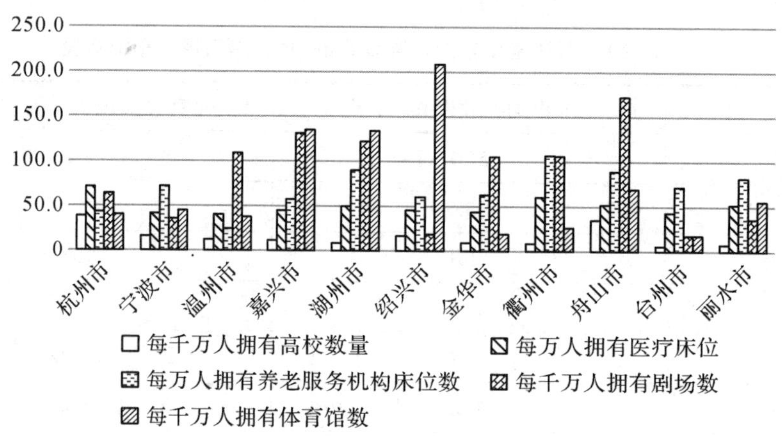

数据来源:浙江省统计局.2021年浙江统计年鉴.http://tjj.zj.gov.cn/col/col1525563/index.html。

图4　浙江省各市教育、医疗、养老、文化和体育基础设施情况

社会保障方面,研究主要选取了浙江省各市城乡居民基本养老保险参保率、基本医疗保险参保率、失业保险参保率来反映各市间社会保障上的差距。从各市城乡居民基本养老保险参保率上看,杭州市以69.6%的参保率最高,丽水市(40.2%)、衢州市(38.0%)位居全省二、三位;金华市(18.4%)、绍兴市(17.9%)、舟山市(15.7%)、湖州市(15.3%)、宁波市(11.7%)、嘉兴市(11.7%)城乡居民基本养老保险参保率均未超过20%,有进一步发提升空间(参见图5)。

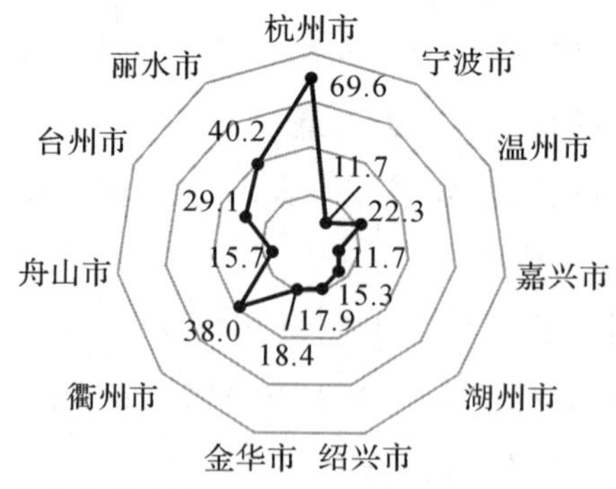

数据来源:浙江省统计局.2021年浙江统计年鉴.http://tjj.zj.gov.cn/col/col1525563/index.html。

图5　浙江省各市城乡居民基本养老保险参保率(%)

从各市城乡居民基本医疗保险参保率上看，丽水市（75.4%）、衢州市（73.2%）城乡居民基本医疗保险参保率超过70%，分列前二位，台州市（63.7%）位列第三，宁波市（33.6%）、嘉兴市（31.1%）、杭州市（30.5%）城乡居民基本医疗保险参保率相对较低，居于全省末位。

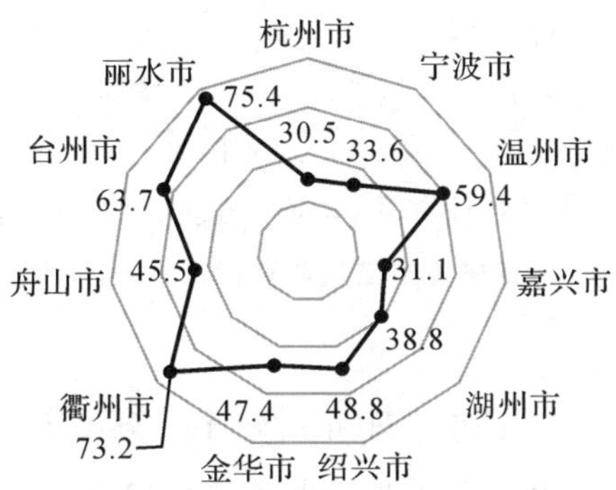

数据来源：浙江省统计局.2021年浙江统计年鉴.http://tjj.zj.gov.cn/col/col1525563/index.html。

图6　浙江省各市城乡居民基本医疗保险参保率（%）

从各市失业保险参保率上看，杭州市以43.7%的失业保险参保率位居全省第一，宁波（33.8%）紧随其后；嘉兴市（28.9%）、湖州市（26.1%）、绍兴市（24.9%）、舟山市（22.3%）处于20%~30%范围内，其他地市失业保险参保率均未超过20%。

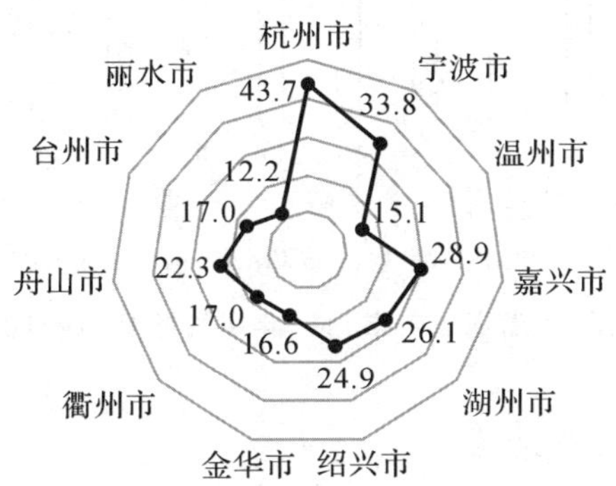

数据来源：浙江省统计局.2021年浙江统计年鉴.http://tjj.zj.gov.cn/col/col1525563/index.html。

图7　浙江省各市失业保险参保率（%）

生态环境方面，研究选取了浙江省各市空气质量优良天数比例和$PM_{2.5}$年平均浓度来衡量浙江省区域间生态环境状况差异。空气质量优良天数比例上，丽水市、温州市、舟山市分别以99.8%、98.3%、97.8%分列前三，除湖州市（87.7%）、嘉兴市（87.2%）外，各市空气质量优良天数比例均超过90%，2020年浙江省各市间空气质量优良天数最大差距为53天。

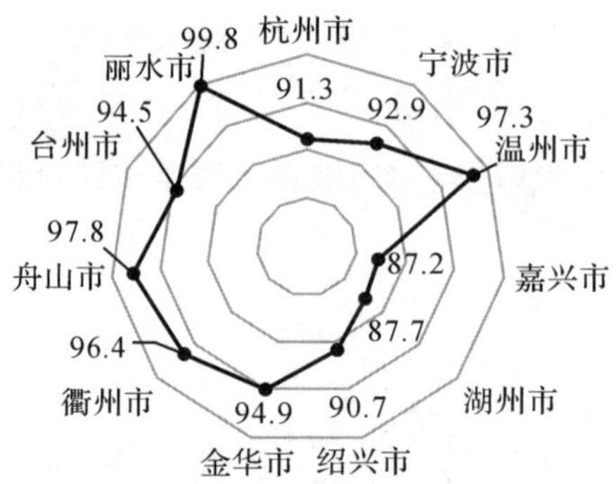

数据来源:浙江省统计局.2021年浙江统计年鉴.http://tjj.zj.gov.cn/col/col1525563/index.html。

图8 浙江省各市空气质量优良天数比例(%)

$PM_{2.5}$年平均浓度上,浙江省各市差距相对较小。舟山市17.0μg/m³的$PM_{2.5}$年平均浓度,是唯一低于20μg/m³的地市。其他地市均在20~30μg/m³的范围内。杭州市$PM_{2.5}$年平均浓度最高,达30.0μg/m³。

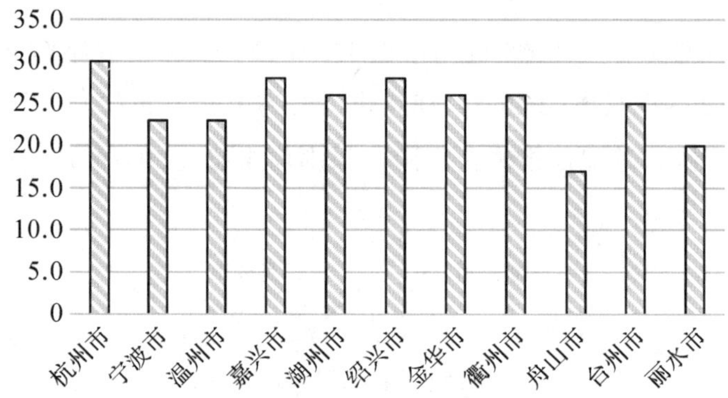

数据来源:浙江省统计局.2021年浙江统计年鉴.http://tjj.zj.gov.cn/col/col1525563/index.html。

图9 浙江省各市$PM_{2.5}$年平均浓度(μg/m³)

(二)区域差异性测算结论

综上数据测算值,得出以下结论。第一,整体经济水平上,呈现出明显的东北部强,西南部弱,沿海强,山区弱的特征。杭州市和宁波市"双城"领跑浙江经济发展,衢州市、丽水市与其他城市存在不小的差距。第二,在居民收支水平和经济财富方面,浙江省内出现了明显的东北部强,西南部弱,沿海强,山区弱的情况。第三,在城市基础设施配套上,未出现明显区块性特征。杭州市基于其省会城市的地位,在高校教育、医疗设施方面均有较大的优势,衢州市基于其四省边际中心城市定位,在养老和医疗上均名列前茅,台州市在高校教育、体育文化设施方面有待进一步发力,温州市在养老设施配套上与其他城市有较大差距。第四,社会保障方面,各市均有强弱,未呈现出明显的整体区域强弱趋势。杭州市在养老保险和失业保险参保率上大幅领先全省,却在医疗保险参保率上居于全省末位;丽水市、衢州市在养老保险、医疗保险参保率上在全省名列前茅,却在失业保险参保率上处于最后梯队;嘉兴市在养老保险、医疗保险参保率上有待进一步发力。第五,在生态环境方面,舟山市、丽水市、温州市领先浙江,杭州市、嘉兴市和湖州市则有待提高。

(三)区域差异性分析

通过文献研究和数据分析,得出导致经济水平和物质财富方面的差异的原因主要是以下几个方面。一是自然条件的差异。浙江地形整体上以阶梯状自西南向东北倾斜,分片来看,西南片区以山地和丘陵为主,中部地区以丘陵和盆地为主,东部地区以丘陵和沿海平原为主,东北部分是低平的冲积平原。二是地理位置的优劣。浙江省东北部地区是长三角的核心地区,水网密布,水利交通便利,一直是贸易往来的重要节点。三是人才和资本的凝聚程度的差异。浙北地区在上述优渥的条件下,通过历史的发展,城镇化程度较高,在极化效应下,吸引了大量人才和资本。四是产业和贸易的集聚程度的差异。产业上,浙北是我国制造业的传统优势地区,包揽多项制造业的单项冠军,根据工信部公布的制造业单项冠军名单,宁波入选单项冠军示范企业和单项冠军产品总量累计63个,居全国第一,杭州市以22家单项冠军示范企业位列全国第二;此外,杭州市数字经济产业发达,根据《2021年杭州市国民经济和社会发展统计公报》,数字经济核心产业增加值4905亿元,增长11.5%,占GDP的27.1%。贸易上,宁波舟山港货物吞吐量连续13年位居全球港口首位,2021年宁波舟山港累计完成货物吞吐量122405万吨,为全球唯一年货物吞吐量超10亿吨的"超级大港"。五是政策的倾斜。2018年11月,习近平总书记在首届中国国际进口博览会上宣布支持长江三角洲区域一体化发展并上升为国家战略①,自此浙江东北部作为长三角的核心区域再一次得到了政策上的助力。

城市基础设施配套和社会保障方面出现各有强弱的原因主要是有两个方面。首先是浙江省委、省政府的统筹谋划。2009年浙江省委、省政府提出"四大建设",即大湾区、大花园、大通道、大都市区建设。"四大建设"是省委省政府基于浙江各市资源禀赋的整体性谋篇布局,借此提高中心城市辐射带动能力,促进空间结构转型,形成全面融合多方共享的新局面②。其次是各市基于自然禀赋抓住机遇的发展。如在高等教育上,舟山市根据其沿海岛屿众多的属性,建立了浙江海洋大学、浙江国际海运职业技术学院等专业性高校,是浙江省人均高校仅次于省会杭州市的地市;在医疗、养老设施和保障上,衢

① 习近平:《支持长三角区域一体化发展并上升为国家战略》,http://news.xhby.net/system/2018/11/05/030891357.shtml。

② 王祖强:《以"四大建设"驱动"两大循环"》,《浙江日报》2020年12月28日第5版。

州市根据其自身文化及其四省边际中心城市的定位,在医疗、养老服务等方面着重发力,基础设施相对充裕,城乡居民基本养老保险和医疗保险参保率名列前茅。

浙江省生态环境方面出现上述地区差异的原因是多方面的。第一,杭嘉湖地区生态指标的相对落后主要是内外两个方面的因素造成的,外因是杭嘉湖地区地处浙江北部,受北方输入性污染影响较大,内因是该地区是传统产业集聚区,工业发达,域内的水泥、建材、印染、化纤、家具制造等产业都是污染大户。此外,根据第二次全国污染源普查结果,基于杭州市拥有超高的机动车保有量,其机动车排放对空气中$PM_{2.5}$的贡献占35.6%,超过工业源、扬尘源,是杭州市$PM_{2.5}$第一污染源①。第二,舟山市、丽水市的生态指标较好,原因是两市工业相对较少,生态环境相对较好。第三,温州市作为浙江传统工业强市,其生态指标较好。经研究发现温州市通过绿色城市和"无废城市"建设,数字赋能城市环境保护,生态成果显著,温州市多地入选国家生态文明建设示范区,形成了良好的生态文明范式。

五、对策与建议

本研究通过构建指标和指标测算对浙江省共同富裕水平进行了一个较为全面的评估,同时通过对浙江省11个地市的共同富裕指标差异现状细化、指标化的研究,得出各地市的经济水平、居民收支水平、物质财富、基础设施、社会福利保障和生态文明间的差异,并通过实证分析、文献分析提出浙江省地市间共同富裕差异的原因。根据当前研究分析,提出"做大总量,补齐短板"的对策建议。

经济方面,要继续做大"蛋糕",注重构建推进区域共同富裕的新发展格局,促进要素市场化配置改革深化,突破地区间的壁垒,打通生产、分配、流通、消费各个环节,先富带动后富,让各地均可共享发展成果。一是继续发挥好杭州、宁波的引领优势。通过数字经济的发展机遇,将数字经济融合入整个浙江产业发展,将数字产业化、产业数字化②。二是做好后进地区政策扶持。做好山海协作、山区26县"一县一策"等政策落地。三是各地市做好人才培养、引进和招商引资工作。当前浙江省多地通过与高校合作,重点培养专业人才,同时发布人才引进政策,吸引了一大批人才落户浙江,各市还应做好留住人才、发挥人才价值的后半篇文章;各市应根据当前当地特色产业,引入特色产业的上下游产业,同时整合上下游资源,做长产业链,提升产业竞争力。

---

① 孙燕,陈爱民:《杭州的PM2.5主要源自哪里?最新研究表明,机动车等移动源排放占比35.6%》,《钱江晚报》2021年4月29日。

② 李腾,孙国强,崔格格:《数字产业化与产业数字化:双向联动关系、产业网络特征与数字经济发展》,《产业经济研究》2021年第5期。

城市基础设施配套方面，鼓励各市发挥主观能动性，补齐短板，建立适合当地发展情况和未来期望的基础设施配套。教育设施上，各市应继续加强与高校合作，让更多高校在当地落地生花，推动产研学合作，为地区发展增添动力。医疗设施上，浙江各地市差距相对较小，应继续依托浙江大学医学院、温州医科大学等医疗科研教育发面的投入，提升区域整体医疗水平，推动医疗现代化；同时鼓励衢州杨继洲针灸医院等特色医疗发展。养老设施上，推动温州养老基础设施建设，建立养老设施较少地区与资源相对充裕的衢州市、湖州市合作，充分发挥养老资源充裕地区的价值。文化体育设施上，鼓励各市举办具有区域特色的文化体育项目，完善文化体育设施。

社会保障方面，注重企业用工规范，重点提升各地市养老保险和失业保险参保率，稳步推进医疗保险参保率。一是注重企业用工规范，宣传落实企业工资抵扣企业所得税等政策，让更多企业依法为职工缴纳保险。二是提升就业人员维权意识，为就业人员提供相关法律知识教育，鼓励更多就业人员维护自身合法权益。三是重点地市着重发力，着力推进金华市、绍兴市、舟山市、湖州市、宁波市、嘉兴市的城乡居民基本养老保险参保率，逐步提升宁波市、嘉兴市、杭州市城乡居民基本医疗保险参保率，加快衢州市、台州市、金华市、温州市、丽水市失业保险参保率提升。

生态环境方面，需要政府企业双向发力。政府方面，一是要系统推进碳达峰碳中和行动，深入打好污染防治攻坚战；二是做好企业政策引导，宣传落实节能减排政策；三是培养公民良好的生态文明价值观，践行环保低碳生活。企业方面，粗放式生产方式已经不符合我国当前发展需求，企业应积极转型升级产业，创新技术，提升产能效率。

信息消费能促进区域创新效率提升吗?
——基于省域面板数据的实证研究

徐梦周　胡　青[①]

当前,信息消费作为对信息产品和服务进行消费的一种行为活动正成为全球消费的新形态。截至2022年1月,全球手机用户、互联网用户、社交媒体用户分别达到53.1亿、49.5亿、46.2亿,占世界总人口的比重为67.1%、62.5%、58.4%。《电子商务大趋势概览》白皮书显示,受疫情影响,全球电子商务急剧增长,未来五年,全球电子商务的平均增速预计将达到47%。作为世界互联网大国,我国的网民数量位居全球第一,信息消费蓬勃发展。截至2021年12月,我国网络音乐、短视频、网络游戏、网络直播用户分别达到7.29亿、9.34亿、5.53亿、7.03亿。《数字经济蓝皮书:中国数字经济前沿(2021)》显示,我国衣、食、住、行、玩等主流生活场景的数字化渗透率均超50%。正因如此,《中华人民共和国国民经济和社会发展第十四个五年规划和2035年远景目标纲要》强调全面促进消费,积极培育信息消费等新型消费,并且提出要充分发挥海量数据和丰富应用场景优势来打造数字经济新优势。这表明信息消费所代表的市场需求优势已被视为推动关键核心技术攻关、尽快实现高水平自立自强的重要支撑。从各地实践来看,北京、上海、浙江等地纷纷出台促进信息消费的政策举措,举办信息消费节,打造信息消费示范城市。大力发展信息消费成了全国各个层面扩大内需、激发创新、培育更多新增长点的重大战略举措。

从现有理论研究来看,关于市场需求与创新的关联存在差异化结论。强调积极影响的研究指出,市场需求是决定创新活力和方向的基本条件,对于技术创新有着预示和指引作用。为了满足新消费需求,企业会提高技术创新水平,进行生产调整。但也有研究注意到市场需求存在竞争弱化效应。随着市场规模的扩大、产业进入壁垒降低,企业

① 作者简介:徐梦周,中共浙江省委党校工商管理教研部(数字化发展战略研究中心)主任、教授;胡青,中共浙江省委党校工商管理教研部副教授。

研发创新风险提升,反而削弱了企业创新意愿。因此,相关研究逐步关注市场需求对创新的异质性影响。具体到信息消费,现有研究关注到了信息消费的意义、内涵、行为表征以及信息化发展对区域创新效率的综合影响,但对信息消费能否促进区域创新效率的提升,其内在作用机制是什么还较少涉及。同时,对信息消费的测度尚未明确,多数研究采用最终居民消费支出项目中的医疗保健、交通通信、娱乐文化的消费加总进行测度,与实际情况相去甚远。"十四五"期间,以需求升级引领供给创新、激发增长新动能是重要导向。在各地积极扩大信息消费的背景下,如何发挥好政策作用亟须理论支撑。鉴于此,本文在回顾相关文献的基础上,以2012—2019年省域面板数据为基础,重点研究信息消费与区域创新效率的内在关联性,并从需求和供给匹配角度导入本地信息产业水平作为调节变量,以期为重新考量内需促进区域创新发展的内在机制提供理论支撑和新的实践思路。

一、文献综述与研究假设

(一)相关文献综述

现有研究较为综合地关注了信息化发展对区域创新效率的影响。Cui等(2015)和Lyytinen等(2016)探讨了信息技术对企业创新能力的影响,以及Forés等(2016)研究了信息技术对区域创新的影响,均得出了肯定的结论。韩先锋等(2014)研究发现,信息化显著促进了工业部门的技术创新效率水平,且这种影响存在明显的行业异质性特征。韩先锋等(2019)基于互联网普及、互联网基础设施、互联网信息资源、互联网商务应用和互联网发展环境五个维度,构建了省际互联网综合发展水平指数,探索了互联网对区域创新效率的影响机制。李海超等(2021)从ICT产业水平、ICT应用水平、ICT基础设施建设水平、ICT发展环境四个维度构建了ICT综合发展水平测度体系,并指出ICT与区域创新效率存在正向关系。

在信息消费领域,早期研究将信息消费视为消费者对信息消费品的内容吸收和使用。随着信息技术向制造业、服务业等产业领域加速渗透,后续研究对信息消费的定义进行了拓展。邓少军等(2017)认为信息消费既包括了个人信息消费,也涵盖了企业信息消费和公共信息消费。赵付春(2014)指出信息消费是居民、企业或政府等多元信息消费主体对信息产品或服务的消费。耿荣娜(2019)提出信息消费是指信息消费主体直接或间接对信息产品或信息服务进行消费的一种经济活动。

在实证方面,郑丽(2014)基于省域面板数据的实证分析,验证了居民信息消费对产业结构存在优化作用,并指出随着信息消费规模的扩大,这种优化作用会增强。Salahuddin等(2016)发现信息和通信技术支出会刺激区域电力消费,进而刺激区域经济增长。丁志帆等(2020)指出信息消费增长与信息消费平等均具有显著的福利效应,信息消费既可以转化为数字红利,也可能转化为数字鸿沟,成为收入不平等和财富不平等的新来源。

总体而言,现有研究存在两个方面的不足:一是更多地综合考虑了信息化发展对区域创新效率的影响,忽视了需求侧对区域创新效率的作用机制。二是更多地强调了信息消费的内涵和意义,部分关注了信息消费对产业结构升级的影响,但未能从机理和实证上明确信息消费的创新效应。因而,重新审视信息消费与区域创新效率之间的关系,找到不同区域之间的差异性,对于用好刺激内需手段、落实创新驱动发展战略方向具有重要现实意义。

(二)信息消费与区域创新效率

区域创新效率是区域内创新投入要素与最终创新产出之间的转换效率。在全国创新发展的大背景下,创新效率差异已成为反映区域竞争力差异的重要表征和核心因素。

信息消费对区域创新效率的影响主要体现在三个方面:一是发挥了直接的需求刺激作用。外生的需求刺激会影响企业在研发创新方面的投入和生产要素积累。信息消费对消费增长产生了广泛的波及效应,改变了本地的需求规模和需求结构,诱发市场扩张效应,激励企业更多投入新兴产业,带动创新效率的提升。二是改变了区域内要素流动。一个区域的信息消费水平越高,区域创新系统中的信息搜索、传递、加工和攫取成本越低。对于企业而言,可以有更好的条件进行创新搜索,推动创新资源的优化配置。通过将分散的创新资源进行整合、协同创新,将大大提高区域创新的活力。三是赋予了消费者参与共同创新的渠道。随着消费者、企业、政府、服务中介的在线化,生产资料、数据资源的共享化以及开放性创新生态的构建,越来越多的消费者能够与创业者、企业一起参与到区域创新中。特别是前沿用户、领先用户有了更多参与创新、表达诉求的机会,能够在应用场景定制、产品功能设计、数字内容提供等方面发挥作用,实现价值共创。

然而,信息消费存在一个合理边界。一是过大的信息消费将导致竞争弱化效应。面对旺盛的本地需求,新进入企业不断增加,企业研发创新的风险增加,在位企业出于利润最大化的目的会降低对于R&D的投入。二是信息的过载效应。信息消费在增强人们的信息权力的同时,由于信息过载和相对信息匮乏,也增加了人们进行信息选择和信息判断的难度。在此背景下,企业开展创新搜索的效率也会出现下降。三是市场规模扩大之后,信息消费者的范围不断扩大,从最初的前沿用户、领先用户拓展到了大众用户。在创新研发中,前沿用户、领先用户能够丰富新产品研发思路、改进产品缺陷和不足,从而使产品更贴近市场需求。而大众用户的参与更多是给予企业消费行为的数据,创新层面参与度下降,同时企业除了具有链接能力外,还要形成大数据应用能力以有效利用消费者生成的数据,众创模式的运营难度加大。因此,本文认为,信息消费对区域创新效率的影响呈现为倒U型关系,即存在一个临界值。当信息消费低于此临界值时,信息消费增加会提升区域创新效率,大于此临界值时,信息消费增长会导致区域创新效率降低。

基于上述分析,本文提出假设1:信息消费规模与区域创新效率存在倒U型关系,相对于适度的信息消费,过低或过高程度的信息消费都会负向影响区域创新效率。

(三)信息产业水平的调节作用

信息生产与信息消费的匹配是影响区域创新发展的重要因素。信息消费对区域创新效率的影响,与本地信息产业水平紧密相关。对于信息产业水平较低的地区,信息消费在拐点之前的扩张效应和拐点之后的竞争弱化效应都更为明显。因为本地信息产业水平低,相应企业数量少、竞争力薄弱,在参与外部市场的竞争中并不具有优势,而本地的需求发挥了很好的启动效应。随着信息消费扩大,市场竞争弱化效应凸显,对于原本远离技术前沿的企业而言,创新意愿进一步下降。对于信息产业水平高的地区,信息消费在拐点之前的扩张效应和拐点之后的竞争弱化效应都更为平缓。因为本地信息产业水平高,相应企业数量多、竞争力强,在参与外部市场竞争中本身就具有优势。初期本地信息消费的累积具有一定的积极作用,但相比信息产业水平较低的地区创新激励有限。随着信息消费不断扩大,处于技术前沿的企业由于市场竞争力较强,总体的创新激励更大,有能力吸收信息消费扩大带来的竞争弱化效应。Paunov等(2016)的实证研究发现,效率较高、吸收能力较强的企业更容易从信息化中获取创新收益。因此,本文认为,本地信息产业水平对信息消费与区域创新效率的关联机制存在调节作用。

基于上述分析,本文提出假设2:与信息产业低水平发展地区相比,信息产业发达地区的信息消费对区域创新效率正向影响较少,但超越拐点后,信息消费对区域创新效率负向影响会削弱,倒U型关系更趋平缓。

二、计量模型设定与变量选取

(一)计量模型设定

本文将信息消费纳入区域创新效率提升的分析框架,构建的曲线回归模型如下:

$$INNO_{it} = \beta_0 + \beta_1 DC_{it} + \beta_2 DC_{it}^2 + \sum_j \beta_n X_{ijt} + \lambda_i + \varepsilon_{it} \tag{1}$$

在式(1)中,$INNO_{it}$表示i省份在t时期的区域创新效率,DC_{it}代表i省份在t时期的信息消费水平,X_{ijt}表示系列控制变量。λ_i表示个体因素,ε_{it}为随机扰动项。β_0表示模型截距项,β_i为各解释变量的估计系数。

式(1)反映了信息消费对区域创新效率的直接影响机制。为进一步探索信息消费对区域创新效率的潜在影响机制,本文对式(1)进行了拓展,构建的曲线回归调节模型如下:

$$INNO_{it} = \beta_0 + \beta_1 DC_{it} + \beta_2 DC^2{}_{it} + \beta_3 DC_{it} \times DI_{it} + \beta_4 DC^2{}_{it} \times DI_{it} + \beta_5 DI_{it} + \sum_j \beta_n X_{ijt} + \lambda_i + \varepsilon_{it} \tag{2}$$

在式(2)中,DI_{it}代表i省份在t时期的信息产业水平。

(二)变量定义与测度

1. 被解释变量

区域创新效率(INNO)。从创新投入和产出的角度采用随机前沿方法对区域创新效率进行测算。在创新投入方面,资本和人力被视为创新投入的基本要素。在资本投入上,已有文献一般采用R&D流量指标和R&D存量指标进行衡量。考虑到R&D存量指标在折旧率选取上的主观性会导致省际R&D资本存量估算结果的差异,进而影响研究结果的可靠性,本文选取R&D经费内部支出额作为资本投入指标。在人力投入上,为了更好地反映区域创新系统中研发人员的实际劳动投入水平,本文选取研发人员全时当量指标进行衡量。在创新产出方面,本文选取专利申请授权量来衡量创新产出。对于随机前沿方法模型形式的选取,本文采用广义似然率技术检验柯布—道格拉斯生产函数模型和超越对数型随机前沿模型在测算创新效率上的适宜性。结果显示,超越对数型随机前沿模型更适合测算区域创新效率。

2. 解释变量

信息消费(DC)。已有信息消费研究普遍采用最终需求法测量信息消费总量,即对居民消费支出项目中的医疗保健、交通通信、娱乐文化消费额加总以计算信息消费总量。本文借鉴中国信息通信研究院的信息消费发展指数的指标体系和中国电子信息产业发展研究院的信息化和工业化融合发展水平评估的指标体系,选择了两个层面的内容测量信息消费总量:一是与互联网渗透率相关的,主要以互联网宽带接入用户数、移动电话普及率进行测度。二是与电子商务消费相关的,主要以各省份快递业务总量进行测度。两个层面内容涉及的3个指标,分别来自《中国信息化与工业化融合发展水平评估报告》和《中国统计年鉴》。借鉴樊纲等(2003)对市场化指数的构造方法,采用“主成分分析法”综合这3个指标,测度各省份信息消费水平的相对程度。

3. 调节变量

信息产业水平(DI)。对于信息产业水平的测度,本文借鉴中国工业和信息化部的信息化与工业化融合发展水平评估指标体系和中国信息通信研究院的数字经济规模的测算框架,着重选择了各省份电子信息制造业主营业务收入和软件业务收入进行衡量。借鉴樊纲等(2003)对市场化指数的构造方法,采用“主成分分析法”综合这两个指标,测度各省份信息产业水平的相对程度。

4. 控制变量

为了更精准地分析信息消费对区域创新效率的影响,本文控制了以下变量:①互联网基础设施水平(INF)。采用各省份长途光缆线路长度(INF1)、域名数(INF2)、网页数(INF3)进行测度。②社会消费水平(COP)。采用各省份社会消费品零售总额进行测度。

(三)样本与数据来源

由于工业和信息化部公开披露的工业化和信息化指标和数据自2012年起更为全面,本文选择了2012—2019年中国省域面板数据进行研究。由于香港、澳门、台湾和西藏自治区的数据存在明显缺失,本文将其做了剔除处理,选取了30个省份作为研究样本。本文使用的区域创新投入与产出数据以及信息消费和信息产业细分指标数据主要来自《中国统计年鉴》《中国科技统计年鉴》《中国电子信息产业统计年鉴》《中国信息化与工业化融合发展水平评估报告》以及国家统计局官网。控制变量的数据来自《中国互联网络发展状况统计报告》以及上述的统计年鉴与报告。

(四)描述统计与样本分析

本文采用Stata14.0统计软件进行分析。表1报告了各变量的描述性统计分析结果和相关性系数。为了进一步检验多重共线性,本文计算了各解释变量、调节变量和控制变量的VIF值,发现在回归方程中,最大的VIF值为5.75,小于VIF值10的标准。因此,本文分析结果不存在明显的多重共线性问题。

表1 各变量的描述性统计分析结果和相关性系数

变量	均值	标准差	*INNO*	*DC*	*DI*	*INF1*	*INF2*	*INF3*	*Cop*
INNO	0.572	0.177	1						
DC	6.339	10.979	0.422**	1					
DI	3.467	5.399	0.345**	0.664**	1				
INF1	3.121	1.759	0.056	0.101	-0.003	1			
INF2	98.485	144.608	0.348**	0.585**	0.675**	-0.004	1		
INF3	729468.708	1584685.222	0.182**	0.503**	0.696**	-0.216**	0.638**	1	
Cop	10445.589	8481.507	0.416**	0.735**	0.787**	0.266**	0.613**	0.377**	1

注:N=240,***、**、*分别表示1%、5%和10%的显著水平。

三、回归分析结果

(一)信息消费对区域创新效率的影响

本文对信息消费(DC)与区域创新效率(INNO)进行回归分析。分析结果如表2中的模型(1)和模型(2)所示。

表2 信息消费、信息产业水平影响区域创新效率的模型结果

变量	模型(1)	模型(2)	模型(3)
DC		0.620*** (3.96)	1.854*** (8.45)
DC^2		-0.456*** (-4.53)	-1.676*** (-7.41)
DC×DI			-1.550*** (-6.09)
$DC^2 \times DI$			1.589*** (7.47)
DI			0.363** (2.13)
INF1	0.246** (2.8)	0.231** (2.71)	0.191** (2.45)
INF2	0.131** (2.54)	0.101** (1.99)	-0.002 (-0.04)
INF3	0.089 (1.20)	0.0489 (0.65)	0.065 (0.73)
Cop	0.551** (6.58)	0.314** (2.53)	0.047 (0.36)
Cons	7.54e-08 (0.00)	-1.69e-07 (0.00)	-6.50e-07 (0.00)
R^2	0.432	0.475	0.589
Wald chi2	150.11	184.11	290.47

注:N=240,括号内为t值,***、**、*分别表示1%、5%和10%的显著水平。

本文借鉴Lind等(2010)提出的检验倒U型曲线关系方法检验假设1。在检验倒U型曲线关系时,首先要求DC^2系数β_2显著为负。在模型(2)中,DC^2与INNO的回归系数β_2为-0.456,且在1%的水平下显著。其次,要求曲线的两个端点斜率要显著陡峭,即在DC取最小值的情况下,曲线斜率须为正,而当DC取最大值的情况下,曲线斜率须为负。本文关注信息消费对区域创新效率的影响。因此,模型(2)可简化为:

$$INNO = \beta 0 + \beta 1DC + \beta 2DC^2 \quad (3)$$

根据表2中模型(2)的回归结果,对自变量DC求一阶倒数得出在DC取最小值情况下,曲线斜率为1.12,在DC取最大值情况下,曲线斜率为-6.13。再次,要求拐点取值必须位于DC的取值范围之内。根据斜率测算公式,模型(2)中的拐点取值为0.67,位于DC的取值范围之内(DC_{min}=-0.54,DC_{max}=7.34)。综上,信息消费对区域创新效率的影响满足倒U型曲线关系,假设1得到了验证,即区域创新效率会随着信息消费水平先提高再降低。

这表明,信息消费发挥了直接的需求刺激作用,有助于改变区域内要素流动,同时赋予了消费者参与共同创新的渠道,从而促进区域创新效率提升,产生"创新激发"效应。但研究结果显示,当信息消费水平超过一定限度之后,市场竞争弱化效应、信息的过载效应加剧,同时大众用户创新参与度相对下降,对区域创新产生"创新抑制"效应。在现实中可以观察到,大量的要素资源会涌入商业模式创新领域,而区域的技术创新则难以得到要素资源的有力支撑。即当信息消费水平适度时,呈现出积极作用;当信息消费水平过低或过高时,均不利于提高区域创新效率。

(二)信息产业水平的调节效应

模型(3)在模型(2)的基础上加入了信息产业水平(DI)与信息消费(DC)以及信息消费平方(DC^2)的交互项。与模型(2)相比,模型(3)的R^2值有明显提升,说明模型的解释力增强。从交互项系数上看,DI与DC的交互项系数为-1.55,且在0.1%的水平下显著;DI与DC^2的交互项系数1.589,且在1%的水平下显著。这说明信息产业水平对信息消费与区域创新效率的关系具有显著的调节效应,假设2得到了验证,即信息产业水平能够对信息消费与区域创新效率的倒U型曲线关系产生调节效应。

Haans等(2016)认为,有调节效应的U型关系研究还需要从曲线形态(平缓或陡峭)以及拐点移动方位(向左或向右移动)上做深入分析,以进一步解释调节效应。本文下面分析调节变量信息产业水平(DI)对曲线形态与拐点的影响。

(1)信息产业水平(DI)对曲线形态的影响。模型(3)是关于自变量DC的二次函数,二次函数顶点的曲率K决定了曲线形态。在倒U型曲线关系中,K应小于0,且K越小则曲线越陡峭;反之,若K越大越接近于0则曲线越平缓。本文关注DI对DC与INNO关系的调节效应,模型(3)可以简化为:

$$INNO = \beta_0 + \beta_1 DC + \beta_2 DC^2 + \beta_3 DC \times DI + \beta_4 DC^2 \times DI + \beta_5 DI \quad (4)$$

对式(4)求二阶导数可以得出顶点曲率K为:

$$K = INNO'' = 2\beta_2 + 2\beta_4 DI \quad (5)$$

K对DI求偏导数可得DI对曲线形态的影响为:

$$\frac{\partial K}{\partial \mathrm{DI}} = 2\beta_4 \tag{6}$$

表2显示,模型(3)中β_4为1.589,且在1%的水平下显著,这表明随着信息产业水平提高,信息消费与区域创新效率的倒U型关系会变得更平缓,即与低信息产业水平相比,高信息产业水平强化了低信息消费对区域创新效率的正向影响,缓和了高信息消费对区域创新效率的负向影响。

(2)信息产业水平(DI)对曲线拐点的影响。曲线拐点取值为式(4)一阶导数等于0时的DC的取值。因此,曲线拐点取值可表达为:

$$DCtp = -\frac{\beta_1 + \beta_3 DI}{2\beta_2 + 2\beta_4 DI} \tag{7}$$

DC_{tp}对DI求偏导数可得DI对曲线拐点的影响为:

$$\frac{\partial \mathrm{DCtp}}{\partial \mathrm{DI}} = \frac{\beta_1\beta_4 - \beta_2\beta_3}{2(\beta_2 + \beta_4 DI)^2} \tag{8}$$

表2显示,模型(3)中($\beta_1\beta_4-\beta_2\beta_3$)的值为正,这表明DI越大,倒U型曲线关系的拐点会向右移动。为进一步探讨不同信息产业水平所具有的不同程度的调节作用,本文借鉴Aiken等(1991)的建议,绘制出高信息产业水平和低信息产业水平这两种情形对信息消费和区域创新效率的调节效应图(如图1所示)。本文通过对信息产业水平调节效应的检验,揭示了信息产业水平对信息消费与区域创新效率的调节作用,证明了不同信息产业水平下信息消费与区域创新效率的倒U型关系具有显著差异。

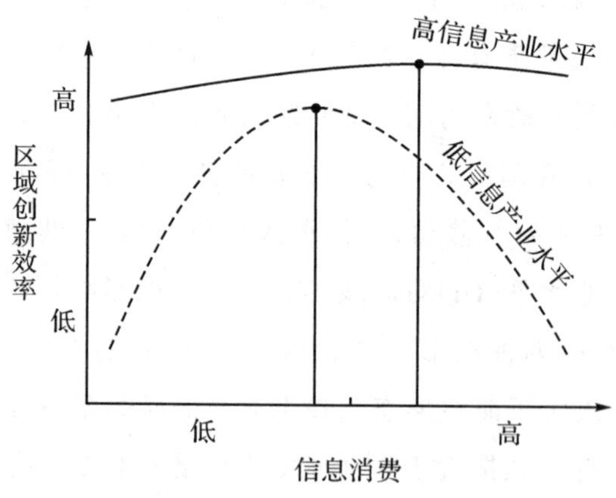

图1　信息产业水平的调节作用

(三)稳健性检验

为进一步增强研究结论的可靠性,本文进行了以下几种稳健性检验。首先,剔除可能的异常值重新估计。在剔除了信息消费、信息产业水平和区域创新效率最大值和最小值样本的基础上,对面板数据进行了重新估计,以尽可能地消除异常值和非随机性给计量结果带来的不利影响。其次,分别采用快递总量、电子信息制造业主营业务收入作为信息消费和信息产业水平的替代指标进行稳健性估计。再次,选取区域专利申请授权量代替创新效率对模型进行重新估计。稳健性检验结果显示,核心解释变量信息消费和控制变量的系数结果均保持了较好的一致性,说明本文得出的主要结论具有较好的稳健性,进一步验证了研究假设。

四、结论与政策建议

作为一种新型消费形态,信息消费对促进区域创新、提高经济发展质量具有重要作用。本文利用2012—2019年中国省域面板数据考察信息消费对区域创新效率的影响,并从需求和供给匹配角度导入本地信息产业水平作为调节变量,得出以下研究结论:(1)信息消费对区域创新效率的影响呈现为倒U型关系,即存在一个临界值,当信息消费低于此临界值时,信息消费的增加会提升区域创新效率,大于此临界值时,信息消费增长会导致区域创新效率的降低。只有适度的信息消费水平才能有效促进区域创新效率提升。(2)信息产业水平对区域创新效率存在正向影响,信息产业水平越高的地区,区域创新效率越高。(3)本地信息产业水平对信息消费与区域创新效率的关联存在调节作用,缓和了两者之间的倒U型关系。与低信息产业水平区域相比,信息产业发达地区的信息消费对区域创新效率正向影响较少,但超越拐点后,信息消费对区域创新效率负向影响会削弱,倒U型关系更趋平缓。

基于本文结论,提出以下政策启示。(1)把握信息消费的非线性作用,做好相关政策的阶段性适配。在启动阶段,应充分释放信息消费的“创新激发”效应,通过丰富信息产品、服务内容,提高信息消费的普及率,发挥出信息消费对区域创新效率提升的积极影响。伴随着信息消费的扩大,控制信息消费的负面影响成为政策作用重点。在这个过程中,应着重把握三方面:一是着力减缓信息需求扩大带来的竞争弱化效应,运用市场化机制激励企业加大创新投入,减少商业模式主导下的低水平重复、模仿式创新。二是要加快科技创新领域的信息消费,帮助市场主体、科技创新从业者更好利用信息手段获取各类创新要素,强化其对创新资源的整合能力。三是让消费者有更多条件参与技术创新,包括鼓励更多企业通过构建知识技术服务众包平台、生产资料共享平台以及面向全社会的创客服务,扩大消费者在产品设计、应用场景定制、内容提供等方面的协同参与。(2)把握好信息产业的双重效应,夯实区域创新效率提升的产业基础。一是发挥出信息产业的直接效应,通过技术创新、技术占优提升信息产业的发展质量、发展能级,进而形成对现有创新体系中其他产业及产业主体的引领带动作用。特别是在具体产业中,可瞄准网络通信、集成电路、关键软件、大数据、人工智能等战略性前瞻性领域,系统布局具重大科技项目,加强关键技术攻关。二是发挥出信息产业的调节效应,强化信息产业和信息消费的适配性。通过推进信息技术创新与信息消费应用场景、商业模式的融合创新,形成以信息技术发展激发消费活力、以信息消费应用带动技术进步的良性循环。(3)把握地区间差异,构建区域间创新协作新机制。一是鼓励各地区走出“小而全”的自我小循环,通过综合比较优势、本地信息消费水平、信息产业发展能级等因素,在经济大循环中找准自身功能定位。二是以市场的高效畅通为牵引,以关键信息技术创新突破、信息产业能级提升以及供需匹配良性互动为目标推进跨地区协作、发挥出先发地区的信息产业优势,增强后发地区信息消费激励的产业效益,加快构建起创新协同、错位互补、供需联动的健康发展生态。

以数字经济引领现代产业体系建设的浙江经验和启示

周　凌[①]

全面提升产业发展层次和水平,加快构建形成现代产业体系,是忠实践行"八八战略",奋力打造"重要窗口"的核心任务。自从党的十八大以来,在高水平建设数字浙江,深入实施数字经济一号工程的大背景下,浙江省以习近平总书记关于数字经济重要论述为根本遵循,把握数字化发展新机遇、拓展经济发展新空间,推动全省数字经济发展取得显著成就、为经济社会健康发展提供了强大动力。本文重点总结浙江省在实施数字经济"一号工程"发展方面取得的成就及经验,面向现代化先行省总体要求,探寻浙江数字经济发展相应优化路径。

一、以数字经济为引领构建现代产业体系的理论逻辑

(一)"八八战略"指引下现代产业体系建设要义

"八八战略"提出,"进一步发挥浙江的块状特色产业优势,加快先进制造业基地建设,走新型工业化道路。坚持以信息化带动工业化,推进"数字浙江"建设,用高新技术和先进适用技术改造提升传统优势产业,大力发展高新技术产业,适度发展沿海临港重化工业,努力培育发展装备制造业,全面提升浙江产业发展的层次和水平",明确了浙江省构建现代产业体系的四大要点:一是以信息技术为核心的先进技术驱动;二是新旧融合,用先进技术改造提升传统产业;三是先进制造业的培育壮大,做强实体经济;四是块状经济优势发挥,全域参与、全面提升。

① 作者简介:周凌,浙江省委党校工商管理教研部讲师。

(二)数字经济运行机制及对现代化产业体系建设的支撑

数字经济是指以数据资源为关键生产要素,以现代信息网络为主要载体,以信息通信技术融合应用、全要素数字化转型为重要推动力,促进效率提升和经济结构优化的新经济形态。发展数字经济对现代化产业体系建设的支撑作用体现在三方面。

1. 数字经济的高技术性和高融合性打造产业基础能力高级

首先数字经济拥有诸如高创新性、高技术性、高安全性、高增长性、高融合性等技术—经济特性,发展数字经济必然要求夯实强大的数字经济技术基础。2021年10月18日,在十九届中央政治局第三十四次集体学习时,习近平总书记明确了加快建设以5G网络、全国一体化数据中心体系、国家产业互联网等为抓手的高速泛在、天地一体、云网融合、智能敏捷、绿色低碳、安全可控的智能化综合性数字信息基础设施,打通经济社会发展的信息"大动脉"。当前我国正处于优化基础设施布局、结构、功能和发展模式,构建现代化基础设施体系的阶段,涉及交通、能源、水利等网络型基础设施,信息、科技、物流等产业升级基础设施,城市、农业农村基础设施以及国家安全基础设施建设。其次,推进数字核心技术的创新突破也是数字经济持续突破的必由之路。数字技术作为全球研发投入最集中、创新最前沿、最频繁、应用最广泛、辐射带动作用最大的技术创新领域,已然成为经济创新发展的"主阵地"和关键引擎。数字经济的建设离不开大数据、云计算、人工智能、区块链等核心技术的支撑。在软件基本开源的背景下,关键硬件技术更是成为数字经济的制胜关键。然而,目前我国在核心芯片、智能传感器等关键硬件技术上,仍然面临受制于人的局面。对于这些"买不来"的关键硬件技术,亟需集中力量加大研发,经由国产化突围路径,实现高水平自主可控,掌握数字经济自主权。因此,数字经济的高速发展必然带来我国关键核心技术的快速突破。

2. 数字经济的高渗透性和广覆盖性推动产业链现代化

数字经济因其高创新性、高渗透性、广覆盖性,不仅形成了众多新兴产业,形成新的经济增长点,在与传统产业的融合中,对后者进行了持续的现代化改造。数字经济以"虚"促"实",推动实体经济朝着数字化、智慧化、网络化、可视化的方向发展。一是数字化开拓实体经济发展新空间。产业数字化重塑产业分工协作新格局,产业间技术渗透融合,平台化产业新生态迅速崛起,新模式、新业态方兴未艾,成为产业转型升级的重要方向和经济增长新蓝海。二是智慧化提高生产和服务效率。数字技术可以解决实体经济中生产、经营、流通、服务等对接问题。数字化资源配置不断扩展,带来全社会、全产业、全要素资源配置效率的提高和价值创造模式的改进,有效提高生产和服务效率。三是网络化对接需求供给。平台化成为产业主导模式,为经济生产经营、供应链管理提供数据支撑,以极低的成本分析客户需求,对接供需,助力企业精准营销,为用户提供个性化服务。四是可视化解决融资难题。企业数字化转型打通订单、制造、入库、结算等环节,可视化帮助企业更好获得金融机构服务。

3. 数字经济的实时性和泛在性促进产业结构优化

数字经济时代,市场的参与者可以通过大数据分析和人工智能等手段,依靠实时、泛在的互联网数字技术,快速高效地了解到市场的变化,从而根据需求关系在生产端进行精准对接。在总体层面,通过推动各个产业链上下游配套企业进行云端迁移,在实现连接的基础上,搭建动态全产业链数据采集和分析体系。这有助于推动产业协调发展和经济结构优化,推动国民经济向集约化、数字化、网络化、智能化和服务化的方向发展。通过数字化资源配置不断扩展,带来全社会、全产业、全要素资源配置效率的提高和价值创造模式的改进,有效提高生产和服务效率。在个体层面,数字技术可以解决实体经济中生产、经营、流通、服务等对接问题。在数字经济时代,数字经济时代,需求者对于产品的需求更具个性化和多样化,通过构建对数据的实时感知、采集、存储、传输、分析、处理和应用能力,这种类似神经网络一样的广泛连接能够让生产者更加快速、精准地了解到需求端的变化,优化产品设计和资源配置,生产者将抛弃单向设计、规模化生产等刚性思维,转向柔性化制造和精细化服务,生产与消费进行直接对话,将大大优化产业结构,让供给和需求更为精准地进行匹配。产业与服务的提级扩面、消费方式的便利化、营销方式的突破以及供需的跨时空精准匹配等因素正成为激发内需、畅通国内大循环的重要力量。

二、数字经济"一号工程"的提出及实施成效

2017年浙江省委提出实施数字经济"一号工程",先后制定并实施了《数字经济五年倍增计划》《关于深入实施数字经济"一号工程"若干意见》《浙江省国家数字经济创新发展试验区建设工作方案》,通过近五年的实施,成效明显,形成以下标志性成果。

(1)5G网络、数据中心等加速布局,数字基础设施能级全面提升。浙江省通过加快推进5G建设和应用,累计建成启用5G基站10.5万个,5G手机用户数2121.48万,实现县城以上区域覆盖、重点乡镇和25%行政村覆盖。深化"5G+工业互联网""5G+医疗健康"等重点领域融合应用,开展5G创新应用项目842个,98个项目入选工信部"5G+医疗健康"应用试点项目,入选数量位居全国第二。同时,国家(杭州)新型互联网交换中心建设推进迅速,累计接入企业81家,签约80家,舟山国际互联网数据专用通道投入正式运行,杭州、宁波获评全国首批千兆城市。在此基础上浙江省制定《数据中心能效提升行动计划(2021—2025年)》,全面推动数据中心集约化、规模化、绿色化提升,积极争取国家一体化大数据中心协同创新试点示范。

(2)数字产业规模占比显著提升,实现从应用驱动型向技术驱动、数据驱动型升级。据中国信息通信研究院的研究报告显示,浙江省数字经济增加值从2014年的10940亿元增长至2020年的30218亿元,年均增长18.5%,占国内生产总值(GDP)比重从27.25%提升至46.8%,年均提高3.25个百分点,总量规模位居全国第4位;2020年数字经济核心产业增加值7020亿元,是2014年的2.46倍,占GDP的比重从7.1%提升至10.9%。电子信息制造业、软件产业规模稳居全国第三位、第四位;在电子商务、数字安防、大数据、人工智能等领域形成独特的发展优势,培育千亿企业1家、超百亿企业23家。数字产业的快速发展已经成为推动全省经济高质量发展的新动能。

(3)"产业大脑+未来工厂"赋能实体经济转型,"制造+服务"新业态新模式加速衍生。浙江省全力构建新智造体系,提升制造业智能化水平。深化新一代信息技术与制造业融合发展,聚焦"415"先进制造业集群和标志性产业链,组织实施规上工业数字化改造行动,截至2021年底,新增应用工业机器人2.3万台,累计达13.4万台。深化产业集群(区域)新智造试点,累计建成智能工厂(数字化车间)423家、未来工厂32家,企业生产效率提高47.8%、能源利用率提高16.3%、运营成本降低20.4%。"1+N"工业互联网平台体系,培育省级工业互联网平台285个,开发集成工业APP超6万款。推广"上云用数赋智"集成应用,45万家企业深度上云用云。发展"制造+服务"新业态新模式,全国首个服务型制造研究院正式启用,新增国家级服务型制造示范项目16个、示范城市2个,均居全国第一。

(4)企业码开启数字化服务中小企业新模式,市场主体活力全面激发。浙江省深化企业码应用,领码市场主体267.9万家,访问量超过2.6亿次,兑现政策资金275亿元,"码"上解决企业诉求17.8万件。创建国家小型微型企业创业创新示范基地9个、中小企业公共服务示范平台22个,"创客中国"中小企业创新创业大赛全国总决赛获奖项目和等次均居第一。出台《关于进一步深化企业减负担降成本改革的若干意见》,在全国首创"一指减负"数字化改革场景应用,实现"一指查询、一指评估、一指办理、一体推进、一指评价",让企业知道"减什么""减多少""怎么减",为企业减负2793亿元,惠及企业5997万家次,浙里办企业码"一指减负"应用累计访问量457万次,企业五星好评率99.98%。通过企业码,构建了良好的政商关系,为中小企业减负,打造良好的营商环境,激发市场活力创造了强有力的技术支撑。

(5)产业基础再造工程深入实施,"链长+链主"协同打造标志性产业链。浙江省实施产业基础再造和产业链提升工程,落实产业链"链长制",实施产业基础再造和产业链提升工程打造标志性产业链,形成了"从断供断链风险排摸→进口替代→产业链协同创新→国际合作→核心技术攻关→分类备份"的工作闭环,建成产业链上下游企业共同体57家。组织实施人工智能、5G、集成电路、软件等产业提升行动,落实"一链一方案"的推进机制,组织实施产业链协同创新项目,推进数字安防、集成电路、网络通信、智能计算等标志性产业链和数字产业集群建设,已拥有6个超千亿级产业集群,杭州数字安防产业集群入选国家先进制造业集群决赛名单。加大环杭州湾集成电路生产基地等重大项目建设,开展"芯机联动"行动,2021年集成电路产业营业收入超1400亿元,同比增长40%以上。实施重大自主软件应用推广等五大工程,软件业务收入8302.9亿元,同比增长18%,规模位居全国第四。杭州市获批建设国家人工智能创新应用先导区,规上人工智能产业制造业增加值增长16.8%。实现云计算及大数据服务收入2774.8亿元,39个项目入选全国大数据产业发展试点示范项目,入选数位居全国前列。

三、数字经济"一号工程"助力现代产业体系建设的经验启示

(1)在数字产业化上,走出了一条以商业模式创新培育领先市场,驱动数字技术突破的特色道路。2014年,浙江省率先提出"发展以互联网为核心的信息经济",将发展信息经济列为八大万亿产业之首予以重点培育,制定出台全国省级层面首个加快发展信息经济的政策文件和专项规划。2018年制定并实施了国家数字经济示范省建设方案和五年倍增计划,提出"三区三中心"(全国数字产业化发展引领区、产业数字化转型示范区、数字经济体制机制创新先导区和具有全球影响力的数字科技创新中心、全球数字贸易中心、新兴金融中心)的总体建设目标和发展定位,全面构建了全省数字经济发展的"四梁八柱"体系。浙江省数字经济新业态新模式日益活跃,跨境电商、直播电商、"云生活"、在线经济、共享经济等新业态新模式领跑全国,为经济增长增添活力。科技部中国科技信息研究所发布《国家创新型城市创新能力评价报告2021》中,杭州创新能力指数78.82,在全国72个创新型城市中位居全国第二,仅次于深圳。同时,浙江省数字经济核心产业加快从应用驱动型向技术驱动、数据驱动型升级,软硬结构更趋优化,核心制造业实现营业收入1.59万亿元,首次超过信息服务业。实施数字技术重大科技攻关项目215项,形成进口替代成果51项,全省数字经济领域有效发明专利89198件,同比增长26.8%;规上电子信息制造业研发费用占营业收入比重4.1%,新产品产值率已连续73个月高于50%。

(2)在产业数字化上,走出了一条以低成本为导向,适应传统产业和中小企业智能化改造的特色道路。浙江是民营经济大省,一直以来浙江的传统产业规模小、技术含量低、转型升级困难,都是制约浙江经济可持续发展的难题。在2003年,习近平同志在加快先进制造业基地建设调研时的讲话就提出以信息化促进工业化,"要积极应用高新技术和先进适用技术,尤其是工业智能、数字化制造、精密制造、绿色制造、虚拟制造和网络制造等先进制造技术加以改造,进一步提高传统产业的附加值和竞争力"。浙江一直

以来秉持这一理念,深化新一代信息技术与制造业融合发展,充分发挥数字技术对经济发展的放大、叠加、倍增作用,赋能产业提质增效。近年来,浙江省制定出台一系列深化新一代信息技术和制造业融合发展推进新智造实施意见,聚焦"415"先进制造业集群和十大标志性产业链,推进数字化改造行动全覆盖。通过加快推广新智造,加快形成以"未来工厂"为引领,以数字化车间、智能工厂为主体的新智造体系。同时优化工业互联网生态,深化"1+N"工业互联网平台体系建设,通过创建国家级升级工业互联网国家示范区建设,培育省级工业互联网平台基本覆盖标志性产业链、重点传统制造业和百亿级产业集群。推广"上云用数赋智"集成应用,培育一批云上企业。大力发展"制造+服务"新业态,创建省级服务型制造示范企业(平台)78家,带动中小企业全面数字化转型。

(3)在创新生态构建上,走出了一条以高能级平台建设为基础,集聚创业创新人才的特色道路。首先,浙江省以杭州为样板,建设"数字经济第一城",聚焦打造国际一流的"互联网+"科创高地的宏伟目标,推动城西科创大走廊打造"面向世界、引领未来、辐射全省"的创新策源地。全力推进之江实验室、阿里达摩院等高能级创新平台建设,之江实验室获批建设智能计算研究院并纳入国家实验室体系,推进新一代工业互联网系统信息安全、多维超级感知等大科学装置建设,着力构建具有全球影响力、全国一流水平和浙江特色的全域创新体系。其次,以高能级创新平台为支撑,浙江省广纳优秀人才,实施"鲲鹏行动"引才工程、"启明计划"、领军型创业创新团队引进培育计划,全省已组织2179名产业人才申报国家"启明计划"人才项目,申报数量居全国各省区市首位,入选数量位居全国前列。再次,浙江省不断完善人才政策和服务体系,鼓励海内外高层次人才带项目、带技术在浙创业创新,形成了以浙大系、阿里系、海归系和浙商系为代表的创业创新"新四军",城市大脑、视频感知平台等入选国家新一代人工智能开放创新平台,11个设区市人才净流入率均为正,创新生态加速完善。

(4)在数字经济治理上,走出了一条以"数字化改革"为牵引,驱动体制机制创新和治理现代化的特色道路。浙江省围绕解决数字经济发展关键问题,加快探索构建数字化生产关系,着力释放促进数字经济生产力,提升数字经济治理体系和治理能力现代化水平。一是深化数字经济系统建设。推进经济治理领域数字化改革,加快推进以"产业大脑+未来工厂"为核心的数字经济系统建设,推进工业、农业、服务业与信息业加快融合,产业大脑工业、农业、服务业、信息业分区建设有序推进。围绕5个"浙企"(浙企智造、浙企畅链、浙企投资、浙企创新、浙企服务)、4个"浙里"(浙里共富、浙里贸易、浙里消费、浙里要素),一批场景应用加快建设,亩均论英雄3.0、工业碳效码、产业链一键通、跨境电商溯源码(数字贸易)等重大应用上线运行并发挥作用。二是加强政府整体智治。加快政府数字化转型,积极推行"领跑者"模式,实现政务服务"一地创新、全省受益"。目前,全省依申请政务服务事项接入政务服务2.0比例达84.2%。"出生""退休""救助"

“失业”“公租房”“社保医保”等6个高频“一件事”2.0已累计办件14.5万件，累计实现“智能秒办”事项111项。三是创新数字化协同治理。坚持规范与安全发展，在数字贸易、数字金融、平台多元共治、新业态劳动用工等方面加强改革创新，形成多项“杭州首创”成果，有力支撑数字自贸区建设。强化互联网+监管，在全国率先出台平台经济监管20条，上线“浙江公平在线”“浙江外卖在线”等全国首创具有浙江辨识度、全国标志性的硬核成果，全面推动平台企业规范发展，着力构建良好的平台经济生态圈。四是推动数据开放和应用创新。积极推进《浙江省数字经济促进条例》宣贯实施，推动《浙江省公共数据条例》《个人信息保护条例》等立法，用法治为数字经济发展护航。推进一体化智能化公共数据平台建设，覆盖省市县三级，汇聚全省数据、共享国家数据，夯实数字化改革数据底座，在2021年“中国开放数林指数”评估中，浙江省总体排名全国第一。

四、未来以数字经济为引领构建现代产业体系的路径优化

面向现代化先行省总体要求以及对标国际、国内先发地区，可以看到浙江数字经济发展存在数字产业竞争力不突出、产业数字化转型不充分、数字经济发展不平衡、规范发展机制不健全等问题。未来五年，围绕“三区三中心”建设定位，以数字产业化、产业数字化、治理数字化、数据价值化、数字普惠化为重点，构建与数字代生产力发展相匹配的生产关系，提升数字经济发展竞争力，引领构建具有国际竞争力的现代产业体系。

（一）建设数字科技高效供给体系培育未来产业

（1）打造高能级数字产业创新平台。以之江、湖畔等重点实验室为抓手加快建设数字科技创新中心建设，为数字技术的攻关突破提供技术支撑；加强浙江高校开展数字科技“双一流”学科和学科群建设，为数字科技提供理论指引和人才支持。谋划建设人工智能、量子传感、工业互联网等重大科学装置及验证平台。推进省级以上产业创新中心、制造业创新中心、技术创新中心、工程研究中心建设。（2）加强数字科技基础研究和关键核心技术攻关。依托“尖峰”“尖兵”“领雁”“领航”等计划，聚焦智能计算、新一代通信与智能网络、新一代智能芯片、量子科技等重大科学问题和人工智能、集成电路、智能计算、区块链等关键核心技术，深入实施基础研究专项和产业关键核心技术攻坚工程，形成一批标志性创新成果。（3）构建创新生态。实施“产学研用金、才政介美云”十联动，推动省级产业创新服务综合体数字化服务全覆盖；做大做强国家级区域大众创业万众创新示范基地，打造一批省级以上孵化器和众创空间。（4）布局未来产业。新一轮科技变革下，先进制造技术集先进性与集成性于一体，交叉融合了机械、信息、电子、材料、计算机等多学科专业的知识和信息，分别于基础制造技术层、新型制造单元技术层与系统

集成技术层催生了大量新的产业门类。应对这些新兴的产业门类,浙江省积极发展量子通信,谋划发展量子精密传感测量、量子计算、量子芯片等产业;攻关类脑计算,加快类脑计算芯片、计算机和机器人产业化;发展柔性传感器、柔性射频电子标签、柔性显示器件、柔性电池等产业,并加快下一代移动通信网络技术和标准研制。

(二)实施传统产业全方位全角度全链条改造

充分利用数字经济高创新性、高渗透性、广覆盖性的特点,对浙江省传统产业提质增效。(1)在制造业领域,加快推进智能制造。以工业互联网为支撑,以数据资源为核心,综合集成产业链、供应链、资金链、创新链,融合企业侧和政府侧,贯通生产端与消费端,构建产业大脑,为中小企业数字化转型、产业生态建设、经济治理提供集成开放赋能平台。(2)以数字化为牵引全面推动传统服务业转型升级。发展跨境电子商务、数字服务贸易、数字商品贸易、数字技术贸易、数据及衍生品贸易,创新数字贸易新业态,打造全球数字贸易中心,占领全球数字贸易新高地;推动区块链、大数据与金融深度融合,争取数字人民币的应用试点,加快金融领域的转型升级;以未来社区建设为契机,推动生活型服务业的数字化转型,通过数字技术与社会服务相结合,实现快速、精准、便捷、品质化、个性化的生活服务,形成以"一图两码三平台"为骨干的数字生活新服务生态体系。(3)迎合新国货浪潮,面向青年网民打造一批"新浙货"。发挥电商优势,立足服装鞋帽、家电家具、箱包、玩具等传统优势产业以及消费升级趋势推动C2M(顾客对工厂)模式,建设直播电商产品产业带,推动浙江造、浙江产"卖全国""卖全球"。

(三)加强数据资源开放共享与创新应用

数字经济时代,数据既是新动力,也是新生产要素。(1)健全数据产权制度体系。厘清数据的类型及全力边界,对不同类型数据能够明确界定范围部分进行严格区分,归属到具体类型,再根据具体数据类型的性质赋予不同的数据权利。综合考虑经济效率和公共属性,以数据安全有序流动为基准,激发数据资源价值为目标,界定数据产权归属。(2)建立数据价值评估体系。根据数据的行业、类别、属性等建立数据教书价值评估体系,为数据开放共享及流通制定、提供基准,从而提高数据要素参与价值的创造效率,为数据要素市场发展营造公平合理的环境。(3)进一步完善制度机制。完善跨机构、跨领域数据共享应用机制,打通部门间数据壁垒,实现数据规范共享和高效应用。建立高效数据开放机制,尽快完成数据图谱,明确不开放数据、有限开放数据和公开开放数据的数据清单。着眼于服务经济社会发展,抓场景应用、推动数据真正按需求共享,推动民政、人社、教育等重点基础领域的数据共享开放。(4)探索数据要素流通体系。应用区块链、数据安全沙盒、隐私计算等技术推动数据所有权和使用权分离,实现数据可用不可见。规范培育市场化数据应用服务主体、公益性数据服务组织和研究机构，发展数据清洗、建模、可视化、信用评价等数据服务，培育数据开发利用产品、产业体系，完善数据创新应用服务生态。

（四）推动区域数字经济协同发展

（1）统筹全省布局，强化体制机制创新协同。立足浙江省及各地区资源禀赋和经济基础，做好数字信息基础设施和经济社会发展规划、国土空间规划、城市控制性详规等规划的衔接，明确不同地区、功能板块的职能和发展方向。探索适应于数字信息基础设施的投资、建设及评估标准，建立和完善跨部门、跨地区、跨行业的协同推进机制，统筹政策保障体系。（2）加快后发地区、农村地区信息基础设施建设。提升网络设施水平、完善信息终端和服务供给，加快传统基础设施数字化转型。统筹发展数字乡村与智慧城市，加强先发与后发、城市与农村之间的信息资源整合共享与利用。针对不同地区、行业、企业发展差异，聚焦重点领域、重点区域和关键环节合力突破。对于技术要求高、投资总量大、产业关联性高的新基建，鼓励采用联合投资方式。（3）推进形成从局部地区先发到全域蓬勃的新态势。鼓励后发地区、农村地区在数字经济新业态新模式中寻找新机遇。比如在农村地区推动互联网与特色农业深度融合，发展创意农业、认养农业、观光农业等新业态，促进游憩休闲、健康养生、创意民宿等新产业发展。探索创新区域合作发展新模式，促进区域、城乡资源要素双向流动。

（五）提高数字经济治理体系和治理能力现代化水平

（1）强化数字治理中数字技术的应用。建立市场化、法治化、数字化的协同创新监管机制，深化信用监管、“互联网+监管”等新模式应用，探索监管沙盒措施。全面推动平台企业规范发展，推动行业自律，利用全国网络交易监测、“浙江公平在线”等平台，建立完善风险监测模型，实施对平台垄断和不正当竞争等行为的智能监测。支持平台企业守正创新，形成既有活力又有秩序的数字经济生态圈。（2）依托数字经济系统提升政企协同能力，激发数据要素价值。强化“产业大脑”建设运营、政企数据交换共享，探索社会数据市场化运营机制，研究数据产品与服务所有权、使用权、收益权，引导市场主体开展数据交易。完善数据创新应用服务生态，规范培育市场化数据应用服务主体、公益性数据服务组织和研究机构，培育数据开发利用产品、产业体系。（3）强化网络安全、数据安全治理体系。构建网络安全指挥、制度、技术、运营、监管五大体系，推动实现业务规划与安全规划同步、业务体系构建与安全体系构建同步、应用技术发展与安全技术发展同步、业务能力提升与安全能力提升同步。建立健全数据安全管理制度，探索建立企业全生命周期 数据的分类分级保护制度，强化数据安全保护。（4）是进一步面向经济制度创新深化改革。在原有数字经济系统的基础上,面向经济制度创新,涉及所有制、分配制、市场经济体制(市场体系、公平竞争制度,市场准入制度、生产许可制度、破产制度等)、科技创新体制、开放型经济体制以及宏观治理体制等系列内容,推进重大场景谋划,形成重大标志性成果。

浙江先进制造业和现代服务业融合发展实证研究

石翼飞　冯利斐[①]

制造业和服务业交叉融合是现代经济发展和产业变革不可避免的趋势和重要特征。近年来,从国家到地方政府,对先进制造业和现代服务业融合发展尤为重视,不断在政策上予以引导促进。2019年,国家15部门联合印发《关于推动先进制造业和现代服务业深度融合发展的实施意见》,意在促进形成两业深度融合发展的企业、平台和示范区;浙江在2020年启动先进制造业和现代服务业深度融合试点创建工作,2021年出台《浙江省推动先进制造业和现代服务业深度融合发展的实施意见》和多个配套文件,为推动制造业企业向附加值高的服务环节延伸、服务业企业向制造领域拓展作出政策引导,从区域、平台、企业入手加速推进两业融合试点工作。在政府大力推动两业深度融合发展的背景下,如何科学有效地测度两业融合发展水平也成为重要的问题。

一、问题的提出和研究综述

近年来,学术界对两业融合水平的测度已有诸多研究成果,测度法上主要有耦合协调度法、灰色关联分析法、专利系数法、投入产出法等,其中投入产出法是使用较多的一种。在利用投入产出法测量融合发展程度方面,胡晓鹏和李庆科(2009)通过投入产出表的动态比较,研究苏浙沪三地生产性服务业与制造业的共生关系,评价三地两业共生状况和差异;贺正楚(2013)等运用投入产出模型研究了中国生产性服务业与战略性新兴产业的关联现状,得出后者对前者融合力较强,前者发展过于依赖后者的投入和需求这一结论;陈钰芬(2017)以浙江省各年投入产出表及延长表为基础,运用投入产出法对浙江省生产性服务业与制造业融合发展水平进行测算并进行了行业异质性分析;米利群(2020)利用投入产出表的直接消耗系数、完全消耗系数计算关联性指标、依存性指标

① 作者简介:石翼飞,中共杭州市委党校余杭区分校副校长、高级讲师;冯利斐,中共杭州市委党校余杭区分校教研科科长、高级讲师。

和融合共生性指标,对河北先进制造业与现代服务业融合水平进行测度;刘佳(2021)等利用京、沪、苏、浙、粤五省市投入产出表以及DEA模型,从产业关联互动、产业协调、产业融合以及产业开放共生四个维度对共生效应进行实证检验并比较了五省市融合程度;何志(2021)等运用文献研究法、投入产出法,建立生产性服务业与制造业的融合度模型,对比分析长三角三省一市两业融合度。总的来看,目前,学者运用投入产出法对两业融合水平进行测度的研究主要集中在总体测度和区域比较层面,对二者细分行业融合水平进行测度的研究较少。本文基于浙江历次投入产出调查数据,对浙江两业总体融合程度和两业细分行业的融合发展水平及变化进行测度和分析。

(一)先进制造业的界定

先进制造业,一般指不断吸收电子信息、材料等高新技术成果以及现代管理技术,并将这些先进成果技术综合应用到产品从研发、制造到相关管理的全过程,实现信息化、自动化、智能化、柔性化、生态化生产,取得高附加值和收益的制造业总称。既包含新兴技术成果产业化后形成的带有引领性的新产业,也包括传统制造业吸纳高新技术提升为先进制造业。

目前在统计分类标准中对"先进制造业"尚未有统一的确切界定。国家统计局为指导"三新"经济统计制定的《新产业新业态新商业模式统计分类(2018)》将"先进制造业"作为"三新"经济的一个大类,包括新一代信息技术设备制造、高端装备制造、先进钢铁材料制造、先进有色金属材料制造、先进石化化工新材料制造、先进无机非金属材料制造、高性能纤维及制品和复合材料制造、前沿新材料制造、生物产品制造、生物质燃料制造、生物制造相关设备制造、新能源汽车及相关设备制造、新能源设备制造、节能环保设备和产品制造等14个中类,对应《国民经济行业分类(2017)》化工、橡塑制品、非金属矿物、有色金属、金属制品、通用设备、专用设备、铁路船舶航空航天和其他运输设备、电气机械、计算机通信电子、仪器仪表等11个中类的128个小类,但其中大部分涉及的小类仅部分活动属于该"三新"分类中的"先进制造业"范围,每个小类有多少比例可统计到先进制造业内则因地而异。广东省统计部门和经信部门联合制定了本省先进制造业统计口径,分为高端电子信息制造、先进装备制造、石油化工、先进轻纺制造、新材料制造、生物医药及高性能医疗器械6大产业23个细分行业,对应《国民经济行业分类(2017)》各小类并设定相应的折算系数。

《浙江省全球先进制造业基地建设"十四五"规划》中,谋划的重点发展产业是新兴产业,包括新一代信息技术产业、新材料、高端装备、节能环保与新能源;还有要巩固发展的优势产业,包括汽车、绿色石化、现代纺织、智能家居;以及谋划布局的未来产业,包括基因操作、合成生物技术,再生医学等领域,相关产业内容涉及绝大部分制造业行业大类。浙江省级先进制造业和现代服务业融合发展试点制造业企业中,除了装备、高新企业,也有一些食品制造和纺织服装服饰业企业。综合考虑以上统计标准、有关文件和投入产出法分析需要,本文将装备制造业归入先进制造业范围,并借鉴广东省先进制造业统计口径,加入折算系数高且涉及小类个数多的制造业大类,比如化学原料和化学品制造业,总计对应投入产出表8个部门。

(二)现代服务业的界定

"现代服务业"一词最早出现在1997年党的十五大报告上,在概括社会主义初级阶段产业结构转换特征时有相关表述:是由农业人口占很大比重、主要依靠手工劳动的农业国,逐步转变为非农业人口占多数、包含现代农业和现代服务业的工业化国家的历史阶段。在经济社会活动现实中,现代服务业的发展来源于社会进步、经济发展、社会分工专业化等需求,是依托新兴技术拓展新的服务领域,形成新的服务方式、运营模式和组织形式,具有高技术含量、高知识密度或高附加值的服务业。多年来,学界对现代服务业的外延界定仍有多种观点,但对于将现代生产性服务业和经信息技术改造升级的传统生产服务业都归入现代服务业有着共通认同。

在统计标准上,国家统计局为生产性服务业制定有《生产性服务业统计分类(2019)》,分10个大类,35个中类,171个小类,对应《国民经济行业分类(2017)》的32个大类。在相关文件上,浙江的《浙江省现代服务业发展"十四五"规划》提出构建"556"现代服务业新体系,将国际贸易、现代物流业、软件和信息科技服务业、现代金融产业,商务、人力资源、创意设计、节能环保、检验检测服务,以及包含文旅健康教育等内容的品质化生活服务业作为重点打造培育的产业领域。

根据以上对统计标准、有关文件的梳理和投入产出法分析需要,本文将研究的现代服务业界定到以下6个部门:批发零售业;交通运输、仓储和邮政业;信息传输、软件和信息技术服务业;金融业;租赁和商务服务业;科学研究和技术服务业。

二、浙江两业融合发展水平测度

根据浙江2002、2007、2012、2017年42部门投入产出基本流量表,选出本文界定的先进制造业和现代服务业研究范围分别包括的行业,计算两业总体以及各细分部门的中间需求率、中间投入率、影响力系数、感应度系数等衡量产业融合程度的指标,进而分析产业关联互动融合水平。该做法主要借鉴胡晓鹏和李庆科(2009)、米利群(2020)等的研究方法。

（一）两业关联水平测度

先进制造业与现代服务业的关联水平主要由中间需求率和中间投入率来反映。

中间需求率，是指各产业部门对某产业产品的中间需求之和，与整个国民经济对该产业部门产品的总需求之比。计算公式为：

$$h_i = \frac{\sum_{j=1}^{n} x_{ij}}{\sum_{j=1}^{n} x_{ij} + Y_i} \quad (i = 1,2,\cdots,n)$$

Y_i是第i部门的全部最终使用，是第i部门对第$j\sum_{j=1}^{n} x_{ij}$部门的中间投入。中间需求率反映了该部门的产品被各部门用作中间产品，部分占该种产品总需求量的比重。某部门的中间需求率越高，它的最终需求率必然越低，表明该部门越倾向于提供中间产品，该部门生产的产品更趋于原材料的性质。依据中间需求率，可较精确地计算出各产业部门产品用于生产资料和消费资料的比例。

中间投入率，是指某产业部门在一定时期内，生产过程中的中间投入与总投入之比。计算公式为：

$$k_j = \frac{\sum_{i=1}^{n} x_{ij}}{\sum_{i=1}^{n} x_{ij} + N_j} \quad (i = 1,2,\cdots,n)$$

N_j是第j种产品的全部最初投入，$\sum_{i=1}^{n} x_{ij}$是第i部门对第j部门的中间投入。中间投入率反映了该部门为生产单位总产出而需要从其他部门购进的中间产品所占的比重。在总投入一定的前提下，中间投入率与增加值率之和为1，某部门的中间投入率越高，其增加值率就越低，但在生产过程中由于需要从其他部门购进更多的中间产品，因此对其他产业的带动能力则越强。

一般把中间需求率大于0.5的部门定义为中间产品型部门，中间需求率小于0.5的部门定义为最终产品型部门。把中间投入率大于0.5的部门定义为对其他部门具有高带动能力的行业部门，把中间投入率小于0.5的部门定义为对其他部门具有低带动能力的基础行业部门。根据产业经济学理论，按照中间投入率和中间需求率的差异，以高于或低于0.5为标准，把产品部门划分为四个不同的产业群：

表1　产业类型划分表

	中间需求率小(<0.5)	中间需求率大(≥0.5)
中间投入率大(≥0.5)	最终需求型产业	中间产品型产业
中间投入率小(<0.5)	最终需求性基础产业	中间产品型基础产业

表2　浙江各年两业关联系数表

	中间需求率 h_i				中间投入率 k_j			
	2002年	2007年	2012年	2017年	2002年	2007年	2012年	2017年
先进制造业	0.701	0.532	0.644	0.616	0.791	0.782	0.788	0.765
化学产品	1.097	0.972	0.900	0.945	0.801	0.793	0.815	0.782
金属制品	0.900	1.127	0.573	0.738	0.813	0.786	0.769	0.772
通用设备	0.550	0.331	0.482	0.334	0.752	0.779	0.779	0.735
专用设备	0.264	0.272	0.362	0.404	0.781	0.707	0.707	0.707
交通运输设备	0.466	0.197	0.432	0.494	0.787	0.773	0.774	0.759
电气机械和器材	0.395	0.420	0.551	0.348	0.804	0.815	0.806	0.782
通信设备、计算机和其他电子设备	0.720	0.657	0.722	0.662	0.804	0.805	0.773	0.768
仪器仪表	0.449	0.357	0.654	0.536	0.757	0.760	0.750	0.748
现代服务业	0.803	0.736	0.762	0.613	0.394	0.426	0.471	0.484
批发和零售	0.691	0.764	0.624	0.607	0.291	0.287	0.392	0.371
交通运输、仓储和邮政	0.863	0.798	0.846	0.889	0.472	0.557	0.603	0.608
信息传输、软件和信息技术服务	0.701	0.465	0.586	0.250	0.392	0.481	0.477	0.510
金融业	0.874	0.689	0.870	0.843	0.325	0.228	0.319	0.464
租赁和商务服务	1.000	0.801	0.866	0.406	0.554	0.692	0.702	0.526
科学研究和技术服务	0.867	0.888	0.693	0.441	0.594	0.552	0.725	0.507

1. 两业总体关联水平分析

利用四年的投入产出表数据，计算得到本文所界定的先进制造业和现代服务业的中间需求率和中间投入率。

由表2可以看出，浙江先进制造业的中间需求率自2012年以来，保持在0.6左右，属于中间产品型产业，即先进制造业所提供的全部产品或服务中，约有60%多被各部门用于生产。浙江先进制造业的中间投入率稳定在0.77-0.79之间，也即总产出中有77%—79%来源于中间投入，多年来一直保持对其他部门的高带动能力，也说明先进制造业的增加值率一直停留在20%多的水平。

浙江现代服务业的中间需求率从2002年来均在0.6以上,属于中间产品型产业,在2012—2017年期间,总体中间需求率渐与制造业趋近,服务业提供的产品或服务较多用于投入生产过程。中间投入率一直在0.5以下,这种投入率小、需求率高的特点,说明浙江的现代服务业属于中间产品型基础产业。且其中间投入率呈稳步上升的趋势,表明服务业对制造业投入的需求在提高;服务业还处于发展阶段,对其他部门的带动能力在增强。

2. 两业细分部门关联水平分析

从制造业8个细分部门来看,中间投入率都在0.7以上,都是强带动部门。且从2002年以来一直比较稳定,说明8个部门的增加值率没有太多提高。8部门的中间需求率在2002—2017年期间各有不同程度起伏,2017年,5个部门的中间需求率较2002年下降,其中金属制品、通用设备较大幅度下降。绝大部分产品用于再生产的化学工业,其中间需求率一直保持在0.9以上,金属制品部门虽然较2002年有大幅下降,但也还在0.7以上。8个细分部门中半数部门的中间需求率小于0.5,表明浙江现代制造业可以分为高中间投入率、低中间需求率的最终需求型产业和高中间投入率、高中间需求率的中间产品型产业两个类型。这或可佐证浙江制造业正向下游链条延伸、向服务环节拓展。

从服务业6个部门来看,中间需求率两极分化明显。交通运输仓储和邮政,金融业的中间需求率高于0.8,属于典型的中间产品型部门;批发零售部门中间需求率与现代服务业整体持平,在0.6以上,信息传输、软件和信息技术服务则只有0.25。6部门的中间投入率除了批发零售和金融业小于0.5,其余都在0.5之上,可归为中间产品型部门。2017年,6部门中有4部门的中间投入率相较2002年有不同程度提高,与现代服务业总体趋势一致,这些部门对其他产业部门的生产带动作用有所提高。

(二)两业互动水平测度

两业互动水平主要体现在产业间形成正向反馈促进的程度上,本文使用影响力系数、感应度系数来反映。

影响力系数,反映某一产业部门增加一个单位最终产品时,对其他产业产生的影响与平均程度的比较。计算公式为:

$$T_i = \frac{\sum_{i=1}^{n} A_{ij}}{\frac{1}{n}\sum_{j=1}^{n}\sum_{j=1}^{n} A_{ij}} (i, j = 1, 2, \cdots, n)$$

以1为衡量基准,T_i越大,第i部门的发展对其他部门可能产生的带动作用越大。当

T_i>1时，表示第i部门的生产对其他部门所产生的需求拉动程度超过各部门的平均影响水平。

感应度系数，反映当国民经济各个产业部门均增加一个单位最终产品时，第i部门受感应而产生的需求影响程度，即第i部门对各部门生产的供给推动程度。计算公式为：

$$E_i = \frac{\sum_{j=1}^{n}\overline{b_{ij}}}{\frac{1}{n}\sum_{i=1}^{n}\sum_{j=1}^{n}\overline{b_{ij}}}(i,j=1,2,\cdots,n)$$

一般以1为感应度衡量标准值，当E_i>1时，表示第i部门受各部门生产的感应程度高于各部门平均水平，E_i越大，第i部门受到的需求波及越大，对经济的推动作用也越大。

选取2012、2017年的投入产出表计算得出先进制造业和现代服务业14个细分部门的影响力系数和感应度系数（见表3）。

表3　浙江2012、2017年两业细分部门影响力系数和感应力系数表

	影响力系数 T_i		感应度系数 E_i	
	2012年	2017年	2012年	2017年
化学产品	1.273	1.252	1.728	1.823
金属制品	0.809	0.851	0.897	0.973
通用设备	0.997	0.978	1.059	0.847
专用设备	0.953	0.986	0.645	0.746
交通运输设备	1.200	1.358	0.955	1.098
电气机械和器材	1.093	1.123	1.311	0.912
通信设备、计算机和其他电子设备	1.235	1.200	1.329	1.135
仪器仪表	1.212	1.170	0.745	0.752
批发和零售	0.786	0.800	0.841	0.936
交通运输、仓储和邮政	0.933	0.960	1.098	1.410
信息传输、软件和信息技术服务	0.874	0.941	0.696	0.712
金融	0.701	0.814	1.280	1.160
租赁和商务服务	0.943	0.711	0.812	0.902
科学技术服务	0.990	0.857	0.606	0.594

从影响力系数来看,系数大于1的部门都属于制造业,其中交通运输设备、化学产品部门稳定地发挥着对经济发展的拉动作用,金属制品、专业设备、交通运输设备、电气机械和器材部门的系数较2012年有所提高,高影响力也意味着这些制造业部门更有可能增强与服务业部门的互动。相对制造业,服务业部门影响力整体偏弱,表明服务业对制造业的拉动作用不明显。其中,交通运输仓储和邮政、信息传输、软件和信息技术服务部门的影响力系数趋近于1,属于服务业细分部门中对其他行业影响力最大的部门。

从感应度系数来看,化学产品部门遥居首位,作为各产业中间产品的提供者,化学产品部门体现出强烈的基础产业气质,对其他产业的支持作用显著。服务业中的交通运输仓储和邮政,以及金融业的感应度系数都大于1,作为生产的基础服务部门,这两个部门对其他行业部门的支撑作用较强。信息传输、软件和信息技术服务,科学技术服务作为知识和技术相对密集的部门,此次测算的感应度系数偏低,反映出两部门对其他部门的推动作用较弱,还有很大的提高空间。

(三)两业融合水平测度

借鉴胡晓鹏(2009)的测度方法,利用投入产出表计算制造业投入率以反映服务业的总投入中来自制造业的产出,制造业需求率用于体现制造业总产出中提供服务业的消耗;计算服务业投入率来反映制造业总投入中来自服务业的产出,服务业需求率用于体现服务业的产出中用来满足制造业的消耗。本文以制造业8个部门和服务业6个部门数据来计算四项指标的结果。如表4所示。

表4 浙江2012、2017年两业融合程度指标表

	2012年	2017年	两年增减
先进制造业投入率	0.0605	0.0349	−0.0256
先进制造业需求率	0.0301	0.0282	−0.0019
现代服务业投入率	0.0806	0.0827	0.0021
现代服务业需求率	0.1620	0.1025	−0.0595
融合均衡度(投入)	0.7509	0.4222	−0.3287
融合均衡度(消耗)	5.3821	3.6377	−1.7444

注:先进制造业投入率=服务业中制造业的投入/服务业总投入;
先进制造业需求率=制造业被服务业消耗的部分/制造业总产出;
现代服务业投入率=制造业中服务业的投入/制造业总投入;
现代服务业需求率=服务业被制造业消耗的部分/服务业总产出;
融合均衡度(投入)=先进制造业投入率/现代服务业投入率;
融合均衡度(消耗)=现代服务业需求率/先进制造业需求率。

由表4中四项指标结果可以看出,现代服务业投入率高于先进制造业投入率,可见服务业相对更多地投入制造业领域。现代服务业需求率远高于先进制造业需求率,表明服务业提供的产品或服务较多地流向制造业,服务业对制造业的中间消费有所依赖,这也说明目前浙江的两业融合更多的是以现代服务业为融合主体,即服务业企业向制造业领域的拓展优于制造业企业向服务环节的延伸。从两年对比看,制造业投入率有明显下降,两个需求率也都不同程度下滑。表明在2012—2017年间,先进制造业行业和现代服务业行业互相需要和依赖程度不增反降,两业融合进度未在投入产出数据上有明显体现。

从融合均衡度指标看,两业投入方面的融合均衡程度明显好于消耗的融合均衡程度。相比2012年,2017年两个融合均衡度数值有明显的降低,但投入方面的融合均衡度偏离1更远,反之,消耗关系的融合均衡度则有显见的提升。结合整体偏低的投入率和需求率数据,可以说浙江先进制造业和现代服务业未形成深度依赖,两业融合程度尚浅。

三、结论和建议

在对浙江先进制造业和现代服务业各细分部门进行关联、互动水平和融合水平的测度分析中,可发现当前浙江制造业和服务业之间带动发展的模式仍偏传统,总体两业融合程度不深,推动两业深度融合发展任务尚重。当前,浙江政府强力支持两业融合发展,两业深度融合发展试点工作全面铺开。鉴于此,本文提出以下几点建议。

(一)发挥好相关支持政策的效用

目前,浙江推动两业融合发展的《实施意见》,配套的《浙江省两业融合试点创优导则》等文件,除了对两业融合的目标、路径和业态模式作出导向,也充分预估了区域、平台和企业在两业深度融合发展过程中可能会遇到的问题和制约,提出了要加强政策扶持,明确了一系列保障要素供给的任务并做分工。把相关工作落实好,将很大程度上解决试点企业当前面临的问题和困难。同时,宣传好相关政策,可以带动更多经济活动主体更快更早开始产业链的拓展延伸,积极参与两业深度融合发展。

(二)开展好统计监测和绩效评价

适时开展两业总体融合程度测度分析的同时,为有效地动态跟踪两业融合发展试点区域和试点企业的融合发展情况,评价融合发展绩效,应在深入考察两业融合发展路径、业态模式等理论和实践问题的基础上,根据推动两业深度融合发展工作的目标任务,构建起具有科学性、系统性、可比性、可操作性的统计监测体系和绩效评价体系,定期开展监测和评价。统计监测要考虑指标数据的可获得可核实,对融合进程的可反映可比较;绩效评价要科学反映试点区域、企业的融合发展水平、发展趋势和差异程度。监测和评价的开展,可以帮助政策激励作用的发挥,也可以作为政策调整的依据。

(三)推进好制造业高质量发展

制造业是浙江的强省之基、富民之源,先进制造业的高质量发展当是两业深度融合发展的基础。从前文投入产出角度的分析结果来看,当前浙江制造业中间投入率大多在0.7、0.8以上,附加值率偏低,需要坚持推进“腾笼换鸟”“凤凰涅槃”等行动,淘汰落后、创新强工、招大引强,下大力气解决影响和制约制造业高质量发展的突出问题,实现制造业的提质扩量增效,也为进一步推动先进制造业和现代服务业深度融合发展打造坚实基础。

打造数字变革高地

赋能共同富裕的数字政府治理:结构、过程与功能
——基于浙江经验的考察

范瑞光[①]

一、研究缘起:赋能共同富裕的数字政府治理何以成为研究议题

凡治国之道,必先富民。“共同富裕是社会主义的本质要求,是中国式现代化的重要特征。”[②]更是中国人民的共同期盼。百年来,中国共产党在革命、建设和改革过程中,逐步认识到“贫穷不是社会主义”,开始了为实现共同富裕而不懈奋斗的历史征程。随着社会主要矛盾转变为人民日益增长的美好生活需要和不平衡不充分的发展之间的矛盾,推进共同富裕建设成为适应社会主要矛盾、满足人民群众日益增长的美好生活需要的重要着力点,与国家治理体系和治理能力现代化,共同构成了中国式现代化的重要组成部分。共同富裕建设是一个结果与过程螺旋共进的过程,是涵盖政府、市场与社会多重互动的动态过程,与国家治理体系和治理能力现代化是相辅相成的。作为国家治理体系和治理能力现代化的重要体现,政府治理现代化对共同富裕建设的重要性不言而喻。在我国的经济社会实践逻辑中,如何处理好政府与市场关系、政府与社会关系不仅关系全面深化改革的推进,更直接关系到共同富裕建设的进程。建设有为政府、有效市场、有爱社会,实现高效能治理、高质量发展和高品质生活,成为新时代推进共同富裕建设的重要路径。近年来,“信息技术与经济社会的交汇融合引发了数据迅猛增长……大数据正日益对全球生产、流通、分配、消费活动以及经济运行机制、社会生活方式和国家治理能力产生重要影响”[③]以数据赋能为主要特点的数字政府建设及其治理,在数字嵌入政府治理过程中实现了技术对传统政府体制机制和运行规则的超越和重塑,为重塑

① 作者简介:范瑞光,中共宁波市委党校讲师。

② 习近平:《扎实推动共同富裕》,《求是》2021年第20期。

③《国务院关于印发促进大数据发展行动纲要的通知》。

助力共同富裕建设的政府与市场关系、政府与社会关系提供了新的逻辑思路。由此,数字政府通过自身治理逻辑赋能共同富裕建设成为可能。

"在当代中国,共同富裕需要体现发展性、共享性和可持续性的统一……让全体人民有机会、有能力均等地参与高质量经济社会发展,并共享经济社会发展的成果。"①如何实现共同富裕成为学术界研究的重要议题。当前学界关于怎样实现共同富裕的讨论形成了以下几种观点。制度论的视角,重点分析各类制度推动共同富裕建设作用机制的实现路径。其主要观点聚焦于收入分配制度何以促进共同富裕,重在分析三次收入分配改革、税收制度和工资制度等改革在促进共同富裕上的作用②。价值论的视角,重点分析公平、正义等社会价值如何促进共同富裕的实现。此类研究从哲学伦理维度探究共同富裕的实现之道,认为共同富裕是社会正义的一种体现,也必将通过社会正义的彰显来促进③。实践论的视角,重在从实践的角度去提出共同富裕的实现路径,这类研究总体比较庞杂,涉及领域较大,畅通社会性流动④、碳转移支付⑤、行业高质量发展⑥、优化公共服务⑦、推进乡村振兴⑧等。综上所述,可以发现如何实现共同富裕的研究主要关注共同富裕的直接因素,如经济高质量发展、收入分配、社会保障等直接因素;主要将共同富裕视作经济维度的经济问题,更多从经济视角去展开探讨;仅有的一些从社会维度去分析共同富裕的文献,也是更多聚焦经济层面。

申言之,学者们虽然就实现共同富裕进行了丰富的研究,但政府作为影响国家经济发展的关键变量,并未在研究中得到充分重视。共同富裕是生产与分配的辩证统一,市场经济作为创造财富的主要渠道,是共同富裕的重要驱动力量,但市场经济的自由运行不会带来共同富裕,甚至会带来两极分化。故此,政府在共同富裕实现过程中的作用应当重视,特别是在以治理现代化为叙事主线的数字政府建设日益加速的今天,"数字技术与数字政府的变革意蕴,赋予了它们无可比拟的赋能基因,对经济社会其他方面产生重大影响",数字政府已成为共同富裕建设的重要影响因素。"数字政府的治理涉及'三元主体'和'三对关系',即政府、社会、市场,以及政府内部关系、政府—社会关系、政

① 郁建兴,任杰:《共同富裕的理论内涵与政策议程》,《政治学研究》2021年第3期。

② 李实:《以收入分配制度创新推进共同富裕》,《经济评论》2022年第1期。

③ 刘伟:《分配正义、空间重构与均衡性发展——共同富裕"中国方案"的空间尺度》,《新疆社会科学》2022年第3期。

④ 王华春:《畅通社会性流动实现共同富裕》,《人民论坛》2022年第7期。

⑤ 陆培丽,彭兰凌,沈嘉琪,金衍瑞,耿涌:《实现共同富裕的创新手段:碳转移支付》,《中国科学院院刊》2022年第8期。

⑥ 李鹏,邓爱民:《旅游业高质量发展促进共同富裕的路径分析》,《社会科学家》2022年第2期。

⑦ 丁元竹:《优化公共服务布局对乡村共同富裕的影响》,《开放导报》2022年第2期。

⑧ 孙海清:《壮大集体经济 推进乡村振兴 实现共同富裕》,《社会主义论坛》2022年第3期。

府—市场关系。"[①]数字政府通过机构赋则、技术赋能和数据赋权[②],在驱动政府变革的同时带来政府与市场关系、政府与社会关系的调适,进而对实现共同富裕发挥重要作用。基于此,本文试图基于浙江数字政府建设与共同富裕示范区建设的经验,分析数字政府赋能共同富裕的治理逻辑,以资为大数据时代数字政府建设推动共同富裕建设提供理论参考。

二、"结构—过程—功能"解释框架的构建

数字政府治理赋能共同富裕是一个系统性的动态过程,主要呈现为作为复杂系统的数字政府通过对外部要素赋能,最终推动共同富裕建设。基于理论与实践的要求,我们重点讨论数字政府通过哪些治理机制来助推共同富裕实现。为了更方便大家理解这一过程,本文试图采取"结构—过程—功能"的解释框架。在既有的学术研究中,"结构—功能"分析框架和"结构—过程"分析框架都已经较为成熟。"结构—功能"分析框架主要源于结构功能主义,经过帕森斯、默顿等人的发展,结构功能主义成为20世纪六七十年代广泛使用的一个分析范式,后经过新功能主义的拓展,不仅关注结构,也开始关注行动的实践性和手段性,甚至拓展到表意性和目的层面,从而为探究社会系统过程和系统变迁提供了能够解释内部运作机制的探索视阈。"结构—过程"分析框架则为提供系统的动态变迁提供了分析工具,如常晶从"结构—过程"视角对多民主国家治理的主体互动模式和绩效评估进行了研究[③],郭建明基于这一视角分析了国家治理现代化的结构性安排和过程性安排对国家自主性建设的塑造作用[④]。无论是"结构—功能"还是"结构—过程"分析都存在一定的不足,一些学者开始尝试将两者有机结合起来,建立起"结构—过程—功能"分析框架,并借助这一框架分析了国家纵向治理体系现代化[⑤]、应急管理中国模式[⑥]等议题。本文在借鉴既有研究基础上,根据数字政府治理和共同富裕的内在逻辑关联,构建出赋能共同富裕的数字政府治理"结构—过程—功能"分析框架(如图1所示)。

---

① 赵娟,孟天广:《数字政府的纵向治理逻辑:分层体系与协同治理》,《学海》2021年第2期。

② 翟云:《数字政府替代电子政务了吗?——基于政务信息化与治理现代化的分野》,《中国行政管理》2020年第2期。

③ 常晶:《"结构—过程"视角下多民族国家治理的主体互动模式与绩效评估》,《西南民族大学学报(人文社会科学版)》2020年第12期。

④ 郭建明:《全面深化改革中国家治理现代化与国家自主性建设研究——基于"结构—过程"的分析》,《社会主义研究》2020年第3期。

⑤ 张贤明,张力伟:《国家纵向治理体系现代化:结构、过程与功能》,《政治学研究》2021年第6期。

⑥ 龚维斌:《应急管理的中国模式——基于结构、过程与功能的视角》,《社会学研究》2020年第4期。

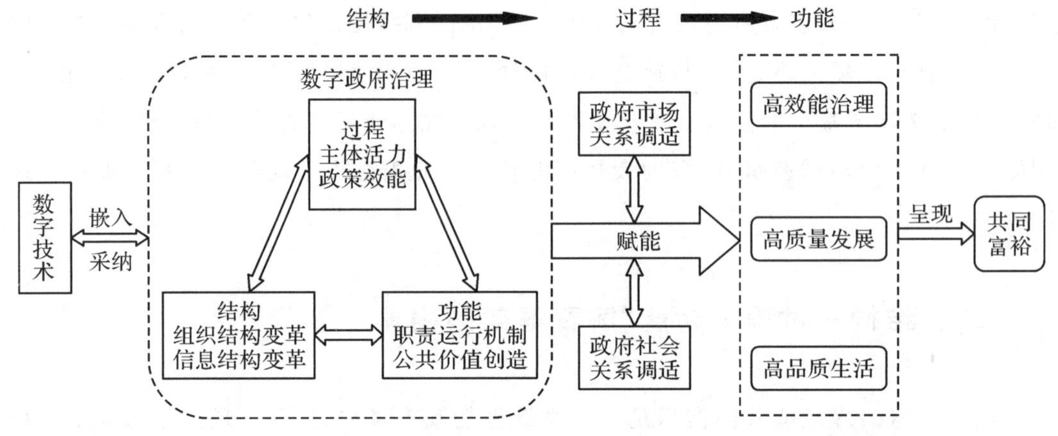

图1 赋能共同富裕的数字政府治理"结构—过程—功能"分析框架

在"结构—过程—功能"分析框架中,结构作为功能与过程的载体存在,过程作为结构与功能的链接存在,功能作为结构与过程的判定存在。在一个复杂系统中,结构在时间维度上是系统各要素的动态作用关系,在空间维度上则是系统各要素的静态秩序关系。在赋能共同富裕的数字政府治理系统中,结构界定了政府内部主体、市场主体、社会主体等多元主体的角色定位。目前,数字政府建设对数字技术的采纳,实现了虚拟组织关系的实体化,从而实现了多元主体在复杂系统中的角色调整;激活了信息传递的新型形态,重构了新的信息结构和交往模式;推动了市场更好地发挥自身作用,增进了市场机能和市场活力。这成为赋能共同富裕的数字政府治理的结构性基础。过程在复杂系统中呈现为各要素之间相互作用的过程,既包括横向的各要素之间的相互影响,也包括纵向的各要素之间和要素群从低级到高级的迭代变革。目前,横向各要素之间的相互影响主要体现在数字政府建设过程中,各主体之间治理行为的变迁,包含了数字场景下的决策流、执行流和业务流;纵向各要素之间和要素从低级到高级的迭代变革则表现为数字政府赋能共同富裕的宏观过程,涵盖了数字政府调适政府市场关系和政府社会关系的过程。在复杂系统中,功能一般是由结构决定的,指的是系统中各要素所发挥的有力的作用,也是各要素交流过程的结果。在系统演变过程中,功能是衡量一个系统是否适应当前环境和是否具有稳定性的重要标准。目前,在数字政府治理中,功能主要表现为通过数字技术采纳而带来的职责体系构建和公共价值创造等内容;在数字政府赋能共同富裕的过程中,则表现为通过数字政府对政府自身、社会和市场的赋能,所形成的高效能治理、高质量发展和高品质生活。

质言之,数字政府治理和数字政府赋能共同富裕都是政府采纳数字技术后的一种系统变迁,前者表现为数字政府的构建,后者表现为共同富裕的呈现。在政府系统内部,政府对数字技术的采纳影响到了政府结构、过程和功能,并最终形成一种全新的数字政府治理形态。在共同富裕建设过程中,数字政府成为赋能共同富裕建设的结构基础,数字政府治理逻辑改变引起的政府与市场关系调适和政府与社会关系调适成为过程基础,表现为政府与市场的引导合作模式及政府与社会的开放共治模式。经过结构和过程的相互作用,一种全新的政府、市场、社会三者关系模式逐渐形成,成为数字政府赋能共同富裕的功能呈现,即高效能治理、高质量发展、高品质生活,最终实现共同富裕。

三、数字政府赋能共同富裕的实践向度:浙江的探索经验

为更好地理解数字政府赋能共同富裕建设的作用机理,本文选择浙江的实践探索作为分析对象。2021年5月,《中共中央 国务院关于支持浙江高质量发展建设共同富裕示范区的意见》正式发布,支持浙江为全国扎实推进共同富裕提供省域示范。与此同时,发轫于2003年"数字浙江"战略的数字化改革也不断深入,从2017年的"最多跑一次"改革,到2018年的政府数字化转型,再到2020年以数字化多跨场景应用为抓手建设"整体智治"的现代政府,浙江数字化改革与共同富裕示范区建设双向赋能的局面已经形成。共同富裕建设离不开政府、市场、社会三者关系的调适,既要发挥市场的决定作用,建设有效市场;也要更好地发挥政府作用,建设有为政府;更要发挥社会的缓冲作用,建设有爱社会。有基于此,与其他单纯数字政府建设不同,与共同富裕建设双向互动的浙江数字政府建设成为考察数字政府何以赋能共同富裕的典型样本。从"结构—过程—功能"三维分析框架出发,通过对浙江数字政府与共同富裕建设互动的分析,对数字政府赋能共同富裕的实践向度有了较为清晰的理论阐释。

(一)整体智治:数字政府赋能共同富裕的结构向度

共同富裕的实现离不开现代化经济体制的支撑。《中共中央 国务院关于新时代加快完善社会主义市场经济体制的意见》明确指出,持续优化经济治理方式,着力构建市场机制有效、微观主体有活力、宏观调控有度的经济体制。"在大数据时代……建设现代化经济体系离不开大数据支撑",[①]而数字政府是释放数据要素潜力、优化数据分析、提升数据要素价值的前提。数字政府通过优化服务与增能治理,在持续优化经济治理方式的过程中推动了共同富裕建设。在浙江共同富裕示范建设实践中,"整体智治"是数字政府赋能共同富裕作用机理的结构基础。"整体智治"既是浙江数字政府建设的重要目标,也是对浙江数字政府结构层面的形象概括。"整体性是新时代语境下讨论国家治理

① 刘淑春:《数字政府战略意蕴、技术构架与路径设计——基于浙江改革的实践与探索》,《中国行政管理》2018 年第9期。

体系和治理能力现代化的必有之义。”[①]“整体智治”是整体性治理与智慧治理的有机结合,其中,整体性治理强调通过整体性结构的建构,打破部门壁垒带来的治理碎片化问题,建构各治理主体的协同共治关系;智慧治理则强调运用数字技术绕过既有规则和组织障碍,实现虚拟组织结构的实体化。

政府通过采纳数字技术,推动政府改革,建设“整体智治”现代政府,成为赋能共同富裕的重要结构要素。一是建设统一平台,实现一网通办,持续优化营商环境。“数字时代的政府改革,越来越离不开综合性数字平台的支撑。”[②]自2013年开始,浙江省就先后开始打造“掌上办事”和“掌上办公”数字化政务服务协同系统,聚焦群众需求,提升办事体验。截至2021年6月,“浙里办”注册用户数已经突破6900万,汇集“企业开办”等40件多部门联办“一件事”,为企业提供全生命周期的、公平公开、规范高效的公共服务,实现企业经营全省一网通办,不断深化“放管服”改革,持续优化营商环境。此外,浙江数字政府还十分重视“产业大脑”平台建设,强化数字手段在现代经济体系建设中的运用。二是建设场景应用,打破部门壁垒,持续优化治理方式。企业等市场主体在政府服务中往往面临“政出多门”“四处碰壁”的尴尬局面,浙江省以行业发展共性问题和企业发展迫切需求为导向,聚焦政府服务系统融合、综合集成,建设“浙里营商”数字政府跑道,迭代升级“浙里办”营商专区,在为政府提供全景式数字化营商监管服务过程中,为企业提供一站式、全生命周期的涉企服务。截至目前,浙江省已上线运行了“企业服务综合应用”“金融综合服务应用”“企业安全生产风险防控和应急救援协同应用”“网络交易监管应用”等服务市场经济发展的场景应用,持续优化市场经济治理方式。

(二)关系重构:数字政府赋能共同富裕的过程向度

数字政府赋能共同富裕的作用发挥基于数字政府下的政府、市场和社会三维关系模式的重构。共同富裕建设离不开现代化经济体系和社会治理现代化的支撑;现代化经济体系为共同富裕建设提供物质基础,社会治理现代化为共同富裕建设提供环境支持。党的十九大报告提出,“着力构建市场机制有效、微观主体有活力、宏观调控有度的经济体制”,关键是要处理好政府与市场的关系,即建设有效市场与有为政府。社会治理现代化是国家治理体系和治理能力现代化的重要内容,提高社会治理智能化水平、构筑共建共治共享的社会治理体系是实现社会治理现代化的重要路径。无论是建设现代化经济体系,还是推进社会治理现代化,都涉及数字政府建设中政府、市场和社会三者关系的调适问题,即通过关系重构着力建设有为政府、有效市场和有爱社会,这是数字

① 陈宏彩:《数字化改革与整体智治》,中共中央党校出版社2021年版,第11页。

② 钱天国:《数字赋能全链集成创新:整体智治政府的建设路径》,《浙江学刊》2022年第3期。

政府赋能共同富裕的重要过程。

在浙江数字政府赋能共同富裕过程中，无论是建设有为政府、建设有效市场，还是建设有爱社会，政府都发挥着关键性作用，成为赋能共同富裕的关键。一是以数字政府建设重构政府、市场与社会多元主体的沟通机制，解决社会交易成本过高问题。建立和谐的政府、市场与社会的互动关系必须降低社会成本、减少社会冲突。目前，社会交易成本不断加大已经成为影响有为政府、有效市场和有爱社会建设的重要因素。“人类社会的发展就是不断让自利认识互利的过程”[①]，浙江数字政府在实现社会资源和市场资源的数据化的同时，也优化了基于数据的多元主体沟通机制，并运用数字技术实现了数据确权定责，推动了社会责任的形成，有效降低了社会交易成本。二是“一网通办”赋能多元主体自主性发展，增强多元主体活力。浙江数字政府发挥技术平台赋能，从过去“办事找部门”到“办事找政府”转变，企业、群众和社会组织所有事项都可以通过迭代升级后的“浙里办”App实现一网通办，聚焦市场主体和社会主体需要优化“一件事”设置，打破政府壁垒，实现群众跑到数据跑，打造“掌上办事之省”，提升多元主体活力。三是“一网统管”强化多元主体全链条监督，实现有序共治。通过“物联＋数联＋智联”推动“互联网+监管”迭代升级，聚焦跨业务、跨部门、跨层级、跨区域、跨系统的监管难题，消弭监管盲区，以任务需求为导向实现社会运行动态监测，实现多元主体有序共治。

（三）效能提升：数字政府赋能共同富裕的功能向度

“市场经济是人类最伟大的创造，是人类进步最好的游戏规则。”[②]市场经济的规则使各市场主体在追求个人利益的同时创造社会财富，在追求个人发展的同时日益将社会连接成为一个整体，进而实现了市场经济与共同富裕的契合；然后市场经济的竞争规则也导致了两极分化的产生，与共同富裕的目标背道而驰[③]。这要求我们必须发挥社会主义制度优越性，以数字政府建设推动制度优势转化为治理效能，实现政府、市场、社会的同频共振。从全面小康迈向共同富裕，“要以高质量发展为导向，以高品质生活为目标，以高效能治理为手段，以全方位创新为动力，加快从小康社会向富裕社会转型。”[④]浙江数字政府以数字平台、数字技术为支撑，推动政府自身变革，不断调适政府、市场、社会关系，在高质量发展、高效能治理和高品质生活中建设共同富裕。

一是数字政府优化经济治理方式，以现代经济市场体系支撑高质量发展。科学有效的经济治理是浙江数字政府建设创新全域智慧的协同治理体系的重要组成部分。浙

① 孙国峰：《制度、交易成本与社会责任的关系》，《兰州大学学报》2003 年第2期。

② 张维迎：《市场的逻辑》，西北大学出版社 2019年版，第Ⅴ页。

③ 文魁：《关于扎实推进共同富裕的理论解析 》，《政治经济学研究》2021 年第2期。

④ 魏后凯：《从全面小康迈向共同富裕的战略选择》，《经济社会体制比较》2020 年第6期。

江数字政府以“产业大脑”为依托整合政府、市场、社会多源数据，在推进重点产业链数据中心建设中完善“1+N”工业互联网平台体系，提升数字政府宏观调控能力。浙江数字政府以产业多跨应用为依托不断提升自身服务市场经济能力，通过开发科技创新应用，助力企业突破产业发展瓶颈，解决产业发展“卡脖子”问题；通过打造数字贸易、要素资源交易、金融综合服务、企业信用服务等多跨场景应用，共同助力浙江经济高质量发展。二是数字政府赋能政府治理变革，以协同高效治理格局支撑高效能治理。浙江数字政府建设紧紧围绕数据共享做文章，不断推进一体化智能化公共数据平台建设，强化平台数据归集能力和数据资源统筹管理能力，推动政府向智能化转变，提升政府治理决策能力；借助“一件事”多跨场景应用建设，破解基层“权责不匹配”问题，实现群众需求与治理资源的精准对接、“上面千条线”与“下面一根针”的高效对接，提升政府治理执行能力；通过数据定责和“互联网+监督”实现对事项的全链条监控，提升政府治理监督能力。三是数字政府引领公共服务变革，以精准高效公共服务支撑高品质生活。浙江数字政府建设过程中，坚持以人民至上原则推动多跨场景应用需求分析，借助“12345”政务服务热线、矛盾调解中心、社交媒体、网络问政平台等多种渠道梳理群众关心的热点问题、高频事项，从群众急难愁盼的问题寻找多跨场景建设需求。通过公众服务“一件事”改革推动公共服务供给侧改革，从供给导向向需求导向转变，从“群众跑”到“数据跑”，从“分头办”到“协同办”，让人民群众在数字化改革中感受到发展红利，提升群众公共服务满意度。提升群众的幸福感、获得感和安全感。

四、系统集成与制度重塑：赋能共同富裕的数字政府治理逻辑

共同富裕建设离不开政府组织，加强数字政府建设，是创新政府治理理念和方式的一项重要举措，对提升政府治理能力、转变政府职能意义重大。赋能共同富裕离不开数字政府自身逻辑的迭代升级，在数字政府赋能共同富裕的浙江实践探索过程中，数字政府作为浙江数字化改革的重要组成部分和浙江全面深化改革的重要举措，自2014年“四张清单一张网”改革到“最多跑一次改革”，再到政府数字化转型和数字政府跑道建设，其系统集成与整体智治的治理逻辑逐渐清晰，并成为调适政府、市场、社会关系，赋能共同富裕建设的重要基础。

（一）多跨协同与扁平交互：赋能共同富裕的数字政府治理结构逻辑

党的十九届四中全会提出，“构建职责明确、依法行政的政府治理体系”。但从结构

性角度看，各级基层政府面临着资源短缺与体制僵化[①]、部门壁垒与职责不清等短板，无法真正适应共同富裕建设的要求。数字政府建设是数字空间改造与社会空间改革的深度融合，从这一视角出发，数字政府建设的现实起点就是当前体制机制面临的协同困境。因此，如何通过数字技术实现多跨协同与扁平互动成为数字政府遵循的重要治理逻辑。浙江数字政府建设在赋能共同富裕实践探索中，从组织结构和信息结构两个维度出发，构建起多跨协同与扁平互动的数字政府治理结构逻辑。

1. 数据共享为核心的扁平交互

在“信息交换和信息传播正在快速取代传统物品交换和资本流动而成为新的社会驱动力量”[②]的大数据时代，如何推动数据生产、数据传递和数据使用结构的扁平互动是数字政府建设的核心议题。一体化智能化公共数据平台是实现数据共享和信息扁平互动的组织载体，其整体架构为“四横四纵两门户”，即“基础设施体系”“数据资源体系”“应用支撑体系”“业务应用体系”的“四横”“政策制度体系”“标准规范体系”“组织保障体系”“网络安全体系”的“四纵”和“浙里办”“浙政钉”组成的“两门户”。数字政府依托一体化智能化公共数据平台，通过一体化资源系统(IRS)将分散的“物理”“社会”和“数字”三元空间的数据资源整合成一个有机数字资源整体，形成可用于数字政府治理的各种专题基础数据库，对内用于治理的资源调度，对外用于各类用户的统一服务。在数据赋能推动数字政府治理的当下[③]，以数据共享为核心的扁平互动信息结构已经成为数字政府治理的基础。而一体化智能化公共数据平台运作建构出的各主体之间信息资源的扁平互动共享机制，成为数字政府信息结构逻辑的重要体现。其一，在信息数据生产层面，公共数据平台实现了各主体的信息生产规范化，成为扁平互动共享机制的基础；其二，在数据传递层面，公共数据平台的“数据池”和“接口化”运作模式打破了传统的科层化信息传播机制，使数据传递绕开了科层化的组织结构，打破了因条块分割、部门壁垒而形成的信息壁垒；其三，在数据使用层面，“浙里办”“浙政钉”畅通了政府内部之间、政府与社会、市场、公民之间的沟通渠道。政府各部门可以随时因任务需求通过接口使用各专题数据库中的数据。政府治理不再局限于权力导向的科层组织和行政命令中，以数据共享为核心的扁平互动成为可能。

2. 任务需求为导向的多跨协同

随着信息技术、大数据等技术的普及，数字空间逐渐成长为社会空间和物理空间以外的第三空间，这成为当前治理实践的重要现实背景。浙江数字政府建设是浙江全面

---

① 邓念国：《整体智治：城市基层数字治理的理论逻辑与运行机制——基于杭州市S镇的考察》，《理论与改革》2021年第4期。

② 戴长征，鲍静：《数字政府治理——基于社会形态演变进程的考察》，《中国行政管理》2017年第9期。

③ 沈费伟，诸靖文：《数据赋能：数字政府治理的运作机理与创新路径》，《政治学研究》2021年第1期。

深化改革的重要举措,其目标是省域治理现代化,这决定了其必然蕴含着治理改革的意蕴。但与行政体制改革不同,数字政府并未实际改变行政组织体系,而是将数字政府作为物理空间和社会空间的连接的新载体。通过建设"去中心化与信息裂变特征持续增强的数字化场景"[①]推动虚拟组织的形成和组织间网络的实体化[②],形塑全新的组织结构形态。这种组织结构形态是"由各种从真实实体中抽离产生的信息重组形成的结构体系,是一种新的实体性存在"[③]。在数字政府治理实践中,并以全新组织结构形态为基础,逐步建构出以任务需求为导向的多跨协同治理逻辑。"协同总是发生于特定的社会空间中,并依赖于物理空间为其提供活动的载体,同时利用数字空间完成互动与联系。"[④]在数字政府治理实践中,以任务需求为导向的多跨协同治理逻辑依托于数字空间对物理空间和社会空间资源分配的支配能力,这种支配能力源于数字政府信息结构的变革和虚拟组织结构形态的支撑。在浙江数字政府治理实践中,政府从群众需求出发,将两个以上办事服务事项或者两个办事部门以上的系统、数据相互联通,通过数字化场景提供跨区域、跨部门、跨层级的"一件事"集成服务,形成以任务需求为导向的多跨协同虚拟组织结构形态。一是通过需求清单确定任务需求,一般从上级重大战略部署、部门核心业务、共性刚需、堵点难点痛点问题和风险隐患等方面分析需求,如平台经济监管、耕地保护、新居民服务、"僵尸车"治理、危化品管控等需求。二是通过"V"字模型实现数据协同与数据共享。"V"字模型浙江数字政府建设的重要工具;从定准核心业务到明确协同关系再到汇总数据需求,通过"V"字下行确定业务协同子模型;然后从数据共享清单到业务事项集成再到业务系统,通过"V"字上行确定数据共享子模型;两者共同支撑多跨场景应用的运行。三是通过数字驾驶舱实现多跨协同的可视化管理。通过各种关键指标体系和图表形象,实现多跨场景可视化运行,并通过数据碰撞对异常指标进行预警、分析和监督,确保多跨协同任务高效完成。

(二)互构融合与流程再造:赋能共同富裕的数字政府治理过程逻辑

"治理过程也是政策过程。"[⑤]科学的公共政策体系是共同富裕的重要保障。在数字政府赋能共同富裕过程中,政府治理效能能够充分发挥,离不开公共政策的强力支撑。

---

① 徐顽强:《数字化转型嵌入社会治理的场景重塑与价值边界》,《求索》2022年第2期。

② 李桂华:《"数据—决策一体化"数字政府治理模式效应研究》,《成都大学学报(社会科学版)》2022年第1期。

③ 褚尔康:《数字政府建设顶层设计的底层逻辑体系构筑与运行特征研究》,《领导科学》2021年第24期。

④ 黄璜,谢思娴,姚清晨等:《数字化赋能治理协同:数字政府建设的"下一步行动"》,《电子政务》2022年第4期。

⑤ 张贤明,张力伟:《国家纵向治理体系现代化:结构、过程与功能》,《政治学研究》2021年第6期。

以治理现代化为目标的浙江数字政府建设高度重视治理效能的发挥，以互构融合激发政府治理活力，以流程再造盘活政府政策效能，着力破解制约数字政府治理过程的各种因素。

1. 以互构融合激发政策主体活力

政策主体活力是影响政府治理效能的关键要素，在政府单一主体主导的政府政策过程中，市场、社会等治理主体往往因无法有效参与政策过程而表现出“参与冷漠”，严重影响到政府治理效能的发挥。数字政府建设使数字空间独立于物理空间和社会空间之外运行成为可能，进而为市场、社会等治理主体提供了深度参与政府政策过程的空间条件。一是以网络关系互构实现利益整合。“人们奋斗所争取的一切，都同他们的利益有关。”[①]一方面，数字政府拓宽了非政府治理主体表达利益诉求和参与治理的渠道，市场主体和公民等社会主体等可以通过“浙江省民呼我为”统一平台实现利益诉求的表达、参与治理。另一方面，浙江通过数字化多跨场景应用实现了政府治理从传统权力导向向需求导向的转变，政府各项政策成为群众高频需求的集中体现，提升了各类主体的参与积极性。浙江数字政府设立了众多个人场景，实现群众诉求的集成化、一站式解决。二是以技术—制度融合实现共同体构建。政府治理本质上属于集体行动，因此，往往会因个人理性造成“社会冷漠”。政府治理效能得到提升，就必须“建立可以借助互惠、信誉和信任来克服短视自利的强烈倾向的条件”[②]。浙江政府服务将技术赋能与制度重塑有机融合，以数字技术推动治理变革、以规章制度固化治理变革，为群众建立起参与治理的互惠、可信任、持续性的环境。在“浙里办”的咨询投诉板块，浙江省民呼我为板块畅通了群众的意见/建议渠道，使人们能够真实参与到政策议题的选择中；“浙江政务服务网”政民互动板块单独开辟“调查征集”栏目，群众在这里可以对政策方案、政策实施等进行反馈，参与政策方案的讨论和完善。

2. 以流程再造盘活公共政策效能

公共政策效能的发挥是评判政策过程质量的直接标准，也是政府治理必须面对的问题。

“十四五”规划明确提出要“将数字技术广泛应用于政府管理服务，推动政府治理流程再造和模式优化，不断提高决策科学性和服务效率”。[③]数字政府治理中，政府流程再造是政府部门运用信息技术，建立以问题诊断为前提、问题解决为宗旨服务模式的自我

---

①《马克思恩格斯全集(第1卷)》，人民出版社1956年版，第82页。

② 埃利诺·奥斯特罗姆，石美静，熊万胜：《集体行动如何可能 》，《华东理工大学学报(社会科学版) 》2010年第2 期。

③《中华人民共和国国民经济和社会发展第十四个五年规划和2035年远景目标纲要》，《人民日报》2021 年3月13日。

变革[①],就是运用数据流将决策流、执行流和业务流有机统一、高效运转。一是再造以科学决策为核心的决策流。数字政府以一体化智能化公共数据平台为依托,通过各类数据的信息归集,为政策的制定提供信息基础,通过科学标准的数据支撑解决政策制定面临的信息不确定问题,提升决策科学性。同时通过数字化场景可视化运行,随时发现问题环境进行分析、监控,为政策制定赢得时间。二是再造以高效落实为核心的执行流。数字政府建立起以"一件事"为切入口的多跨场景应用,实现全生命周期的可视化监控,以数据碰撞发现执行问题,当某个执行环节出现问题时,通过应用提醒、上级督办等方式及时督促相关部门落实跟进。三是再造以精准服务为核心的业务流。数字政府以数据流为基准,对业务流进行重塑,打破原有以权力为导向条块分割的业务模式,进而提供精准化、高质量的公共服务。

(三)机制重构与价值创造:赋能共同富裕的数字政府治理功能逻辑

系统结构决定系统功能,信息技术对数字政府信息结构形态和组织结构形态的形塑,决定了数字政府治理的功能也必然发生变迁。在浙江数字政府赋能共同富裕过程中,数字政府治理也通过机制重构和价值创造不断强化对共同富裕建设的赋能。

1. 需求导向的"闭环式"职责运行机制

政府职责体系是政府治理的基础,是影响数字政府赋能共同富裕效应和治理效能发挥的关键要素。在纵向政府间"集中—分权"结构框架下的"职责同构"是对我国当前政府职责体系的经典概括[②],其虽然在纵向政府间具有很强的生命力,但在基层政府治理实践中,这种职责体系运行机制越来越成为制约基层政府治理效能发挥的影响因素。在浙江数字政府建设中,数字政府不仅仅是政府治理的技术化嵌入与替代[③],更是全面深化改革在政府治理中的呈现。数字政府通过打造扁平互动信息结构和多跨协同的虚拟组织结构,为优化政府职责体系运行机制提供了可能。一是在权责清单基础上,以需求场景化厘清政府部门权责。权责清单体系是政府部门权责的主要依据,其受到线下政府组织分歧的影响。浙江数字政府从需求分析出发,通过需求的事项梳理和情形梳理,将需求进行数据化,实现需求向"一件事"场景的转化;进而根据场景需要和权责清单体系,确立政府部门间的牵头和协同关系,重新厘清基于"一件事"需求的政府部门权责,成为需求导向的"闭环式"职责运行机制的基础。二是依托多跨场景应用打造闭环运行机制。浙江数字政府中的多跨场景应用是任务需求导向的、依托数字技术支撑的

① 姜晓萍:《政府流程再造的基础理论与现实意义 》,《中国行政管理》2006年第5期。

② 赵志远:《政府职责体系构建中的权责清单制度:结构、过程与机制》,《政治学研究》2021年第5期。

③ 黄璜:《数字政府的概念结构:信息能力、数据流动与知识应用——兼论DIKW模型与IDK原则》,《学海》2018年第4期。

扁平化组织结构样态，能够通过数据接口和工作责任体系链接线下科层组织，为各部门数字协同提供基础。此外，多跨场景应用强调全链条封闭式，进而形成了涵盖决策—执行—监督—反馈—改进等环节在内的职责体系运行机制。

2. 多元协作的“合作式”公共价值创造

1995年，马克·莫尔首提公共价值创造概念后，公共价值管理作为新的公共行政范式被广泛关注，公共价值创造也开始成为政府治理的核心诉求之一[①]。作为一种公众获得的效用，公共价值的集体偏好强调政府应对基于政治协商和集体性偏好表达的集体偏好进行回应[②]。换言之，公共价值创造必须由公民等多元主体参与、协商来达成，而数字政府则为多元主体参与和平等协商提供了有利条件。数字政府的公共价值已经超越了简单的经济效益等单一目标，而是充分整合经济目标、社会目标和政治目标，创造出公共服务、群众满意等社会福祉目标，用户至上、人民至上等政治目标和治理效率提升、便民高效公平等治理目标。基于上述数字政府公共价值的建构，可知数字政府公共价值创造的实践基于需求导向、人民至上的服务设计、多元主体平等开放的结构和扁平交互、信任协作的交往过程。其一，数字政府践行了需求导向、人民至上的服务设计，成为多元协作的“合作式”公共价值创造的前提。在数字政府平台，每一个事项的办理都附有详细的服务设计，包括综合介绍的基本信息、位置和时间的线下办事点信息、限制条件和受理条件等申请条件信息、申报材料、简单易懂的流程介绍、设定标准、收费依据和常见问题问答等内容。服务设计从群众需求出发，从办事群众的视角对服务进行了重新设计，确保办事群众能在无人状态下操作和准备相关材料，提升了公共服务质量和群众满意度。其二，浙江数字政府建构了多元主体平等开放的多跨协同结构，成为多元协作的“合作式”公共价值创造的基础。从治理资源看，数字政府多跨场景应用将需求、任务、流程、资源等通过数字化的方式全部整合进入一个场景中，将社会、市场等需求主体和政府各部门等服务供给主体纳入多跨协同的虚拟组织结构之中。其三，数字政府实现了扁平交互、信任协作的交往过程，成为多元协作的“合作式”公共价值创造的关键。数字政府运用数字技术构建起不同主体间相互信任协作的机制，浙江数字政府运用区块链技术建构其数据信任支撑体系，实现数据信息的不可篡改，确保数据采集可信、开放有序、使用安全，实现数字空间对物理空间的真实反映，强化多元主体信任协作的基础。

---

① 何艳玲：《“公共价值管理”:一个新的公共行政学范式》，《政治学研究》2009年第6期。

② 刘银喜，赵淼：《公共价值创造：数字政府治理研究新视角——理论框架与路径选择》，《电子政务》2022年第2期。

五、未来已来:赋能共同富裕数字政府治理的进一步讨论

共同富裕的时代背景勾勒出赋能共同富裕的数字政府治理整体样态,成为学术界进行相关研究不可绕开的议题。在浙江实践中,数字政府作为政府适应数字时代需要进行的创新与变革,是实现政府治理现代化的重要途径;数字政府以其一体化智能化的公共数据平台、融合集成的服务界面平台、数据流与业务流的全链融合,成为推动共同富裕建设的重要引擎;其多跨协同、需求导向、人民至上、一网通办与共同富裕建设所要求的高质量发展、高效能治理和高品质生活有机契合。未来已来,数字政府赋能的共同富裕的场景已经开始绘制,数字政府建设已成为各地治理现代化的重要举措。为更好地实现数字政府与共同富裕的双向赋能,赋能共同富裕的数字政府治理应注意规避三大风险:组织技术风险、公共价值风险和群众离域风险。为有效避免以上风险,在建设数字政府中尤应注意以下几点。其一,坚持数字普惠的基本价值理念。数字鸿沟和数字弱势群体是数字政府赋能共同富裕的阻碍因素之一,这也直接降低了数字政府给人民群众所带来的幸福感,进而影响到共同富裕建设。坚持数字普惠的基本理念,就是注重政府治理对数字技术的采纳,但并不完全依赖技术路径,以人民至上、需求导向、服务为先来引导政府采纳技术的过程,建设“普惠型数字政府”①。其二,坚持制度理性的基本建设路径。数字政府建设是全面深化改革的重要组成部分,这决定了技术理性只能为数字政府建设提供技术支持,数字政府建设的深入需要制度理性的引导。制度重塑是数字政府建设的目标,即通过技术理性推动数字政府多跨场景应用和流程再造,进而实现数字政府与改革环境的契合,最终通过制度理性实现体制机制的重塑,并以此作为多元主体在数字政府中的活动准则,推动治理现代化。其三,坚持数字交互的基本建设方式。数字政府是相对于物理现实空间的数字虚拟空间,以一种界面的方式呈现在多元治理主体面前。一方面,数字政府建设应注重政府与市场、政府与社会的交互,提升服务的便捷度和满意度,让市场主体和人民群众从数字政府治理中得到普遍实惠。另一方面,数字政府建设应关注物理空间、社会空间和数字空间的交互,实现数据对物理现实的真实映射;强化数字政府与体制机制的交互,以数字政府建设推动体制机制重塑,推进政府治理现代化水平。

① 黄建伟,叶琳:《解码基层智慧治理难题》,《中国社会科学报》2022年第7期。

技术赋权、技术赋能抑或资源驱动：数字平台驱动政府治理创新的功能与机制

——以浙江IRS为例[①]

邓念国　韩丽峰[②]

《中华人民共和国国民经济和社会发展第十四个五年规划和2035年远景目标纲要》强调“以数字化转型整体驱动生产方式、生活方式和治理方式变革”“将数字技术广泛应用于政府管理服务，推动政府治理流程再造和模式优化，不断提高决策科学性和服务效率。”“十四五”规划还特别提出要深化“互联网+政务服务”，提升全流程一体化在线服务平台功能。本文拟以浙江省“一体化智能化公共数据平台”（IRS）为例，探讨数字平台驱动政府治理创新的功能和机制。

一、文献回顾：大数据驱动政府治理创新的理论界说

从研究文献来看，直接讨论数字平台驱动政府治理创新的研究几不可见，最相关的研究是大数据对政府治理创新的驱动。大数据作为一种资源、一种知识、一种技术，深刻地影响着经济社会发展，已经成为政府治理创新的重要驱动力。当今，大数据与国家治理日渐融合为“数据化国家治理”。[③]相关研究可概括为技术赋权说、技术赋能说、资源驱动说三大类。

技术赋权说从两方面展开，一是赋予公众政治参与权与协同治理权。传统治理机制建立在信息不对称基础之上，政治精英式成为主流，即使有一定程度的参与也大多是

① 基金项目：国家社科基金项目“政务数据资源利用的效能提升与价值实现研究”（项目编号：20BZZ091）。

② 作者简介：邓念国，中共杭州市委党校（杭州行政学院）教授；韩丽峰：中共杭州市委党校（杭州行政学院）副教授。

③ 胡逸：《运用大数据提升城市治理现代化水平》，《唯实》2020年第4期。

有限吸纳各阶层精英的参与。而大数据等相关技术打破了原有的信息不对称格局,人人平等享有知情权,逐步摆脱传统精英决策的圈囿,迈向更具包容性的开放互动、大众参与的协同治理机制。依靠数字技术赋权,公众提升其获得信息、参与表达和采取行动等能力,完成自我增权。[①]二是赋予企业和社会数据开发利用权。大数据重要的方式和运行机理就是开源和众包,而开源和众包可以将创新从组织内部向跨组织边界和创新网络边缘推动,促进更为灵活的可扩展的创新生态形成。大数据驱动下,通过新的组合将已有产品与服务的数字和物理组件予以重新配置,进而产生新产品或新服务。这种开放的无边界的数字创新产品和服务在用户持续参与和反馈下不断生长、深化和完善,创造出新的更多价值。[②]

技术赋能说强调大数据等新兴技术对公共部门的赋能作用。大数据作为一种新兴信息技术,已经渗透于政府治理的全过程,深刻影响政府治理各要素、各环节,从治理对象、主体、结构、过程、方式、流程、模式、效果等方面全面推动国家治理体系和治理能力现代化。[③]大数据提升了政府多源数据收集和海量数据分析能力,丰富了政府治理的方式和手段,优化群众办事环节和程序,提高办事效率和水平;云计算通过网络虚拟化手段,以更加灵活的方式完成组织重构和资源共享,实现相关部门应用平台和系统的互联互通,实现政府治理的一体化、系统化。[④]数据分析作为决策和资源分配的基础和重要手段,增强了政府治理的反应能力和适应能力,运用大数据技术可以提高政策干预能力。[⑤]可以说,大数据从角色、方式、机制、功能等方面为政府治理进行全方位的"技术赋能",不仅驱动政府降低治理成本、提升运行效率、增强精细化管理能力,还驱动政府决策方式和机制变迁,提升决策的科学性。[⑥]

资源驱动说认为,大数据本身就是政府治理的重要资源,既是作为"治理工具"的资源,又是作为"生产要素"的资源。作为"治理工具"的资源,大数据不仅是公共决策、协同治理的重要资源,还是提升政府应急管理能力的重要资源;无处不在的传感器及其网络构建了物联网感知数据,计算机本身及相互之间的通信数据,人类未来将进一步产生爆炸式增长的数据量,这些奠定了"数据驱动创新"的基础。[⑦]另外,人们对数据作为一

---

① 孟天广:《"技术赋能"与"技术赋权"双重驱动的数字政府转型》,《中国社会科学报》2021年1月15日。

② 杜振华:《政府数据开放与创新驱动经济增长的关系》,《首都师范大学学报(社会科学版)》2020年第2期。

③ 邓念国:《大数据如何推动政府治理现代化》,《学习时报》2020年4月6日。

④ 沈费伟,叶温馨:《政府赋能与数据约束:基层政府数字治理的实践逻辑与路径建构——基于"龙游通"数字治理的案例考察》,《河南社会科学》2021年第4期。

⑤ 孟天广、张小劲:《大数据驱动与政府治理能力提升——理论框架与模式创新》,《北京航空航天大学学报(社会科学版)》2018年第1期。

⑥ 张晓:《"数据驱动创新"的政策研究:来自OECD的经验》,《电子政务》2020年第3期。

⑦ 张晓:《"数据驱动创新"的政策研究:来自OECD的经验》,《电子政务》2020年第3期。

种生产要素的认识日益加深，不仅在政府治理过程中，数据“被转化为信息和知识”以及数据“被用于决策”这两个阶段中，需要将数据的社会和经济价值挖掘出来；[①]而且政府数据开放使企业和社会有机会通过数据挖掘，进行产品、工艺、市场、供应链以及生产组织等方面的创新，从而形成熊彼特提出的经济创新大潮。[②]这类创新围绕“挖掘数据生产力”而展开，对数据本身的开发利用将成为今后的新增长点，也将是政府治理创新的重要一环。

在数字政府不断发展完善的当下，需要深入探讨作为数字政府基础设施的数字平台的功能和机制。先前研究往往侧重于数字平台架构设计等技术方面的研究，对于数字平台驱动政府治理创新的功能和机制等方面研究还相当不足，更缺乏案例的支撑。作为数字政府建设的先行省份，浙江省首创全国第一个“一体化智能化公共数据平台”(IRS)，其功能不断升级完善，其发展具有典型代表性。本文拟通过对该平台驱动政府治理创新方面的考察，分析其驱动功能和机制，以期为数字政府建设提供借鉴参考。

二、数字平台驱动政府治理创新的三重功能

数字平台既是一种关键信息基础设施，又是政府数据聚集、共享、交换、开放的场所和渠道，通过发挥其技术赋权、技术赋能和资源驱动等功能，全面推进政府治理创新，实现政府治理体系和治理能力现代化。

(一)技术赋权功能：数字平台增进政府治理的回应性、互动性和参与性

作为一体化智能化的公共数据平台，IRS以其强大的聚合与交互功能，赋权多主体参与、社会协同和社会信任，增进政府治理的回应性、互动性和参与性，其赋权功能主要通过大数据、区块链以及其他相关技术来实现。

赋权多主体参与，驱动政府治理角色变迁。从理论上看，大数据具有驱动政府角色变迁的功能。不仅可以赋权于多方主体，让其成为治理的重要参与者，进而驱动政府治理角色变迁，[③]而且可以倒逼政府自我革新，政府不再是治理资源的独享者和单一配置者，而成为职能和资源的“整合者”，[④]同时，大数据的反馈机制增强了政府的需求捕捉和

① 张晓：《“数据驱动创新”的政策研究：来自OECD的经验》，《电子政务》2020年第3期。

② 杜振华：《政府数据开放与创新驱动经济增长的关系》，《首都师范大学学报(社会科学版)》2020年第2期。

③ 何花，卢福营：《基于大数据驱动下的政府治理与角色转型》，《贵州省党校学报》2020年第6期。

④ 陈国权，皇甫鑫：《在线协作、数据共享与整体性政府——基于浙江省“最多跑一次”改革的分析》，《国家行政学院学报》2018年第7期。

资源配置能力,促使政府成为需求精细化的"回应者",[①]因而不断呈现"回应—赋权"的角色特征。[②]从实践上看,IRS提供了更为顺畅更为便捷的网上沟通平台或者掌上对话渠道,提供了更具交互性的磋商对话机制,不仅驱动政府角色变迁,使之成为治理资源的整合者和民众需求的回应者;更为重要的是,通过其开放属性,搭建政府与企业、社会、民众多方参与和互动的平台,成为平台提供者和"协同治理者",[③]进而驱动政府治理角色变迁,塑造了服务型、回应型、责任型和互动型的政府治理角色。

赋权社会协同,驱动政民互动效果提升。IRS通过赋权于社会主体,提升其参与和协同治理能力。该平台在促进政府与一般民众、社会组织和市场主体之间关系上,通过政务公开让民众获得知情权;通过在线政务,超越传统治理方式的时空及资源限制,改善政民互动关系;通过网络平台打破参与障碍和限制,提升公众参与力,促进政府与社会公众之间关系发生巨大变化。[④]IRS将政府、企业、社会等多个治理主体的治理资源和数据资源予以整合,进而形成政府、企业、社会组织、民众等多方参与的协同治理。[⑤]从赋权效应来讲,越是复杂的系统,系统协调的要求越高,协同效应也就越显著。[⑥]IRS平台破除原有政府主导的传统线性管理无法应对复杂社会问题的困境,通过多方协同共治提升社会协同能力。通过数字技术加强互联网、移动互联网、大数据平台与政府管理体系的深度融合,加强政府与公众的互动交流,从而达到政府管理的无缝对接与融合,将自上而下的决策与自下而上的表达相结合,倡行平等协商的参与互动,改善政府决策过程和机制,从而促进互动式治理的形成。

赋权社会信任,驱动协商参与机制完善。大数据时代,公众不再满足于简单的信息"投喂"方式,而需要通过政务公开渠道和数据开放平台,保证政府信息和政府数据的可获取、可利用,从而真正做到多方协商共治,促进协同参与机制的完善。IRS通过其赋权功能,增进社会信任,驱动政府治理向着透明化转型。该平台之上,借助新兴的区块链技术建立起多中心、公开透明的信任系统,信息不对称得以打破,政务公开更易推进,公众监督更易强化,社会信任、民主协商更易达成,共识导向、理性协商、平等尊重等协商参与因素得到进一步释放。通过IRS,政民信息沟通和互动有效赋权社会公众,保证政

---

① 孟天广,李锋:《网络空间的政治互动:公民诉求与政府回应性——基于全国性网络问政平台的大数据分析》,《清华大学学报(哲学社会科学版)》2015年第3期。

② 汪锦军,李悟:《走向"回应—赋权"型政府:改革开放以来浙江地方政府的角色演进》,《浙江社会科学》2018年第11期。

③ 陶勇:《协同治理推进数字政府建设——〈2018年联合国电子政务调查报告〉解读之六》,《行政管理改革》2019年第6期。

④ 孟天广,张小劲:《大数据驱动与政府治理能力提升——理论框架与模式创新》,《北京航空航天大学学报(社会科学版)》2018年第1期。

⑤ 邓念国:《大数据如何推动政府治理现代化》,《学习时报》2020年4月6日。

⑥ 孟天广:《"技术赋能"与"技术赋权"双重驱动的数字政府转型》,《中国社会科学报》2021年1月15日。

府信息和政府数据的可获取、可利用。公众可以在相应的政民互动平台上表达需求,参与公共事务,从而增强协商参与效果。

(二)技术赋能功能:数字平台驱动协同治理、敏捷治理、全周期治理

数字平台全面赋能政府治理,通过多重机制驱动协同治理、敏捷治理、全周期治理,促进政府治理的精准化、精细化、弹性化、动态化。

通过技术赋能驱动协同治理,提升协同共治能力。数字平台发挥连接交换功能,打破政府部门之间的连接、共享、交换壁垒,并为政府与公众的互动交流提供了平台和渠道,增强协同共治功能。数字平台发挥共享整合功能,通过数字技术手段建立起跨部门资源共享与协作机制,实现政府管理资源的共享整合,解决传统管理的部门分割、资源约束、协作困难等困境。数字平台发挥业务再造功能,实现多跨协同。IRS平台促进多领域数据的融合共享和开发利用,实现面向服务需求的业务大融合和政府职能重构,推动业务流程优化和再造,实现跨层级、跨地域、跨系统、跨部门、跨业务的协同管理和服务。通过IRS的技术赋能,形成人机协同、跨界融合的智能化协同化治理系统,构建出一个逻辑全新的协同性政府。

通过技术赋能驱动敏捷治理,提升高效治理能力。高速敏捷、动态适应、弹性柔性的敏捷治理成为治理转型的最新追求。首先,数字平台通过更具溯源性的痕迹追踪与管理方式,从传统的经验决策转向循数治理,宏观上可俯瞰政府治理的全要素和全生命周期,微观上可细察治理运行的精准轨迹,释放更多的弹性治理空间。IRS以信息有效交互和快速迭代驱动敏捷治理,提升政府弹性柔性治理能力。其次,通过快速迭代、高效整合、动态优化政府的管理、服务和决策过程,推动政府职能、政策资源、物资财力、人力资源等治理要素的灵活统筹,快速匹配资源,并动态反馈、适时调整,形成更为及时更为灵活的资源配置方式。再次,IRS还通过数据共享协同机制改变传统金字塔式结构,为政府弹性化运作和政府再造提供支撑,向公众提供广覆盖、多层次、差异化、高质量的柔性服务。

通过技术赋能驱动全周期治理,提升智能治理能力。当今,无所不在的通信网络、智能机器、智能建筑等,已经形成了不分时间,不分地点的全球化互联世界,弥补了“旧式社会结构的裂痕”。[①]数字平台通过技术赋能驱动全周期治理。首先,IRS平台通过在线、连接、交换、共享促进政府治理突破时空限制,提升全时空治理能力。来自于原有部门管理信息系统、政府横向综合信息平台以及通过互联网、物联网、大数据等技术手段

① [美]威廉J.米切尔:《伊托邦:数字时代的城市生活》,吴启迪等译,世纪出版集团、上海科技教育出版社2005年版,第4—5页。

所实施的信息联通和数据抓取,构成了政府治理的大数据源,汇聚起来形成数据池、数据湖,通过逻辑的关联有效调取数据,突破历史现实的维度、时间空间的限制以及政府部门的边界,实现全时空的治理。其次,以全生命周期的理念,构建新治理模式,打破原有职能导向、绩效导向、部门导向的桎梏,重理治理流程和机制,以形成高度个性化精准化全流程全闭环的治理。再次,基于人工智能的感知、分析、决策能力取得突破,政府运行的数字映射实时呈现,实现全方位、全领域的综合应用,形成对政府治理整体状态的即时感知、全局分析和智能处置,推动全周期治理。

(三)资源驱动功能:数字平台驱动政府整体治理和价值再造

通过资源驱动提升集成汇聚能力。数字平台不断汇聚各部门政务数据,形成数据池、数据湖,通过逻辑关联有效调取数据,跨层级、跨部门、跨领域的功能性模块逐步成为政府治理的基本单元,政府治理功能趋向集成化;通过集约化将碎片化、分散化的资源要素和治理能力予以高效整合和有效配置。同时,IRS通过聚合与共享的资源整合机制,促进整体性治理。不仅汇聚众多数据资源,而且对这些数据资源进行归集、编目,使之标准化、易调取、可共享,进而为整体高效治理提供基础。推动政府治理向着系统化、集约化转型,促进实现无缝隙的整体高效治理。

通过资源驱动提升价值再造能力。政府拥有大量高价值密度数据,政府数据资源的开发利用使政务数据资源发挥巨大的社会效益和经济效益。数据开放后,企业和社会可以通过“数据挖掘”手段,促进数据的再利用,进而产生新的价值增值。数字平台通过数据开放向社会赋能,推动市场和产业的变革,让新兴技术不断融合,通过渐进性、迭代式创新与颠覆性、革命性创新,形成集群化、链条化、跨领域的创新成果,[①]IRS作为一体化智能化公共数据平台,通过价值再造驱动数据价值增值,即通过公共数据的开放与开发促进数据多重价值增值。企业和社会通过数据利用将政府数据资源转变为新的产品和服务,实现政务数据的利用与增值,提升政府数据价值再造能力。

三、数字平台驱动政府治理创新的五种机制

数字平台以资源整合、信息交互、快速迭代、时空突破、价值再造等多重机制,促进政府治理向集约化、协同化、敏捷化、全时空化、平台化转型,推动政府治理能力提升。

① 陈端:《数字治理推进国家治理现代化》,《前线》2019年第9期。

(一)资源整合机制促进集约化转型,提升政府整体高效治理能力

资源整合机制属于资源驱动创新之一种,资源驱动强调提高资源的利用效率从而达到创新之目的。从现代治理的视角看,针对传统治理中资源分散、治理碎片化、治理断层、效率低下等问题,整体性、集约化是现代政府治理转型的基本依归,也是实现"整体智治"的基本要求。从理论上讲,"整体智治"包含三个关键元素,即政府的数字化转型、整体化的治理实践以及精准高效的需求回应。[①]IRS平台有效回应了这一转型需求,通过资源整合机制促进政府治理系统化、集约化转型,实现无缝隙的整体高效治理。IRS平台提供了数据聚合的场域和空间,拥有巨大的资源优势,能够以较低的成本将碎片化的能力和资源整合起来。首先,作为数字政府的底座支撑和基础设施,IRS的最底层架构即基础设施体系提供了政务云、政务网、感知网、视联网以及政务外网,为数据聚合提供了场域和空间,实现所有政务数据集中存储,拥有巨大的资源优势,能够以较低的成本将碎片化的能力和资源整合起来;同时,作为第二层的数据资源体系,将原有部门间彼此孤立、互不联通的政务数据资源汇聚整合,实现多云、多节点的集中管控调度,省市县形成数据大仓库,进而形成数据池、数据湖,奠定政府部门间、政府间整体性运作的基础。其次,IRS不仅强调政务数据的"聚",将分散于各部门、各层级的数据进行有效集中和汇聚,完成物理迁移和逻辑汇聚,发挥数据集聚的规模效应、系统效应和乘数效应,以数据的"汇聚"奠定整体性治理的基础;并通过空间治理、业务中台可信身份认证、公共信用和电子签章等应用支撑体系,使各部门之间协调统一,资源整合,消除信息孤岛和数据烟囱,促进集约化治理。再次,IRS具有各类业务应用体系,依凭其巨大的资源优势,在大数据、人工智能等技术支持下,以较低的成本将碎片化、分散化的资源要素和治理能力予以高效整合和有效配置,实现核心业务应用升级,促进重要任务综合集成,提升政府治理整体效能。

(二)信息交互机制促进协同化转型,提升政府精准精细治理能力

信息交互机制兼具赋能和赋权的功能。政府系统内部的交互有效赋能治理水平提升,而政民信息沟通和互动则有效赋权社会公众。首先,通过信息交互机制,发挥连接交换功能,破除政务数据连接、共享、交换壁垒,进行信息交互、数据共享,提升政府治理的协同化水平。就IRS而言,从体系设计上,IRS兼具"平台+大脑"的功能,采用一体化数据目录,利用公共应用支撑组件,对数据和信息进行智能分析、研判评价,推动科学决

---

① 郁建兴,黄飚:《整体智治——公共治理创新与信息技术革命互动融合》,《光明日报》2020年6月12日。

策和高效执行,打造智慧化平台中枢,支撑各级各系统应用创新。在技术支撑上,IRS上构建了"四横四纵两门户"的架构体系,"四横"即基础设施体系、数据资源体系、应用支撑体系和业务应用体系,其中数据资源体系构建了资源或能力模块共享共用的数据资源系统,通过数据交互实现应用级的能力共享,依托数据中台和业务中台,实现面向服务需求的业务大融合和政府职能重构,依托于数据资源库的支撑,进而实现信息联通和数据共享。在治理运行中,依托IRS平台,通过数据协同、业务协同,以数据多重比对精准掌握服务对象分布及活动规律,并在平台上形成可视化界面,通过时时在线监控、异常状况提醒、管理预警及危机处理,实现紧急事件快速发现、快速联动、快速分派、快速处置,促进主动预测式、精准精细化治理。在服务提供时,在"浙里办"和"浙政钉"两门户之上,更是形成了掌上办公、掌上治理的协同总平台,强化了政务协同功能。

(三)快速迭代机制促进敏捷化转型,提升政府弹性柔性治理能力

动态适应、弹性柔性的敏捷治理成为治理转型的最新追求。以数字技术为基础,通过快速迭代机制为政府治理提供更强的动态性和适应性,提升政府敏捷治理能力。IRS平台驱动数据收集和处理方式变革,以快速迭代机制促进敏捷化转型,提升政府弹性柔性治理能力。首先,该平台以云计算平台、边缘计算平台、高性能计算平台等,以分级分布式计算、边缘近端计算、高性能计算等,突破海量视频图像处理、海量多态多源大数据分析、基于大数据的模型训练、高吞吐的智能推理和复杂的关联分析等计算瓶颈,释放更多的敏捷治理能力和弹性治理空间。其次,IRS通过高性能的算力支撑,提供了精确计算的分析工具和手段,使政府治理由"刚"变"柔"。借用移动终端和智能设备,将信息快速传递到公共数据平台,以全程监控和流程控制进行实时动态监管,以数据及时更新实现在线即时动态监测,快速匹配资源;以IoT、AI、数字孪生技术等为基础,通过数据模拟和仿真,数字孪生映射等,提供关联分析和预测分析,并动态反馈、适时调整,形成更精准、更及时、更灵活的资源配置方式。再次,IRS平台通过改变传统金字塔式结构,使政府组织形态扁平化、规模缩减,为政府弹性化运作和政府再造提供支撑;以服务中台和协同中台实现政务需求的敏捷响应、标准设计、迭代开发,还通过数据共享开放,使政府治理获得更多的互动性、更强的透明性、更敏捷的回应性,形成灵活的治理决策和组织模式,实现弹性柔性之治。

(四)时空突破机制促进在线化、全时化,实现全生命周期的治理

无论在"网上政务"和"移动政务"等政务服务上,还是在疫情防控、市场监督、安全治理、执法监督、社会治理等数字化应用上,都以互联互通、互为备份、多通道、多出口的"政务一朵云"作为基本支撑,形成主题库、专题库、归集库等时时在线、动态交互的各类

治理资源库;无论公共服务中的部门协同,还是政府治理的层级协调,甚至政民之间的网络协商沟通,都离不开数据资源库的有力支撑,在线和连接赋能使得治理趋于全时空化。IRS通过数据高铁、数据共享、算法模型和数据分析挖掘,构建全周期治理模式。比如在IRS的空间治理应用支撑体系中,借助GIS、BIM、IoT等,构建全域空间、三维立体、超高精度、灵敏反馈的城市信息模型,形成有效支撑的数据中台,通过加载其上的全域全量数据的全生命周期治理,以数据的集成融合实现对城市规律的识别和把握,实现全过程监控与处理,形成城市的全天候、全流程、全闭环的全周期治理。

(五)价值再造机制促进平台化转型,提升政府数据价值增值能力

在数字时代,万物皆被数字化技术重构,而数据则构成数字化世界的基础。政府拥有大量高价值密度数据,在利用大数据创造价值方面占有绝对优势。但是,这种潜在优势变为现实价值需要相应的驱动机制。平台化转型形塑扁平化、弹性化、平台式、虚拟性治理结构。技术驱动下,倒逼政府治理的分权化和扁平化。[①]通过信息和数据的无障碍流动,打破原有的管理层级和管理界限,强调"以权力为中心"转向"以数据为中心",推动"烟囱式"电子政府向"平台型"数字政府转型。[②]依托IRS,借助数据技术,通过价值再造机制,促进政府自身数据治理过程中的价值转化,或者向社会赋能,企业和社会通过数据利用将政府数据资源转变为新的产品和服务,实现政务数据的利用与增值。首先,驱动内部价值创造。该平台促进了政府自身数据在治理过程中实现价值转化。"在线"让数字平台成为基础设施,让政务数据成为生产资源,在数据重构中产生价值;通过"一网"通数据,以信息和数据的流动打破原有的管理层级和管理界限,"连接"产生高价值的数据,在数据交换中产生价值;通过"一平台"用数据,以数据、技术、业务、服务融合打造数据规模效应,在数据共享、利用中产生价值。其次,驱动市场价值创造。数字平台让新兴技术不断融合,集群化、链条化、跨领域创新成果屡见不鲜,颠覆性、革命性创新与迭代式、渐进式创新相并行,正在重构社会运行的底层基础设施和运行逻辑。数字平台驱动的这种创新通过不断向国民经济各产业、各领域"渗透"和"赋能",通过乘数效应和数字溢出效应推动数字经济迅猛发展,进而带动传统产业的转型升级。[③]IRS上提供的开放数据、创新组件和辅助工具,降低企业创新门槛,使那些拥有先进技术和服务经验的企业或组织获得更便捷更通畅的渠道和机会,对公共数据的价值进行挖掘,以更

---

① 张蔚文,金晗,冷嘉欣:《智慧城市建设如何助力社会治理现代化?——新冠疫情考验下的杭州"城市大脑"》,《浙江大学学报(人文社会科学版)》2020年第4期。

② 杰里米·里夫金:《第三次工业革命:新经济模式如何改变世界》,张体伟、孙豫宁译,中信出版社2012年版,第32页。

③ 杜振华:《政府数据开放与创新驱动经济增长的关系》,《首都师范大学学报(社会科学版)》2020年第2期。

智能的算法实现从数据到价值的转换,充分发挥信息技术的扩散效应、溢出效应和普惠效应。再次,驱动服务价值创造。数据可以支撑、衍生、优化服务,企业通过政务数据资源的挖掘,创造新产品或服务,或者产生新的资源组合、生产方法、工作流程、业务实践和组织方法,增加数据价值。在IRS驱动之下,产生了更多惠民惠企、智治智控的政用、商用、民用的新场景、新应用,有效促进了政府数据的普惠应用,创造了更多社会服务价值。以城市治理为例,IRS驱动之下,在交通治理、安全管理、疫情防控、危机管理、灾害救助等方面,通过人工智能迭代计算和人机交互,赋能城市智能化治理,辅助制定城市治理策略、优化方案和突发公共事件和预警预报及处置方案,为城市治理提供全面、及时、有效的决策支持。

四、结论

数字平台驱动政府治理创新,承袭了大数据驱动治理创新的技术和机制,回应了数字政府建设的新内涵、新要求,催生了高效的政府治理。通过对IRS的考察发现,数字平台兼具资源驱动、技术驱动和创新驱动的功能,主要通过资源整合机制、信息交互机制、快速迭代机制、时空突破机制和价值再造机制等多重机制驱动政府治理创新。数字平台驱动政府治理创新的五种机制(如表1所示)。

表1　数字平台驱动政府治理创新的五种机制

	资源整合机制	信息交互机制	快速迭代机制	时空突破机制	价值再造机制
场域提供	聚合场	共享/交换场	聚合/共享场	共享/交换场	交换/开放场
数据状态	聚集/存储/序化/在线	流动/交互	流动/交互/更新/赋能	流动/交互/更新/赋能	开放/挖掘/再利用/增值
治理角色	整合者/调取者	接口提供者/协同者	回应者/协同者	平台提供者/协同者	平台提供者/开放者/辅助者
组织边界	政府内部整合/打破部门边界	政府内部交互/打破部门边界	打破组织边界/比对外部数据	打破部门边界/突破组织边界	逸出组织边界/社会化利用
模式革新	融合式/整体高效式	交互式/精准精细式	敏捷式/弹性柔性式	全周期式/全过程式	开放式/价值再造式
治理方式	数据协同/业务耦合	信息交互/政民互动	动态回应/跨界融合	全时服务/全过程监管	平台提供/数据开放/工具辅助
治理工具	平台	平台/中台	中台	平台/中台	平台/中台/系统
治理效应	聚合/规模/优化效应	透明/普惠/扩散效应	优化/乘数/增值效应	扩散/普惠效应	规模/扩散/溢出/普惠/增值效应
驱动类型	技术赋能/资源驱动	技术赋能/技术赋权	技术赋能/技术赋权	技术赋能	技术赋能/技术赋权/资源驱动

资源整合机制促进集约化转型,提升政府整体高效治理能力;信息交互机制促进协同化转型,提升政府精准精细治理能力;快速迭代机制促进敏捷化转型,提升政府弹性柔性治理能力;时空突破机制促进在线化、全时化,实现全生命周期的治理;价值再造机制促进平台化转型,提升政府数据价值增值和再造能力。每一种机制所匹配的治理场域、数据状态、治理角色不尽一致,对政府组织边界、模式更新、治理方式的驱动也不尽相同,所提供的治理工具以及所产生的治理效应也有差异。从总体上看,呈现治理场域由内部向外部拓展、数据状态由静态向动态发展、治理角色从直接作用者向平台提供者转型,对组织边界的突破也是自内而外,从部门界限的突破到政府组织界限的突破,治理模式也向融合、交互、敏捷、精准、弹性、全周期等现代模式转型,治理方式趋向于整合、协同、耦合、交互、跨界、动态、全过程发展,治理工具由系统或平台向平台、系统两者融合或者平台、系统、中台的组合发展,治理效应也由单纯的聚合效应向透明效应、普惠效应、扩散效应、溢出效应、乘数效应、创新效应、增值效应等发展。

从回到西蒙到超越西蒙
——论决策权分工理论对政府组织数字化转型的价值

胡重明　彭龙胜[①]

一、引论

从来没有哪个时期的政府像今天的政府一样，将自身对效率原则的遵循与数字化改革紧紧关联在一起。即便是倡导组织效率原则的关键人物——作为行政学家和计算机科学家的赫伯特·西蒙也难以想象数字技术对当代政府管理的巨大影响。近三十年来，信息技术的加速迭代已推动世界各国的数字政府建设不断升级。英国、澳大利亚、美国、加拿大等发达国家相继出台数字政府转型战略，在数字化平台建设、数据共享与挖掘、数字化人才和机构建设、政务流程再造等方面提供了多样化的现实路径。[②][③]与此同时，中国数字政府建设也经历了从"政府信息化"到"电子政府"再到"数字政府"建设的政策蝶变，[④]正迈入一个以数据化和数据创新为标志的"数字政府2.0"时代。[⑤]

不可忽视的是，政府治理过程中的信息碎片化、应用条块化、服务割裂化[⑥]等问题依旧屡见不鲜。一系列跨域公共事务、特大应急事务和平台经济的监管等问题[⑦]进一步暴露出当前政府在跨界协同治理中的短板。同时，国际国内形势的变化、民众需求的日益增长给政府治理提出了更高要求。然而，政府组织理论的创新仍然未达预期。即便已

① 作者简介：胡重明，中共浙江省委党校公共管理教研部副教授。
② 章燕华，王力平：《国外政府数字化转型战略研究及启示》，《电子政务》2020年第11期。
③ 胡税根，杨竞楠：《发达国家数字政府建设的探索与经验借鉴》，《探索》2021年第1期。
④ 黄璜：《数字政府：政策、特征与概念》，《治理研究》2020年第3期。
⑤ 张建锋：《数字政府2.0》，中信出版集团2019年版，第41—42页。
⑥ 戴长征，鲍静：《数字政府治理——基于社会形态演变进程的考察》，《中国行政管理》2017年第9期。
⑦ 韩万渠：《跨界公共治理与平台型政府构建》，《科学社会主义》2020年第1期。

有学者提出以“平台型政府”[①]“界面型政府”[②]等模型来解释和评估政府组织的数字化实践，可从概念化工作来看，数字政府的关键维度与核心特征还有待进一步提炼与检视，数字政府运行的一般模式和深层机制仍然需要被发掘。[③]尤其是，它们对事关分工协调的组织设计问题缺乏充分的关照。可以说，如何消除传统科层制组织的碎片化痼疾，打造协同高效的数字政府组织运行架构仍然是当前和今后一段时间政府建设的核心命题。

为了回应上述问题，本文第二节将首先回顾关于决策权分工和组织设计的假设，这甚至可以追溯到组织和管理理论发展的古典时期，并于赫伯特•西蒙那里基本成熟，进而奠定了现当代组织分析的主要依据。基于此，对当前数字政府组织的文献进行评述，我们将重点阐明为何主流的模型无法彻底解决“作为组织的数字政府何以可能”的问题；第三节，我们将重新回到西蒙关于决策权分工的讨论。我们将阐明，西蒙的理论不但为历史上超越古典模型提供了可能，而且至今具有基础性意义。通过引入他的模块化思想，可为理论的创新和建构提供逻辑起点；最后一节，进一步就改造决策权分工理论对数字政府组织研究的价值进行探讨，对政府组织理论未来的发展方向与研究议题进行展望。

二、决策权分工的古典假设与数字政府模型的“病理学”

历史上，关于组织曾有过不同的“隐喻”，比如“机器”“有机体”“大脑”等[④]。“平台”和“界面”则是在数字时代方兴未艾的构想物。诚然，简单地将数字政府组织想象成“平台”或“界面”尚不足以承载新一轮改革的目标。欲从根本上跳脱出传统科层制的框架，就必须有效回答决策权如何重新分工这一组织学的根本问题，并且这种分工还应保证组织效率原则的实现继续成为可能。正因如此，我们需要回到西蒙，甚至回到更早的韦伯和泰罗，找寻解题的突破口。

（一）决策权分工与科层制的一般模型

一直以来，分工都是组织设计的核心问题。早在20世纪伊始，泰罗和法约尔等人就在管理学领域倡导分工思想，只不过他们的努力更多回应的还是工业组织的经验，是力

① 张晓，鲍静：《数字政府即平台：英国政府数字化转型战略研究及其启》，《电子政务》2018年第3期。

② 李文钊：《理解中国城市治理：一个界面治理理论的视角》，《中国行政管理》2019 年第9期。

③ 马亮：《中国数字政府建设的理论框架、研究议题与未来展望》，《中共天津市委党校学报》2021年第2期。

④ 罗珉：《组织的隐喻：从现代到超现代》，《管理学报》2005 年第6 期。

图通过劳动分工来解决生产效率的问题[①]。而韦伯提出科层制模型的意义在于,真正将分工置于(行政)组织学的范畴加以展开。他所提出的专业分工、层级节制、规范化和非人格化等一系列组织设计原则都旨在提升行政组织(或称管理型组织)行动的理性成分,最大程度降低组织运行的复杂性和不确定性。其中,专业化和分工协作构成了组织效率的基本前提。

按照西蒙的观点,传统政府组织分工协调主要有两种途径:一是程序性协调,即通过描述每个组织成员的职权和活动范围来建立一条纵向上的权威链;二是业务性协调,意指组织活动的业务内容。[②]在组织演变过程中,纵向协调机制逐渐固化为等级制度,横向协调机制逐渐固化为部门制度。在纵向等级协调中,上级组织通过组织剩余和组织信息[③]来行使权威,分配权力。即上级凭借更加充裕的财政、人事、监督等组织剩余权力来控制下级,其中决策权和信息资源的充裕使得上级能长期处于一种优势地位,故而在组织决策和执行中,这种权威的势能落差体现为一种自上而下的行动流。而另一种横向的业务协调在组织层面体现为各种职能部门的增删整合,从而更好地将一些常见事务纳入部门范畴,减少决策成本;在个体层面体现为对个人职责、权限的详细规定,从而减少对个人专业化和技术的管理培训成本。

值得注意的是,作为组织效率的制度"源泉",分工的可能性建立在行动的合理性和可控性的基础上,即组织中的个体行动应与作为理性"机器"的组织设定和制度安排基本吻合。而这在实践中并不容易,甚至不可能。在马奇和西蒙看来,韦伯之后的那些知名的追随者——无论是默顿[④],还是塞尔兹尼克[⑤]、古尔德纳[⑥]——所做的研究几乎遵循了一个同样的论证逻辑(见图1):

图1 科层制的一般模型

资料来源:詹姆斯·G.马奇,赫伯特·A.西蒙:《组织》,邵冲译,机械工业出版社2008年版,第35页。

---

① 詹姆斯·G.马奇,赫伯特·A.西蒙:《组织》,邵冲译,机械工业出版社2008年版,第11—31页。

② 赫伯特·A.西蒙:《管理行为》,詹正茂译,机械工业出版社2019年版,第181页。

③ 周军:《复杂社会的治理挑战:从统一标准到包容差异》,《行政论坛》2020年第5期。

④ 詹姆斯·G.马奇,赫伯特·A.西蒙:《组织》,邵冲译,机械工业出版社2008年版,第35—38页。

⑤ 詹姆斯·G.马奇,赫伯特·A.西蒙:《组织》,邵冲译,机械工业出版社2008年版,第38—40页。

⑥ 詹姆斯·G.马奇,赫伯特·A.西蒙:《组织》,邵冲译,机械工业出版社2008年版,第40—42页。

“他们把某些组织形式或为了控制组织成员的行为而设计的组织程序作为基本自变量。这些程序主要建立在我们称为人的行为的‘机器’模型的基础上。这些程序证明不仅有组织领导者预料到的后果,也有其他未预料到的后果。而这些后果反过来又强化了使用控制手段的倾向。”[①]在这里,诸多有关协调与控制的程序安排仅仅是为了维护科层制结构的执行工具而已。或正如马奇和西蒙所言:“他们假设把个人当作机器对待的非预期后果实际上鼓励了‘机器’模型的继续使用。”[②]

可以说,直到20世纪中叶——可能今天依旧如此——还没有哪一种理论构想真正超越科层制模型。这固然为我们讨论数字时代的政府组织设计问题提供了一般框架,但也带来了无法轻易解脱的束缚。

(二)数字政府的主流模型及其“病理学”

无疑,传统的科层制组织建立在低复杂性、低不确定性和低流动性的社会情境之中。虽然这种传统的分工模式带来的价值值得肯定,但随着新技术的冲击和经济社会的快速发展,其边际效益递减的趋势愈发明显。追求理性和效率的专业化分工设计反过来又固化了组织的运行模式,造成组织体系封闭和形式主义,陷入一场“效率悖论”。[③]因此,随着任务复杂性、不确定性和相互依赖性的增强,多分布结构、矩阵结构、自律结构、网络结构等组织形式相继出现。[④]诚然,无论这些形式如何变化,其本质都是通过一种更好的分工,来达成组织成员之间的协调,进而保证组织目标的达成。而一系列新的分工与协调需求便促使人们必须回到决策过程本身——而不(只)是部门间关系——来重新思考组织设计的问题。正如西蒙所言,当今组织面临的最大问题,不再是部门化问题和操作单位的协调问题,而是对信息储存和信息处理进行组织的问题;不是劳动分工,而是决策制定过程的分解。[⑤]

数字政府的组织转型是一场系统性、协同式变革,需要对政务流程、组织构架、功能模块等进行数字化重塑,涉及治理理念、数字技术、政务流程和体制机制的全面创新。[⑥]从组织设计的视角来看,目前关于数字政府的研究成果中有“平台-连接”和“界面-重构”两条具有代表性的研究路径。虽然二者在分析要素、目标和手段上不尽相同,但都

---

① 詹姆斯·G.马奇,赫伯特·A.西蒙:《组织》,邵冲译,机械工业出版社2008年版,第35页。

② 詹姆斯·G.马奇,赫伯特·A.西蒙:《组织》,邵冲译,机械工业出版社2008年版,第 35页。

③ 张康之:《韦伯官僚制合理性设计的悖论》,《江苏社会科学》2001 年第2 期。

④ W.理查德·斯科特,杰拉尔德·F.戴维斯:《组织理论:理性、自然与开放系统的视角》,高俊山译,中国人民大学出版社2011年版,第118、139页。

⑤ 赫伯特·A.西蒙:《管理行为》,詹正茂译,机械工业出版社2019年版,第234页。

⑥ 刘淑春:《数字政府战略意蕴、技术构架与路径设计——基于浙江改革的实践与探索》,《中国行政管理》2018 年第9期。

力图为打造协同高效的数字政府提供理论方案:"平台-连接"路径依循整体主义的理念,更多聚焦于原有结构的有机整合,着重从技术尤其是数据的角度来推动政府治理变革,体现一种自上而下、理性设计的演进路径。平台作为组织载体,为实现政府主体、信息的连接协同提供了关键支撑。[①]而"界面-重构"路径则将视角转向政府如何主动适应复杂多变的情景,更多强调为回应外部需求,政府权力、职能、业务流程等组织要素的变化,体现一种自下而上、需求倒逼的演进路径。以"事"为中心的逻辑引导人们将对政府组织的关注从内部数据的共享延伸至管理服务的各类界面,将政府组织建设的着力点从"后台"迁移至"前端"。尤其是界面型政府的倡导者,已提出要解决"分工专业化"与"需求一体化"之间的矛盾——这正是当前影响政府组织设计的关键难题。[②]

但是,现有研究成果仍然存在明显缺憾:从以"政府即平台"为代表的"平台-连接"路径来讲,这种思想进路一方面脱离了深层次的技术、组织和制度的互嵌,数字政府建设可能滑入"技术决定论"的误区,陷入一场"虚拟的美丽"。[③]另一方面,整体协同、技术连接的理念并不能完全解释和回应政府组织层面诸多更深层次的变革(且不论数据共享未必带来业务协同)。而从"界面-重构"路径来讲,以"界面型政府"为代表的理论著述对引起流程和组织重构的底层逻辑尚未解释清楚,没有形成一套关于流程或组织重构的一般机制的解释框架。并且,关于平台和界面的不少论著难免各执一端,对如何进行组织目标的分解、如何展开决策执行和协调过程等问题缺乏应有的关照。也就是说,现有研究虽有新的构想,却依旧较少对组织核心逻辑变化尤其是决策权分工这一经典命题展开有力探讨。

譬如,界面政府理论的倡导者基于西蒙和奥斯特罗姆(Vincent A. Ostrom)的"人工物"(Artifacts)思想,将政府看作是一种界面(人工物),讨论如何通过技艺来改善政府自身的运行。他认为:"从人工物的角度思考政府,政府改革的过程是一种人工物替代另一种人工物的过程。"[④]那么,界面型政府的前一个被替代物是什么政府呢?科层制政府并不是一种界面,还是说科层制政府是一种旧时代的界面?事实上,作者对组织的实际结构、层次和过程没有给予充分的关照。在作者那里,其实并没有比他所批判的那个"西蒙"在混淆和泛化界面用法问题上(西蒙本人未必同意)好到哪里去——西蒙仅仅是在本体论意义上讨论作为界面或人工物的行政组织,而作者却把作为本体的界面与作

---

① 翟文康,徐文,李文钊:《注意力分配、制度设计与平台型组织驱动的公共价值创造——基于北京市大兴区"接诉即办"的数据分析》,《电子政务》2021年第5期。

② 李文钊:《界面政府理论:理解互联网时代中国政府改革的新视角》,《中国人民大学学报》2021年第4期。

③ 简·芳汀:《构建虚拟政府:信息技术与制度创新》,中国人民大学出版社2004年版。

④ 李文钊:《界面政府理论:理解互联网时代中国政府改革的新视角》,《中国人民大学学报》2021年第4期。

为行政组织与社会的具体交互介质的界面不做清晰区分。正如许多文献所提及,界面更新的关键价值应为撬动内部结构的重塑。因而,不能将专业分工(决策权分工)问题——这一组织研究的核心在考察和论述中只作轻描淡写。这关乎西蒙所说的"组织生理学"[①]问题,甚至关乎组织的"发生学"问题——组织何以可能。如果不能有效回应这个问题,那么就难以说"我们已经成功地创造了一个新的政府理论"。

三、西蒙的理论遗产与组织模块化思想

毋庸讳言,对决策权分工问题的重新认识构成了数字时代创新政府组织理论的前提。西蒙留下的理论遗产之所以具有重要的启发价值在于,他并未简单套用传统的"机器"模型来建构组织学说。这一点恰好贴合了政府数字化转型的问题意识。他所倡导的模块化组织观可作为克服主流理论缺陷的思想基础。

(一)作为过程的决策权分工

西蒙的管理行为理论或称决策理论实际就是将组织结构化过程以决策行为和决策权的分工过程为线索加以阐释。通过借用巴纳德的"复合决策"的概念,西蒙指出:"显而易见,几乎所有组织决策都不是一个人的责任。即使采取特定某种行动方案的责任最终确实落在某人身上,但经过仔细研究该决策的制定方式,我们也总能发现,通过正式和非正式的沟通渠道,各种决策要素都能追溯到参与决策前提确定的许多个人身上。识别清楚所有这些要素之后,正式决策制定者的贡献实际上看来反而不那么重要了。"[②]

如果说管理就是决策,那么组织的本质就是决策权的分工过程。西蒙认为:"为了确定具体情况下影响力或权威的施加范围,我们有必要将下属的决策分解成多个组成部分,然后确定哪些由上级决定,哪些由下属自主处理。"[③]正是在这个意义上,以往数字政府理论和实践的问题可能在于,影响力发挥作用的方向和程度仍然遵循了既定的组织权威链条,决策权并没有被分解或下沉到管理服务的实际执行者(常常是基层行政人员)或相应具体场景。因此,以往的政府数字化转型也就没能从根本上改变组织(职权)结构的性质。

从信息处理的角度来看,随着数字时代的到来,信息饱和、冗余的现象愈发明显,如何对海量信息进行压缩与整合尤为重要,决策的分解与注意力的分配密不可分,注意力

---

① 赫伯特·A.西蒙:《管理行为》,詹正茂译,机械工业出版社2019年版,第292页。

② 赫伯特·A.西蒙:《管理行为》,詹正茂译,机械工业出版社2019年版,第292页。

③ 赫伯特·A.西蒙:《管理行为》,詹正茂译,机械工业出版社2019年版,第294页。

日渐成为一种稀缺资源,组织层级越高,则注意力瓶颈越窄。[①]决策中的高层应当将有限的注意力更多地分配到更具战略性的复合决策制定,而那些为落实决策而衍生的一系列下级决策则应更多赋予其执行者自由裁量权。因此从组织发展趋势来看,多层级组织的权力配置应逐渐下移。一方面需要减少决策层级,缩短决策路径;另一方面,需要下移决策层级之间的决策位置。[②]不但横向部门之间的重新分工是必要的,而且不同层级之间应当对决策权限进行重新分解。针对这一问题,我们已无法再停留于从价值层面将未来的政府想象成一种合作制组织[③④]的理想类型,也不能仅仅从宏观上勾勒不同层级的职能特性[⑤],而是需要通过从理论上提供一种方案,让更加开放的决策过程和更多的决策权下放真正在组织层面落地。

那么,如何对决策权进行分解,如何重新对相应治理资源进行规划以更好地适应复杂多变的治理情境?在企业和产业组织研究领域已流行并付诸实践的模块化思想或许可以成为政府组织理论变革的突破口。

(二)组织的模块化

模块化概念最早由西蒙提出,他强调模块化是由复杂系统转变成新的、稳定的组织架构。[⑥]青木昌彦认为模块化是按照某种规则,将一个复杂的系统或过程分解为能够独立设计的半自律的子系统的活动或过程。[⑦]模块化一般具有三大特征:功能性、耦合性和交互性。[⑧]"功能性"强调对组成要素进行重新混合配对,来创造新的产品种类。"耦合性"表示模块间的联系程度,当模块之间有响应性而无独特性时,系统是紧密耦合的;当响应性和独特性均存在时,系统是松散耦合的。而"交互性"强调相关参与主体之间的合作性与沟通。

模块化组织以价值创新作为组织根本追求。它是一种通过信息流、物质流在实体间的交互流动而产生协同效应,最终实现产业内多赢的新型组织模式,[⑨]在模块化组织

① 赫伯特·A.西蒙:《管理行为》,詹正茂译,机械工业出版社2019年版,第215—227页。

② 周朝林:《赋能型组织:未来组织不是管理,而是赋能》,中国纺织出版社2019年版,第10页。

③ 张康之:《走向合作制组织:组织模式的重构》,《中国社会科学》2020年第1期。

④ 周军:《复杂社会的治理挑战:从统一标准到包容差异》,《行政论坛》2020年第5期。

⑤ 赵娟,孟天广:《数字政府的纵向治理逻辑:分层体系与协同治理》,《学海》2021年第2期。

⑥ Simon H A".The architecture of complexity", *Proceedings of the American Philosophical Society*, Vol.6, No.6,1962,pp.457-476.

⑦ 青木昌彦,安藤晴彦:《模块时代——新产业结构的本质》,周国荣译,上海远东出版社2003年版。

⑧ 沈玉燕:《模块化特征、知识转移与平台组织绩效研究:以物流服务平台为例》,浙江大学出版社2019年版,第42页。

⑨ 任浩,郝斌:《模块化组织运行机理的整合性架构研究》,《同济大学学报(社会科学版)》2009年第2期。

的运行过程中，作为主导模块的设计师通过对组织价值链进行模块化分解与集成，来对组织内部资源进行跨边界优化配置，从而形成价值整合。[①]这种价值整合或创新的路径，经历了从业务整合到能力整合，再到知识与能力高度扩散与融合的过程。其目的是达到生产者剩余和消费者剩余的最优结合。[②]故而，模块化给组织带来的最直接好处就是最大程度地盘活掌控的资源和要素，实现流程重组和产品创新，弹性敏捷地适应用户需求和竞争环境的变化。这种模块化组织和模块化思想为政府组织变革所提供的重要意义就在于对原有的组织结构即决策权分配逻辑的改变以及对组织管理即决策过程的赋能。

从决策权的分工来看，组织的模块化试图超越原有的部门与层级边界，回应合作制组织的价值追求，依靠信息流的传递交换实现协调行动，体现松散耦合的组织连接特性。这种模块化组织更多强调知识的专业化，而不(只)是部门、人的专业化。这意味着专业化设计不只是为了降低复杂性和不确定性，而是去更好地适应复杂性与不确定性。无论场景问题多么复杂，模块化的设计都能迅速重组力量和资源，迭代出相适应的组织架构和行动流程。模块化组织承袭传统等级化组织的一点可能在于，它们都依赖于目标分解的机制和上下级之间的相对独立关系，即决策权的纵向分工。而关键的不同在于，模块化组织将这种分工的基础不只建立在上级的授权或成文的规定上，而是主要依托于一套用户需求信息传输和回应的机制，依靠界面信息反馈、智能化的平台支撑和标准化的指令派单，更加敏捷地管理服务生产的流程，让面向用户的部门或层级可直接做出决策。同时，凭借信息公开与针对模块的考核激励策略，组织将形成响应性、交互性与独特性、专门性相统一的新型责任框架。正是在这个意义上，模块化可能改变职能和职权分工关系，这与传统的基于部门或层级的决策权分工逻辑有着根本性区别。

从决策的过程来看，模块化的价值就在于赋能。西蒙所提供的组织生理学剖析不只针对决策职能的分布和分配，更体现在组织对每个成员决策的影响过程中，也就是组织提供决策前提的过程中。西蒙“从过程的角度来看”，试图研究：“①个人实际上被授予多大自由权限；②组织使用什么方法对个人选择的决策前提产生影响。”[③]作为效率原则有效执行基础的事实决策的前提就是有效的信息供给。既然如此，“多跨”(跨部门、跨层级、跨行业、跨领域、跨单一需求)的决策过程就需要“多跨”的数据归集，以为高效的“多跨协同”提供前提。数字化与模块化能够改变管理决策的前提构筑方式，即改变将决策前提的信息输送给决策者的流程与机制，甚至直接塑造决策前提本身，提供一套数据化的决策依据，为理性的扩展和强化创造条件。从此意义上说，过去的数字化改革

① 吴昀桥，任浩：《模块化组织运行机制探究》，《中国科技论坛》2014 年第 1 期。

② 王瑜，任浩：《模块化组织价值创新：路径及其演化》，《科研管理》2014 年第 1 期。

③ 赫伯特·A.西蒙：《管理行为》，詹正茂译，机械工业出版社 2019 年版，第 294 页。

没能真正改变组织形态的深层次原因还在于,数字化虽然扩大了信息载量,提供了信息传输的加速机制,但并没有为跨部门或跨层级协同提供有效的决策前提,尤其没有为那些直面用户的部门或层级处理多跨事务提供充分的决策前提。而模块化则可能为管理活动提供新的动力机制和组织条件,它与"平台""界面"相互关联和作用,将为政府组织的系统性重构提供一整套机制。

四、超越西蒙:从模块化组织到数字政府的新理论

一切社会理论的历史都是由一个个历史的理论所构成。理论创新的本质就是一个扬弃的历史过程。通过对古典假设和现有理论成果进行梳理与反思,可以发现它们并没有从根本上解决数字政府的"组织化"问题。本文认为,重新探讨决策权分工命题至关重要,尤其是西蒙的决策过程理论和模块化思想为数字时代创新政府组织理论提供了一个有力的牵引。与此同时,新的构想也将超越西蒙意义上的讨论,为解释和规范数字时代的政府组织结构与过程提供新的准则。

(一)组织理论的关键任务

事实上,未见到新近实践的西蒙难以确切地想象适应数字时代的政府组织架构的理想形态。虽然他和马奇的努力为从认知和行为的角度重新理解组织做出划时代的贡献,但是就组织结构的设计而言,一直无法抛开古典理论。西蒙的许多思想也被整合到关于科层组织的新的讨论中,作为古典模型的一种修正和补充。并且,我们也难以否认基于层级的分工至今仍在形塑政府组织的客观事实。而本文认为,数字政府的组织理论必须能够承载以下几项关键任务。

首先当然是对传统科层制理论的突破。本文从西蒙决策权分工的思想出发,重新探讨了数字政府的组织逻辑,认为基于决策过程的分工协调逻辑能更好地适应复杂多变的环境。在这里,组织的模块化是基于决策过程和知识本身的分工,而非基于人或部门的分工,这体现了政府在数字时代展开专业分工、实现价值创造的本质——协同①。这打破了以往层级制和部门制的组织设计模式,是对组织效率原则的一种重新诠释。如前所述,模块化将通过分解、重组和迭代等机制重塑组织结构。以组织的模块化为核心路径,数字政府的理论新构想还体现在创新决策过程和优化治理模式等方面,实现对传统科层制模型的系统性超越(见表1)。

---

① 陈春花,朱丽:《协同:数字化时代组织效率的本质》,机械工业出版社2021年版,第15页。

表1　传统科层模式与数字政府模式的对比

		传统科层模式	数字政府模式
组织结构	机构设置	层级制、条块分割、刚性封闭	网络化、条块融合、弹性渗透
	职能体系	固定分工、常态设置	模块组合、动态调适
	资源配置	以正式制度为依据	以任务需求为导向
	动员机制	权威化命令指挥	标准化指令派单
	控制方式	外部监督与结果反馈	信息公开与模块考核
	任务环境	相对简单与稳定性	不确定性与复杂性
决策过程	参与主体	高层次管理者	多层次管理者
	数据使用	分散利用、原始堆叠	共享互通、智能挖掘
	理性逻辑	基于经验累积的有限理性	基于算法迭代的扩展理性
	管理程序	线性	闭环
治理模式	价值理念	以部门为中心	以场景为中心
	沟通界面	单一、实体	多元、虚实结合
	互动程度	低频无序	高频有序
	响应速度	延迟回复	即时反馈

资料来源:作者自制。

注:限于篇幅,我们还将专门著文详述模块化重塑政府组织内在运行逻辑的具体过程。

二是必须修正以往数字政府理论的缺陷,并有效解决与潜在的替代性方案展开竞争的问题。本文认为,数字政府模型不应只是对已有主流理论的简单综合,而是必须夯实和改进理论建构的基础——概念化工作。事实上,无论是平台型政府,还是界面型政府,都从各自角度描述和解释了当前数字政府实践的某一面向。然而,“平台”或“界面”都难以作为孤立的核心概念来概括新一轮数字政府建设的本质。就这一点而言,“模块”或许同样如此。只不过在数字政府的模型建构中,模块因关涉以往研究相对忽略的组织结构的基本属性问题——决策权分工,且作为平台与界面的中介和组织目标的执行实体,所以具有特殊地位。

当然,在公共行政理论的发展过程中,还有矩阵型组织、团队型组织、任务型组织与合作制组织等诸多构想,都体现了试图超越科层制模型、对接数字时代的努力。而值得注意的是,其中大部分实际在数字时代前就已被广泛谈论,几乎仍然属于工业时代科层制模型的修正品,或者如合作制组织之类的则是本土学者从价值理念层面讨论的一个非分析性的概念。

与当前实践尤其是本国政府行政实践密切相关的一个值得辩论的议题则是议事协调机构的理论地位问题。这里很可能会有人提出异议,即传统的议事协调机制同样可以为协同提供可能条件,或者模块化是否仅为议事协调机制的"新瓶装旧酒"呢?但需要注意的是,即便专委会等议事协调机制中的各合作主体的临时性分工在技术上仍旧可行,可作为科层体系的补充,这种机制并不是一套相对独立的机制(有时还缺乏共识和标准化的程序),即无法与组织既定职权体系和部门化逻辑清晰地区分开来,甚至常常还要借助高层管理者的"挂帅"机制来推动,进而难以实现较低的成本。因此,这就需要一套新的职能(职权)设置和运行机制,为解决这种难题并促成数字化改革效用的释放提供规范化方案。

而且,传统临时性或任务型组织难以提供规范化机制,是因为每一次重大任务的执行总是需要刷新各个相关主体之间的行动边界,而在没有标准充分支持的组织运行体系中,这是无法消除因分工不清和利益冲突所带来的摩擦成本(交易费用)的。而模块化的好处在于,将数字化作为核心技术途径,改变了决策前提的分布和递送方式,通过预设清单化的采办规则和业务沉淀机制,很大程度上排除了非事实性决策对事实性决策过程的干扰[①]。学界现有讨论中还可能会将此类组织称为混合型结构,比如一种科层架构、矩阵组织与虚拟维度的结合物。但是,这里的意义实际超越了简单的拼凑组合。因为这一套以数字化为支撑的"统分结合、综专一体"的规范化职能体系,将建立针对模块的考核激励机制,创新管理和服务的逻辑,使政府治理更加弹性敏捷、富有回应力,并具备迭代发展的基因和条件,这些都是以往所不具备的。

三是新理论必须能够回应快速演化的改革实践。即便是政府,也不得不应对与企业组织相似的不确定性和复杂性更高的环境。正如有人提出,今天组织管理与以往的不同在于:(1)强个体出现,组织与个体之间关系改变。(2)强链接关系,影响组织绩效的因素由内部转向外部。(3)技术创新与技术创新普及的速度加快,驾驭不确定性成为组织管理的核心。(4)组织不再具有"稳态"结构。(5)"共生"成为未来组织发展的进化路径。[②]面对这样的新处境,向来"自我封闭"的政府组织势必面临更大的变革阻力。

如若从采用开放系统理论的术语来讲,数字时代的组织将面临生产(治理)效率和管理(行政)效率的双重变革任务。前者关乎组织的技术核心,后者关乎组织的权力结构,决定了组织管理活动的本质[③]。二者是相互作用的关系。前者依赖于后者为其提供相对稳定的制度环境,获得交易费用降低和报酬递增的好处。正是因为数字化对技术

---

① 赫伯特·A.西蒙:《管理行为》,詹正茂译,机械工业出版社2019年版,第52—69页。

② 陈春花,朱丽:《协同:数字化时代组织效率的本质》,机械工业出版社2021年版,第Ⅶ页。

③ 詹姆斯·汤普森:《行动中的组织:行政理论的社会科学基础》,敬乂嘉译,中国人民大学出版社2007年版,第25页。

核心——资源投入和产出的关系，以及劳动分工的改变，生产力水平得以大幅度提升。而这也倒逼组织必须有一套全新的结构和机制来解决管理效率的问题——资源依赖和生产组织化的外部定向促使对决策权分工作重新安排[①]。模块化、扁平化、弹性化、敏捷化都可以说是这种组织新形态的特征。

（二）理论创新的新挑战

对于身处不确定性和动态多变环境中的政府组织而言，“主动设计的变革”必将成为大势所趋，而理论研究的滞后本身就可能成为变革的阻力。诚然，在进一步的理论发展过程中，还有一系列问题亟待深究。这些也是仅仅借助传统理论和西蒙学说无法充分解答的方面。

其一，当新技术不断冲击组织既定的结构与关系，管理者该如何应对可能产生的核心权力的偏移？依据传统的组织理论，组织权力的来源主要有两条路径：一是合法性的制度性权力，来源于组织的正式规章、制度安排；二是源自组织运行中行动者之间互动而形成的某种依赖关系。[②]在数字时代，组织场域和活动频次被极度放大，技术性活动不断增加，如平台的建构与开发、行业的审批与监管，这些活动越来越依赖于专业性、复合型人才以及组织外部的资源。一方面，数字政府的管理者必须考虑如何基于业务全流程和综合知识开展新一轮的专业化分工和模块化重组，在内部规培和外部引才之间做出权衡，以降低组织决策和协调的成本；另一方面，管理者还必须认识到，数字化和模块化并不意味着放弃权力，过于强调“技术官僚”“专家权威”的行政技术主义[③]并不比“外行领导内行”的传统官僚主义的危害更小，必须考虑平台和模块该由谁来统筹设计的问题，尽量避免政治与行政的冲突、技术与制度的脱节。

其二，当组织趋于扁平、弹性和泛在，管理者该如何处理模块与政府既定条块之间的关系？虽然组织的模块化可能带来更加弹性敏捷的政府，但模块化同样面临自身设计的内在张力。在数字政府建设的当前和未来较长一段时期，可能依旧无法抛开部门和层级的框架去谈论模块化的问题——既定的条块反而将为模块化的推行提供资源和条件。换言之，部门和层级的缺陷将被克服，但部门和层级依旧重要。当然，由于模块化的价值必须通过化解一直以来困扰政府治理的纵向权责倒置问题和横向权责不清问题才能得以彰显，所以管理者必须有效处理面向界面和场景的各种模块之间的关系，理

---

① 胡重明：《“政府即平台”是可能的吗？——一个协同治理数字化实践的案例研究》，《治理研究》2020年第3期。

② 张云昊：《规则、权力与行动：韦伯经典科层制模型的三大假设及其内在张力》，《上海行政学院学报》2012年第2期。

③ 苏曦凌：《行政技术主义的社会病理学分析：症状、病理与矫治》，《社会科学家》2015年第11期。

清综合性、通用性职能(模块)与部门专业职能(模块)以及满足用户“一件事”需求的特殊职能(模块)之间的边界。即便先期已有一些地方探索的迹象(如浙江政府数字化转型对“V字理论模型”的实践),要让模块化真正持续发挥撬动数字政府建设的作用,就必须从理论上继续深入研究如何给模块赋权的问题,以资源集中和管理一体化真正做实模块、夯实组织基础。

其三,要警惕和防止政府组织理论的激进主义。对数字化和新技术的推崇已经弥漫这个时代,加之实证研究的广泛推行,想获得“有趣”甚至“重大”的理论发现仿佛并不困难。在数字时代到来之前,对结构功能主义的批判就已成为组织理论发展中的时髦做法。在数字时代到来之后,新技术又进一步加剧了学术圈对传统组织模式的解构与批判。一方面,我们需要确信数字化的新动能必将改变政府组织的决策方式和权力结构,“电子衙门”“留痕主义”“智能官僚主义”①的出现或许只是改革探索中的个别或过渡现象,一个淡化边界、开放合作、不断蝶变的政府组织一定会成为未来的现实;另一方面,组织的变迁史亦反复证明,虽然从来就没有最佳的组织形式,但是不同的组织方式总是会产生不同的效果,②片面地强调结构和边界的消弭本身就不符合组织的客观属性——一个目标一致、相对稳定的社会行动系统。数字化和模块化的终极目的并不是对科层制的简单否定,而是立足新处境释放结构新优势、摆脱旧结构对管理效率的束缚,实现“扬弃”。正是在这个意义上,政府组织理论的重大变革归根到底不是源于空泛的想象力,而是源于经验的累积、实践的需求和现实的可能性。

① 胡卫卫,陈建平,赵晓峰:《技术赋能何以变成技术负能?——“智能官僚主义”的生成及消解》,《电子政务》2021年第4期。

② M Oliveira. DESIGNING COMPLEX ORGANIZATIONS. Addison-Wesley Pub. Co, 1973.

打造全过程人民民主实践高地

"人大代表密切联系群众":分析框架、制度逻辑与实践机制

金晓伟[①]

一、问题的提出:"人大代表密切联系群众"

"人民代表大会制度是我国的根本政治制度,也是我国人民当家作主的重要途径和最高实现形式。"[②]自人民代表大会制度创建以来,党和国家就十分注重发挥"人大代表密切联系群众"的优势。随着人民代表大会制度的完善与发展,"人大代表密切联系群众"工作的制度化和规范化不断加强。党的十八大以来,以习近平同志为核心的党中央高度重视人大制度和人大工作,对"人大代表密切联系群众"的认识也不断深化。党的十八大报告提出,"在人大设立代表联络机构,完善代表联系群众制度"。在庆祝全国人民代表大会成立六十周年大会上,习近平总书记指出"各级人大代表要忠实代表人民利益和意志履行代表职责,密切联系人民群众,自觉接受监督"。[③]党的十九大报告作出了"社会主要矛盾已经转化"的重大判断,进一步发挥人民代表大会制度的作用,将极大地提升国家治理体系的回应能力,回应人民日益增长的美好生活需要。站在新的历史起点上,党的十九届四中全会重申了人民代表大会制度作为根本政治制度的地位,提出"密切人大代表同人民群众的联系,健全代表联络机制,更好发挥人大代表作用"。值得注意的是,2020年9月17日,习近平总书记在湖南基层代表座谈上提出"人大代表要更加密切联系群众",[④]对人大代表密切联系群众工作提出了更高要求。2021年10月13日

---

① 作者简介:金晓伟,中共浙江省委党校法学教研部讲师。

② 许安标:《人民代表大会制度是支撑国家治理体系和治理能力的根本政治制度》,《行政管理改革》2019年第11期。

③ 习近平:《在庆祝全国人民代表大会成立六十周年大会上的讲话》,《求是》2019年第18期。

④ 李小健:《"人大代表要更加密切联系群众"——栗战书与列席十三届全国人大常委会第二十二次会议的全国人大代表座谈侧记》,《中国人大》2020年第21期。

至14日,习近平总书记在中央人大工作会议上强调人民代表大会制度是实现我国全过程人民民主的重要制度载体,特别就“发挥人大代表作用”“丰富人大代表联系人民群众的内容和形式”“加强代表工作能力建设”“密切同人民群众的联系”等多个方面提出了一系列要求。[①]面对新时代的新要求,“支持人大代表更加密切联系群众,更好发挥代表作用”已经成为当前和今后一段时期的人大工作要点。[②]相应地,围绕“人大代表密切联系群众”这一时代性议题展开系统性研究,思索如何予以理论上的深度阐释,厘清制度上的规范逻辑,探索实践中的合理机制,也就有了迫切的现实意义。

二、文献回顾与研究基础

纵观既有文献,目前论及“人大代表密切联系群众”的学术研究大致可以归纳为三种进路及一条思路。具体来说,三种进路分别是宏观、中观和微观:其一,宏观进路,从人大制度或其他较为宏大的视野切入研究“人大代表密切联系群众”。如在人民代表大会制度的“政治效应”中讨论人大代表密切联系群众[③];在“中国特色利益表达机制建设”研究中探索完善人大代表密切联系群众的各项机制[④];在城市基层制度变迁中选取人大代表联络站为切入点[⑤];等等。其二,中观进路,进一步分析人大工作中的代表工作特别是代表联络工作,其中“代表密切联系人民群众”是代表“双联”(人大常委会密切联系代表和代表密切联系人民群众)工作的重要组成部分。[⑥]其三,微观进路,精确聚焦于“人大代表密切联系群众”,结合理论和实践等不同维度展开专门性研究。需要指出,微观进路的研究通常采取“价值—问题—对策”的思路:价值,即强调“人大代表密切联系群众”在人大(代表)工作、人民代表大会制度乃至中国特色社会主义制度中的地位、价值

---

① “要充分发挥人大代表作用,做到民有所呼、我有所应。要丰富人大代表联系人民群众的内容和形式,更好接地气、察民情、聚民智、惠民生。各级人大常委会要加强代表工作能力建设,支持和保障代表更好依法履职。人大代表肩负人民赋予的光荣职责,要站稳政治立场,履行政治责任,密切同人民群众的联系,展现新时代人大代表的风采。”《习近平在中央人大工作会议上发表重要讲话》,载中国人大网2021年10月14日,www.npc.gov.cn/npc/kgfb/202110/4edb8e9ea1f240b9bfaf26f97bcb2c27.shtml。

② 例如,“支持人大代表更加密切联系群众,更好发挥代表作用”已经写入《全国人大常委会2021年度工作要点》,包括支持和保障代表依法履职、提高代表议案建议工作质量、加强常委会、专门委员会、工作委员会同人大代表的联系、密切人大代表与人民群众的联系、加强代表服务保障工作、加强代表履职管理监督等具体工作要点。参见《全国人大常委会2021年度工作要点》,载中国人大网2021年5月14日,www.npc.gov.cn/npc/c30834/202105/100099157f694e2ebd5c9fe96513ed0f.shtml。

③ 参见肖金明:《人民代表大会制度的政治效应》,《法学论坛》2014年第3期。

④ 参见盛林:《“两会”与中国特色利益表达机制建设》,《理论学刊》2017年第5期。

⑤ 参见张翔:《城市基层制度变迁:一个“动力-路径”的分析框架——以深圳市月亮湾片区人大代表联络工作站的发展历程为例》,《公共管理学报》2018年第4期。

⑥ 参见李伯钧:《健全人大代表联络机制的若干思考》,《人大研究》2020年第7期。

和意义；问题，即分析“人大代表密切联系群众”工作的现实问题；对策，即结合国内国外的一些经验做法，提出完善“人大代表密切联系群众”的思路建议。[①]

遗憾的是，既有研究总体呈现实践性有余而理论性不足的状况。事实上，透过“人大代表联系群众”，至少有两个关联性的理论探讨值得进一步梳理：

1. 代表（议员）与人民（选民）的关系

“人民代表大会制度之所以具有强大生命力和显著优越性，关键在于它深深植根于人民之中。”[②]因此，“人大代表密切联系群众”的议题，本质上是要回应代表与人民关系的问题。

回顾代议民主制度的发展变迁，国内外研究者围绕代表（议员）与人民（选民）的关系有过不同的论述。早在17世纪英国政治思想家霍布斯的论述中，“代表可以自由地做他所乐意的一切事”；而大多数理论家认为代表需要对选民负责，但他们应当替选民做决定，因而“必须使用自己的判断和智慧去做他所认为的最有利的事”；仅有少数人坚持代表的义务是要“准确地反映他所代表的人的愿望和观点”。[③]时至18世纪，法国启蒙思想家卢梭基于代议民主制缺陷的分析而在根本上否定代议制，主张实现公民直接管理国家。[④]历史证明，卢梭的观点过于偏激和理想化，彻底消解了代表（议员）与人民（选民）的关系，无法阻挡代议制政府的到来。在此后西方的代议民主制度框架下，针对代表（议员）与人民（选民）的关系逐渐形成了四种理论学说，分别是“强制委托说”“代表责任说”“代表授权说”和“调和说”。其中，以19世纪英国思想家小密尔（John Stuart Mill）的“代表责任说”[⑤]最为主流，许多国家也都以宪法规定了代表责任制原则。值得注意的是，小密尔提出的代表概念超越了其父亲老密尔（James Mill）的哲学激进主义观点，包含了更加注重大众民主参与的内涵。[⑥]尽管如此，马克思、恩格斯、列宁等人坚决反对代表（议员）责任制，认为资产阶级议员制的最大弊端就是议员选出之后脱离人民、背叛人

---

① 以下文献可供参考：湖南省完善人大代表联系群众制度研究课题组、李勇：《完善人大代表联系群众制度的对策》，《人大研究》2014第3期；郑勇：《制度建设是密切人大代表与群众联系的根本之策》，《人大研究》2014第4期；严标登：《推进人大代表联系群众机构建设的几点建议——基于对新加坡国会议员接见民众制度的考察与借鉴》，《人大研究》2015年1期；王宏旭：《增强人民获得感视域下提升人大代表联络站效能的路径》，《观察与思考》2019年第2期；郎友兴、余恺齐：《为什么要联系？如何联系？联系后怎么办？——人大代表密切联系人民群众的三个议题》，《人大研究》2020年第5期；等等。

② 习近平：《在庆祝全国人民代表大会成立六十周年大会上的讲话》，《求是》2019年第18期。

③ 皮特金将代表与选民之间的恰当关系描述为一个“令人头疼的无尽的争执”，进而列举了以上三种不同的论述。参见汉娜·费尼切尔·皮特金：《代表的概念》，唐海华译，吉林出版集团有限责任公司2014年版，第6页。

④ 参见卢梭：《社会契约论》，何兆武译，商务印书馆1982年版，第125页。

⑤ 参见J.S.密尔：《代议制政府》，汪瑄译，商务印书馆1982年版，第174页。

⑥ See Richard W. Krouse."Two Concepts of Democratic Representation: James and John Stuart Mill", *The Journal of Politics*, Vol. 44: 509, p. 527(1982).

民,强调代表(议员)与人民(选民)之间的"委托关系",人民(选民)可以监督罢免代表(议员),从而保证代表(议员)服从人民(选民)意志和利益。[①]依据无产阶级代议制机构的理论基础,我国在革命和建设的实践中选择了代表大会的形式作为民主集中制原则的载体,形成了人民代表大会制度。在我国人民代表大会制度视域下,国内学者整理了我国理论界关于代表与人民(或选举单位)关系的三种理论,分别是"强制委托论""非强制委托论"和"集中代表论",并指出我国人大代表与人民的关系虽然在理论上属于"强制委托",但实践中更像"集中代表"。[②]

2. 代议民主制度功能——"代表性"

透过代表(议员)与人民(选民)的关系,中西学界还特别关注这组关系背后蕴含的代议民主制度功能——"代表性"。囿于词源复杂且充满分歧的"代表"概念,"代表性"一直是一个需要细致澄清的问题。[③]晚近以来,国外学者对于议会、议员的组织化、人格化的代表形式如何代表选民利益,能否代表社会利益或者公共利益存在着大量争论,而随着西方各国社会分化严重、政治参与方式变化剧烈,代议民主制度的"代表性"也受到了诸多质疑。[④]无独有偶,源于代表职能是议会首要职能的认知基础,国内学者也提出,中国人大制度改革也要从实现其法定代表职能入手,这样才能真正凸显人大作为国家权力机关的合法性基础。[⑤]事实上,"代表性"可谓人民代表大会制度的核心特性。[⑥]观察十一届三中全会以来我国民主政治建设的实践,在坚持和完善人民代表大会制度的过程中,"一项基本原则就是加强人大的人民代表性,使人大真正代表和反映人民的利益,体现人民的意志"。[⑦]从完善人大代表的"代表性"到人大代表"代表性"的缺失分析,国内许多学者从不同角度探讨了人大代表"代表性"的改进和完善思路。[⑧]时至今日,

---

① 参见《马克思恩格斯全集》第1卷和第5卷,人民出版社1965年版,第55—54、305页。转引自蔡定剑:《中国人民代表大会制度(第四版)》,法律出版社2003年版,第185页。

② 参见蔡定剑:《中国人民代表大会制度(第四版)》,法律出版社2003年版,第185—186页。

③ 参见汉娜·费尼切尔·皮特金:《代表的概念》,唐海华译,吉林出版集团有限责任公司2014年版,第2—6页。

④ See Bernard Manin, 1997, The Principles of Representative Government, NY: Cambridge University Press; Jane Mansbridge(2003)."Rethinking Representation,"The American Political Science Review. 97 (4): 515-528; Andrew Rehfeld (2006)."Toward a General Theory of Political Representation," The Journal of Politics. 68: 1-21. 转引自杨雪冬,闫健:《"治理"替代"代表"? ——对中国人大制度功能不均衡的一种解释》,《学术月刊》2020年第3期。

⑤ 参见蒋劲松:《全国人大常委会的代表性探讨》,《政法论坛》2004 年第 6 期。

⑥ 参见肖勇:《论人大代表的"代表性"》,《求实》2002年第S2期。

⑦ 杨心宇、杨迅:《论人大的人民代表性》,《复旦学报(社会科学版)》1999年第2期。

⑧ 相关文献梳理参见杨小虎:《人大代表的代表性研究》,《海南大学学报(人文社会科学版)》2008年第3期。后续的文献还可参见赵晓力:《论全国人大代表的构成》,《中外法学》2012年第5期;魏姝:《我国基层人大代表的代表性分析》,《江苏行政学院学报》2014年第6期;彭龙:《中国人民代表大会制度的代表性问题及对策研究》,《党政研究》2015年第1期;等等。

“‘全国人大’微信公众号”对党的十八大以来（2013—2021年）的全国人大常委会工作报告全文进行了词汇数据分析，梳理出一些反复出现的“高频词”和备受瞩目的“热点词”，发现“代表”一词共出现897次，是除去“人大”和“工作”之外最高频的词汇，[①]一定程度上反映了我国人民代表大会制度及其实践对于“代表性”问题的重视与回应。

总体来说，围绕“人大代表密切联系群众”这一重要议题，既有研究在理论和实践两方面都留有文章可做。在理论方面，透过“人大代表密切联系群众”的宏观论述，代表（议员）与人民（选民）的关系及其背后的“代表性”问题仍然存在，特别是许多研究者将过多的注意力放在了人大代表的“代表性”，而较少深入我国人民代表大会制度功能意义上的“代表性”问题，或者说对于人大制度本身是否/如何实质发挥“代表性”功能缺乏足够的思考。至于实践方面，“人大代表密切联系群众”的具体事项内容及其标准如何（合理地）划定，人大代表如何（更好地）联系人民群众？这些问题都亟待理论和实践研究的系统性展开。

三、分析框架：“代表性”的“一元二维”结构

面对理论方面的遗留问题，如何运用中国话语阐释我国人民代表大会制度功能意义上的“代表性”问题，反思人大制度本身是否/如何实质发挥“代表性”功能，进而充分回应和指导“人大代表密切联系群众”的工作和实践创新，无疑需要构建一套合适的分析框架。

（一）从“单一代表”到“二维功能”

“人民代表大会的主体是代表、作用靠代表、水平看代表、活力在代表”[②]；“代表工作是人大工作的基础和依托，只有做好代表工作，人大工作才能充满生机和活力”[③]……这些关于人大代表工作的论述共同指向了代表工作在人大工作中的重要地位，凸显出代表职能之于我国人民代表大会制度的首要和基础意义。尽管过去国内外研究普遍反映了“代表”争议乃至“代表性”质疑，但是基于“代表”逻辑的“代表性”无疑是我国人大制度功能的核心内容，也是考虑“人大代表密切联系群众”制度机制的首要和基础逻辑。

问题在于，“改革开放以来四十年地方人大制度的研究经历了从规范研究为主到实

---

① 参见冯添：《盘点：党的十八大以来人大工作热词》，载微信公众号“全国人大”2021年10月11日。

② 李伯钧：《健全人大代表联络机制的若干思考》，《人大研究》2020年第7期。

③ 张宝山、张钰钗：《会议侧记：推动新时代人大代表工作提质增效》，载中国人大网2019年12月23日，http://www.npc.gov.cn/npc/c30834/201912/b653db3e73844c48ab6cf5623377897f.shtml。

证研究为主,从民主化视角到治理视角的转化”。①透过这一概括性判断,可以看到代议民主制度功能的晚近认知有了历史性的新发展。如同一位学者所说,改革开放以来人大制度的改革举措集中在将人大及其常务委员会置于国家治理体系的合适位置,发挥其综合性的治理职能,而不是强化其单一的代表职能。②面对“‘治理’替代‘代表’”的担忧,在我国人民代表大会制度的理论意义和实然运行之间,“代表”逻辑实际上逐渐演变了“代表”与“治理”的双重逻辑。这一现象被理解为我国人大制度“均衡”发展的双重逻辑,即一个是宪法最初设计的,以代表为主体的人民代表大会制度的发展,另一个是实践中衍生的,以委员长会议、主任会议为中心的人大常委会制度的发展。③“把作为专职化的人大常委会组成人员与非专职化人大代表两个方面结合起来,是我国人大制度的一个特点和优势。”④当然,也有学者认为这是一种“非均衡性”,但其回到“执政党调控—人大调适”的互动模式分析,认为“非均衡性”并没有引发政治参与危机,由于人大制度运行服从了国家治理的总体要求,提升了治理效能,从而对冲了“代表赤字”的可能影响。⑤可以说,无论是“均衡”还是“非均衡性”,“治理”逻辑的兴起并未动摇我国人民代表大会制度的合法性基础,反而拓展了“代表性”的内容维度。随着“代表”与“治理”的双重逻辑在实践中不断调适,“代表性”的二维结构逐渐形成。

(二)从“二维功能”到“一元二维”

“‘治理’替代‘代表’”的担忧缘何没有演变为制度性的危机?前述提到有学者分析了“执政党调控—人大调适”的互动模式,这种认识体现了将党的领导体制机制与人民代表大会制度相结合的系统性思考,深刻回应了中国的政治体制和民主法治实践。有学者则更进了一步,其在“代表”与“治理”的双重逻辑之外,提出“政党与国家立法机关的二元代表论”,认为在转型法治的宪制结构中,引领型的政治代表(政党)在代议政府体系之上发挥着引领、认知和勇于担当的重要作用。⑥这一论断尽管并非专门针对我国的人民代表大会制度,但其意在说明政党的代表性嵌入是代议制的“代表性”功能发挥的重要前提,对接了我国的政治体制和民主法治实践。

---

① 王龙飞:《议事结构视角下的地方人大常委会行政化问题研究——基于S省市县两级人大的实证考察》,《上海大学学报(社会科学版)》2020年第5期。

② 参见杨雪冬、闫健:《“治理”替代“代表”?——对中国人大制度功能不均衡的一种解释》,《学术月刊》2020年第3期。

③ 参见孙莹:《全国人大组织法与议事规则的制度空间——兼论“一法一规则”修正草案的完善》,《法学评论》2020年第6期。

④ 陈斯喜:《广泛代表性是人大制度的重要特点》,《人民之友》2010年第11期。

⑤ 参见杨雪冬、闫健:《“治理”替代“代表”?——对中国人大制度功能不均衡的一种解释》,《学术月刊》2020年第3期。

⑥ 参见张龑:《改革时代的转型法治与政治代表》,《中外法学》2019年第4期。

事实上,中国共产党的"代表性"深刻影响着我国人民代表大会制度的"代表性"功能实现。我国宪法表明,中国共产党与人民代表大会的关系包含了"党要实施对人民代表大会的领导"面向,实践中主要通过以下几种途径实现:第一,党提出人民代表大会工作的方针政策,人民代表大会贯彻执行;第二,党就国家的重大问题,直接向全国人大提出建议案;第三,党对人民代表大会实行立法、选举、会议、日常工作等具体工作领导;第四,党的组织领导。[①]同时,在人大代表结构当中,中共党员代表一直保持相对较高的比例,也保证了党的方针、路线和重大决策得到落实。[②]实践观察显示,"在每次人大开会前,人大代表中的共产党员都被要求参加'组织生活',听取党组织传达的中央精神,领会中央立法意图"[③],从而确保了党的意图在全国人大或常委会的通过。窥一斑而知全豹,"人大代表密切联系群众"既可以说是我国人民代表大会制度的重要原则和制度设置的基本要求,又是贯彻党的群众路线的重要内容。"新形势新任务对人大工作提出新的更高要求。地方人大及其常委会要按照党中央关于人大工作的要求,围绕地方党委贯彻落实党中央大政方针的决策部署,结合地方实际,创造性地做好立法、监督等工作,更好助力经济社会发展和改革攻坚任务。要自觉接受同级党委领导,密切同人民群众的联系,更好发挥人大代表作用,接地气、察民情、聚民智,用法治保障人民权益、增进民生福祉。要加强自身建设,提高依法履职能力和水平,增强工作整体实效。"[④]习近平总书记的指示精神强调了党对人大工作的全面领导,而其中有关"密切同人民群众的联系"要求即表达了通过党的代表性引领来完善人大制度功能("代表性")的具体意图。

行文至此,一个分析框架已经呼之欲出,即在我国的政治体制和民主法治实践背景下,可以采取"一元二维"的结构来阐释人民代表大会制度功能意义上的"代表性"及其实现形式。"一元",对应的是党的代表性,此系我国人民代表大会制度功能实现的前提逻辑和根本动力。需要注意,不同于前述学者所提的"政党与国家立法机关的二元代表论","一元"意在强调党对人大工作的领导,突出中国共产党的"代表性"在我国人民代表大会制度的"代表性"功能发挥方面起着基础性、决定性、引领性作用,充分回应现实制度安排——"中国的人民代表大会是按中国共产党的领导逻辑进行运作的,其实际功能是由中国共产党的领导逻辑所直接支配的"[⑤]。无独有偶,在国家治理体系和治理能力现代化的语境下,我国的法治政府建设也经历从政府主导向中国共产党全面领导之

---

① 参见蔡定剑:《中国人民代表大会制度(第四版)》,法律出版社2003年版,第32—34页。

② 参见孙龙:《关于代表结构比例安排的历史考察与思考》,《人大研究》2020年第10期。

③ 秦前红:《执政党领导立法的方式和途径》,《中国法律评论》2014年第3期。

④《习近平对地方人大及其常委会工作作出重要指示》,载中国人大网2019年7月18日,http://www.npc.gov.cn/npc/c30834/201907/a988ac79fd5847e597609116a7ed1104.shtml。

⑤ 李海青:《两种不同代表逻辑的混同:对人民代表大会问题根源的一种检视》,《观察与思考》2020年第12期。

下党政合力推动的历史变迁。[①]“二维”,是“一元”前提之下的“二维”,指的是我国人民代表大会制度的“代表性”具体表现于应然和实然两个维度,分别对应了“代表”和“治理”的双重逻辑,二者相辅相成、并行不悖,也可以在相互之间渗透。相应地,“人大代表密切联系群众”的系统性研究可以依托于“代表性”的“一元二维”结构。

四、制度逻辑:规范解读与“民意”探究

“‘全过程人民民主’必须制度化、法律化”。[②]“人大代表密切联系群众”作为践行和发展“全过程人民民主”的主要方式之一,其制度化、法律化的历程具有重要的研究和参考意义。考虑到我国人民代表大会制度功能意义上的“代表性”蕴含丰富多重的内容维度——“一元二维”结构,系统梳理、分析“人大代表密切联系群众”的相关规范性内容,进一步厘清其内在的制度逻辑(规范内容和制度定位),回应和澄清实践方面遇到的现实问题,将有助于形成规范化的“代表性”功能实现路径及具体机制。

(一)规范解读:“人大代表密切联系群众”的制度演进

纵观我国宪法,全国人大组织法、地方组织法、代表法等法律,中央有关文件,地方性法规以及其他规范性文件,都有直接或间接涉及人大代表密切联系群众工作的规范性内容。[③]其中,我国宪法的相关原则性规定为最主要者。根据宪法第二十七条第二款规定,“一切国家机关和国家工作人员必须依靠人民的支持,经常保持同人民的密切联系,倾听人民的意见和建议,接受人民的监督,努力为人民服务”。客观地说,虽然人大代表来自各行各业,不都是国家工作人员,但有研究统计显示,自六届全国人大以来,在中国政治体系中起着最为重要的稳定作用的各级党政干部,占全国人大代表的比例一直维持在40%以上。[④]因此,该宪法条款的要求至少对于相当一部分人大代表来说都具有规范意义。除此之外,宪法第七十六条第二款关于“全国人民代表大会代表应当同原选举单位和人民保持密切的联系,听取和反映人民的意见和要求,努力为人民服务”的规定则更为具体,可以视为我国人大代表密切联系群众工作的直接宪法依据。

---

① 参见罗利丹:《新时代法治政府建设的转型升级——以浙江为例》,《观察与思考》2020年第12期。

② 莫纪宏:《在法治轨道上有序推进“全过程人民民主”》,《中国法学》2021年第6期。

③ 其中,宪法、全国人大组织法、地方组织法、代表法的完整写法是《中华人民共和国宪法》《中华人民共和国全国人民代表大会组织法》《中华人民共和国地方各级人民代表大会和地方各级人民委员会组织法》《中华人民共和国全国人民代表大会和地方各级人民代表大会代表法》,报告从写作便利性的角度考虑,采取文中的简写形式,下同。

④ 参见何俊志,黄伟棋:《吸纳与优化:全国人大代表政治录用的模式变迁》,《经济社会体制比较》2021年第5期。

简要回溯历史，在“人大代表密切联系群众”的制度演进历程中，至少还有以下几个关键性节点事件：第一个是1979年通过的地方组织法，规定县级及以上地方人大设立常委会，常委会根据工作需要设立办事机构。根据这一规定，1984年全国人大常委会办公厅设立联络局，负责全国人大代表与地方人大代表联络机构的联络，为各地相应建立代表联络机构提供了示范。第二个是1987年6月的《全国人大常委会关于加强同代表联系的几点意见》，明确对全国人大代表同选举单位和人民群众的联系提出要求。根据该意见，全国和省级人大代表小组相继设立，并定期开展活动。第三个是1992年4月公布施行的代表法，规定代表应当与原选区选民或者原选举单位和人民群众保持密切联系，听取和反映他们的意见和要求，努力为人民服务。2010年代表法修改，明确规定县级及以上各级人大常委会的办事机构和工作机构是代表执行职务的集体服务机构，为建立完善代表联络机构提供了法律支撑。第四个是2016年7月全国人大常委会办公厅印发的《关于完善人大代表联系人民群众制度的实施意见》，指出完善人大代表联系人民群众制度的一个重要指导思想，就是畅通社情民意反映和表达渠道，努力做到民有所呼、我有所应，进一步发挥代表的作用。

值得一书的是，代表法的出台在制度层面具有里程碑式的意义。“代表法是我国保障和规范各级人大代表工作专门的、基本的、重要的法律。这部法律，细化了宪法和有关法律的有关规定，总结了此前多年开展代表工作积累的大量成熟经验和做法，根据实践的需要系统地从法律上规定了保障和规范代表执行职务的问题，使代表工作走上了有法可依的轨道。这对于保证全国和地方各级人大代表依法行使代表的职权，履行代表的义务，发挥代表的作用，坚持和完善人民代表大会制度，具有重要意义。”[①]具体来说，代表法中多处直接规定了代表联系群众的内容。例如，代表法第四条第（五）项中明确将密切联系群众确定为人大代表应当履行的义务，即“与原选区选民或者原选举单位和人民群众保持密切联系，听取和反映他们的意见和要求，努力为人民服务”。同时，该法第七条第二款规定，“代表在出席本级人民代表大会会议前，应当听取人民群众的意见和建议，为会议期间执行代表职务做好准备”；第二十三条规定，“代表根据安排，围绕经济社会发展和关系人民群众切身利益、社会普遍关注的重大问题，开展专题调研”；第三十条规定，“乡、民族乡、镇的人民代表大会代表在本级人民代表大会闭会期间，根据统一安排，开展调研等活动；组成代表小组，分工联系选民，反映人民群众的意见和要求”；第四十五条第一款规定，“代表应当采取多种方式经常听取人民群众对代表履职的意见，回答原选区选民或者原选举单位对代表工作和代表活动的询问，接受监督”；等

① 李伯钧：《谈谈代表法》，载中国人大网2010年10月28日，http://www.npc.gov.cn/npc/c220/201010/68612dc3c61d4fac879b2ec15856bfaf.shtml。

等。除此之外，该法第四十条规定（2010年代表法修改时增加），“县级以上的各级人民代表大会常务委员会的办事机构和工作机构是代表执行代表职务的集体服务机构，为代表执行代表职务提供服务保障”，明确了人大代表密切联系群众工作的组织机构保障。

根据上述一系列规范要求，实践中“人大代表密切联系群众”的制度内容主要表现为三大方面：一是宣传，对党的路线方针政策、宪法法律法规以及本级人大及其常委会的决议决定和有关会议精神进行宣传，并了解基层的贯彻落实情况。二是为履职做准备，围绕本级人大及其常委会工作安排，听取群众的意见和建议，为审议和提出议案或者建议、参与有关活动做准备。三是努力帮助人民群众排忧解难。代表联系群众的方式方法，一般包括公示代表信息、固定地点和时间联系选民或者代表、组织代表开展视察和专题调研活动、开展代表小组活动、履职报告等。

（二）“民意”探究：“人大代表密切联系群众”的制度定位

“人大代表密切联系群众”的制度定位，就是要透过既有的规范体系（包含宪法法律、中央文件和其他规范性文件），回答人大代表为什么要密切联系群众，怎样密切联系群众，特别是回应、解决群众的哪些事项问题？

“坚持以人民为中心是习近平新时代中国特色社会主义思想的精髓要义，是以习近平同志为核心的党中央的鲜明执政理念，是党中央谋划和推进工作的出发点、落脚点。习近平总书记多次强调人大代表要密切联系人民群众，努力做到民有所呼、我有所应。这是人大代表的法定职责和光荣使命，也是常委会支持和保障代表依法履职的重要内容。”①这段来自栗战书委员长的论述将中国共产党“以人民为中心”的执政理念与“人大代表密切联系群众”紧密联系起来，回应了习近平总书记关于“民有所呼、我有所应”要求，可以说旗帜鲜明地阐述了人大代表为什么要密切联系群众。

“民有所呼、我有所应”，简单来说就是回应民意，这是“人大代表密切联系群众”的逻辑起点和制度初衷。问题在于，人民代表大会制度在实践中需要回应何种民意，将决定“人大代表密切联系群众”的具体制度能否在确保逻辑自洽的同时落地落实落细。遗憾的是，既有的规范体系尚未具体化这一问题，譬如代表法虽然在代表应当履行的义务中明确规定“代表应当与原选区选民或者原选举单位和人民群众保持密切联系，听取和反映他们的意见和要求，努力为人民服务”，但除了第二十三条关于人大代表开展专题调研的事项规定（经济社会发展和关系人民群众切身利益、社会普遍关注的重大问题），

---

① 李小健：《“人大代表要更加密切联系群众”——栗战书与列席十三届全国人大常委会第二十二次会议的全国人大代表座谈侧记》，《中国人大》2020年第21期。

其余皆未交代清楚联系什么，也即“回应何种民意”。因此，制度层面的缺憾引出了一个理论和实践难题——何谓“民意”？事实上，“民意”本就是一个十分难以琢磨的不确定概念，可以在不同场景或者语境下进行扩大或限缩解释。对此，在各方理解和认知不可避免存在差异性的情况下，基于“回应民意”的理念设计更具效能的“人大代表密切联系群众”实践机制，仍然有待在我国的政治体制和民主法治实践背景下澄清其制度定位问题。

难点在于，在合理分工的国家权力配置逻辑影响下，人民代表大会制度虽因“回应民意”而生成，但“回应民意”的工作在现实中并非人大的专利。恰如前述提到的宪法第二十七条第二款，一切国家机关和国家工作人员必须依靠人民的支持，经常保持同人民的密切联系。此外，宪法还规定国家行政机关、监察机关、审判机关、检察机关都由人民代表大会产生，对它负责，受它监督，“人民政府”“人民法院”“人民检察院”等称谓和话语亦可以说明问题。“所谓人民政府，就是指政权来自人民，由人民选举产生，人民利益至上，权力为人民服务，保障人民各项民主权利的国家政权机构。人民政府的称谓直接表明了政权的人民性，突出人民的主体地位。”[①]可见，“人民政府”自始带有“回应民意”的根本立场，而意指政府行为满足公民意愿程度的“政府回应性”也成为衡量现代社会治理效果以及公权力运行质量的关键性指标，是政治学和公共行政学等关注的核心研究问题之一。实践观察显示，近年来面向政府的体制机制创新大多聚焦于“政府回应性”问题，试图不断加强其“回应民意”的效能。例如，在2018年2月至12月期间，北京市推出“街乡吹哨、部门报到”改革，即从333个街乡镇中，选取了169个，约51%，进行改革试点，其目的正是“重塑科层条块关系”，形成“以人民为中心”的社会治理和民意回应新机制。对此，有学者以“政府回应性”问题为切入点，基于2017至2018年180余万条12345热线问政大数据，对“政府回应性”进行了量化，并通过双重差分法(DID)，对改革效果进行了多维度、多层面、多条件的检验，证实这项改革显著缩短了政府回应时长。[②]总体来看，意在提升“政府回应性”的基层治理创新如今在全国范围内普遍铺开，大多取得了阶段性的积极成效。无独有偶，我国的司法同样需要“回应民意”。正如习近平总书记提出“努力让人民群众在每一个司法案件中感受到公平正义”这一科学论断，系统阐明了司法为了谁、服务谁和依靠谁的根本问题，而“回应型司法”也早已成为法学研究(特别是司法制度研究)的热点话题。从政治效果上讲，“司法必须贯彻党的根本宗旨、群众路线和优良传统，坚持司法为民、保障人民权益、公正司法、不断提升司法效率。司法应在坚持党的领导和中国特色社会主义司法制度基础上，持续推进司法体制改革，建

① 贺永泰：《“人民政府”称谓的由来》，《上海党史与党建》2009年第4期。

② 参见孟天广、赵金旭、郑兆祐：《重塑科层“条块”关系会提升政府回应性么？——一项基于北京市“吹哨报到”改革的政策实验》，《中国行政管理》2021年第4期。

立人民参与机制,完善便民利民工作机制,推进司法公开透明,建设高素质的司法队伍,借力现代科技推进司法现代化,带动全民尊法学法守法用法。司法工作人员应守好社会公平正义的最后一道防线,做好社会公平正义的守护者。"[①]再结合法律效果和社会效果分析,"经由一系列全民高度关切的个案而引发的法院审判与民意诉求之间的角逐和较量,成为转型时期司法所必须直面的难题。其核心的法理学问题在于司法裁判的权威和公信力,如何在一个民主法治的社会中与大众的法律表达形成一种良性互动的关系。"[②]可见,"回应民意"在司法的政治效果、法律效果和社会效果中都得到了充分体现,引导三者实现了有机统一。

在权力运作的现实格局之下,尽管"人大代表密切联系群众"的制度机制在理论上的确可以回应、解决全部"民意",但是如果不加区分地将"民意"全部纳入,势必走向国家权力配置权能和效率的反面。时任全国人大常委会委员长彭真就曾形象地指出,"我们讲(人大)监督,不要把应由国务院、法院、检察院管的事也拿过来。如果这样,就侵犯了国务院、法院、检察院的职权。而且第一我们管不了,第二也管不好。"[③]事实上,人民代表大会制度在国家治理体系之中本就发挥着协同参与国家治理的作用,不仅为政府治理、司法治理等提供明确的治理规制,而且实现立法权、行政权与司法权的相互配合与合理分工,避免越俎代庖,公权力之间相互内耗。[④]

因此,在我国人民代表大会制度框架下,"人大代表密切联系群众"的制度定位也即回应、解决何种"民意",需要嵌入国家权力配置的分工和效能思维。既不能忽视"政府回应性"和"回应型司法"等多重诉求下业已形成的制度机制,也不能不加区分地进行同质化建设,相互之间需要形成互补和错位的关系。

五、代结语:"人大代表密切联系群众"的实践可能与机制边界

在我国人民代表大会制度功能视域下,得益于中国共产党的"代表性"引领和兜底,"代表性"的"一元二维"结构分析框架可以阐释"人大代表密切联系群众"实践的无限可能。然而,随着大量"民意"事项不断涌入基层代表联络机构,实践中也出现代表联络站工作负担过重、功能定位不清的问题。例如,一些乡镇将代表联系群众工作站与乡镇信访室合在一起,合署办公、共同接访,这种做法据称较好地解决了代表进站"遇冷"的现

---

① 崔亚东:《论司法的人民性》,《东方法学》2021年第5期。

② 涂云新、秦前红:《司法与民意关系的现实困境及法理破解》,《探索与争鸣》2013年第7期。

③ 全国人大常委会办公厅、中共中央文献研究室:《人民代表大会制度重要文献选编(二)》,中国民主法制出版社、中央文献出版社2015年版,第680页。

④ 秦前红、张演锋:《新时代人民代表大会制度发展的演进逻辑》,《甘肃行政学院学报》2021年第3期。

实困境[①];还有地方在推进人大工作数字化转型的过程中探索"代表联系群众意见收集处理子场景"建设,形成了综合具体事项部门"马上办"和普遍复杂事项人大"依法督"的"民意解决机制"[②];等等。往返于"人大代表联系群众"的规范和现实之间,足以察觉为之实践活动设计合理边界的必要性。因此,出于提升国家治理意义上整体回应效能的系统性思考,"人大代表密切联系群众"的实践机制设计上可以解决何种"民意"为基本思路,遵循"职权性→公共性→二次性→非诉性"的流程判断标准,从而更好地回应前述提出的实践方面问题。实践机制的具体标准如下:

(一)第一道判断标准:职权性

密切同人民群众的联系,是人大(代表)依法履职、有效履职的前提逻辑。因此,纳入实践机制的"民意"事件,首先必须属于人大(代表)的职权范围。具体来说,我国宪法和有关法律赋予人大及其常委会"四权",即立法权、决定权、任免权和监督权;相应地,人大代表主要享有审议权,表决权,提名权,选举权,提出议案权,质询权,提出罢免案权,提出建议、批评意见权,提议权,言论表决免究权,人身特别保护权,执行代表职务保障权等。显然,人大(代表)的职权范围对应了"人大代表密切联系群众"的法律边界。另外需要注意的是,"人大代表密切联系群众"既可以说是我国人民代表大会制度的基本要求,又是贯彻党的群众路线的重要内容。特别是近年来在加强党对人大工作全面领导的背景下,以习近平同志为核心的党中央对人大(代表)依法履职、密切同人民群众的联系工作提出了"新的更高要求"[③]。对此,"代表性"的"一元二维"结构分析框架(特别是党的"代表性"引领和兜底)充分回应了这一点,加之"人大代表密切联系群众"制度层面的诸多原则性规定,职权性标准实际上提供了一个"弹性空间",可以"兜底式"地满足"回应民意"的内外诉求,灵活采取多种方式形成全覆盖、无死角的"民意解决机制",进一步强化人民代表大会制度的"代表性"功能。

---

① 卢鸿福:《别把代表联络站当成信访室》,《人大研究》2020年第9期。

② 这一素材来自笔者在地方的调研发现,具体事项部门"马上办"是指系统对接"基层治理四平台",或者通过平台提供的"群众意见督办单"机制,保证"民生琐事、小事"通过多跨协同得到便捷高效地办理反馈;普遍复杂事项人大"依法督"是要求代表联络站及乡镇人大、各级人大之间要加强协同,对群众反映的普遍性、共性或者复杂事项,加强开展研判分析,通过提出群众意见督办单、闭会期间代表建议和启动人大视察调研、专题询问等方式推动问题的处理解决。

③ 2019年7月习近平总书记对地方人大及其常委会工作作出的重要指示,"新形势新任务对人大工作提出新的更高要求。地方人大及其常委会要按照党中央关于人大工作的要求,围绕地方党委贯彻落实党中央大政方针的决策部署,结合地方实际,创造性地做好立法、监督等工作,更好助力经济社会发展和改革攻坚任务。要自觉接受同级党委领导,密切同人民群众的联系,更好发挥人大代表作用,接地气、察民情、聚民智,用法治保障人民权益、增进民生福祉。要加强自身建设,提高依法履职能力和水平,增强工作整体实效"。《习近平对地方人大及其常委会工作作出重要指示》,载中国人大网2019年7月18日,http://www.npc.gov.cn/npc/c30834/201907/a988ac79fd5847e597609116a7ed1104.shtml。

(二)第二道判断标准:公共性

在实践机制设计层面"兜底式"地满足"回应民意"的内外诉求,适合当下"民意"需求增多而总体回应不足的现实状况。然而,考虑到"民意解决机制"的运行成本,假使不加甄别的"民意"全面进入基于职权性标准的"弹性空间",则很可能导致"人大代表密切联系群众"制度实践的高负荷和低效能。事实上,人民代表大会制度的有效运行需要符合特定的规律。例如,监督法规定了确定专项工作报告议题的六种途径,有一个显著特点,即突出的"问题"意识。这种问题有三个特点:一是具有突出性,是各种问题中的重要问题,是主要矛盾的体现;二是具有集中性,是不同群体、不同方面共同反映的问题;三是具有普遍性,是广泛存在的问题,而不是零星的、个别的问题。[①]一般来说,符合突出性、集中性和普遍性特点的"民意"问题当属"公意"。对于纳入"人大代表密切联系群众"实践机制的"民意"事件而言,即便达不到"公意"的高度,也至少须是"众意"(具有公共性)而非"私意"(个案性)。相应地,"民意解决机制"应当主要针对公共性问题。

(三)第三道判断标准:二次性

如前所述,近年来面向政府的体制机制创新大多聚焦于"政府回应性"问题,以提升"回应民意"的效能。因此,在各地政府普遍依托12345平台建立"民意解决机制"的背景下,假使大量原本属于政府职责范围的公共性"民意"事件越过政府而直接进入人大的"民意解决机制",则很可能导致局部的"政府回应性"空转。事实上,人大代表基于授权通过履职实现人民意志的环节具有"二次性"。具体来说,人民(选民)通过选举产生代表的环节属于民意展示的"初次表达",代议机关产生并随着代表履职活动的开展而逐渐成为民意"二次表达"的重要场所。[②]相应地,人大的"民意解决机制"——"人大代表密切联系群众"天然地具有二次性。为了避免出现资源浪费和重复建设的情况,有必要在公共性标准之中嵌入二次性的标准,即在政府端的"民意解决机制"无法或者难以解决问题时,可以再行接入"人大代表密切联系群众"的实践机制。

(三)第四道判断标准:非诉性

在政府之外,"回应型"司法还为社会公众提供了一套完整的权利救济制度机制。因此,在政府端的"民意解决机制"无法或者难以解决问题时,还需要考虑这类公共性

---

① 参见许安标:《坚持正确监督、有效监督——新时代加强改进人大监督工作的实践与探索》,《中国法律评论》2021年第5期。

② 参见孙诗丹:《代表何以代表人民:我国人大代表的代表性逻辑证成》,《中南财经政法大学研究生论丛》2021年第4期。

"民意"事件是否涉诉(是否可以或者已经进入司法程序),如果涉诉(可以或者已经进入司法程序),则理应交由司法机关优先处理。在司法端的"民意解决机制"无法或者难以解决问题时,可以再行接入"人大代表密切联系群众"的实践机制。

需要注意的是,以上流程判断标准对应了理论层面或者理想状态下的机制设计。客观地说,面对实践中大量"民意"事项不断汇聚于代表联络站的现实趋势,采取"职权性→公共性→二次性→非诉性"的流程判断标准有助于进一步厘清"人大代表密切联系群众"制度的功能定位,但很有可能挫伤一部分"民意"的积极性,并不适应当下"民意"回应不足的现实。循此逻辑,应当在实践机制设计层面预留一定的弹性。在实践机制运行的前期,可先以职权性标准为依托,重"民意"问题的实质性解决而轻权力分工;待到中后期,随着人大、政府、司法各个系统的"民意解决机制"相互间通过不断磨合逐渐衔接起来,再细致考虑理想状态下的"合理分工"格局,综合运用公共性、二次性、非诉性等标准,以提升国家治理意义上的整体回应效能。

阳光智治:数字化时代协商式民主监督路径研究

章元红①

一、协商式民主监督的历史进程

(一)新中国成立前的初步探索

民主是全人类的共同价值,但中国共产党人的民主理念有别于西方国家的民主理念,强调人民当家作主,换言之中国共产党人的民主跳脱出了西方权力制衡的窠臼,是深根于中国土壤、有着鲜明中国特色的人民民主。中国共产党是马克思主义政党,其性质决定了中国共产党“除了工人阶级和最广大人民群众的利益,没有自己特殊的利益”,自中国共产党成立之日起,“为中国人民谋幸福、为中华民族谋复兴”就成为其初心与使命。人民,唯有人民,才是中国共产党的根基所在、血脉所系、价值取向,故人民当家作主不仅是社会主义民主政治的本质和核心,也是中国共产党人矢志不渝的奋斗目标。

抗日战争时期,中国共产党执政领导的抗日根据地——陕甘宁边区,为了维护文化水平普遍较低的农民依然能够享有参与政治的权利,党的领导人主动作为,积极探索,在村政府选举时实行了“豆选法”②;抗日政权的建设中,为了吸收各个阶级阶层人士参与边区政府的抗日工作,在政权机构与民意机关的人员名额分配上实行了“三三制”③政权,如著名民主人士李鼎铭就是通过这种普选制担任陕甘宁边区政府副主席,为边区政治、经济、文化等方面建设积极建言献策。

---

① **作者简介**:章元红,中共丽水市莲都区委党校高级讲师。

② 即用豆子作选票,候选人背对着选民在选举会场坐成一排,背后放一个贴有名字的碗,18岁以上的选民可以根据自己的意愿将豆子放在“中意”的候选人碗里,最后根据碗中的豆数确定村政府的最后人选。

③ 即指政权组织中,共产党员占三分之一,小资产阶级左派进步分子占三分之一,中等资产阶级和开明绅士占三分之一。

解放战争时期，在中国共产党的坚强领导下，解放军经过两年多的艰苦作战，至1948年上半年，原本敌强我弱的局势发生根本扭转，国民党成为强弩之末，加之当时国民党策划制造的系列惨案，使大批民主党派人士从“第三条道路”的幻想中觉悟过来，以沈钧儒、陈嘉庚等为代表的民主人士纷纷向中共中央发出提议，希望在解放区成立联合政府筹备机构，以号召国内外否定蒋介石的伪总统。于此背景下，中共中央于1948年4月30日发出“五一口号”，迅速得到社会各界力量的全面响应，各界人士团结一心，共商国是，协商建国；1949年9月20日首次中国人民人民政协会议在北京胜利召开，这是具有划时代意义的一次会议，刘少奇语“从此，中国人民进入一个完全新的时代——人民民主时代”[①]，标志着人民民主在中国第一次真正得以尊重并被实践。

从“豆选法”到“三三制”，从“五一口号”到第一次中国人民政治协商会议，虽然是局部范围的，但都是新中国成立前中国共产党关于人民民主理念的地方实践与早期探索，为新中国成立后构建完整的社会主义民主政治的四梁八柱积累丰富经验与实践成果。

（二）中华人民共和国成立后的深入实践

1949年10月1日，当毛泽东主席在天安门城楼庄严宣告“中华人民共和国成立了”，新中国从此成立，人民登上历史舞台，翻身做了主人，开启了中国人民当家作主的历史新纪元，但关于社会主义民主政治制度与体系的构建却是一个“实践——认识——实践”的过程。

经历协商建国的政治实践，大家对中国共产党领导的多党合作，共商国是的成效有清楚的认识，故建国初期在第一次全国人民代表大会没有正式召开之前，人民政协机制在国家政治制度中发挥着重要作用，代替人大行使着职权。为此也引发大家对人民政协机制性质、地位、职能的讨论，焦点就是它是否是国家权力机关，第一次人民代表大会召开后是否有存在的价值。这些焦点问题的探讨最后由中央领导人毛泽东予以明确答复：“政协的性质有别于国家权力机关——全国人民代表大会，它也不是国家的行政机关。政协是统一战线组织，是党派性的”[②]，并根据明确的性质与地位，强调“提意见”是其五大职能之一。可见当时中共中央主要领导人对人民政协机制的性质、地位、职能有着非常清醒正确的认识，也正是这种认识，正确引领了人民政协机制的发展方向，在1954年12月第一次全国人民代表大会胜利召开后能够继续保留，确保社会主义改造阶段这个统一战线组织依然发挥其应有的职能，推进社会主义制度的确立。

---

① 政协全国委员会办公厅、中共中央文献研究室：《人民政协重要文献选编（上）》，中央文献出版社、中国文史出版社2009年版，第47页。

② 政协全国委员会办公厅、中共中央文献研究室：《人民政协重要文献选编（上）》，中央文献出版社、中国文史出版社2009年版，第200—201页。

历经三年时间至1956年初,中国共产党领导的社会主义改造取得决定性胜利,中共中央开始把党和国家工作重点转向社会主义道路的基本建设。于此背景下,4月25日毛泽东同志在中央政治局扩大会议上就“十大关系”作重要讲话,期间在阐述党与非党关系时他强调:“究竟是一个党好,还是几个党好?现在看来,恐怕是几个党好。不但过去如此,而且将来也可以如此,就是长期共存,互相监督。”[①]自此,“长期共存,互相监督”成为中国共产党与其他各民主党派的相处原则与方针,而且后来一直被规范性沿用。与此同时,许多老一辈革命家对民主监督普遍达成共识:周恩来语“互相监督,首先应该由共产党请人监督”[②];陈云语“有民主人士监督我们,对工作有好处”[③];邓小平语“党要受监督,党员要受监督”[④]……可见,诸多老一辈革命家都认为有监督对于党的建设与发展是有益的,党应该要自觉、主动接受监督。

1978年随着真理问题大讨论的深入推进,关于人民政协机制的性质与定位再次被推上风口浪尖,1979年6月,邓小平同志就此问题予以回应:“中国的社会主义现代化建设事业,继续需要政协进行协商、讨论,实行互相监督。”[⑤]1982年12月4日,宪法载入“人民政协是有广泛代表性的统一战线组织”,从国家根本大法角度确定其定位;同年修定政协章程时“长期共存,互相监督”,“肝胆相照,荣辱与共”作为基本方针被写入。人民民主的人民政协与监督开启有法可依,有章可循的新篇章。2005年出台《中共中央关于进一步加强中国共产党领导的多党合作和人民政协制度监督的意见》和2006年出台的《中共中央关于加强人民政协工作的意见》,区分了人民政协民主监督与民主党派的民主监督,既对民主党派民主监督的性质、内容、形式作出规定,又对人民政协的监督主体、内容、形式作了拓展,健全民主监督体系,为民主监督的发展提供制度保障和行动指南。

(三)新时代协商式监督

十八大以来,以习近平同志为核心的党中央高度重视人民政协的监督功能与作用,强调“要加强人民政协民主监督,完善民主监督的组织领导、权益保障、知情反馈、沟通

---

① 政协全国委员会办公厅、中共中央文献研究室:《人民政协重要文献选编(上)》,中央文献出版社、中国文史出版社2009年版,第268页。

② 政协全国委员会办公厅、中共中央文献研究室:《人民政协重要文献选编(上)》,中央文献出版社、中国文史出版社2009年版,第301页。

③ 政协全国委员会办公厅、中共中央文献研究室:《人民政协重要文献选编(上)》,中央文献出版社、中国文史出版社2009年版,第270页。

④ 政协全国委员会办公厅、中共中央文献研究室:《人民政协重要文献选编(上)》,中央文献出版社、中国文史出版社2009年年版,第296页。

⑤ 政协全国委员会办公厅、中共中央文献研究室:《人民政协重要文献选编(上)》,中央文献出版社、中国文史出版社2009年年版,第354页。

协调机制”[①]2017年3月,《关于加强和改进人民政协民主监督工作的意见》正式发布,该《意见》将“人民政协民主监督”定义为“人民政协协商式监督”,并对其重大意义作深刻阐释,对其职能的性质定位、具体要求、方式方法、运行机制和权利保障予以明确,完善了中国特色社会主义监督体系。2018年3月新修订的人民政协章程再次明确:“民主监督是对国家宪法、法律和法规的实施,重大方针政策、重大改革举措、重要决策部署的贯彻执行情况,国家机关及其工作人员的工作等,通过提出意见、批评、建议的方式进行协商式监督。”

新实践提出新课题,新课题催生新理论。“协商式监督”是对人民政协民主监督的最新表述,是人民政协数十年的实践与探索的最新理论总结。从本质看,“协商式监督”与“中国共产党和民主党派间的民主监督”(即新型政党的“政治监督”)是一脉相承,具有一致性,都是社会主义协商民主范畴;从内涵看“协商式监督”超越传统的民主监督理论范畴,赋予了新的要义,将社会主义协商理论纳入其中,是“协商式民主监督”,是实现社会主义协商民主的重要形式,更细化明确了“民主监督”的路径,符合新时代的发展要求,完善了中国特色社会主义民主政治体系,推进了国家治理体系和治理能力的现代化。

二、阳光智治:协商式民主监督的创新实践

(一)阳光智治平台构建背景

1. 阳光智治概念的界定

从广义角度看,阳光智治就是在国家治理过程中运用现代化科技手段,如信息化、智能化等,使治理过程程序化、规范化、制度化,以实现公平公正的目的。而本文中的“阳光智治”特指区民政与区纪委监委协同共治,整合阳光票决管理系统、云票决系统、小微权力监督一点通系统,运用信息化、智能化手段加强对村级事务的管理,对一肩挑人员行政权力的规范、制约与监督,全面形成“以党建为引领、以阳光票决为抓手、以数字平台为支撑”的基层社会治理新机制,是协商式民主监督的创新实践,有效提升基层的社会治理效能,属狭义范畴的概念,具有莲都的县域特色。

2. 基于数字化改革背景

“数字中国”正式见于中央文件是党的十九大报告,“加强应用基础研究,拓展实施

① 政协全国委员会办公厅、中共中央文献研究室:《十八大以来重要文献选编》(中),中央文献出版社2016年年版,第71页。

国家重大科技项目,为建设数字中国、智慧社会提供有力支撑”①;据十九大精神要求,《中华人民共和国国民经济和社会发展第十四个五年规划和2035年远景目标纲要》对此作出具体部署,强调“加快建设数字经济、数字社会、数字政府,以数字化转型整体驱动生产方式、生活方式和治理方式变革”,“将数字技术广泛应用于政府管理服务,推动政府治理流程再造和模式优化,不断提高决策科学性和服务效率”。

关于数字政府建设,浙江具有先发优势:早在2003年,时任浙江省委书记的习近平同志就作出了建设“数字浙江”的部署;2017年浙江启动“最多跑一次”改革,当很多人还在认为这是“不可能的”,浙江已将“不可能”变为“可能”,向全国推广相关经验;2018年至2020年浙江又实施政府数字化转型,将数字政府建设不断向纵深推进;2021年新年伊始,春节之后上班第一天,浙江省委召开了数字化改革大会,会上省委书记袁家军同志作重要讲话,明确数字化改革定义、改革重点,并强调要加快构建“1+5+2”工作体系。由此,浙江自上而下全面开启“数字浙江”建设,莲都区的“阳光智治”平台建设应运而生。

3. 基于“一肩挑”背景

十八大以来,以习近平同志为核心的党中央高度重视基层组织建设。十九大报告明确指出:“要推进党的基层组织设置和活动方式创新,加强基层党组织带头人队伍建设,扩大基层党组织覆盖面,着力解决一些基层党组织弱化、虚化、边缘化问题。”② 2019年中央一号文件明确指出:“加强和改善村党组织对村级各类组织的领导,健全以党组织为领导的村级组织体系。全面推行村党组织书记通过法定程序担任村委会主任,推行村‘两委’班子成员交叉任职。”③同年《中共中央 国务院关于建立健全城乡融合发展体制机制和政策体系的意见》第十八条建立健全乡村治理机制部分再次明确指出:“强化农村基层党组织领导作用,全面推行村党组织书记通过法定程序担任村委会主任和村级集体经济组织、合作经济组织负责人。”④于此背景下,2020年的村社换届选举,浙江省全面推进了“一肩挑”工作机制。

回观现实,“一肩挑”工作机制推行以来,相比较之前“村两委并存”机制,在农村加强党的领导,巩固执政基础;在提高办事效率,避免互相推诿扯皮、内耗冲突等方面有了

① 习近平,《决胜全面建成小康社会夺取新时代中国特色社会主义伟大胜利——在中国共产党第十九次全国代表大会上的报告》。

② 习近平,《决胜全面建成小康社会夺取新时代中国特色社会主义伟大胜利——在中国共产党第十九次全国代表大会上的报告》。

③《中共中央 国务院关于坚持农业农村优先发展做好“三农”工作的若干意见》,新华网,http://www.xinhuanet.com/,2019年2月9日。

④《中共中央 国务院关于建立健全城乡融合发展体制机制和政策体系的意见》,新华网,http://www.xinhuanet.com/,2019年5月5日。

很大改进。但与此同时也存在一些问题,比如“党务”“村务”一肩挑,不仅精力受限,疲于应付,而且权力过于集中,村务监督委员会又属平级监督,加之农村“熟人文化”影响,监督缺乏足够威慑力,存在“监督虚化”现象,“一言堂”“优亲厚友”等不良风气的风险系数加大,“阳光智治”平台建设成为完善“一肩挑”监督机制的路径选择。

(二)阳光智治平台构建过程

“村级事务阳光票决制”(因发轫于黄泥墩村,也称黄泥墩经验)是黄泥墩村“两委”在区委领导下,乡党委指导下开拓创新,取得的关于乡村基层治理的成功探索与实践,后形成黄泥墩经验在全区推广。2019年12月被写入省委十四届六次全会决定,2021年入选民政部全国基层治理创新典型案例,黄泥墩村先后获评“全国民主法治村”“全国乡村治理示范村”“全国村级议事协商创新实验试点单位”等荣誉称号。

疫情背景下,为破解外出村民代表现场阳光票决之不便,加之“一肩挑”工作机制民主监督的现实需要和数字化改革的时代需要,莲都区民政局牵头负责对2019年的阳光票决管理系统1.0版进行迭代升级,并且与区纪委监委携手协同共治,取得显著成效。

1. 优化阳光票决1.0版系统

一是改造用户体系。1.0版用户主要涵盖村级网格员、乡镇(街道)办事员、区民政相关科室及领导;2.0版扩容接入全区各村村民代表,让更多用户接入到“浙里办”平台端口,保障系统的整体推广与应用,所有用户只需在“浙里办”实名认证后就可登录平台。二是优化门户设计。1.0版门户只适配PC端口;2.0版门户则可同时适配PC端口和移动端口,且所有新增用户都可在系统中查看自己关注的内容,如待参与会议、已参与会议、所属村级信息公开内容查询、回看会议视频等。三是改造公众号应用。为了促进部门间的协同智治,对区纪委监委的微信公众号“清廉莲都”予以改造,“阳光票决”页面实现层级调整与设计,原来“三务公开”页面中的“廉政发布”调整为独立应用页面,新增“民政政策信息”页面。同时优化各页面的搜索功能,实现更为便捷的搜索服务。

2. 新增阳光票决云票决子系统

云票决即结合电子签名技术、云视频会议服务实现线下线上一体化的村级事务阳光管理,整体构建具体包括:一是云视频会议。村级管理员在主会场PC端发起视频会议,村民代表通过“浙里办”远程接入视频会议,接入后需管理员授权方可同步接入视频画面与音频信号,否则只默认视频观看权限,没有音频信号。特别一提的是村民代表接入视频会议前必须在“浙里办”提前完成个人身份信息认证及人脸识别,以确保与会人员的真实身份。另外云视频会议还包括文件传阅与会议录屏功能。二是远程票决。村级管理员在主会场PC端发起在线票决,并通过“浙里办”和手机短信向外出村民代表发送一条提示性信息,外出村民代表可通过“浙里办”或手机点击信息查看票决内容,然后进行线上远程投票并电子签名,以确保投票人的真实身份与真实意愿,保证票决的合法性。为了达到此效果,远程票决模块开发时需要同步接入新的用户体系规则,保证整体应用的合规合法,真实有效。同时远程票决模块接入阳光票决管理系统,这样远程票决产生的数据可直接转入阳光票决管理系统,无须手工录入,提高工作效率,实现线上线下一体化。

3. 构建村一级议事协商新机制

欲有效实施“村级事务阳光票决制”,细看“村级事务阳光票决制”实施程序流程图不难发现,其中程序三“村务联席商议”是关键环节,但原先参加联席商议人员为村“两委”成员、村务监委会主任及村经济合作社社长,可以说权力还是集中于少数人身上,人民群众参与村级事务商议机会为零,只有知情权,没有决策权,从这个角度看,推行的“村级事务阳光票决制”还是存在一定的形式主义。为全面贯彻中共中央、国务院关于丰富村民议事协商形式的决策部署,完善“村一级事务阳光票决制”,2022年初莲都区民政局结合实际,以“村务联席商议”为抓手,积极构建村级议事协商新机制,明确村级议事协商原则①、内容②、主体③、形式④、程序⑤。细看村一级议事协商机制,它体现了以人民为主体的思想,畅通人民群众参与渠道,让人民群众也作为议事协商的主体参与村级事务议事协商全过程,能发表自己的意见,拥有了真正的决策权,为阳光云票决的有效性做好前期准备。

4. 构建与纪委协同智治新机制

为贯彻落实2021年初省委召开的数字化改革大会精神,全省纪检监察基层监督数字化改革顺势推进,在全省“揭榜挂帅”16个试点单位,莲都区成为其中之一。根据省纪委监委关于基层监督数字化改革动员部署会要求,“小微权力监督一点通”服务平台的构建,一方面意在规范“一肩挑”工作机制下一肩挑人员的行政权力,故从“村级工程、劳务用工、困难群体救助、集体资产资源、村级采购、印章管理”七大村级高频事务予以设计,经前期将近3个月的数据采集,相关工作人员的培训,8月份基层小微权力全流程线

① 即坚持党建引领、依法协商;广泛参与、民主协商;平等公正、协商一致;成果转换、注重实效四大原则。

② 包括村经济和社会发展规划及年度计划、村庄建设规划;公益事业的兴办和筹资筹劳方案及建设承包方案;村级享受误工补贴的人员及补贴标准;村集体经济所得收益的使用;土地承包经营方案;集体经济项目的立项、承包方案;宅基地的使用方案;征地补偿费的使用、分配方案;以借贷、租赁或其他方式处理村集体财产;村规民约等涉及村集体、村民切身利益等其他事项共10项内容。

③ 包括村“两委”成员、村监委主任、村经济合作社社长、部分党员代表、部分村民代表;联村驻村干部、第一书记(农村工作指导员)、部分乡镇(街道)人大代表及政协委员;乡贤智囊团成员;下派的村法律顾问;能提供经济、建筑等专业咨询的专业人士共5方面人员。

④ 包括座谈协商、论证协商、恳谈协商、网络协商等形式。

⑤ 依次为收集议题、确定议题、拟订方案、开展协商、上传系统、公开结果六个步骤。

上运行正式启用，全区218个村一肩挑人员关于七大村级高频事务均需走线上流程，避免了以往线下操作的随意性，规范流程，让权力运作在阳光下。例如村支部书记盖章一事，首先用章村民需向村网格员提出用章申请，接着村网格员收到申请后线上向村支部书记发起申请，然后村支部书记收到申请予以审核，线上签字同意，最后村网格员做好线上用章登记并盖章。不像以前，公章书记随身带，村民需要盖章直接找书记，没有登记没有监督，盖不盖书记说了算。同时为了加强人民群众的民主监督，"小微权力监督一点通"服务平台的构建还设置了"在线投诉"与"投诉查询"，为人民群众提供反映问题的通道，如村级事务该公开而没有公开，不符合低保条件等问题均可以个人名义实名反映，投诉结果均有回复，村民可通过"投诉查询"进行了解。这样群众反映问题不用奔波，了解结果也不用奔波，省心便捷。

二人同心，其利断金。为加快推进"村级事务阳光票决制"的深入实践，提升莲都区村级基层治理数字化水平，区纪委监委与区民政局携手，将两个部门的数字化应用场景打通，"小微权力监督一点通"平台增设"阳光系统"：阳光政策、阳光票决、阳光三务，"热门清单"页面增加"民政保障篇"，这样两个部门协同共治，形成合力，畅通人民群众参与通道，激发参与活力，既拓展协商式民主监督的渠道，进一步完善基层民主协商的制度化，规范化、程序化，又遵从源头治理原则，扎紧制度的笼子，促进一肩挑机制下村级权力行使的制度化，规范化、程序化。

（三）阳光智治平台运行成效

1. 人民主体性充分彰显

"要坚持以人民为中心，把促进发展、保障民生置于突出位置，实施政策、采取措施、开展行动都要把是否有利于民生福祉放在第一位。"①莲都区阳光智治平台的运行，不管是阳光票决管理系统（包括云票决子系统），还是小微权力监督一点通系统，时时刻刻立足于人民主体性的基本立场：增加可适配的移动端口是为了方便使用手机的人民群众；增设云票决模块是为了方便外出的村民代表；开设"在线投诉"与"投诉查询"是为了方便人民群众反映问题并及时了解自己所反映问题的结果；统一规范村级高频事务线上的操作流程是为了敦促权力服务于人民群众……所有的所有，都是想方设法为民所想，解民所忧，人民主体性充分彰显。

2. 腐败防范性显著增强

2021年中共中央、国务院颁布《法治政府建设实施纲要（2021-2025年）》（以下简称《纲要》），对依法行政作出全面部署，强调要健全行政权力的制约和监督体系，促进行政

---

① 习近平：《博鳌亚洲论坛2022年年会开幕式上的主旨讲话》。

权力规范透明运行。为全面贯彻《纲要》精神,莲都区阳光智治平台的运行,一方面强调权力运行的规范性,村级重要事务的决策需要按规定流程进行阳光票决,村级高频小微权力的运作需要线上按规定流程操作,这种"走流程"的权力运行模式,确保了权力运作的制度化、规范化、程序化,大大降低"一肩挑"工作机制下权力过于集中而滋生腐败问题的风险;一方面借助互联网平台大数据的碰撞效应,对违规问题及时作出预判与纠正,据区纪委监委资料显示,截至2021年12月8日,小微权力监督一点通系统平台已碰撞比对预警信息431条,发现并纠正违规问题104条,处理28人,挽回经济损失1.8万元。可见阳光智治通过对小微权力的源头制约与多通道的监督体系的构建,腐败防腐性显著增强。

3. 行事便捷性突出体现

计算机的出现与逐步普及,使人类社会从工业时代步入信息时代,网络化、信息化、智能化、数字化,这些迭代升级的新技术不断地改变着人们的生活方式与工作方式。"一机在手,足不出户,可观天下办万事"是对后信息化时代特点与优势最为生动的概况与诠释。应时代发展需要,应人民群众之所需所盼,莲都区阳光智治平台的运行,开通云视频会议、云票决系统、在线投诉、投诉咨询等,都给人民群众带来极大的便利。线上操作,无论刮风下雨还是千里之外,都可战胜恶劣天气,穿越时空距离,完成需要完成的事情,决不会耽搁。就拿盖章一事,原先用章村民需找到村支部书记或村民主任方可盖到章,而现实生活中村支部书记或村民主任基本不在家中常住,故需提前预约时间,否则常常要吃几个闭门羹才盖到章;如今转至线上运作,只需到便民中心找村级网格员即可,定点定人,方便快速。所以行事便捷自是阳光智治平台运行的一大显著成效。

三、阳光智治:之于协商式民主监督的意义

(一)协商式民主监督数字化成果

数字技术广泛应用催生了一个全新的数字时代,在这个时代中数字化成为最强的一种驱动力,改变着人们生活的方式,推动着政府职能的转型。协商式民主监督作为中国特色社会主义民主监督的核心要义,引入数字技术,提升协商监督效能,在数字化改革的浪潮中自然不能独处一隅。莲都区的阳光智治,以省委数字化改革大会部署的"1+5+2"工作体系为指导,一方面以村级事务阳光票决为实践场景,引入云视频会议、云票决系统等,形成多样化的数字化应用场景,创新村民代表履职方式,维护人民群众的民主权利,保障最广大人民群众的根本利益;一方面构建"互联网+政务服务"的政府数字化转型的实践平台,规范小微权力运作基本流程,以"制度化、规范化、程序化"制约"一

肩挑”机制下集中化的村级权力，建立智能化源头监督机制，通过数据碰撞对违规问题及时发出预警，及时纠正处理，把违规问题扼杀在萌芽中。基于阳光智治上述两方面数字化技术的运用，不得不说阳光智治是协商式民主监督数字化的成果。

（二）协商式民主监督路径再拓展

民主监督作为人民政协三大职能之一，传统的实践路径主要是委员发挥履职职责，借助政协这个平台，以撰写提案、调研报告、社情民意等形式反应决策实施过程中群众的呼声、愿望，协助党和政府更好增进人民福祉。“实现民主政治的形式是丰富多彩的，不能拘泥于刻板的形式”“以改革创新精神推进履职能力建设”[①]，莲都区的阳光智治以习近平总书记关于政协工作的新要求新理念为行动遵循，在设置阳光票据流程时以“村务联系商议”为抓手，积极构建村级议事协商机制，明确协商原则、内容、主体、形式、程序，特别值得一提的是在协商主体上专门安排乡镇的政协委员，从机制的安排上确保协商式民主监督在基层治理中的落地，确保人民群众在决策实施前介入村务协商与监督，提前化解干群矛盾，防范干群纠纷，促进社会和谐稳定。这种决策实施前安排村级议事协商的新机制，与传统的民主监督重在决策实施过程，无疑拓展了新的路径，且阳光智治本身也为协商式民主监督提供了新的通道，体现了“社会主义民主有事多商量，遇事多商量，做事多商量”[②]的特点与优势，以示社会主义民主人民性的特点。

（三）国家治理现代化的县域探索

随着全球数字化信息化的快速发展，数字技术成为社会发展的重要引擎。于此国际环境中，数字政府的建设，成为我国国家治理体系和治理能力现代化的必由之路，它不仅决定国家自身的治理水平，也是数字社会发展的重要变量。莲都区的阳光智治，一方面引入前沿数字化技术，如电子签字技术、云视频服务技术等推进阳光票决的迭代升级，实现远程票决，破解外出村民代表返乡票决误工费用大的难题；一方面利用“互联网+政府服务”的建设，开通“小微权力监督一点”“在线投诉”等服务端口，既规范“一肩挑”机制下村级权力的运行，又畅通人民群众参与村级事务的监督，构建健全权力运行的制约与监督体系，有效推进乡村社会治理的制度化、规范化、程序化，让权力运作在阳光下，实现社会的公平公正。这种数字政府的建设直接映射国家治理体系与治理能力的现代化，是国家治理体系与治理能力的现代化的县域探索与实践。

---

① 习近平：《在中央政协工作会议暨庆祝中国人民政治协商会议成立70周大会上的讲话》，《求是》2022年第6期。

② 习近平：《在中央政协工作会议暨庆祝中国人民政治协商会议成立70周大会上的讲话》，《求是》2022年第6期。

与此同时,遵从“人的现代化是现代化的本质”这一马克思主义基本思想,让人民群众享有民主的权力,构建村级议事协商机制,人民群众不仅拥有投票权,还拥有参与民主决策、民主管理、民主监督的权力,体现了中国式现代化的根本价值取向。

四、运用数字技术完善协商式民主监督的思考

数字化时代,运用数字技术进行协商式民主监督成为必然。在协商式民主监督过程中如何更有效运用好数字技术?基于莲都阳光智治的调研,笔者有如下浅薄思考:

(一)关于阳光票决机制

1. 细化票决内容

目前,“阳光票决制”的具体内容是依据《村民组织法》的相关规定梳理而成的票决清单。在探索乡村治理现代化的初期,现有的票决清单确实发挥了规范性的作用,但随着“阳光票决制”的不断推进,现有的票决清单已不能满足当前的自治需要,亟待进一步细化。如公益事业的兴办和筹资筹劳方案及建设承包方案,票决清单未对多少额度以上的公益事业需要票决,多少额度以下的公益事业不需要票决进行明确规定。事实上《三资管理办法》就有明确额度要求,5万元以上的公益事业工程必须经集体经济组织成员大会或者成员大会授权的成员代表大会应到成员三分之二以上通过,5万元以下的公益事业工程年初村里必须有预算规划提交农业农村局备案。为此建议区民政局牵头相关职能部门,围绕乡村振兴的5个维度,结合《村民组织法》《三资管理办法》及乡村实际细化票决内容,尤其是直接关乎群众切身利益的经济类村务,额度上必须有明确规定。

2. 优化票决程序

目前,“阳光票决制”是依照“党员群众共谋议题—村党支部把关议题—村务联席商议议题—乡党委审议备案议题—村民代表会议票决—监督委员会监督”的流程完成村务的票决。票决程序本身是规范有序、公正公平的,但需要阳光票决的村务本身的合法性缺乏前置审查,这将导致“阳光票决制”出现源头性问题,缘木求鱼,本末倒置。2021年浙江省乡镇街道合法性工作走在全国前列,政法部门在每个村都下派有法律顾问。为破解“阳光票决制”源头性风险隐患,建议民政部门牵头相关部门,以试点村为抓手,推进村务阳光票决的前置端合法性审查工作,让法律顾问提前介入,指导村书记做好需要阳光票决村务合法性审查的材料准备工作,实行源头治理,以此倒逼村书记权力行使的法制化、规范化,规避之前以村两委班子会议记录、讨论记录推卸法律责任的不法行为,并以点带面,促进票决程序与票决村务合法化的有效融合。

(二)关于个人隐私保护

数字化时代,数据资源正成为一种全新的生产要素,而公共数据[①]是其中重要的一种类型。行政过程中,政府等公共管理部门需要获取来自公民、法人等的数据信息,如莲都的阳光智治,"小微权力监督一点通"平台欲有效运行,纪委监委需授权各个村网格员把一肩挑人员、农村经济合作社社长、村检委会主任等人的诸多信息采集录入平台系统,形成数据汇集,以便后续这些信息的共享、开放,通过"数据碰撞"加强对小微权力运行的监督,从源头予以预警性治理。而这个采集、汇聚、开放、共享的过程,涉及个人隐私,需要对大家的数据权益予以充分保障。由此,近年各地关于数据治理也出台相关条例,如深圳、上海于2021年出台《数据条例》,浙江经过省人大3次审议,于2022年1月21日正式通过《浙江省公共数据条例》……这些条例都强调了政府等公共管理部门应该依照法定权限采集个人相关数据,表明数据治理正向法治化迈进。

细看数据治理的相关条例,基本坚持"限制性原则"为主,注重规范数据权属与数据采集边界,以此来保障个人数据的权益;但数字化时代大数据的分析需要海量的数据共享。无疑二者间存在着矛盾与冲突,个人隐私保护与数据资源共享陷入两难境地,故加快建立、完善数据治理相关法律法规的同时,"积极构建公共数据的市民授权机制"[②]是各级政府在数字化时代兼顾个人数据隐私保护与促进数字化发展的一种符合实际的选项。

(三)关于数字人才培育

莲都区是浙江省山区26县之一,在人力资源上系人口输出型,全区218个村庄中年富力强的中、青年基本在外谋生创业,留守村庄的多为年迈体弱的老人或读书上学的儿童。像仙度乡下辖11个行政村,户籍人口有11394人,常住人口仅4354人,占比38.2%,其中该乡僻远村董弄村户籍人口有931人,常住人口226人,占比24.2%;仙渡乡在莲都9个乡镇中地域并不是最偏远的,像峰源乡全乡就1000余人,个别村常住人口就10多号人。基于历史原因,老人们基本未好好上过学,勤劳纯朴却保守固执,对智能化的新事物不愿接纳,像手机基本仅为与孩子们保持联系而添置,都是使用最为简单的老人机,故在山区县乡村推进数字化,数字人才的短缺是最大的难题,调研中很多乡镇表示有些

---

① 即浙江省内国家机关、法律法规规章授权的具有管理公共事务职能的组织及供水、供电、供气、公共交通等公共服务运营单位在依法履行职责或者提供公共服务过程中收集、产生的数据以及税务、海关、金融监督管理等国家有关部门派驻浙江管理机构提供的数据《浙江省公共数据条例》,2022年1月26日,https://www.163.com/dy/article/GUKU64AJ0518KCLG.html。

② 高翔:《超越政府中心主义:公共数据治理中的市民授权机制》,《治理研究》2022年第2期。

村庄找一个能熟练运用电脑基本程序的网格员都很难,就拿打字最简单的事情说,拼音输入法因拼音不懂打不了,五笔输入法口诀很难记又打不了,更不用说要在主会场发起云视频云票决,实施村级事务阳光智治,推进乡村社会治理现代化了。

逢山开路,遇水架桥;困难再大,工作必须推进。运用数字技术推进阳光智治,让协商式民主监督在乡村社会落地落实,从人才培育格局看需构建城乡融合机制,实施"街道帮扶乡镇""社区帮扶村庄""社区志愿者帮扶农民"的阶梯性帮扶举措,这样"点对点""人对人"应该是符合实际,才能够出成效;从人才培育政策看需构建青年返乡激励机制,未来是年轻人的,乡村社会的发展,靠的还是年轻人,在培育"懂农业、爱农村、爱农民"的新型农民队伍需要政府出台系列优惠政策,吸引有志"三农"工作的年轻人返乡创业,因为年轻人来了,乡村数字化的时代也就未来可期了。

全过程人民民主视域下村民代表推选研究

何素芬　章一多[①]

党的十八大以来，党提出了全过程人民民主重大理念并大力推进，使人民当家作主更好体现在国家政治生活和社会生活之中。正如习近平（2022）总书记所述，“我国全过程人民民主不仅有完整的制度程序，而且有完整的参与实践”。全过程人民民主，把选举民主与协商民主结合起来，把民主选举、民主协商、民主决策、民主管理、民主监督贯通起来，具有时间上的连续性、内容上的整体性、运行上的协同性、人民参与上的广泛性和持续性（中华人民共和国国务院新闻办公室，2021）。而基层选举作为民主选举的重要类型，既是广大人民参与最广泛的民主实践，也是全过程人民民主全链条的重要初始环节。2020年末在浙江省开展的村级组织换届便涵盖了基层选举的大多数内容，包含了村（居）党组织选举、村（居）民委员会选举、村（居）民代表推选、村（居）务监督委员会选举、村（居）股份经济合作社选举等环节，是观察全过程人民民主在基层实践的绝佳场景。

村民代表推选作为村级组织换届的重要组成部分，其产生的村民代表的履职能力高低会通过村民代表会议制度对乡村治理的效能产生深远的影响，但是对其重视程度远远不如村两委换届，甚至有些地区将其视为换届工作的附属流程，导致其换届质量堪忧。受三门县委组织部委托，本课题组对村民代表推选进行了为期一年的跟踪调研，覆盖了换届前、中、后各个时段。本研究可能对三门县乃至其他地区总结和改进村民代表推选有一定的借鉴意义，也为研究全过程人民民主在基层的实践提供了一个分析样本。

一、文献综述

目前学者对村民代表推选的研究只见诸零星的描述，主要涉及如下三个方面：一是

---

① 作者简介：何素芬、章一多，中共台州市三门县委党校教师。

村民代表产生程序的介绍。从选举时间看,村民代表推选一般同村委会换届同时进行,先选村民代表,后选村委会成员;从选举方式看,有提名代表候选人推选和按村民小组或户为单位直接推选两种(中国农村村民自治制度研究课题组,2006,第23页)。从选区划分看,白钢等(2001,第62页)介绍了村民代表会议诞生早期的情况,诸如新疆和吉林的按每5—10户推选、山东招远的按居住区域或村民小组推选。这种划分方式也在1998年修订的《中华人民共和国村民委员会组织法》(以下简称《村组法》)规定"村民代表由村民按每五户至十五户推选一人,或者由各村民小组推选若干人"后,在法律上得以了确认。此外,也有地方在产生程序上进行了创新,如天津市清武区在户代表推选的基础上召开选区选举大会,并由区及乡镇(街道)下派工作组指导各村制定《村民代表选举办法》(李文等,2007)。二是村民代表推选过程中的问题。有学者发现村民代表推选过程中会出现一定操作偏差,如白钢等(2001,第66页)指出在部分地方村两委干部会对村民代表进行"指派"或"派选",有些地方的强势宗族会把持村民代表的产生,以致村民代表成为村干部的应声虫或宗族利益的代言人。郎友兴等(2000)认为即使有些地区村两委不对村民代表"指派"或"派选",也须经过他们审定,产生方式受到制约;而且部分地区的村两委成员被指定为当然村民代表,无法体现现代代议的特点。徐勇(2018,第146页)也指出来自一些人口较多地方或者有一定权威背景的所谓"大姓"的村民,较容易当选村民代表。三是村民代表推选对后选举时代村级治理的影响。陈国申等(2017)选取最早诞生村民代表会议制度的招远石棚村为案例,发现该村在1990年后采用从村两委提名候选人推选村民代表后,村民代表的监督和决策能力反而大为削弱,直至2008年改为不设候选人的无记名海选村民代表后,村民代表会议的制度效能才得以提升。贺雪峰(2002)通过调查发现村民代表与村民存在互不信任、互不代表的割裂关系,这除了与村民代表推选不规范和村民对委托代理关系不习惯有关之外,还可能与村民代表的选举是建立在传统社会关系正解体、现代民主理念未建立的基础上有关。

通过上述分析,我们发现村民代表推选的研究相对薄弱,主要体现在:一是文献研究过于久远已不适应新时代村民代表推选工作的需要。相关文献基本集中在2010年前,对现有村民代表推选的跟踪研究大幅落后,尤其2020年村民代表推选面临全面推行"一肩挑"、行政村规模调整后融合等新问题,但相关研究已然不能满足当前工作的需要。二是已有研究对村民代表的产生程序、推选过程中的问题研究不够深入系统。比如村民代表的推选时间在相关法律条例中并未做明确的规定,只有在诸如《浙江省村民代表会议工作规程(试行)》第八条中做出"村民代表的推选工作,由村党组织主持,一般在新一届村民委员会换届选举前进行"的建议,并未有法律限制,因此在实际操作中存在部分地区将村民代表推选时间放在村两委换届之后的做法,从而衍生了村民代表推选重视程度不够、准入质量堪忧等诸多问题。还有村民代表推选中具体采用何种选举方式和选区划分，各地有不同的做法，这与历史沿革有一定的关联，还需进一步研究。

二、2020年村级组织换届前：村民代表推选的总体情况及问题

鉴于近十年，村民代表推选在操作性、规范性、创新性均有一定程度的演化，故本课题组在2020年村级组织换届前，获取了大量关于村民代表推选的调研资料，对村民代表推选的推选时间、推选方式等做了进一步的比较分析，并剖析了推选过程中遇到的一些问题。

（一）村民代表的推选时间、推选方式

正如前文所述，村民代表推选在法律规定上较为笼统，如表1所示，所以各地结合自身实际，在推选村民代表时采取了不同的方式和时间，如表2所示。

表1 村民代表推选相关法律条文

法律条文	具体内容
《中华人民共和国村民委员会组织法》	第二十五条 妇女村民代表应当占村民代表会议组成人员的三分之一以上。村民代表由村民按每五户至十五户推选一人，或者由各村民小组推选若干人。村民代表的任期与村民委员会的任期相同。村民代表可以连选连任。
《浙江省实施〈中华人民共和国村民委员会组织法〉办法》	第十八条 妇女村民代表应当占村民代表会议组成人员的三分之一以上。 人数不足五百人的村，村民代表人数不少于三十人；人数在五百人以上，不足一千人的村，村民代表人数不少于四十人；人数在一千人以上的村，村民代表人数不少于五十人。 第十九条 村民代表应当依法具有选举权和被选举权，遵纪守法，关心集体，具有履行职责的能力。 第二十条 村民代表按若干户推选一人，或者由各村民小组推选若干人。推选村民代表应当由推选单位有选举权的半数以上村民或者三分之二以上的户的代表参加，采用无记名投票或者举手表决方式，按得票数从高到低产生。同户不得产生二名以上村民代表。 推选村民代表应当通过单列名额等形式保障妇女村民代表的当选。村民代表的任期与村民委员会的任期相同。村民代表可以连选连任。

表2 台州市村民代表推选基本情况表

县市（区）	村民代表推选方式					村民代表推选时间	
	未“村调”村（个）		已“村调”村（个）			村党组织换届后，村民委员会换届前	村级两委班子换届后
	户代表推选	村民小组推选	户代表推选	村民小组推选	混合推选		
椒江区	161	25	14	3	0	√	√
黄岩区	109	70	82	45	0	√	
路桥区	110	8	60	3	1	√	

续 表

县市(区)	村民代表推选方式					村民代表推选时间	
	未"村调"村(个)		已"村调"村(个)			村党组织换届后,村民委员会换届前	村级两委班子换届后
	户代表推选	村民小组推选	户代表推选	村民小组推选	混合推选		
临海市	326	72	201	26	3		√
温岭市	393	36	140	9	1		√
玉环市	126	10	42	6	1	√	
天台县	117	85	99	69	4	√	
仙居县	135	100	40	36	0	√	
三门县	127	12	110	19	7		√
汇总	1604	418	788	216	17		

数据来源:据台州市村民代表提前换届专题调研组(2020)收集数据整理。

从推选时间来看,黄岩、路桥、玉环、天台、仙居的村民代表推选在村党组织选举和村民委员会选举之间进行;临海、温岭、三门在村党组织和村民委员会选举后进行;椒江则由乡镇(街道)自行选择。不同推选时间各有利弊,如表3所示。在2020年村级组织换届前,台州市曾倾向于在村级两委班子换届前进行村民代表推选,不过在咨询省委组织部和省民政厅的意见,并综合考虑了表3中所列问题后,改变了原先计划。

表3 村民代表不同推选时间的比较分析

推选时间	优点	缺点
村党组织换届后,村民委员会换届前	1.目前大多数地区均采用的推选时间; 2.时间安排上相对紧凑,方便各级部门统筹推进。	不利于预判2020年村级组织换届可能面临的一肩挑、村调后村内纷争等风险。
村级两委班子换届后	方便集中精力进行村两委换届。	对村民代表推选重视程度不够、走走过场。
村级两委班子换届前	1.尽早解决村调后新村因村民代表人数多、决策效率低下等问题; 2.有利于预判2020年村级组织换届选举所遇风险; 3.通过优化村民代表队伍结构夯实基层治理基础。	1.难以明确"提前选举的代表算哪一届"; 2.村民代表推选须登记选民,但《浙江省村民委员会选举办法》规定选民名单应当在选举日的二十日前张榜公布;如果过早换届,可能导致提前选村民代表认定的选民资格和选村委会的选民资格不一致(有些年龄在选村民代表的时候未满18岁,在选村委会的时候已达18岁)。

从推选方式来看，台州市村民代表采用了户代表推选和村民小组推选并行的方式，其中户代表推选是主流：在未进行行政村规模调整（以下简称"村调"）的2022个行政村中，79.33%采用户代表推选；在已村调的1021个行政村中，77.18%采用户代表推选，此外还有1.67%因为村调前原有各村采用不同推选方式，采用混合推选方式，即既有户代表推选又有村民小组推选。两种推选方式的优缺点分析如表4所示。

表4　村民代表不同推选方式的比较分析

推选方式	优点	缺点
户代表推选	打破了村民小组界限，有助于打破宗族、"房头"等势力在村民代表推选中的不良影响	妇女村民代表、党员村民代表等可能难以达到规定比例
村民小组推选	既遵从历史沿革，又相对容易把控妇女村民代表、党员村民代表的推选名额	容易导致村民代表的同质化和宗族化

不过据进一步调研反馈，虽然大多数村反馈采用户代表推选，但并非《村组法》所指的"由村民按每五户至十五户推选一人"，而是采取根据各村民小组的规模大小，按比例分配本村村民代表总名额，再由各村民小组户代表直接投票产生，其中妇女村民代表实行单列专选，所以本质上是村民小组推选。此外，大多数村实行无候选人推选，也有少数村采取有候选人的推选方式，如仙居县白塔镇感德村先由村党支部提出村民代表初步候选人名单，并对其参选资格进行审查后，再由各村民小组选民分别对本小组候选人进行投票推选。

（二）村民代表推选面临的问题

2020年村级组织换届正值"五期叠加"，即面临村级组织任期"3改5"的转换期、"三类人员"清理后的平复期、行政村规模调整后的融合期、全面"一肩挑"的攻坚期、疫情常态化防控期，选情较以往更为复杂，具体到村民代表推选，主要有以下几方面问题：

1. 村民代表推选的指导规范性及支撑性不足

一方面，各级对操作规范和配套细则的指导有所欠缺。《村组法》没有明确村民代表的具体推选、管理机制，《实施办法》虽对村民代表的人数、资格条件、推选方式、任期时间、资格终止、退出程序等作出了原则性规定，但在实际操作中，除条件够成熟、村民有共识的村之外，仍有较多条款在基层很难有效落实。特别对村民代表推选时间没有明确规定，各地一般根据本地实际及传统做法，县级提出原则性要求，由乡镇（街道）自行决定。另一方面，各级对村民代表推选的力量配置有所欠缺。县乡两级的人、钱、时间更多倾注在村两委换届选举上，而较少配置在村民代表推选上。特别在一些将村民代表推选后置的地区,村民代表推选本质上成为换届工作的附属流程。

2.推选过程中资格审查、推选方式、流程规范有待完善

在资格审查上,村级组织换届过程中,各地都会明确参选条件以及不宜(不能)参选的条件,并成立县级资格联审小组,对相关人选资格进行系统"过筛"。但因村民代表基数相对较大,村民代表人选的资格审查任务重、时间紧、难度大,通常仅交由乡镇(街道)辖区派出所审查违法犯罪情况,审核内容相对单一、门槛相对较低。一些地方"只求选出、不求选好",对党员、妇女、学历、年龄等非原则性要求统筹把关不够,导致出现部分当选代表个人素质不高、履职能力不强以及部分村村民代表整体结构不优①等问题。在推选方式上,绝大多数村按村民小组(生产队)划分选区,事实上基本延续了宗族相近的选区划分原则,推选的村民代表人员相对固定,一定程度上存在"家族化、宗族化"倾向,有失广泛性和代表性。此外,各村村民代表人选基本以村民自荐为主,个体素质和总体结构把控不严。在流程规范上,一些地方在选举时普遍采用"流动票箱"方式进行,写票、唱票过程缺乏严格监督,容易出现疑议和纠纷。

3.新村代表人数锐减带来的推选名额分配较难

一方面,在换届前,部分村调后的新村村民代表人数过多,进而导致村民代表会议成本高、难度大、效率低②;而换届后,新村村民代表职数将大幅减少,再加上村民代表一定程度上承担了原自然村"两委班子"角色,村民代表的作用势必更加凸显、履职要求更加高,从而人选竞争也更加激烈。另一方面,新村还将面临选区重新划分、村民代表名额重新分配等问题,一些原村干部、规模较小的自然村村民普遍存在担心"话语权"不够、"利益"受损的心理,容易引发消极配合、阻碍推选等不稳定因素。考虑到台州市2018年行政村撤并率高达34.50%,村民代表职数分配不妥可能还会引发后续村民代表会议难以召开、难以达成共识等新村治理问题。

三、2020年村级组织换届时:三门县推选村民代表的做法

面对村民代表推选面临的以上问题,三门县凭借在村民代表履职规范化上积累的

① 比较直观的是,推选的村民代表不同程度上存在"两多两少"问题:即老龄人多,年轻人少;低学历的多,中高学历的少。以台州市为例,在2020年村级换届前,村民代表中51岁以上占比高达58.40%,而31岁以下仅占1.88%;本科及以上占比仅0.96%,而高中以下学历占比高达80.83%。

② 在台州市已村调的1021个村中,村民代表平均88人,101人以上的村有250个,占24.49%,多村合并的村民代表均在150人左右。以温岭市为例,按照村级财务管理制度的相关规定,村级集体支出超过5万元的须提交村民代表会议讨论通过;温岭萧南村由5村合并而成,有村民代表229人,每次召集村民代表会议就需支付误工补贴11450元,加上会议场所受限,到会率普遍不高,难以形成决议。

丰富经验[①],结合2020年村级组织换届工作,在全县所有行政村推行村民代表规范化建设,构建了一套科学规范的村民代表管理模式,切实做到了选举工作合法有效、工作流程清晰明确、联系群众互动便捷、决议内容科学规范、监督村务公正及时,基本实现了高质量推进村民代表推选的目标。

(一)“凝心聚力”誓闯连环关

村级组织换届是一项系统工程,环环相扣,将村民代表推选始终视为这项工程的关键一环,就会在思想上引起重视。在领导重视方面,不仅成立了由县委书记、县长亲自挂帅的村社组织换届工作领导小组,而且26名县领导全员上阵,包抓联系39个选情复杂村,开展6轮包乡走村活动,使村民代表推选也铆足干劲。在机构设置方面,县村社组织换届工作领导小组办公室(简称“县村换办”)连续6个月实体化运转,尤其围绕选举日,设计了村(居)民委员会换届工作日程安排表[②],其中选民登记和村民代表推选安排在第3环节,含10项任务,使村民代表推选在换届工作中井然有序、顺利衔接。

(二)“依法依规”制定指导关

针对村民代表推选的现有法律法规指导意见相对较少的短板,三门县在结合《三门县村民代表工作规程(试行)》(以下简称《县规程》)的基础上,沿用了《台州市村民代表工作规则(试行)》(以下简称《市规则》)第二章《村民代表的产生》的相关规定,制定了适用于村级层面的村民代表推选办法样板,包括了村民代表“四过硬”“五不能”“六不宜”的资格条件、选举机构、人数确定、选区划定、有无候选人的推选方式、投票方式及统计、“妇女、党员、少数民族”等特定代表的名额限定、任期规定等条目,覆盖内容全、法律依据强、指导作用大。此外,县村换办发布了《三门县村民委员会换届工作指导手册》,并单独设置村民(社员)代表换届推选工作章节,辅以实时线上解答实操问题,确保上下步调一致。

(三)“外引活水”严把入口关

一方面,积极向外引流。由组织部门牵头、各乡镇(街道)配合,加强农村优秀人才的跟踪联系。本轮换届,三门县284个村(社区)共推选村(居)民代表23695名,其中有经商创办企业经历864人,为农业大户、专业户或专业合作社负责人313人,为退伍军人

---

① 三门县自2019年便开展了“以村民代表履职规范为牵引,实现农村社区治理有效目标”为主题的省级农村社区治理和服务创新实验区创建工作。2019年4月份,在多次论证调研的基础上,出台了《三门县村民代表工作规程(试行)》等系列文件;2019年6月份在全县选取15个村开展试点。

② 将党组织、村(居)委会换届选举分别细分为6个环节27项任务、10个环节58项任务。

805人。特别针对"空心村"、外出人口村较多村年轻人参选率低的问题,加强参选引导,提高参选率,不断提升村民代表整体素质[①]。另一方面,严把入口质量。采取"提前预审+集中审查"方式,既根据以往村民代表推选近三分之二连选连任的经验,提前把好入口关,减轻正式推选阶段的工作压力;又通过村民代表选举资格联合审查制度,纪检监察、公安等14家部门依托"最多跑一次"平台进行"联审联查",确保把政治坚定、作风正派、遵纪守法的人选上来。

(四)"事先明确"畅通出口关

在村民代表推选之初,便制定违纪违法、长年外出不正常履职等9种不称职情形清单,明确诫勉教育、停职、辞职、罢免等四种处置措施,村名代表当选后全部签订履职承诺书,当村民代表涉及"负面清单"中相关辞职情形时,承诺书自动转为辞职申请书,经村民代表会议主席团[②]调查核实,村党组织同意后,报乡镇(街道)党(工)委备案,取消其村民代表资格。

(五)"科学划分"优化选区关

大部分村仍以村民小组或自然村为单位划分选区,部分有条件的行政村以户或若干村民小组为单位划分选区[③],选区的划分方案由村民选举委员会根据"血缘相亲、地缘相邻、业缘相近"的原则提出,经村民会议或村民(社员)代表大会讨论决定。每个选区需产生3名以上代表,其中妇女代表和党员代表各不少于1名。2020年换届后,通过单列名额等形式保障妇女村民代表的当选,并通过法定程序将村党组织成员推选为村民代表但不占所在村民小组(选区)村民代表职数后,党组织成员全部当选为村民代表,妇女村民代表、党员村民代表比例也分别达到35.51%、37.48%。全面推行有候选人、自荐直推等方式相结合的推选方式,其中候选人由村党组织推荐、10人以上村民联名推荐、村民自荐等方式相结合提名。针对融合新村的村民代表分配问题,效仿地方各级人大代表的名额分配方法[④],新村的各自然村村民代表名额采用"基数加人口数"的确定原则

---

① 比如,亭旁镇芹溪村65%以上的村民外出打工,该镇党委政府加强指导,新村班子全力做好人选前期排摸、期中优选、宣传动员、群众推荐、村级组织推荐等工作,村民代表名额全部选足,学历、性别、年龄结构进一步优化。

② 村民代表会议主席团是村民代表会议的常设(工作)机构,由主席、副主席和成员三至七人组成。

③ 如三门县海润街道涛头村就打破村民小组界限,将村民按照5-15户划分为若干选区,根据选区规模按比例分配代表名额来推选。

④《中华人民共和国选举法》第十一条:乡、民族乡、镇的代表名额基数为四十名,每一千五百人可以增加一名代表;但是,代表总名额不得超过一百六十名;人口不足二千的,代表总名额可以少于四十名。例如,某乡的人口数是25508名,按选举法规定每1500人可增加1名代表,这样计算可以增加17名代表,加上40名基数就是57名。

进行分配。

(六)“严肃选风”做实流程关

抽调业务骨干成立5个县级巡回督导组、10支换届顾问团、3个纪律处置组,明确工作职责清单,下沉乡镇(街道)进行指导督导,通过“无告知检查+电话暗访+大数据分析”等方式,累计开展随机下沉抽查27次,电话抽查上千人次,督促推选规范进行。在选前,巡回督导组下沉指导乡镇做好时间流程安排、各项资料准备、选举会场布置等工作,督促设立村民代表推选固定票箱并设有3名以上工作人员负责;在推选期间,直插一线密切关注现场唱票、委托投票等关键环节,确保每个步骤经得起检验。

四、2020年村级组织换届后:从全过程人民民主审视村民代表推选

通过上文的分析,村民代表推选在经过各级多年完善后,“不仅有完整的制度程序”,而且在2020年村级组织换届达到了较好的选举效果,“有完整的参与实践”,为研究全过程人民民主在基层的实践提供了难得的样本。正如习近平总书记所指:“我国全过程人民民主是全链条、全方位、全覆盖的民主。”最后,本文便以全过程人民民主理念的视角,从“全链条、全方位、全覆盖的民主”切入,回头望2020年村级组织换届的村民代表推选。

(一)全链条的民主

全链条人民民主意味着民主选举、民主协商、民主决策、民主管理、民主监督等各个环节紧密结合、相互关联(时和兴,2021)。在民主选举环节,无论在制度程序还是参与实践,村民代表推选都在日臻完善;制度程序层面,无论是《市规则》,还是《浙江省村民代表工作规程(试行)》①,对村民代表推选都有单独章节的表述;参与实践层面,按照《市规则》制定相应的指导手册,在资格审查、推选方式、推选流程等方面都依法依规执行,确保选举全程高质量。在民主协商环节,人民群众就事关自身利益的问题,通过提案、会议、座谈、咨询、网络、民意调查等多种途径和方式,在决策之前和决策实施之中开展广泛协商;具体到村民代表推选,乡镇领导班子成员和驻村干部要结合各村实际,会同村两委和村民代表,全程参与各村的《村(居)民代表推选办法(草案)》制订,提前谋划村

① 浙江省民政厅于2021年9月公开征求《浙江省村民代表工作规程(征求意见稿)》,并在2022年1月印发《高质量建设“和谐自治标杆区”2022社区治理创新行动计划》的通知时,指出在1月底前浙江省委省政府印发《浙江省村民代表工作规程(试行)》。

民代表推选方式、名额分配等,符合基层协商[①]的特点。在民主决策环节,村民代表会议本身就是广大群众参与基层决策的重要形式之一,《村(居)民代表推选办法》也必须经上一届村(居)民代表会议讨论通过后实施。在民主管理环节,在村民代表推选完毕后,就会召开新一届村(居)民(社员)代表会议,修订《村民自治章程(草案)》《村规民约(草案)》《社区公约(草案)》《社员授权书(草案)》等自治制度,农村和城市社区居民结合本地实际,普遍实现村(居)民在基层公共事务和公益事业中的自我管理、自我服务、自我教育、自我监督。在民主监督环节,村民代表推选有着相对规范的公示流程,如在选民名单公布5日后,村民代表的推选工作在村民选举委员会主持下,分三个时间节点公布三个公告:第一个公告分有候选人差额选举和自荐直推两种方式,公布报名时间和地点;第二个公告是在乡镇街道审查村(居)民代表初步候选人(自荐人)资格条件合格并确定正式候选人(自荐人)后,公布村(居)民代表正式候选人(自荐人)及推选工作安排;第三个公告是推选产生新一届村(居)民代表后,公布村(居)民代表当选名单。

(二)全方位的民主

全过程人民民主之所以是全方位的,原因就在于人民的根本利益是全方位的,作为人民根本利益具体表现形式的群众需求也是全方位的(时和兴,2021),旨在保障和实现人民在经济、政治、文化、社会、生态文明等各领域的广泛权利。比如《市规则》第十五条规定,在推选村民代表后,实行村民代表议事小组制度。村党组织、村民委员会可结合本村实际,按照村民代表职业、专业和特长,建立经济发展、矛盾化解、人居环境、乡风文明、公益事业等议事协商小组,参与专项村务的决策、管理、监督。村民代表议事协商小组设立组长,组长人选由村民委员会提出、村党组织讨论通过。这些议事协商小组的协商内容基本覆盖了全方位的需求,彰显了全过程人民民主的效能。比如,三门县沙柳街道曼岙村建立村民代表人居环境议事协商小组,包抓美丽庭院、河道清洁、房前屋后保洁,领衔道路硬化、亮化等重点工程,“整治村”蜕变成远近闻名的“精品村”,获评全省宜居示范村。

(三)全覆盖的民主

全覆盖人民民主表达了中国特色社会主义民主政治的深层结构,即坚持党的领导、人民当家作主、依法治国有机统一,包含着权力、利益和权利的内在一致性,全面覆盖了政治发展和政治运行的基本逻辑(时和兴,2021)。坚持党的领导方面,三门县探索建立

---

① 根据《中国的民主》白皮书,中国协商民主有七种发展路径,包括政党协商、人大协商、政府协商、政协协商、人民团体协商、基层协商、社会组织协商,推动协商民主广泛多层制度化发展。

村民代表会议主席团制度，作为村民代表监督管理常设机构，村党组织书记通过法定程序兼任主席团主席。实行村党组织成员参选信任票决、党员参选定位专选制度，即村党组织成员参选村民代表只进行信任票决，并且不占选区名额，选区内推选的党员村民代表人数要达到1/3，目前全县所有村党组织班子成员全部当选村民代表，党员村民代表比例达37.48%，进一步夯实了组织基础。人民当家作主方面，在村民代表推选时便同步签订了《履职承诺书》，进一步明确了村民代表的权利和义务，进一步强化了村民代表的为民理念，改变了以往一些人的“村民代表只是参加村民代表会议”“村民代表作用不大”等错误观念，让村民代表知道要“为谁干”“干什么”“怎么干”，村民代表的作用得到充分发挥。依法治国方面，三门县多方征求意见，得到了省厅、市局领导、专家的鼎力支持；2019年4月，在中央党校连续召开两场专家认证会，邀请中央党校、北大、人大等高校20余位专家把脉会诊，提出意见建议112条；在此基础上，结合三门实际，认真消化吸收、修改完善，确保《县规程》在遵照现有法律框架的基础上有依据、有创新、接地气。此外，通过加强新推选村民代表培训，引导村民代表加强《县规程》法律规学习，增强依法依规执行力。

综上所述，村民代表推选实现了全链条、全方位、全覆盖的民主，是全过程人民民主在基层的生动实践。

社区协商在共同富裕视域下的理论价值和实践路径

胡　丹[①]

《浙江高质量发展建设共同富裕示范区实施方案(2021-2025)年》明确提出要就加快推进人文之美更加彰显、生态之美更加彰显、和谐之美更加彰显的共同富裕现代化基本单元。社区作为城市发展和治理的基本单元,不仅是共同富裕示范区建设的微观缩影,也是推动共同富裕示范区建设的重要载体。社区的治理现代化水平更是共同富裕的应有之义。作为政府治理、社会调节、居民互动有效契合点的社区协商,已被深深地嵌入到社区治理之中,是推动基层治理能力和治理体系现代化的重要方式和实践路径。近年来,随着各地雨后春笋般的基层协商民主实践,社区协商日益成为一种较为成熟的民主理论范式和实践形态。社区协商与共同富裕都以满足人民日益增长的美好生活需要、实现社会的全面进步为根本目的,两者具有目标一致性。社区协商在增强社会治理的效能、提升社区治理水平、助推共同富裕示范区建设中又有比较优势,存在路径独特性。因此,在共同富裕语境下,理清当前社区协商存在的具体问题,加强社区协商的理论价值研究进一步凸显。

一、社区协商与共同富裕目标契合

"民亦劳止,汔可小康",共同富裕指在生产力不断发展的基础上,所有人民通过自己辛勤劳动和相互帮助,共同分享发展的成果,最终达到丰衣足食的生活水平。马克思指出社会生产力的发展将如此迅速,以致尽管生产将以所有人的富裕为目的,所有人的可支配时间还是会增加。[②]因此,只有在社会主义和共产主义社会这第三种社会形态

---

① 作者简介:胡丹,中共宁波市海曙区委党校高级讲师。

②《马克思恩格斯选集》第2卷,人民出版社2012年版,第786—787页。

中，发达的社会生产力、所有人的全面自由发展和共同富裕的状态才会达到统一，人类也将有必然王国进入自由王国[①]。共同富裕是社会主义的本质要求与根本目的，也是人民群众的努力方向和共同期盼。党的十九届五中全会首次将“全体人民共同富裕取得更为明显的实质性进展”作为愿景目标写进全会文件，并对扎实推进共同富裕作出重大战略部署。《中共中央国务院关于支持浙江高质量发展建设共同富裕示范区的意见》指出共同富裕要普遍达到五个方面的目标要求，即生活富裕富足、精神自信自强、环境宜居宜业、社会和谐和睦、公共服务普及普惠，实现人的全面发展和社会全面进步，共享改革发展成果和幸福美好生活。

作为共同富裕现代化基本单元的社区，社区治理必须着眼于维护最广大人民的根本利益，实现社区的和谐和睦、公共服务普及普惠，社区治理现代化的最终目标指向是建设社会治理共同体。“协商民主是以多元政治参与为基础，通过公平有序的协商，创造公共生活的民主政治形式。”[②]以社区自治为基础的社区协商主张通过理性对话达成共识，其价值目标取向是公共利益，协商内容的选定，协商活动的开展，协商程序的设计，协商共识的形成都以公共利益为出发点，协商的最终目的是最大限度地满足利益相关者的愿望，建设社区治理共同体。社区协商对公共利益最大化的价值追求与社区治理现代化的核心目的是一致的，与共同富裕实现精神自信自强、社会和谐和睦等五个方面的基本要求也是高度吻合的。

二、社区协商在推进共同富裕中的价值显现

共同富裕精神自信自强、社会和谐和睦等五个方面基本目标的实现需要基层治理现代化的加持，基层治理现代化则需要整合各方主体力量的作用，在寻求公共利益最大化的过程中解决基层公共问题。社区治理的多重属性和多元主体、群众利益的多元化诉求对社区治理都提出了新的要求，此时最需要的就是通过社区协商为多元协商主体提供充分有效的参与渠道和路径，提升社区治理水平，助推共同富裕现代化基本单元的构建。

（一）社区协商畅通利益诉求渠道有利于社会和谐和睦

基于社会正处于迭代升级的转型期，人民对美好生活的向往有了更高的要求，社区内部利益结构日益多元，公共事务不断叠加，群众诉求渐趋多样，居民的权利和民主意

① 刘灿：《中国特色社会主义政治经济学的共享发展研究》，《学术研究》2018年第6期。

② 林尚立：《协商民主：中国的创造与实践》，重庆出版社2014年第3期。

识也随之凸显,如果没有合适的渠道让群众表达利益诉求,这些矛盾容易在人民内部激化,有时会以极端的形式爆发,对基层治理产生较大的负面影响。因此,习近平总书记强调要重点在基层群众中开展协商。[①]社区协商作为一个表达诉求、平等对话的平台,运用制度化和程序化的方式将社区风险矛盾暴露出来,并将社区居民有序吸纳到矛盾的协调中来,通过沟通协商的方式找到利益的最大公约数,从而让矛盾得以缓冲。比如开放空间协商技术探索建立了居民自己"找问题""提问题""答问题"的问题协商机制。[②]社区协商强调对话而不是对抗,决策而不是决定,在一定程度上实现了社区矛盾风险的有效预判和管控,从根源上遏制了社区矛盾的无序扩张和蔓延。

(二)社区协商破解集体行动困境有利于精神自信自强

基层社会治理的基石是以人民为中心,重要标志是实现政府治理、社会调解与居民自治的良性互动,形成共建共治共享的社会治理共同体。共建共治共享意味着建立利益表达和决策整合的体制机制,通过协商对话回应居民诉求,通过有效集体行动实现治理能力现代化。社区协商就是这样的体制机制。在基层治理中,社区协商会协调社区各多元利益主体之间的关系,特别是鼓励社区居民有序参与到社区的发展规划和生活规则制定的讨论中,平等充分地表达自己的观点。公共协商能够产生的前提是公民必须进行平等而自由的对话交流,[③]无论自己的观点是否能够得到大家的共识或成为最后的决策,参与过程就让居民感受到了协商为民,自己的事情自己解决,体会到了自己受到别人的尊重,有利于加强居民对社区的认同感和归属感,居民从起初的被动接受管理向我要治理转变,参与热情和参与意识也随着增强,从而有效解决社区诸多痛点和难点问题,真正实现公共利益最大化。从具体实践来看,社区协商使社区居民参与社区公共事务的积极性有了明显的提升,通过解决社区停车难和环境整顿等问题,居民的自我价值在社区协商中得以实现,精神也更加自信自强。另一方面,由于社区协商为居民利益表达提供了平台,居民可以通过协商沟通的方式形成各方普遍认可的治理决策,在这过程中,居民会逐渐认识到集体行动比个人行动更容易实现自己的利益诉求,进而会更促使他们参与社区协商。

(三)社区协商创新社区治理方式有利于扩大有序政治参与

实现共同富裕不仅是经济问题,而且是关系到党的执政基础的重大政治问题。在基层社会实现广泛的政治参与也是推动基层治理能力现代化的重要保证。近年来,随

---

① 《中共中央关于加强社会主义协商民主建设的意见》。

② 胡丹:《开放空间:社区协商治理的价值意蕴和实践趋向》,《四川行政学院学报》2020年第3期。

③ 陈家刚:《基层协商民主的实践路径与前景》,《河南社会科学》2017年第8期。

着经济社会的发展,人民的主体意识和政治参与意识也不断增强。社区能否实现治理体系和治理能力现代化,是否能建成共同富裕现代化基本单元与居民的政治参与程度和参与效果有着千丝万缕的关系。面对错综复杂的社区各项事务,社区协商通过经常性的协调和对话机制等特有运行逻辑实现公共事务决策事前、事中和事后的多元协商,实现了居民的参与权、表达权和监督权的有机结合。此外,通过协商产生的治理决策是居民平等参与讨论达成的共识,是公共利益最大化的成果,是社区共同体属性的体现,决策的认可度、公信力和科学性较高,为基层治理提供了更牢固的合法性基础。可以说,社区协商将基层政府治理、基层社会调节与居民自治有机结合,有效提高了基层治理民主化水平,社区协商不仅是一种新的社区治理模式,更是一种新的基层民主实践。

三、共同富裕语境下社区协商的现实梗阻

随着基层治理现代化建设的不断推进,社区协商多元主体通过沟通交流、对话商议等方式,协调化解涉及居民自身利益的问题和矛盾,逐步形成以制度化协商达成共识的协商民主治理机制。社区协商也日益成为居民喜闻乐见的社区参与机制。但在高质量推进共同富裕现代化基本单元建设中,由于受到实践中各种因素的制约,社区协商还存在着以下不足:

(一)协商民主定位不清

准确的定位影响着社区协商的程序安排和制度设计,实践中的多维度定位一定程度上影响了社区协商的效果。比如,社区协商的方式是民主式的协商还是协商式的民主,民主式的协商指的是各利益主体通过民情恳谈会等协商平台表达看法,而协商式的民主不仅包括协商对话和民意表达,还有共识的形成和协商结果的执行,社区协商民主指的是协商式民主,而不仅仅是民主式协商。[①]开展社区协商的目的是拓宽居民利益诉求的渠道,还是为了增强社区决策的科学性,抑或是为了提高社区自治的合法性,也没有明确的定位,这使得社区协商在具体实践中出现顶层设计和制度多而具体办法和抓手少的情况,社区协商也主要以达成共识解决现实问题为主,忽略了协商这个过程。同时,定位的不清晰也造成了社区工作者和居民对协商民主的认知难以统一,特别是前者,存在管理和包办思维,这在一定程度上也会影响居民的协商参与度和认同感。

① 郑少东:《基层协商民主的操作误区与防避思路》,《领导方法》2017年第21期。

(二)协商内容精准不足

《关于加强城乡社区协商的意见》指出各地要针对不同渠道、不同层次、不同地域特点,合理确定协商内容。作为实现社区公共利益和居民个体利益均衡发展的民主实践机制,社区协商内容一方面要解决社区公共事务等公共性问题,另一方面也不可忽视居民要求强烈、亟待解决的实际困难和矛盾纠纷等。但目前的社区协商内容多以居民关心的热点难点问题笼统地加以规范,内容广泛但精细化不足。同时,在实践中存在根据社区公共事务的复杂和难易程度开展选择性协商,比如,对社区环境卫生提升等阻力小、见效快的事项开展协商较积极,反之,在老小区加装电梯等涉及深层利益,容易激化矛盾的事项较难开展社区协商。选择性协商会导致部分居民认为社区协商只不过是走走形式,这无形中会弱化协商民主的公信力和影响力。

(三)协商主体层次欠缺

协商主体多元化是协商民主的一个重要特征,社区协商主体既包括社区两委、社区居民、物业公司、社区工作者等,也包括社区组织和社区相关企业单位等利益相关方,主体间不是领导关系,而是伙伴关系,平等地参与社区协商。但在具体操作中,还是存在协商主体参与层次欠缺,主体的代表性不足,弱势主体话语权羸弱等现象。社区协商的主要群体是老年人,中青年居民和在职人员多活跃于网络投票等平台,极少参与线下的社区协商活动,为此,现阶段社区协商的重要难题之一是如何动员更多的年轻人参与协商活动。同时,由于协商主体在教育水平、资源信息、社会地位和人脉关系等方面的差异,居于优势地位的协商主体往往能左右协商的过程和结果,[①]而弱参与主体比如普通的居民由于可支配资源较少,在协商规则和程序制定上很难获得公平的话语权,对协商过程和结果也难以发挥应有的影响力,容易被边缘化。长此以往,会导致社区协商可持续发展的内生动力不足。此外,居民的非理性参与和主体之间的信任不足也会导致社区协商难以顺利开展。

(四)协商程序制度阙如

社区协商只有纳入规范化、法治化轨道,才能确保协商活动和协商结果合法有效,但在社区实践中普遍存在协商程序不合理和不规范的问题,社区协商程序缺乏必要的法律规范和引导。一是制度缺位,现有可运用的协商平台难以满足日益增长的居民诉

---

① 唐皇凤:《协商治理的中国实践:经验、问题与展望》,《中共中央党校(国家行政学院)学报》2020年第1期。

求，经常会出现居民有协商需求却找不到协商渠道的情况；协商共识达成后如何落实、如何反馈往往缺乏依据，协商结果议而不决或决而不行的情况时有发生，协商结果与决策执行之间存在较大的张力。二是制度越位。由于协商过程缺乏制度约束，很多地方只有在碰到棘手问题时才开展协商，当程序出现约束或共识与他们的意见不一致时，部分强势协商主体有时会通过内定协商议题和协商主体，自动屏蔽或修改协商程序致使协商结果朝着自己利好的方向发展，协商过程的随意性和强制性直接损害了社区协商的合法性和公平性。三是制度错位。协商制度要配以有效的运行机制，实践中缺乏将社区协商与居民对美好生活的需求有机统一的有效机制，缺乏将社区协商的制度优势转换为社区治理效能的有效机制。协商过程中频频出现协商技术难以把握、可行性和可操作性不强的问题。

四、共同富裕视角下社区协商的突破路径

在推进共同富裕示范区现代化基本单元的建设中，居民对美好生活的需要逐渐呈现出多元化多层次多方位的特质，对社区协商的制度化规范化科学化也提出了可更为迫切的需求。社区协商从为什么协商、协商什么、和谁协商、如何协商四个方面展开，构成了共同富裕语境下社区协商的运行逻辑和闭环系统（见图1）。

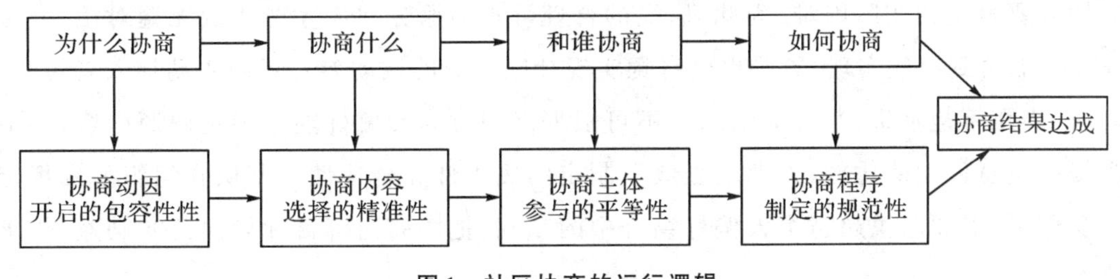

图1　社区协商的运行逻辑

（一）协商动因开启的包容性

为什么协商，是社区协商的逻辑起点。社区协商概念源自西方协商理论，又植根于中国传统实践与治理，具有双重属性。社区作为推进共同富裕的基本单元和居民最重要的日常生活空间，是居民开展自治和协商的有效场所和重要战略空间，因此，在推进社区协商中，应明确社区协商是实现基层治理能力和治理现代化的重要形式，是推进共同富裕现代化单元建设的重要途径的定位和目标，厘清未来的发展方向。一方面，明确社区协商的政策取向，社区协商通过合理的制度设计，为居民提供沟通对话渠道，保障居民平等享有对社区公共事务的知情权、表达权和参与权，增进了居民与政府之间的有效沟通，凝聚社会共识，从而提升基层治理水平。社区协商不仅仅是居民自治的主要方

式,也是发挥党的领导作用,多元主体共建共治共享的重要方式,在培育居民社区协商意识的同时,要加强社区党组织的党建引领作用。另一方面,明确社区协商的实用取向,社区协商能够平衡多元主体利益,化解社区治理矛盾,提升决策的共识性、科学性和民主性。社区协商的成效依赖于居民日常持续的协商活动,需要通过居民反复的非正式的沟通对话使协商成为社会广泛认可的思维方式和工作习惯。因而要不断建立健全社区协商程序制度设计,更好化解基层矛盾,解决居民的日常困难。

(二)协商内容选择的精准性

协商什么,是社区协商的核心问题。社区协商内容包括自治议题、行政议题和混合议题三类,[①]自治议题是指社区内部需要协商解决的议题,行政议题是党和政府的方针政策和工作规划需要在社区落实部署的议题,而混合议题既有涉及居民切身利益的公共事务、迫切需要解决的矛盾纠纷等,也包括党组织需要居民协商的议题,但无论是哪种议题,都必须是建立在民意基础上的,是彰显公平正义和公共利益的,是满足公众合理的价值诉求的。因为居民参与社区协商的内驱力主要基于个人利益的考虑,人民民主是社会主义协商民主的本质,它是多数人的普遍愿望和少数人合理要求的共同体。[②]因此,协商内容的选择应以居民需求为导向,选择的标准应细化精准化,比如菜单式列出涉及居民切身利益的公共事务,包括小区停车位改造、物居业矛盾、加装电梯等居民迫切需要解决的实际困难,为此,居民的合理诉求与服务回应才能实现无缝对接,合法权益才能得到有效实现,居民也会自觉实现社区协商的被动参与者向主动加入者转变。同时,协商不是垂询,基层党组织切不可根据组织意志和偏好随意确定协商内容,要适当提高民意议题的比例,以期增强政策制定的民主性和合法性。基层党组织要发挥定星盘作用,引领居民超越个人偏好结合中的私利,把协商内容目标导向公共利益,寻求最大共识。

(三)协商主体参与的平等性

和谁协商,是社区协商的主体要素。社区党组织、居委会、社会组织以及居民等嵌入社区治理过程,成为社区协商的主体相关者,在协商实际过程中,普遍存在由社区领袖带领居民参与协商实践,协商本身对基层党组织和居委会的依附性较强,主体间地位不平等导致协商结果异化,这是必须克服的难题。一方面,扩大参与渠道。加强社区协商平台建设,构建公平公正的制度框架,为社区社会组织、辖区内企事业单位、社会工作

① 郑少东:《基层协商民主的操作误区与防避思路》,《领导方法》2017年第21期。

② 张国献:《试论社会主义乡村协商民主》,《中州学刊》2015年第3期。

者和居民提供协商空间，调动多元主体参与社区协商的积极性和主动性，增强协商主体的开放包容性，逐步形成以基层党组织为引领，多元主体积极参与的社区协商统筹网络，推动社区协商的优化发展。

另一方面，营造平等的协商氛围。社区协商的参与者在协商过程中资源、权力、机会平等，他们是平等和理性的参与主体，不存在个体的特殊性和优先性。因此，在协商实践中，应逐步提高弱势群体的话语表达、沟通协调和利益诉求的意识和能力，同时，消除部分强势群体的官僚化意识，确保协商过程中的诉求表达不是出于强制，不是体现一小部分人的利益。再者，提升居民协商能力。居民是社区自治的主要参与者，也是社区协商的重要主体，因此尤其要加强居民的协商能力。培育公共精神，引导居民积极投身社区公益组织中来；培育协商意识包括求同存异能力、遵守协商规则能力、清晰表达的沟通技巧等，使居民在掌握协商要领的基础上，增进主体间的相互理解，从而有效达成共识。

（四）协商程序制定的规范性

如何协商，是社区协商的要素保障。规范的协商制度是推进社区协商可持续发展的前提和基础。首先，加强协商制度建设，研究制定社区协商整体指导意见和治理框架，将实践中成功的做法上升为制度规定，比如针对老旧小区等不同小区类型，制定社区协商规则，对协商原则、协商议题、协商主体、协商形式等都有明确的界定和细化，对协商决策的落实、反馈和评议机制也有具体的跟踪和监督，确保协商结果落地落实，真正做到协商有制度可依。同时，以制度固定程序也尤为重要，对协商前、协商中、协商后的协商程序有可操作性的要求，把严格执行程序上升为法规制度予以规范和保证，在协商过程中不得根据个人意图随意更改和删减，违者也有相关的惩戒措施。其次，加强协商技术的培训。协商程序的制定和协商技术的运用是社区协商高效运转的前提保障，科学的技术支持与规范的程序设计是相辅相成的。开放空间、社区恳谈、民情议事等每种协商方式都有着各自严格的程序设计，每个核心环节都有其特定的作用，因此，要把社区协商价值取向写进社区居民公约，通过推广社区协商技术、搭建技术学习平台、设立学习技术专项基金、培养专业协商技术指导师等方式帮助协商主体掌握并有效运用协商技术处理社区各类问题，在提高居民协商能力的同时，促进协商的技术性与本土性的有效融合。

五、结语

社区协商强调协商主体通过平等理性的交流沟通、对话协作方式达成共识，解决社区治理难题,是利益冲突时代社区治理能力和治理体系现代化的基本范式。社区协商从理论提出到基层实践,也充分印证了其强大的治理能力。在公众利益诉求高涨和利益博弈激励的今天,在高质量推动共同富裕示范区建设中,社区协商应立足于促进居民公共急难愁盼的民生问题为出发点和着力点,通过明晰协商民主定位、培育居民协商意识、优化协商程序规则等途径不断提高社区协商的可持续性发展,为不断推进共同富裕现代化基本单元的建设提供有力的保障。

打造新时代文化高地

加强民营企业家思想引导和价值引领的浙江实践与优化路径

吴雪燕[①]

习近平总书记在2015年5月召开的中央统战工作会议上强调，要关注非公有制经济人士的思想，关注他们的困难，并有针对性地进行帮助引导，引导非公有制经济人士特别是年轻一代致富思源、富而思进，做到爱国、敬业、创新、守法、诚信、贡献。[②]2016年，习近平总书记再次指出："非公有制经济要健康发展，前提是非公有制经济人士要健康成长。"[③]我国各省非公有制经济人士人数众多，来源复杂，思想观念和价值取向复杂多样，非公有制经济日趋重要的地位促使非公有制经济人士健康成长工作亟待深化。在新时代背景下，调查研究浙江省民营企业家的思想动态和价值取向，总结浙江省民营企业家健康成长的制度体系及实践经验，对宣传"浙江样本"、对促进全国民营企业家健康成长都有很强的借鉴意义。

一、浙江省民营企业家思想引导和价值引领的生动实践

民营经济一直是浙江经济的最大特色、最大资源和最大优势，是浙江形象的一张金名片。改革开放40多年来，浙江省委、省政府高度尊重浙商、重视民营经济，坚持以公有制为主体、多种所有制经济共同发展的基本经济制度，大胆探索，积极引导，努力打造审批事项最少、办事效率最高、投资环境最优、企业获得感最强的省份，促进了浙江省民营经济的快速健康发展。面对新冠疫情等各种不利因素，民营企业秉承浙商精神，适应市

① **作者简介**：吴雪燕，中共台州市委党校讲师。

②《"平语"近人——习近平谈非公有制经济》，新华网，2016年3月5日，http://www.xinhuanet.com/politics/2016-03/05/c_128774615.htm。

③《习近平谈非公有制经济》，党建网，2018年11月1日，http://www.dangjian.com/djw2016sy/djw2016syyw/201811/t20181101_4881420.shtml。

场“化危为机”,民营经济份额不断扩大。2020年,浙江省民营经济创造增加值42800亿元,占GDP比重66.3%,比2015年提高1.3个百分点。[①]发展质量不断趋好,2021年全国工商联揭晓的“中国民营企业500强”榜单中,浙江省共有96家企业上榜,总数与去年持平,连续23年蝉联全国首位。[②]社会贡献不断加大,从税收贡献看,2021浙江民营企业200强纳税总额达2548.21亿元;从就业贡献看,民营企业就业100强的员工总数为229.82万人;从参与社会公益慈善事业看,民营企业200强中有190家入围企业参与社会捐赠,143家参与“万企帮万村”精准扶贫和东西部扶贫协作。[③]可以说,没有民营经济的快速崛起,就没有今天的“富强浙江”,民营经济已经成为浙江的核心竞争力,成为社会和谐的“稳定器”,并且在新时代承担起了高质量发展新动能的使命。

通过探索总结,发现浙江省从四个方面进行战略部署,急民营企业之所急,想民营企业之所想,主动帮扶,倾力支持,着力营造一流营商环境,对民营企业家思想引导和价值引领进行制度设计,包括引导民营企业家向党组织靠拢、注重民营企业家素质提升工作、构筑民营企业家健康成长平台、完善民营企业家成长激励机制,从而促进优秀民营企业家不断涌现,将浙江省打造成民营经济“两个健康”标杆省份。

1. 引导民营企业家向党组织靠拢

党的思想政治工作是党的生命线,也是民营企业和其他一切工作的生命线,是一项引导人、教育人、塑造人、培养人的工作,是我们党取得一个又一个胜利的重要法宝。早在1996年,时任中央统战部部长的王兆国同志便指出,“做好非公有制经济代表人士的思想政治工作,直接关系到党的经济体制改革伟大战略的实施,关系到非公有制经济的健康发展”[④]。这是统一战线领域首次提出“非公有制经济健康发展”的提法,同时深刻揭示了民营企业家思想政治工作与民营经济健康发展之间的密切关系。浙江省委、省政府积极响应党中央的号召,着手推动民营企业家的思想政治工作,把民营经济人士紧密团结在党的周围。

近年来,由浙江省委统战部牵头,各市相继开展了民营经济人士理想信念教育实践活动,组织民营经济人士深入学习贯彻习近平新时代中国特色社会主义思想和党的十九大精神及民营经济发展的政策信息,组织了青年企业家代表参加省工商联在浙江大

---

①《“十三五”时期浙江经济结构持续优化》,浙江省统计局,2021年2月4日,http://tjj.zj.gov.cn/art/2021/2/4/art_1229129214_4446878.html。

②《96家浙企上榜2021中国民企500强! 连续23年蝉联全国首位》,新华网,2021年9月25日,http://www.zj.xinhuanet.com/2021-09/25/c_1127900007.htm。

③《2021浙江民营企业200强发布 14家营收超千亿》,浙江都市网,2021年12月23日,https://news.zj.com/detail/2021/12/23/1728777.html。

④《70年全国政协提案中的民营经济重要一瞬》,人民政协网,2019年11月15日,http://www.rmzxb.com.cn/c/2019-11-15/2466457.shtml。

学举办的全省非公经济人士理想信念教育专题培训班，开展“浙商永远跟党走”系列活动。加强民营企业、行业协会、商会党建工作，设立民营经济人士理想信念教育基地等，总结提炼、大力弘扬新时代浙商精神，引导民营经济人士树立正确的国家观、法治观、事业观、财富观。[①]

2011年，习近平总书记在中央组织部《浙江温州：让非公党建不再是“花架子”》一文上作出重要批示，强调“要进一步深化非公有制企业党建工作，扎实推进，务求实效。非公企业党组织要能够发挥实质作用，防止成为‘花架子’”。习近平总书记还指出，温州在非公有制企业党建工作方面探索时间较长，积累了一定经验，其成功做法可以加以总结，其他省市借鉴推广。[②]十年来，温州市委、市政府学习贯彻习近平总书记重要批示精神，紧紧围绕“发挥实质作用”这一主题，走出了一条高质量民营企业党建引领民营企业家健康成长的新路子。在具体实践中，温州重点抓了三个方面的工作：其一，大力推进民营企业党建工作“四化联动”，“四化”即集群化、链条化、行业化和社区化，创新建设“拓展型”党组织，建立并完善“覆盖检修”制度，推动民营企业党建工作从“有形覆盖”向“有效覆盖”转变。其二，重视并牢牢抓住“关键少数”，着力培养一批年富力强、凝聚力强、领导力强的好书记，加强对出资人的思想引导和价值引领，创新建立党建公积金，激活党组织活力和企业发展动力。其三，找准“最大公约数”，通过推动企业先进文化建设，了解职工诉求，维护职工合法权益，构建和谐劳动关系等实现企业健康发展和加强党建工作的良性循环、良性互动，把企业党建工作的“软实力”转化为助推企业高质量发展的“硬实力”。[③]当前，温州正在以“红色动力迭代创优”工程为载体，开展“强引领、优服务、争先进”行动，推动两新党建迭代创优、整体跃升、高质量发展，既保障了民营企业家思想引导和政治引领的重点工作，又抓住了民营企业家思想引导和政治引领的全面工作，是浙江省引领民营经济人士健康成长的一大创新机制。

2. 重视民营企业家素质提升工作

加强民营企业家素质提升工作，必须把政治素质放在首位。民营企业家的教育培训和素质提升工作是民营企业家健康成长的关键环节。浙江省民营经济活力无限，关键是建设了一支高素质的民营企业家队伍。

早在2004年9月，浙江省便全面启动了“企业家素质提升工程”，该工程的总体目标是力争用五年左右时间，对全省两万多家规模以上民营企业的企业家和经营管理人员

---

①《擦亮促进“两个健康”的“金字招牌”》，人民网，2020年10月29日，http://zj.people.com.cn/n2/2020/1029/c186806-34380752.html。

②《温州非公企业党建10年“红色足印”》，中国网，2021年2月19日，http://wz.china.com.cn/2021-02/19/content_41471347.html。

③《徐立毅：努力开创非公企业“党建强、发展强”的新局面》，中国共产党新闻网，2016年2月18日，http://dangjian.people.com.cn/n1/2016/0218/c117092-28134520.html。

进行多形式、分层次、多途径的培训,增强他们的战略管理能力、经营决策能力、市场运作能力和开拓创新能力。在省委统战部、省经贸委等部门的指导下,浙江万里学院还组织专家、学者为民营企业家“度身定做”了MBA教材——《民营企业家培训教程》,浙江万里学院则被确定为浙江省民营企业经营管理者(宁波)培训基地。[①]2010年1月,民营经济大省浙江又宣布实施“浙江民营企业提升国际竞争力培训工程”,该培训由浙江省工商行政管理局、浙江省民营企业发展联合会组织,在浙港两地开展,着重弥补民营企业家在创业系统、协同创新、知识管理、商业模式、国际谈判、客户关系管理等方面的不足,助推企业转型升级。[②]2013年4月,杭州启动了“新生代杭商培育行动”,通过举办联谊沙龙等活动,新生代杭商得以与老一辈企业家、政府有关职能部门进行交流与沟通,拓展了他们的组织网络。在“新生代新品格”素质工程中,通过鼓励青年杭商到企业一线基层锻炼,到兄弟企业挂职锻炼,到知名外企体验锻炼,新生代杭商的实践经验和应变能力大大提高。

进入新的历史时期,浙江省对民营企业家培养工作更加重视。2020年,浙江省工商联、省委统战部联合打造了两项工程:“品质浙商提升工程”和“浙商青蓝接力工程”。在“品质浙商提升工程”建设方面,采取创建百家清廉民企示范点、举办现场推进会等举措,引导广大民营企业家积极推进清廉民企建设;利用各种媒体资源,召开新闻媒体恳谈会等,讲述浙商好故事、宣传浙商好典型、弘扬新时代浙商精神,扩大民营企业家的社会影响;引导广大民营企业家学懂、弄通、做实习近平新时代中国特色社会主义思想,自觉践行科学发展观,争做爱国敬业、守法经营、创业创新、回报社会的典范。在“浙商青蓝接力工程”建设上,主要是促进老一辈民营企业家事业的新老交接和有序传承,指导省内外浙江商会加强年轻一代民营企业家联谊组织建设,积极在新经济、新领域和新业态挖掘和培养一批新生代民营经济代表人士;以年轻一代民营企业家为对象,举办“浙商青蓝接力”系列培训班、全国浙江商会会长培训班等,鼓励并创造条件引导年轻一代民营企业家在参政议政、创新创业、回报社会等方面发挥积极作用。[③]

3. 构筑民营企业家健康成长平台

为了加强民营企业家的思想引导和价值引领,浙江省委统战部、省工商联大力构建亲清新型政商关系,帮助企业纾困解难,推动民营企业家们在更加广阔的舞台上发展进步。

---

①《浙江省全面实施民营企业家素质提升工程》,中广网,2004年9月21日,http://www.cnr.cn/guonei/200409210202.html。

②《浙江5年内培训千名民营企业一把手》,新浪网,2010年1月26日,http://news.sina.com.cn/c/2010-01-26/053619546056.shtml。

③《陈浩:奋力推进“能力提升年”引领浙商永远跟党走》,中华全国工商业联合会,2020年3月16日,http://www.acfic.org.cn/zcwtgz/202003/t20200316_160411.html。

一是搭建参政议政平台。浙江省委、省政府始终坚持问需于企、问计于企、问政于企，做好民营企业的聆听者、服务员、鼓劲人。2020年，浙江省发展和改革委员会制定实施了《浙江省企业家参与涉企政策制定暂行办法》，明确“参与涉企政策制定的企业家代表原则上民营企业比例不低于70%，且中小企业比例不低于50%”，保障民营企业家的涉企政策参与权。[①]省工商联与浙江省发展改革委联合举办了101场以“强信心·保增长”为主题的政企恳谈会，省市县三级发改部门联动，听取1400多名民营企业家的意见建议，并对省级政企恳谈会上25位企业家提出的50个诉求一一进行回复；到全省新生代企业家“双传承”培训示范班宣讲惠企政策，指导年轻的民营企业家学政策、用政策；建立委领导和处室联动开展“三服务”活动机制，办理服务企业事项125件。

二是搭建“走出去”交流合作平台。浙江省工商联通过搭建专业服务平台，提高民企国际市场开拓能力。先后与中国银行浙江省分行、浙江信保等单位合作，提供银企对接、保企对接、国际商事调解等多方面专业化服务，多措并举为民企走出去发展保驾护航。还建立了“浙商国际连线”协调服务机制，成立浙江省工商联(浙江省商会)国际合作商会，搭建品牌协调服务平台，精准帮扶民企纾困解难。目前，浙江省工商联通过整合海外浙江商会、境外友好商会和经贸机构资源，已与法国华商会、加拿大浙江总商会、日本浙江总商会、新加坡浙商总会等40多家友好商协会建立“浙商国际连线”协调服务机制；省市县三级工商联联动组建国际合作联络员队伍，境外成员单位委派“浙商国际合作协调员”，为民营企业提供信息互通、协调沟通、渠道畅通、商务咨询、需求对接、项目引进等六大服务，帮助民营企业抱团应对复杂多变的国际形势，促进民营企业多渠道开展国际经济交流与合作。

三是搭建法律服务平台。浙江省自2008年开始在全国首创“法律体检”，组织律师进企业“把诊问脉”，消除隐患。如今，浙江省“法律体检”已连续开展14年，全省律师担任4万多家民营企业的法律顾问，在企业融资、企业管理、劳动关系等方面提出意见建议，成为民营企业“法律的顾问和经营的参谋”。在浙江嘉兴，市人民检察院从“护企之名强化产权保护”“知企所需精准法律保障”“授之以渔助力合规建设”三个方面开展工作，将“法治是最好的营商环境”落到实处，全力当好民营企业的“老娘舅”。在宁波，市委统战部在认真领会习近平总书记关于亲清新型政商关系的重要讲话精神的基础上，通过深入调研，以“统”“亲”“清”“联”的工作思路，探索出了一条具有名宁波特色的构建

---

①《多措并举，省发改委着力支持民营经济高质量发展》，浙江省民营经济研究中心，2021年1月4日，http://www.myjjzx.cn/cj/view.php?aid=361。

亲清新型政商关系的实践路径,即“1+3+1”亲清新型政商关系体系[①]。

四是搭建学习培训平台。台州在2017年7月成立了民营经济学院,为台州民营企业经营管理人才提供学习、交流、合作、实践“四位一体”平台,随后又成立了新生代企业家联谊会,旨在让广大新生代企业家增进联系交流、提升自身综合素质、拓展创业平台、奉献国家社会,等等。温州则于2019年2月创设了亲清工商学堂,培训对象涵盖了企业中高层经营管理人才、在外温州商会骨干人员、优秀年轻干部和涉企单位领导干部、科处(室)中层干部等,旨在通过探索融企业家和干部教育、培训、交流于一体的有效途径,创建设在温州家门口、符合新时代需求的未来企业家培训基地和未来专业型干部培养基地。[②]同年12月,温州又成立了民营经济发展中心,该中心由温州商学院与温州赛格教育有限公司共同成立,以“促进民营企业与民营企业家健康发展”为宗旨,协同创新校企人才培养模式,致力于全方位民营企业人才培养新模式。

4. 完善民营企业家成长激励机制

激励机制是加强民营企业家思想引导和价值引领的必要长效机制。早在2006年,时任浙江省委书记的习近平就指出:“榜样的力量是无穷的。善于抓典型,让典型引路和发挥示范作用,历来是我们党重要的工作方法。”2018年,时任浙江省委书记的车俊同志赴“民营经济发展风向标”温州调研时再次强调,“要把民营经济做得香香的”,要大力宣传和表彰作出突出贡献的民营企业家,充分发挥民营企业家的参政议政作用,让民营企业家有更多的荣誉感、自豪感、成就感。“风云浙商”评选活动是浙江省和传媒界的年度盛事,风云浙商获得者与两院院士等一同入选了浙江省杰出人才建档范围,还被列入了《浙江省文化发展纲要》重点培养的文化品牌,成为浙江省民营企业家激励政策的标志性事件。自2003年以来,“风云浙商”评选活动已连续举办18届,累计表彰优秀浙商184人。[③]2021年1月18日,2020年度风云浙商名单正式发布,荣获风云浙商称号的鲜丰水果创始人韩树人接受采访时表示,“只要能为顾客创造价值,不忘初心,不断努力,就一定有存在的理由”。此外,浙江省的激励形式还有“浙商年度创新人物”“浙商精准扶贫创新样本”“中国最具价值区块链企业TOP50”“浙商十佳财智女性”“浙商年度少帅”“浙商最信赖金融机构”等[④],从不同角度和层面发掘与梳理走在时代前列的浙商事迹,

---

① “1+3+1”亲清新型政商关系体系:“1”是制定一份亲清新型政商关系正负面清单;“3”是建立政商沟通机制、容错纠错机制、亲清新型政商关系评价机制三大长效机制;后一个“1”是建设一个“亲清家园”暨非公有制经济人士服务中心。

② 《温州创设亲清工商学堂 打造干部企业家教育培训基地》,浙江新闻网,2019年2月15日,https://zj.zjol.com.cn/news/1137290.html。

③ 《2020年度“风云浙商”评选揭晓》,浙江广播电视集团,2021年1月28日,http://www.zrtg.com/jdetail/13556217.html。

④ 参见买小艳:《促进非公有制经济人士健康成长的浙江实践与优化路径研究》,【硕士学位论文】浙江大学行政管理专业,2020年6月。

并对他们进行鼓励和肯定。民营企业和民营企业家是我们自己人,一些民营企业在快速发展中难免遇到准入难、融资难、维权难等问题和困境,一些民营企业家在思想价值观上难免存在一些误区,需要得到政府的支持和引导。因此,浙江省开展的种种奖励活动,都是对民营企业家的一种认可,是进一步激发民营企业家创业热情、支持民营企业做大做优做强一种。

除了各种奖励机制外,浙江省还不断推出促进民营企业家健康成长的鼓励措施。温州将每年11月1日设定为"温州民营企业家节",全力营造"像尊重科学家一样尊重民营企业家"的社会环境,努力让温州始终成为企业家的盛产地、成功地、向往地,成为孕育企业家的标杆城市①。2017年,宁波市工商联与宁波市委宣传部、宁波市广电集团联合开展了"知行合一·魅力甬商"评比表彰活动,为企业家们搭建展示自我的舞台,并且在宁波电视台专题设立民营企业家访谈节目,把优秀企业家推向前台当主角,讲述创业史和创业感悟,讲述发展业绩,起到了群体立志的良好效果。②在杭州临安,市妇联通过广搭平台、创新举措,服务女企业家团队。一方面,通过举办专题报告会、培训班等,帮助女企业家用"互联网+"的思维发展企业,目前有80%以上的会员企业向电商转型;另一方面,市妇联还积极为女企业家搭建爱心平台,发动女企业家参加社会公益活动,关注民生反哺社会,据统计,临安女企业家协会先后参与姐妹结对帮扶、困难女大学生助学、两癌困难妇女救助等系列公益活动,走访慰问困难群体200多次,送出慰问金50多万元。③

二、浙江省民营企业家思想引导和价值引领面临的主要挑战

随着我国改革开放日益深入和世界经济全球化加速,浙江省民营企业家的思想引导和价值引领面临着来自市场化、全球化、网络化、文化多样化以及被引领对象主体性的增强等方面的挑战。

(一)市场经济的物质主义的挑战

社会思潮从本质上来讲是一种特殊的意识形态,是根源于社会存在的。在社会主义市场经济下,多种所有制经济共同发展造成了多个经济主体,他们的利益、愿望和要

---

①《表彰优秀企业家 共创洞头民营经济新辉煌》,浙江新闻网,2019年11月7日,https://zj.zjol.com.cn/news.html?id=1324019。

②《宁波市工商联:做好"三个增强"发挥企业家主体作用》,中国财经网,2017年8月7日,http://finance.china.com.cn/roll/20170807/4339612.shtml。

③《市妇联发挥"枢纽"作用 服务女企业家团队》,临安新闻网,2016年5月27日,http://www.lanews.com.cn/jrla/content/2016-05/27/content_6006256.htm。

求各不相同,这就为各种社会思潮的传播提供了条件,民营企业家的思想也逐渐呈现出多样性和功利性。另外,市场经济强调竞争性和自主性,民营企业家如果把握不好度,一味追求个人利益和自我意识就容易诱发个人主义和自由主义,集体观念淡化,社会责任感缺失;市场经济健康运行要求必须遵循等价交换的原则,民营经济人士如果错把经济领域的观念运用到人际关系领域就会造成价值观的错乱,认为金钱至上而置道德、法律于不顾。

(二)经济全球化的挑战

在我国经济发展进入新常态背景下,加快实施"走出去"战略成为企业摆脱经营困境、实现转型升级的重要途径。在"一带一路"和长江经济带战略带领下,浙江不少有实力、手握核心技术和拥有国际视野的民营企业大胆走出国门,通过建立境外加工基地、建立国际营销网络、建立境外研发机构等形式,已逐步成为"走出去"的生力军。但在这一过程中,民营企业家的思想态度、价值观念等不可避免地受到西方社会思潮的影响和冲击。

不管是新自由主义、后现代主义、民主社会主义,还是民族主义、个人主义,这些社会思潮在本质上都是相同的,他们都是随着西方资本主义的发展而产生的,是代表资产阶级利益的资本主义的意识形态。当前,随着中国的崛起,西方敌对势力也在加紧对中国的和平演变,而这些社会思潮就是他们的武器。他们把经过包装的社会思潮通过各种途径扩散到中国的民众当中,妄图在意识形态领域拖垮中国。[①]

(三)文化多样化的挑战

浙江省广大民营企业家的思想体系中除了有占主导地位的社会核心价值体系,也有一些资产阶级自由化思想和资本主义腐朽思想,还有对传统文化形而上学的理解上所产生的错误观念。这些思想的相互交织作用成为各种社会思潮在民营企业家中渗透、产生广泛影响的思想原因。儒学是一个包含着深刻哲理的思想学术体系,其博大精深的处事智慧,尤其是节制思想、忠孝思想并以"责任意识"为根本指针,对中华文化和社会发展产生了重大影响,民营经济人士在企业管理中也注入了不少儒家思想。在当前文化全球化的大环境下,西方国家借助政治和经济优势,向发展中国家灌输其文化观念,企图实现其文化话语权,与其他发展中国家一样,中国的传统文化也面临着威胁,当前中国文化保守主义思潮是以保护民族文化传统、弘扬民族传统文化的独立地位和文化价值为旗号,主张复兴儒学,强调自身文化认同,企图用中国本土文化融合西方文化,

---

① 卢勇,吴雪燕:《在多样化社会思潮背景下坚定共产主义理想信念》,《长江日报》2016年7月14日。

使中国立足于世界文化之林，这十分符合随着改革开放后中国国力强盛而逐渐发展起来的民营企业家的民族自豪感和文化认同感，他们认同文化保守主义的观点，从而从心理上产生认同和情感共鸣。

（四）社会转型期的挑战

我国社会主义现代化过程艰难曲折，在经济高速发展，取得令人惊叹的伟大成就的同时，也积累了一些亟待解决的社会问题，如分配问题、贫富问题、公平正义问题、食品安全问题、腐败问题、就业问题、国民精神信仰的旁失、产业结构的摩擦、贫富差距的拉大、生态环境严重恶化、法律体系极不完善等。浙江的民营企业家大多有着强烈的社会责任感，他们在忙碌工作之余，也会关注社会经济发展，关注当前中国社会面临的种种问题。后现代主义思潮是针对西方现代化过程中所出现的社会问题而进行了批判、解构和反思，给人们反思中国社会现代化进程提供了一面镜子。后现代主义思潮具有独特的思维方式、强烈的批判意识、个性的理论观点，很容易引起关注中国社会问题的民营企业家的好奇心。部分民营企业家对社会中常见的贪污腐败、党风不正等现象没有正确的认识，从而对现实政治产生无助感，进而关注新自由主义思潮并受其影响。此外，一些民营企业家对社会主义的认识比较理想化，没有用全面、辩证的马克思主义方法论看待问题，这就导致他们容易从社会主义在实践过程中的曲折出发，产生社会反差感，对中国共产党的领导和社会主义建设的成就产生怀疑和轻易否定。这种情绪在民主社会主义思潮的诱导下，很容易给民营企业家思想和价值观带来冲击。

（五）网络化境遇下传播方式的挑战

民营企业家的思想引导和价值引领与媒体之间的传播有非常重要的关系，这个传播媒介最主要的就是大众传媒。大众传媒既包括广播、报纸、杂志、书籍等传统媒介，也包括电视、门户网站、自媒体等新兴媒介。当前网络技术的成熟以及互联网的广泛使用，为多种社会思潮的传播提供了更加广阔的空间。网络具有开放性、创造性、即时性、自主性、互动性等特点，正好吸引民营企业家利用碎片化的时间去浏览，而不会也没有时间真正辨析这种思潮的观点是否完全正确。如果监管不力将会成为社会思潮大肆传播平台，对我国的社会主义精神文明建设产生极大的影响。如历史虚无主义思潮借助网络以及文学影视作品进行传播，有很强的吸引力和迷惑性。其分散在文学影视作品、通俗历史读物、专业研究成果、网络博客、微博、微信等，以反思历史的名义，用哗众取宠的观点，众化或者虚张声势的表达吸引人们注意力，切合人们的猎奇心理，用不确定的论证否定当前主流意识形态观点、既有的历史结论，又常常使人耳目一新。近些年来，虽然我国加强对互联网信息监管与监督，但对于学术研究名义下、或以“灌水”跟帖方式呈现的历史虚无主义言说是难以区分的。民营企业家经常通过网络获取信息,不可避免地会接触到这些信息,并受到它们的影响。

(六)被引领对象主体性的增强对思想政治工作规范性的挑战

实现对民营企业家思想引导和价值引领的一个重要方面就是做好对他们的思想政治工作。中国共产党的思想政治工作是以马克思列宁主义、毛泽东思想为指导,以坚持四项基本原则为核心,以马克思主义理论教育、共产主义理想和人生观教育、社会主义和共产主义道德教育、革命传统教育、爱国主义和国际主义教育等为主要内容的意识形态教育。[①]思想政治工作是党的工作的重要组成部分,是实现党的领导的重要途径和社会主义精神文明建设的重要内容,是中国共产党的传家宝。然而,随着社会主义市场经济体制改革的不断深化,经济全球化、文化多样化以及大众传媒的影响,民营企业家的思想得到极大地解放,主体意识不断增强。再加上民营企业家知识水平较高,勇于接触新鲜事物,这就更加容易受到西方社会思潮中的民主、平等、自由等思想的蒙蔽;他们更加关注自身权利,因而容易受个人主义思潮的影响一味追求自身利益而忽视对国家和社会的责任,这些都使得思想政治教育工作的规范性受到极大挑战。

三、新时代用社会主义核心价值观引领民营企业家的对策研究

作为中国特色社会主义事业的建设者,民营企业家是推动社会经济发展和科学技术进步的一支重要力量。民营企业家是我国社会的先富群体,其价值取向及社会实践对其他社会阶层的价值取舍也有很大影响。必须坚持用社会主义核心价值体系引领当前社会思潮,牢固民营企业家的信念认同,提高他们对社会思潮的鉴别力,同时,按照“爱国、敬业、创新、守法、诚信、贡献”的要求,积极培育和大力弘扬新时代民营企业家核心价值观。

(一)将社会主义核心价值观融入民营企业家统战工作机制中去

用社会主义核心价值观引领民营企业家工作,必须理论结合实际,关心和帮助民营企业家解决实际问题,把对民营企业家的服务和工作落到实处,只有这样才能让民营企业家发自内心地接受并认同社会主义核心价值观并最终转化为自己的价值观。因此,用社会主义核心价值观引领民营经济人士,首先要将社会主义核心价值观融入民营企业家统战工作机制中去。各级党委要充分认识到培育和践行社会主义核心价值观的重

---

① 参见冯笑:《非公有制经济人士价值引领面临的挑战和引领路径选择》,《理论观察》2012年第6期。

要性,把社会主义核心价值观的学习教育纳入民营企业家统战工作的重要议事日程,纳入宣传工作计划,纳入党委领导班子和领导干部考核内容;推动建立党委统一领导、统战部牵头协调、有关部门参加和有关行业、协会、商会参与并各负其责的民营企业家统战工作大格局,为这项工作的开展提供组织保障;借助民营企业家统战工作联席会议成员单位有关信息资源,探索建立专门信息系统,定期进行碰撞对比,沟通有无,形成民营企业家基础数据库;健全工作机构、加强工作力量,主动把特别优秀的民营企业家吸收到党组织中,有计划地在民营经济人士中培养一批了解和热心统战工作的"编外统战干部"。

(二)将社会主义核心价值观融入民营企业家思想教育引导中去

用社会主义核心价值观引领民营经济人士,就要将社会主义核心价值观融入民营企业家的思想教育引导中去。可以通过开展涵养社会主义核心价值观的实践活动、运用表彰奖励机制和服务帮助机制等方式进行。

第一,开展涵养社会主义核心价值观的实践活动。可以采取政治培训、理论研讨、座谈交流等多种形式,引导民营企业家深入学习党的理论方针政策特别是习近平总书记系列重要讲话精神,践行社会主义核心价值观。①同时,要将理论教育与实践教育相结合,开展道德实践活动;可以将诚信建设作为重点,同时加强社会公德、职业道德、家庭美德、个人品德教育。如深化已有的公民道德宣传日活动,将道德论坛、道德讲堂、道德修身等活动切实开展起来;深化学雷锋志愿服务活动,并围绕精准扶贫、环境保护等方面开展各类志愿服务活动,形成"我为人人、人人为我"的社会风气;发挥重要节庆日传播社会主流价值的独特优势,如五四青年节、七一建党节、八一建军节、十一国庆节等政治性节日,三八妇女节、五一劳动节、六一儿童节等国际性节日,以及党史国史上的重大事件和重要人物的纪念日等;让民营企业家深入基层、实地调研,特别是革命老区、老工业基地、改革开放前沿等爱国主义教育基地,使民营企业家能够在此基础上更加理性地认识世情、国情、党情,对国内外的新形势、新状况能够提出自己的意见和建议。②第二,运用表彰奖励机制和服务帮助机制。善于运用表彰奖励机制,如在评选"优秀中国特色社会主义事业建设者"时,可以适当增加表彰的数量;在各事业单位、组织进行"创先争优"评选活动时,可以将民营企业家纳入评选范畴等;还可以加大对民营经济人士中的先进人物和事迹的宣传力度,广泛开展"学先进、做榜样、比贡献"系列活动,可以增

① 吴雪燕:《我国新的社会阶层政治参与的现状及对策研究》,《湖南省社会主义学院学报》2018年第5期。

② 吴雪燕,卢勇:《国家文化安全视域下新的社会阶层人士引领策略研究》,《广西社会主义学院学报》2018年第5期。

加民营经济人士对社会主义核心价值观的认同度,营造良好舆论氛围。善于运用服务帮助机制,可以及时了解并帮助解决民营企业家的利益诉求和实际困难,制定和完善有关民营企业家创新创业的行业准入、行政审批、公平竞争、产权保护、职称评定、社会保障等政策法规,为民营企业家事业发展营造和谐、平等的社会环境,使得民营企业家对社会主义核心价值观更加拥护。

(四)用社会主义核心价值观引领民营企业家代表人士队伍建设

用社会主义核心价值观引领民营经济人士,要注重引领民营企业家代表队伍建设。民营企业家代表人士是民营企业家中的佼佼者,在行业内处于领先甚至是主导的地位,对这些代表人士进行社会主义核心价值观教育,可以更好地发挥领导带头的示范作用。可以通过拓宽挖掘民营企业家代表人士的渠道、创新民营企业家代表人士培养方式、发挥民营企业家代表人士的引领作用来实现。

第一,拓宽挖掘民营企业家代表人士的渠道。应该首先向民营经济人士集中的城市和领域聚焦,向民营企业、行业协会等组织和社区拓展。第二,创新民营企业代表人士培养方式。在民营经济人士比较集中的省份实施“万千百工程”,用三年时间,省域培养万名、市域培养千名、县域培养百名左右代表人士;有组织有针对地让民营企业家进入到政府部门、司法机关等单位挂职锻炼。第三,发挥民营企业家代表人士的引领作用。要积极创造条件帮助民营企业家代表人士密切联系本领域群众,建立知情明政、定期座谈、协商反馈等制度,开辟建言献策“绿色通道”,支持代表人士参政议政,能够更好地发挥他们的引领作用。①

(四)创新社会主义核心价值观引领民营企业家的平台载体和方式方法

用社会主义核心价值观引领民营经济人士,要注重引领民营经济人士工作的平台载体和方式方法建设。没有平台载体和方式方法就无法进行宣传教育,一定的平台载体和方式方法是进行宣传教育的前提和基础。因此,社会主义核心价值观的传播必须通过一定的平台载体和方式方法。对民营企业家进行社会主义核心价值观教育,要在充分发挥现有组织团体作用的基础上,进一步创新社会主义核心价值观传播的平台载体和方式方法。

第一,充分发挥现有社团组织在民营企业家工作中的作用。进一步激发现有群团组织等载体的作用,推动有条件的民营企业成立专门的宣传教育组织,加强对社会主义

---

① 吴雪燕,卢勇:《国家文化安全视域下新的社会阶层人士引领策略研究》,《广西社会主义学院学报》2018年第5期。

核心价值观的宣传力度和广度。建立健全民营经济人士联谊组织,坚持同级党委领导下的属地管理原则,让各地各部门应结合实际探索成立各级各类民营经济人士联谊组织,条件成熟时成立全国层面的联谊组织。第二,进一步创新社会主义核心价值观传播的平台载体和方式方法。扩大社会主义核心价值观在民营企业家中的传播平台载体,要发挥主流新闻媒体在传播社会主流价值的主渠道作用,把社会主义核心价值观的传播贯穿到日常宣传、成就宣传、主题宣传、典型宣传、热点引导和舆论监督中去,弘扬主旋律,传播正能量,不断巩固壮大主流思想舆论。建设社会主义核心价值观的网络传播阵地。作为学历高、思维活跃、接受能力相对较强的群体,民营经济人士往往比较关注互联网。所以,用社会主义核心价值观引领民营经济人士,必须使社会主义核心价值观深入网络宣传、网络文化、网络服务中去,用主流声音和先进文化占领网络阵地。还要建立以非公有制企业高级管理技术人员为主体的专家智库,定期举办论坛、讲堂、研讨会等活动,积极引导他们到贫困地区、民族地区、革命老区开展社会公益活动。

总之,当前多样化社会思潮背景下民营企业家的思想引导和价值组织引领是一项艰巨的工程。它需要统战部门和工商联协作发挥积极主动性,还需要各级党委和有关政府部门,需要动员社会各方面的力量加强团结协作。做好对民营企业家的"人心工作"更是一项长期的探索性工作,不仅要更好地贯彻"团结、帮助、引导、教育"的工作方针,还要运用针对性的工作方式,探索引导路径;此外,应在坚持中国共产党领导的前提下,引导民营企业家积极参与到深化改革的潮流,成为合格的中国特色社会主义事业的建设者。

培育公共精神:化解乡村社会治理困境的一种路径

祝丽生[①]

一、问题提出

回溯历史发现,中国乡村中的农民大多聚村而居,村落是其活动单位和空间。乡村与城镇相对,现代汉语词典将其解释为:“主要从事农业、人口分布较城镇分散的地方。”[②]乡村是一个综合性的概念,土地、村庄、人员以及由其所组成的经济与社会关系网络均包含其中;乡村是一个动态存在的空间,改革开放以来,随着现代化建设和城镇化的不断推进,我国乡村地区在经济、政治、文化、社会等方面都发生了前所未有的变化;乡村是中国现代化建设的重要组成部分,2017年中央农村工作会议上,习近平总书记指出:“没有农业农村的现代化就没有整个国家的现代化。”[③]乡村的前途,关系到每个人的前途,更关系到国家现代化建设的前途,因而,良好的治理显得至关重要。

从国家政策层面看,党的十九大报告提出要实施乡村振兴战略,按照产业兴旺、生态宜居、乡风文明、治理有效、生活富裕的五大总要求,加快推进农业农村现代化。2018年中央一号文件提出要构建乡村治理体系,乡村振兴,治理有效是基础。在此基础上,2019年6月,中共中央办公厅、国务院办公厅印发《关于加强和改进乡村治理的指导意见》,意见提出要建立健全党委领导、政府负责、社会协同、公众参与、法治保障、科技支撑的现代乡村社会治理体制,健全党组织领导的自治、法治、德治相结合的乡村治理体系。从学术研究层面看,当前,围绕乡村社会治理,学术研究呈现视角多样化特点,乡村公共精神则是其中的一个重要研究方向。公共精神在新的历史时期具有推进乡村治理

① **作者简介**:祝丽生,中共绍兴市委党校副教授。

②《现代汉语词典(第6版)》,商务印书馆2015年版,第1418页。

③《中央农村工作会议在北京举行》,《光明日报》2017年12月30日第1版。

体系现代化和基层民主政治建设等方面的现实价值。然而,学者们大多从内涵和意义层面研究公共精神,对于乡村公共精神的社会治理价值则研究较少。同时,由于当前传统公共精神的式微和现代公共精神尚未形成,农村出现了乡村内在的认同真空,公共参与意识淡薄,社会矛盾凸显。因此,如何培育现代乡村公共精神、如何发挥其治理价值等问题成为学术界亟待研究的问题。从乡村发展现实层面看,在改革开放四十余年发展的客观背景下,乡村社会的公共空间、公共事务和公共精神等方面都发生了巨大的变化,进而给乡村社会治理带来诸多影响。如何去认识这些变化以及怎么去应对这些变化带来的挑战,既是意义重大的实践命题,也是值得去研究的重大理论问题。

总而言之,乡村社会治理不仅需要探索外在规范化、程序化的治理模式,也需要形成乡村内在的认同机制,通过内与外的结合实现乡村治理的有效性,而公共精神则是实现二者结合的重要契合点之一,这不仅是因为乡村公共精神是乡村的内在认同体现,而且也是构建乡村治理体系的理念引导。乡村公共精神的培育是一个长期和复杂的过程,需要在寻求乡村现代化轨迹的基础上探索其治理的内在价值,并使之在基层民主建设的过程中不断完善和发展。

二、乡村社会治理的困境何在

现阶段乡村社会治理已经不是以往静态化、封闭式、单一性的管理,而变成动态化、流动式、多元性的治理。当前,各地在乡村社会治理的方式方法方面进行了诸多有益探索,但普遍都面临着一种双向困境:一方面,随着农民的民主、法治意识的增强,带来对传统乡村治理方式的冲击,传统治理方式呈现明显的弱化趋势;另一方面,在传统治理方式弱化的现状下,现代乡村社会治理体系尚未真正建构起来,特别是缺乏乡村内在认同机制的支撑,治理呈现外在探索与内在认同之间的失衡现状。

(一)人口外流削弱了乡村社会治理的内生性

从改革开放之初至今,城镇人口逐年增长而乡村人口则呈现逐年减少态势。特别是进入21世纪以来,国家积极统筹城乡发展,加快户籍制度改革,在城市优质资源吸引下,乡村社会人口呈大规模外流态势,这对于乡村社会的发展产生了长远的影响。从社会发展角度看,人口外流的过程也是对乡村的社会侵蚀过程,它使得最广阔的农村失去了经济社会发展的原动力和乡村社会自我管理的主体,这不利于乡村社会的可持续发展。

第一,乡村社会的内生主体流失。相比较工业投入与产出,农业的效益较低,农村呈现出了发展的短板,在已经基本解决温饱的基础上,农民自然要求追求更好的物质利益,选择去城市工作和生活。在城市经济利益的外在刺激和农村社会发展缓慢之间的落差下,农村的青壮年劳动力率先踏出农村,加入城市化的进程中。外流的青壮年农民是农业生产与农村社会建设的主体,他们通过学习、经商、务工或其他途径进入城市,逐渐接触并熟悉了城市的文化和生活方式,与现有农村的生活方式渐行渐远。乡村社会建设需要发挥农民的积极作用,就必须加强对农民主体的培育,培育具有创新精神、具有一定文化和技术水平的乡村建设主体。但是,这些农村内生力量的大量流失,一定程度上造成了农村劳动力整体文化素质的下滑,农业科技的推广和产业结构的调整推进较慢,这不利于建设现代新型农业和农村。

第二,农民的固有村庄归属感呈减弱趋势。在中国传统社会,农村是保持原始文明和习惯的场所,农民在村庄内部通过亲情和邻里之间的互助建立起熟人社会,这种熟人社会使农民通过日常交往形成了一种村庄内在认同,精神的归属和文化的认同使得村庄成为农民心灵的寄托和归属地,农民与土地在乡土社会中形成了天然的依赖关系,"人和地在乡土社会中有着感情的联系,一种桑梓情谊,落叶归根的有机循环中所培养出来的精神"。[①]因此,在较为封闭、熟悉、有限的空间里,同质性的生产生活方式使他们形成了一种村庄归属意识。人民公社时期,国家政治意志高度影响着乡村社会,农村逐渐变成一个个生产与政治化单位,集体主义原则成为支配农民行为的价值观念。改革开放以来,随着城市化的推进,农村人口大量外出,乡村社会已经固化的秩序随之解体,基于血缘关系形成的纽带和集体化时期形成的集体意识也变得日益疏远。与此同时,个体化的农民进入城市后,离开了原有的生活空间,需要去适应以业缘关系为基础的城市交往方式,原有的亲情和地缘关系减弱,农民的村庄归属意识逐渐淡化。

第三,人口外流影响乡村社会的发展与稳定。当前乡村人口外流的一个显著特点为人口外流逐渐趋于长期性,甚至是永久性。特别是随着城乡统一、以人为本、科学高效、规范有序的新型户籍制度改革的推进,一些具有合法稳定住所和合法稳定职业的农民逐步市民化,脱离了农村。乡村人口的外流不仅给流入地的经济社会发展带来挑战,也一定程度上影响着流出地的社会稳定。主要体现在:农民之间由于文化水平和市场信息捕捉能力的差异,当一些先富群体在外获得经济利益带回乡后,造成原有乡村社会分层加剧和价值多元化,对乡村社会的和谐造成一定的影响;农村人口大量外出使得乡村社会缺失了应有的延承与活力,导致一些村级组织的职能发挥不足,自我治理能力减弱,这严重影响着乡村社会的稳定;当这些外出农民将城市的消费理念和价值观念带回乡村后,原有的关系纽带被冲击,农民将经济实力作为衡量权威的标准,传统的乡村社会运转的秩序被这种以金钱为中心的个体利益观所取代,造成家族内部和村庄邻里之

---

① 费孝通:《乡土重建》,岳麓书社2012年版,第57页。

间的心理失衡，也影响着乡村社会内部稳定与和谐。

（二）传统管理模式限制了治理主体的多元化

改革开放后，虽然乡村社会发生了一系列巨变，但由于受到原有管理结构的影响，基层政府对农村依然实行较为严格的管理，仍然采用一种自上而下的政府主导性管理模式，治理主体单一特征明显。

第一，“管理”特征仍然明显，治理主体单一。从历史原因分析，1982年宪法规定了乡镇建制，重新确立了乡镇与农村之间的关系，特别是农村自治制度建立后，村组法规定乡镇政府与农村自治组织之间是一种指导与被指导关系。这种新型的乡村关系是建立在废除人民公社三级管理体制的基础上，短时期内原有体制的影响依然存在。“村民委员会原本是村民自我管理、自我教育、自我服务的基层群众自治组织，但由于传统管理体制的影响，乡镇政府在治理乡村社会政治事务时往往将其视为自己的下级行政组织，沿用传统的命令——服从型领导方式，使得村民自治组织具有严重的行政化倾向。”[①]从现实发展角度看，为了更好地促使基层政府服务民众，上级政府制定了一系列考核指标，指标完成情况直接与基层干部的政绩挂钩，这种由上而下的政绩考核体系，一方面可以有效地监督基层政府完成上级政府交付的各项任务，但另一方面也会形成基层干部唯上不唯下的工作作风，他们往往通过行政命令的方式加强对基层自治组织的行政干预，村委会在这种行政控制下失去了自治空间和自治职能。

第二，村民自治水平较弱，主体作用发挥不足。一些学者认为：“现阶段的村民自治制度体系不是以村民自治为起点并围绕这一原则展开，而是以村民自治组织法为起点展开。尽管村民自治组织法体现、贯彻了村民自治的原则精神，但突出的是村民自治组织，而不是村民自治本身。由于村民自治的原则精神不突出，以致一些地方和农村制定的相应法规和制度，并不能充分体现和贯彻村民自治的原则。”[②]地方政府行政权在农村社会的延续和延伸，使得农村基层组织具有一定的依附性，这使得村民自治的原则很难落地。农村自治不是说农村完全自我治理，它们仍然需要政府发挥重要的引导作用，“由于现代化进程的紧迫性和相对落后的乡村现状之间的矛盾，也由于社会主义意识形态的影响，同改革前的情况一样，改革后的国家在推行乡村经济社会发展的过程中，继续扮演着十分重要的角色。”[③]村组织依靠基层政府的指导和帮助，虽然保障了村级各项工作的有效开展，但也往往会加强基层政府对农村的管控，农村组织也过多地依附基层政府而疏远了与农民之间的关系，影响了村民自治的自治性。

---

① 张厚安，徐勇等：《中国农村政治稳定与发展》，武汉出版社1995年版，第518页。

② 徐勇：《中国农村村民自治》，华中师范大学出版社1997年版，第75页。

③ 彭勃：《乡村治理：国家介入与体制选择》，中国社会出版社2002年版，第161页。

第三,民间组织自身发展受限,社会治理功能欠缺。党的十九大报告提出要"加强社区治理体系建设,推动社会治理重心向基层下移,发挥社会组织作用,实现政府治理和社会调节、居民自治良性互动"。随着经济社会发展,乡村社会也迫切需要发挥农村社会组织的治理职能,让它们加入治理主体中,成为化解乡村社会矛盾的润滑剂。但是,民间组织是非政府组织,无论是经济性组织还是社会性组织,它们自身的发展受到费用、人员等条件的限制,在实现其组织目标的前提下,社会治理功能的发挥还非常有限,社会责任意识较淡。一方面,由于农村民间组织在其产生与发展过程中或多或少地受到基层政府和村两委的影响,民间组织的性质带有一定的行政色彩,其职能无法完全凸显社会性,导致组织缺乏民众的广泛认同和参与乡村社会治理的群众基础;另一方面,民间组织的小团体意识浓,组织活动的目的只是为了满足少数内部成员的利益,一些民间组织还存在与其他农民争利的现象,没有承担起民间组织的社会责任,也没有充分地挖掘和发挥组织的社会治理功能。

(三)农民的公共认同薄弱影响了治理的政治与群众基础

当前,政党已下乡,农村已经开展村民自治,并逐步推进网格化社会治理,乡村社会形成了较为完善的治理组织体系,并且在治理中已经发挥着重要的作用。但是,农业税取消后,在乡村社会治理中面临最突出最尖锐的问题就是农民的政治认同和集体认同程度较低,直接影响了乡村社会治理的政治与群众基础。

第一,农民的政治认同薄弱影响了治理的政治基础。农民政治认同的形成很大程度上不是来源于地方上级党委、政府,而是来源于农村居民对村级组织的认同,这种认同是通过政党下乡与村民自治的推行逐渐形成的。政党下乡实现了中国共产党对农村的党建引领和政治统领,一些学者认为:"在中国,农民社会是一个分散的而不是组织内分化的社会。要将一个'一盘散沙'的农民社会整合到国家体系中来,仅仅依靠外部性的政权机构是远远不够的。中国能够成功地进行乡土政治整合,得益于政党向乡村的延伸。"[①]随着人民公社体制解体和家庭联产承包责任制的推行,原有的政治和资源控制的影响力逐渐减弱,农民逐步脱离原有体制的束缚,他们对基层组织的依赖性降低,基层组织对农民获取利益的资源掌控力也进一步减弱。同时,城市工业化的发展也造成了原有村镇集体企业的衰败,乡村两级的集体经济呈现下滑趋势,地方基层组织失去了集体经济的支撑,地方财政有限使得乡村公共服务和公共产品的提供缓慢,引起群众对基层组织的不满,影响乡村社会的凝聚力。

第二,农民的集体认同薄弱影响了治理的群众基础。随着集体化时期国家政治化

---

① 徐勇:《"政党下乡":现代国家对乡土的整合》,《学术月刊》2007年第8期。

管理模式的结束，地方政府对乡村社会的政治控制减弱，农民逐步脱离了集体束缚，进入到一个相对自主的社会空间内谋求自身的发展。分散的家庭和个体农民利益多元化趋势加剧，原子化的个体凭借自身的能力，在城市与农村社会中努力地追求个体利益，这种人口的流动和农民个体化程度的加强，减弱了农民与乡村基层组织间的关系，一定程度上也削弱了农民对基层组织的认同。同时，由于经济利益的诱惑、农村基层干部法制观念淡薄、村务财务不透明、监督机制不完善等原因，在经济体制的转型进程中，市场趋利观念使得农村干部谋求个体利益的行为增加。一些农村干部利用权力将掌握的农村资源据为己有，特别是在乡村集体经济转型的过程中，集体资产流失和贪腐现象严重。农村基层干部是行政管理体系中的最末端，是党和国家形象在基层社会的代言人，基层领导干部的贪腐行为不仅会直接影响党在群众中的形象，而且由于贪腐行为会侵犯农民的利益，极易形成群体性事件，严重危害乡村社会的稳定。

三、公共精神的社会治理价值分析

何为公共精神？公共一般解释为“公有和共用的”[①]，精神是指“人的意识、思维活动和一般心理状态”[②]。因此，公共精神主要是人们在社会中所共同的一种心理状态，它是公共领域的一种产物，具有公共性。公共精神的内涵可以理解为以公共性为基础，通过公众积极参与公共事务和培育公共组织与公共空间来追求公共利益的一种价值追求。公共精神是构建乡村社会共建共治共享治理格局的重要纽带，因而，我们不仅要深刻理解其内涵与特征，更重要的是要挖掘现代公共精神的价值去解决乡村社会治理中所遇到的一系列问题。

（一）公共精神有助于推进乡村社会的现代化进程

乡村现代化是乡村社会由传统向现代的推进过程，是整个中国社会现代化的重要组成部分。当前，影响乡村社会现代化的因素较多，除了包含经济、政治、社会等外在因素，还包含受到乡村社会内在价值观念变迁的影响，而这种影响是最深远的。市场经济强调和发挥个体的价值，乡村社会农民原有的集体意识受到市场经济多元文化价值的冲击，造成了价值体系的混乱，呈现出极端的个人主义和道德的沦丧。因此，“现代化及其获致的现代性将静止、封闭、同质的地方共同体强制拽入工业化、城镇化、市场化，人们逐步从阶层、宗族、社区等地方共同体和地方性知识的制约中解放出来，直接面对国

---

①《现代汉语词典（第6版）》，商务印书馆2015年版，第50页。

②《现代汉语词典（第6版）》，商务印书馆2015年版，第686页。

家、市场和全民性规范。从此个人不再‘被他人所决定’,而进入‘自己决定自己命运’的过程”[①]。乡村振兴的主体是农民,要实现乡村振兴的目标,就必须发挥农民的主体性、积极性和创造性,而要发挥农民的主体价值就需要积极培育农民的公共精神,充分发挥公共精神的公共价值,激发农村社会内部的活力,将农民组织和动员起来,进而推动乡村现代化进程。

(二)公共精神有助于创新乡村社会治理方式

一方面,公共精神可以健全自治、法治和德治相结合的乡村治理体系。乡村公共精神是一种基于公共利益之上而形成的价值理念,这种理念的形成需要发挥村庄内部农民的民主性来实现农民参与农村各项集体事务的权利,体现村庄治理的自治性;现代乡村公共精神具有现代性特征,如法治性,在这种法治精神的指引下,农民在乡村社会治理中逐渐形成了一种法治意识;现代乡村公共精神以道德为基础,它的形成融入了优秀传统道德文化和当代社会主义核心价值,并通过宣传和引导促使农民在乡村社会治理中发挥德治的重要价值。在乡村社会治理中,乡村公共精神的培育过程也是自治、法治和德治的融合过程,在这个过程中形成了乡村居民的自我认同、法治认同和文化认同。另一方面,公共精神可引导治理方式方法的变革。现代乡村治理需要夯实政府、社会和居民之间的协作基础,需要建立一种公共的、协商的、合作的理念,而公共精神强调主体的多元性和参与的公共性,是实现治理体系和治理能力现代化的重要理念,它不仅能引导基层政府发挥其服务和治理职能,而且能够通过公共价值观的树立充分调动乡村居民和民间组织参与治理的积极性,实现治理主体的多元性。

(三)公共精神有助于推进农村民主政治建设

乡村公共精神是村民在积极参与民主政治生活中所展现出来的,而村民所展示出来的公共精神则推动了乡村民主的进程,二者是相辅相成的。一方面,乡村公共精神有助于构建村庄公共政治空间。在传统宗法思想禁锢下,农民不可能主动参与到村庄集体事务,缺乏民主意识。“宗法社会,以家族为本位,而个人无权利,一家之人,听命家长。”[②]而现代乡村民主政治的发展需要具有公共精神的农民积极参与村级公共事务,并在公共精神引领下促使农民超越个人利益的狭隘,形成以公共为导向的思想理念和行动指南,提升他们的集体归属感,进而推进农村民主政治建设的发展。另一方面,乡村公共精神有助于形成村庄共同体。农民在积极参与农村公共事务的过程中,逐渐形成

① 张良:《现代化进程中的个体化与乡村社会重建》,《浙江社会科学》2013年第3期。

② 陈独秀:《陈独秀文集(第一卷)》,人民出版社2013年版,第128页。

了一种平等、公正、互助、合作的精神，使农民充分地认识到个体利益与农村集体利益间的关系，在产生强烈的公共意识的基础上推动乡村公共精神的发展。而公共精神能够使村民形成实现村庄集体利益的追求，通过村民间的协商合作，正确处理自身与村庄间的关系，构建起具有集体归属感的精神共同体。

四、培育现代乡村公共精神的路径

现代乡村公共精神具有推进乡村现代化进程、完善基层民主政治建设、架构乡村治理多元体系和增强农民的公共意识的价值，特别是在乡村振兴背景下，公共精神具有助推产业兴旺、生态宜居、乡风文明、治理有效性和生活富裕的现实意义。现代乡村公共精神的培育是一个长期的过程，需要从壮大集体经济、完善民主政治建设、奠定公共认同基础、构建公共活动空间等角度去探索。

（一）壮大乡村集体经济

乡村公共精神的培育需要奠定农民的公共意识，形成公共价值，而这种公共意识必须在农民对公共利益的追求过程中才能形成，因而，现实的发展需要积极壮大农村集体经济进而培养农民的公共意识。一是要加强政府对农村集体经济发展的扶持，加大对“三农”的资金投入，特别是加大财政对农村公共产品和公共设施建设投入的倾斜力度，在土地、税费政策以及项目贷款等方面给予优惠和扶持，保障组织及成员的合法权益。二是要积极深化农村集体产权制度改革。《乡村振兴战略规划（2018—2022年）》在发展新型农村集体经济中指出：“深入推进农村集体产权制度改革，推动资源变资产、资金变股金、农民变股东，发展多种形式的股份合作。”因而，推动农村集体产权制度改革，要加快土地流转，以股份合作的形式实现土地的集体化，用以解决土地分散所带来的效益低的现状，积极吸收社会资本参与资源价值的开发，将资金投入农村公共设施和公共服务建设中。三是要培育壮大村级干部队伍。村干部是发展农村经济的致富带头人，需要充分调动乡村干部的能动性，形成一支懂经济、善管理和会经营的干部队伍，带来农民积极发展壮大农村集体经济。一方面，要加强对村干部的思想教育和政策宣传，调动其服务农村经济发展的工作积极性，激发创业的激情与责任感，主动挑起壮大集体经济的重担；另一方面，要对村干部加强集体经济发展能力、技术等方面的实用性培训，通过实地考察、学习交流等方式，让他们亲身感受发展集体经济给农村和农民带来的好处。

（二）完善乡村民主政治建设

乡村公共精神培育与乡村民主政治建设是一种相辅相成的关系，现阶段要通过加党组织的领导、积极开展村民自治、提高干部和农民素质水平以及加强法治建设来完善乡村民主政治建设。一是要加强党对乡村民主政治建设的领导。要坚持不懈地践行党的群众路线,只有积极倾听农民群众的呼声,为他们排忧解难,才能让农民树立主人翁意识,进而完善乡村民主政治建设发展;要持续培育和提升农民的民主参与意识,让农民自觉地参与到村庄公共事务的建设中,在提升参与意识的同时也培育了现代民主意识;要加强党的宣传,增强农民对乡村民主政治的认识,让农民懂得如何正确行使当家作主的权利,提高农民的民主参与能力和水平。二是要积极完善村民自治。要理顺乡镇政府与村委会以及农村内部各组织间关系,发挥乡镇政府的服务职能,加强对村委会工作的指导和监督,为乡村民主政治建设提供良好的组织保障;健全村民自治的各项制度,如完善农村民主选举方式、方法,健全村级事务民主决策机制,让决策更具民主性,加大村务公开力度,规范政务公开的内容与形式,健全村务议事和财务管理制度,在让农民参与到村务监督的过程中。三是要提升村干部和农民的政治素质。要选拔任用政治素质高的村干部,在村干部任用时应突出从受过良好政治教育、具有一定创新创业能力的退伍军人、青年知识分子、外出回乡农民、致富带头人等人中选拔;基层党委政府要重视对农村干部的政治素质培训,积极创新培训方式和培训平台,大规模地开展政治能力和政治素质提升培训,教育村干部积极转变思想观念,增强为人民服务的本领。

(三)增强农民的公共认同

现代乡村公共精神的培育不仅需要实现农民对党的政治认同,发挥政治认同的重要保障作用,也需要积极发挥现代村庄社会认同的内在支撑作用。一是要强化公共服务精神,引导农民参与公共活动。要积极引导传统精神的更新与发展,运用现代的法治意识、参与意识、责任意识,改造传统社会形成的固有伦理观念,进而推动公共精神的健康成长;要聚焦农民的实际需要,以农民的满意度为政府职能运作的最大使命,以农民对公共服务的满意度来评估政府的绩效;要引导农民参与公共生活。“公共生活是公共精神的载体,公共精神要在公共生活中习得”,[①]政府应在建设农村基础设施的基础上,引导农民跳出家庭的私人范围,进入社区公共空间,解决农村参与集体活动的困境。二是要发挥民间组织的作用,满足农民多样化的利益需求。要将分散的农民凝聚起来,利用其组织优势,提高农民的协商能力,并形成乡村社会的内在认同;要通过民间组织这个载体,在实现自我协商和自我管理的基础上,进一步培育农民的自主意识和民主自治精神;要通过农民民主意识的增强和有序政治活动的开展,在公共活动中形成与他人交往的诚信、互助和规范的社会资本,有效推动乡村民主政治建设的进程。三是要以公共

① 李萍:《论公共精神的培养》,《北京行政学院学报》2004年第2期。

意识为内在支撑,发挥农民的主体价值。要具备主体意识,加强农民的主体意识培育,发挥农民在乡村社会建设中内在主体地位的作用;要具备责任意识,只有当农民充分地认识到自身在乡村经济社会发展中的主体责任并能够积极自觉地承担起这个责任的时候,乡村社会才能形成一种集体责任意识;要具备法治意识,不仅可以有效促进乡村经济体制改革,保障经济运行的法治化和规范化,而且也可以形成一个遵法、守法的社会风气;要具备道德意识,将现代道德理念作为农民自身行动的依据,形成相互信任、理解和宽容的公共精神,有助于协调乡村社会的各种复杂关系,维持良好的乡村社会秩序。

(四)拓展乡村公共活动空间

乡村公共空间建构,不仅可以激发农民参与公共活动的热情,让他们积极地投入到乡村社会的各项公共事务和公共活动中,调动整个乡村社会的活力,同时,也让农民在参与活动的过程中建立一种彼此间的互助、信任和合作意识,极大地增强了他们对村庄共同体的认同,为培育乡村公共精神创造了空间基础。一是要合理规划农村的公共空间布局。在进行农村改造和规划时,在空间布局上要尊重农民的生产生活习惯,保留地域特色,要统筹安排农村产业发展、农村土地容量、农业生态承载等空间,并注重对乡村特色公共空间的传承保护,尽量避免破坏原有的空间格局;要合理配置农村基础设施,推进垃圾分类、河流治理、厕所革命,把乡村建设成山清水秀、绿色宜居的美丽家园;要建设规模适度、相对分散的公共空间,避免公共场所和设施过于集中、交通不便、闲置空置的现象。二是要提供有效的公共空间产品。在提供公共空间产品时要加强针对性,要照顾到村中的老人和儿童的不同需求,提供符合老年人养老需求和儿童成长需求的公共空间产品,如老年活动室、农家书屋、娱乐健身设施等;要建设一些与农民生产生活息息相关的休闲娱乐空间,推进配套相关娱乐设施、提供活动资金,开展农民喜闻乐见的文化娱乐活动,吸引鼓励农民参与其中,以此增强农民对公共空间的理解,并在参与公共活动中自觉地促成公共精神的形成与发展。三是要充分利用信息技术,拓展农民公共活动的网络空间。随着信息技术的发展,各种社交软件在农村普及,很多农民运用社交软件闲话家常,讨论公共事务,这种现代交流方式打破了原有的时空界限,在一种公共交流的平台上加强了农民之间的情感联系和社会交往。因此,要把公共网络空间作为听取民意、联系群众的重要渠道,要充分利用网络空间的社会交往和凝聚功能,鼓励农民积极参与公共事务的讨论,并通过大数据分析了解民情民意,顺应民情民意,推动农村社会朝着健康、和谐、积极的方向前进,努力实现乡村社会治理的现代化。

乡村公共文化空间的价值重构
——基于“场景理论”视角分析

倪跃达[①]

一、引言

乡村公共文化空间是乡村公共文化的集中表达场域,它承载着中华民族最深处的记忆,是乡村文化传承的重要载体,是人们开展文化活动的重要场所,也是村民相互交流的重要空间。因此,这一空间既是一个“物理空间”,也是一个“人文空间”。然而,随着工业化、城镇化、信息化的快速推进,由乡村到城市的单向人口流动也在明显加剧,乡村青壮年群体的进城使乡村文化主体力量严重削弱,乡村公共文化空间功能呈弱化态势。一些村落由于人口“空心化”、文化活动单一化、文化设施陈旧化,乡村公共文化空间只见其物,未见其人,其应有的“人文空间”属性未被激活,而仅有“物理空间”的存在。由此引发的乡村公共文化生活匮乏已然成为制约村民实现美好生活的重要方面,也制约文化作为乡村深层而持久发展动力的作用发挥。正如法国哲学家列斐伏尔所述:“如果未曾生产一个合适空间,‘改变生活方式’‘改变社会’等都是空话。”[②]

推动乡村公共文化空间的价值重构,是构建乡村文化共同体、实现乡村文化繁荣兴盛、绘就精神生活共同富裕图景的必然要求。文化和旅游部发布的《“十四五”文化和旅游发展规划》中,明确提出要创新打造一批城乡新型公共文化空间。通过政策倾斜、资源下移,近年来乡村公共文化空间实现了增量发展。然而,在这一发展过程中,也暴露出一些问题,引发国内诸多学者的关注和研究。

学者们大致从三个维度对乡村公共文化空间展开研究。一是乡村公共文化空间概

---

① **作者简介**:倪跃达,中共兰溪市委党校讲师。

② 列斐伏尔:《空间:社会产物与使用价值》,王志弘译,载包亚明主编《现代性与空间的生产》,上海教育出版社2003年版,第47页。

念阐释研究。比如,学者曹海林把农村公共空间定义为乡村变迁场景中社会秩序生成的重要场域。[①] 学者马永强指出,乡村公共文化空间是乡村人际交往的主要空间和乡村文化传承的主要载体。[②] 二是乡村公共文化空间发展趋势研究。比如,学者吴焜和李林认为,新时代乡村公共文化空间发展有四大趋势,即:“从农村公共文化到乡村公共文化空间的回归;从乡村公共文化空间重构到社会主义乡村公共文化空间的建构;从乡村公共文化空间主体到城乡公共文化空间共同体的发展;从现实公共文化空间向虚拟公共文化空间的拓展。”[③]三是乡村公共文化空间具体形态研究。比如,学者甘满堂对福建村庙与公共文化活动开展进行了调查研究,认为这种公共空间不仅仅是村民信仰的空间,更有多功能拓展的趋势。[④]

场景理论开创者克拉克认为,场景影响人们的择居行为,且对经济乃至政治的影响效果同样意义深远。将这一理论观点投射到当前乡村发展则可见,乡村公共文化空间作为特定场景,对于人们是否选择居住乡村、能否实现乡村人口回流也是一大影响因素,并对乡村社会治理、乡村集体经济壮大和农民增收致富方面也起到深远影响。

诸多研究表明,乡村公共文化空间发展是当前乡村文化振兴亟待补齐的一大短板。因此,以场景理论为视角,以田野调查为基础对乡村公共文化空间发展进行深入研究,探索乡村公共文化空间价值重构恰逢其时。

二、场景理论:乡村公共文化空间的一种解释框架

场景理论是芝加哥学派克拉克教授基于城市文化空间研究而提出的,其“聚焦于城市中一系列文化生活便利设施以及设施背后所蕴含的文化和价值观,并提出文化场景所蕴含的文化价值观是吸引人力资本、推动文化消费实践,进而重塑城市形态的新型动力。”[⑤] 场景理论认为,文化的传导性使人们可借助文化符号感知信息,增强特定场域内文化感染力和吸引力。

场景作为特定空间,是反映群体价值观的文化设施集群或集聚性文化实践活动场所,是文化场域内人与人之间相互交流的社会空间,不同场景蕴含着相应的文化特质和价值取向。场景既承担着文化集聚与发散功能,也是为培育价值观、展现生活味的重要空间,它适合于人的多元化文化需求、多样性生活方式,是各种文化要素高效互动形成

---

① 曹海林:《村落公共空间:透视乡村社会秩序生成与重构的一个分析视角》,《天府新论》2005年第4期。

② 马永强:《重建乡村公共文化空间的意义和实现途径》,《甘肃社会科学》2011年第3期。

③ 吴焜,李林:《新时代中国乡村公共文化空间的发展趋势》,《上海城市管理》2020年第3期。

④ 甘满堂:《村庙与社区公共生活》,,社科文献出版,2007年。

⑤ 陈波,侯雪言:《公共文化空间与文化参与:基于文化场景理论的实证研究》,《湖南社会科学》2017年第2期。

的价值多元场。场景理论内含特定空间要素、多样性人群以及多层次文化实践活动三个层面。

(一)赋予人民多形态文化空间要素

“空间是一切生产和一切人类活动所需要的要素。”[①]人类的空间是有边界、标识化的场所,人的在场,赋予了空间价值与生命力。“它是一种人化空间,是社会组织、社会演化、社会转型、社会交往、社会生活的产物,是人类有目的的劳动应用,是一种被人类具体化和工具化了的自然语境,是充满各种场址、场所、场景、所处、所在地等各种地点的空间,是包蕴着各种社会关系和具有异质性的空间,也就是福柯所言的‘异位’空间,它与时间和社会存在三位一体,构成了人类生存的一切具体方面——一幅波澜壮阔的现实画面。”[②] 乡村文化礼堂、农家书屋等公共文化活动开展场所即特定公共文化空间;吸引人们进入文化场景,使其沉浸体验文化的物质符号就是生活文化设施。它们是物理形态的存在,是文化的具象化或符号化,人们可通过其感受文化意涵。

(二)满足人民多样性文化价值追求

人是文化主体,既是公共文化活动的参与者、受益者,也是公共文化价值评判者。乡村文化场景的多样性人群从来源上看,可分为乡村居民、外来访客等;从作用发挥上看,可分为文化消费者、文化生产者。在克拉克看来,人们参与文化活动越多,封闭性就会变得越小。不同个体或不同群体间的不同文化价值诉求,从场景理论视角分析,人的价值观场景不外乎三个主维度:真实性(感觉真)、合法性(感觉善)、戏剧性(感觉美)。

(三)延伸人民多层次文化实践活动

文化实践活动有自发自为活动和引导驱动活动。两种类型活动的开展都离不开合乎的道德规范或制度约束。一方面,文化实践活动参与者不应把自身文化满足建立在他人文化权利受损之上;另一方面,文化实践活动的组织者举办活动必然有其制度流程。科学合理的制度可充分调动文化活动从业人员、乡村公共文化空间参与者的积极性、主动性、创造性。乡村公共文化空间是一个既包括农村文化生活所依托的物理场域,又涵盖文化资源、文化活动和文化机制在内的整体性概念。[③]应满足不同年龄群体不同文化主体的多层次文化实践需求。

---

① 《马克思恩格斯选集》第2卷,人民出版社1995年版,第573页。

② 王文斌:《译后记》,出自苏贾《后现代地理学》,商务印书馆2007年版,第405 页。

③ 傅才武,侯雪言:《当代中国农村公共文化空间的解释维度与场景设计》,《艺术百家》2016年第6期。

三、文化在场:乡村公共文化空间的典型样态

文化的在场让无形的文化可触、可见、可感。L市有近1400年的建县史,文化底蕴丰富,悠久的历史为其留下了众多文化遗产,乡村传统公共文化空间资源丰富,有祠堂、古桥、古塔等各种类公共文化空间以及宋元明清古民居建筑。当前,L市着力打造辐射长三角、有一定国际知名度的文化旅游高地,公共文体事业体系日益健全,公共文化服务基础设施不断完善,实现了316个行政村的村文化活动中心村村建成,农家书屋、村文化礼堂、新时代文明实践站村村享有,乡村广播室和小康体育村全面覆盖,乡村公共文化服务能力不断增强,成为浙江省首批通过基本公共文化服务标准化建设验收的县市,形成了城乡“15分钟公共文化圈”。

(一)方法论:基于田野调查的乡村公共文化空间

“田野调查”是社会学研究的重要方法,其通过“实地调查”获取研究资料以深入描述社会现状,同时又深入剖析社会问题本质,以期探寻改良之策。基于此,本研究采用田野调查法,利用调查人员挂职下村参与乡村具体工作之机,通过参与式观察、抽样访谈、问卷调查等方法掌握了解第一手资料。文本选取的田野点是L市MJ镇、LD乡、LJ街道等3个乡镇(街道)中的4个村落。调查问卷包含了受访村民基本情况、村民对村公共文化空间效用感受、村民公共文化活动参与度、政府供给公共文化空间设施及公共文化活动情况等问题,从公共文化空间参与主体视角出发,真实反映了调查地的乡村公共文化空间发展情况、乡村公共文化服务供给情况以及乡村公共文化空间发展力量主体即村民的参与度、满意度。调研发放问卷共计68份,回收有效问卷68份,本文对有效问卷进行了数据录入、整理、系统分析。试图以调查数据分析结果为研究基点,对L市乡村公共文化空间发展当前问题及原因进行深入剖析。

本次调查着重了解村民们对日常文娱活动选择、参与公共文化空间活动类型及频次、对公共文化空间发展建议等内容。问卷设计列举了文娱活动方式、公共文化空间类型、加强公共文化空间建议选项等15个问题,受访者可多项选择自身喜爱的文娱活动和公共文化空间类型,也可填写选项外的文娱活动和参与公共文化空间活动类型。通过深入调查,可真实反映出调查地村民目前的文化生活习惯、文化消费诉求、文化活动参与度、满意度。

(二)在场度:乡村公共文化空间的样本观察

1. 村民日常文娱消费支出调查

68位受访者的人均年收入在2.4万元以下的占总调查人数的76.5%,其中1.2万元以下的占总调查人数的26.5%(见图1),而2021年,浙江农村常住居民的人均可支配收入已达35247元,从调查数据结果分析看,L市MJ镇、LD乡、LJ街道等3个乡镇(街道)中的4个村村民人均可支配收入大致低于全省农村常住居民的平均值。在文化消费支出方面,受访村民在2021年文化支出消费额在1200元以下的占总调查人数的79.4%,其中年文化支出消费额在600元以下的占调查人数的29.4%(见图2),而2021年,浙江农村常住居民的人均生活消费支出为25415元,从调查数据结果分析看,L市MJ镇、LD乡、LJ街道等3个乡镇(街道)中的4个村村民人均文化消费支出大致为相对偏少状态,文化消费意愿相对偏低。综合数据分析及实地访谈交流发现,这反映了当地村民受收入水平影响,制约了文化消费需求,同时也反映出当地文化消费相对偏弱、消费性文化活动相对匮乏,村民的文化参与习惯尚未形成良好氛围。

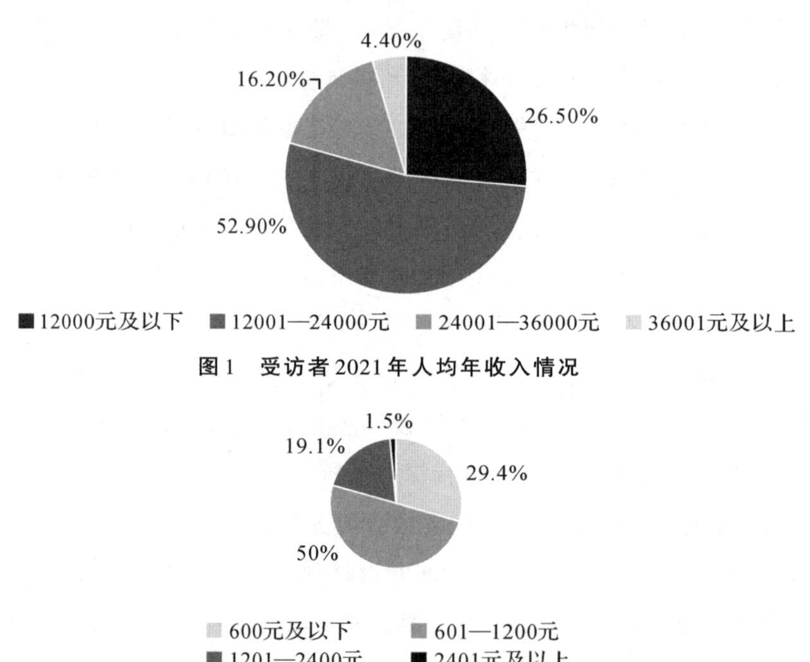

图1　受访者2021年人均年收入情况

图2　受访者2021年文化消费支出情况

2. 村民日常文娱活动选择调查

在问卷中,列举了看电视、上网、打牌或麻将、读书看报、下棋、跳舞健身等健身文化活动等九类文化活动的多选题,村民选择最多的文娱活动类型为看电视、上网,分别占97%、66.2%,这表明村民在家等私人文化空间进行文化活动时间相对居多。选择打牌或麻将的人比例也相对高，占48.5%，健身文化活动、看戏（文艺演出活动）、看书看报人数分别占25%、26.5%、11.8%，此类文娱活动主要在老年活动中心、村健身广场、农家书屋、文化礼堂等公共文化空间开展，说明村民对参与公共文化空间活动有接纳度和参与意愿，但是参与度相对来说还不高，公共文化空间对其吸引力还不够。选择下棋、宗教礼仪活动相对较少，说明此类文化活动不是村民主要文化生活方式。

3. 村民对乡村公共文化空间的选择

问卷列举了村内公共文化空间类型选项，有老年活动室、农家书屋、文化礼堂、祠堂、新时代精神文明实践站、文化健身广场。由问卷数据分析可知（见表1），受访者参与活动频次最多的公共文化空间是村文化健身广场，其次是老年活动室，这既反映了受访者以老年人居多这一客观事实，也深层透视出在L市4个村中，村内老年群体常住人口占比相对较高，同时反映出村民们对健身文化、养生文化类需求会相对较大。农家书屋、新时代文明实践站虽然都在文化礼堂内居多，但是就村民参与其空间文化活动频次的调查情况看，选择去文化礼堂的频次并不高。村民们对新时代精神文明实践站、农家书屋的参与频次也不高，甚至有受访者认为村内没有这种公共文化设施，这说明其功能作用并未有效发挥，影响力有待增强，村级党组织对公共文化空间宣传力、服务力还未达到初设时的预期效果。从这调查结果判断，村民对于运动健身型公共文化空间的偏好相对高，对知识拓展型的公共文化空间参与热情还有待挖掘，村民们参与文化活动的主要目的是健康身心，公共文化空间知识供应与村民需求并未达到良好供需匹配状态。

表1　受访者对村公共文化空间的参与频率

	农家书屋	文化健身广场	文化礼堂	老年活动室	新时代文化实践站
无此设施	20.6%	0%	0%	8.8%	17.6%
几乎不去	45.6%	5.9%	38.2%	19.1%	35.3%
偶尔去	23.5%	41.2%	42.6%	45.6%	32.4%
经常去	10.3%	52.9%	19.2%	26.5%	14.7%

4. 乡村公共文化空间发展满意度调查

基于此，问卷对村公共文化空间是否得到充分利用、公共文化活动是否经常展开、对公共文化活动开展情况是否满意等问题进行了调研，由问卷数据分析可知（见图3—6），认为村公共文化空间得到充分利用的回答人数为0，而认为一般的回答占比最高，占总调查人数的45.6%；认为村里经常开展各种公共文化活动的回答人数占比不高，占总调查人数的5.9%，认为不开展的人数占22%；认为自己会经常参加村里开展的公共文化活动的占比为8.8%，偶尔参加的占比最高，为54.4%，从不参加的占比为7.36%。这说明村民对村内公共文化空间利用率、满意度总体不高,对村开展公共文化活动开展次数普遍认为相对较少,对村内公共文化活动完全不参与的人相对较少,如进行乡村公共文化活动,有参与活动的群众基础。

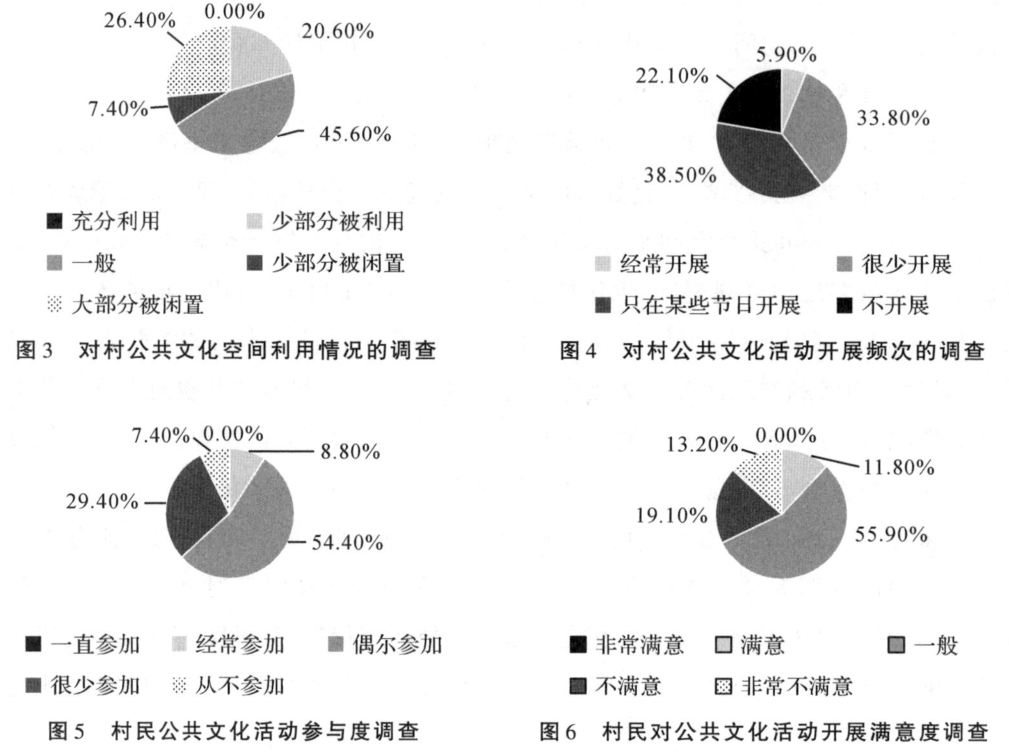

图3　对村公共文化空间利用情况的调查

图4　对村公共文化活动开展频次的调查

图5　村民公共文化活动参与度调查

图6　村民对公共文化活动开展满意度调查

(三)问题域:乡村公共文化空间的现实困境

上文通过实地走访调研所得数据对L市乡村公共文化空间发展情况进行了分析,发现村民公共文化参与意愿与乡村公共文化空间供给之间还不够匹配,反映出当前L市乡村公共文化空间发展尚有以下三方面问题:

1. 乡村公共文化空间的发展资源还不充分

近年来L市乡村公共文化设施在政府大力支持下数量增长明显,设施建设日趋完善,在"五大文化建设工程"等文化惠民政策推动下,逐步形成全国六级公共文化服务网络。但是,L市乡村公共文化空间发展与人民群众期待仍有较大差距。乡村公共文化资源投入还不够充分和均衡。在调研中,有的村民反映,并村后,不少上级扶持项目都被放在行政村所在村,而作为同村的自然村,公共文化空间相对匮乏;别看村里有漂亮的文化礼堂、乡村电影院,但是仅有一台空调,夏天热得根本没法儿久留,而冬天又天黑得早,去文化礼堂也没什么文化活动。从村民的反映可知:乡村公共文化空间存在自然村与行政村之间的资源相对不均衡;乡村公共文化空间配套设施不完善、运行维护资金投入也较为缺乏。

2. 乡村公共文化空间的发展动力还不明显

乡村社会在工业化、城镇化、市场化冲击下，乡村人口流出明显，特别是诸多中青年群体到城市安家就业，导致乡村公共文化空间发展的主要力量削弱，而留守村中的老年人由于种种顾虑不愿意或有心无力投入精力去参与乡村公共文化空间发展。一些乡土民间艺人由于人们生活方式的改变导致相对价值感降低，失去坚守传统文化的动力，也面临民间技艺在本村断层、无人传承问题。同时，传统乡村社会价值理念在新思潮、新观念侵袭下分崩瓦解，村民的群体认同感相对弱化，一些年轻村民更愿意在网上冲浪而不愿意到村文化礼堂、祠堂等公共文化空间参与活动。

3. 乡村公共文化空间的发展功效还不突出

部分国家文化惠民工程与村民文化需求不尽一致，没有发挥应有的效果，比如，RT村农家书屋多年未新增书籍，且有农味的书籍相对缺乏，调查人员观察发现，即便有几本种植养殖类书籍，也都是陈年旧书，难以满足村民对当前农业新品种、新技术带来的知识新期待。有的部门对文化惠民工程下村重建轻管，侧重于公共文化空间建设，对后期运行情况、运行效果的后续跟踪指导、监督力度相对薄弱，这易诱发一些乡村公共文化空间陷入空转状态。调查中有村民反映，一些新建的公共文化空间中看不中用，只有上级领导来调研时候才对外开放，平时若无重大节日活动则铁将军把门，一锁了之。

四、场景再造：乡村公共文化空间的价值重构

发展好乡村公共文化空间，有助于推动中华优秀传统文化的创造性转化、创新性发展，对推进新时代乡村治理现代化作用明显，是打造新时代文化高地的有力抓手。要以空间多元、主体撬动、制度迭代、空间拓展四重维度进行场景再造，重构乡村公共文化空间内生价值。

（一）空间多元：乡村公共文化空间资源供给再优化

政府为加快构建现代公共文化服务体系，在实施文化惠民工程中提升了乡村公共文化空间数量和内涵，丰富了人民群众特别是当地村民的精神文化生活，增强了乡村文化治理能力。为了有效提升乡村公共文化空间作用，需一手不放松对资源总量的供给，一手不放松对资源配置的优化，进而推动实现城乡公共文化共繁荣。持续深入实施文化惠民工程，构建覆盖市、镇、村的三级公共文化服务网络，持续推进送文化下乡，创新开展种文化在乡，让乡村文化走进乡村公共文化空间，形成文化供给合力。同时，要优化公共文化服务结构，为农村主力老年人、儿童等打造文化休闲和大众娱乐空间，为城

市回村人员提供新文化体验空间，为残疾人群体提供盲文图书、有声读物等文化体验区。

（二）主体撬动：乡村公共文化空间价值主体再增强

乡村文化发展为村民，乡村文化发展靠村民，文化发展成果由村民共享。村民是乡村公共文化空间发展的根本力量，公共文化空间建设、管理、运行各个环节过程中，应充分尊重村民意愿，以村民实际需求为导向，激发村民参与意识，把农村民间艺人、文化能人吸纳到公共文化服务队伍中来，充分挖掘和传承乡村文化，守住乡村公共文化空间的魂。注重对村民公共文化精神的培育，“公共精神是乡村文化振兴进而推动乡村公共文化服务空间建设的内在推动力”①，使乡村公共文化空间成为重要的精神文化家园。撬动社会力量参与乡村公共文化空间发展，为其创造良好参与条件，拓展参与广度和深度，形成开放多元、充满活力的公共文化服务发展格局，从而多方合力建设好、管理好、运行好、维护好乡村公共文化空间，改善文化民生，增强村民文化获得感、满足感。

（三）制度迭代：乡村公共文化空间运行机制再创新

乡村公共文化空间要实现高质量发展，实现其功能和价值的进一步强化，需在发展运行机制上创新发力。强化政府职责，完善对乡村公共文化空间建设、管理、运行的各项考评机制，不唯台账考核，增强群众评价权重，完善考评指标体系，“构建一套科学合理、方便实用的乡村公共文化空间指标体系，为乡村文化建设成效提供判定依据，能够推进乡村公共文化空间的不断优化”②。以科学指标体系引导乡村公共文化空间统筹发展，加大正向激励和宣传。深化乡村综合文化服务平台建设，继续打造一批融文化、旅游、研学为一体的多功能公共文化空间；建立健全乡村公共文化空间管理人、文化活动组织者的培训机制，有效提升乡村公共文化空间的管理运维水平和活动开展水平。

（四）空间拓展：乡村公共文化空间数字技术再赋能

新时代乡村社会数字化进程加快的背景下，运用数字化手段推动乡村公共文化空间从现实向虚拟拓展，可为乡村公共文化空间发展注入新活力。虚拟公共文化空间可超越时空局限性，活化乡村传统文化资源，使乡村传统文化更加立体、生动呈现。外出村民可通过线上场景再现、沉浸体验消解乡愁、唤醒乡村记忆，进而增强乡村文化认同，

---

① 孟祥林：《乡村公共文化空间建构的困境、向度与方向》，《华南理工大学学报（社会科学版）》2019年第6期。

② 陈波，李晶晶：《文化高质量发展视域下乡村公共文化空间指标体系研究》，《湖北社会科学》2021年第8期。

为日趋原子化的乡村社会增添文化黏合剂，提升乡村现代化发展的内生动力。为此，应加强乡村数据基础设施建设，推动构建乡村文化数字生态系统；强化多元主体协同，发挥政府主导作用、村民主体作用、社会协同作用。L市一方面以数字赋能活化乡村公共文化记忆空间，另一方面，以数字赋能加强对乡村公共文化物理空间的保护。针对乡村公共文化空间在内的地方文物保护难点痛点，L市打造不可移动文物数字化服务系统，实现“多跨协同”保护，形成“精密智控”管理机制，提升对乡村公共文化空间等文物的保护力，增强公共文化服务能力。

五、结语

场景理论对人们的文化消费实践加以考察，研究人们的文化消费需求对所处空间环境发展带来的影响。乡村公共文化空间作为特定场景，它是空间物理设施、文化活动以及活动群体特性的综合作用展现，是培育精神文化的重要载体，前述实证研究结论表明，乡村公共文化空间发展离不开公共文化产品的多元供给和居民多样性文化的参与和满足。而且，它与乡村经济社会发展之间存在着紧密联系。随着乡村振兴战略的扎实推进，乡村公共文化投入力度日益加大，人们对乡村文化环境要求、乡村文化生活品质需求也在日益增加，在当前乡村公共文化空间实现增量的同时，探讨如何充分挖掘和重塑其社会文化价值，促进乡村公共文化空间提质增效，对于推动传统文化的创造性转化和创新性发展、推动乡村公共文化政策创新具有重要意义，有助于激发乡村社会发展活力，夯实共同富裕社会根基。

乡村振兴战略背景下探析乡村公共文化空间的价值重构，为新时代推动文化振兴提供了一个新视角。乡村公共文化空间发展主要任务在于重塑乡村文化价值，从“物理空间”走向“人文空间”，以“实体空间”唤醒“记忆空间”，留住浓浓乡愁，让人们走得再远也知道来处。并以此为保护乡土文化特色、传承乡村传统文化、营造乡村文化环境、提升乡村文化治理能力提供新思路。乡村公共文化空间是村民人际交往、文化活动的重要空间，人们塑造了它，而它又反过来影响内化于人。它不会是一成不变的静态的物理空间，而应是与时俱进的动态的人化空间。在这一动态发展过程中，它又不是千篇一律的，不同的资源禀赋、历史积淀、行动主体必然会塑造千差万别的乡村公共文化空间，空间发展过程中难免会遇到一些带有这个时代烙印的普遍性、共性的问题，亟待理论层面去思考，进而推动实践层面去解决。因此，无论是从社会文化发展维度还是从人的自由全面发展维度，乡村公共文化空间发展都值得持续关注和研究。

未来社区公共文化空间构建路径和运行机制研究
——打造共同富裕基本单元示范样本的地方实践

章丽华[①]

一、引言

随着城镇化进程的推进,越来越多的人离开乡村住上高楼大厦,城市社区建设也由此开始。2000年,中共中央办公厅正式发布《关于在全国推进城市社区建设的意见》,并对社区作出定义:"社区是居住在一定地域范围内人们社会生活的共同体。"2019年,浙江省开始启动未来社区建设工程。未来社区承载着人们对美好生活的向往,是打造共同富裕现代化的基本单元和重要内容。《浙江省未来社区建设试点工作方案》提出未来社区的实施工程以人民美好生活为中心,以人本化、生态化、数字化为三维价值坐标,聚焦九大场景集成创新。未来社区建设第一条基本原则就是以人为本,文化引领。就是要以人为核心,满足社区人群美好生活向往,融合先进文化和前沿科技,引领高品质生活方式革新。2000年"社会生活共同体"概念的提出和2019年未来社区建设以人民美好生活为中心以及三维价值坐标的提出,都说明社区除了是一个生活空间外,还是一个满足人民精神需求和价值追求的空间载体,而文化是驱动未来社区创建的内核动力。社区公共文化空间对于促进居民的相互沟通交流,满足居民的文化需求,提升居民对社区的认同都具有巨大的作用。从上述而言,未来社区的建设,不管是全新小区的建设还是老旧小区的改造,社区公共文化空间的建设都是其面临的重点与挑战,也是未来社区治理发展的新趋势。

关于目前社区公共文化空间的研究,国内外学者主要集中在物理空间和空间交往方面。国外学者盖尔(Gehl)强调公共空间的社会交往以及在进行社会交往的过程中产

---

① 作者简介:章丽华,中共杭州市富阳区委党校高级讲师。

生的愉悦感。[①]盖迪斯(Geddes)认为城市社区公共文化建设要充分调动社区居民的创造性和积极性,强调以人为本的原则。[②]科拉伦斯强调居民通过社区公共文化空间的沟通交流和文化活动而产生的对社区以及社区文化的认同感和归宿感。[③]国内学者李昕阳、洪再生认为社区公共空间是社区居民进行物质、精神生活的户外公共空间。[④]梳理目前研究现状,学术界尚缺乏对社区公共文化空间多维度、全方位的研究。本文运用列斐伏尔提出的空间生产三元辩证法作为新的理论分析框架,从空间生产的角度对社区公共文化空间开展研究。基于空间生产理论分析社区公共文化空间的属性,探究空间生产的矛盾引发的公共文化空间存在的问题,并运用空间再生产理论研究社区公共文化空间的构建路径和运行机制,助推高质量高标准打造宜居宜业的未来社区。

二、空间生产理论:社区公共文化空间的性能解析

列斐伏尔在《空间的生产》一书中提出空间生产理论,指出公共空间由空间实践(spatial practice)、空间表征(representational of space)和表征空间(space of representation)三个层次构成,并搭建了三位一体的空间分析框架。[⑤]运用三位一体的框架对社区公共文化空间的性能进行分析,笔者认为社区公共文化空间具有物理属性、社会属性、文化属性、价值属性和治理属性五重属性。社区公共文化空间的物理属性和社会属性属于空间实践范畴,强调物质意义上的空间以及人在空间的行为和交往。空间表征对应了社区公共文化空间的文化属性和价值属性,是对意识形态、精神价值的构想。表征空间对应了社区公共文化空间的治理属性,强调居民运用意向和象征的符号体系衍生出来的空间(见图1):

① 盖尔:《交往与空间》,中国建筑工业出版社2002年版。

② Geddes: *Cities in Evolution*, London: Williams & Norgate, 1915

③ 伍学进:《欧美城市公共空间思想的演变与升华》,《理论月刊》2008年第11期。

④ 李昕阳,洪再生,袁逸倩,赵立志,徐敏杰:《城市老人、儿童适宜性社区公共空间研究》,《城市发展研究》2015年第5期。

⑤ 亨利·列斐伏尔:《空间的生产》,商务印书馆2021年版。

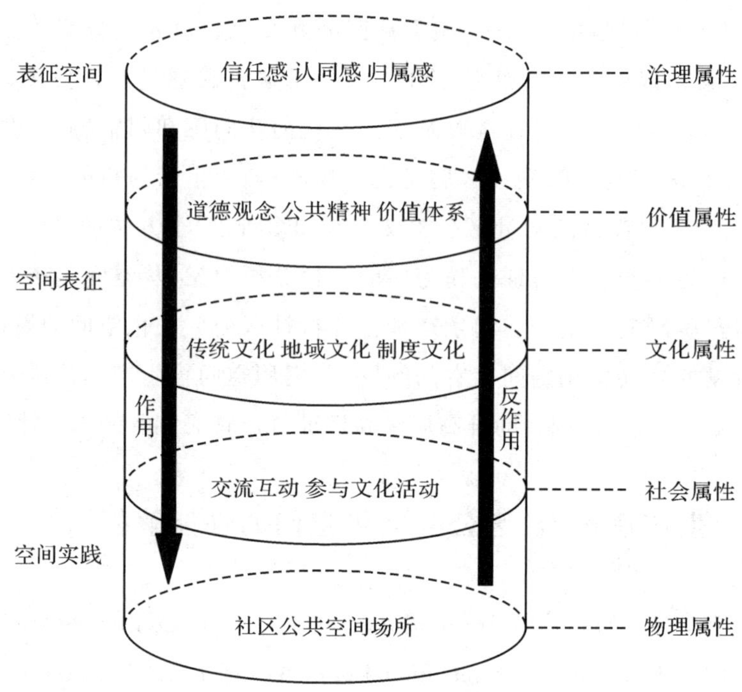

图1　社区公共文化空间属性分析图

(一)物理属性

冯天瑜、何晓明等在《中华文化史》中指出"文化是一个在特定的空间发展起来的历史范畴。世界上不存在超越时空的文化"。①由此可见,文化活动需要在一定的物理空间场所内开展,公众也需要在特定的物理场域参与文化活动,获取精神享受。作为社区居民组织和参与文化活动的载体,公共文化空间具有地理学上的物理属性,是开展公共文化服务实践活动的特定物理空间。

(二)社会属性

在城市化快速推进的今天,城市居民没有了村前大树、屋前池塘、村里戏台等传统的乡村公共文化空间,社区公共文化空间成为城市居民最常使用的交流情感、密切关系的空间。公共文化空间为居民提供休憩、参加文化活动、实现邻里交往等具有包容性的场所。在多元化的城市环境中为城市居民构建了一个有别于以血缘、地缘为基础的乡村传统公共文化空间的有温度的社会交往共同体。

①冯天瑜,何晓明,周积明:《中华文化史》,上海人民出版社1990年版。

(三)文化属性

社区公共文化空间是社区居民参与文化活动,弘扬传统文化,彰显本地特色文化的特定场域,具有深刻的文化内涵。通过公共文化空间的文化创新和文化内涵的拓展,社区逐渐形成能表征社区文化特色的文化氛围,体现社区文化底蕴,塑造社区文化品牌。从而打造多样包容的城市文化品牌,提炼城市核心价值,增强城市文化软实力,提升城市的吸引力和凝聚力,吸引各种人才资本资源的流入集聚,推动城市的快速发展。

(四)价值属性

随着城市现代化的发展,从前大家一起参加生产活动、共同生活的场景渐渐消亡,传统乡村的血缘、地缘关系随之解构,由此产生的对传统习俗、集体观念、道德价值的认同也不断下降。在城市生活的居民社会流动性大,人际关系日渐松弛,形成一个陌生人社会。而社区公共文化空间支撑着社区居民共同的文化活动,不仅丰富居民的文化生活,也弘扬主流价值,促使居民在共同的生活交流、文化活动的过程中形成一致道德观念、价值取向、行为选择,逐渐形成体现居民共同精神追求的现代伦理价值体系。

(五)治理属性

雅各布斯(Jacobs)曾指出:公共文化空间在促进邻里交往的基础上,有预防犯罪的作用。社区居民借助公共文化空间,通过教育健康、传统文化等文化服务活动,互相熟悉、彼此照应,逐渐形成相对一致的价值观念,对社区产生较强的认同感、信任感和归属感,增强社区的凝聚力和自治力,促进社区的安全和谐稳定,从而实现合作治理。

根据空间生产理论,空间表征与表征空间在空间实践的过程中达到三重合一、辩证统一。用空间生产理论分析社区公共文化空间的五重属性发现其具有相互依存、相互作用、辩证统一的相互关系。

三、空间生产矛盾:社区公共文化空间实践困境分析

列斐伏尔在《空间与政治》中提出:“人们处理空间,也就是住宅单元的方式,是让他们恢复均质性,可以让他们部分比较,因而也可以交易。”[①]可见,公共文化空间具有均质化、符号化的特点,空间的呈现形态就成了无内涵、无特点、单调无奇的符号和人造场所。以至于在文化活动非常富足的同时,大多数社区居民对社区公共文化空间的建设

① 亨利·列斐伏尔:《空间与政治》,李春译,世纪出版社2005年版。

和服务的满意度不高,于是导致尖锐的空间矛盾,造成社区公共文化空间目前存在的实践困境。通过对F区的社区进行调研发现,主要体现在对空间场所的地理位置、硬件配置、文化活动、服务质量、宣传力度等方面的不满意(见图2)。而探究问题的根源,主要以空间生产的四重矛盾集中表现。

(一)国家标准化与地方差异性之间的矛盾

列斐伏尔提出:国家以同一标准生产公共文化空间,具有同质化、标准化的特点,这样能达到有效统治社会的效果①;而作为公共文化空间参与主体的个人却对空间具有地域性、本土性、差异性的生活需求和文化需求。目前,国家标准化的社区公共文化空间体系在F区已经基本建立,社区文化服务中心、文化家园、党群服务中心等已经普遍布局。但这些公共文化空间的建设和服务无一不是国家自上而下统一规划布局的,同质化、符号化、表象化的现象严重。通过调研可知,F区大多数社区公共文化空间的布局大同小异,基本上划分为阅览室、观影室、老年活动室等区域。而具有地方差异性的空间是指符合社区居民文化需求的,结合地方特色文化传统的,彰显社区历史文脉和个性的公共文化场域、文化组织和活动形式。例如具有特色的公共文化场域、社区居民自发组建的文化组织以及各种传统民俗文化活动等。通过调研发现,这样的社区公共文化空间在F区还没能构建或者说是少之又少。于是导致社区居民参与文化活动的热情严重不足。经常参加社区文化活动的居民占11%,而且老年人居多;很少甚至从不参加文化活动的居民占比达到50%以上。

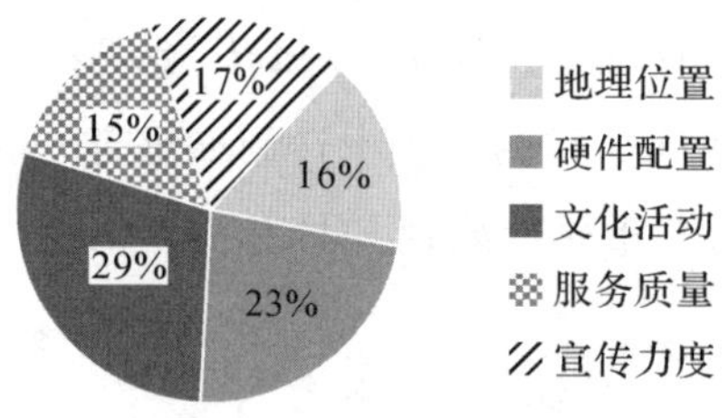

图2 社区满意度情况调查

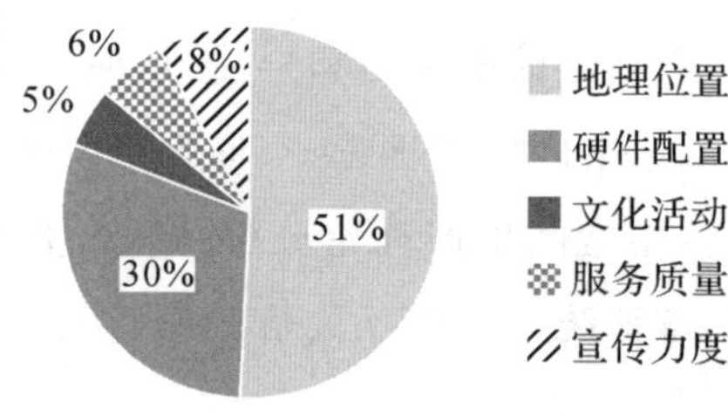

图3 社区公共文化活动参与情况

(二)对上逻辑与对下逻辑之间的矛盾

目前,不管是社区公共文化空间的建设还是公共文化服务的提供,采取的都是自上而下的行政化配置方式。街道办和居委会的工作人员在执行公共文化服务职能的过程中只注重迎接上级的检查,只重视完成上级政府下达的指标任务,而忽视社区居民的文

① 亨利·列斐伏尔:《空间的生产》,商务印书馆2021年版。

化需求。因而造就了对上逻辑和对下逻辑这一对矛盾。主要表现在三个方面：

1. 公共文化空间有布局但不合理

通过社区调研发现，根据上级政府下达的指标要求，社区公共文化空间在F区的各个社区都有布局和建设，但是部分社区公共文化空间存在场地规划不合理，功能划分混乱等问题。例如F区J社区，文化活动中心与社区办公场地交织在一起，一楼是便民服务区，一侧隔出一块区域做成了社区阅览室，社区居民无法安静地在阅览室阅读，严重影响其体验感。有居民反应："坐在办公场所的边上看书，总觉得不大好意思。而且都是走进走出的人，也没法看书。"而社区工作人员则表示："由于场地的限制，又要完成上面要求，只能进行这样的安排。"

2. 公共文化空间有建设但少利用

有些社区因为集体经济发展较好，投资建设了高大上的社区公共文化活动中心。建设时想法很多，规划到位，阅览室、手工室、观影室等功能一应俱全，外观也很气派。但真正落地后却经常出现大门紧闭，无人使用，过度闲置的现象。往往有重大活动的时候人满为患，无活动的时候门可罗雀。有居民反应："一年举办的重大活动也就两三次。"因此，公共文化空间利用率低，群众认可度不高。

3. 公共文化服务有提供但无特色

大多数的社区公共文化活动是以政府主导，社区发动居民参加的形式开展的。具有一定的任务化和形式化倾向。没有根据居民的需求和社区的特点挖掘、开发、传承基层优秀传统文化，提供的公共文化服务特色不明显，吸引力不够，无法满足社区居民的文化需求。

(三)服务效能与准入机制之间的矛盾

近年来，随着国家、省市关于公共文化空间和公共文化服务各类文件的落地，社区公共文化空间的建设和运行有了进一步的提升，但是服务效能仍然存在短板。据调研可见，目前F区社区公共文化空间的建设和服务的资金主要来源于财政拨款，难以支撑公共文化空间开展高质量、高频率的文化活动。目前仍然参照十年前的文件《关于加强县级和城乡基层宣传文化队伍建设的实施意见》(市宣〔2011〕26号)，招聘一位专职宣传文化员给予3000元/人/年的补助的政策也导致绝大多数的社区"招不到、留不住"优秀的文化服务人员。可见，光凭政府一己之力，无法满足社区居民个性化、多元化的文化需求。而一直以来由政府主导的方式也导致对社会自发组织和市场力量产生排挤，社会组织和市场的准入机制非常严格。由此产生了服务效能与准入机制的矛盾。主要表现在两个方面：

1. 社会组织生存空间小

社会组织是指处于政府和市场之外的非营利性的民间组织,具有接地气、反应快、成本低等优势特征[①],有助于社区公共文化空间的建设和运行。但从社区调研来看,社会组织在参与公共文化空间的建设和运行中受到颇多限制。首先是受自上而下的管理机制的影响,社会自发组织的准入制度和登记制度比较严格,缺乏参与社区公共文化空间建设和运行的路径。再次是社区居民对社会自发组织的了解不多,信任不足,导致其在公共文化空间开展工作受阻,居民不配合、不支持。

2. 市场化运作缺失

社区公共文化空间政府主导型的运行机制难以准确、及时把握居民多样化的、差异化的文化需求,甚至会对居民的需求产生错误的判断,从而造成政府在发挥自身职能和政策制定时出现失误,导致政府失灵。而同时这样的运行机制也对市场化运作产生了排挤,造成在没有政府许可的情况下,市场无法参与社区公共文化空间的运行。这样的矛盾造成社区公共文化空间的建设和服务在供给侧方面缺乏活力。

(四)主体需求多样化与参与意识匮乏之间的矛盾

一方面,文化多元化是城市社区文化的显著特征。不同受教育程度、价值观念、年龄层次、收入水平的社会群体对文化的需求也相应不同。调研显示,F区B社区以新社区为主,居民比较年轻,受教育程度较高,对社区公共文化空间一刀切、植入式地提供文化服务不满意,认为趣味性不强,吸引力偏弱。例如有居民反映:“我想参加跟孩子教育有关的活动,但没有听说过社区有举办这样的活动。”另一方面,社区居民参加文化活动的主体意识匮乏。受政府一直以来“大包干、大服务”的文化服务政策的影响,社区居民对政府产生了较强的依赖性,形成了“等靠要”的消极心态,自主行动能力基本丧失,自主参与社区文化活动的主动性和能力较弱。有居民就反应:“我在这个小区住了好几年,从来没有人来叫我去参加社区文化活动。”

四、空间再生产:未来社区公共文化空间的构建路径探索和运行机制研究

列斐伏尔在《空间与政治》中运用历史唯物主义的方法解读空间,并对空间的再生

① 高红:《城市整合:社团,政府与市民社会》,南京大学出版社2008年版。

产机制进行了深入的研究。[①]空间是一种社会关系，且整个空间作为一个整体成为一种生产资料，生产方式也通过空间配置来实现。[②]空间再生产逻辑从社会关系和制度空间的机制博弈阐释社区公共文化空间的构建和运行机制。

（一）空间实践的再生产：以融合共享为原则再造物理空间

空间的实践是人们创造空间的方式，属于感知（representational spaces）层面，涉及空间组织和使用方式。[③]社区居民通过使用、改造公共文化空间的手段进行空间生产和再生产，并产生一致的行为共识和社会规范。数字化、信息化的现代技术，使得未来社区公共文化空间统筹共享，融合发展，实现空间再生产成为可能。

1. 从单个社区的单打独斗到多个社区的融合共享

传统社区公共文化空间都是以社区为行政区划进行建设和提供服务。而社区的单打独斗往往存在服务力量有限，参与人群不够集中等弊病。因此未来社区可以根据人口规模、产业布局、整体规划，打破社区行政区划的限制，增强各个社区之间的联动，就近就便建设公共文化空间和提供公共文化服务，这样便于集中人力物力等各种资源开展各种文化活动，也可以使更多的居民能够融合共享公共文化活动和服务。

2. 从单个小微空间的布点到多元化功能空间的整合

一是突破公共文化空间单一布局的特点，将零散的各个小微空间进行配套组合利用，嵌入居民的日常生活，提高公共文化空间的可达性以及辐射范围。二是运用跨界的方式，整合党群服务、宣传教育、公共文化、科学普及、体育运动等不同业界资源，增强空间功能复合利用，形成新生态的整合环境，建设复合型的空间。三是运用“叙事性环境设计”将社区的地缘历史、本地文化和预计实现的社会文化服务项目总和到一起，创建有体验内容和情感分享的吸引人参与的文化空间。

3. 从线下现实空间到线上线下结合空间的转变

在现代社会数字化、网络化的浪潮中，公共文化空间逐步由现实空间向现实与虚拟相结合的空间模式转变。依托一体化智能公共数据平台，与城市大脑、文化大脑等充分对接，打造社区网络平台。居民可以上网预约、参与、评价社区文化活动，形成一个可以通过声音、文字、数字影像等多元交融的方式进行交流互动的虚拟空间。把现实空间和虚拟空间结合在一起构建公共文化空间，便于增强空间的便捷性和实效性，更好地创造共建共享的文化氛围。

---

① 亨利·列斐伏尔：《空间与政治》，李春译，世纪出版社2005年版。
② 包亚明：《现代性与空间生产》，上海教育出版社2003年版。
③ 吴宁：《日常生活批判——列斐伏尔哲学思想研究》，人民出版社2007年版。

(二)空间表征的再生产:以价值体系为引领再造精神空间

空间的表征主要以物理空间为基底,通过文化编码赋予空间表征性的意义,进行二次、三次生产,构建具有精神表征的空间。未来社区公共文化空间的建设要通过价值引领、精神介质平衡价值认同、行为秩序等多重关系的博弈,构建高效的对话机制,进行空间再生产,建立具有同频共振特点的价值共同体的空间表征。

1. 以传统优秀文化为引领探索空间场景营造

公共文化空间文化内涵的凸显就在于传统优秀文化的发掘和传承。立足社区历史文脉,分析文化要素,辨识吸收优秀传统文化,培育文化增长点,是营造未来社区公共文化空间场景的文化基点。例如,绍兴大渡未来社区就是以传统文化作为内生动力,引入科技作为外部帮手,以数字化展示乌毡帽文化,老物件彰显传统人文,新技术启示未来生活,用传统和科技的交映相融为未来社区勾勒美好文化场景。

2. 以地域文化价值为依托创新空间场景营造

从实际出发,拓展思路,挖掘地域特色文化内涵,用国际视野和现代理念打造社区居民认同感强的文化场景。例如绍兴棒垒球未来社区就依托19届亚运会棒垒球场馆,采用"竞技体育+公众健身"的设计理念,社区联动亚运会场馆开发的组织模式,嵌入营造国学馆、幸福学堂、日间照料、养育托管点等居民生活和文化需求比较集中的场景,探索以体育精神价值为引领的社区公共文化空间建设。

3. 以社会主义核心价值体系为核心聚力空间场景营造

美国人类学家玛格丽特·米德(Margaret Mead)曾指出,在社会快速发展和变迁的过程中,个体在价值观念和行为方式上存在偏差。[①]很多社区居民在城镇化的进程中从乡村来到城市,乡村固有的价值观念已慢慢地解体,新的价值体系还没有形成,内心的价值壕沟愈演愈大,道德选择出现茫然。此时在社区公共文化空间提炼当代价值,以社会主义核心价值体系营造文化场景,培育特色鲜明的社区文化和精神价值,塑造城市公共精神,寻找人们的价值归属、精神皈依和社会认同就显得尤为必要。

(三)空间实践的再生产:以"三位一体"为机制优化空间运行

空间的实践是权利、资本和社会施展智慧,进行生产并形成策略的空间向度,是承接空间表征和表征空间的载体。由此可见社区公共文化空间的构建实质上是政府、社会、市场多方力量参与和协作的"合力"而产生的结果。因此,在公共文化空间的建设和运行中,要形成政府主导、市场运作、社会力量广泛参与的多方联动、"三位一体"的管理

① 玛格丽特·米德:《代沟》,曾胡译,光明日报出版社1988年版。

运行机制(见图4)。

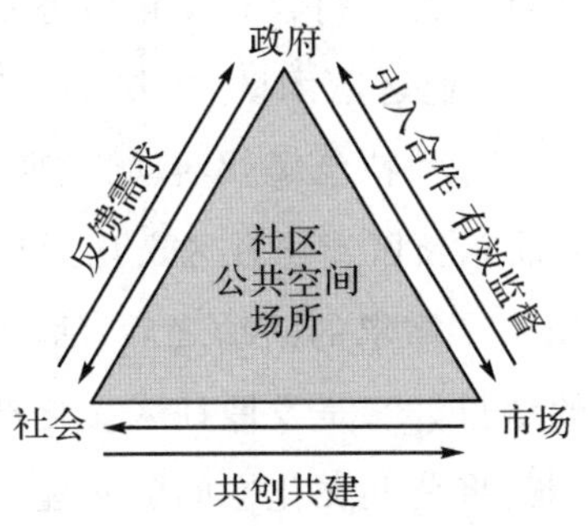

图4 “三位一体”运行机制

1. 政府层面:以目标考核为抓手,强化机制

一是根据社区公共文化空间的实际情况,结合社区居民不断变化的文化需求,加大对公共文化空间建设和运行投入的力度,每五年对现有公共文化空间进行小提升,每十年对公共文化空间进行大改造。二是把社区公共文化空间的建设、运行和更新作为党委政府的重要工作内容,纳入年度考核指标,建立常态督查通报机制、激励机制、督办机制、问责机制等,推动未来社区公共文化空间的高质量建设,高标准管理和高效能运行。三是根据当地实际情况,研究制定合理的市场准入机制。在保证社区公共文化空间公益性质的前提下,积极探索参股、合作、委托等方式,引入各种专业力量和运营团队,给其创造更多可以发挥的空间。

2. 社会层面:以共同建设为导向,强化参与

一是探索捐赠赞助机制。强化开放性思维,通过属地企事业单位冠名活动、合办活动等方式,定期召开联席会议,汇聚各方面社会力量和资源进入公共文化空间,为社区公共文化空间的建设和运行提供物力、人力、财力保障。二是构建社区人才库。社区聚集了各个领域的优秀人才。因此要熟练掌握社区各种类型人才的情况,整合人才资源,构建社区人才数字库。让居民发挥自身特长,有书法、瑜伽等文化特长的居民可以负责开展活动,有经营管理特长的居民可以负责资源管理。这样公共文化空间的建设和运行就有了强有力的人才支撑。三是发展社区自组织。制定志愿者规范服务和积分管理制度,并与社区积分连通。招募党员、公务员、教师、医生以及退休人员等社区骨干加入社区志愿服务的队伍,积极参与各种文化活动,并广泛影响和发动其他居民的参与,推动社区公共文化空间形成自我运营、自我循环、自我管理的模式。例如上海市杨浦区的鞍山四村就在社区公共文化空间的设计初始到施工运营各个阶段都邀请居民参与提建议、谈设想,增强社区居民的认同感和归属感,推动社区公共文化空间的多方合作、多元共治。

3. 市场层面:以团队运营为补充,强化高效

一是开发有偿文化服务项目。文化内容和文化服务是公共文化空间的灵魂。在政府主要引导的基础上,引入市场专业运营团队,既提供免费的文化服务项目,又提供市场化的有偿文化服务项目。安排各种特色爆款活动,按照公益标准收费,吸引各个年龄层次特别是年轻人参加。上海浦东新区潍坊社区文化活动中心在2020年把以往的公共配送活动转变为符合年轻人和亲子需求的活动之后,活动场次比往年增长3倍,服务人次增长1.5倍,实现了逆龄化的增长。二是发展社区文化产业。挖掘社区的历史文脉和居民的才能技艺,依托市场运营,将公共文化空间的构建和运行与文创、文旅、康养等文化产业的发展深度融合,为公共文化空间赋能,在打造社区特色文化空间的同时增加社区的经济收益,为社区公共文化空间的建设提供可持续运行的条件和动力。

(四)表征空间的再生产:以居民满意度为标准完善空间评价

在空间实践中,社区居民发挥了主体角色的重要作用,充分运用与生活有着隐秘关系的意象、象征等符号介质,表达诉求和观点,从而实现表征空间的再生产。因此,以居民的满意度为标准完善社区公共文化空间的评价机制是实现表征空间再生产的必然要求。

1. 建立高效畅通的文化需求反馈机制

满足社区居民的文化需求是社区公共文化空间构建的根本目标,而实现这一目标就需要及时掌握居民需求,汇集民需民求,发挥民智民才。考虑老年人和年轻人反馈渠道的差异性,同时运用老年人依赖的传统渠道和年轻人喜爱的信息化智能化手段,及时了解居民的文化诉求。并通过大数据分析为社区文化服务的供给提供决策依据。

2. 建立公共文化空间绩效评估机制

一是建立完整的满意度测评机制。社区居民的参与度和满意度是反应社区公共文化空间社会效益的最重要指标。要确立社区居民满意度评价的主体地位,系统性地评估社区公共文化空间的环境因素和服务质量,并建立及时畅通的反馈渠道。二是建立相应的制度保障体系。根据公平正义、基本权益等原则制定相应的法律和制度作为激励机制和长效机制。三是加强理论引导力度,确保社区公共文化空间绩效评估机制方法的科学性、手段的先进性以及评估结果的实质性应用。

五、结论与思考

未来社区公共文化空间的建设是未来社区建设的一个基本向度,也是实现未来社区治理现代化的重要抓手和基本途径。本研究运用空间生产理论作为分析未来社区公

共文化空间建设的基本框架,切合未来社区建设发展的时代主题和内在逻辑。通过“空间实践、空间表征、表征空间”三元空间的逻辑关系分析社区公共文化空间所具有的五重属性和空间生产矛盾所引发的现实问题,并提出运用数字化、信息化的手段构建物理空间,以及优秀传统文化、地域文化和社会主义核心价值体系是未来社区公共文化空间文化构建的基本要素。通过对空间再生产权利、资本、居民所形成的生产关系的研究发现,未来社区公共文化空间的权利生产、资本生产与居民平常生活的生产生活在本质上是同步进行并由此形成固定的空间秩序。由此“三位一体”的空间运行机制和评价机制有助于优化空间生产的秩序和社会关系。接下来本研究将进一步从空间生产的角度关注挖掘未来社区邻里场景、教育场景、健康场景、服务场景、治理场景等九大场景的融合发展机制,对未来社区的空间构建开展有价值的研究和探讨。

打造社会全面进步高地

共同富裕视域下的农村集体经济：价值定位与改革进路

单祥杰[①]

一、引言

自1978年党的十一届三中全会以来，农村改革的步骤不断加快，曾经在中国广大农村地区占据绝对支配地位的人民公社制度被乡镇一级政府取代。在此背景下，传统“三级所有、队为基础”的农村集体经济作为一种生产关系，逐渐被以家庭经营为基础、统分结合的家庭联产承包责任制所代替。就形式而言，除了江苏华西村、河南南街村等少数几个村庄外，传统农村集体经济日渐消亡，在我国不少地方尤其是中西部地区已呈现功能性消失，集体经济作为一种所有制形式，其营收始终处于较低水平。据农业农村部数据，2015年全国农村集体营收在5万元以下的村庄达45万个，占比达77.1%。经过四年的发展，2019年底全国农村集体营收在5万元以下的村庄占比仍为57.7%[②]，这意味着，全国近六成村庄都属于集体经济“空壳村”，集体经济的作用大幅降低。

进入新世纪尤其是党的十八大以来，政府、理论界都对农村集体经济高度重视，从政府层面看，中央历年一号文件都高度重视农村集体经济的发展。从2017年开始，以农村集体产权改革为主要内容的农村新一轮改革试点开始在全国1000余个县(市、区)展开，到2020年末，试点任务基本完成。从理论界的层面看，有学者以“农村集体经济”为关键词，统计了CNKI(中国学术期刊网络出版总库)中北大中文核心期刊与CSSCI来源期刊公开发表的论文数，大致呈现逐年上升的趋势[③]。政界、学界对农村集体经济的双

---

① 作者简介：单祥杰，中共衢州市委党校助理讲师。

② 数据来源：历年《中国农业统计年鉴》。

③ 吴映雪：《农村集体经济研究的发展脉络及展望——基于CiteSpace的可视化分析》，《经济问题探索》2021年第7期。

重关注,在某种意义上说明了当前农村集体经济的重要性。如何重新界定农村集体经济?新时代农村集体经济的价值是什么?农村集体经济的改革方向该如何明确?这是值得各界认真思考的重大理论问题和现实问题。

二、已有文献述评

农村集体经济研究一直是学界理论研究的热点领域。国内学者研究农村集体经济的视角多种多样,大多是从以下五个视角开展研究。

一是研究我国农村集体经济的特征,力图发现存在的问题并提出相应的政策建议。谭秋成(2018)指出我国农村集体经济对新中国成立以后早期工业化、城市化都产生过推动作用,但农村集体经济的固有特征在一定程度上成为阻碍农村经济社会进一步转型的限制性因素。杜娇(2021)详细分析了农村集体经济的现状与阶段性特征,指出要通过构建政策体系,促进机制体制创新,解决农村集体经济发展中的资源、资金、人才等问题。高强(2020)对农村集体经济实现形式与发展态势进行了理论阐释,并进一步对农村集体经济产权开放、资产评估进行了阐述。

二是研究农村集体经济的重要意义。常璇等(2021)指出农村集体经济发展的好坏直接决定了农村高质量发展的进程,发展农村集体经济要注重市场、微观主体和宏观调控的有机结合;王曙光等(2020)指出农村集体经济直接关乎农业农村优先发展,也在一定程度上影响着中国经济高质量均衡发展。陆雷等(2021)认为中国农村集体经济的现代化是中国式现代化的重要组成部分,农村的现代化关键要看集体经济的现代化。

三是以某个(些)村庄为样本,研究农村集体经济发展的具体模式。如苑鹏等(2016)以我国部分村庄为例,将农村集体经济组织的发展模式总结为产业发展型、为农服务型、资产租赁型、资源开发型等模式,并比较了不同模式的特点;徐世江等(2022)以山东省某村庄为案例样本,以交互嵌入的视角阐述了农村新型集体经济与乡村治理体系的内在逻辑。刘鹏凌等(2020)在对安徽省973个村庄调查的基础上,剖析农村集体经济的现状,并以SCP分析视角,探讨农村集体经济发展的模式。

四是研究农村集体经济发展的历程,指出农村集体经济改革的隐患。如彭海红(2016)指出,推进农村集体经济改革必须要警惕土地私有化的陷阱,土地私有化不能解决农村集体经济的困境。简新华(2015)指出中国“三农”问题产生的原因是多方面的,依靠土地私有化并不能解决问题,农村集体经济改革不能改变集体所有的原有属性。刘义圣等(2019)等认为集体经济的规模和贡献等都呈下降态势,社会各界对农村集体经济的重视程度远远不足,要重视集体经济生产效率低、产权制度不符合市场经济要求等隐忧。

五是关于农村集体产权制度的改革。这一视角学者们予以了较多关注。何国平(2019)以制度经济学的产权理论和交易费用理论阐述了“三权分置”面临的困境,并指出“三权分置”要最大程度上理清产权边界、降低交易费用。徐冠清等(2021)认为农村集体产权改革将原传统集体经济的“政经合一”演化为村委会与集体经济组织的“政经分离”,“三权分置”能在一定程度上提升“政经分离”。宋洪远等(2015)、叶翔凤(2020)、李怀(2021)分别阐述了农村集体产权改革的轨迹困境、农村集体产权改革促进共同富裕的作用机理和农村集体产权改革助推乡村治理现代化的逻辑耦合。孔祥智等(2016)、钟佳荔等(2017)、田友等(2021)分别以贵州、云南、河南等地农村集体产权改革实践为例,阐述了农村产权改革的着力点和关键领域。郭晓鸣等(2019)、王岚等(2020)、江帆等(2021)分别构建集体产权分配到户的理论模型、DEA模型、多期DID模型,通过实证检验集体产权改革的绩效。

已有研究在农村集体经济现状、困境与策略、具体发展路径等方面有大量研究,但已有研究多采用制度经济学的理论框架或是对具体案例的实践分析,系统分析农村集体经济价值与功能的文献稍微不足,本文在梳理已有文献的基础上,剖析农村集体经济的双重属性、双重资本、双重职能,为农村集体经济助力共同富裕提供学理支撑。

三、农村集体经济的价值定位:一个三维分析框架

传统集体经济的显著特点是“一大二公”,但这种政经合一的所有制形式很大程度上是以牺牲效率为代价的,极大挫伤了农民生产积极性,导致“干与不干一个样、干多干少一个样”。但传统农村集体经济并不是一无是处,除了对早期城市化、工业化的支持外,农村集体经济在维系农村的“社区性”、增强乡村共同体意识方面发挥了重要作用。本文认为,在共同富裕的政策目标驱使下,农村集体经济作为一种生产关系,在中国广大农村地区仍然具有存在的必要性,农村集体经济兼具了“社区性”和“市场性”双重属性,是物质资本与人力资本双重资本的微观平衡,同时承担着“保障”和“发展”双重职能。

(一)双重属性:“市场性”与“社区性”的有机结合

就“市场性”而言,农村集体经济作为市场主体,一般具备以下四种特征:一是自负盈亏的个体;二是没有义务提供公共品或公共福利;三是一切决策以市场为导向;四是内部成员或要素可以自由流动(进出)。就“社区性”而言,农村集体经济也具备以下特征:一是接受乡镇村组的领导,很难完全摆脱行政干预;二是与村民具有某种程度的互惠、互利、合作关系;三是内部成员流动不是完全意义上的市场行为,血缘、宗族等非市

场性因素起着重要作用。

显然改革开放以前的农村集体经济,基本没有“市场性”。在市场经济的大背景下,农村集体经济的“市场性”和“社区性”似乎存在着不可调和的矛盾,而这正是政府、学界需要特别予以注意的地方。农村集体经济的“市场性”将越来越强,但同时要兼顾其“社区性”,只有两种属性达到某种平衡,农村集体经济才能在共同富裕进程中发挥更好的作用。这是因为:无论是要素层面、分配层面还是经营方式层面,农村集体经济只有按照市场经济的规则运行,尊重市场规律,才能不断适应千变万化的市场,提高市场适应性,否则很难在市场经济大潮中生存和发展。如果农村集体经济社区性过强,其公共产品和公共福利的供给将会带来沉重的集体经济负担,很容易被市场淘汰。反过来说,农村集体经济要兼顾“社区性”,否则也将会脱离其生存发展的内生性。农村集体经济的存在使得农村社区可以获得资本积累,满足基本公共服务和保障。促进农村共同富裕离不开农民集体行动能力,而乡村社会基层治理、文化建设、乡村共同体意识凝聚等都离不开农民集体行为。改革开放后的农村经济体制,尽管仍是统分结合,但“分”得太散而“统”得不足,单户农民无论是抵御市场风险的能力还是话语权,一般都较低,而农村集体经济提供了一个“聚合”农村社区居民的平台,这种聚合不仅体现在工作的集聚性,更重要的是避免农村原子化、空心化,从而满足国家政策性需要。

当然,农村集体经济的双重属性要根据外部环境进行微调,市场化的农村集体经济为这种微调保留了较大的制度空间,例如,政府可以通过转移支付等方式,在不影响农村集体经济社区性的同时,进一步增强其市场性。

(二)双重资本:物质资本与人力资本突破瓶颈

农村集体经济在生产关系上是一种所有制形式,在具体载体上表现为各式各样的经济组织。同其他经济组织一样,农村集体经济组织也需要一定的物资资本和人力资本,达到双重资本的有效结合。“一大二公”的传统农村集体经济不具备比较优势,导致要素流向城市和非农产业。长期以来,国家工业化、城市化在一定程度上截留了原本应投向农业的资源和资金,广大农村居民也随着工业化、城市化的进程而背井离乡,农村集体经济所需的大量劳动力出现短缺,物资资本与人力资本的双重短缺制约了农村集体经济的发展。

随着我国进入后工业化时代,工业反哺农业的时代来临。政府有意识地将政策、资源向农村地区倾斜,农村集体经济迎来发展的好时机,针对农村的物质资本投入大幅增加,主要体现在农村基础设施建设改善、农村公共服务投入增加、财政支农扶贫资金增多等,同时近年来开展的“三权分置”改革,也在一定程度上盘活了农村自然资源,通过“三变”(资源变资产、资金变股本、农民变股民)改革,农村集体经济开展了形式多样的股份合作制，劳动联合与资本联合开始增强。近年来，政府通过建立农民学院、鼓励离乡农民工返乡就业创业、鼓励在家农民参加职业培训、派遣驻村干部和大学生村官等形式，农村集体经济人力资本短缺出现一定程度的缓解。农村集体经济开始突破以往的封闭化运营状态，出现了股份合作制、劳动合作制、农村集体经济与社会资本混合所有制等不同的形式，这些形式将物质资本与人力资本进行结合，缓解了农村集体经济自有资金少、人力资本短缺的困境。

（三）双重职能：生存保障与发展的统一

农村集体经济根植于农村社区，是生存保障与发展双重职能的统一。改革开放以前，人民公社时期的农村集体经济具有保障村民集体生存的职能，如口粮分配按照人口分配，兼顾工分，对鳏寡孤独老人或小孩实行“五保”制度、“合作医疗”制度。家庭联产承包责任制广泛推行之后，农村自留地、宅基地基本上以家有人口分配，保障了农民基本的口粮、住房需求，基本生活不成问题。而农村集体经济的发展职能，是为了适应农业现代化的需要，提升农民收入水平，促进农村自身发展。

农村集体经济要在市场经济中生存和发展，其生存保障职能的实现与发展职能的要求存在矛盾性：首先，保障农民基本生活需求的职能要求承包地、宅基地的流动相对静止，权属所有人相对不变。这与市场经济的要素流动需求相互矛盾。其次，农村集体经济做大做强的关键在于发展现代农业，家庭经营的规模和效益都较低，只有实现一定程度的土地集中和流动，使土地、资本、技术、人力等各类要素重新组合，农村集体经济才会呈现活力，其效益才能上升，发展职能才能更好地为生存保障职能提供物质基础。因此必须要通过体制机制变革实现农村集体经济双重职能的统一，既要满足农民生存保障需求，也要满足农村集体经济的发展需求。

四、农村集体经济改革进路：着力点与可能的隐患

沿着农村集体经济“双重属性—双重资本—双重职能”的理论分析框架，需要把握农村集体经济改革的着力点，精准发力，我们认为农村集体经济改革的重点应落脚在农村集体产权改革上，确定农民主体地位，并极力警惕和避免私有化倾向。

（一）农村集体产权改革：“三权分置”的逻辑进路

2016年10月，中央下发《关于完善农村土地所有权承包权经营权分置办法的意见》，将农村土地所有权、承包权、经营权分置，政界、学界一般称之为“三权分置”。现代制度经济学认为，产权清晰、责权利边界清楚能有效降低交易费用，减少成本。“三权分

置”是继土地所有权与承包经营权分离（两权分离）后的重大制度性变革，其目的在于盘活农村现有资源，促进农村集体经济发展。

土地所有权属于农村集体所有，从根本上保证了三权分置的“性质”。中华人民共和国成立后，不管是人民公社时期还是家庭联产承包责任制后，中国农村土地归属集体所有，这一点从未改变。这不仅是马克思主义经典作家提出的要求，同时也事关社会主义公有制在农村的生存与巩固，土地问题是中国农村最重要最基础的问题，土地所有（分配）问题是土地问题的核心。在集体土地所有制的前提下，农村集体经济才会有发展的基础和保证，离开了土地集体所有制这个大前提，农村集体经济存在的意义就没有了制度上的保障。土地经营权归属集体成员，即农村居民。土地经营权保障了农民的基本生活需求，农民选择自己耕种土地或将土地流转，前者可以保障农民基本口粮需要，后者保障农民可以获得一定的租金收入，这意味着农民在耕种土地与否有较大的自主权。其他主体获得土地承包权，这个主体可以是本村或他村的农民，也可以是其他社会资本，土地承包权的自由流动可以使相对较小的传统农地得以集中，以便进行现代化农业生产和经营。“三权分置”需要在农村集体成员权确认、农村集体经济组织赋权上着重下功夫，目的是确保公平公正，同时提升生产效率。

“三权分置”作为农村集体产权改革的主要内容，在政策执行时必须关注农民的主体地位是否稳固。也就是说农民在取得土地经营权后，土地承包权要在农民自愿、公平的基础上进行，农村集体经济组织作为农村集体经济的外在表现形式，要尽可能照顾农民的利益。

（二）农村集体经济的隐忧：私有化倾向与市场性过强

近年来，学界开始出现了支持土地私有化的声音，认为中国现存的土地所有制很大程度上阻碍了农村生产力的发展，导致农村经济长期落后于市场经济的要求，农业现代化也无从完成。应该看到，这种声音在论证某些具体问题时可能有一定的合理性，但认为农村土地私有化能解决中国的“三农问题”，这种观点失之偏颇，在理论上和政治上都存在问题，土地私有化只会导致新圈地运动的发生，失地农民将面临显而易见的生活问题，继而严重影响社会稳定，因此，必须高度警惕这种风险。

除此之外，还要关注农村集体经济的市场性问题。通过前面的阐述，我们知道农村集体经济承担着市场性和社区性双重职能，既有生存保障职能又有发展职能，因此在发展农村集体经济时，要注重其两种属性的协调，避免农村集体经济成为“精英俘获”的平台和工具。

五、结语

本文在对已有文献回顾的基础上,阐述了关于农村集体经济已有文献研究的五个视角。本文认为,农村集体经济的双重属性、双重资本、双重职能对其价值定位进行了明晰。此外,本文着重提出了农村集体经济改革的方向是进行农村产权改革,即进行有效率的"三权分置"。农村集体产权改革是为了进一步巩固农村土地集体所有制,保障农民的经营权,在农民经营权自由公平行使的基础上,通过承包权实现一定幅度的土地集中,实现规模经营,发展现代化农业,最终使农村共同富裕、乡村振兴与乡村治理现代化有机统一。习近平总书记指出,扎实推进共同富裕的难点和重点都在农村。更好地发挥农村集体经济的作用,实现其体制机制创新和具体组织形式创新,将是各界共同努力的方向。

基层治理体制机制创新的弹性空间、法治风险及其规制

——基于浙江“县乡一体、条抓块统”改革实践的分析

冯兴涛[①]

一、引言

党的十八大以来,我们党高度重视基层治理的整体性、系统性和协同性,提出基层治理体系和治理能力现代化这一科学命题,而其中的关键就在于改革完善基层治理的体制机制。十九大报告指出,重新明确了在基层社会治理中“政府负责”的职能定位,作出了“推动社会治理重心向基层下移”具体要求。党的十九届三中全会通过的决议,提出要“构建简约高效的基层管理体制”。党的十九届四中全会,进一步强调了基层治理在国家治理体系和能力现代化中的基础性作用,对完善基层治理的体制机制和工作体系作出了明确要求。2021年1月,中共中央国务院出台的《关于加强基层治理体系和治理能力现代化建设的意见》,则明确提出要“构建党委领导、党政统筹、简约高效的乡镇(街道)管理体制”,并就加强基层政权治理能力建设,健全基层群众自治制度进行了系统部署。

实践中,基层治理体制机制改革也已经成为各地加强基层治理体系和治理能力现代化建设的热点。最为人们熟知的,例如,2017年9月,北京探索建立的“街乡吹哨、部门报到”机制,探索通过区级职能部门集中下沉到街道“报到”,实现由分散式执法转变为综合治理。其实,早在北京的探索之前,浙江早在2015年就已经开始了基层治理体制机制创新的探索。2015年6月,浙江省委十三届七次全会明确提出要提升乡镇(街道)统筹协调能力,探索建设乡镇(街道)综治工作、市场监管、综合执法、便民服务四个功能

① **作者简介**:冯兴涛,中共台州市委党校法学与公共管理教研室教师。

性工作平台。2016年9月,浙江省委办公厅、省政府办公厅进一步出台《关于加强乡镇(街道)"四个平台"建设完善基层治理体系的指导意见》。从那时起以"智慧治理,多方参与;协同治理,条块融合;整体治理,集成创新"为主要内涵①的"基层四个平台"就已经成为浙江推进基层治理体制机制创新的重要载体。之后,随着全科网格、县级矛盾调处中心(社会治理中心)的建设,以及当前"大综合一体化"综合行政执法改革的推开,和党建统领的基层治理体系、"四治融合"城乡基层治理体系、基层治理"一件事"集成改革的深入推进,浙江以"县乡一体、条抓块统"为主要方向的基层治理体制机制改革已经取得了重要的实践进展。

因此,我们立足当前地方改革实践前沿,重新审视基层治理体制机制创新客观存在的弹性空间,并从政策要求和法律规范等层面,着眼基层治理创新中政权机关行政权力的划分、行政权力关系的调整、行政权力的授予、行政权力的行使,以及党政机关与其他治理主体的关系,深入分析改革实践中可能存在的法治风险,并构建规制相应风险的策略与路径体系,就具有十分重要的实践和理论意义。

二、"条抓块统"与基层治理体制机制创新的弹性空间:一个分析框架

现行的县乡两级条块治理体制基本契合了我国的实际,但条块之间的张力,不可避免地造成了相应的结构性不合理及系统性的治理行为困难。辩证地看条块之间的张力,也为基层治理体制机制创新,保持基层治理灵活性、回应性等创造了空间。从实践层面看,浙江从解决基层治理的体制性、结构性矛盾着眼,抓住条块关系这个关键,创新推进"县乡一体、条抓块统"改革,围绕赋能、减负、协同三个方面,不断拓展基层治理体制机制创新的可能空间,为我们探讨相关问题提供了实践素材。

(一)历史脉络

新中国成立后,我们党对基层管理体制进行了重构。一段时期,区乡成为县以下基层政权组织的主要形式,但县-区-乡三级管理体制建立伊始即存在一系列矛盾,最为突出的就是,党政组织存在的一些严重脱离基层群众、损害群众利益的"五多"问题。②为此,1953年3月,中共中央专门印发《关于解决区乡工作中"五多"问题的指示》,要求在

① 参见张鸣:《"四个平台"建设的有益启示》,《学习时报》2017年3月29日第3版。

② "五多"问题是指当时区乡工作中存在的任务多、会议集训多、公文报告表册多、组织多、积极分子兼职多,看似处处留痕,实际在很大程度上人浮于事、顾此失彼的问题。

各级党政领导机关中开展反对分散主义和官僚主义来改善党对基层工作的领导。[1]由此可见,基层治理中的体制性矛盾是由来已久的,我们当前所面临的基层治理难题具有深远的历史映照。为解决这些问题,我们党对基层管理体制作出调整,1957年2月,中央批转《关于县、区、乡的组织形式和领导方法的若干问题的报告》,决定撤销区级机构,明确“撤销区级机构,扩大乡的范围,是为了减少领导层次,加强乡级领导能力,充实农业生产合作社领导干部”[2]。此后,随着社会主义建设形势的发展,1958年8月,中共中央作出《关于在农村建立人民公社问题的决议》,规定“要实行政社合一,乡党委就是社党委,乡人民委员会就是社务委员会”。[3]1962年9月,中共八届十次全会通过的《农村人民公社工作条例(修正草案)》,进一步对人民公社的管理体制、各级规模和各级组织工作作出规范[4]。“人民公社”逐步取代“乡”成为农村基层社会政权组织的基本单位,县、人民公社、生产大队、生产小队的四级管理体制也最终建立起来。

改革开放后,为适应改革发展的需要和城乡基层社会秩序重构的要求,我们党对基层管理体制作出调整,有效实现了基层改革发展与社会和谐稳定的平衡。1983年10月,中共中央和国务院印发《关于实行政社分开建立乡政府的通知》,根据宪法的规定[5],对建立乡政府的方式步骤,乡的管辖范围、编制规模、工作职责等作出规范。[6]乡级政府逐步建立,基层管理开始实现“政社分开”。在此基础上,1986年9月,中央印发的《关于加强农村基层政权建设工作的通知》,对“政社分开”后的基层政权建设作出具体规定,进一步理顺了基层党组织和基层政权的关系、基层政权与乡经济组织的关系,强调了“简政放权”的原则。[7]新时期的县乡管理体制开始步入正轨,为之后的基层管理体制改革奠定了基础。同时,随着城市居民自治制度和农村群众自治制度的建立,村一级开始脱离行政系统的直接领导,“乡政村治”的模式正式形成,基层管理体制在发展中得到重

① 参见《中共中央关于解决区乡工作中“五多”问题的指示》(1953年3月19日),中共中央文献研究室:《建国以来重要文献选编》(第4册),中央文献出版社2011年版,第90—92页。

② 参见《中共中央批转中央组织部<关于县、区、乡组织形式和领导方法的若干问题的报告>》(1957年2月7日),载中共中央文献研究室:《建国以来重要文献选编》(第10册),中央文献出版社2011年版,第15—16页。

③ 参见《中共中央关于在农村建立人民公社问题的决议》(1958年8月29日),载中共中央文献研究室:《建国以来重要文献选编》(第15册),中央文献出版社2011年版,第384—388页。

④ 参见《农村人民公社工作条例修正草案》(1962年9月27日中国共产党第八届中央委员会第十次全体会议通过),载中共中央文献研究室:《建国以来重要文献选编》(第15册),中央文献出版社2011年版,第521—548页。

⑤ 参见1982年12月4日第五届全国人民代表大会第五次会议通过的《宪法》第三十条第一款第三项规定:“县、自治县分为乡、民族乡、镇。”

⑥《中共中央、国务院关于实行政社分开建立乡政府的通知》(1983年10月21日)。

⑦ 参见《中共中央办公厅、国务院办公厅关于加强农村基层政权建设工作的通知》(1986年9月26),载中共中央文献研究室:《十二大以来重要文献选编》(下),中央文献出版社1988年版,第111—118页。

塑,并深刻影响并决定着当前的基层治理结构。进入新世纪,随着“国家资源下乡”产生新的治理需求,县乡管理体制保持了基本的稳定。

新时代以来,基层管理实现向“基层治理”的历史性转变,基层治理体制机制创新迈向党领导下的多元主体共治。党的十八届三中全会作出的决定,明确提出要“构建简约高效的基层管理体制。加强基层政权建设,夯实国家治理体系和治理能力的基础”。党的十八届四中全会作出的决定,进一步提出要“坚持系统治理、依法治理、综合治理、源头治理,提高社会治理法治化水平”。党的十九大进一步明确了“党委领导、政府负责、社会协同、公众参与、法治保障”的社会治理体制。党的十九届四中全会明确提出要“健全党组织领导的自治、法治、德治相结合的城乡基层治理体系”。党的十九大通过的党章,首次出现“党领导基层社会治理”的提法,规定“街道、乡、镇的基层委员会和村、社区党组织,领导本地区的工作和基层社会治理”。[①]2021年4月,中央印发的《关于加强基层治理体系和治理能力现代化建设的意见》,就“构建党委领导、党政统筹、简约高效的乡镇(街道)管理体制”作出明确要求,为新时代基层管理体制创新提供了重要遵循。

(二)理论逻辑

通过对新中国成立后基层治理体制发展历史脉络的系统梳理,可以发现,随着人民公社体制的废除,基层治理实现政社分离,“村”实行群众自治组织也在制度上脱离了行政垂直领导,乡镇成为最基层的行政单位后,基层治理体制的基本框架在持续调试中日渐趋于稳定。在单一制国家体制下,伴随基层政权体制的功能分化,乡镇一级机构和人员日益膨胀,行政任务日益繁重,干部脱离群众的趋势日渐明显,行政扩张与财力有限的矛盾日渐尖锐,无不制约着基层治理效能的提升。从治理过程来看,乡镇在基层治理中发挥着基础性作用,这也决定了乡镇政府是各项“治理事务”的最终落实者。然而,在法律授权上县级政府及其职能部门却是各项“执法权”的掌握者,在财政体制上也是“乡财县管”,在干部管理上更是面临“制度激励机制”严重不足,基层治理面临一系列“体制性困局”。而这些体制性困局就集中表现为“条块矛盾”,县级政府及“条条”(职能部门)与“块块”(乡镇政府)之间出现较为显著的权责失衡、职责失序、考核偏差,“条条”官僚主义地向乡镇政府转移任务和责任,而“块块”则只能形式主义地“伏案造表”。[②]总之,县乡体制中长期存在的条块矛盾,客观上必定会在一定程度上造成基层治理的碎片化、

① 参见《中国共产党章程》(2017年修正),第33条第1款。

② 各个条线的职能部门通过责任状的形式,将那些容易被问责、完成难度大的自身职责任务交给乡镇(街道)去完成,而责任状的泛滥,加之严厉的考核,导致基层政府不得不弄虚作假,花费大量时间和精力花在了名目繁多的材料和报表上,而实际问题往往并没有得到最终解决。参见周振超:《构建简约高效的基层管理体制:条块关系的视角》,《江苏社会科学》2019年第3期。

低效能,长此以往条块间相互推诿拖延、反复内耗式的博弈则必将逐渐形成组织惰性。

基层治理中的条块矛盾是一种结构性的矛盾,其对基层治理行为具有根本性和长远性的影响,其所导致的治理困难也具有一定的系统性特征。首先,由于权责的不平衡,县级政府及职能部门倾向于将治理任务借助层级体制,"合法"地传导给乡镇,而又无法确保基层政府拥有相应的治理权限与资源,因此基层治理就只能"空转"和"悬浮",甚至出现"责任堆积"酿成更大的治理风险。其次,随着国家标准、规范、资源和督查的下乡,上级职能部门(条条)对乡镇的影响力逐渐增大,各条线的任务逐步泛化为乡镇的中心工作,并伴之以相应的考核与治理规范化要求,乡镇的行政负担日益加重。最后,在当前的县乡条块管理体制下,在"块"中乡镇、职能部门派驻机构,甚至群众自治组织都不同程度出现异化趋势,即以正规化、程序化的名义逐渐脱离群众、脱离基层实际需求,致使其无法回应涉及群众切身利益的诉求,进而导致公众参与基层治理的动力不足。①这些治理问题的出现,实质上都是由现有的县乡条块体制造成的,要解决治理行为困难就必须从治理结构的不合理着手,"县乡一体、条抓块统"的关键就在于解决基层条块体制的结构性矛盾。

与此同时,需要特别注意的是,条块间职权边界不够清晰,既是基层治理中部分矛盾问题长期难以得到解决的重要体制性、制度性症结,但也正是条块关系存在的模糊性,为基层治理创新提供了可能的空间。经济社会发展的不平衡,导致不同区域之间基层治理所面对治理事务结构、资源禀赋条件和治理能力水平存在不同程度的差异,这就要求基层治理体制必须保持一定的灵活性,争取人财物及其相应权责利达到尽量优化的状态。而县域治理中条块体制的弹性、党政体制的组织结构统合性、党组织的政治权力整合性、条块之间资源优化组合的现实性和完成治理任务的利益平衡性,决定了通过机制创新"条"与"块"能够在良性互动实现基层善治。因此,条块分割体制固然存在一定弊端,但它也为基层治理保持适度的灵活性和能动性提供了制度空间,推进"条抓块统"的落脚点就应在于实现"条"与"块"之间的动态优化平衡,从而形成基层治理结构的最佳配置。

(三)实践进展

当前,浙江纵深推进"县乡一体、条抓块统"改革的主要实践探索就在于,在保持现有基层治理体制框架,特别是基层各级政权组织和群众自治组织基本稳定的前提下,以

① 需要说明的是乡镇党委政府及职能部门派驻机构,置于治理的一线,出发点就在于及时回应群众的需求、灵活处理基层事务,建立国家与基层群众的联结,这也是我们党群众路线在基层的具体体现,而在当下基层各主体利益分化的背景下,也只有建立和群众的联结,及时回应群众利益诉求,才能动员群众力量参与治理。参见吕德文:《基层政权机构改革要义》,《长春市委党校学报》2018年第2期。

解决基层治理的结构性矛盾和治理行为困难为导向,以理顺条块关系为着力点,以提高基层治理效能为落脚点,重点围绕“赋能”“减负”“协同”三方面内容来调整优化基层治理体制机制。具体来看:

一是创新运用“属地管理”调整基层治理体制机制,持续深化县乡机构改革给基层赋能。首先是创新基层治理机制,增强乡镇(街道)对条线“人财物”的整合能力,推动治理资源向基层下沉。例如,浙江早在2015年就开始推进的“基层治理四平台”建设,将相关职能部门派驻机构及人员纳入相应的平台,在“信息指挥中心”的统一协调下开展工作,并建立起相应的“资源共享模式”和“工作协调机制”,为乡镇(街道)真正组织调动下沉的力量与资源提供机制保障,从而在不根本改变派驻管理体制的情况下,实现县乡行政组织内部的灵活运转。其次是调整基层重点领域或事项行政管理体制,统一向乡镇赋权,推动行政权力实质性向县乡特别是乡镇下沉。例如,浙江当前正在推进的“大综合一体化”行政执法改革,根据中央改革部署和法律规定,通过出台《浙江省综合行政执法条例》,优化配置执法职责、下沉执法权限和力量,统一赋权乡镇执法。截至2022年3月,浙江已经在145个乡镇通过赋权方式、1124个乡镇通过派驻方式开展“一支队伍管执法”,实现全省79.2%的执法力量部署在县乡两级,其中60.4%的执法力量下沉到乡镇。[①]最后,除了机制创新提高乡镇资源整合能力,体制创新给基层赋权外,还可以通过数字化改革来给基层赋能。例如,浙江省数字政府建设“十四五规划”就明确提出要推进数智治理“形成以党建为统领、数智为特征的‘四治融合’基层治理体系,建成‘县乡一体、条抓块统’高效协同治理格局”。实践中,浙江将基层治理系统纳入全省数字化改革“1612”体系构架,不仅通过数字技术的运用给基层赋能,更通过数字化改革推动基层治理体制机制整体优化。

二是科学规范“属地责任”理清条块权责边界,改进优化督查检查考核方式方法给基层减负。首先是明确规范基层治理各主体的职责权限,特别是理清条与块之间、基层政府和群众自治组织之间的职责边界,规范部门向乡镇(街道)、乡镇(街道)向村社下沉职责事务的行为。例如,浙江在加快构建“县乡一体、条抓块统”基层管理模式的过程中,以权责清单、事项清单为载体,具体细化和动态调整法律法规、“三定”方案中规定的部门和乡镇(街道)各自的行政职权,并建立起“县级出单、市级审批”的职责事务下沉准入制度,规范乡镇(街道)“属地管理”职责边界,遏制条线部门将自身职责向乡镇(街道)转移,实现治理事务确存量和控增量双措并举给基层减负。其次是修正督查检查考核偏差,明确督查检查考核主体,规范督查检查考核项目、指标和方式方法,科学精简督查

① 参见袁家军:《整体推进“大综合一体化”行政执法改革 加快打造共同富裕示范区有影响可示范的标志性成果》,《今日浙江》2022年第6期。

检查考核频次,解决基层治理中过度留痕和“一票否决”事项泛化问题。例如,在实践中浙江于2020年5月就出台了《关于持续解决形式主义突出问题为基层减负的若干措施》,紧紧围绕办文办会、督查检查考核、健全问责与激励机制等,构建起一整套以规范行政系统内部治理行为为重点的基层减负制度措施。此外,浙江还将“为基层减负”作为“三为”[①]专题实践活动的主要内容,着力减少基层干部除合理治理事务以外,因管理考核体制机制不合理而产生的额外的、形式的负担和压力,从组织制度和精神心态层面上为基层减负。

三是持续深化“县乡一体”构建条抓块统协作机制,以整体性思维推进多元主体高效协同。提升县乡之间、县域部门与乡镇(街道)之间的协同能力,优化提高条块体制的整合性、灵活性、适应性和回应性,是解决条块体制结构性矛盾的关键。实践中,主要有三个方面的内容:首先建立县乡贯通、条块衔接的制度化、实体化基层治理协作机制。例如,浙江在基层社会治理领域构建的“一中心四平台一网格”[②]工作体系,通过构建县级社会治理中心、“基层治理四平台”、基层网格的一体化运行体系,在纵向上将县乡两级政府与基层治理基本单元三个层级有效连接起来,提高县域社会治理的系统协作能力。同时,在横向上将基层治理中的党建统领、经济生态、平安法治、公共服务等都纳入这个工作体系上来,有效提高了县乡两级政府对各条线职能部门的协调整合能力。其次以整体性政府的思维,通过数字赋能解决基层治理中的“信息孤岛”“信息烟囱”及治理碎片化问题。例如,浙江在当前基层治理改革领域就明确提出了“‘县乡一体、条抓块统’县域整体智治”的要求,着力构建以重大应用为载体的数字化的基层治理系统,推动更多改革场景集成到基层治理系统相关应用,并特别强调要避免走独立成系统、独立成烟囱的老路。最后以基层治理的问题发现为导向系统、问题解决为核心、结果评价为抓手,构建分级响应、闭环管理的基层治理流程,提高基层治理各主体的协同能力水平。例如,浙江基层治理“最多跑一地”改革中,按照小纠纷不出“网格”,大纠纷不出社区(行政村),复杂纠纷不出街道(乡镇)的原则,构建的信息上报、事件处置、结果反馈,到督查考核等全流程工作机制,不仅明确县乡体制内各层级、各部门的职能衔接,还建立起了相应的群众参与机制,在提高条块协同能力的同时,也增强了基层治理体制的回应性。

---

① “三为”即浙江开展的“为民办实事、为企业解难题、为基层减负担”专题实践活动。我们可以将其视为党政机关通过运动式治理的方式,实现“服务”向基层下沉的一种尝试,客观上也是一种通过非正式形式解决传统体制机制弊端的途径,对“县乡一体、条抓块统”改革具有推动意义。

② 按照浙江省的改革部署“一中心四平台一网格”工作体系,正在从县级矛调中心迭代升级为县级社会治理中心,“基层治理四平台”也正在从原来综治工作、监管执法、应急管理、公共服务“四个平台”,迭代为党建统领、经济生态、平安法治、公共服务“四个平台”,基层网格也在朝着建设“基础力量+专业力量+社会力量+智能感知”网格团队的方向努力。

三、基层治理体制机制创新中的法治风险及其规制

如果改革创新脱离法治轨道,法治风险就会与“弹性空间”相伴而生。习近平总书记高度重视发挥法治对改革发展稳定的引领、规范、保障作用,反复强调要“推动各方面制度更加成熟、更加定型,逐步实现国家治理制度化、程序化、规范化、法治化”。[①]党的十八届四中全会对全面依法治国作出系统部署,也特别强调要推进基层治理法治化“推进各级政府事权规范化、法律化……强化市县政府执行职责”,“建立重心下移、力量下沉的法治工作机制”。面对基层治理体制机制改革创新过程中,可能存在的法治风险,必须着眼长远,同步推动完善地方立法、加强行政监管、深化法治教育、强化统一指导、确保有序共治,运用法治思维和法治方式保障改革较好达到预期目标,积极稳妥提升基层治理效能。

(一)完善地方立法:合理设定行政权的运行边界,明确职责定位

在改革调整各主体权责关系过程中,必须准确把握基层治理中各层级党政机关及其各平台所属部门、党的基层组织和基层群众自治组织的职能定位。“一切有权力的人都很容易滥用权力,这是万古不易的一条经验。有权力的人们使用权力一直遇到有界限的地方才休止。”[②]对行政权的行使设定合理边界,是保障行政权在法治框架内合理运行的关键保障。在“县乡一体、条抓块统”改革中,一方面,要明确乡镇(街道)一级基层政府的职责权限,防止在基层社会治理中心下移的大趋势下,基层政府行政职权向上级政府未授权事项、权限扩张;另一方面,对各平台的职责范围进行准确概括或列举,对各平台所属部门的法定职权进行认真梳理,理清各部门法定的权力与责任,对综合性复杂性的行政事务的处理秉持依法行政的原则合理界定各部门的职责,防止因职责分工不清致使行使行政职权进入另一行政机关的权能范围。与此同时,要清晰划定行政人员的职责权限,建立行政人员行使行政自由裁量权的标准量化机制,制定明确的行政权行使统一标准与规则,从源头上理清基层社会治理参与主体的权力与责任。

(二)加强行政监管:授权要适度,受权要受监督

历史和实践揭示了一个道理,任何拥有权力的人都倾向于滥用权力,不受制约的权力必将走向腐败。在基层社会治理的创新实践中,行政权的授予或分配必须要遵循适度

---

① 参见习近平:《推进全面依法治国,发挥法治在国家治理体系和治理能力现代化中的积极作用》,《求是》2020年第22期。

② 参见孟德斯鸠:《论法的精神》(上册),张雁译,商务印书馆1963年版,第154页。

原则、科学设置部门、合理配置治理资源,对行政内部分权进行考虑周全而细致的操作,这样才能保证行政内部监督充分实现,在防止行政机关盲目专断的同时保证行政的良性和高效运转。"县乡一体、条抓块统"改革中通过县级部门人力、财力、权力的下沉,乡镇(街道)一级政府的管理和执法力量得到加强,行政权力也相应增大,另外通过不同部门力量的统筹各平台乡镇(街道)分管领导手中的权力也越来越大。对这些由上级授予的权力和向下延伸获得的新增权力,进行合理的分配与有效的监督制约,才能真正发挥力量下沉的作用,防止权力走向腐败造成行政权力的滥用。目前,"县乡一体、条抓块统"改革尚处于推进阶段,实践中的具体细节还有待于不断地探索和总结经验,相信不断优化的行政内部配置会在防范行政风险的同时对政府的良性运转带来真正有效的推动作用。

(三)强化顶层设计:加强"县乡一体、条抓块统"改革的统一指导

基层社会治理必须以社会主义法治理念为指引,同时,充分发挥基层实践的积极性与创造性,并且相关的探索创新结果要在实践中得以检验。例如,当前各市县政府及其部门在上级指导下自行进行"县乡一体、条抓块统"改革,以致市与市、县与县、各乡镇(街道)之间标准不相一致,增加了基层社会治理创新的"试错成本",规范与标准的缺位更增加了基层行政权力运行的法治风险,并在一定程度上影响了法律制度的权威性。因此,在充分发挥、尊重基层首创精神,适时加以指导的同时,已经进行较为充分试点的地区和部门,应该提高控制层级,由省一级行政部门制定"县乡一体、条抓块统"改革通用的组织运行基准,并在可能的情况下,尝试制定相应的制度规范搭建起"县乡一体、条抓块统"改革的法治安全网。这样做,既能较好地保证法制的统一性,又可以节约行政资源和成本,避免基层在制定裁量基准方面搞"重复建设""低效建设",因为相对于省一级行政部门,基层执法单位在理论武装、信息收集、人力资源等方面都处于相对劣势。

(四)深化法治教育:提高基层治理各主体的法治意识

"如果说具体法律规范在执行时可以根据情况加以改变的话,那么法律的精神、法律的原则在任何情况下都是不能改变的,都必须加以遵守和执行。"[①]推进法治政府建设,除了不断建立健全法律法规和各种规章制度外,最关键的还是政府工作人员法治观念的形成,和行使行政权过程中对法律原则的坚守。任何法律都要人来执行,法律的统治归根到底也要受人的因素的影响。"县乡一体、条抓块统"改革面向的是基层治理,行政人员一般都处于基层工作的一线,代表的是法治政府建设的形象,不仅要求行政执法者

---

① 转引自张宏生:《西方法律思想史》,北京大学出版社1983年版,第51页。

必须具有较高的法律专业知识和政策水平，即较高的业务素质，而且要求行政执法者必须具有良好的政治素质。行政人员只有具备了较高的业务素质和政治素质，才能更好地理解和把握法律的原则和法治的精神，也才能在实际执法中公正地评价行政管理相对人的行为的社会危害性及其主观过错，并给予其恰当的处理，从而保证行政权的行使是出于社会公正和公共利益，而不是出于执法者个人的利益倾向和感情好恶。因此，在人员大量下沉的背景下"四个平台"建设的过程中提高行政权力行使者的法治意识与素质已成当务之急。

(五)健全参与机制：寻找"行政权"与"自治权"动态平衡

防止行政权过度干预基层自治的关键在于，实现行政权在基层治理中的平等参与。托马斯认为行政人员应学会与公众沟通交流并建立彼此的信任，"要把过程问题、怎样解决分歧、与结果问题、达成何种共识区分开来"[①]。行政人员要想与公众建立相互信任，就离不开与公众平等的沟通交流，而平等的沟通交流正是公众参与基层治理的重要条件，这就要求基层政府及其工作人员真正实现从"社会管理"向"社会治理"的理念转变。在"县乡一体、条抓块统"改革中，基层工作人员不应把公民参与看作一种形式，而应该摒弃传统的管理思维，践行党的群众路线，认真对待群众的诉求建立公众参与基层治理的有效渠道和机制，从源头上化解矛盾。首先，这种公众参与机制是面向所有基层民众的，而不仅仅是面向少数基层社会精英的(例如党员、村组干部和作为网格员的村民)。要通过制度设计和技术创新为普通百姓参与"县乡一体、条抓块统"改革创造条件，在保障基层群众合理诉求得到及时回应的同时，充分调动基层群众在基层治理中的积极性与创造性。其次，在这种公众参与机制中基层政权只是平等的参与者之一，涉及属于群众基层自治的领域和事务时，基层群众及其代表村民委员会应该是发挥主要作用的，政府及其工作人员的参与应当是有限度的和辅助性质的，从而寻找"自治权与""行政权"的平衡点，而不应该超越其职权以强势地位参与基层社会治理。这就要求基层政府在基层社会治理中增强法治意识和法治思维，明确自身角色定位，理清基层政府与基层社会的关系。

四、结语与讨论

"改革和法治如鸟之两翼、车之两轮"。[②]在全面推进依法治国，建设法治中国的时

① 约翰·克莱顿·托马斯：《公共决策中的公民参与：公共管理者的新技能与新策略》，中国人民大学出版社，2005年版，第86—87页。

② 习近平：《习近平谈治国理政》第2卷，外文出版社2017年版，第39页。

代背景下,改革要于法有据已经成为各级党委政府和学术界的共识,基层治理的体制机制改革当然也不例外。作为基层治理的重要主体,基层各级政府、职能部门、基层群众自治组织和其他社会组织等,其主体地位、组织机构形态、职责权限、工作程序、管理关系等一般都有着相应的法律法规规定,而基层治理体制机制创新必定会对上述内容进行不同程度的调整。因此,如何保持改革前瞻性与法治规范性的动态平衡,不仅是改革一线干部群众最关心的现实问题,而且更直接关系着改革效果能否达成,甚至是整个改革的成败。通过对基层治理的体制机制的改革历史脉络、理论逻辑、实践探索的系统梳理,我们可以发现,在条块体制的张力和基层治理现代化的现实需求下,改革仍存在较大的弹性空间,但也面临着一系列可能的法治风险,且这些风险在同类改革中具有一定的一般性。同时,我们必须要注意的是,尽管改革面临这样或那样的风险挑战,但是,为了解决基层治理中的结构不合理和治理行为困难,及时回应基层群众的治理诉求,我们必须坚持改革的正确方向、继续坚定推进改革向纵深发展。因为,在深入分析这些风险的基础上,我们是完全有能力对可能出现的法治风险及时作出预防和规制的。中国特色社会主义法治体系的包容性法治规范与法治秩序构建,允许改革实践在坚持公平正义原则、坚持以人民为中心和实现基层有效治理的正向价值追求下,保持改革实践与法治的动态平衡,探索推进基层治理体制机制改革创新,从而最终达成基层治理效能提升,基层治理和群众服务水平全面提高,基层工作作风和服务态度全面改善,基层群众能有更多安全感、幸福感和获得感的治理目标。

政府购买社会组织服务的
制度逻辑、实践效应与路径规范

陈　娟[①]

一、问题的提出与理论视域的切入

公共服务有效供给是实现共同富裕的应有之义。为增强公共服务供给能力，提升供给效能，政府购买社会组织服务成为公共服务供给侧结构性改革实践的重要创新。党的十八届三中全会指出“适合社会组织提供的公共服务和社会组织能解决的事项，交由社会组织承担”，为政府购买社会组织服务提供了合法性基础。随着社会组织管理体制改革的推进、政府职能转变加快和购买服务力度的加大，社会组织逐渐成长为政府购买服务的制度化合作伙伴。党的十九届四中全会“共建共治共享”社会治理制度设计进一步推动政府购买社会组织服务成为创新社会治理体系和治理能力现代化的重要制度安排。与制度设计体系日渐成熟相悖的是，政府购买社会组织服务实践却呈现出政府购买非制度化、服务供给内卷化和社会组织依附式发展等困境。那么，如何从政府购买社会组织服务的制度体系出发，解释不同制度层次的政府购买服务逻辑？以及不同逻辑交互下政府购买服务呈现的发展困境？未来如何规范政府购买服务的制度建设，推动政府购买社会组织服务良性发展？成为当前亟须解答的理论和实践问题。

（一）问题研究回顾

政府购买社会组织服务是在“国家—社会”关系的宏观制度环境中进行的，政府与社会组织关系成为研究政府购买社会组织服务的起点和重要维度。在康晓光等人提出“分类控制体系”[②]解释性概念基础上，政府与社会组织关系相继衍生出“行政吸纳服

---

① 作者简介：陈娟，浙江省委党校公共管理教研部副教授。

② 康晓光，韩恒：《分类控制：当前中国大陆国家与社会关系研究》，《社会学研究》2005年第6期。

务”[①]“双重赋权”[②]“嵌入式治理”[③]“策略性合作”[④]等逻辑演绎,相应地也产生了政府购买服务“一体化”[⑤]“内卷化”[⑥]“准政府化”[⑦]等理论观点,这为政府购买社会组织服务提供了宏观的理论基础,但相对于快速发展的政府购买服务实践而言,显得过于原则和抽象,对实践领域不断发展的政府购买行为解释性力度稍显不足。随着社会组织的规模化发展和政府购买公共服务的力度加大,学者开辟组织行动逻辑视角并契合具体案例研究政府与社会组织的互动,[⑧]发现制度设计是影响政府购买社会组织服务的关键因素,[⑨]特别是政府的公共发展和权力维持逻辑使政府在购买中形成选择性支持和隐形化控制策略,导致政府与社会组织并没有形成平等的合作伙伴关系。[⑩]在政府购买服务制度设计中,学界注意到“项目制”作为一种新的治理技术为社会治理提供了相对宽松的制度选择和设计空间,但又极大地影响了地方政府和基层社会的行为模式。[⑪]项目化运作中形成的上级政府行政发包和下级政府负责监督的条线控制和市场竞争,使项目成为服务购买的技术性治理工具。[⑫]项目制既催生社会组织快速发展,也通过目标设定、申请程序、资源分配、考核评估等环节实现对社会组织的政治、功能和结构嵌入,推动政府对社会组织由分类控制到嵌入式治理的转型。[⑬]因项目制建立的社会组织在快速发展的同

---

① 唐文玉:《行政吸纳服务——中国大陆国家与社会关系的一种新诠释》,《公共管理学报》2010年第1期。

② 敬乂嘉:《控制与赋权:中国政府的社会组织发展策略》,《学海》2016年第1期。

③ 纪莺莺:《从“双向嵌入”到“双向赋权”:以N市社区社会组织为例——兼论当代中国国家与社会关系的重构》,《浙江学刊》2017年第1期。

④ 程坤鹏,徐家良:《从行政吸纳到策略性合作:新时代政府与社会组织关系的互动逻辑》,《治理研究》2018年第6期。

⑤ 邓金霞:《地方政府公共服务“纵向一体化”倾向的逻辑——权力关系的视阈》,《行政论坛》2012年第5期。

⑥ 李春霞,巩在暖,吴长青:《体制嵌入、组织回应与公共服务的内卷化——对北京市政府购买社会组织服务的经验研究》,《贵州社会科学》2012年第12期。

⑦ 吴月:《隐性控制、组织模仿与社团行政化——来自S机构的经验研究》,《公共管理学报》2014年第3期。

⑧ 敬乂嘉:《政府与社会组织公共服务合作机制研究——以上海市的实践为例》,《江西社会科学》2013年第4);侯志伟:《政府购买公共服务的竞争性分析框架及制度机制——基于S市经验的案例研究》,《中国行政管理》2016年第7期。

⑨ 周俊:《政府如何选择购买方式和购买对象?——购买社会组织服务中的政府选择研究》,《中共浙江省委党校学报》2014年第2期。

⑩ 吕纳:《公共服务购买中政府制度逻辑与行动策略研究》,《公共行政评论》2016年第1期。

⑪ 管兵、夏瑛:《政府购买服务的制度选择及治理效果:项目制、单位制、混合制》,《管理世界》2016年第8期。

⑫ 王清:《项目制与社会组织服务供给困境:对政府购买服务项目化运作的分析》,《中国行政管理》2017年第4期。

⑬ 吴斌才:《从分类控制到嵌入式治理:项目制运作背后的社会组织治理转型》,《甘肃行政学院学报》2016年第3期。

时，也不同程度地依赖政府治理的项目化运行而陷入“内卷化”的发展困境。[①]

上述研究成果为政府购买社会组织服务提供了宏观理论视野和中微观实践检视，“项目制”为政府购买社会组织服务开辟了嵌入式治理的研究新视域。但值得注意的是，政府购买社会组织服务并不仅仅是政府吸纳社会力量提升服务效能的技术治理创新，而是在政府职能转变、行政体制改革和社会治理制度创新等多重制度环境中进行。同时，作为实践主体的政府内部有着诸多层级和部门，各层级和部门都有着自身利益和行为准则，政府购买社会组织服务也是多个行动者相互作用的综合性场域，会因组织多样性和利益结构差别化呈现出不同的运行结果。随着政府购买服务制度体系的逐步建立，在以“项目制”为治理技术的政府购买服务场域内，既定制度目标与差异化制度执行二者间的博弈，成为研究政府购买社会组织服务的重要维度。

（二）视域切入：制度逻辑理论

“制度逻辑”是新制度主义分析组织多样性的理论工具。新制度主义突破传统制度主义的组织场域同构化观点，认为制度环境具有多样性、复杂性和模糊性的特征，制度环境的复杂性和模糊性乃至制度自身的内在矛盾会产生不同的组织场域，使组织根据不同的制度环境进行策略性回应。[②]制度逻辑则是“由社会建构的物质实践、假设、价值、信仰、规则等历史模式，个体遵循这些模式生产和再生产他们的物质生活，组织时间和空间，并赋予社会事实以意义”，[③]制度逻辑也常常是多重的、竞争性的、甚至相互冲突的，组织场域中的主体互动往往由多重制度逻辑共同规范，组织需要回应不同的、甚至是矛盾的制度逻辑以获取资源、合法性等支持，达成组织目标。[④]因此，制度逻辑是规定组织决策者构建价值体系、制定行为标准、追求目标实现的一系列正式和非正式规则，以及这一过程中价值体系、行为标准和活动策略间的相互建构，是形塑组织认知和指导组织决策的“游戏规则”。[⑤]制度逻辑本身的复杂性也导致组织行为的异质性，组织在面对制度压力时，因多重制度理性、制度约束和制度冲突而导致实践行为的差异。同时，

① 陈尧，马梦妤：《项目制政府购买的逻辑：诱致性社会组织的“内卷化”》，《上海交通大学学报》（哲学社会科学版）2019年第8期。

② 田凯，赵娟：《组织趋同与多样性：组织分析新制度主义的发展脉络》，《经济社会体制比较》2017年第3期。

③ Thornton, P. H, & W., Ocasio, Institutional Logics and the Historical Contingency of Power in Organizations: Executive Succession in the Higher Education Publishing Industry 1958—1990 , *American Journal of Sociology*, 1999,105(3):801-843.

④ [美]鲍威尔、迪马吉奥主编：《组织分析的新制度主义》，姚伟译，上海人民出版社2008年，第370-382页。

⑤ Greenwood R, Raynard M, Kodeih F, et al, Institutional complexity and Organizational Responses, *Academy of Management Annals*, 2011,5(1):317—371.

组织在制度场域中的位置、组织内部的治理结构以及权力分配等自身特质，也能显著影响和应对制度逻辑的多重性和复杂性，进而导致行动策略的多样性。换言之，制度逻辑可以表现为两个层面：一是组织运行场域中的制度环境，即外在于组织且对能够约束或激励组织行为的正式和非正式规则；二是组织特质，即组织自身的资源享赋和结构网络，能够在应对制度环境时产生特定的行动机制和行为方式。①

我国政府购买社会组织服务也是在多重制度环境中进行的。从改革背景来看，政府购买服务是置身于深化行政体制改革、放松规制和激发社会组织活力等多重情景之中。从改革目标来看，政府购买社会组织服务既包括了政府职能转变和公共服务供给侧结构性改革创新，同时也包括了服务型政府建设、培育社会组织发展、创新社会治理机制等目标需求；随着“共建共治共享”社会治理制度战略规划的出台，政府购买社会组织服务也成为治理体系和治理能力现代化的重要内容。从实践过程来看，政府内部的诸多层级和部门利益产生的内部关系结构，催生出的组织能动性回应，又显著地影响着购买服务场域内的制度环境，产生差异化和多样性的购买行为。因循制度逻辑理论视域，本文从“国家—社会”关系的宏观制度设计出发，立足于政府购买社会组织服务实践，从多重制度环境中的组织行为选择切入，分析政府购买社会组织服务场域内的制度逻辑，并结合政府购买服务的实践效应，探索规范政府购买社会组织服务的优化路径。

二、政府购买社会组织服务的双重制度逻辑

因制度环境的复杂性和组织应对的能动性，政府购买社会组织服务面临着战略性制度设计和目标性制度执行的博弈，这也就构成了本文制度逻辑分析的两个维度：制度设计和制度执行。在宏观层面，政府作为整体因应经济社会发展需要向社会组织购买服务和主导政府与社会关系发展，是“国家—社会”关系结构下的制度设计逻辑。在中观和微观层面，政府在购买服务时也会因内部层级和部门利益而产生基于组织自身特质的具体行动策略，是“政治—行政”结构下的制度执行逻辑。宏观制度设计与微观制度运行的动态交互，造就了政府购买社会组织服务的双重制度逻辑。

（一）制度设计中以功能为导向的“发展—控制”逻辑

一是公共服务供给功能导向的社会组织发展逻辑。政府为什么要购买社会组织服务？这是政府职能中公共服务有效供给的必然需求。公共服务供给是政府的天然职

① 王辉：《韧性生存：多重逻辑下农村社会组织的行动策略——基于农村老年协会个案》，《南京社会科学》2021年第9期。

能,但“公共服务需求与挑战的性质和规模,使政府难以用封闭的方式来解决这些问题。它们的复杂性和相互之间的难以调和,使得解决这一问题需要诸多参与者和大量的资源。”[①]随着技术革命带来公共服务“提供”与“生产”环节的分离,多元主体参与公共服务供给成为必然。[②]这蕴含的内在逻辑是,为提高公共服务供给效能,政府可以把“生产职能”转移给专业服务生产者,从而致力于公共服务供给的制度规划、资源配置和服务监管等“提供职能”。此外,社会组织的公益性价值目标使命与政府公共服务职能内在的契合性,[③]也成为政府购买社会组织服务的重要逻辑依据。萨拉蒙的研究表明,非营利组织最显著的特征在于其与政府有着相似的“公共”目标,并通过与政府合作发挥其在公共服务供给中的作用。[④]相对于其他组织而言,社会组织对社会需求变化的感应更加灵敏,能够通过提供更加灵活性和专业性的服务,帮助政府“减少”公共开支,弥补政府公共服务供给职能的缺失。[⑤]特别是那些属于政府职能,是政府该做但又无力做或是一些需要特别惠及而政府又做不好的服务,转移给社会组织生产就成为理想选择。

二是政治秩序稳定功能导向的社会组织控制逻辑。政府虽需要大力发展社会组织承接公共服务提升服务供给效能,但在中国,政府购买社会组织服务从来都不能脱离既定的“国家—社会”宏观制度环境,这是政府与社会组织关系的政治基础。政府购买社会组织服务背后蕴含的最根本的政治逻辑,就是稳定的政治社会秩序,也即国家对社会的有效掌控。相对于国家来说,社会组织是从根本上有别于国家的一种结构性力量,这种结构性力量在本质上存在着与政府抗衡、挑战政府权威和政治稳定性的潜在可能,[⑥]政府购买社会组织服务的功能导向必须要受制于既定的“国家—社会”关系结构,遵循既定的政治逻辑和战略考量。因此,发展社会组织承接政府购买服务的前提是,社会组织的功能发挥一定要在政府所允许和接受的底线范围内,即作为政策工具协助政府提供公共服务实现政府职能的替代,缓解公共服务供给压力。[⑦]换言之,政府在确保没有政治风险的前提下,才会有发展社会组织购买服务转移政府职能的动力,与社会组织进

---

① 布林克霍夫:《政府非政府之间的合作性关系——一种界定性的框架》,袁德良译,《东南学术》2009年第1期。

② 萨瓦斯:《民营化与公私部门的伙伴关系》,周志忍等译,中国人民大学出版社2002年版,第69页。

③ Helmut K. A, Gabriel R, & L. M, Salamon, Non-profit institutions in the United Nations System of National Accounts: Country Applications of SNA Guidelines, *International Journal of Voluntary and Non-profit Organizations*, 1993,4(4): 486-501.

④ [美]萨拉蒙:《公共服务中的伙伴——现代福利国家中政府与非营利组织的关系》,商务印书馆2008年版,第116—117页。

⑤ Maloney W., Smith G.,& G.Stoker."Urban Governance and Social Capital: Adding a More Contextualized 'top-down' perspective", *Political Studies*, 2000.48(4):802-820.

⑥ 黄晓春:《当代中国社会组织的制度环境与发展》,《中国社会科学》2015年第9期。

⑦ 耿国阶,李超:《政府购买社会服务的“内卷化”——基于A县政府购买城市规划服务的实证分析》,《东北大学学报》2018年第6期。

行合作。[①]政府在购买社会组织服务中要通过不断的制度调整和政策演变对社会组织进行引导和管控,实现对社会组织的功能整合和政治统合。

与上述制度逻辑相呼应,政府购买社会组织服务的制度设计一直暗含着“发展—控制”的逻辑交互。众所周知,我国政府在很长一段时间内对社会组织采取的是限制乃至排斥的双重管理体制,政府与社会组织处于“零和”博弈状态。党的十八届三中全会“适合社会组织提供的公共服务和社会组织能解决的事项,交由社会组织承担”的话语定调为政府购买社会组织服务提供了合法性支持,扶持发展社会组织承接公共服务进入快速发展轨道。2013年初党的十八届二中全会提出改革社会组织管理制度,对“行业协会商会类”“科技类”“公益慈善类”和“城乡社区服务类”四类社会组织试点直接登记;党的十八届三中全会提出激发社会组织活力,优先发展和重点培育上述四类组织,并实行依法直接登记制度。同年国务院办公厅颁发《关于政府向社会力量购买服务的指导意见》提出创新公共服务提供机制和方式,并构建了“2020年在全国基本建立比较完善的政府向社会力量购买服务制度”的改革目标。为更好地扶持社会组织发展有效承接政府购买服务,财政部和民政部分别于2014年和2016年联合颁发《关于支持和规范社会组织承接政府购买服务的通知》和《关于通过政府购买服务支持社会组织培育发展的指导意见》,强调加强社会组织培育发展力度,将政府购买服务作为引导和促进社会组织发展的重要途径。与此同时,制度设计中的控制逻辑也同步跟进:2015年全面开始的社会组织党建,使党建引领成为政治统合的主导话语,党组织加强了对社会组织的权威塑造;[②]2016年中共中央办公厅、国务院办公厅颁发《关于改革社会组织管理制度促进社会组织健康有序发展的意见》在“逐步扩大政府购买社会组织服务的范围规模,对民生保障、社会治理、行业管理等公共服务项目同等条件下优先向社会组织购买”的同时,更加强调遵循党的领导、放管并重和稳妥推进原则,特别是对直接登记范围之外的其他社会组织,继续实行登记管理机关和业务主管单位双重负责的管理体制,政府并未真正放松对社会组织的控制。而“发展—控制”这种带有矛盾色彩的制度设计逻辑也直接影响了政府购买社会组织服务的执行逻辑。

(二)制度执行中以绩效为导向的“稳定—选择性吸纳”逻辑

政府购买社会组织服务的制度设计是政府作为一个整体遵循既定“国家—社会”结构下的宏观制度逻辑,体现为正式的制度规定,而政府购买社会组织服务的制度执行是

---

① 王达梅,张文礼:《政府购买社会组织服务的“三层次条件合作共强关系理论”》,《兰州学刊》2021年第12期。

② 王浦劬,汤彬:《基层党组织治理权威塑造机制研究——基于T市B区社区党组织治理经验的分析》,《管理世界》2020年第6期。

政府内部既定“政治—行政”结构下的中观和微观运行，体现为多目标的制度执行。在既定的“政治—行政”结构中，政府的不同层级和职能部门组成了政府购买服务的组织场域，制度执行也就演变为组织行为的选择过程。政府购买服务场域中的各主体基于自身的场域位置、权力资源配置、关系网络结构等组织特质产生了特定的制度执行逻辑。

一是政治任务绩效导向的社会稳定逻辑。在我国既定的“政治—行政”结构中，各层级政府是职责和机构设置保持高度统一、一致的“职责同构”模式，[①]政府层级间的职责分工并不明晰，每一级政府都“齐抓共管”；由于政府职能在不同层级间缺乏明晰的责任界定和有效的职能履行机制，导致政府责任的模糊性和笼统性，越到基层，政府责任的清晰度越差。而政府层级之间的“命令—执行”模式导致上级政府的战略决策往往以政治任务的形式层层下达“发包”给下级政府，不同层级的职能部门则根据所掌握的行政权力和资源优势将政治任务分解为带有部门利益色彩的层级目标，[②]越到基层，目标执行的复杂性、难度系数和风险值也就越高。政府责任的层级模糊和目标执行的层层加码最终转变为服务购买中“求稳”的政治任务指标和相关绩效，“稳定的任务绩效”成为指导地方政府尤其是基层政府行为的首要逻辑准则。为实现层层分解的“发展—控制”政治任务指标，地方政府在购买社会组织服务实践中会产生以“与固定的社会组织稳定地开展长期合作”，达成“稳定完成各层级部门下达的购买服务任务指标”的行为逻辑，以促进基层社会秩序总体稳定和社会组织稳步发展。

二是行政考核绩效导向的选择性吸纳逻辑。政府购买社会组织服务的任务指标在层层发包过程中并没有指定明确的操作措施，各层级政府拥有一定的自由裁量权和资源配置权来决定向哪些社会组织购买哪些服务，以及如何购买服务。但“政治—行政”结构中任务指标的体制内压力传导机制，特别是行政考核中鼓励横向竞争的“绩效锦标赛”机制[③]以及新形势下“一票否决制”“一把手负责制”“牵头负责制”“党内问责制”[④]等问责机制，严重影响着地方政府特别是基层政府购买社会组织服务的决策判断和行为标准。面对层层监督和逐级加码的体制化绩效考核压力，执行服务购买任务的政府和部门会本能地从自身利益出发，理性利用制度设计的模糊性所产生的弹性执行空间，自主进行一些可控制的、政绩短期可量化的“购买服务机制创新”，即选择与自身具有利益契合、或与政府具有政治关联的“官方半官方”社会组织进行合作，甚至专门属地培育孵

---

① 朱光磊，张志红：《“职责同构”批判》，《北京大学学报》（哲学社会科学版）2005年第1期。

② 石亚军，施正文：《我国行政管理体制改革中的“部门利益”问题》，《中国行政管理》2011年第5期。

③ 余绪鹏：《官员晋升锦标赛：经济增长的政治逻辑——基于相关文献的梳理与分析》，《华东经济管理》2016年第6期。

④ 杨雪冬：《改革开放40年中国政府责任体制变革：一个总体性评估》，《中共福建省委党校学报》2018年第1期。

化具有特定功能导向的非竞争性社会组织来承接服务,以完成上级条线部门的任务考核指标;出于“投入—产出”的成本收益考虑,政府甚至有意将自身的行动逻辑和绩效评价压力渗透给社会组织,并利用政策空子对属地社会组织进行保护和内部联合。[①]政府与社会组织“合作共谋”的选择性购买不仅可以完成上级政府层层发包的购买任务指标考核,同时也拥有了解“发展—控制”制度逻辑困境的变通空间,成为地方政府制度执行的策略性选择。

综上可以看出,政府购买社会组织服务的制度设计逻辑与制度执行逻辑存在着要素融合和相通之处,但又有显著区别,二者在实践中呈现出博弈共生的“螺旋式”动态平衡。然而,随着制度环境动态变化和复杂性因素的增加,既定“政治—行政”结构下组织基于自身能动性产生的多样化回应和差异化运行,可能会导致制度执行逻辑与制度设计逻辑的张力和冲突,影响着政府购买社会组织服务的制度化运作,最终带来政府购买服务结果的非预期性。

三、制度逻辑交互下政府购买社会组织服务的实践效应

围绕公共服务供给,政府与社会组织逐渐形成财政拨款、专项购买、项目补助等制度化购买方式,2013年以来中央财政以每年2亿元左右的专项资金用于购买社会组织公共服务。[②]这一制度安排既能够推动政府的公共服务“生产职能”转移,有效降低服务成本节约财政开支,又在一定程度上推动公共服务多元供给机制创新,实现了合作双赢。但与此同时,多重制度逻辑交互看似是遵循各种制度逻辑的理性行动,却成整个组织场域的非理性结局,政府购买社会组织服务实践呈现出政府购买服务的非制度化、社会组织服务供给的内卷化和社会组织依附式发展等困境。

(一)政府购买服务的非制度化

政府购买服务的非制度化首先表现为对政府购买服务制度设计的灵活性变通。政府购买服务已成为公共服务供给的制度安排和社会组织发展所依托的重要制度基础,也已经具备了规范化的制度形态,但政府购买服务的制度设计主要在中央层面,中央政府在组织场域中的位置结构决定了制度设计整体上的原则性和指导性,这种原则性和指导性在中央政府看来是鼓励地方政府因地制宜探索购买服务机制创新的制度利好,

① 吉鹏:《政府与社会组织的互动嵌入研究——基于政府购买社会服务的考量》,《长白学刊》2019年第1期。

② 张汝立,刘帅顺,包娈:《社会组织参与政府购买公共服务的困境与优化——基于制度场域框架的分析》,《中国行政管理》2020年第2期。

但在地方政府看来却是可以规避制度刚性的弹性执行空间和政策变通空间。为降低本级政府的风险和责任，地方政府首先要完成制度设计在地方的重新定位，在“发展—控制”和“稳定—选择性吸纳”逻辑交互下，地方政府会将自身实际需求与弹性变通空间有机结合，做出有利于本地发展的制度设计目标转移和目标执行的路径变通，突出体现在地方政府购买服务目录清单的差异性和多样性。2013年国务院办公厅颁发《关于政府向社会力量购买服务的指导意见》后，各省市及设区市相继出台了政府购买服务的指导目录，越接近执行层级，政府购买服务目录的差别就越大。如表1所示，虽然政府购买服务已经统一为基本公共服务、社会事业服务、行业管理与技术性服务和政府履职所需辅助性五大类，但细看各市的目录分类就发现五大类型的具体事项和细目各不相同，各地的购买服务项目清单并不统一，涵盖的内容也迥异。目录清单的变通表明，当多重制度逻辑不能完全有效整合时，宏观制度设计在微观制度执行中就很难达到规范一致，二者之间存在一定程度的割裂，政府购买服务制度体系的整体规范性较低。

表1　几大城市政府向社会力量购买服务指导目录一览(2015—2017年)

年份	名称	购买服务目录中的目录分类	
2015	《郑州市政府向社会力量购买服务指导目录》	5类26项44细目	基本公共服务事项(13项21细目) 社会管理性服务事项(2项2细目) 技术服务事项(5项5细目) 政府履职所需辅助性事项(5项16细目) 其他事项(1项1细目)
2015	《西安市政府向社会力量购买服务指导目录》	5类55项275细目	基本公共服务事项(20项153细目) 社会管理服务事项(12项36细目) 行业管理与协调事项(8项29细目) 中介技术服务事项(9项39细目) 其他公共服务事项(6项18细目)
2016	《汕头市政府向社会力量购买服务指导目录》	5类58项340细目	基本公共服务事项(20项154细目) 社会事务服务事项(14项79细目) 行业管理与协调事项(3项11细目) 技术服务事项(8项35细目) 政府履职所需辅助性和技术性事项(14项63细目)
2017	《杭州市政府向社会力量购买服务指导目录》	6类53项145细目	基本公共服务事项(23项80细目) 社会管理性服务事项(6项8细目) 行业管理与协调性服务事项(6项8细目) 技术性服务事项(4项7细目) 政府履职所需辅助性事项(13项41细目) 其他(1项1细目)

注：该表是根据上述城市2015—2017年发布的《政府向社会力量购买服务指导目录》整理、汇总所得。

其次是政府购买社会组织服务的非制度化运行。受多重制度逻辑制约,政府在购买服务时会通过组织能动性对制度逻辑的内在要求与外化实践进行精心设计和具体化运作,特别是在“购买哪些服务”“如何购买社会组织服务”“选择哪些社会组织承接服务”等具体操作上,政府购买社会组织服务被精心设计成各种实用性的“治理技术”。虽然政府购买社会组织服务在程序上遵循着“政府出资—竞争购买—契约管理—评估兑现”的契约化和制度化范式,[①]但实际运作中却充满了行政化和权益化的痕迹:为有效规避“发展—控制”逻辑下的绩效风险和责任压力,政府作为“精明买家”往往以部门业务经费或因事设项的项目制购买,将社会组织的功能限定在特定的服务领域,同时以资源垄断、设置制度与审批流程限制等方式,策略性地忽视或弱化社会组织的利益表达、政治参与等功能,实现社会组织角色的功能替代。[②]为寻求“发展”与“稳定”的平衡,政府作为“委托方”往往规避竞争性的制度规定,以“指定”或“定向”方式购买那些政府比较熟悉、信任甚至是比较“听话”的社会组织服务,操作设计缺乏公开透明的制度流程。为完成某些专项购买任务,政府不设立培育中心孵化专门的社会组织、对社会组织行政赋权、在制度外与社会组织建立非正式关系等行政手段达成合作,被学界诟病为“体制内购买”。[③]为节约成本和提升考核绩效,除长期重复性选择固定的社会组织购买服务外,政府还倾向于利用属地边界培育辖区内社会组织,构建具有地方保护特色的“属地化市场”,以“属地化购买”的方式减少政府间横向竞争,由此造成服务购买场域的固化。[④]从结果来看,非制度化运作既能使政府很好地完成购买服务的任务绩效,又能将社会组织纳入管控体系之中,成为地方政府购买服务的“常态”。

(二)社会组织服务供给的内卷化

政府购买社会组织服务的多场景博弈造成了社会组织服务供给的内卷化。政府购买社会组织服务虽然推动了公共服务供给的规模化增长,但在政府的绝对主导下,社会组织承接和生产服务只是对既定制度设计或关系运作的复制,公共服务供给的质量和效能并没有随规模增加而发生质的提升,是一种“没有发展的增长”。[⑤]具体表现为:政府购买社会组织服务的非制度化使贯彻执行制度设计的链条被拉长,政府作为购买方通过服务功能设定、资金来源供给、组织结构赋权、社会文化关系等诱致性因素和条件,

---

① 杨永伟,陆汉文:《服务购买中政社关系研究的范式转换与超越》,《求实》2017年第1期。

② 吴月:《规范化形态、非正式运作与政策区隔——对一个政府购买社会服务项目的个案分析》,《天府新论》2018年5期。

③ 曹俊:《我国政府购买服务中契约责任失效问题研究》,《江苏社会科学》2017年第5期。

④ 黄六招,李茜茜:《双层逻辑与共生网络:基层政府购买服务何以出现政策偏离——基于S市M区的案例研究》,《甘肃行政学院学报》2021年第2期。

⑤ 田凯:《我国公共服务领域政府与社会组织合作关系的发展》,《国家行政学院学报》2018年第5期。

成功“嵌入”到社会组织的运行逻辑和发展态势中去,使社会组织或主动或被动地接受并卷入政府的体制框架,一味地服从于政府的项目需求和绩效考核,以政府标准而非社会需求来生产和提供公共服务,社会组织的服务供给最终沦为政府提高绩效的工具。社会组织服务供给内卷化的结果是,政府的权宜性购买、行政化运作和项目制功能控制,导致社会组织并不能真正发挥自身优势提供多样化和高质量的服务,组织内在的创新性和可持续性严重受阻,在发展中越来越脱离其与母体——社会之间的融合,难以真正回应社会需求。政府资金投入的增加和服务供给机构规模的扩大只是带来了公共服务总量的增加,公共服务供给质量和效率并没有发生实质性改变,社会组织服务供给所预设的弥补“政府失灵”和“市场失灵”功能并没有真正实现,而是变成政府购买服务制度逻辑下的一种“增量改革”,社会的真实服务需求被悬浮。①

(三)社会组织的依附式发展

政府购买社会组织服务的多重制度逻辑交互也导致社会组织的生长和发展机制发生嬗变。公共服务供给的发展逻辑和选择性吸纳赋予了社会组织承接服务的自主空间和发展方向,但控制和稳定逻辑下的合法性认定、资源配置和功能控制,限定了社会组织发展的行为边界和作用发挥的领域范围,依附式发展成为社会组织的理性选择。在社会组织依附式发展中,控制稳定逻辑下的“政府控制强度”与发展选择性吸纳逻辑下的“自主发展空间”成为重要的影响因素,二者的博弈带来社会组织依附式发展的不同结果。当政府控制力较强而社会组织自主发展空间严重削弱时,社会组织会表现出“明显的服从与依赖的行为特性”;当政府控制程度较弱而社会组织自主发展空间有所拓展时,社会组织对政府的依附程度减弱,自主性发展将成为其路径选择。②基于“政府控制强度”和“自主发展空间”两个变量,我们可以构建出社会组织依附式发展的四种类型。

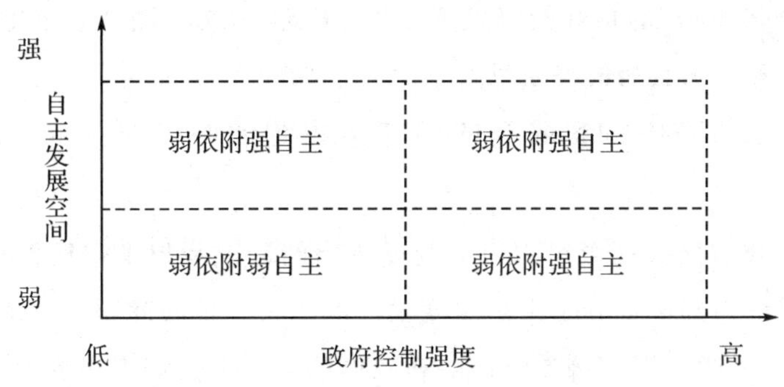

图1　社会组织依附式发展的四种类型

① 马全中:《政府向社会组织购买服务的“内卷化”及其矫正——基于B市G区购买服务的经验分析》,《求索》2017年第4期。

② 王诗宗,宋程成:《独立抑或自主:中国社会组织特征问题重思》,《中国社会科学》2013年第5期。

图1的四种类型展现出了多重制度场景和情境下社会组织依附式发展的动态面向。社会组织与政府的非对称性依赖关系决定了社会组织必须要通过依附政府获得生存和发展所需的关键性资源和资金保障,在参与购买服务中与政府"合作共生"。[①]其中"高依附强自主"和"高依附弱自主"体现的是社会组织与政府间的"强共生网络"关系,社会组织承接公共服务在功能上实现了政府控制下的利益契合,相应地社会组织可以更多参与购买服务,并获得更多的政治合法性和功能性发展空间,社会组织与政府的"组织同质化"特征显著,区别仅在于自主发展能动程度的差异。而"弱依附强自主"和"弱依附弱自主"则表明社会组织与政府之间是一种"弱共生网络",社会组织被"选择性吸纳"进入购买服务场域的机会和渠道较少,其合法性资源和发展空间大大减弱。受政府控制强度和自主发展能力的双重影响,社会组织依附式发展既有可能表现为由"低依附弱自主"向"高依附强自主"发展的连续渐进顺势跳跃;也有可能表现为在不同的类型之间反复徘徊乃至最终走向灭亡,关键取决于各场域内何种制度逻辑占主导和支配地位。

四、制度规范政府购买社会组织服务的路径思考

综上所述,政府购买社会组织服务发端于"国家—社会"关系结构下公共服务供给效能和社会治理能力提升的宏观制度设计环境,同时因"政治—行政"结构中组织场域的多样性和复杂性造成了差异化的制度执行,虽然能够达到推动公共服务供给侧结构性改革和社会组织发展的双赢效果,但也造成了政府购买服务非制度化、社会组织服务供给内卷化和依附式发展等困境。因此,围绕制度设计与制度执行,通过制度规范建设寻求"国家—社会"关系结构与"政治—行政"结构的有机平衡,创设有利于制度设计逻辑和制度执行逻辑有效协同融合的制度体系,推动从"政府向社会组织购买服务"到"政府与社会组织合作供给"的良性健康发展。[②]基于此,本文试图从以下维度提出对政府购买社会组织服务未来发展的路径思考。

(一)加快规范政府购买服务的职能边界和清单目录设计,提升制度体系的整体规范性

制度设计是政府购买社会组织服务制度逻辑的起点和根本遵循,而政府购买服务的职能边界和组织内部职责分工则是制度设计的源头和核心问题,[③]这就内在地决定了制度设计的明晰性、规范性和可操作性。在政府购买服务的职能边界上,应根据公共服

---

① 何俊志,钟本章:《非独立的NGO何以自主? ——以L县C组织为例》,《岭南学刊》2017年第1期。

② 张舜禹,郁建兴,朱心怡:《政府与社会组织合作治理的形成机制——一个组织间构建共识性认知的分析框架》,《浙江大学学报》(人文社会科学版),2022年第1期。

③ 魏娜:《政府购买公共服务的边界及实现机制研究》,《中国行政管理》2015年第1期。

务属性和生产效率以及社会组织的承接能力,在源头明确规定转移哪些职能和社会组织承接哪些服务,从职能上对政府和社会组织的各自边界进行明确定位,减少社会组织成为政府衍生机构或外围机构的可能,避免社会组织服务供给的“内卷化”。在政府购买服务的职责分工上,制度设计要明晰政府内部各主体的职责权限,特别是省级以下各级政府的购买职责和权限,以减少因制度设计模糊造成政府职能转移和购买权限在运行中的交叉,明晰政府购买社会组织服务中多重行政发包的责任链条,削减一些不必要的弹性变通空间。在此基础上,从制度顶层梳理和规范各级政府及部门的购买服务目录清单,为社会组织承接公共服务提供统一的可操作性规程和客观量化标准。为更好地规范政府购买行为,还应该根据政府的责任边界,从顶层设计政府购买服务的“负面项目清单”,即政府哪些职能是不能向社会力量转移和严禁转移、哪些服务项目是政府不能购买和严禁购买的,从整体上提升制度设计的规范性和有机衔接度,压缩制度设计的变通空间。

(二)完善社会组织发展的制度设计和要素供给,激发社会组织承接服务的能动性

社会组织本应是政府购买服务闭合链条上的重要力量,政府引导、扶持和发展社会组织既符合政府公共服务职能转移需求,也顺应了社会治理创新的时代发展趋势。但政府购买服务的“发展—控制”逻辑将社会组织置于从属和被动服从的地位,绩效考核压力下的“选择性吸纳”又加剧了社会组织的功能锁定和制度依附,忽视了发展社会组织对整个宏观制度环境尤其是对“国家—社会”关系重构的重要意义。从长远发展态势看,国家对社会组织的制度性嵌入和社会组织的依附式发展既不利于公共服务多元供给机制的创建,也从根本上影响和制约着“国家—社会”关系结构的发展走向。解决这一制度困境的关键,在于从根本上完善社会组织健康发展的制度设计。一方面,在继续降低社会组织注册门槛的同时,通过分类扶持和规范管理,为社会组织培育和发展营造相对宽松的政策空间,特别是近年来国家大力扶持的社会组织服务中心,是短期内社会组织规范发展、提升专业技术能力和有效承接政府购买服务所不可缺少的硬性政策环境,需要充分肯定。另一方面,也是时候结合社会组织发展壮大,在《关于改革社会组织管理制度促进社会组织健康有序发展的意见》的基础上,加快出台社会组织发展的专项法律如《社会组织法》,从法律上对社会组织的性质、职责定位、作用发挥和发展领域做出明确界定,以法定形式解决社会组织的政治定位和发展路径问题,既能有效引导社会组织健康发展,也从源头上杜绝社会组织因制度缺位而产生的依附,充分发挥社会组织在公共服务供给中的专业优势和能力水平,防止社会组织偏离其发展初衷。加大社会组织健康发展的合法性政策等结构性资源要素供给,为社会组织发展营造相对宽松、可

持续性的发展空间,增强社会组织自身能动性,推动政府与社会组织平等的伙伴合作关系构建。

(三)引入市场机制规范服务购买流程和管理监督,推动政府购买服务的制度化运行

政府购买社会组织服务的非制度化充分表明政府购买服务很大程度上是政府行政性行为而市场选择行为,这也导致了政府购买服务的内部化和制度操作流程虚化,歪曲了“购买”作为市场机制的内涵和作用发挥。因此,在制度执行过程中合理引入市场机制,以项目清单实施细则为购买遵循,结合市场的“购买”逻辑,规范服务购买机制和操作流程,成为政府购买服务制度化运行的重要保障。在服务购买前,建立政府购买服务的标准体系,引入人大、司法机关、专家学者、第三方机构等力量,深入探讨究竟哪些公共服务因需求层次的多样性适用于竞争性购买、哪些类型的服务因受益主体范围和专业技术要求较高适用于定向招标和定向委托;以及哪些公共服务涉及公共权力的直接行使而不适合政府购买,以规范购买弱化地方政府的行政化和选择性吸纳倾向。在服务购买中,以契约精神公开透明政府购买服务的操作流程,包括政府购买服务的财政收支方案、项目购买制定规划、项目确立、公开招投标、合同签订细则、项目实施和评审中的监督管理和绩效考核评估等具体环节,作为购买方的政府都应该秉承公开、公正、公平的原则,经由统一制度平台引导社会组织有序进入,以市场机制推动社会组织公平竞争,促进政府服务常态化竞争购买。在服务生产中,规范项目实施和监督的制度化管理,设计科学可行的服务指标评价体系和纠错机制,以精细、规范的服务生产质量标准、生产过程监督和服务质量达标要求等加强项目生产的指标体系建设,加强和规范对社会组织生产服务的监督和激励;引入第三方评估机制,对政府购买服务进行中立、客观评估,防止政府和社会组织产生“委托—代理合谋”,推动政府购买社会组织服务的良性健康发展。

打造生态文明高地

山区县域生态产品价值实现的多元化路径
——基于浙江省安吉、常山、开化三县的调查分析

张璇孟①

习近平总书记非常重视生态产品价值实现问题并多次作出重要指示。在2018年和2020年推动长江经济带发展座谈会上，习近平总书记依次强调，“要积极探索推广绿水青山转化为金山银山的路径，选择具备条件的地区开展生态产品价值实现机制试点，探索政府主导、企业和社会各界参与、市场化运作、可持续的生态产品价值实现路径”。②“要加快建立生态产品价值实现机制，让保护修复生态环境获得合理回报，让破坏生态环境付出相应代价”。③可见，建立健全生态产品价值实现机制，是贯彻落实习近平生态文明思想的重要举措，是践行绿水青山就是金山银山理念的关键路径。

一、生态产品及生态产品价值实现的相关研究

生态产品是一个具有鲜明中国特色的新概念，国外的相关研究多集中在生态系统服务、环境产品、生态系统服务付费(PES)等相关领域。国内学者从1980年代中期开始论述生态产品的保护、生产和开发。进入新世纪之后，对生态产品的关注扩展到政府层面。2010年12月21日，国务院发布的《全国主体功能区规划》是第一份明确界定生态产品概念的政策文件。2012年党的第十八大报告进一步提出了“加大生态系统的保护力度以及增强生态产品生产能力”的具体任务；2017年党的十九大报告提出，“既要创造更多物质财富和精神财富以满足人民日益增长的美好生活需要，也要提供更多优质生态

---

① 作者简介：张璇孟，中共湖州市委党校，生态文明教研室主任、副教授。

② 习近平：《在深入推动长江经济带发展座谈会上的讲话》，载《论坚持人与自然和谐共生》，中央文献出版社2022年版，第215页。

③ 习近平：《使长江经济带成为我国优先绿色发展主战场》，载《论坚持人与自然和谐共生》，中央文献出版社2022年版，第266页。

产品以满足人民日益增长的优美生态环境需要"[①],从国家层面提高了对生态产品的重视。党和政府对生态产品价值实现的认识越来越清晰,部署越来越细致。随着我国将生态文明建设置于千年大计、根本大计的高度强力推进,关于生态产品及生态产品价值实现的相关研究成为热点并取得了丰硕的成果。

(一)关于生态产品内涵的研究

国外与之生态产品相类似的提法是"生态系统服务"或"环境服务"。国际社会当前比较认可的是生态学家 Gretchen Daily 和 Robert Costanza 在 1997 年提出的定义。Daily 提出,生态系统服务是"生态系统与生态过程所形成的,维持人类生存的自然环境条件及其效用"。Costanza 等把生态系统提供的产品和服务统称为生态系统服务。[②]同年,Costanza 核算出全球自然资本价值为 33 万亿美元,而当年的全球国民生产总值是 18 万亿美元,让全世界第一次看到被量化的自然资本和经济发展之间的密切关联。[③]2005 年,千年生态系统评估报告总结出人类从生态系统中享受到的服务主要包括调节、支持、文化和产品 4 大类。[④]国内目前对生态产品的概念也未形成统一的认识。按照《全国主体功能区规划》的界定,"生态产品指维系生态安全、保障生态调节功能、提供良好人居环境的自然要素,包括清新的空气、清洁的水源和宜人的气候等"。[⑤]

(二)关于生态产品价值实现模式与路径的研究

政府主导论和市场驱动论是分析生态产品价值实现模式的两种视角。阿尔弗雷德·马歇尔最早阐述了公共物品的外部性问题,阿瑟·塞西尔·庇古提出征税和补贴消除外部性的政策思路,为政府直接参与生态产品价值实现提供了理论支撑。市场驱动论则关注市场化工具创新对生态产品价值实现的助推作用。[⑥]不同类型生态产品价值实现路径各不相同,公共性生态产品对应政府路径,经营性生态产品对应市场路径,准公共性生态产品对应"政府+市场"路径。综合自然资源部连续三年发布的典型案例,实践中主要有生态保护补偿、生态产业化经营、生态治理修复及资源产权流转等路径。学者

---

① 参考修文飞:《山区生态产品价值实现机制研究——以宁波四明山区为例》,中共浙江省委党校硕士研究生学位论文,2019年。

② 相关内容参考高晓龙等:《生态产品价值实现研究进展》,《生态学报》2020年第1期,第25页。

③ 参见《德稻生态经济大师康世坦 Robert Costanza | 变绿水青山为金山银山》, https://www.sohu.com/a/287791029_754266

④ 王斌等:《生态产品价值实现的理论基础与一般途径》,《生太平洋学报》2019年第10期,第79页。

⑤ 王斌等:《生态产品价值实现的理论基础与一般途径》,《生太平洋学报》2019年第10期,第78页。

⑥ 参见丘水林:《多元化态产品价值实现:政府角色定位与行为边界——基于"丽水模式"的典型分析》,《理论月刊》2021年第8期,第78页。

张林波等(2021)将国内外生态产品价值实现路径归纳为8大类22个小类。[①]

(三)对现有相关研究的评价以及对主要概念的界定

综上所述,虽然国内外相关的表达有所差异,但主旨内容大同小异。总体来看,现有关于生态产品概念的界定重在强调生态系统与人类的关系,尚不够全面。政府主导论和市场驱动论指明了生态产品价值实现的基本路径,但生态产品自身的复杂性和不确定性决定了生态产品价值实现路径也应当是一个不断创新的动态过程。因此,以上两种视角存在一定局限。政府主导论忽视了公私互动对生态产品价值实现的促进作用;市场主导论则忽视了政府职能结构和政策供给的情势变迁。事实上,各种不同的生态产品价值实现路径都离不开政府与市场的合作,各类生态产品价值实现路径之间并没有泾渭分明的界限,同一个经典案例可以是多条路径的结合,既有生态保护补偿,也有生态产业开发、生态资本收益或资源产权流转,等等。当前,国内的实证研究较少涉及山区县域这样微观层面的生态产品价值实现。而且,生态产品价值实现在实践层面依然困难重重,为本课题提供了较大的研究空间。本课题选择从广义上界定生态产品。"良好生态环境是最公平的公共产品,是最普惠的民生福祉。"[②]生态产品,是自然生态系统通过生物生产和人类劳动共同作用所产生的,为人类永续生存与发展提供物质资源和生态环境服务等福祉的集合。具体来说,生态产品来自山水林田湖草沙等自然生态系统或城市绿廊、公园等人工生态系统。生态产品的生产不以牺牲生态环境为代价,无公害、无污染是生态产品的基本特征,人们可以公平、协调、安全地享用和支配。一句话,生态产品依托绿色资源,采用绿色技术,倡导绿色消费,增进绿色福祉。理解生态产品及其价值实现需把握以下几个方面:

1.创造性劳动是生态产品的重要价值源泉

为保护生物多样性和生态环境,新疆、青海、西藏于2015年联合发布公告:禁止一切单位或个人进入可可西里国家级自然保护区、阿尔金山国家级自然保护区、羌塘国家级自然保护区开展非法穿越活动。[③]可见,即便是无人区,其良好状态也离不开人类生态保护的恢复性劳动,生态产品是人类保护、恢复、经营的结果,是满足人民日益增长的美好生活需要的、具有稀缺性的高端品。生态产品的分类因产权、功能、定位不同存在分类的多样性,理论上和实践中通常按照其功能和服务方式的不同分为三大类,第一类是

---

① 张林波等:《国外生态产品价值实现的实践模式与路径》,《环境科学研究》2021年第6期,第1407页。

② 习近平:《良好的生态环境是最普惠的民生福祉》,载《论坚持人与自然和谐共生》,中央文献出版社2022年版,第26页。

③《可可西里、阿尔金山、羌塘三大保护区联合公告:禁止非法穿越》,https://zj.zjol.com.cn/news.html?id=812366。

水资源、食物、生态能源等具体的生态物质产品;第二类是提供调节气候、涵养水源、固碳释氧、防风固沙等服务的生态调节产品;第三类是自然探索、生态旅游、自然教育与生态系统美学等带来精神愉悦、利于身心健康的生态文化产品。也有依据公益性程度和供给消费方式的不同而分为公共性生态产品、准公共性生态产品、经营性生态产品,并分别对应政府主导路径、政府+市场结合的路径和市场主导路径。

2. 生态产品的价值实现需要充分发挥主观能动性

"绿水青山"不会自动转变为"金山银山"。生态产品价值实现,是既要"绿水青山",也要"金山银山"。既不能"等靠要",也不应成为经济落后的"挡箭牌"。但大多数生态产品具有公共物品属性和外部性的特征,纯粹通过市场难以实现其价值,需要有效的生态产品价值实现机制的保障,以生态保护、生态修复等举措守住"绿水青山"为前提,再通过生态补偿、产权交易、生态产业开发、区域协作等多元途径,让隐性的生态产品价值得到显现、认可,进而得到变现和溢价。因此,多元主体的主观能动性是促进生态产品价值实现最强劲的内生动力。于政府而言,要充分发挥自身优势建立健全促进生态产品价值实现的标准、机制、制度、政策,优化公共服务,为市场发挥作用创造条件;于市场而言,秉承资源有偿、优质优价的理念,创新生态产品价值实现路径,高效整合各类生态资源资产,促进其交易、变现;于社会公众而言,人人都是参与者,美好生活需要自己创造,每个人都要为生态产品价值实现贡献力量。生态产品价值实现,是指在维护生态系统良性循环的前提下,通过系统化保护、循环化生产、市场化经营、资产化管理等系列手段,促进生态优势转化为经济优势。

3. 生态产品价值核算是生态产品价值实现的前提

对生态产品价值进行科学的量化、核算、评估是其价值实现的依据和前提。国内第一个生态系统生产总值核算研究项目于2013年2月25日由北京师范大学、亿利公益基金、世界自然保护联盟(IUCN和亚太森林组织共同实施,该项目在内蒙古库布奇沙漠开展,根据评估核算报告,投资100多亿元把5000多平方公里沙漠改造为绿洲的项目,按照GDP核算,项目经济产出仅为3.2亿元,但如果按照GEP核算,则该项目产出价值总量为305.91亿元。①王金南(2018)院士因此提出了将GDP与GEP整合在一起的"经济生态生产总值(GEEP)"。显然,区域GEP核算,是将区域生态产品价值进行变现的前提。但无论是何种计算方法,对当地自然生态系统状况都能有所反映,一定程度上能够激发社会公众对绿水青山与金山银山的正确认知,唤起社会公众对生态系统治理、修复和保护的认同、支持。对各地的GDP、GEP进行双核算、双考核是不可逆的发展趋势。

---

① 苟廷佳:《三江源生态产品价值实现研究》,青海师范大学博士学位论文,2021年,第30页。

二、安吉、常山、开化三县推进生态产品价值实现的实践探索

长期以来，受限于区位条件以及城乡二元不同的发展体制，我国城乡之间、群体之间的差距以及区域发展不平衡的问题比较突出，成为实现共同富裕的最大障碍。即便是在中国人口最密集、经济社会最发达、现代化水平最高、开发潜力最大的浙江地区，也面临着加速推进山区26县跨越式发展、实现共同富裕的重大任务。一个根本的现实是，生态产品优质、富集的“生态高地”往往是相对欠发达的“经济洼地”，山区县域是探索生态价值实现、促进共同富裕的“主阵地”，山区县域的广大乡村更是是“主阵地”的“主阵地”。

（一）研究样本的基本情况

本课题选择的安吉县、常山县、开化县这三个山区县域样本，都是浙江的“大水缸”“大氧吧”。其中，湖州市安吉县是黄浦江和太湖的源头，是全国第一个国家级生态县，也是“绿水青山就是金山银山”理念的诞生地、美丽乡村建设和“两山银行”改革的发源地。安吉县域面积1886平方公里，辖8镇3乡4街道、1个省级经济开发区。2021年，安吉县常住人口59.5万人，全县地区生产总值566.3亿元，增长10%，完成财政总收入110.8亿元，全县居民人均可支配收入为54069元，全年森林覆盖率达到70.3%，是山区县域生态产品价值实现的标杆。[①]衢州市常山县位于浙江西部，是国家级生态示范区和浙江省重要的生态屏障，钱塘江源头之一。全县总面积1099平方公里，辖6镇5乡3个街道，常住人口34.2万。2021年，常山全县地区生产总值187.58亿元，增长9.8%，完成财政总收入24.78亿元，全县居民人均可支配收入达36135元，森林覆盖率为71.2%。[②]自2020年9月集中力量实体化运作“两山银行”以来，常山县成为浙江省生态产品价值实现的新样板。衢州市开化县，县域总面积2236.61平方公里，共辖9个镇、9个乡，是国家生态县，境内建有钱江源国家森林公园、古田山国家级自然保护区，全县森林覆盖率高达80.9%，生物多样性丰富，具有较好的原真性与完整性。习近平总书记在浙江工作期间，曾对开化提出“一定要把钱江源头生态环境保护好”“变种种砍砍为走走看看”“人人有事干，家家有收入”的嘱托，为开化探索绿水青山向金山银山的转化指明了方向。2021年，开化常住人口25.88万人，全县地区生产总值169.44亿元，增长8.5%，完成财政

---

① 有关数据和情况引自安吉县人民政府网站“县情简介”和《2021年安吉县国民经济和社会发展统计公报》，http://www.anji.gov.cn/ 。

② 有关数据和情况引自常山县人民政府网站“走进常山”和《2021年常山县国民经济和社会发展统计公报》，http://www.zjcs.gov.cn/。

总收入17.37亿元,全县居民人均可支配收入达32432元。[①]所以,安吉、常山、开化三县虽同为山区县域、同为浙江省的生态高地,但"金山银山"的发展程度有所差异。因为久久为功、坚定不移地忠实践行"绿水青山就是金山银山"的绿色转化之路,安吉县率先摆脱了贫困,初步实现了生态环境保护与经济社会发展和谐共生的目标。可以预见,通过生态产品价值实现机制的完善和路径的创新,安吉的今天就是常山和开化的明天,山区县域实现共同富裕的目标指日可待。

(二)安吉、常山、开化三县推进生态产品价值实现的共性举措

相比之下,常山、开化目前虽在做大金山银山方面算不上拔尖,但两县比安吉生态资源优势更为突出,在推进生态产品价值实现方面,基于本地实际也探索了众多创新路径。显然,"绿水青山就是金山银山"理念是指导生态产品价值实现的最重要的理论基础,持续强化对生态环境的保护、治理、修复是生态产品价值实现的前提。从安吉、常山、开化三县均高达70%以上的森林覆盖率可窥见三县对生态建设的久久为功,"绿水青山"的根基都比较敦实。安吉、常山、开化三县推进生态产品价值实现的过程中,实施了一些具有共性的举措,主要表现在:

1. 以"两山银行"革新生态产品价值实现流程

"两山银行"的本质是一个对生态产品进行资源整合、转换提升、市场化交易和可持续运营的平台,通过对碎片化生态资源的收储和整合,将其转换成优质资产包,并引入社会资本投资,促进资源变成资产和资本,实现生态服务价值的增值和溢价。汇聚生态资源、流通生态资产、升值生态资本,将闲散资源聚起来破解资源碎片化问题,这既是"两山银行"的直接目标,也是其运行流程。2020年6月28日,借鉴商业银行"分散化输入、集中式输出"的经营理念,安吉在全国率先实体化运作"两山银行",由县属国企城投集团注册"安吉县'两山'生态资源资产经营有限公司",乡镇设立子公司,形成县乡两级联动运营机制。"资源管理、项目招商、产业发展、产权交易、融资担保、生态修复"是"两山银行"的六大功能定位,形成"资源收储—统筹规划—流转储备—整合提升—招商运营—生态反哺"标准化运作流程体系。常山、开化两县在稍晚的2020年9月、10月也相继成立运营"两山银行",为促进当地生态产品价值实现搭桥铺路。

2. 以绿色金融提升生态产品的运营能力

常山通过承诺收购、优先处置、整合担保力量等形式开发的金融产品有胡柚贷、文化IP开发等17种之多,为难确权、难抵押的生态资源增信。尤其是以2500万元收购柚

① 有关数据和情况引自开化县人民政府网站"走进开化"和《2021年开化县国民经济和社会发展统计公报》,http://www.kaihua.gov.cn/col/col1229091029/index.html。

香谷30万株香柚树并返租,几年后企业再回购的“香柚贷”,为市场主体参与生态产品价值实现给予针对性的保障,极具创新性,解决了市场主体因周期长、效率低而缺乏动力的难题。与此类似的还有常山东方巨石阵景区沉睡的大石头,也能作为抵押物。在绿色金融扶持方面,安吉县设立10亿元乡村振兴基金,与农商行、建行等签订合作协议,拓展“白茶贷”“两山农林贷”“两山乡居贷”等绿色金融产品。在开化,聚焦GEP量化核算、生态价值赋权、质押备案等配套政策,开展了GEP贷、生物活体抵押融资等创新。与地役权改革相匹配,开化全县域对野生动物实施了更加严格的保护,并创新推出了野生动物肇事公众责任保险,将“人与自然和谐共生”的理念扎扎实实地落地。

3. 以利益联结激发生态产品价值实现的内生动力

“人类奋斗所争取的一切,都与他们的利益有关。”切切实实地富民口袋和脑袋,也是“以人民为中心”的执政理念的必然指向。没有社会公众的参与,无论是生态产品价值实现,还是乡村振兴、共同富裕,都将可能出现不了了之的结局。因此,资源收储和利益联结方式非常重要。安吉的收储方式灵活多样,有“村集体+公司+农场”的“鲁家”模式,有“公司+村民散户”的联营模式,还有“多村联创”的片区组团模式,等等。利益分配上亦多种多样,有农民散户的固定收益模式,有项目参股的浮动分红收益模式,还有创新的保底固定+部分浮动模式。常山的做法是打造共富果园做给农民看,当好引路人。集中连片收储农户胡柚园、油茶林等特色生态产品,以流转费一次分配保底收益。通过专业化管理、品牌化营销提升价值品质,以增值收益二次分红反哺农户。利益共享方面开化最有特色的是构建了“品牌+特许”利益联结机制。对提出申请且符合条件的农户,授权其使用钱江源国家公园品牌标识,为相应的生态农产品品质做“背书”,既提升了生态农产品的价值,也促进了当地农民的增收。

4. 统筹推进数字化改革和生态产品价值实现

为解决生态产品因涉及部门众多,部门间常常口径不统一、数据封锁、数据打架的现象,三县都非常注重以数字赋能生态产品价值提升。安吉县联通资规、住建、环保、农业农村等部门数据,实现全县域生态资源“清单+底图”大数据存储。接入浙里办、浙政钉两大门户,同步开通微信端,群众或企业登录后可以查阅名下已确权的林权、农房等资产信息,点击“我要存入”按钮,即可对拟存储的资源资产一键存储。乡镇和村(社区)可登录系统账号,对辖区内的生态资源进行录入。通过横向联通自然资源数字化管理平台、生态保护红线监测预警监管平台、项目全生命周期管理平台等应用,安吉县构建形成了资源规划、生态环保、农业农村、水土保持等“生态资源数据一张图”,有效打通了部门壁垒和信息孤岛,实现全域生态资源“一键管控”。常山县在“浙里办”上线“常山生态云脑”,打通12个部门数百个数据项,实现手机端便捷存储。每户农民随时可以将自家闲置的山水、林田、老房等直接存入数据库,一旦被收储就能产生收益。数字化改革带来的便利有效促进了生态产品市场供需主体的精准对接。

(三)安吉、常山、开化三县推进生态产品价值实现的个性举措

由于在自然资源禀赋、历史人文、地区功能定位以及发展现状等方面不尽相同,使得安吉、常山、开化三县生态产品价值实现路径也具有一定的差异性。

1. 分级分类推进的安吉模式

在“两山银行”探索过程中,安吉创新构建了全域生态资源资产统筹规划、县乡两级银行工作体系、项目分级开发运营等机制体制。一是创新转化模式。在各乡镇因地制宜探索不同类型转化模式,综合考虑属地资源禀赋、权属情况、村集体发展方向等特点,推动形成生态旅游、林下经济、飞地经济、绿水经济等10种转化模式。二是分类转化生态价值。按照“资源分类、项目分级”,梳理形成重点资源八大类别,项目开发ABC三个等级,对不同生态产品分类交易。文化服务类产品通过项目招商、整合提升、自主运营等方式提高价值,一三产开发项目与投促中心的项目全生命周期管理系统实现多方位连通。物质供给类产品通过地理标识、品牌认证、溯源系统等提高价值。调节服务类产品通过转移支付、指标交易等方式提高价值,如:碳汇、CCER交易等。三是产业开发分类布局。根据不同产业和类别的特性,编制县域生态资源转化项目布点规划和产业导向方案,进行差异化布局,降低同质化、竞争化,排定高效农业、生态养殖、绿色制造、文旅融合、循环经济、屋顶空间、小微产业园区等12种产业类型。四是生态反哺制度化。落实生态环境保护者受益、使用者付费、破坏者赔偿的利益导向机制,在项目评估中综合考虑经济价值(GDP)、生态价值(GEP)和社会价值(共同富裕),将生态产品价值核算结果运用到生态保护补偿制度中,将乡镇分类考核、绿色奖补政策等挂钩。

2. “一盘棋”推进的常山模式

从兼顾生态环境保护与经济社会发展的角度,生态产品价值实现与乡村振兴、共同富裕目标一致,具有内在的契合性。近两年,常山县因力度大、成效明而成为生态产品价值实现的县域典范。常山“两山银行”实践经验在全省推广,获评2021年度浙江省改革突破奖铜奖。常山推进生态产品价值实现的最大亮点在于将生态产品价值实现和乡村振兴、共同富裕统筹起来,“一盘棋”推进。多年来,常山面临着一对矛盾:一方面,常山地理位置独特,生态资源十分丰富。另一方面,常山是全省26个加快发展县之一,大量农村剩余劳动力外流,在乡村留下了大量闲置的生态资源,老百姓却增收乏力。同时,政府工作人员在具体招商中又发现,很多开发商经常面临因农户分散而导致的高成本交易以及已开发项目遭遇单个农户违约等难题。如何既能让闲散的生态资源提高效益,又能促进乡村富民强村、减少发展的风险隐患?常山上上下下在深入研究、讨论当前紧迫任务的前提下达成了一个共识,把“两山银行”作为体制机制的集成创新平台,为

生态产品价值实现、乡村振兴、共同富裕聚能聚力。一是全力以赴抓推动。成立由县委书记挂帅、分管领导抓工作落实的领导小组体制，全县总动员，举全县之力统筹推进生态产品价值实现。二是多措并举抓品牌。充分发挥智库作用，创新主办“两山银行”理论研讨会，借用专家力量为常山“两山银行”打造品牌出谋划策。党建引领方面有“早上好”支部书记研学基地；品牌打造方面以“一切为了U”的城市品牌为核心，构建了“一份常礼、早上好礼”“常山漫居”等带有地方标识的生态品牌体系，大大提升了常山经营性生态产品的辨识度。三是集中精力干大事。针对农业产业检验检测、冷链物流等薄弱环节，常山投资建成国家级标准农产品检验中心、2.5万立方米冷链仓储中心和3条智能分选生产线。同时，联合胡庆余堂、江中制药开发深加工产品，带动鲜果收购价格增长70%。

3. 以钱江源国家公园为核心的开化模式

毫无疑问，钱江源国家公园本身是开化最珍贵、最有价值的生态产品。钱江源的生态调节服务产品是开化生态产品价值实现的重中之重，也必须慎之又慎。一个突出的难题是，钱江源国家公园辖区2.3万公顷的林地面积中，集体林地占比达79.6%，林地使用权却主要归辖区内的2.6万余村民。因此，处理好群众利益和生态保护之间的关系，成为开化推进生态产品价值实现的关键立足点。一是探索实践林地地役权改革。2018年2月，钱江源国家公园管理局开始尝试地役权改革。在不改变林木、林地权属的基础上，先由农户或村民小组自行委托村民委员会代理地役权改革事宜，再由村民代表大会集体表决形成决议，将监管权统一授权钱江源国家公园管理局。通过一定的经济补偿限制权属所有者的行为，在地役权权证有效期内，对村民转让林地、林木过程中有涉及生态破坏行为的，钱江源国家公园可行使一票否决权，从而实现钱江源国家公园范围内的集体林地统一由钱江源国家公园管理局监管。钱江源国家公园、村两委、村民三方通过签订《集体林地地役权》合同而“链”在了一起，成为生态共同体和利益共同体。随着林地地役权改革初见成效后，钱江源农田地役权改革也付诸实践。国家公园管理局在种粮大户施种的前期、中期、后期都会免费来进行土壤检测，三个数据进行对比，并对种出来的稻谷做化肥农残检测。因被限定采用生态的生产方式，国家公园给予这些农田每年每亩200元的补贴。二是积极拓展“地役权改革+”。钱江源国家公园和开化县着力打造“钱江源”系列品牌。签约后，当地村民不仅凭身份证可以免费在钱江源国家公园允许范围内参观游览，其出产的农特产品经许可后，可以打上钱江源国家公园品牌标识，收获到优质生态物质产品更多的价值溢价。此外，在开化，围绕生态保护和地役权改革，有各种各样免费的环境教育培训，以及护林公益岗位、“柴改气”补贴等优惠政策，还有富民增收的生态旅游产业蒸蒸日上。开化百姓因参与钱江源国家公园生态产品价值实现的过程而享受到了越来越可观的生态红利。[①]

三、安吉、常山、开化三县推进生态产品价值实现的基本经验

安吉、常山和开化的生态产品价值实现,以数字化改革为切入点,以助力乡村振兴、促进共同富裕为出发点,创造性地运行"两山银行",一手"握住"村集体和村民,一手"牵起"市场和企业,构建起绿色产业链与农民利益链的联结机制,实现了价值增值、企业增效、村集体增收、人民群众受益。

(一)坚定"绿水青山就是金山银山"的理念

生态产品长久以来一直就存在,只是人类在很长的一段时间内将其看作是自然而然的东西,没有认识到其稀缺性和商品性。所以,生态产品价值首先需要观念的转变,牢固树立"绿水青山就是金山银山"意识是促进生态产品价值实现的前提,要特别重视对党员干部和企业家等关键人群的生态文明理念的培育。县域政府层面,要着力培育党员干部的绿色担当,营造甘于做铺垫之事、甘于抓未成之事、功成不必在我、功成必定有我的干事氛围。坚定贯彻落实国家对生态文明建设的设计和部署,把集中集聚集约的思维融入经济社会发展的总体格局中、渗透到生产生活中。既要抓好人民群众容易感知的生态环境改善和生态产业发展,也要高度重视生态理念的推广和生态文化的培育,坚决做到绿色至上、守土有责。企业层面,要明白清洁生产、循环利用、科技创新是企业能够长远发展的根本出路。积极完善优化环保处理设施,主动公开企业环境信息,加大科技研发力度,向着绿色且经济的目标不断迈进。社会公众层面,通过文化熏陶、生态环境宣传教育、体验参与等多种手段,由点到面、由浅入深地推进环境质量提升。党员干部带头示范,带动群众从观望到参与,从怀疑到积极的态度转变,合力推动生态产品外部性问题的内部化。

(二)完善生态产品价值实现的体制机制

制度管长远管根本。首先是建立健全诸如"两山银行"这样的促进生态产品价值实现的平台以及相应的运行机制。包括主要领导亲自抓、以上率下的领导机制,县、乡镇、村上下联动以及部门横向联动、政府与企业及社会公众联动的落实机制,以及确保"绿水青山就是金山银山"理念落实到位的干部考核机制、奖惩机制等。其次是"绿水青山"

---

① 参考《钱江源地役权改革:小小权利"让渡" 撬动252平方公里生态保护》,《浙江日报》2021年10月11日。

的保护机制。比如，提高政府对“绿水青山”的相关保护主体的补偿水平，建立健全政府、市场、社会多元参与的多元化、市场化的生态补偿机制。第三是促进“绿水青山”向“金山银山”转化的制度。比如安吉、德清、长兴三县已经完成的林权和地权的确权颁证，因为产权明晰是“绿水青山”进入市场交易、彰显价值的前提。在确权的基础上，再构建与林权、水权、碳汇权以及生态标签和原产地使用权等相匹配的市场交易制度。同时，为避免生态产品权益主体被侵害或者产权被滥用，还应建立产权主体行为的规章制度。

（三）坚守“绿水青山”“金山银山”的人民性

持续生态富民，是“绿水青山就是金山银山”理念的出发点和落脚点。首先是优美生态环境正外部性的彰显，让人民群众能够实实在在获得环境改善的生态红利。再进一步，激发老百姓增收的内生动力和保护生态环境的自觉，形成生态增收、持续富民的良性循环。2021年，浙江省城乡居民人均可支配收入比值为1.94，在长三角地区城乡可支配收入差距最小。安吉、常山、开化三县的百姓，既能享受基础设施完善、公共服务健全、社会保障充分的小康生活，又能享受天蓝水碧土净的最普惠的民生福祉，幸福指数非常高。比如，开化县何田乡龙坑村的358户农户1151位村民2020年拿到了近30万元的“柴改气”补助，应聘上生态公益岗位的村民，每年能增加一万多元的收入。①

四、结论和建议

综上所述，安吉、常山、开化三县通过充分发挥本地的生态资源优势，展示出了多条富有山区县域特色的生态产品价值实现路径。安吉县针对不同类型生态产品服务价值，通过完善体制机制、相关政策，分级分类推进的模式，具有较强的针对性，比较适用于生态产业化水平比较高的山区县域；常山将生态产品价值实现作为乡村振兴和共同富裕的总抓手，打通堵点、完善配套、建立品牌体系，在富民增收方面见效比较快；钱江源国家公园集体土地地役权改革，既摆脱了征收等传统强制手段造成的不稳定因素，又因为使用权转移的不完全性而节约成本，对于南方人口密集、集体土地占比高的地方建设国家公园具有重要的实践指导意义。应当说，三县探索生态产品价值实现的实践亮点纷呈，成效明显。但是，三县在实践中也遭遇了阻碍进一步发展的难题和挑战。一是生态资源确权仍存在政策瓶颈，部分资源因无法确权而导致生态资源增值困难。如水库、湖泊因无上位法无法确权。当前国内生态产品较为明确的产权是所有权和生态产

① 《钱江源地役权改革：小小权利“让渡” 撬动252平方公里生态保护》，《浙江日报》2021年10月11日。

品的管理权,使用权是生态产品产权最模糊的领域,也是最有创新空间的领域。二是生态资源评估缺乏统一规范的标准体系,很难准确度量其当前价值和预期价值。如美丽乡村的无形价值如何体现,不同区位、不同禀赋的同类自然资源的价值差异性如何衡量。三是生态产品价值转化不充分,调节服务类产品的交易短期内难以普遍实现,调节气候、涵养水源、生物多样性等生态权很难进入交易市场。因此,生态产品价值实现路径创新应当围绕现实难题,打通堵点。比如,进一步破除阻碍生态资源变资产资本的体制性障碍,打通机制性梗阻;聚焦山区县域农业农村这个主阵地,加大对农业科技研发的支撑力度,积极研发应用减碳增汇型农业技术,开发乡村碳汇新品;将GEP增减纳入干部自然资源资产离任审计内容,建立充分发挥政府主导功能的生态产品价值考核机制,牢牢抓住领导干部"关键少数"。

"金山银山"与"绿水青山"双赢：基于浙江环境治理的实证分析[①]

张乐才[②]

一、引言

自20世纪90年代至今，应采用何种措施提高我国环境质量一直是政府与学界非常关注的问题。2005年8月，时任浙江省委书记的习近平同志来到浙江安吉县余村考察时，提出了"绿水青山就是金山银山"的科学论断。应该采取怎样的措施来形成"绿水青山"与"金山银山"双赢，从而实现经济增长与环境质量同进的环境治理绩效，是我国各级政府面临的一项重要现实问题。

自"绿水青山就是金山银山"理念提出以来，作为沿海经济发达省份的浙江是否实现了"金山银山"与"绿水青山"双赢？浙江在环境污染治理过程中采取了怎样的治理措施，这些措施的效果如何？显然，对上述问题的探讨不仅有利于浙江进一步巩固其践行"绿水青山就是金山银山"理念所取得的成果，也能为我国其他地方如何形成"绿水青山就是金山银山"双赢目标、实现"金山银山"与"绿水青山"双赢提供经验借鉴。

综观现有文献可以发现，对环境污染的治理措施及其治理绩效进行探究一直是国内外学者关注的热点问题。

首先，环境治理措施研究。经济学界对环境治理措施研究从三个方面展开。第一，政府治理措施的作用。庇古(1925)认为，在环境治理上，市场机制无法发挥作用，而政府干预则能弥补市场失灵。Grossman和Krueger(1996)同样指出，市场无法化解环境污染而只能由政府出面解决。第二，影响政府治理措施的因素。Grossman和Krueger

---

② 作者简介：张乐才，博士，中共杭州市委党校副教授。

(1995)认为,政府环境治理的政策由污染成本承担者的需求推动;Thampapillai(2003)指出,污染成本承担者会要求政府采取治理措施,而污染成本规避者则为了阻止政府治理而会采取反制措施。第三,政府污染治理措施的选择依据。Roger Perman(2002)认为,环境政策制定者对各项标准的不同侧重将影响他们对污染控制措施的选择,污染类型差异也会导致政府选择不同的污染治理措施。

其次,环境治理绩效的研究。学界对环境治理绩效研究主要从三个方面展开。第一,直接计量环境治理对污染物排放的影响。代表性学者主要有 Magat 和 Viscusi(1990),Laplante 和 Rilstone(1996),马春文和武赫(2016)、陆凤芝和杨浩昌(2019)等。第二,将环境治理与环境库兹涅茨曲线(EKC)结合起来进行分析,以说明环境治理的绩效。代表性学者主要有:Grossman 和 Krueger(1995)、Panatoutou(1997)、马万里和吕圆圆(2015)等。第三,分析环境治理对于污染密集产业的影响,以此来作为衡量政府治理绩效的标准。代表性学者主要有 Greenstone(2002)、张红凤等(2009)、张功富(2013)等。

从总体上看,国内外学者对环境污染的政府治理措施及治理绩效做了较为翔实的研究,并且形成了有较大影响的研究成果。鉴此,本文决定借鉴已有研究方法,就浙江实践"绿水青山就是金山银山"理念的政府治理措施与治理绩效进行分析,从而为我国完成"绿水青山就是金山银山"双赢提供理论与经验支撑。

二、浙江"金山银山"与"绿水青山"双赢的典型事实

(一)典型事实

1. 经济增长成就显著

自"绿水青山就是金山银山"理念提出以来,浙江经济获得了快速发展。2005年,浙江生产总值(GDP)为13418亿元,到2019年,其生产总值达到62352亿元,14年间增长了4.65倍,其人均生产总值达到105351元,仅次于北京与上海,居于全国第三位。从人均可支配收入视角分析,2019年,全国城镇居民与农村居民人均可支配收入分别为42359、16021元,而浙江城镇居民与农村居民人均可支配收入则分别达到60182、29876元;此外,2019年全国城乡收入差距为2.64,而浙江城乡收入差距仅为2.01(见表1)。

表1　浙江与全国人均可支配收入及城乡收入差距比较

年份	城镇居民收入(万元)		农村居民收入(万元)		城乡收入差距	
	浙江	全国	浙江	全国	浙江	全国
2013	37080	26467	17494	9430	2.12	2.81
2014	40393	28844	19373	10489	2.09	2.75

续 表

年份	城镇居民收入(万元)		农村居民收入(万元)		城乡收入差距	
	浙江	全国	浙江	全国	浙江	全国
2015	43714	31195	21125	11422	2.07	2.73
2016	47237	33616	22866	12363	2.07	2.72
2017	51261	36396	24956	13432	2.05	2.71
2018	55574	39251	27302	14617	2.04	2.69
2019	60182	42359	29876	16021	2.01	2.64

2. 环境质量明显好转

在“绿水青山就是金山银山”理念提出之前,浙江区域经济发展取得了很大成就,但也不可避免地给环境质量带来了负面影响。以“绿水青山就是金山银山”理念提出的2005年为例,在2005年,浙江的水环境、大气环境均面临较为严峻的局面。首先,水环境。2005年,浙江仅有64.9%的监测断面水质达到或优于地表水环境质量Ⅲ类标准,其中Ⅰ类水质为2.9%,Ⅱ类水质为27.5%,Ⅲ类水质为34.5%,Ⅳ类水质为14.6%,Ⅴ类水质为6.4%,劣Ⅴ类水质为14.1%;32个省控河网监测断面水质状况相对较差,主要超标指标为氨氮、总磷、高锰酸盐指数和生化需氧量;在11个设区城市的19个主要集中式饮用水源地水质达标率仅为68.4%。其次,空气环境。2005年,浙江11个设区市全年的Ⅰ—Ⅱ类空气质量天数为80%左右,尘类污染物、二氧化氮和二氧化硫的含量相对较高,全省酸雨值平均为4.38。

自“绿水青山就是金山银山”理念提出以后,浙江加大环境污染的治理力度,其环境质量明显好转。首先,水环境质量。2019年,浙江11个设区城市主要集中式饮用水水源个数达标率为90.5%,县级以上城市集中式饮用水水源地水质优良个数达标率为100%;水质达到或优于地表水环境质量Ⅲ类标准的断面占84.6%,无劣Ⅴ类断面;八大水系中,属于省级河长水系的钱塘江、瓯江、曹娥江、苕溪、飞云江五条水系以及甬江总体水质状况为优,达到或优于Ⅲ类标准。其次,空气环境质量。2019年,浙江11个设区城市日空气质量优良天数平均达到85.3%,其中优天数比例达到31.0%;69个县级以上城市日空气质量优良天数比例为71.0%～100%,平均为90.8%。可见,相对于“绿水青山就是金山银山理念提出的2005年,浙江环境质量取得了较为明显的好转。

(二)浙江经济增长与环境质量的库兹涅茨特征

已有研究指出,环境污染与经济增长的长期关系会呈倒U形曲线特征,学术界将该曲线称为环境库兹涅茨曲线(Grossman and Krueger,1995;Panayotou,1997)。环境库兹涅茨曲线理论表明:如果环境污染与经济增长是一种正向关系,则说明政府治理绩效较差,如图1的K_1段;如果环境污染与经济增长是一种负向关系,则说明随着经济不断增长,环境污染反而会不断下降,表明政府的环境治理富有成效,说明该地区实现了经济增长与环境质量双赢,如图1的K_2段。鉴此,本文决定用环境库兹涅茨曲线理论对浙江是否实现了"金山银山"与"绿水青山"双赢的治理绩效进行检验。

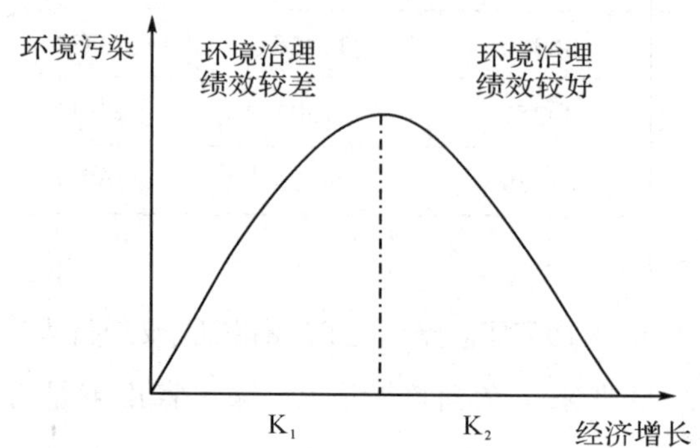

图1　环境库兹涅茨曲线下的政府环境治理绩效

1.模型、变量选取与数据来源

(1)模型。

本文通过如下模型来探寻浙江"金山银山"与"绿水青山"(经济增长与环境污染)的库兹涅茨特征:

$$\ln POLLU = \beta_0 + \beta_1 \ln GDP + \beta_2 \ln^2 GDP + \beta_3 \ln^3 GDP + \xi \tag{1}$$

根据该模型的回归结果可以判断环境污染与经济增长的曲线关系①,据此确定浙江环境治理绩效的库兹涅茨特征。其中,β_1、β_2、β_3为模型参数;ξ为随机参数项;下标i和t分别表示浙江各地级市和时间;*POLLU*表示环境质量;GDP表示经济增长。样本为浙江各地级市,时间跨度为从2005年到2019年的年度数据。

(2)变量选取。

第一,环境质量。本文用环境污染指数来表征环境质量指标,文章分三步对环境污染指数进行计算。首先,计算废水、废气、工业粉尘三类环境污染指标占GDP的比例,从而得出三类环境污染指标的GDP占比。其次,将三类环境污染指标的GDP占比进行标准化,标准化的方法为:$Y_i = X_i / \bar{X}$。其中Y_i为指标X_i标准化后的值。$\bar{X}$为指标X_i在观察

① 环境污染与经济增长的曲线关系有以下几种:(1)如果,$\beta_1 > 0$、$\beta_2 < 0$、$\beta_3 > 0$则为三次曲线关系或者说呈*N*形曲线关系;反之,如果,$\beta_1 < 0$、$\beta_2 > 0$、$\beta_3 < 0$,则为倒*N*形曲线。(2)如果$\beta_1 > 0$、$\beta_2 < 0$、$\beta_3 = 0$,则为二次曲线关系,即呈库兹涅茨倒*U*形曲线关系;反之,$\beta_1 < 0$、$\beta_2 > 0$、$\beta_3 = 0$,则为*U*型曲线关系;(3)如果$\beta_1 \neq 0$、$\beta_2 = 0$、$\beta_3 = 0$,则环境污染与收入呈线性关系。

期间的平均值。最后,将三个环境污染治理的标准化值进行加总,便得到了一个总环境污染指数(EPRI)。$EPRI=\sum_{i=1}^{n}\mu_i Y_i$。为了计算浙江的环境污染指数,我们做出如下假设:即各个环境污染物权重相同,故本文有关浙江总环境污染指数可表示为三个环境污染物指数的算术平均数。即EPRI=(废水标准化值+废气标准化值+工业粉尘标准化值)/3。

第二,经济增长。本文经济增长用人均收入表征。

第三,影响经济增长的控制变量。本文决定将贸易开放度(OPEN)、外商直接投资(FDI)、财政收入(FISC)、投资(INVE)、人口总量(POPU)等作为影响经济增长的控制变量。

(3)数据来源。

本文将时间跨度设置为2005—2019年,并以2005年作为基期对浙江人均生产总值等变量进行了平减处理,从而加强了数据的科学性和有效性;除环境污染指数、对外开放度之外,对其他各种变量均进行了对数化处理。本文数据均来源于《浙江环境统计公报》《浙江统计年鉴》以及"中国知网"数据库。各变量的描述性统计见表2。

表2 各变量的描述性统计特征

	lnGDP	lnPOPU	TRADE	lnFDI	lnFISC	lnINVE	lnGOV	EPRI
Mean	2.1845	0.4324	0.1475	0.1413	0.2156	1.1594	6.6417	2.997
Median	1.637	0.3814	0.0319	0.0386	0.1262	0.7611	6.4671	2.8726
Maximum	9.1242	1.0594	1.8452	1.7382	1.602	5.615	13.415	4.7586
Minimum	0.2819	0.0518	0.0023	0.0011	0.0105	0.0477	2.3700	1.8915
Std.Dev.	1.7316	0.2606	0.2789	0.2759	0.2606	1.088	2.2413	0.5955
Skewness	1.5669	0.5294	3.2924	3.2435	2.8242	1.3755	0.5227	0.7019
Kurtosis	5.3923	2.3852	15.829	14.692	12.235	4.7681	2.9315	2.7892

2. 实证结果

表3方程(1)显示,当用经济增长的一次方项(由LNGDP表示)、平方项(由LNSGDP表示)、立方项(由LNCGDP表示)同时作为回归因子与EPRI进行回归分析时,发现经济增长的立方项与平方项统计量的P值均不显著。方程(2)在方程(1)的基础上去掉立方项进行回归,结果显示经济增长平方项统计量的P值不显著。方程(3)在方程(2)的基础之上去掉平方项进行回归,结果显示经济增长一次方项统计量的P值在1%范围内显著,但对外贸易指标统计量的P值不显著。方程(4)在方程(3)的基础之上去掉对外贸易指标后,结果显示各变量统计量的P值均在显著性范围。其中,LNGDP对EPRI的回

归系数为-0.561150,显著性极强。这说明,"绿水青山就是金山银山理念提出以来,浙江经济增长与环境污染呈负向关系,表明浙江实现了"金山银山"与"绿水青山"双赢的治理绩效。

表3 库兹涅茨特征检验结果

变量	方程(1) (三次)	方程(2) (二次)	方程(3) (一次)	方程(4) (确定)
LNGDP	-0.627675*** (19.06172)	-0.623739*** (19.43952)	-0.647803*** (20.90864)	-0.561150*** (7.44343)
LNSGDP	0.070212 (0.050307)	0.013811 (2.520416)		
LNCGDP	0.015150 (0.547650)			
C	1.630501*** (5.022934)	1.688859*** (5.516268)	1.459190*** (4.935988)	1.619792*** (8.977214)
LNPOPU	0.119163** (2.451123)	0.114586** (2.396212)	0.131271*** (2.740522)	0.110672*** (2.968079)
LNTRADE	0.013711 (0.776220)	0.013232* (0.751189)	0.012224* (0.686291)	
LNFDI	0.055978** (2.830687)	0.054757** (2.790934)	0.056716*** (2.860360)	0.055102** (2.801889)
LNFISC	0.026158*** (4.400096)	0.026210*** (4.416156)	0.024392*** (4.093790)	0.025423*** (4.414228)
LNINVE	0.037053*** (3.383847)	0.036637*** (3.359035)	0.034057*** (3.100949)	0.029257*** (3.459286)
EXPERI	0.081973*** (4.067109)	0.082299*** (4.091218)	0.079748*** (3.924641)	0.085934*** (4.723994)

三、实现"金山银山"与"绿水青山"双赢所采取的治理措施

浙江是如何实现"金山银山"与"绿水青山"双赢?显然,对此问题的探寻较为重要。鉴此,本部分就浙江实现"金山银山"与"绿水青山"双赢所采取的措施进行分析。

就政府环境治理的措施而言,其可以分为直接治理措施与间接治理措施。王金南(2006)认为:政府治理环境污染的直接措施包括各项法律、条例、规章和制度,具体措施可以分解为7项,即排污收费、总量控制、环境影响评价和三同时、流域规划、污水集中处

理、关停政策、排污许可证。戴星翼(2002)则对环境污染治理的间接措施进行了分析。他指出,为了治理环境污染,应建立可持续发展的经济方式,抑制污染密集型产业,大力发展静脉产业、阳光产业、效率产业等。

Roger.Perman(2002)分析了污染控制措施的选择依据。他认为:污染控制当局对污染标准的不同侧重,将影响他们对污染控制措施的选择,还有可能因污染类型差异而对各项污染标准赋予不同的权重,进而导致选择不同的控制措施。由于环境质量相对较为严重,环境治理任务重,浙江在环境污染治理中采取了直接措施与间接措施同时并重的策略。

(一)政府直接治理措施

首先,加大对环境污染的治理力度。一是加大环境整治力度。2005年以来,浙江连续实施"811"生态环保专项行动、治水拆违、农村面源整治、村容村貌改造、治污泥歼灭战、"五水共治"、抓好垃圾分类、"厕所革命"等一系列生态环境的治理行动,使得其生态环境质量大为改观。二是加强环境违规的执法力度。浙江对环境违规的执法较为严格,以2017年为例,浙江环保部门在2017年查处环境违法案件18611件,罚款8.05亿元,刑事拘留1048人;在中央环保督察中,按时办结移交信访件6920件,责令整改企业7289家,处罚4401家。通过严格执法,杜绝环境违规者逃避环境处罚的侥幸心理。

其次,加大环境污染治理的制度体系建设。一是从源头上制止环境污染。浙江在全国率先发布了《浙江省主体功能区规划》,通过划分优先开发区域、重点开发区域、限制开发区域和禁止开发区域,明确生态红线,以实现对环境污染治理的源头控制。二是创新环境污染防治体制。在全国首创"河长制",首创空间、总量与项目"三位一体"的新型环境准入制度,率先实施生态保护补偿机制,积极推行排污权有偿使用和交易等,从制度上规范环境污染治理,以提升环境治理效率。

(二)政府间接治理措施

首先,大力发展乡村清洁经济。一是启动美丽乡村建设。为了促进乡村经济发展,浙江实施了"千村示范、万村整治""乡村康庄工程""百亿帮扶致富"等工程。同时,浙江按照各乡村的经济状况、区位条件、人文底蕴,形成了以县域美丽乡村建设规划为龙头,村庄布局规划、中心村建设规划、农村土地综合整治规划、历史文化村落保护利用规划为基础的"1+4"县域美丽乡村建设,并在全国率先出台了美丽乡村建设指标体系。从2005年到2019年,浙江各级财政累计投入村庄整治和美丽乡村建设的资金超过1800亿元。二是大力发展绿色产业。为了促进乡村经济发展,浙江大力发展休闲度假、旅游观光、养生养老、农耕体验、农业创意、乡村手工艺等农业特色产业,真正使"绿水青山"转化为了“金山银山”。

其次,加快推动传统产业转型升级。一是实行“腾笼换鸟”,集中力量扶持高科技、高附加值的产业和产品,淘汰高能耗、高排放、低产出的产业和企业。二是大力推进企业的清洁生产技术。以安全生产、中水回用、余热余压利用、废水处理等领域为重点,支持企业应用减污、节水、节能等先进工艺技术和装备,全面推行清洁生产。三是引导污染密集型企业有序转移。以“脏乱差”企业(作坊)为重点,整治这些企业在生产经营中存在的环境保护不达标、节能降耗不达标等问题,引导因环境容量等因素不宜继续发展的产能有序转移等。

最后,改革以GDP为导向的政府政绩考核制度。为了突出绿色发展导向,浙江对全省GDP考核实行差别化的评价指标体系。2014年,浙江省政府宣布不对经济欠发达地区丽水考核GDP和工业增加值;2015年初,全省26个加快发展县松绑了GDP总量考核。通过改革政府政绩考核制度,使得省以下各级政府加大对污染密集型产业特别是重污染密集型产业的抑制力度,从而提升区域环境质量。

四、治理措施的成效

(一)直接治理措施对环境质量的影响

1. 计量模型与变量选取

(1)计量模型。

本部分需要分析浙江环境污染治理的直接治理措施对环境质量的影响。同时,鉴于还有其他变量也会影响环境污染治理绩效,故所建立的计量模型不仅包括解释变量直接治理措施,还包括影响环境污染的其他控制变量。本文决定采用以下模型来测度直接治理措施对环境质量的影响。

$$\text{POLLU}_{it} = C + \alpha_1 \text{GOV}_{it} + \alpha_2 H_{it} + \varepsilon_{it} \tag{2}$$

其中,下标i和t分别表示浙江各地级市和时间。GOV表示政府环境治理的直接治理措施,$H_{i,t}$是影响环境质量的其他控制变量,ε_{it}为误差项。样本为浙江各地级市,时间跨度为从2005年到2019年的年度数据。

文章分两步进行模型设定检验。首先,用F检验确定是采用混合模型还是个体固定效应模型。根据Eviews9.0的估计结果,政府环境污染治理措施影响环境质量计量模型的F值为13.1062,相应的P值分别为0.0001,故F检验拒绝了采用混合模型的原假设。其次,为了确定采用固定效应模型还是随机效应模型,文章用Hausman检验对之进行了判别。根据Eviews9.0的估计结果,直接治理措施影响环境质量计量模型的Chi-Sq. d.f

数值为72.9073,相应的P值为0.0000,故文章决定用固定效应模型进行实证检验。

(2)变量选取[①]。

第一,被解释变量:环境质量。用环境污染指数来表征环境质量指标,用符号EPRI表示。

第二,解释变量:政府环境污染治理的直接治理措施。由于资料的所得性,本文把浙江历年环境污染治理投入作为政府直接治理措施的工具变量,用符号GOV表示。

第三. 控制变量。参照已有研究,本文决定将贸易开放度(OPEN)、人均收入(GDP)、外商直接投资(FDI)、财政收入(FISC)、投资(INVE)、人口总量(符号POPU)等指标作为文章实证研究的控制变量。

2. 实证结果分析

(1)基本回归结果

表4的方程(5)表明,政府直接治理措施影响环境质量回归系数的T统计量为-5.3321,在1%范围内显著,表明政府直接治理措施是环境质量的解释变量。政府环境污染治理投入每增加1%,环境污染指数便减少0.0355%。说明浙江直接治理措施有利于环境质量的提升。为了对此回归结构进行稳健性分析,本文用政府直接治理措施对环境质量滞后一期的影响进行稳健性检验。从方程(6)的回归结果分析,当我们用滞后一期的解释变量指标后,政府直接治理措施对环境污染指数的影响系数仍然为负值且在1%范围内显著。这说明本文所使用的回归模型及其结果较为稳健。

表4　环境污染治理措施影响环境治理的实证结果[②]

变量	方程(5)	方程(6)	方程(7)	方程(8)	方程(9)
	基本回归结果	稳健性检验结果	东部地区	中部地区	西部地区
LNGDP	-0.0110*** (-1.3154)	-0.0272*** (-1.7860)	-0.0289** (-1.9807)	-0.3348** (-4.4675)	-0.3557*** (-4.0926)
LNPOPU	0.5241* (1.0977)	0.3914** (1.8362)	-0.3260 (-1.9247)	2.6639*** (2.4382)	1.1637* (1.9031)
LNFDI	-0.2308* (-1.8218)	0.0363* (1.2262)	-0.2308* (-1.8218)	-5.3132*** (-2.7381)	-2.5609*** (-2.2729)
TRADE	0.1029*** (1.6512)	0.3257*** (3.7940)	0.4520*** (5.2747)	-0.8896* (-1.9370)	1.9935*** (2.0393)

① 本部分数据同样均来源于《浙江环境统计公报》《浙江统计年鉴》以及“中国知网”数据库。各变量的描述性统计见表2。

② *、**、***分别表示通过10%、5%、1%水平下的显著性检验;括号内为T统计量。

续 表

变量	方程(5)	方程(6)	方程(7)	方程(8)	方程(9)
	基本回归结果	稳健性检验结果	东部地区	中部地区	西部地区
LNFISC	-0.8269***(-4.6996)	-0.8953***(-5.1452)	-0.8808***(-7.6129)	1.5200***(2.3723)	-4.0591***(-6.1948)
LNINVE	0.0003*(1.0159)	0.0057*(1.3165)	0.0069(1.4922)	0.0026*(1.0813)	-0.0098(-1.2051)
LNGOV	-0.0355***(-5.3321)	-0.0794***(-4.3970)	-0.0856***(-6.8592)	-0.1068***(-4.4655)	-0.0761***(-2.7309)

(2)不同地区的回归结果

为了进一步探寻直接治理措施对环境质量的影响,文章决定将浙江分为经济发达地区、经济中等发达地区、经济欠发达地区三类,其中经济发达地区包括杭州、宁波,经济欠发达地区包括丽水、衢州,其余地区则为经济中等发达地区,以分析不同地区的直接治理措施对环境治理绩效的影响。

表4的方程(7)、(8)、(9)显示:经济发达地区、经济中等发达地区与经济欠发达地区的政府直接治理措施均会带来环境污染指数减少,其影响系数均在1%范围内显著。方程(7)、(8)、(9)的实证结果对方程(5)的回归结果做了进一步的结构化说明。方程(5)显示,浙江直接治理措施会带来环境污染指数减少,通过方程(7)、(8)、(9)可以发现,该实证结果在浙江三类地区呈现普遍现象,说明三类地区的政府直接治理措施均具有较好的治理绩效。

(二)间接治理措施对环境质量的影响

前面已经分析,浙江治理环境污染的间接治理措施主要体现为加大农村"美丽"经济的投入力度、对传统产业转型升级、改革政府政绩考核制度等三方面措施,而这些措施都会对污染密集型产业的增长起着抑制作用。这说明,间接治理措施绩效可以通过污染密集型产业的区域竞争力变化体现出来。如果污染密集型产业的竞争力由弱变强,则说明间接治理措施的绩效相对较小;反之,如果污染密集型产业的竞争力由强变弱,则说明间接治理措施富有成效。鉴此,本部分决定对浙江污染密集型产业的竞争力变化进行分析。

1. 污染密集型产业及其分类

污染密集型产业是指在生产过程中如果不加以治理就会直接或间接产生大量污染的产业。根据污染密集型产业划分标准,污染密集型产业可分为轻污染密集产业、中度污染密集产业和重污染密集产业。轻污染密集产业包括：烟草及饮料制造业、食品、纺织业、皮革、毛皮、羽绒及制品业、石油加工及炼焦业、金属制品业、橡胶制品业、印刷业记录媒介的复制、机械、电器、塑料制品业、电子设备制造业等。中度污染密集产业包括：化学纤维制造业、医药制造业和有色金属冶炼及压延工业。重污染密集产业包括：燃气及水的生产供应业、电力、造纸及纸品业、煤采掘业、水泥制造业、黑金属冶炼及压延工业、非金属矿物制造业、化工原料及化学品制造业。

2. 浙江污染密集型产业的区位商变化

区位商是指小区域某行业占大区域同行业的比值与小区域总产值占大区域总产值的比重之比。该指标是反映产业区域竞争力的重要指标，计算公式为：

$$Q_k = (e_j^k / e_j) / (E_j^k / E_j) \tag{3}$$

其中，Q_k 表示区位商，e_j 表示第 j 个区域的产值，e_j^k 表示 j 区域内 k 产业的产值，E_j 是表示大区域的总产值，E_j^k 表示大区域内 k 产业的总产值。当某产业区位商大于1时，则说明此产业的专业化程度较高，在整个区域中具有一定的竞争力。反之，如果某产业的区位商小于1，则说明该产业的竞争力较弱。

根据浙江省统计局和国家统计局的相关数据，本文计算了浙江2005年和2018年的工业产业区位商，结果见于表5。从表5可以看出：2005年，浙江工业产业的纺织业、废旧材料回收和废弃资源加工业、皮革与皮毛及其制品业、化学纤维制造业、通用设备制造业、塑料制品业、家具制造业、金属制品业等是区位优势行业。根据前面有关污染密集型产业分类可知，这些产业主要是污染密集型产业。然而，到了2018年，这些污染密集型产业的区位商开始下降，说明浙江竞争力较强的产业已经不是污染密集型产业而是其他污染相对较轻的产业。由于浙江污染密集型产业的区位商出现了由大到小的变化，说明浙江环境污染的间接治理措施具有成效。

表5 浙江工业产业区位商变化

行业	2005指数	2018指数	行业	2005指数	2018指数
化学纤维制造业	3.65	1.13	橡胶制品业	1.07	1.02
废弃资源和废弃旧材料回收加工业	3.23	1.09	仪器仪表及文化、办公用机械制造业	1.07	2.25
皮革、毛皮、羽毛(绒)及其制品业	2.44	1.21	有色金属冶炼及压延加工业	0.93	0.89
纺织业	2.3	1.89	医药制造业	0.9	1.78
工艺品及其他制造业	1.85	2.03	专用设备制造业	1.87	2.08
文教体育用品制造业	1.7	1.98	化学原料及化学制品制造业	0.79	0.66

续 表

行业	2005指数	2018指数	行业	2005指数	2018指数
纺织服装、鞋、帽制造业	1.7	1.73	饮料制造业	0.73	0.89
塑料制品业	1.68	1.25	交通运输设备制造业	0.72	1.28
通用设备制造业	1.62	2.12	非金属矿物制品业	0.67	0.83
电气机械及器材制造业	1.38	2.08	烟草制品业	0.59	0.55
家具制造业	1.31	1.56	石油加工、炼焦及核燃料加工业	0.55	0.31
印刷业和记录媒介的复制	1.27	1.27	食品制造业	0.18	0.52
金属制品业	1.26	1.26	农副食品加工业	0.42	2.38
造纸及纸制品业	1.21	1.01	通信设备、计算机及电子设备制造业	1.42	2.38
木材加工及木、竹、藤、棕、草制品业	1.13	1.13	黑色金属冶炼及压延工业	0.31	0.43

注:资料来源:依据国家统计局与浙江统计局相关资料整理并计算而得。

3. 浙江污染密集型产业对经济增长的贡献率变化

产业对区域经济增长的贡献率,是以各产业所占比重为权数对各自的增长率进行加权平均计算而得,其计算过程如下:

假设D_i为第一产业的经济增长贡献率,G_v为GDP增长率,G_{vi}为第一产业增加值增加率,P_i为第一产业增加值占GDP的比重。第1产业对经济增长贡献率D_i可以表示为:$D_i = G_{vi}P_i/G_v$。

根据《浙江统计年鉴》,本文计算了浙江2005年到2018年部分年份的污染密集型产业对其经济增长的贡献率变化,这些污染密集型产业分别为纺织业、机械及器材制造业、通用设备制造业、纺织服装鞋帽业、化学纤维制造业、塑料制品业、皮革毛皮羽毛(绒)及其制品业。文章之所以选择这些污染密集型产业来测度其对经济增长的贡献率,主要是根据前面的区位商分析,这些污染密集型产业在2005年是浙江区位商比较大的产业。表6显示,2005年浙江主要污染密集型产业增长率对经济增长率的贡献率为20.4%,每个行业的平均贡献率达到了4%左右;到2018年,这些污染密集型产业增长率对经济增长率的贡献率只有13.12%,每个行业对经济增长平均贡献率下降了2%左右。这表明,浙江污染密集型产业对GDP增长带动作用明显下降。可见,从污染密集型产业的贡献率变化视角分析,浙江环境污染的间接治理措施也具有成效。

表6 浙江主要污染密集型产业对经济增长的贡献率变化(单位:%)

行业名称	2005年	2008年	2011年	2014年	2018年
通用设备制造业	0.032	0.011	0.022	0.064	0.058
纺织业	0.069	0.081	0.091	0.069	0.083
纺织、服装、鞋帽业	0.056	0.031	0.026	0.018	0.012
机械及器材制造业	0.021	0.039	0.019	0.037	0.038
塑料制品业	0.043	0.037	0.015	0.018	0.017
皮革毛皮羽毛(绒)及其制品业	0.026	0.029	0.014	0.011	0.012
化学纤维制造业	0.017	0.019	0.021	0.007	0.009

注:资料来源:《浙江统计年鉴(2006—2019)》。

五、结论

本文就浙江实现“金山银山”与“绿水青山”双赢的治理绩效进行了分析,得到了以下研究结论。

首先,文章就浙江是否存在“金山银山”与“绿水青山”双赢进行了分析。结果发现:一是自“绿水青山就是金山银山”理念提出以来的典型事实表明,浙江经济增长成就显著且环境质量明显好转。二是基于库兹涅茨特征的环境治理绩效检验表明,目前浙江环境污染与经济增长的关系呈现一种负向的线性关系,进一步表明浙江实现了“金山银山”与“绿水青山”双赢。

其次,文章就浙江环境治理措施进行了分析。结果发现,浙江环境治理措施包括政府的直接治理与间接治理两方面。一是政府治理的直接措施包括加大对环境污染的治理力度、加大环境污染治理的制度体系建设等。二是政府治理的间接措施包括大力发展乡村清洁经济、推动传统产业转型升级、改革以GDP为导向的政府政绩考核制度等。

再次,文章就浙江环境治理措施的治理成效进行了分析。一是用浙江地市级面板数据就环境治理的直接措施对环境质量的影响进行了实证检验,结果表明浙江的环境治理带来了环境污染减少。全地区回归结果表明:政府环境污染治理投入每增加1%,环境污染指数便减少0.0355%。同时,分地区回归结果发现:经济发达地区、中等发达地区与经济欠发达地区的政府环境污染治理措施均会带来环境污染指数减少,其影响系数均在1%范围内显著,说明浙江三类地区的政府直接治理措施均具有较好的治理绩效。二是文章用污染密集型产业的竞争力状况就浙江环境治理的间接措施对环境质量的影响进行了实证检验。结果表明:从产业区位商指标分析,2005年,浙江竞争力较强的产业主要是污染密集型产业;从产业贡献率指标分析,2005年,浙江污染密集型产业对该地区GDP增长具有显著带动作用。到了2018年,浙江污染密集型产业的区位商下降,其对该地区GDP增长的带动作用减小。可见,从污染密集型产业的竞争力变化视角分析,浙江环境污染的间接治理措施也具有成效。

Dasgupta et al(2002)在总结关于各国环境库兹涅茨经验证据后指出,部分国家的环境库兹涅茨曲线临界值之所以较低,根本原因在于这些国家的环境管制与产业升级所导致。本文的研究表明,正是由于浙江采用了较为严格的直接治理措施,并大力发展绿色产业、加大对污染密集型产业的抑制,故浙江环境污染治理取得了良好的治理绩效。浙江环境污染治理的经验表明,我们一方面要采用严厉的污染治理措施;另一方面也要大力发展绿色产业,并加大对污染密集型产业的抑制力度,只有这样才能实现“绿水青山”与“金山银山”双赢,经济发展与清洁环境同进的发展目标。

跨界水生态协同治理体系构建研究
——基于长三角生态绿色一体化发展示范区制度创新实践

沈 洁[①]

党的十八大以来，党中央大力抓生态环境保护，在生态文明建设方面发生了历史性、转折性、全局性变化[②]。但是在跨界水生态治理方面还存在问题，尤其是跨省界毗邻地区，由于行政壁垒及历史遗留问题等原因，跨界协同治理还存在不少困境。2018年11月5日，习近平总书记在首届进博会上宣布“支持长江三角洲区域一体化发展并上升为国家战略”，2019年5月，根据《长江三角洲区域一体化发展规划纲要》，明确上海青浦、江苏吴江、浙江嘉善列入长三角生态绿色一体化发展示范区（以下简称一体化示范区），成为国家战略的先手棋和突破口，承担了要在一体化制度创新上作出示范的责任。在此背景下，长三角一体化发展进入加速期，在推进生态协同治理方面走在全国前列，尤其在生态协同治理方面，一体化示范区已形成3+5项制度创新成果，率先将生态优势转化为经济社会发展优势。本文以一体化示范区为研究对象，分析其在开展跨界水生态协同治理过程中的具体做法、主要困境及制度创新成果，不仅能为其他地区提供制度样本，更是推动区域高质量发展的战略要求。

一、问题的提出

跨界水生态协同治理是通过合作方式解决政府行政权力、职能边界与水污染流动性和治理空间整体性之间的矛盾而形成的治理成熟范式[③]。从已有的文献研究看，跨界水生态协同治理重点致力于解决行政、法律、经济、社会四个层面的问题。行政层面主要是解决在各行政部门和管理机构职责范围存在职能交叉、权责不明情况下，跨界水污

---

① 作者简介：沈洁，中共嘉善县委党校办公室副主任，讲师。

②《中国共产党第十九届中央委员会第六次全体会议公报》。

③ 陈文理，何玮，龚建周：《国内跨界水污染治理研究进展与展望》，《广东行政学院学报》2020年第4期。

染治理中容易出现的“九龙治水”“相互推诿”问题[①]。因此,政府间的行政权责关系和跨部门的管理权限范围等是行政研究的核心内容。法律层面主要是解决由于流域的跨地域性特征,环境司法在管辖、审理、认定、执行、修复、监督等方面存在标准尺度各异、地方保护主义频发、衔接合作机制虚无等原因使司法效能难以施展的问题[②]。标准统一化可避免跨区域执法差异化、认定执行困难等问题;跨区域联合执法、交叉执法等能避免执法过程中的地方保护主义。经济层面主要解决流域产品价值使用不均或者受益不均的问题。一般情境中,经济发达地区具有比较话语优势,且往往处于流域下游,出于生活质量和可持续发展需求有更强烈的协同治理动机和治理能力,而上游经济欠发达地区为了获得更优资源同样存在协同意愿。生态补偿是加强生态环境保护的有效经济手段,包括确定补偿对象、补偿内容、基本路径及补偿标准等,补偿内容包括跨界流域所体现的经济价值以及流域的非使用价值[③],补偿路径分纵向协同和横向协同,其中横向路径又可分为“高位主导型”和“辐射带动型”[④]。生态补偿标准主要以间接使用价值为计算基础并剔除自然因素对生态环境的破坏可以有效防止高估补偿定价标准的问题[⑤]。社会层面主要是解决如何弱化政府依赖,使更多元主体参与水污染治理的问题。流域的整体性决定了流域的上中下游、左右岸、河湖关系以及周围的人构成了命运共同体,水生态协同治理应统筹协调多元主体诉求,从“个体理性”向“集体理性”回归,在集体行动中形成合作网络[⑥]。

根据文献梳理可知,现有研究分为两类,一类是微观性的案例研究,具体问题具体分析地讲清了案例本身的问题及思路,但缺乏“跳出案例看问题”,缺少揭示蕴含于案例中的理论问题或政策启示;另一类是宏观性水污染治理问题,综合分析了我国跨界水环境治理研究的进展及展望,但却没有进一步构建分析该问题的理论框架或制度体系。两类研究在理论阐述及实践研究方面多少有缺憾。跨界水生态协同治理作为一个“牵一发而动全身”的复合问题,须在厘清各个层面的细节问题的基础上进一步构建协同治理体系,才能更好地在差异化的治理情境中找到适合的治理模式。因此,本文的研究意

---

① 幸红:《政府在跨界水污染纠纷处理中协同治理机制探析》,《广西民族大学学报(哲学社会科学版)》2014年第2期。

② 李景豹:《论黄河流域生态环境的司法协同治理》,《青海社会科学》2020年第6期。

③ 邵莉莉:《跨界流域生态系统利益补偿法律机制的构建——以区域协同治理为视角》,《政治与法律》2020年第11期。

④ 朱仁显,李佩姿:《跨区流域生态补偿如何实现横向协同?——基于13个流域生态补偿案例的定性比较分析》,《公共行政评论》2021年第1期。

⑤ 丁振民,姚顺波:《区域生态补偿均衡定价机制及其理论框架研究》,《中国人口·资源与环境》2019年第9期。

⑥ 操小娟,龙新梅:《从地方分治到协同共治:流域治理的经验及思考——以湘渝黔交界地区清水江水污染治理为例》,《广西社会科学》2019年第12期。

义在于三个方面:第一,研究对象具有典型性,所构建的协同治理体系框架能够提供普适参考。长三角地区经济社会发展走在全国前列,但也率先经历了复杂的环境问题,这些环境问题包含了水生态协同治理所蕴含的普遍问题,本文基于行政、法律、经济、社会四类重点问题构建的协同治理体系框架,能够为其他地区提供参考。第二,研究问题具有特殊性,所得出的研究结论能够提供治理新思路。我国各地经济社会发展存在阶段差异性,如在经济问题范畴中,水生态经济补偿机制的研究对象多为下游地区经济发展优于上游地区,但一体化示范区是特例,上游吴江经济发展优于下游的嘉善、青浦,常规的生态补偿标准认定就比较艰难,即使下游愿意补偿上游,但相对于牺牲上游工业发展机会所付出的成本而言,上游参与意愿并不强烈,这就产生了生态补偿实现的难易程度是否和上下游经济社会发展水平挂钩的新问题,一体化示范区实践可为其他同类型跨界水生态协同治理提供新思路。第三,研究成果具有示范性,所梳理汇总的创新实践能够提供制度样本。一体化示范区在生态协同治理制度创新及将生态优势转化为经济社会发展优势方面承担了先行先试责任,目前国家战略已有三周年,一体化示范区也已成立两周年,已形成8项生态协同治理制度性成果已初步解决行政、法律、经济、社会部分问题,能为其他地区提供经验。

二、跨界水生态协同治理体系构建分析

理性的个体如果没有足够外部动力推动,参与集体行动达成共同目标的动机十分微弱①。合理的内部制度结构和适当的制度设计可以有效地解决个人的行为偏好,避免“搭便车”行为及“公地悲剧”②。因此,跨界水生态协同治理需要通过外部的驱动机制及内部子系统之间相互配合的协调机制,实现从非协同走向协同。

(一)跨界水生态协同治理的外部驱动机制

根据已有跨界水生态协同治理过程可知,各地由“分治”走向区域“共治”必然受到外力影响,即从中央到地方政府、从企业到社会公众等参与主体行为形成的外力驱动机制,具体包含四个模块(见图1)。

1. 基于行政驱动的政治势能

政治势能是公共政策“高位推动”的学术表达③,它在公共政策具体执行过程中与传

---

① 曼瑟尔·奥尔森:《集体行动的逻辑》,格致出版社1995年版,第2页。

② 李冰强:《区域环境治理中的地方政府:行为逻辑与规则重构》,《中国行政管理》2017年第8):30-35.

③ 贺东航,孔繁斌:《中国公共政策执行中的政治势能——基于近20年农村林改政策的分析》,《中国社会科学》2019年第4期。

统官僚体制产生紧密结合,形成强大政治势能及执行力,能够在短期内有效破解重大难题[①]。跨界水生态协同治理过程中决策机构的政治性质或领导组织的行政级别决定了行政驱动的压力效果,长三角一体化发展是国家战略,一体化示范区是国家战略中的重要部分,根据一体化示范区理事会—执委会—发展公司的工作架构,理事会作为重要的决策平台,其行政级别与国家战略的政治性质共同决定了示范区建设的政治势能。

2. 基于压力驱动的法律权能

法律权能是地方立法权限与行使能力的规范表达,"依照意志支配的事实改变法律关系的能力"即为权能[②]。由于地区发展、法律需求差异,不同地方对同一部法律的认识程度与运用结果会截然不同[③]。在分级体系的背景下,法律允许较低等级机构有权力签发新法规,但较低等级意味着新法规所包含的法律权能非常弱[④]。各地出于地方利益考虑容易产生"私法自治"的现象[⑤]。目前一体化示范区需暂时调整或暂时停止实施本地方性法规的,可向该地人民代表大会常务委员会提出建议,向该地人民代表大会常务委员会依法决定,这个过程中,示范区执委会发挥重要的权能作用。

3. 基于利益驱动的经济动能

经济动能是个体受到利益驱动所产生的行动力,个体追求最大利益,比其在真正处于本意情况下更能有效增进社会共同利益[⑥]。经济社会发展水平、周边市场活跃度及奖惩机制共同决定了经济驱动效果。一体化示范区在正反奖惩制度的统一及生态补偿标准的设定方面更难于省内地区,且流域上游发展水平明显高于下游,与传统的下游水资源利益既得者的富裕地区补偿上游发展机会牺牲者的欠富裕地区模式相反,未有有效经验参考。目前,一体化示范区内纵向的考核奖惩规定及数额发挥了大部分的经济效能。

4. 基于情感驱动的社会效能

社会效能是基于区域内集体有目的、有组织的活动中所产生的效率效果以及所形成的共同合力,区域内资源共享程度及百姓区域认同感共同决定了压力驱动效果。长三角自1982年开始推动区域协同发展,其中地理位置毗邻的青浦、吴江、嘉善三地,历来经济往来密切,市场迫切渴望一体化;地域人文相亲,三地百姓内心具有强大的向心力

① 李利宏,田智:《政治势能视角下地方政治生态优化研究——以S省为例》,《中共福建省委党校(福建行政学院)学报》2021年第5期。

② 霍菲尔德:《基本法律概念》,张书友译,中国法制出版社2009年版,第28页。

③ 徐清飞:《权能分治下的我国地方立法:法律与实践》,《学术研究》2011年第9期。

④ 奥利弗·罗伊,彼得·库里基:《带有强允许的分级法律体系中的法律允许与法律权能》,《浙江大学学报(人文社会科学版)》2020年第5期。

⑤ 马驰:《普遍法律行为概念的法理学重构——以"权能"概念为基础》,《法制与社会发展》2019年第4期。

⑥ 亚当·斯密:《国富论》,张兴、田要武、龚双红译,北京出版社2007年版,第43页。

和一体感；试点经验丰富，在跨省域合作方面有先行先试的历史基因。与日俱增的“一体化”身份感及天然的合作条件决定了一体化示范区的社会效能。

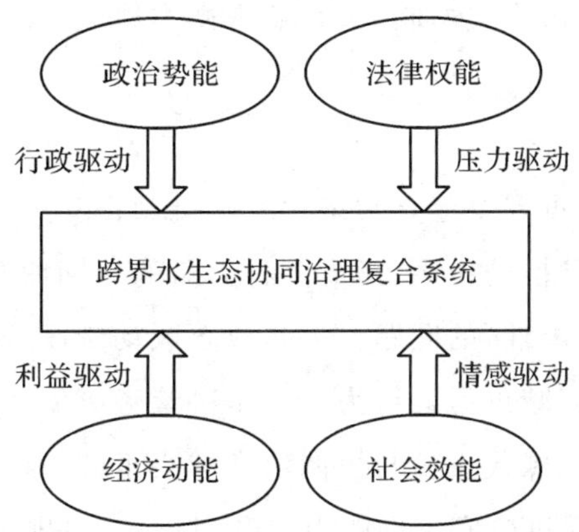

图 1　跨界水生态协同治理系统外部驱动机制

（二）跨界水生态协同治理的内部协调机制

在一个复合开放系统中，各子系统之间形成有序的制度化协同运作模式，可以呈现“1+1＞2”效应；反之将呈现“木桶短板”效应。因此，跨界水生态区域内各部门须在外力推动下，建立相应维度的内部长效机制，以协调各类关系（见图 2）。

1. 统筹协调机制

跨界政府参与协同治理重点要建立自上而下、职责明确的协调机制，统筹解决行政壁垒和条块分割的碎片化治理问题。一是联席会议制度，为跨界政府开展集体议事提供平台，促进生态决策民主化。二是干部交流制度，为联合开展职能工作提供便利，拓宽干部思维，及时处理跨界难题。三是信息互通制度，纵向协同参与水环境治理所涉及的多个行政层级，横向建立涉及水环境保护的环保、水利、交通、农业、工业等多个职能部门。

2. 执法监管机制

流域内不同执法监管主体重点要建立标准统一的跨界执法监管机制，重塑各级行政主体和流域协调机构对区域内水污染治理政策法规的审查关系，解决“执法偏差”等问题。一是联合执法制度，为推动执法标准统一、严格执法标准提供平台。二是结果互认制度，为进一步明确执法清单、检查对象、检查方式、互认范围等提供细则参考。三是监测统一制度，为健全监管执法联动、监测数据共享、污染联防联控提供技术支撑。

3. 经济奖补机制

流域内不同的利益主体重点要明确协同互补的产业发展方向、建立标准统一的产业准入门槛、设计科学合理的经济奖补机制，以平衡各地流域产品的使用价值及经济发展机会;通过建立多元化的生态补偿制度,重建上下游经济社会发展利益关系。一是生态补偿制度,重点平衡横向政府间的发展利益。二是转移支付制度,重点平衡纵向层级间的经济发展压力。三是污染奖惩制度,重点平衡本地政企之间、上下游企业之间的经济成本。

4. 多元参与机制

流域内不同参与主体重点要建立常态化参与机制,充分发挥政府与企业、社会等各主体之间相互制约、相互助推的作用,形成多种力量的长期博弈与合作,解决"政府依赖性""企业随意性""个体脱离性"的问题。一是政企联动制度,政府引导企业加入水生态治理,同时企业受制于政府减少污染行为。二是决策旁听制度,政府引入社会力量广泛参与,尤其引入来自不同领域代表参与协调协商和决策旁听。三是民众监督制度,引入社会舆论力量进行监督,促进政府治理能力提升,制约企业排污行为。

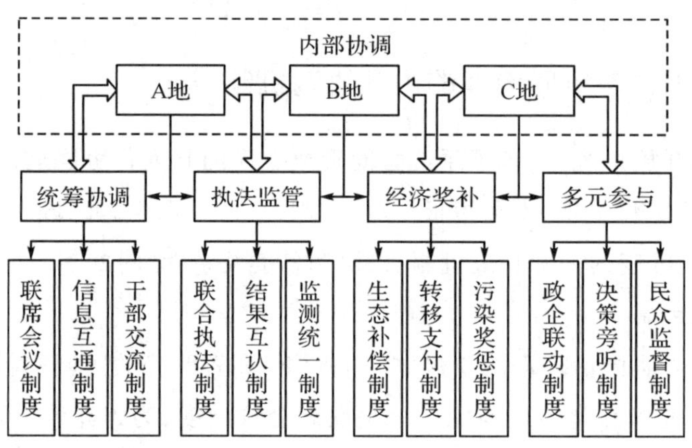

图2　跨界水生态协同治理系统内部协调机制

三、个案分析:一体化示范区早期协同治理过程

选取一体化示范区作为案例出于两个考虑:一方面,一体化示范区是国家战略的先手棋和突破口,水生态协同治理是一次国家层面系统推进、集中攻坚的过程,比以往横向政府之间通过遇到问题采取临时性商议解决的方式效果更好。另一方面,一体化示范区肩负制度创新使命,重点解决行政壁垒、标准不统一、利益平衡、多元参与等无法解决的历史问题,因此选这个案例梳理协同治理过程及制度创新成果能为其他地区提供有效参考。

(一)外力驱动产生的协同成效

以一体化示范区青吴嘉三地唯一共同交界的太浦河为例,30年间主要基于行政、社会、经济三层外界压力的推动,逐步从“分治”走向“共治”(见图3)。

1. 行政压力促进各方联动

太浦河上下游对其定位不同,吴江把太浦河当作泄洪通道,青浦和嘉善把太浦河视为饮用水水源,定位不同导致太浦河多次发生生态危机,2012年太浦河二氯甲烷超标、2014年锑超标等引起了中央到地方政府的重视,在行政压力下,三地建立属地主动、部门互动、三地联动的“三动”长效机制,协同治水成效初显。

2. 经济压力倒逼转型升级

五水共治及高质量发展背景下,倒逼企业进行排污成本投入,“低小散乱”企业逐渐关停搬迁。吴江实施蓝带计划,对太浦河周边散乱污企业进行拆迁,腾退太浦河周边2000多家企业;嘉善整治“小散乱污”,先后拆除40多个码头堆场,800多家钢铁经营户,2018年出境水水质改善显著。

3. 社会压力促进民间参与

行政有界及地域身份感使区域内百姓只愿意保护本辖区水质,导致很长一段时间青吴嘉之间出现生活垃圾偷倒到邻区,而两岸的治理方式却是“闻风而动”,每年都要过界协调100多次,引发了三地百姓之间的矛盾,在社会力的推动下,2011年嘉善县姚庄镇银水庙村党支部牵头组建起一支水源地保护巡查队,7年累计巡查里程超过3000公里,发现和处理问题150余个,有效保护了饮用水安全。

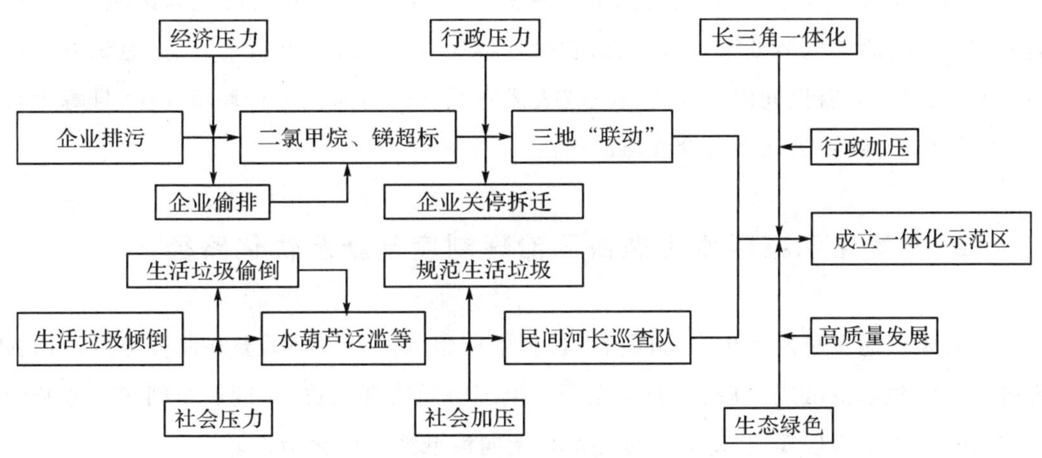

图3　青吴嘉三地水生态治理的初期协同过程

(二)内部协调面临的实际困境

1. 行政联动困境,缺乏统筹协调力度

主要原因是行政壁垒等制度性掣肘未彻底有效破解,临时性的联动机制产生了低效率协同,毗邻地区产业同质竞争导致污染企业出现梯度转移,水生态协同治理成效并不理想。同时，存在“信息孤岛”问题，即使建立了信息调度通报和会商机制，但由于三地部门之间的平行关系，相互没有管理监督指导权利，缺少建立完整的数据共享平台动力，在互通生态环境信息、资源等方面力度还不够。

2. 执法认定困境，缺乏跨界执法压力

主要原因是流域法缺位、三地污染标准未统一、信息共享未彻底实现。当时国家层面没有一部专门的流域法，宪法和《中华人民共和国组织法》中也没有规定政府之间就水污染控制签订协议的相关内容，导致流域管理的做法不受法律保护；地方政府层面间跨区域污染控制协议的法律效力很低，甚至可能无法达到规范性文件的有效性。

3. 经济激励困境，缺乏生态补偿机制

主要原因是处罚力度不够以及上下游经济发展实力差距和地方保护主义的存在。根据《中华人民共和国水污染防治法》处罚规定，环境污染最高罚款额度为100万元，与巨大利益相比，个别企业宁愿接受罚款也不愿意增加对污水处理的投入。且上游吴江的经济发展水平明显好于下游嘉善及青浦，为了本地利益考虑，对上游企业排污采取宽松态度。生态补偿制度的缺失，更加重了上游吴江对于治理成本的顾虑。

4. 社会参与困境，缺乏生态共保意识

主要原因是行政壁垒下的身份区别感和生态环境的一体性之间的矛盾以及生态环境的公共性及区域公共资源分配的非均衡性导致社会主体缺乏生态共保意识。长三角作为我国经济较为发达地区，社会公众环保意识相对较强，但在省际毗邻区域，由于青浦、吴江、嘉善毗邻区域处于农村边缘，农村社会参与跨界环境共保的理念、意识方面还存在不足，目前只有民间河长作为群众代表成立联合民间河长进行环境共保，且每年联合巡河频次不高，缺乏社会公众参与的广泛性。

四、一体化示范区水生态协同治理制度创新及优化路径

青吴嘉三地在早期水生态协同治理过程中所遇到的困境都需要在制度上进行创新突破。一体化示范区成立后，三地率先开展生态协同治理，通过制度创新创建三地共治一方水的一体化治理模式，从分段分界治理走向流域性一体化治理。

（一）一体化示范区水生态协同制度创新

两年时间，一体化示范区生态协同治理形成了8项制度创新成果，逐步解决了一体化示范区现有的行政、法律、经济、社会四类困境（见表1）。

表 1　一体化示范区水生态协同治理制度创新

问题类型	示范区现有制度	主要做法
行政问题	1.常态化联络机制	①联席会议制度:每年1次,生态环保部门牵头,示范区执委会、三级八方生态环境和市场监管部门相关领导参加。 ②联络员工作例会制度:半年1次,问题讨论。 ③信息调度通报和会商制度:互通环境标准修订情况。
	2.联合河湖长机制	轮值1年,每年至少组织1次联合巡河。
	3.干部交流机制	①下派制度:常态化下派干部。 ②上挂制度:常态化由两区一县选送干部上挂。
法律问题	1.执法跨界现场检查互认常态化机制	①案件证据互认机制。 ②处罚结果互认机制。 ③联系会商机制(半年1次)。
	2.生态环境监测统一工作机制	①统一监测数据共享和管理制度。 ②监测数据科学评估制度。 ③第三方辅助监测制度。
	3.政企互动机制	送法入企等。
经济问题	1.绿色金融服务	建立绿色金融支持政策超市,发展绿色保险等。 支持绿色项目及绿色产业发展,绿色基金、放贷等。
	2.评估考核制度	定期考核、不定期考核相结合。
	3.生态补偿机制	正努力构建多元化生态补偿机制。
社会问题	1.公众广泛参与机制	国家鼓励、支持单位和个人参与长江流域生态环境保护和修复、资源合理利用、促进绿色发展的活动。
	2.开发者联盟制度	业界共治,承担为生态与经济和谐及可持续发展提供保障的社会服务责任。

(二)一体化示范区水生态协同治理优化路径

根据水生态协同治理体系框架及一体化示范区实践案例分析可知,破解跨界水生态协同治理的现有困境,须重点从行政、法律、经济、社会四个层面优化各项制度,提升政府、企业、社会各子系统之间的协同度以及各治理主体与自然环境之间的融合度。

1. 完善合作框架,明确行政责任

一是处理好一般和特殊的关系。必须妥善处理好一体化示范区三地间合作框架的一般性和特殊性的关系,进一步明确三地行政责任,共同提升水生态协同治理质效。二是优化现有行政工作架构。充分发挥一体化示范区理事会统筹决策作用及执委会具体协调作用,合理分配协同治理内容及责任。三是明确过程化的治理责任。协同治理前明确主体责任及上下游治理内容;协同治理中明确监管督促相关责任主体并履行相关职责;协同治理末端根据水生态治理结果进行相应问责。

2. 统一执法标准,整合考核制度

一是处理好主观和客观的关系。一体化示范区各地执法标准未彻底统一导致执法结果呈现不均衡性,必须妥善处理好联合执法过程中主观和客观的关系,整合执法标准和考核制度,体现执法公平性和公正性。二是加快统一执法标准。充分联动三级八方力量,制定统一的执法标准和程序;优化和细化制度设计,整合部门考核内容,明确考核牵头机构,解决"九龙治水"问题。三是创新联合执法形式。开展异地交叉执法、三地联动执法等,尽可能减少地方保护主义的干扰,并增加外部压力,推动执法创新形式的制度化、常态化,降低临时应付的可能,保证执法正式性和严肃性。

3. 优化奖惩载体,建立生态补偿

一是处理好内部和外部的关系。一体化示范区三地差异性奖惩力度并不均衡,必须妥善处理好内部奖惩机制和外部生态补偿机制的关系,加快制定从中央到地方的生态补偿机制。二是优化完善生态奖惩载体。改变单一的奖惩载体,将奖惩主体从政府拓展至企业及社会,将奖惩客体从企业延伸至社会及个人;改良奖惩结构维度,从单一排污、水质标准拓宽至治理参与度等。三是尽快建立生态补偿机制。做好生态补偿评估,引入第三方专业机构对一体化示范区水生态环境及上下游水生态价值进行科学评估,选择合适的生态补偿模式;根据评估结果及资金来源,进一步明确生态补偿方式和标准。

4. 构建协同网络,完善多元参与

一是处理好纵向和横向的关系。必须整合执法标准和考核制度,妥善处理好各协同主体之间的关系,充分体现执法公平性和公正性。二是通过拓宽参与主体完善协同参与结构。多元参与是协同治理的保障,生态协同治理应囊括政府、企业、科研机构、环保社会组织、媒体以及公众等多元主体[①],并构建各主体之间的参与结构,理顺联系和冲突,形成良性互动循环。三是通过协调参与关系构建协同参与网络。打破行政壁垒及部门壁垒,形成水生态共治关系;改变行政控制传统思维,赋予参与主体监督身份,以单元格构建全方位、全过程、全覆盖的监督网络;突破数据壁垒,运用大数据技术,完善信息化协同治理网络,增强协同治理效果。

五、总结及展望

全球化背景下,跨界水生态协同治理问题是各国各区域都较为关注的问题,具有广

① 侯清华,郑亚男,史宝娟:《环境协同治理生态网络理论解析与体系构建》,《华北理工大学学报(社会科学版)》2021年第6期。

阔的研究前景和应用价值。本文的研究重点是搭建水生态系统治理体系，探索突破行政有界和生态无界之间的矛盾，研究成果可适用于跨省、跨区等各类毗邻地区的水生态协同治理问题。

本文的贡献主要在于三个方面：一是构建了内外结合的水生态协同治理体系。以往协同治理理论更重视内部各子系统之间的联动，本文进一步挖掘了外部驱动机制，探索了内外结合的协同治理路径，并成功构建外部驱动机制+内部协调机制相结合的水生态协同治理体系。二是通过个案分析明确了外部驱动机制的实践价值。通过一体化示范区个案的系统分析，梳理自1982年以来推进长三角一体化的协同治理过程发现，上升为国家战略前的长三角一体化及水生态协同治理进程缓慢且效果不明显，由于行政壁垒等因素各地虽高喊“一体化”，但仍考虑着如何从一体化过程中谋取本地利益最大化。而上升为国家战略后，一体化示范区的行政势能、法律权能、经济动能、社会效能组合而成的外部驱动机制同时高能运作，在短期内创新制定了水生态协同治理的制度，将跨界水生态协同治理的国内实践推上了快速通道，这一过程证明了外部驱动机制突出的实践价值。三是及时总结梳理了一体化示范区制度创新成果。本文研究的基础是一体化示范区的制度创新实践，通过图表的形式充分梳理展现了具有标志性、引领性、支撑性的制度创新成果及具体做法，这些制度成果经过反复实践在深层次难点、痛点问题上实现突破，本文的总结梳理可推动全国层面快速复制推广。

在本文研究成果的基础上，有问题值得进一步探讨，如在现实情况中，区域一体化范围并不完全覆盖整个流域，在既定区域一体化范围之外还需进一步达成流域协同治理共识；又如水生态协同治理之外还涉及经济社会发展，产业准入目录如何设置等都能对整体水生态文明带来影响，都是需要进一步研究的问题。本文提供的是一个普适性的协同治理框架，而跨界水生态协同治理是一个较为复杂的问题，加之我国流域水资源地区分布的广泛性与复杂性特征以及各地经济发展基础各不相同，治理路径还须具体问题具体分析，还须在复杂多样的环境中不停调整创新，采取更因地制宜和因时制宜的措施和手段，进一步探索差异化的治理路径。

基于LEAP模型的浙江省能源消费和碳达峰路径规划研究

陈宇光①

2020年9月22日,国家主席习近平在第75届联合国大会一般性辩论上首次提出了我国"2030碳达峰、2060碳中和"的目标愿景。自此,实现碳达峰碳中和成为我国政府的重点工作任务之一,在十九届五中全会、中央经济工作会议、全国两会等重要场合反复提及。全国层面的碳达峰碳中和目标需要落实到区域层面,我国"十四五"规划纲要也提出:"支持有条件的地方和重点行业、重点企业率先达到碳排放峰值。"作为全面展示中国特色社会主义制度优越性的重要窗口、高质量发展的共同富裕示范区,浙江省深入践行绿水青山就是金山银山理念,积极推进气候治理体系和治理能力现代化,通过出台与碳达峰碳中和相关的行动方案、"十四五"规划、政策文件,设置了一系列中长期社会、经济、环境指标参数。汇总这些指标参数以进行系统分析,评估浙江省实现2030年碳达峰的可能性,以及2035年向碳中和目标前进时的工作基础,这对于未来浙江省相关部门完善现有政策参数,以及出台新的低碳政策,都具备较强的现实意义。

一、研究综述

参考蔡博峰(2019)编制的城市温室气体数据集,浙江省温室气体排放结构中,林业碳汇吸收量与甲烷、氧化亚氮、含氟气体的排放当量总和基本持平,碳排放总量占温室气体总量的95.51%。除工业过程排放外,农业、工业、服务业、交通、居民生活的能源碳排放量总和又分别占碳排放总量和温室气体总量的77.4%、73.93%。陈丽君(2017)分析了2005—2015年浙江省温室气体清单,也认为能源消费排放占温室气体的3/4左右,是核心关键排放源。由此可见,在浙江省应对气候变化工作中,控制能源燃烧相关的碳

① 作者简介:陈宇光,中共台州市委党校经济学教研部教师。

排放是实现碳达峰碳中和必不可少的一环。

为了探讨未来节能减排方向和政策力度，模拟各种碳达峰碳中和路径，需要进行"能源—经济—环境"(即Energy-Economy-Environment，简称"3E")建模。目前国际上有多个研究机构开发了各自的3E模型，根据技术路线，可分为"自上而下、自下而上、混合路线"三类。每类模型在结构、功能、方法上有一定相似性。"自上而下"模型多以生产函数为出发点，以能源价格、经济弹性为重点参数，展现各部门受到政策冲击后，其均衡状态所发生的变动，适合进行宏观经济政策研究，典型的如可计算一般均衡模型(Computable General Equilibrium，CGE)、气候与经济的动态综合模型(Dynamic Integrated Climate-Economy，DICE)等。但是，"自上而下"模型假设市场机制是充分竞争的，能源价格是开放灵活的，这与我国现实情况有一定出入，需要审慎使用。"自下而上"模型以具体技术为出发点，通过对能源需求、能源转换、能源生产进行详细的技术参数设置来进行仿真，只考虑静态的局部均衡，模拟不同政策下不同的能源系统情景路径，典型的有LEAP(Low Emissions Analysis Platform)、MARKAL(Market Allocation)等模型。混合模型既囊括"自上而下"的宏观经济模型，又设置了"自下而上"的能源供需模块，能够综合上述两种模型的优点，但其结构复杂，数据要求较高，典型的如IIASA(International Institute for Applied Systems Analysis)模型。

目前，评估具体的节能减排措施的替代效应，通常都是采用"自下而上"类的模型。本文综合考虑研究目的、模型特性、数据可得性等因素，选择LEAP模型进行建模。LEAP模型是由瑞士斯德哥尔摩环境研究所开发的一款用于分析能源政策、气候变化减缓、大气污染物减排的模型。在进入20世纪90年代后，许多国家都采用该模型向联合国报告其气候变化工作。模型根据研究者的研究目的，可选用"关键假设、终端需求、能源转换、资源、非能源排放"等模块，其运算原理是"关键假设"驱动"终端能源需求"发生变动，再根据"能源转换"模块的效率系数，倒推一次能源在转化为二次能源过程的需求量，汇总比较一次能源的本地产量和进口量，实现能源供需规划；在预测能源消费量的同时，计量各部门各品种能源消费所产生的污染物，如二氧化碳、二氧化硫、甲烷、细颗粒物等，从而评估社会经济系统转型所造成的环境影响。

基于LEAP模型的气候变化研究自20世纪80年代就已出现，于90年代开始逐渐推广，目前已经运用于跨国、国家、省级等各个综合层面的低碳转型路径研究，或用于考察交通、建筑、电力、钢铁等各个细分领域新型技术的节能潜力。在地区综合层面的研究中，王克(2021)、刘俊伶(2020)、Wang(2018)对全国层面的低碳转型路径进行了探讨；Zhang(2020)、王春春(2019)、Li(2019)对省级层面的碳排放情况进行了预测和考察。这些前期研究对总体数据的分解方式不同，在建模思路、数据处理、情景假设等方面各有不同，值得借鉴参考。吴唯(2019)、陈丽君(2017)使用LEAP模型针对浙江省碳排放进行了情景分析,在吴唯(2019)建立的低碳情景和强化低碳情景中,浙江省碳排放于2020年达峰;陈丽君(2017)认为,在渐进式减排模式下,浙江省碳峰值出现在2020—2025年。这些前期研究需要结合最新的碳达峰碳中和政策要求,特别是浙江省"十四五"相关规划指标参数,进行后续跟进和更新。

二、浙江省能源消费和碳排放LEAP模型的建构

(一)模型模块设置

1. 终端需求模块

建构LEAP模型,首先要考虑终端部门的能耗分解方案,尤其是设置"能源强度"和"活动水平"两个参数,其选取标准一是部门能源消费理论上与该"活动水平"有稳定的线性关系;二是该"活动水平"的未来值有一定的可预测性。建模实践中有两种方案:对于产品同质化水平较高的具体行业,例如钢铁、水泥、电解铝等,通常将产品产量作为"活动水平";而在汇总水平较高的部门研究中,由于产品、技术、生产过程存在大量异质性因素,通常将经济增加值作为"活动水平"。本文拟统一采用同质化水平较高的国内生产总值数据、常住人口数据作为"活动水平",并借鉴学者Kaya提出的恒等式思想,将浙江省终端能耗分解如下:

$$Energy_{终} = \sum_{m=1}^{6}\sum_{j=1}^{7} GDP \times \frac{GDPm}{GDP} \times \frac{Em}{GDPm} \times \frac{Emj}{Em} + \sum_{n=1}^{2}\sum_{j=1}^{7} P \times \frac{Pn}{P} \times \frac{Incn}{Pn} \times \frac{En}{Incn} \times \frac{Enj}{En} \tag{1}$$

公式根据《中国能源统计年鉴》浙江能源平衡表的结构,分为两大部门:产业部门和居民部门。公式第一部分中,m代表六个产业部门:农林牧渔业、工业、建筑业、交通运输仓储邮政业、批发零售住宿餐饮业、其他。公式第二部分中,n代表两大居民部门:城镇居民、农村居民。j代表各部门所使用的7种能源:煤炭、焦炭、油品、天然气、热力、电力、其他能源。GDP、GDP_m分别代表全省生产总值、各产业增加值。P、P_n分别代表全省常住人口、城镇或农村人口数量。Inc_n代表城镇或农村居民可支配总收入。E_m和E_n、E_{mj}和E_{nj}分别代表m和n部门所耗用的能源标煤总量、m和n部门所耗用的j种能源标煤量。从分解式的分子分母关系可知,模型引入了产业结构、能源密度、能源结构、城镇化率、人均可支配收入等变量,这些变量的历史和未来预测数可以在"关键假定"模块中设定。

2. 能源转换模块

终端需求部门所使用的能源中,煤炭、油品、天然气、其他能源为直接可以利用的一次能源,而焦炭、热力、电力均为需要转换的二次能源,故在"能源转换模块"中设置"输配电、发电、供热、炼焦"四项能源转换流程。焦炭、热力所对应的一次能源均为煤炭;而

电力生产则根据浙江省实际情况，设置了火电、水电、风电、光电、核电五种技术，故电力所对应的一次能源有五种。每项流程均设置了效率系数，从而得到能源转换模块因加工转换能源而损失的能源标煤量，其公式如下：

$$Energy_{转} = \sum_{k=1}^{4} \frac{Ek}{efficiencyk} \times (1 - efficiencyk) \tag{2}$$

其中，k代表四项能源转换流程；E_k代表所产出的二次能源标煤量；$efficiency_k$代表加工第k项能源转换流程所对应的效率系数。汇总“终端需求模块”和“能源转换模块”的能源消耗量，即可得到当年整体区域的能源消费量，其公式如下：

$$Energy_{总} = Energy_{终} + Energy_{转} \tag{3}$$

3. 环境影响设置

通过LEAP模型的情景模拟，得到各部门各种能源历年的消费量后，即可根据各种能源相应的碳排放系数，计算并汇总区域每年的碳排放量，其计算公式如下：

$$CO_2 = \sum_{i=1}^{10}\sum_{j=1}^{7} CO_2,ij = \sum_{i=1}^{10}\sum_{j=1}^{7} Eij \times Emissionj \tag{4}$$

其中，i代表产生直接排放的部门，包括所有八个终端用能部门、发电和供热两个能源转换流程；j仍代表能源品类；E_{ij}代表i部门所消耗的j类能源的标煤量；$Emission_j$代表单位标煤的j种燃料的碳排放系数，其值根据各种燃料的折标煤系数、平均低位发热量、单位热值含碳量、碳氧化率计算，各参数参考《中国能源统计年鉴》附录、《综合能耗计算通则》《省级温室气体清单编制指南》等资料。

至此，构建模型所需的理论准备已经完成，浙江省能源消费和碳排放LEAP模型框架如下图1所示。模型启用了三个模块：关键假设模块、终端需求模块、能源转换模块。其中，“关键假设”模块中设置的各项指标变量是分析的起点，研究者可以根据政策研究

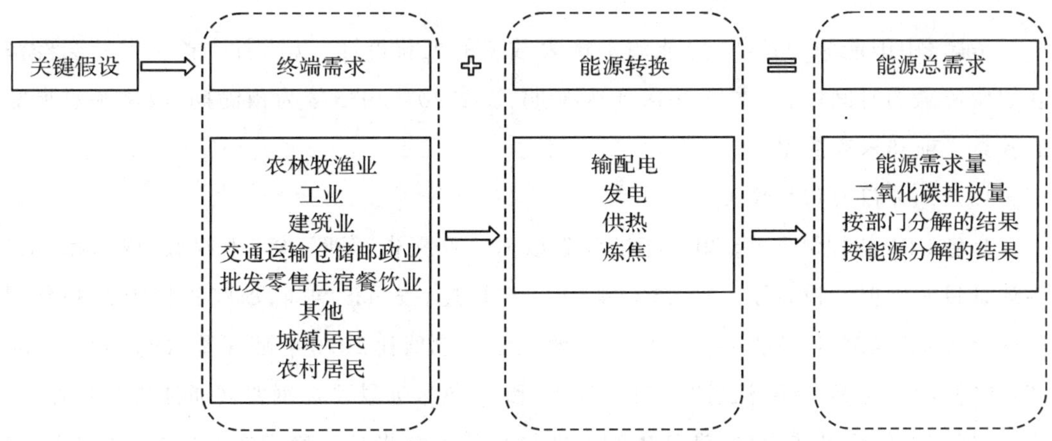

图1 浙江省能源消费和碳排放LEAP模型架构图

需要,建立基准情景和多个参照情景,从而分析不同政策假定下能源系统的输出结果。

(二)情景设置

情景比较研究是LEAP模型的核心功能,研究者通常根据“关键假定”中指标参数的历史趋势,构建基准情景,以反映既有政策力度假定下能源系统的未来趋势。本文基准情景的设置依据有1995—2019年浙江省能源平衡表数据、各类浙江省“十四五”规划和其他政策文件,在假定所有政策意图都实现的情景下,描绘未来全省能源消费和碳排放图景。

除基准情景以外,还需根据未来的工作重心,规划重点政策的参照情景。根据模型分解情况,考察能源消耗量相关的因素可知,浙江省区域GDP目标、产业结构、常住人口增量、城镇化率等参数属于社会经济领域较为刚性的指标,其数值变动并不受应对气候变化工作的影响。本文选取了能源结构、能源密度、发电技术比例三个指标,在基准情景的基础上,分别构建了“电气化情景”“节能化情景”“绿电化情景”,这三个参照情景的描述如表1所示。

表1　浙江省能源和碳排放LEAP模型的情景设置

情景名称	情景描述
基准情景	所有参数根据最新的政策目标设置,或根据过往趋势外推
电气化情景	终端用能部门提高电力和天然气的使用比例
节能化情景	“十四五”期间单位增加值能耗,工业部门下降20%,其他部门也有相对更大幅度的下降
绿电化情景	提高非化石能源的发电比例;提高外来电力的替代比例;提高火电的转换效率系数

(三)数据来源和参数设置

考虑《中国能源统计年鉴》能源平衡表数据的可获得性,以及浙江省各类社会经济规划所覆盖的时间段,本文以2019年为基期,以2020—2035年为预测期,收集模型所需的各类当前和未来数据。

1. 产业部门的指标设置

全省GDP的预测参考《2022年浙江省政府工作报告》《浙江省“十四五”规划和2035年远景目标纲要》,设置了5.5%、5%、4.5%三档增速,按照该增速,浙江省将于2033年提前两年完成“2035年远景目标”中关于“地区生产总值比2020年翻一番”的计划。全省产业结构的设置参考《浙江省“十四五”规划和2035年远景目标纲要》《浙江省建筑业“十四五”规划》,作为制造大省,浙江省制造业增加值预计将长期稳定在1/3左右的水平;建筑业增加值的比例在“十四五”期间会维持在5.5%以上。能源密度参数参考《浙江省节能降耗和能源资源优化配置“十四五”规划》,“十四五”期间全省单位GDP能耗降低15%,单位工业增加值能耗下降18%。关于能源结构的设置,《浙江省能源发展“十四五”规划》《浙江省煤炭石油天然气发展“十四五”规划》等规划提出,未来15年,煤炭标煤比例将会由2019年的45%左右下降到25%—30%;油品、外输电力比例在当前20%、10%的水平上小幅下降;天然气比例会由8%上升到15%左右;非化石能源,以光伏、风电为代表,在“风光倍增”等工程的推进下将会取得长足发展,其比例将会由20%上升到2035年的36%,成为主要保供能源。

2. 居民部门的指标设置

《浙江省国土空间总体规划(2021—2035年)》《浙江省“十四五”规划和2035年远景目标纲要》预计2035年浙江省常住人口将达到7400万人,城镇化率在2025年达到75%,在2035年达到80%。城乡居民人均可支配收入根据《2022年浙江省政府工作报告》的要求,预期将“与经济增长基本同步”;《浙江省新型城镇化发展“十四五”规划》根据“共同富裕示范区”的创建要求,提出城乡居民人均可支配收入比将由2020年的1.96:1缩小至2025年的1.9:1,在2035进一步缩小至1.6:1,并且居民人均可支配收入在2035年相比2020年实现翻番。

3. 能源转换模块的指标设置

各流程的转换效率系数以2019年浙江省能源平衡表折标煤比例数据为准。在发电流程中,各技术的历年发电量数据来自《中国能源统计年鉴》;装机容量、全社会用电量的当前和未来预测数据来自《浙江省能源发展“十四五”规划》《浙江省电力发展“十四五”规划》。限于篇幅,表2仅列举模型基准情景的部分关键参数。

表2 浙江省能源和碳排放LEAP模型基准情景的关键参数设置

指标	部门	2019年	2025年	2035年
活动水平	全省GDP(亿元)	62462	91505	145537
	常住人口(万人)	6375	6858	7400
产业结构(%)	农林牧渔业	3.4	3.0	2.0
	工业	36.1	33.0	30.0
	建筑业	6.1	5.5	3.0
	交通运输仓储邮政业	3.2	3.0	3.0
	批发零售住宿餐饮业	13.5	13.0	12.0
	其他	37.7	42.5	50.0

续 表

指标	部门	2019年	2025年	2035年
城镇化率(%)	城镇居民	71.6	75.0	80.0
	农村居民	28.4	25.0	20.0
能源密度(万吨标煤/亿元增加值)	农林牧渔业	0.1851	0.1574	0.1345
	工业	0.5213	0.4087	0.2849
	建筑业	0.1152	0.0980	0.0837
	交通运输仓储邮政业	0.7481	0.6359	0.5437
	批发零售住宿餐饮业	0.1006	0.0855	0.0731
	其他	0.0464	0.0394	0.0337
收入能源密度(万吨标煤/亿元收入)	城镇居民	0.0483	0.0300	0.0200
	农村居民	0.1873	0.1600	0.1500

三、LEAP模型能源消费和碳排放情景分析结果

(一)能源消费量情景结果

1. 全省能耗情况预测

2020—2035年,预期浙江省社会经济仍然处于较快发展阶段,其能耗在中长期仍呈现刚性增长态势,如图2所示。在基准情景中,2019年浙江省终端能耗1.83亿吨标煤,能源加工转换耗能0.40亿吨标煤,两者合计耗能2.23亿吨标煤;至2035年,预计终端能耗增长至2.26亿吨标煤,能源加工转换能耗0.56亿吨标煤,合计2.82亿吨标煤,但每年的增长率下降至0.22%,基本实现与经济增长脱钩;测算区域单位GDP能耗可知,2025年该指标相比2020年预期下降19.41%,足以完成“十四五”规划目标。

在参照情景中,电气化情景由于强调更多地使用电力,而电力作为二次能源,在加工转换和输配电中存在损耗,故总体的能源消费量高于基准情景;节能化情景和绿电化情景分别在终端、转换端节约了能源消费,故总体能耗均低于基准情景,并能够于2030年前实现能耗达峰。

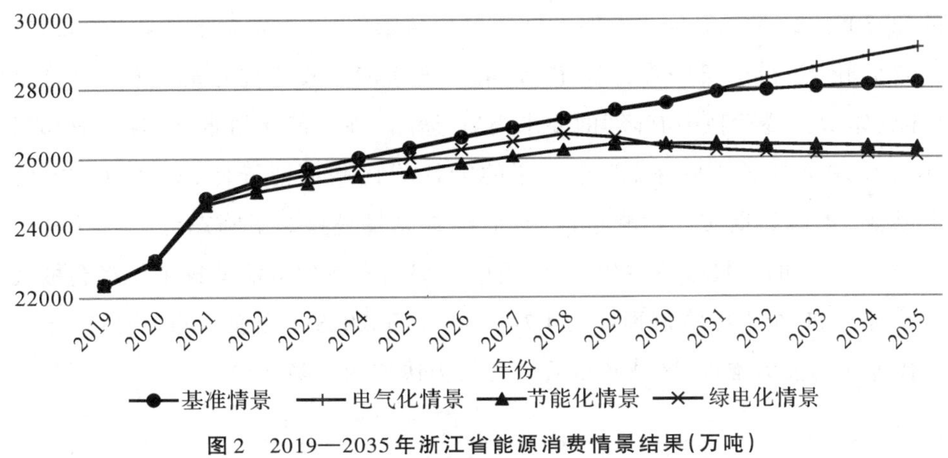

图2　2019—2035年浙江省能源消费情景结果(万吨)

2. 终端部门能耗分析

在四个情景下,终端部门的能耗均呈现类似的特征。首先,在绝对数值上,终端能耗也处于持续增长状态,但在节能化情景下,由于加强了用能约束,其能耗低于另外三个情景。其次,终端部门耗能结构如图3所示,工业在过去和未来都是消耗能源最多的部门,同时工业领域也是节能减排的重点部门,故其用能比例处于下降通道,预期将会从1995年的72.74%下降到2035年的55.14%。

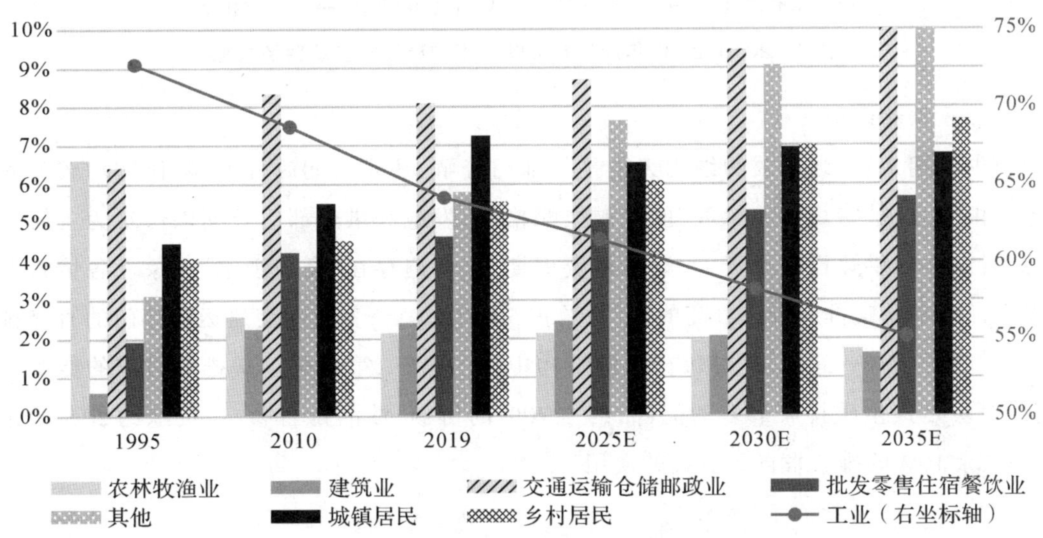

图3　1995-2035年基准情景下终端用能部门所耗用的能源比例(%)

(二)碳排放量情景结果

1. 碳峰值预测

如图4所示,在基准情景下,2026—2030年浙江省碳总量仍呈现小幅上升态势,预期其最高值4.92亿吨将会于2031年达到,这与《浙江省应对气候变化“十四五”规划》所计划的“2030达峰”目标有较大差距。在电气化情景下,全省碳总量预计于2026年达到峰值4.62亿吨,并在中长期维持稳定,该情景确实能实现率先达峰目标,但与规划中“2035年碳排放达峰后稳中有降”的要求尚有差距。在节能化情景下,各产业部门均提高了单位GDP能耗的下降率,故每一年的能耗均比基准情景低,其峰值4.78亿吨在2029年达到,能够如期实现达峰目标,且后续碳总量呈持续下降态势。在绿电化情景中,由于电力部门的直接排放占比较高,故电力部门有效的节能减排工作将会极大地促进区域减排,此时全省碳峰值预计为4.74万吨,并于2028年提前达峰,之后由于非化石能源替代工作的强力推进,区域碳排放出现较为快速的下降趋势。

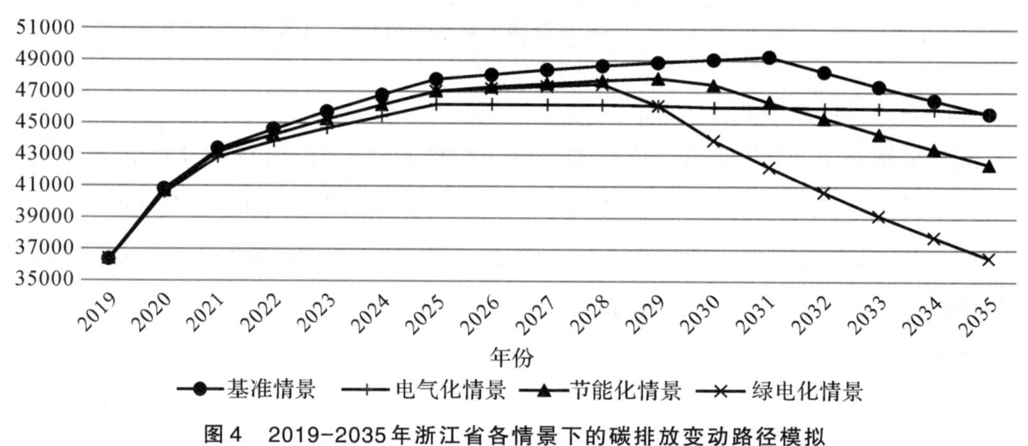

图4　2019-2035年浙江省各情景下的碳排放变动路径模拟

2. 碳排放结构分析

中长期来看,碳排放的结构无论是从部门分解,还是从能源分解,其比例均较为固定。由于我国“富煤贫油少气”的能源禀赋格局,发电和供热部门长期以煤炭为主要能源,且电力和供热设施投资大、资本投资周期长,普遍存在“高碳锁定”现象。各情景下发电部门都是碳排放占比最高的部门,约占50%的比重;工业和交通运输部门的直接排放,贡献了20%—30%的份额,在碳源结构中排名第三、第四位。从排放对应的能源来看,煤炭是产生碳排放最多的能源,约占70%的份额;油品排名第二,贡献约20%的排放;其余10%的排放来自天然气的使用。

四、主要结论和政策建议

通过LEAP模型的情景模拟,本文发现浙江省的能源消费和碳排放呈现一定程度的背离趋势,即随着非化石能源使用比例的不断提高,浙江省的能源消费总量高位浮动,且保留有一定的上扬态势,但是相应的碳总量却可能已经达峰。其背后的原因在于,浙江省在“十四五”相关规划中,计划大力发展风电、光电等非碳能源。如图5所示,在基准情景下，能源消费增长趋势在2035年左右趋缓，其单位GDP能耗下降率能够满足“十四五”相关规划目标，但其碳峰值可能到2031年才会来临，距“2030达峰”目标尚有差距，需要在政策上精准发力，以较低的社会经济成本促进减排。对比三个参照情景的政策有效性可知，电气化情景在节能方面的要求较为宽松，如果仅仅强调终端能源的电气化，预计只有在非化石电力比例大幅提高的前提下，才会起到良好的减排效果；节能化情景、绿电化情景分别从能源的需求侧和供给侧开展节能减排，模型运行结果显示，两种政策均有较好的效果，两者的能源总量和碳总量双双实现按时达峰，并在2030年后逐渐下降。这样的能源和碳排放总体运行趋势，能够为后续“2060碳中和”愿景的实现提供良好的开端。

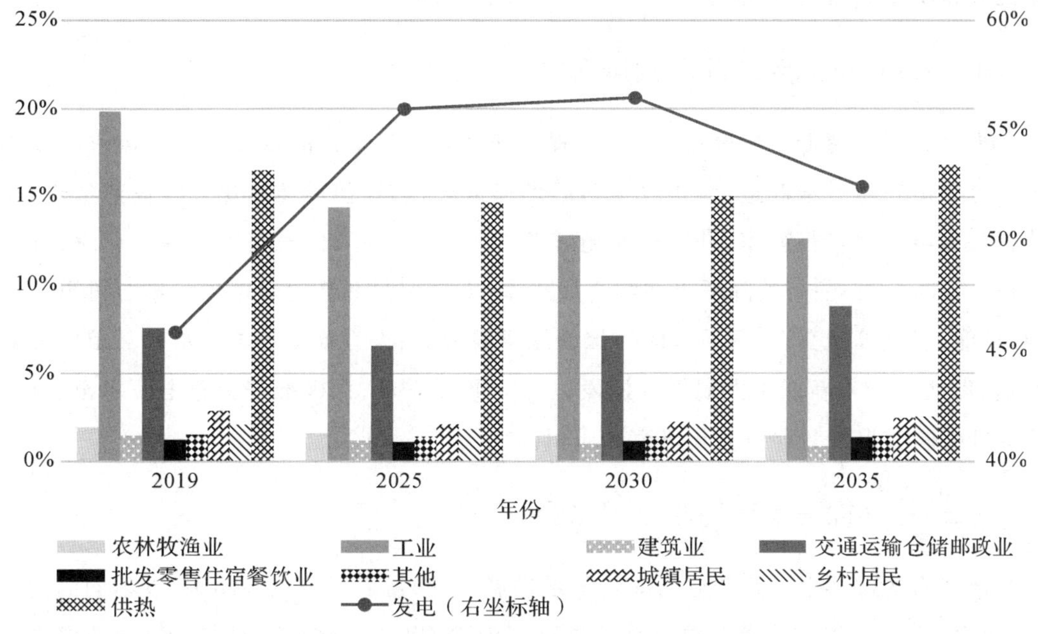

图5　2019-2035年基准情景下碳排放部门分解结果(%)

从部门分解的结果来看，工业领域的能耗在终端能耗中所占的比例虽然逐年递减，但由于其涵盖的用能单位较多，仍然是能耗大户，故工业需求侧的节能减排能够显著降低全社会的能耗情况；其他第三产业、乡村居民两个部门的能耗，受益于经济社会的持续增长，未来可能还有较大的增长空间，然而这两个部门个体排放规模小，异质性较强，若对其展开规制，其交易成本较高。在碳排放的统计结果中，由于统计的是直接排放，电力部门是产生直接排放最多的部门，其次是供热部门和工业部门。各情景模拟的结果显示，即使到2035年，电力部门的直接排放仍然要占所有排放量的41%—52%，再考虑供热部门的排放，能源供给侧的用能低碳化对于碳达峰碳中和目标的实现有决定性影响。综合情景分析结论，有以下对策建议可供参考。

（一）持续推动终端部门节能降耗

浙江省节能降耗工作起步早、力度大，能耗强度、碳排放强度在全国已经处于先进水平，未来需要进一步深挖减排潜力，以更大的决心和更宽的思路推进终端部门的节能工作。在产业层面，发展战略性新兴产业和未来产业，促进现代服务业提质增效，研究制定碳排放重点行业节能降耗方案，严格执行国家产能减量置换政策，全方面全过程加强低碳技术应用，推进生产方式绿色低碳转型。在居民层面，大力推行绿色低碳的生活方式和消费理念，加强全民环境保护宣传教育，强化阶梯水价、电价、气价的运用，引导民众选购节能节水产品；加快打造低碳交通体系，提升公共交通出行分担率，稳步推广新能源和清洁能源汽车，推进交通运输行业节能减排。

（二）深度挖掘电力部门减排潜力

火电部门的超低排放改造，一直是浙江省电力部门工作的重点。未来需进一步推进热电联产机组升级改造，淘汰改造落后燃煤锅炉；鼓励使用洁净煤以及高热值煤，持续提高火电机组转换效率，并推进实施煤改气工程，提高天然气覆盖率和气化率，降低单位千瓦时标煤耗；持续降低电网综合线损率；支持现役和新建煤电项目耦合可再生能源、储能、氢能等配套设施，转型成为综合能源服务商；大力推动煤电灵活性和节能增效改造，以适应未来新能源大规模并网发电后的调峰需求；积极推进智慧电厂示范创建，适时开展碳捕捉碳封存商业化研究和应用。

（三）稳妥提高零碳能源应用比例

浙江省的可再生资源产业已取得长足进展，未来需要区分能源品种，以不同的力度和方式推进全省能源建设。要合理控制煤炭消费，提高非化石能源在总能源消费中的占比，深入推进国家清洁能源示范省创建；以沿海核电工程为契机，安全发展核电；浙江省的水电开发已经接近饱和，未来要做到合理开发水能，加快推动抽水蓄能项目建设；加快实施“风光倍增”工程，抓住光伏平价上网的机遇，大力发展光伏发电，继续推进分布式光伏发电应用，做好余电上网、农光互补、渔光互补等示范试点项目；有序发展风电，重点推进海上风电项目建设，打造海洋牧场发展新模式；多渠道拓展区外来电，推动跨区域电力通道建设。

（四）全社会大力开展碳达峰行动

碳排放峰值并非越高越好，如果短期内为了达峰而达峰，盲目上马了较多的高排放项目，这些项目将会在折旧期内长期占用宝贵的碳排放空间，形成“高碳锁定效应”，未来在碳中和的约束下，这些项目会大大挤占高效低碳产业的发展空间，对重大项目的落地，乃至产业链的安全稳定运行造成影响。所以，围绕国家“碳达峰碳中和”目标，应当根据当前浙江省能源和碳排放的变动趋势，研究制定可行的区域中长期碳达峰行动方案，明确达峰前每一年的碳排放预算，尽可能压低碳峰值，计划达峰后碳排放的下降路径。积极开展重点领域、重点行业达峰专项行动，鼓励有条件的地区和行业率先达到碳峰值；深化省、市、县温室气体清单编制工作，强化清单数据应用，为全省重点地区、重点行业碳排放达峰提供数据支撑；发挥森林、湿地、滩涂等地的碳汇功能，积极探索新增碳汇入市，为“绿水青山”转化为“金山银山”开辟新通道。

打造促进全体人民全面发展高地

人民的幸福感与共同富裕的实践逻辑研究

刘　勇[①]

一、引言

对幸福生活的追求无疑是人类永恒的话题，正如恩格斯所说："追求幸福的欲望是人生来就有的，因而应当是一切道德的基础。"[②]当前，学术领域所研究的"幸福"，其本质上是一种主观感受，即幸福感，旨在描述社会个体在主观世界内，对既有生活整体全面而稳定的体验与评估，它本质上是一种生活情感的感受和体悟。[③]美国心理学研究者迪纳(E.Diener)把"幸福感"概括为四个核心要素：对自我生活的整体性评价；正向的情感体验；负面的情绪认知；对当前具象化、物质化生活的满意度。[④]其中，具象、物质生活的满意度指向物质生活的幸福；自我生活的整体性评价指向社会生活的幸福；正负情感的体验则指向精神生活的幸福。具体到中国共产党的政治话语中，中国共产党的初心和使命就是"为中国人民谋幸福，为中华民族谋复兴"。"自从有了中国共产党，人民幸福的斗争就有了主心骨。"[⑤]可以说，中国共产党带领中国人民进行革命、建设和改革的过程，就是中国共产党带领人民谋求幸福的过程。首先，从政治视角来分析，人民的幸福感是具体的。习近平总书记指出："我们的人民热爱生活，期盼有更好的教育、更稳定的工作、更满意的收入、更可靠的社会保障、更高水平的医疗卫生服务、更舒适的居住条件、更优美的环境，期盼着孩子们能成长得更好、工作得更好、生活得更好。人民对美好生

① 作者简介：刘勇，中共浙江省委党校党史党建部副教授。

②《马克思恩格斯选集》第4卷，人民出版社2012年版，第244页。

③ 当前学者们广泛使用的"主观幸福感"一词，是由英文"subjective well-being"直接翻译过来。实际上，主观幸福感有很多层面的考量，如，生活幸福感、社会幸福感、心理幸福感等，但这些"幸福感"本身就是主观世界的认知和体验，在幸福感前面加上"主观"则显然是画蛇添足的，所以，用"幸福感"即可表达全部意义。

④ Diener E. "Subjective Well- Being: The Seience of Happiness and a Proposal for a National In-dex", American Psychologist,2000,55(1):34-43.

⑤ 习近平：《在中国共产党第十九次全国代表大会上的报告》，《人民日报》2017年10月28日。

活的向往,就是我们的奋斗目标。"[①]这就表明,人民的幸福感不是一种空洞而模糊的愿景,它彰显着中国人民对幸福生活的期盼,基本可以归结为物质的充实、社会的友善和精神的愉悦三个方面。其次,从实践过程来分析,人民的幸福感和共同富裕是促动共生的过程。正如马克思所说:"社会生产力的发展将如此迅速,以致尽管生产将以所有人的富裕为目的,所有的人可以自由支配的时间还是会增加。因为真正的财富就是所有个人的发达的生产力。"[②]马克思的论述表明,生产的发展最终将走向共同富裕,人们在共同富裕社会享有自由、闲暇的幸福生活。这也使二者的逻辑关系更加清晰:不断提升人民群众的幸福感是实现共同富裕的核心内容,在实现共同富裕的过程中人民的幸福感不断提升,这两者在动态发展中相互促动、相互统一。人民幸福和共同富裕是马克思主义政党的使命,也是社会生产力的发展使然。

一、人民幸福与共同富裕的政治属性

习近平总书记在十九届五中全会《建议》的说明中指出:"共同富裕是社会主义的本质要求,是人民群众的共同期盼。我们推动经济社会发展,归根结底是要实现全体人民共同富裕。"[③]2021年8月,习近平总书记在中央财经委员会第十次会议上的讲话进一步说明:"共同富裕是社会主义的本质要求,是中国式现代化的重要特征,要坚持以人民为中心的发展思想,在高质量发展中促进共同富裕。"[④]习总书记的讲话无疑阐明了人民幸福和共同富裕是社会主义的本质特征,是共产党人的价值追求,更是党在新时代的历史使命。一方面,在社会主义制度基础上,实行生产资料公有制,全体人民共享社会物质财富才有可能,人民幸福和共同富裕的实现才有经济保障。另一方面,人民是社会的主体,社会主义事业是人民群众的共同事业,在社会主义制度下,人民真正成为社会的主人,享有全过程人民民主,社会的发展以人民为中心,发展的成果由人民共享,使全体人民共同富裕有了制度保障。

(一)人民幸福和共同富裕是社会主义的本质要求

共同富裕是社会主义的本质特征,人民幸福是社会主义社会的目标追求。马克思认为:"无产阶级的运动是绝大多数人的,为绝大多数人谋利益的独立的运动。"[⑤]恩格斯

---

① 习近平:《习近平谈治国理政》,外文出版社2014年版,第4页。

②《马克思恩格斯选集》第2卷,人民出版社2012年版,第786-787页。

③《中国共产党第十九届中央委员会第五次全体会议文件汇编》,人民出版社2020年版,第83—84页。

④ 习近平:《在中央财经委员会第十次会议上的讲话》,《人民日报》2021年8月18日。

⑤《马克思恩格斯选集》第1卷,人民出版社2012版,第411页。

直接阐明,“我们建立社会主义制度的目的是给所有人提供充裕的物质生活和闲暇时间,给所有人提供真正充裕的物质生活和闲暇时间,给所有人提供真正的充分的自由”[①]。其中,为绝大多数人谋利、充裕的物质生活指向的是共同富裕的目标,而生活的闲暇和真正充分的自由恰恰指向的是人民生活的幸福状态。中国共产党是以马克思主义为指导建立起来的,我们始终遵循共同富裕的发展理念,坚守着为中国人民谋幸福的初心使命,不断深化对社会主义本质的认识。邓小平同志认为,“社会主义的本质,是解放生产力,发展生产力,消灭剥削,消除两极分化,最终达到共同富裕”[②]。“社会主义不是少数人富起来,大多数人穷,社会主义最大的优越性是共同富裕,这是体现社会主义本质的一个东西。”[③]这一论断抓住了社会主义本质的两大核心,即发展生产力,实现共同富裕。发展生产力,壮大社会主义经济,扩大社会财富的积累,这是共同富裕和人民幸福的物质保证;消灭剥削和消除两极分化,让人民共享经济社会发展的成果,这是实现共同富裕和人民幸福的社会条件。从此,解放和发展生产力,实现社会的公平正义,就成为社会主义建设的主要任务。十八大以来,中国共产党进一步深化关于社会主义本质的认识,为追求人民幸福生活,实现共同富裕进行深入的理论探索。2021年2月25日,习近平总书记在全国脱贫攻坚总结表彰大会上的讲话指出:“‘治国之道,富民为始。’我们始终坚定人民立场,强调消除贫困、改善民生、实现共同富裕是社会主义的本质要求。”[④]2021年3月6日下午,习近平总书记在看望参加全国政协十三届五次会议的委员时指出:“贫穷不是社会主义,贫穷的平均主义不是社会主义,富裕但是不均衡、两极分化也不是社会主义。共同富裕才是社会主义。”[⑤]习近平总书记所阐释的人民立场和改善民生,是中国共产党人唯物史观的实践形态,人民是推动发展的根本力量,它旨在坚持人民主体地位,坚持以人民为中心的发展理念,让所有劳动者过幸福美满的生活;至于消除两极分化、实现均衡发展,则是对我们党共享发展理念的践行,它旨在解决社会发展的不平衡、不充分的问题,实现社会物质财富充裕的同时,消除两极分化,这是社会主义区别于以往一切社会制度的本质所在。

(二)为人民谋幸福是中国共产党人的价值目标

中国共产党成立于灾难深重的中国,并在马克思主义的指导下开启了伟大的航程。十九届六中全会的《决议》开宗明义,“中国共产党自一九二一年成立以来,始终把为中

---

① 《马克思恩格斯全集》第21卷,人民出版社1972年版,第570页。

② 《邓小平文选》第3卷,人民出版社1993年版,第373页。

③ 《邓小平文选》第2卷,人民出版社1994年版,第364页。

④ 习近平:《在全国脱贫攻坚总结表彰大会上的讲话》,《人民日报》2021年2月26日。

⑤ 习近平:《在看望参加政协会议的农业界社会福利和社会保障界委员时的讲话》,《人民日报》2022年3月7日。

国人民谋幸福、为中华民族谋复兴作为自己的初心使命,始终坚持共产主义理想和社会主义信念,团结带领全国各族人民为争取民族独立、人民解放和实现国家富强、人民幸福而不懈奋斗"[①]。中国共产党初一成立,就把人民幸福和共同富裕作为自己的历史使命和奋斗目标。党一大制订的《中国共产党第一个纲领》明确规定:"承认无产阶级专政,直到阶级斗争结束,即直到消灭社会的阶级区分";"消灭资本家私有制,没收机器、土地、厂房和半成品等生产资料,归社会公有"。[②]党的二大通过的《关于共产党的组织章程决议案》明确规定了党的性质:"中国共产党应当是无产阶级中最有革命精神的大群众组织起来为无产阶级之利益而奋斗的政党。"[③]可见,中国共产党在成立之初就确立了伟大的目标:为无产阶级的利益而奋斗,实现公有制,最终实现共产主义。这是中国共产党初心和使命的最初形态,也是共同富裕的最初始的表达形态。1945年党的七大通过的党章,是我党独立自主制定的第一部党章,总纲明确规定:党的宗旨是全心全意为人民服务,"每一个党员都必须用心倾听人民群众的呼声和了解他们的需要,并帮助他们组织起来,为实现他们的需要而斗争"[④]。1956年党的八大通过的党章,是中国共产党执政以后制定的第一部党章。党章要求"把中国建设成为一个伟大的、富强的、先进的社会主义国家"。1982年党的十二大通过的党章吸取了历届党章正反两方面的经验,提出在"生产发展和社会财富增长的基础上,逐步提高城乡人民的物质文化生活水平"。1992年党的十四大通过的党章把邓小平同志关于社会主义本质的论述写入党章,并明确规定,"鼓励一部分地区和一部分人先富起来,逐步消灭贫穷,达到共同富裕,在生产发展和社会财富增长的基础上不断满足人民日益增长的物质文化需要"。[⑤]中国共产党追求共同富裕的目标被明确写入党的根本大法,直到现行的十九大党章,这一表述再无改动。这表明中国共产党关于共同富裕的理论已经成熟。党章是中国共产党的最高行为规范和行动准则,从党章的沿革我们可以看出,中国共产党一直把国家的富强、人民的幸福和社会的共同富裕作为自己的使命和目标。十八大以来,中国特色社会主义进入了新时代,十八大报告为未来的发展指明了方向,中国的发展要"使发展成果更多更公平惠及全体人民,朝着共同富裕方向稳步前进"[⑥]。十九大报告阐释了新时代的内涵:"这个新时代就是全国各族人民团结奋斗、不断创造美好生活、逐步实现全体人民共同富裕的时代。"另一方面,再一次重申了党的历史使命:"必须始终把人民利益摆在至高

① 《中共中央关于党的百年奋斗重大成就和历史经验的决议》,《人民日报》2021年11月17日。

② 中央档案馆:《中共中央文件选集》第1册,中央党校出版社1989年版,第3页。

③ 中央档案馆:《中共中央文件选集》第1册,中央党校出版社1989年版,第90页。

④ 中央档案馆:《中共中央文件选集》第15册,中央党校出版社1991年版,第118页。

⑤ 本文引述"八大党章""十二大党章""十四大党章"的内容,参见《中国共产党历次党章汇编(1921—2012)》,中国方正出版社2012年版,第209、295、338页。

⑥ 胡锦涛:《在中国共产党第十八次全国代表大会上的报告》,《人民日报》2012年11月18日。

无上的地位，让改革发展成果更多更公平惠及全体人民，朝着实现全体人民共同富裕不断迈进。”[①]党的历史已经证明：一部中国共产党的发展史，就是一部中国共产党人为人民群众谋幸福的历史。中国共产党始终坚持历史唯物主义立场，坚持人民主体地位，既关注社会整体的富裕，也关注社会个体的福祉，这既是目标使命，也是对马克思主义幸福观的最新发展。

（三）提升人民幸福感和推进实现共同富裕是党在新时代的新使命

十九大报告把以前“三步走”大战略的“第三步”又规划成为两个阶段。从2020年到2035年是第一阶段，基本实现社会主义现代化，人民生活更为宽裕，中等收入群体比例明显提高，基本公共服务均等化基本实现，全体人民共同富裕迈出坚实步伐；从2035年到本世纪中叶是第二阶段，把我国建成富强民主文明和谐美丽的社会主义现代化强国，全体人民共同富裕基本实现，我国人民将享有更加幸福安康的生活。[②]十九届五中全会《建议》明确要求到2035年基本实现社会主义现代化远景目标，“人民生活更加美好，人的全面发展、全体人民共同富裕取得更为明显的实质性进展”。从党的文件规划的中国未来发展愿景来看，“共同富裕具有鲜明的时代特征和中国特色，是全体人民通过辛勤劳动和相互帮助，普遍达到生活富裕富足、精神自信自强、环境宜居宜业、社会和谐和睦、公共服务普及普惠，实现人的全面发展和社会全面进步，共享改革发展成果和幸福美好生活”[③]。共同富裕和民生幸福是新时代中国人民的美好愿景，中国共产党人的使命就是把这些美好期待推向现实。当然，我们必须清醒看到，在追求共同富裕的道路上，我们党的工作也面临诸多风险和考验，十九届五中全会《建议》列述了中国共产党人在追求人民幸福的道路上的一系列困境和难题：“我国发展不平衡不充分问题仍然突出，重点领域关键环节改革任务仍然艰巨，创新能力不适应高质量发展要求，农业基础还不稳固，城乡区域发展和收入分配差距较大，生态环保任重道远，民生保障存在短板，社会治理还有弱项。”[④]可见，伟大的目标绝不是轻轻松松、敲锣打鼓就能实现的。全党必须准备付出更为艰巨、更为艰苦的努力。习近平总书记也指出：“促进全体人民共同富裕是一项长期任务，也是一项现实任务，必须摆在更加重要的位置，脚踏实地，久久为功，向着这个目标作出更加积极有为的努力。”[⑤]党在新时代既要不断克服种种风险考

① 习近平：《在中国共产党第十九次全国代表大会上的报告》，《人民日报》2017年10月28日。

② 习近平：《在中国共产党第十九次全国代表大会上的报告》，《人民日报》2017年10月28日。

③《中共中央国务院关于支持浙江高质量发展建设共同富裕示范区的意见》，《人民日报》2021年6月11日。

④《中共中央关于制定国民经济和社会发展第十四个五年规划和二〇三五年远景目标的建议》，《人民日报》2020年11月4日。

⑤ 习近平：《在中共中央政治局第二十七次集体学习时的讲话》，《人民日报》2021年1月30日。

验,也要落实人民对教育公平、公共服务均衡、医疗卫生完善、收入稳定、住房改善等方面提出的更高要求,满足人民对美好生活的向往。

二、党在新时代提升人民幸福感的目标规划

"新时代我国社会主要矛盾是人民日益增长的美好生活需要和不平衡不充分的发展之间的矛盾。"这个主要矛盾决定了我们党新时代的使命是使我国发展得更加平衡、更加充分,让人民共享发展成果,不断提高人民群众的幸福感、获得感和安全感。所以,十九届五中全会《建议》细致地规划了未来提升人民幸福感、让人民过上美好生活的大原则、践线图和时间表。在未来十五年的远景规划期内,我们要"坚持人民主体地位,坚持共同富裕方向,始终做到发展为了人民、发展依靠人民、发展成果由人民共享,维护人民根本利益,激发全体人民积极性、主动性、创造性,促进社会公平,增进民生福祉,不断实现人民对美好生活的向往"[①]。六中全会在总结建党百年经验的基础上,又从理论层面前瞻中国未来建设和发展的愿景。一方面,执政党要在新时代"分两步走在本世纪中叶建成富强民主文明和谐美丽的社会主义现代化强国"。另一方面要"坚持以人民为中心的发展思想,发展全过程人民民主,推动人的全面发展、全体人民共同富裕取得更为明显的实质性进展"[②]。以上可见,党在新时代继续坚守"为中国人民谋幸福"的初心使命,为推进全体人民共同富裕取得更为明显的实质性进展,做了充足的政策准备和制度供给。

(一)物质财富的积累是人民幸福的基础

中国共产党在新时代逐步实现共同富裕的目标,不断提升人民群众的幸福感、获得感和安全感,必须以足够的物质财富的积累作为基础。提升人民群众的幸福感需要在经济基础和精神体验两方面努力,因为共同富裕本身就意味着实现物质富裕与精神富裕。经济基础是幸福感客观条件,精神愉悦是幸福感主观感受,两者缺一不可。而且在特定的生活时期,经济基础对提升人民的幸福感尤为重要。恩格斯指出:"追求幸福的欲望只有极微小的一部分可以靠观念上的权利来满足,绝大部分却要靠物质的手段来实现。"[③]马克思和恩格斯在《德意志意识形态》中指出:"人们为了能够'创造历史',必须能够生活。但是为了生活,首先就需要吃喝住穿以及其他一些东西。因此第一个历史

---

①《中共中央关于制定国民经济和社会发展第十四个五年规划和二〇三五年远景目标的建议》,《人民日报》2020年11月4日。

②《中共中央关于党的百年奋斗重大成就和历史经验的决议》,《人民日报》2021年11月17日。

③《马克思恩格斯选集》第4卷,人民出版社2012年版,第245页。

活动就是生产满足这些需要的资料，即生产物质生活本身。”[①]他们甚至认为，“人们头脑中的模糊幻象也是他们的可以通过经验来确认的、与物质前提相联系的物质生活过程的必然升华物”[②]。这就是说，人们精神的感受、愉悦或痛苦，也与其生存的物质条件密切相关。经济学家也通过各种实证模型证明，人民的幸福与经济的发展有着正向关系。阿吉翁（Aghion）和博尔顿（Bolton）构建的“增长与不平等模型”显示，经济的高速增长为劳动市场提供了更多的就业机会，这一方面会提高就业率而增加低收入群体的收入，另一方面也会通过“涓流效应”使富人的收益传递到社会，增强经济增长的普惠性。这无疑能强化人民对快乐生活的预期，使社会的幸福感进一步增强。[③]迪顿（Deaton）和斯特恩（Stone）通过分析123个国家的发展数据发现，随着人均GDP的倍增，人民的幸福感也会不断跃升。[④]即便是现代经济中的“倒U”模型，也能证明，在一定时期内，经济增长与国民幸福感正向相关。所以，物质需求离不开经济收入的保障。中国还是一个发展中国家，今后很长一段时间内，发展仍是解决我国一切问题的基础和关键，必须保证经济中高速增长的态势，不断满足人们的物质需求，推进并实现共同富裕，从而不断提升人民的幸福感。所以，党在未来十五年的远景规划中，经济发展和物质财富的积累仍是重要的内容。坚持新发展理念，“在质量效益明显提升的基础上实现经济持续健康发展，增长潜力充分发挥，国内市场更加强大，经济结构更加优化，创新能力显著提升，产业基础高级化、产业链现代化水平明显提高，农业基础更加稳固，城乡区域发展协调性明显增强，现代化经济体系建设取得重大进展”[⑤]。李克强总理在2022年政府工作报告中设定了今年发展主要预期目标：国内生产总值增长5.5%左右；居民收入增长与经济增长基本同步；进出口保稳提质，国际收支基本平衡；粮食产量保持在1.3万亿斤以上。经济社会发展的中长期规划与今年经济增速预期目标的设定，把我国近年经济平均增速与“十四五”规划目标要求有效衔接，体现了我们党主动作为，直面风险挑战，坚持“五大发展理念”，不断积累物质财富，为共同富裕、人民幸福奠定坚实的经济基础。

---

①《马克思恩格斯选集》第1卷，人民出版社2012年版，第158页。

②《马克思恩格斯选集》第1卷，人民出版社2012年版，第152页。

③ Aghion P, Bolton P. “A Theory of Trickle-down Growth and Development”, The R eview of Economic Studies, 1997, 64(2) : 151—172.

④ Deaton A, Stone A A. “Evaluative and Hedonic Wellbeing among Those with and without Children at Home”, Proceedings of the National Academy of Sciences, 2014, 111(4) : 1328-1333.

⑤《中共中央关于制定国民经济和社会发展第十四个五年规划和二〇三五年远景目标的建议》，《人民日报》2020年11月4日。

(二)公平友善的社会是人民幸福的保障

在经济增长和收入水平提升的同时,幸福感的评价标准也发生变化。根据马斯洛层次需要理论,需求具有多元性,由低到高分为生理需求、安全需求、情感与归属需求、尊重需求和自我实现需求。根据需求层次的不同,人民的幸福感必然历经物质幸福感、社会幸福感和精神幸福感三个层级。随着物质需求的不断满足,人民的社会需求就会不断突显出来。因为人必然存在于社会,“人对自身的关系只有通过他对他人的关系,才成为对他来说是对象性的、现实的关系”。[①]所以,人的价值也只能在社会关系中得到体验,人的幸福感就是在这种社会体验中得到提升。恩格斯认为,“如果一个人只同自己打交道,他追求幸福的欲望只有在罕见的情况下才能得到满足,而且绝不会对己对人都有利。他的这种欲望要求同外部世界打交道,要求有得到满足的手段:食物、异性、书籍、娱乐、辩论、活动、消费和加工的对象”。[②]这些观点表明,人要在社会范围内看待自身的幸福,人们幸福的实现离不开社会,只有通过特定手段进行特定的社会交往,才有可能获得现实的幸福。习近平总书记认为,在全实现小康社会的基础上,人民美好生活需要日益广泛,“不仅对物质文化生活提出了更高要求,而且在民主、法治、公平、正义、安全、环境等方面的要求日益增长”[③]。可见,社会幸福感本质是人际关系的和谐带来的身心舒适,这种幸福感既可以是最小的社会单位家庭成员之间的幸福和谐,也包括陌生社会的友善、社会的安全和自然环境适宜而产生的幸福感。为人民的幸福创造良好的社会环境方面,“十四五”规划做了细致的规划:一方面要实现生态文明建设的新进步,生产生活方式绿色转型成效显著,主要污染物排放总量持续减少,生态环境持续改善,生态安全屏障更加牢固,城乡人居环境明显改善;另一方面,要使民生福祉达到新水平,多层次社会保障体系更加健全,卫生健康体系更加完善,脱贫攻坚成果巩固拓展,乡村振兴战略全面推进,基本公共服务均等化水平明显提高,全民受教育程度不断提升,完善社会治理体系,实现政府治理同社会调节、居民自治良性互动,建设人人有责、人人尽责、人人享有的社会治理共同体。[④]中国共产党人追求的共同富裕,其本质是人民群众在实现人的社会价值追求中现实自身的幸福,这种幸福在追求共同富裕的过程中得到确证和体验。所以,只有打造和谐友善的社会氛围,创造公平正义的政治条件,绿水青山的自然环境,人民的幸福感才有保障。

---

①《马克思恩格斯选集》第1卷,人民出版社2012年版,第58页。

②《马克思恩格斯选集》第4卷,人民出版社2012年版,第245页。

③ 习近平:《在中国共产党第十九次全国代表大会上的报告》,《人民日报》2017年10月28日。

④《中共中央关于制定国民经济和社会发展第十四个五年规划和二〇三五年远景目标的建议》,《人民日报》2020年11月4日。

(三)精神生活的愉悦是人民幸福的归宿

提升人民群众的幸福感是追求社会公平正义、自由平等的过程,也是实现社会个体身体安全和内心澄净的动态平衡过程,更是个体自身、个体与社会、个体与自然之间调适契合的过程。即,个体追求幸福的过程,也是个人价值和社会价值的实现过程,一方面,人们幸福感的本源就在其自身的本性中,社会个体若能依照自身的本性来发展、塑造自己,他必然会有更高的幸福感。于是,如何获取人生的意义,就成为精神界域幸福感的理论前提。尤其是在中华文化的底蕴下,中国哲学的主体思维,是"以主体的情感意向为基本定势,它从主体内在的情感需要、评价和态度出发,通过主体意识的意向活动,获得人生的意义"[①]。在中国哲学的话语体系内,世界万物由于有人的育化才有其意义,人与自然本是共生一体的"天人合一",社会个体需要通过内心的自我反思,不断地感悟自然宇宙的大道,从而获得人生和世界的意义。这是人类幸福感的更高层面,其特征是持久而平和的精神宁静。另一方面,个体的幸福需要得到社会整体的认同才能得以提升,如果社会个体的幸福追求契合社会发展的规律或趋向,就会得到社会的共鸣和认可,个人的幸福延展到社会,从而使更多的社会成员实现幸福。这种社会价值的追求正是共产党人带领人民追求共同富裕的核心理念。共同富裕就是将人的价值放到社会总体发展的趋向和规律中考量,使每个社会成员的价值得到社会的共鸣和尊重。这种幸福感是将个人、他人、社会乃至自然融通一致、和谐共生后的体验,是社会个体穷其一生,从自身最深切的情感发端,推己及人,在感知他人、社会,乃至整个宇宙自然的过程中,产生无尽的慈爱,并在此基础之上,孕育出历史责任感和社会使命感。中国共产党领导中国人民追求幸福,既尊重个体的价值实现,更注重引领和塑造社会整体的价值观。所以,"十四五"期间,中国共产党领导全国人民,"扎实推动共同富裕,不断增强人民群众获得感、幸福感、安全感,促进人的全面发展和社会全面进步"。要使"社会文明程度得到新提高,社会主义核心价值观深入人心,人民思想道德素质、科学文化素质和身心健康素质明显提高,人民精神文化生活日益丰富"[②]。十九届六中全会《决议》同时明确,要"建设社会主义文化强国,激发全民族文化创新创造活力","注重用社会主义先进文化、革命文化、中华优秀传统文化培根铸魂,推动理想信念教育常态化制度化,深化群众性精神文明创建"[③]。总体来看,随着人民追求幸福层级不断提高,对幸福的体验就越趋向于内心反思和情感体悟,这本质上是个体价值与社会价值的圆融。社会个体按

---

① 蒙培元:《中国哲学主体思维》,东方出版社1993年版,第3页。

②《中共中央关于制定国民经济和社会发展第十四个五年规划和二〇三五年远景目标的建议》,《人民日报》2020年11月4日。

③《中共中央关于党的百年奋斗重大成就和历史经验的决议》,《人民日报》2021年11月17日。

照自身意愿,追求自身的人生意义,最后达到自性的升华,实现人生的幸福和人性的完满。社会个体在特定的社会实践中实现自性的完善,在人与人、人与社会、人与自然不断地合作、互适、友善、创造、发展、共生的过程中,贡献智慧和力量,在自我成就的同时,促进社会整体不断向前。这也是马斯洛所概括的“高级需要”,这一需要的“满足能引起更合意的主观效果,即深刻的幸福感、宁静感以及内心生活的丰富感”[①]。

三、提升人民幸福感与实现共同富裕的实践路径

党的十九大把中国2020年到2050年的发展道路设计为“两步走”,十九届五中全会的《建议》规划了“十四五”及2035年的远景目标。美好的蓝图已经绘就,要把党的目标和规划真正落到实处,还需要付出艰苦的努力。一方面,党的各级组织要旗帜鲜明地讲政治,坚持党的全面领导,树立共同富裕的大局观念,竭力推进共同富裕的各项举措,补齐民生短板,事关共同富裕的各项工作要件件有着落、事事有回音,让人民享受到真切的福利。另一方面,提升人民群众的幸福感,自然是“人民群众物质生活和精神生活都富裕”[②]。如果物质生活充裕,但精神生活贫乏,就会导致严重的精神危机,出现享乐主义、奢靡之风、贪污腐败、道德价值扭曲等问题。[③]这就是马克思主义所阐释的人的自由、全面发展,既包括物质生活的充裕和富裕,也涵盖道德、精神、文化和内在修养等个体素养的生成。

(一)坚持党的全面领导是实现共同富裕的政治保障

党的十九大报告指出:“中国特色社会主义最本质的特征是中国共产党领导,中国特色社会主义制度的最大优势是中国共产党领导,党是最高政治领导力量。”[④]党的领导是党和国家的根本所在、命脉所在,是全国各族人民的利益所系、命运所系。所以,坚持和加强党的全面领导,是确保党和国家事业始终沿着正确方向前进的关键,也是实现全体人民共同富裕和全面建成社会主义现代化强国的根本政治保证。一方面,党在新时代推进共同富裕,不断提升人民的幸福感,这无疑是一个庞大的系统工程,涉及政治、民生、安全、健康、生态等多个领域。推进并实现共同富裕,必须充分发挥党总揽全局、协调各方的领导核心作用。要坚持全国一盘棋,将党的领导贯穿到实现共同富裕的各个过程和各个环节中。《关于支持浙江高质量发展建设共同富裕示范区的意见》就明确指

① 马斯洛:《动机与人格》,中国人民大学出版社2007年版,第58页。
② 习近平:《在中央财经委员会第十次会议上的讲话》,《人民日报》2021年8月18日。
③ 习近平:《在全国脱贫攻坚总结表彰大会上的讲话》,《人民日报》2021年2月26日。
④ 习近平:《在中国共产党第十九次全国代表大会上的报告》,《人民日报》2017年10月28日。

出，要“坚持和加强党的全面领导。把党的领导贯穿浙江高质量建设共同富裕示范区的全过程、各领域、各环节”①。所以，必须坚持党的全面领导，将党的政治优势和制度优势转化为推动共同富裕的发展优势，在全国范围内凝聚共识，形成推动前进的强大力量。另一方面，政策的推动落实是关键。习近平总书记指出，“让人民生活幸福是‘国之大者’”。全体党员干部要始终胸怀这个“国之大者”，坚决维护党中央权威，坚决同中央保持一致，坚决执行中央的决定，把党的决策部署和发展理念落到实处。党中央是大脑和中枢，发挥党把方向、谋大局、定政策、促改革的作用，全党增强“四个意识”、坚定“四个自信”、做到“两个维护”，在思想上高度认同共同富裕的决策部署和任务规划，政治上坚决维护，组织上自觉服从，行动上紧紧跟随，完善上下贯通、执行有力的组织体系，确保党中央决策部署有效落实。总之，党的领导是全面的、系统的、整体的，保证党的团结统一是党的生命。党中央集中统一领导是党的领导的最高原则，加强和维护党中央集中统一领导是全党共同的政治责任，党员干部要不断提高政治判断力、政治领悟力、政治执行力，立足于全国建设发展的大局，学深悟透党中央的大政方针和决策部署，把党中央关于逐步实现全体人民共同富裕的战略部署和目标要求落到实处，坚定不移走共同富裕的道路。

（二）坚守共产党人的政治立场和价值追求

人民群众是物质财富和精神财富的真正创造者，是历史的主体，是发展变革和社会进步的终极力量。中国共产党来自人民，植根于人民群众，人民群众是党的力量源泉。党章关于党的性质的表述，本质上就是中国共产党人民立场的体现。中国共产党是“两个先锋队”，“代表中国最广大人民的根本利益”。党章要求党员干部站稳人民立场，“始终把人民放在心中最高位置、把人民对美好生活的向往作为奋斗目标，推动改革发展成果更多更公平惠及全体人民，推动共同富裕取得更为明显的实质性进展，把14亿中国人民凝聚成推动中华民族伟大复兴的磅礴力量”②。始终把人民放在心中最高位置是马克思主义人本思想的中国形态，百年来，中国共产党坚持马克思主义信仰，坚定地站在人民立场上，致力于国家独立、人民解放、消除贫困、改善民生，铸就了中国共产党的百年辉煌。在中国特色社会主义的新时代，中国共产党致力于带领中国人民在2050年左右基本实现全体人民共同富裕，必须坚定政治立场，坚守共产党人的价值观。一方面，党的力量在人民，党和国家的事业就是人民的事业，“国家建设是全体人民共同的事业，国

---

①《中共中央国务院关于支持浙江高质量发展建设共同富裕示范区的意见》，《人民日报》2021年6月11日。

② 习近平：《在党史学习教育动员大会上的讲话》，《人民日报》2021年2月21日。

家发展过程也是全体人民共享成果的过程”[①]。中国共产党始终坚持以人民为中心的发展理念,秉持全心全意为人民服务的宗旨,坚守为人民谋幸福的价值观,始终与人民在一起,一切为了群众、一切依靠群众、密切联系群众,把人民团结凝聚起来,汇聚起磅礴的力量,把党的事业推向前进。另一方面,为群众解难题、为人民谋福祉、让人民共享发展成果是马克思主义执政党的政治责任,习近平总书记指出:“要坚持以人民为中心的发展思想,这是马克思主义政治经济学的根本立场。要坚持把增进人民福祉、促进人的全面发展、朝着共同富裕方向稳步前进作为经济发展的出发点和落脚点,部署经济工作、制定经济政策、推动经济发展都要牢牢坚持这个根本立场。”[②]在追求共同富裕的道路上,中国共产党更要站稳人民立场,关注人民的需要、回应人民的期待,循序渐进,锲而不舍地走向共同富裕的最终目标。

(三)坚决补齐发展过程中的民生短板

民生福祉与共同富裕具有内在统一性,在改善民生中扎实推动共同富裕,是实现“全体人民共同富裕取得更为明显的实质性进展”的必然要求。党的十八大以来,随着经济水平的不断提升和社会结构的不断调整,我国逐渐建立起能基本满足民生需求的基本公共服务供给制度。但是必须认识到,民生改善是一项长期的、系统的、艰巨的、复杂的工程,当前我国在民生领域仍然存在着不少短板,在收入分配、就业、教育、医疗、居住、养老等公共服务领域,仍然存在着供给不足的问题。所以,不断提升人民幸福感,扎实推进共同富裕,必须以新时代的新矛盾为依据,持续改善民生,着力提升发展质量和效益,更好满足人民日益增长的美好生活需要。正如习近平总书记所说,补短板是硬任务,“要着力补齐民生短板,破解民生难题,兜牢民生底线,办好就业、教育、社保、医疗、养老、托幼、住房等民生实事,提高公共服务的可及性和均等化水平”[③]。党领导中国人民在新时代补齐民生短板,要在三个方面做足功夫:一是激发人民群众的内生动力,在政策导向上鼓励人民勤劳创新致富,“为人民提高受教育程度、增强发展能力创造更加普惠公平的条件,畅通向上流动通道,给更多人创造致富机会,形成人人参与的发展环境”[④]。二是坚持高质量发展,不断增强民生政策的针对性和精准化,提高民生服务的质量和水平,“统筹做好就业、收入分配、教育、社保、医疗、住房、养老、扶幼等各方面工作,更加注重向农村、基层、欠发达地区倾斜,向困难群众倾斜”。“要加大对义务教育、基本

---

① 习近平:《在庆祝“五一”国际劳动节暨表彰全国劳动模范和先进工作者大会上的讲话》,人民出版社2015年版,第7页。

② 习近平:《在中共中央政治局第二十八次集体学习时的讲话》,《光明日报》2015年11月25日。

③ 习近平:《在参加青海代表团审议时的讲话》,《人民日报》2021年3月8日

④ 习近平:《在主持召开中央财经委员会第十次会议上的讲话》,《人民日报》2021年8月18日。

医疗、住房和饮水安全、育幼养老等方面投入,解决好部分群众上学难、看不起病、住危房等急迫的现实问题”①。逐步补齐民生短板,促进社会公平正义,让发展成果更多更公平惠及全体人民。三是建立科学的公共政策体系,完善最低生活保障制度,“形成人人享有的合理分配格局,同时统筹需要和可能,把保障和改善民生建立在经济发展和财力可持续的基础之上,重点加强基础性、普惠性、兜底性民生保障建设”②。总之,新时代的共同富裕,要坚持循序渐进,对共同富裕的长期性、艰巨性、复杂性有充分估计,要因地制宜探索有效路径,保持高质量发展,解决发展不充分的问题,创造更多物质财富和精神财富以满足人民日益增长的美好生活需要,也要不断推进民生服务均等化,实现社会公平正义,解决发展不平衡问题,创造更好的社会环境和生态环境来提高人民的获得感和幸福感。

(四)提升全社会的道德素养和精神追求

提升人民的幸福感与推进共同富裕本质是在马克思主义物质和意识关系在中国的提升和推进。一方面,幸福本质上是社会个体的心理体验和精神追求。在中国共产党人的精神引领下,提升人民群众的幸福感,必然关注个体道德素养的提升,强调精神境界的愉悦对过上美好生活的重要意义;另一方面,文化素质和精神情操是精神文明建设的核心内容,高素质的公民自然有更强的能力来创造社会财富。总体来看,重塑社会道德素养、提升人们的精神境界至少有两个方面的意义。首先,个人精神追求是获得幸福的主观条件,它作为幸福感的重要组成部分,对人们获得幸福具有重要影响。美国经济学家萨缪尔森设计了幸福感评价模型:幸福=效用/欲望。其中,“效用”主要考量的是物质要素,如物质、金钱、生态、健康等;欲望主要考量精神要素,如个人特质、理想信念、价值观、人生观和道德素质等。从这个模型可以看出,效用越大,欲望越小,幸福感越强。精神追求对人们幸福生活的体验极具价值和意义。人类的生活实践也证明,物质的幸福只能是初级的、短暂的,而精神的幸福则是深刻的、持久的。所以,习近平总书记强调:“要促进人民精神生活共同富裕,强化社会主义核心价值观引领,不断满足人民群众多样化、多层次、多方面的精神文化需求。”③在实现人民美好生活的道路上,更好地发挥精神文化的作用,提高人民思想道德水平,更具有根本性意义。其次,道德素养和精神境界是第三次分配的推动力。随着中国财富的积累,党中央日益重视第三次分配对促进共同富裕的作用。党的十九届四中全会首次提出“第三次分配”,党的十九届五中全会进一步要求“发挥第三次分配作用,发展慈善事业,改善收入和财富分配格局”。第三

① 习近平:《在中共中央政治局第二十七次集体学习时的讲话》,《人民日报》2021年1月30日。
② 习近平:《在主持召开中央财经委员会第十次会议上的讲话》,《人民日报》2021年8月18日。
③ 习近平:《在主持召开中央财经委员会第十次会议上的讲话》,《人民日报》2021年8月18日。

次分配就是基于道德的感召和精神力量的引领,社会力量自愿通过慈善捐赠和志愿行动等方式回馈社会,推动社会实现共同富裕。这本质上属于“精神生活”维度,是一种社会性的道德实践,是追求个体人生意义,实现个性升华的重要组成部分。恩格斯认为,“每个人都靠别人来满足自己追求幸福的欲望,而这就是爱应当做的事情,爱也在这里得到实现”[①]。心理学家弗洛姆认为,爱是一种主动的力量,爱是给予和奉献,而不是索取和接受。只有社会个体对自己的道德能力充满自信,对实现自身的目标有足够的预期,这样的人才能真正拥有爱的力量而奉献社会。[②]恩格斯和弗洛姆向人们阐释一个真理:社会个体追求幸福首先要不断提升道德的境界,幸福的要义在奉献,而奉献社会是人生幸福的最高价值追求。在爱与奉献的幸福境界里,人生意义才得以彰显。

四、结语

幸福感是涉及心理学、社会学、人类学等多学科知识的复杂理念,不同学科的研究者都曾提出过不同的理解和体悟。但是,幸福感无论如何不会脱离一定的社会关系而存在。马克思认为,“人的本质不是单个人所固有的抽象物,在其现实性上,它是一切社会关系的总和”[③]。弗雷(Frey)认为,“幸福感”是个体对其生活状态的整体评价及其情感体验,“理解幸福感的决定机理需要立足于人的本身及其一切的关系总和”[④]。社会学家凯利(Keyes, C.L.M.)把幸福感的要素归结为五个部分:社会整合、社会贡献、社会和谐、社会认同、社会实现。[⑤]心理学家弗洛姆则认为,“人除了可以通过行动与世界结成创造性或生产性关系外,人还可以通过爱和理性在精神上和情感上理解这个世界”[⑥]。通过梳理前贤的研究,我们可以确证,社会性是人的特定属性,幸福感本质上是社会个体的情感体验,在特定的社会条件下,它表现为个体的幸福感、社会的幸福感和更高层次的情感体验。个体幸福感和社会幸福感可以用心理学、社会学的方法来进行实证研究。我们当前研究人民的幸福感和共同富裕的内在逻辑关系,就是把个体作为一种社会关系的存在,把幸福感作为对象性存在,对社会结构、制度供给、经济形势、民生保障、分配政策等影响因素进行综合分析,由此形成的研究结论回溯社会发展的政策趋向,并

① 《马克思恩格斯选集》第4卷,人民出版社2012年版,第245—246页。

② 弗洛姆:《爱的艺术》,上海译文出版社2008年版,第18页。

③ 克拉克·J、黄炎平:《马克思关于“自然是人的无机的身体”之命题》,《哲学译丛》1998年第4期。

④ Frey B S, Stutzer A. “What Can Economists Learn from Happiness Research?”, Journal of Economic Literature, 2002, 40(2): 402-435.

⑤ 即 social integration, social contribution, social coherence, social acceptance, social actualization。Keyes C.L.M. “Social well - being”, Social Psychology Quarterly, 1998(61): 121-140.

⑥ 弗洛姆:《自为的人》,国际文化出版公司1988年版,第84页。

形成一种趋势性判断和价值评判。至于更高层次的情感体验，只能体验和体证，用概念、分析、推理等科学的实证方法则无法把握到。这种幸福感类似于马斯洛所提出的“高峰体验和高原体验”，在这种幸福状态下，人成为“一体化”的人，在进入超越自我状态时达到内在的宁静和身心的平和，但是，那又是个庞大的哲学话题，不在本文的论域范围了。

富而行仁:“新乡贤带富”的浙江探索及其实践机制[①]

——基于关系向度理论的分析

姜方炳[②]

一、“新乡贤带富”:研究问题与分析视角

当前,我国促进共同富裕的最大短板在乡村,最大潜力也在乡村。因而,如何加快缩小城乡差距,推进乡村共同富裕,是浙江省高质量发展建设共同富裕示范区所要破解的一个重要课题。为此,近年来浙江省结合经济社会发展实际,聚焦“城乡区域协调发展先行示范”,积极拓宽先富带后富、先富帮后富的有效路径。其中,推进“新乡贤带富”的探索实践在全省遍地开花、精彩纷呈,成了共同富裕示范区建设中一道靓丽的风景线,值得关注。

(一)“新乡贤带富”:助力共同富裕的浙江探索及其引发的思考

新乡贤是相对于古乡贤而言的,主要是指在新时代背景下,以乡情乡愁为纽带、热心家乡公益事业而被当地民众所认同的多元复合型精英群体[③],在主体构成上既包括“官乡贤”“富乡贤”,也包括“文乡贤”“德乡贤”。“‘新乡贤’作为现代化语境下‘乡贤’的新表述,多于体制内外养成,凭借自身的功能性优势来满足乡村治理的现实性需求。”[④]

---

① 基金项目:本文系浙江省社科规划项目(编号:20NDJC242YB)的阶段性成果。

② 作者简介:姜方炳,中共杭州市委党校共同富裕研究中心秘书长、副研究员。

③ 姜方炳:《“乡贤回归”:城乡循环修复与精英结构再造——以改革开放40年的城乡关系变迁为分析背景》,《浙江社会科学》2018年第10期。

④ 朱侃等:《新乡贤公共服务供给行为的触发机制——基于湖南省石羊塘镇的扎根理论研究》,《公共管理学报》2020年第1期。

正基于此,近年来新乡贤工作日益受到中央的重视,2015—2018年的中央一号文件还明确提出,要"创新乡贤文化""积极发挥新乡贤作用"。在当前推动共同富裕的大背景之下,新乡贤群体的独特作用更是受到各级地方政府的关注。

浙江文化底蕴深厚,民营经济发达[①],乡贤资源丰富,是国内最早探索新乡贤工作的省份之一。早在2001年1月,绍兴上虞区就成立了全国首个以"乡贤"命名的民间组织——上虞乡贤研究会。此外,湖州德清县成立了全国首个乡贤参事会,嘉兴桐乡市首创了以乡贤参事会为重要载体的"三治融合"基层治理模式,等等。近年来,相关政策文件更是频繁出台。例如,2019年浙江省政府报告首次提出通过推进"两进两回"[②]支持乡村创新创业,而"乡贤回农村"即时其中的重要组成部分。随后,浙江省政府还专门印发了《关于实施"两进两回"行动的意见》文件,明确提出"实施乡贤回农村行动",从省级层面对如何支持和推进"乡贤回农村"问题提出了较为全面的指导意见,包括吸引乡贤回归、规范乡贤组织、发挥乡贤作用等具体内容。2021年发布的《浙江高质量发展建设共同富裕示范区实施方案(2021—2025年)》也明确强调,要健全"两进两回"长效机制,实施新乡贤带富工程,培养一批乡土人才。而同年发布的《浙江省统一战线助力高质量发展建设共同富裕示范区实施方案(2021—2025年)》,更是将实施新乡贤助力乡村振兴专项行动列为"六大行动"之一。2022年1月,浙江省人民政府出台的《关于开展未来乡村建设的指导意见》,在"打造未来治理场景"部分也明确指出,要"引导乡贤在党组织领导下依法依规参与乡村治理,促进项目回归、人才回乡、资金回流、技术回援、文化回润、公益回扶"。正在这一系列政策的指引和规范下,浙江推动"乡贤回归"的工作有声有色地展开,"新乡贤带富"的探索实践不断走向深入。

就具体的实践形式而言,"新乡贤带富"的浙江探索主要体现在"五个聚焦":一是聚焦村社换届,引乡贤之才以"领富"。针对乡村精英群体流失、村庄发展动力不足等问题,浙江各地紧抓村社组织换届这一重要"窗口期",打出"请贤、选贤、留贤"组合拳,积极引导具有党员身份的创业达人、青年才俊参选村干部,让其带领村民发家致富。二是聚焦产业振兴,引乡贤之产以"增富"。引导产业回归,是浙江"新乡贤带富"的一个主要渠道,尤其是通过产业、项目的发展,创造大量就业岗位,有效带动了村庄集体经济增长以及周边村民增收致富。三是聚焦专业赋能,引乡贤之智以"创富"。在推进"乡贤回归"过程中,浙江以党委统战部门为牵头单位,以覆盖县、乡、村的新乡贤组织为载体,根

① 民营经济是浙江经济的最大特色和最大优势。据统计,2021年,中国民营经济500强企业数量浙江连续23年居全国第一,民营经济创造的增加值占GDP的67%左右。参见浙江省统计局网站:《浙江省第十四次党代会以来经济社会发展成就之民营经济篇》,网址:http://tjj.zj.gov.cn/art/2022/5/5/art_1229129214_4920185.html。

② 所谓"两进两回",即指通过健全城乡融合发展体制机制,推进科技进乡村、资金进乡村、青年回农村、乡贤回农村。

据新乡贤的资源优势和专业特长分类建立数据库,充分发挥其助力共同富裕的智识优势。四是聚焦公益捐助,引乡贤之资以"帮富"。通过设立各类公益基金项目,引导新乡贤捐资支持家乡发展公益事业,是浙江推动"新乡贤带富"的又一重要实践形式。五是聚焦乡村善治,引乡贤之德以"润富"。新乡贤首重其"贤",以其嘉言懿行垂范乡里、引领乡风。为此,浙江各地一方面积极搭建平台、创新机制,发挥在地乡贤"老娘舅"的角色,协助镇、村干部开展矛盾纠纷调解工作,维护基层社会和谐稳定;另一方面,注重通过建设乡贤馆、乡贤榜、乡贤广场等载体,打造乡贤聚会议事、文化传承、成果展示的阵地。

据统计,目前浙江省已招引回乡参与家乡建设的新乡贤超4万人,2021年新增投资额千万元以上的新乡贤助力共同富裕示范区建设项目640多个,设立乡镇(街道)新乡贤爱心基金800多个。[①]可见,"新乡贤带富"的浙江探索丰富多彩,实践成效也较为显著。对此,各类新闻媒体、学者研究已多有涉及,无须我们在此赘述,但值得我们深思的问题是:作为共同富裕示范区,浙江为何乐此不疲地探索"新乡贤带富"之路,而该项探索实践又是如何实现有效展开和运行的?对此问题的分析和解答,不仅有利于我们深入把握上述"浙江现象"的实践机制及其深层逻辑,还有利于其他地方从中获得探寻共同富裕之路的经验和启示。

(二)"关系向度"理论:分析视角的选择和引介

"新乡贤带富"的探索实践,本身就隐含着新乡贤与家乡之间的关系性结构问题。进而言之,正是基于这种关系性结构,作为"一乡之望"的新乡贤概念才得以成立,而"带富"在现实中也才有了其明确的行动指向。因而,只有切实理解这种关系性结构的性质、构成和内涵,我们才能深入探寻"新乡贤带富"的实践机制及其深层逻辑。

基于上述思考,本文拟引入"关系向度"理论作为分析视角。该理论模型源自南京大学翟学伟教授对中国社会20多年的本土化研究,"是一个从原先的特殊性理论迈向一般性的理论"[②]的原创性、集成性学术成果。为便于后文的分析,我们有必要简要介绍一下关系向度理论的主要观点。就思想的逻辑起点而言,该理论将人类社会中的"关系"还原为时空维度中的社会交往结构,认为"从社会交往的结构上来看,任何交往都应有两个重要的维度,一个是时间上的,一个是空间上的。时间上的维度是指预期交往时间的长或短;空间上的维度是指个体在交往中的选择可能。由此两个维度就可以在逻辑上得到四个象限。而从四个象限中,我们可以得到的四种体现关系特征的大致方

① 具体参见:《共富路 同心筑 浙江统一战线画出"共富有我"同心圆》,《浙江日报》2022年1月12日第12版。

② 翟学伟:《关系向度理论的提出及其应用》,《旅游导刊》2020年第4期。

向”。[①]循此分析思路,我们可以形成关于人类社会交往的马克斯·韦伯意义上的四种理想类型(ideal type):基于长程性和低选择性交往而形成的“固定关系”,基于短程性和高选择性交往而形成的“松散关系”,基于短程性和低选择性交往而形成的“约定关系”,基于长程性和高选择性交往而形成的“友谊关系”,具体参见图1。

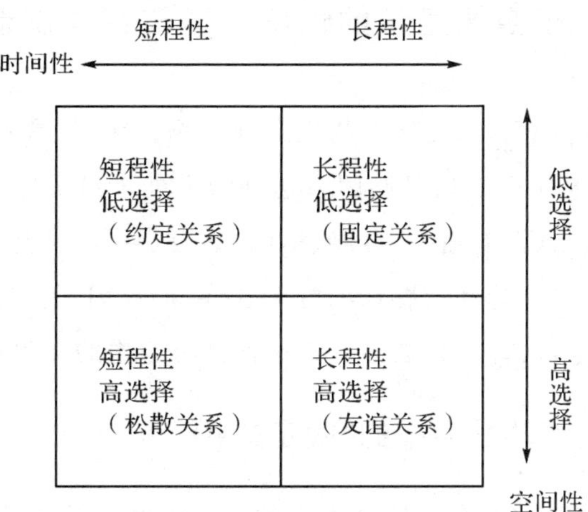

图 1 关系向度理论示意图

根据上述示意图中的箭头,我们可以看出,“松散关系”与“固定关系”是人类社会交往的两个基本逻辑起点,在内涵上分别代表了独立型的个人连接和关系型的社会连接。结合现实情境来看,西方社会的人际交往模式更倾向于前者,而中国社会的人际交往模式更倾向于后者。同时,必须指出的是,无论是“松散关系”还是“固定关系”,它们都可以从各自的方向进入到“约定关系”或“友爱关系”。对此,翟学伟教授指出:

“一种社会交往从‘松散关系’进入‘约定关系’和/或‘友爱关系’时,其交往方式总是伴随着个人的意愿乃至权利,如他可以加入俱乐部、社团、企业或政府部门等,即他可以在特定时间选定某个群体,亦可以根据自己的意愿同他人交友;而从‘固定关系’进入‘约定关系’和/或‘友爱关系’时,社会交往总是优先考虑那些难以解体的关系连接,即使此时加入的组织不再是原先的连接,如家人、亲人,但新建的群体关系仍然是原先连接的变形,如同乡会、商会及家族企业,而其进入的友谊关系也是此类关系的延展,如结拜、称兄道弟的关系等。进一步比较还可以发现,松散关系中的个人是我行我素的,而固定关系中的个人深受关系的钳制,处处要顾及他人的感受或评价。”[②]

由此可见,在关系向度理论的分析框架下,新乡贤与家乡之间的社会关联无疑属于长程性和低选择的“固定关系”范畴,是一种“难以解体的关系连接”。而且,在这一关系

① 翟学伟:《中国人的关系原理:时空秩序、生活欲念及其流变》,北京大学出版社2011年5月版,第297页。

② 翟学伟:《关系向度理论的提出及其应用》,《旅游导刊》2020年第4期。

结构中,中国人倾向于相互依赖和忍让,从而养成了"互以对方为重的伦理情谊"。[①]同时,也正是由于这种"固定关系"的存续和延展,"新乡贤带富"的浙江探索才有了落地生根的社会和文化基础。对此,在下文中我们将深入探讨。

二、新乡贤:基于乡缘意识的情感叙事与荣誉制造

在中国的思想文化体系中,受儒道的天命观影响,"缘"字常常被用来喻示所有人际关系的前定性,其"主要作用是通过归因来达到为人处世过程中的心理(认知)平衡"[②],与之组合而常见的汉语词汇有血缘、亲缘、姻缘、缘分、乡缘、地缘、业缘、人缘,等等。"新乡贤"就是一种基于乡缘意识和情感认同的荣誉性身份,因而要探寻浙江"新乡贤带富"的实践机制及其深层逻辑,首先有必要了解这种身份建构的文化和社会理路。

(一)乡缘意识:流动社会中的"固定关系"

在中国人的心灵深处,都有着挥之不去的乡土情结。"这是这一东方的古老民族在长期的农耕生存中形成的一种'集体无意识',是一种种族独特的'原始意象'(primordial)——土地和家乡合一的'原始意象'的继承和遗传,它成了中国人人格结构中一个最为主要的原型。"[③]而且,中国人还习惯于将乡缘这种"固定关系"向"约定关系""友谊关系"领域延伸,以此拓展人脉资源、维护信任机制,从而形成了中国人"同乡同业"的文化传统。明清直至近代国内各大商贸城市兴盛一时的会馆、公所,以及海外华人热衷成立的各类同乡会,均是这种文化传统的具体呈现。可以说,"'乡缘'在华夏子孙的意识里具有独特的认同感、归属感、亲近感,向心力、凝聚力、组织力"。[④]

改革开放以来,当安土重迁的乡土社会不可避免地被卷入市场经济大潮之后,中国社会也越来越成为一个变动不居的"流动社会",流动化的繁复镜像构成了人们关于这个时代最为直观且富有动感的认知图景和生命体验。[⑤]走在市场经济最前沿的浙江,其经济社会的高度流动性自然不言而喻。然而,即便身处"流动社会"之中,中国人的乡缘意识并未随之迅速消散,家乡依然是其难以忘怀的关系纽结和意义世界。

从文化心理学角度看,乡缘意识并能简单地等同于一般地理空间意义上的地缘观念,其背后是中国人对自我"生命之根"的追溯、认同和眷恋,已成为一种内生于其心理

① 梁漱溟:《乡村建设大意 答乡村建设批判》,中华书局2018年版,第67页。

② 翟学伟:《中国人行动的逻辑》,生活·读书·新知三联书店2017年版,第224页。

③ 徐剑艺:《中国人的乡土情结》,上海文化出版社1993年版,第35页。

④ 刘奇:《城乡融合怎么融?》,《农村工作通讯》2021年第23期。

⑤ 姜方炳:《差序信任机制的时空流变及其类型分化——以转型中国加速网络化为分析背景》,《浙江社会科学》2017年第10期。

和行为模式的文化基因,不会轻易发生改变。在现实生活中的一个典型的例子,就是各类人事档案对“籍贯”信息的强调。对于中国人来说,即使是一个从未曾踏足的地方,也会因为“籍贯”的社会关联,而成为他与生俱来的身份标识。这种将每一个体的先赋性身份与父祖辈(甚至更久远的先祖)居住之地进行关联和固化的制度设置,本身就是中国人浓厚的乡缘意识的集体性表征。也因为如此,也有学者将“比较直接的乡土渊源”作为乡贤的基本属性,认为“乡贤不仅仅局限于成长于乡土的人”,只要与其父母或其先辈的故乡存在亲人、亲情、乡情、祖产、寄托等方面的渊源,就有成为地方乡贤的可能性。[①]

(二)乡情乡愁:基于乡缘意识的情感叙事

在城乡区域发展结构明显失衡的背景下,新乡贤群体作为散落在政治、经济、社会、文化等诸多领域的精英人士,多为旅居外地的乡村子弟。可以说,走出乡关、身居于城的社会贤达,是新乡贤群体的主要构成。因而,在探索“新乡贤带富”之路时,浙江首先面临的是如何解决“乡贤回归”问题,而以“乡情乡愁”为主题的情感叙事,则是各级地方政府通行的做法。

在乡谊之情的交流场域中,乡音是辨识乡缘关系、促进情感交流的文化符号,乡愁则是重拾家乡记忆、慰藉思乡之情的重要媒介。因而,在各类新闻媒体的报道中,以及地方官员的相关致辞中,“游子”“乡亲”“儿时记忆”“桑梓情谊”“家乡的味道”“故乡的召唤”等是最为常见的主题词,渲染起了浓厚的乡情乡愁氛围。值得一提的是,日新月异的数字技术为地方政府联系沟通乡贤、加强乡情叙事提供了诸多便利。例如,衢州市推行“同心共富·乡贤通”应用平台,设置了及时了解家乡资讯、助力家乡发展、投身家乡慈善以及“新乡贤云之家”等多个应用子场景,有效拓宽了新乡贤了解、联系和反哺家乡的信息渠道。

不可否认,“缺乏伦理认同和伦理信念,丧失伦理的精神家园,以抽象的道德自由遮蔽甚至取代精神归宿,已成为当前我国社会伦理建设的重大难题和现实困境。”[②]而以“乡情乡愁”为纽带的情感叙事,不仅在客观上有利于将乡缘这种“固定关系”进一步强化,还让新乡贤在乡谊交流中化解了思乡之愁、升华了人生意义。现实也表明,正是在乡情的感召之下,新乡贤群体慷慨解囊、回馈乡里的意愿往往会更为强烈。例如,在乡贤大会上,杭州市余杭区径山镇径山村的新乡贤们主动提出要成立“乡贤共富慈善基金”,助力径山村尽快实现共同富裕。有研究者也指出,用“乡情诱导型产业转移”这一概

① 张福如:《论乡贤资源的有效运用——以实施乡村振兴战略为视角》,《岭南学刊》2018 年第 2 期。
② 刘磊:《“留住乡愁”的伦理意蕴》,《宁波大学学报(教育科学版)》2022年第1期。

念更能诠释声势浩大的"浙商回归"现象,认为它与行政驱动型产业转移和市场驱动型产业转移存在明显不同,特别是在初始动力方面,明显存在乡情感召的特点。[①]

(三)新乡贤评选:基于乡缘意识的荣誉制造

可以说,乡情叙事地方政府招引"乡贤回归"的一种行动策略,而新乡贤评选则以荣誉制造的方式进一步强化了各类精英的乡缘身份认同。有研究者在梳理改革开放四十年的明清乡贤研究文献时发现,学者对乡贤的界定主要分为广义和狭义两种:"从广义上来讲只要是在本地做出贡献、教化百姓、崇德报功者即可称之为乡贤;但是狭义上的乡贤,则主要指入祀乡贤祠的特定人群。"[②]虽然时移世易,但无论是在传统中国,还是在当下中国,"乡贤"都是一种荣誉性身份,都意味着受乡民推崇的本土本乡"贤达人士"。

浙江省的新乡贤评选活动,主要是在党委统战部门的牵头下开展的。虽然各地对新乡贤内涵的理解略有差异,但都根据地方实际制定了较为明确和详细的评审标准和程序,有的还有意识地淡化乡籍身份的限制,拓宽新乡贤的人选范围。例如,湖州德清县明确界定了乡贤的内涵,认为乡贤是"对有作为的官员、有崇高威望或为社会作出重大贡献的社会贤达的尊称。包括因品德、才学为乡人推崇敬重的本土精英,因求学、就业、经商而走入城市的外出精英,以及市场经济环境下前来投资兴业的外来精英"。这种将外来精英纳入乡贤人选范围的做法,实质上是为了延展"固定关系"的交往结构,以便链接和整合更多的发展资源。此外,获得新乡贤这一荣誉性身份,还意味着可以享受相应的礼遇政策。例如,2019年1月浙江省政府下发的《关于实施"两进两回"行动的意见》明确提出:"支持各地制定乡贤回归激励措施,妥善解决回归乡贤及其直系亲属的社保、医疗、教育等社会服务需求,解决海外回归乡贤的签证、居留等相关问题,有条件的地方可建设乡贤公寓。"

可见,评选新乡贤是一个基于乡缘意识的荣誉制造过程。对于新乡贤特别是对于"富乡贤"而言,这显然有利于实现其财富地位的身份性转化及其社会认同,而地方政府推行的礼遇乡贤的各类政策,则进一步强化了其基于乡缘意识的身份认同。

三、关系丛结与情感赋能:新乡贤道德力量的激发机制

新乡贤大多是抓住改革开放这一历史机遇,走出乡关拼搏奋斗的先行者、成功者。他们往往具有较为现代的价值观念、开阔的社会视野、专业的知识技能和丰富的人脉资

---

① 郑春勇:《政企关系、府际关系与区域产业转移》,哈尔滨工业大学出版社2018年版,第47页。

② 杨灿:《改革开放四十年来明清乡贤研究述论》,《地域文化研究》2018年第6期。

源,是在各行各业具有一定成就和社会威望的贤能人士。这些新乡贤的改革创新精神、发家致富经验,对广大乡民的创富致富可以起到很好的引领示范作用。“新乡贤带富”的探索实践,就是要激发这一先富群体反哺家乡的道德力量,通过发挥自身的功能性优势助力家乡共同富裕。

(一)“报本反始”:新乡贤道德力量的文化心理基础

“报本反始”作为深具儒家伦理特色的一种传统文化观念,是新乡贤反哺家乡的重要内生动力。这种文化心理涵养于中国历史悠久的农耕文明,它强调慎终追远的人生意义,“所表达的是一种受恩施报、得功思源的感恩戴德之情”[①],实质是中国人关于自我生命的根源意识。在差序格局中,这种意识扩而充之,容易推延为对一家、一族、一乡乃至一国的情感归属。如前所述,基于血亲关系、生养之地等事实,乡缘具有前定性,新乡贤与家乡之间也就存在着一种难以解除的“固定关系”。在这种关系结构中,“报本反始”既是一种社会责任,同时也是一种难以割舍的文化情怀。

由此,在浙江大地,我们不难发现,正是在乡情乡愁的感召下,新乡贤“报本反始”的文化心理不断被激发,他们凭借自身的知识技能、资源人脉,为家乡发展出谋划策、牵线搭桥,或者落叶归根、扎根乡土,以志愿者、公益人的角色参与基层治理、促进乡风文明。特别是随着交通、通信等技术条件的日益完备,新乡贤已可以通过人才回乡、项目回引、资金回流、智力回援、信息回馈、企业回迁、文化回哺等多种方式回报家乡,在“带富帮富”方面发挥积极作用。例如,作为“中国乡贤文化之乡”的宁波象山县,通过激活新乡贤“懿行密码”,鼓励新乡贤以捐赠、专项基金冠名资助等形式,认领家乡公益项目,设立孝亲敬老、扶贫帮困、助学助教助医等公益基金扶贫济困,已累计捐资3.2亿元,认领公益项目100余个。

(二)新乡贤组织:乡缘关系的丛结化及其实践载体

由于新乡贤群体具有多元分化、流动性强的突出特点,只有将他们引导到组织化的运作轨道上来,才能将他们凝聚起来,也才能更好地规范其行为并发挥其积极作用。目前,浙江各地在党委统战部门的牵头下,围绕乡贤工作主题探索建立名目繁多的覆盖县、乡、村的新乡贤组织,如乡贤研究会、乡贤参事会、乡贤咨询委员会、乡贤公益基金会、乡贤联谊会,等等。在国内最早成立乡贤参事会的湖州市德清县,还制定了全国首个乡贤参事会的地方标准规范(《乡贤参事会建设和运行规范》),对如何在村(社区)层面成立乡贤参事会、乡镇(街道)层面成立乡贤参事联合会、县域层面成立乡贤参事联谊

---

① 李翔海:《20世纪中国哲学研究》,天津人民出版社2012年版,第101页。

会都作了较为明确和详细的标准化规定。有的地方以新乡贤组织为载体，根据新乡贤的资源优势和专业特长分类建立数据库，充分发挥其助力共同富裕的智识优势。例如，杭州市富阳区则根据实际需要，有针对性地设立乡贤活动小组，如咨政建言组、招商服务组、项目助推组、矛盾调解组和社会服务组等，确保多途径的乡贤优势集聚和作用发挥；丽水市全面推进市域乡镇（街道）乡贤联谊会建设，并根据情况分设建言献策"智囊组"、产业扶持"致富组"、纠纷调解"和事组"、乡风文明"督导组"、公益慈善"志愿组"、助学兴教"助学组"等。

在基层党组织的引领下成立各类新乡贤组织，不仅有利于促进乡谊情感的交流和深化，还有利于链接和整合新乡贤的各类发展资源，并以明确的组织规则引导和规范其发挥积极作用，彰显了中国人情理交融的实践智慧。正如有研究者所指出的，"这些重聚的乡贤个体能够联结成的是一个有机的、具有自主性、延展性的'关系丛'，将各种异质性的要素整合在一起，产生出多样化的运作方式，能更有效地推动乡村的社会治理和现代化发展"。①

（三）"富而行仁"：情感赋能之下的新乡贤形象塑造

新乡贤道德力量得以有效激发，还离不开对其"仁者"形象的塑造，这也是情感赋能的现实效应。"仁"是儒家思想体系中的核心概念，强调"推己及人"的忠恕之道和"义在利先"的价值观念，正所谓"泛爱众而亲仁"（《论语·学而》），"博施于民而能济众"（《论语·雍也》），"老吾老以及人之老，幼吾幼以及人之幼"（《孟子·梁忠王上》）。然而，在等级森严、贫富分化的传统社会，儒家以义为先、利在义中的价值取向容易被简化成道德原则与物质利益之间的冲突，继而造下了"为富不仁"的刻板印象。而在宋儒那里，利则有了公私之分，因而义利之辨也就转换成了公私之辨，为公利则为仁义。②这种思想观念随着儒家道德的社会化而深入百姓的日常生活，根深蒂固，直至影响至今。

显然，在以"自我"为中心的差序格局中，"家乡"是一个区域范围可伸缩的概念，"乡缘"也就有了亲疏远近的圈层之别，圈内为私，圈外为公。有学者也指出："同乡观念具有相对性，有所谓大同乡和小同乡的说法，同乡的边界根据不同的参照地域范围而存在，它的界限有一定的收缩性。"③这也意味着，新乡贤反哺家乡的受益面越广，其"富而行仁"的道德境界就越高。浙江有着义利并举的重商文化传统。早在明清时期，商品经济发达的东南沿海一带，特别是在江浙地区，绅商群体举办公益活动是较为普遍的现

① 卢云峰、陈红宇：《乡村文化振兴与共同体重建：基于浙江省诸暨市的案例分析》，《清华大学学报（哲学社会科学版）》2022年第3期。

② 唐凯麟：《成人之道：儒家伦理文化》，山东教育出版社2011年版，第194页。

③ 唐仕春：《近代中国的乡谊与政治》，四川人民出版社2020年版，第49页。

象。“明清时期的地方公益事业主要由绅士和绅商赞助及主持，‘公’领域遂成为地方绅士和绅商最为活跃、大显身手的领域。”[①]这些历史人物和事迹，构成了浙江各地的乡贤文化传统，成为“颂贤”的对象。

其实，现实中，许多在外乡贤之所以愿意回归乡里、反哺桑梓，其动力更多的不是“利”的驱动，而是“乡情”的感召，对“荣誉”的期盼。对此，浙江通过引导各地因地制宜建设乡贤活动中心、乡贤之家、乡贤馆、乡贤廊、乡贤墙、乡贤窗、乡贤榜等设施，打造古今乡贤文化研究和宣传阵地，以家风家训、优良传统、典型事迹等内容为重点，展示乡贤人物、乡贤公德、乡贤事迹。同时，积极鼓励乡贤以冠名资助、公私合作、筹资捐赠等形式，共建共享乡贤文化阵地。例如，绍兴市上虞区依托乡贤研究会，举办《上虞乡贤报》、乡贤馆和乡贤之家等具有上虞地方特色的乡贤文化报刊和场馆，并连续十余年撰写各类乡贤文史资料篇，出版《上虞名贤名人》等专著。又如，在浙江省委统战部的组织下，浙江开展了2021年度“最美浙江人·最美乡贤”的评选活动，以此表彰来自浙江各地的15位在助力产业兴旺、文化建设、乡村治理、生态宜居、公益慈善等方面做出了突出贡献的新乡贤。

总而言之，对于新乡贤群体“富而行仁”的形象塑造，既满足了新乡贤荣归故里、回报桑梓的精神需求，又补充了地方政府推动共同富裕的资源力量，是新乡贤个人价值和社会价值实现有机统一的实践过程。

四、结论和启示

新乡贤群体的兴起，在一定意义上可以说是时代发展的产物。在改革开放初期，邓小平同志审时度势，提出“允许和鼓励一部分地区，一部分人先富起来，先富的带动后富的，逐步实现共同富裕”的发展思路。我们也可将此发展思路称作异步性发展策略，即在统一的中央领导体制下，国家通过政策引导或试点改革的方式，让一部分地域和群体探索经济社会的先行发展之路，继而为后发地区和群体提供经验示范、资源支撑。这实际上也成为催生“新乡贤带富”现象的政策性前提。

从上文的分析来看，“新乡贤带富”的浙江探索本质上是一种以“乡情乡愁”为纽带的关系链接和资源整合机制：以新乡贤评选为牵引，展开对乡缘这一“固定关系”的情感叙事与荣誉制造，并以新乡贤组织为载体，系统化推动新乡贤群体的关系丛结与情感赋能，从而激发其反哺家乡、助力共富的道德力量。这种推动“富而行仁”的实践机制，虽然只是浙江为共同富裕探路的诸多创新实践之一，但因其立足中国实际，既发挥了新乡

① 马敏：《官商之间：社会剧变中的近代绅商》，社会科学文献出版社2022年版，第226页。

贤的独特优势，又强化了乡村发展的内生基础，充分展现了中国人注重情理交融、公私两便的实践智慧。这无论是在修复城乡有机循环机制、探索中国特色的第三次分配路径方面，还是在促进物质和精神“双富裕”等方面，均提供了一些值得进一步关注和探讨的经验启示。

首先，推进“乡贤回归”有利于促进城乡资源要素的有机循环。当前，补齐乡村这块共同富裕的最大短板，关键在于促进城乡资源要素的双向流动、有机循环。“新乡贤带富”的浙江探索表明，在城乡发展结构失衡的背景下，推进“乡贤回归”有利于激活乡村振兴的“一池春水”，加快人才、信息、资金、技术等资源要素为乡村“补血”，修复城乡之间的有机循环机制，从而为促进城乡均衡发展、缩小城乡发展差距奠定良好基础。

其次，“新乡贤带富”是乡村社会探索第三次分配的有效途径。我国在三次分配方面有需求、有供给，但需求和供给之间并没有很好地匹配起来。而在“固定关系”的影响下，中国人往往有着挥之不去的乡愁情结和“报本反始”的文化观念，因而反哺家乡也成了人们在心理上最能接受、最愿投入的社会公益之路。“新乡贤带富”的浙江探索表明，以乡情、乡愁的召唤和感召新乡贤，可有效激发其“先富带后富、先富帮后富”的道德力量，从而引导其投身于家乡公益事业之中，创新新时代中国特色的第三次分配路径。

再次，“新乡贤带富”是促进物质精神“双富裕”的重要载体。共同富裕是个兼具物质和精神内涵的发展目标。在特定的时空条件下，物质富裕和精神富足的发展目标虽会有所侧重，但两者均不可偏废。浙江的探索实践表明，“新乡贤带富”正是既“富口袋”又“富脑袋”的重要载体：一方面，有利于发挥新乡贤在视野、资金、项目、技术和人脉等方面的独特优势，为发展乡村经济注入强大的内生动力；另一方面，也有利于发挥新乡贤在化解民间纠纷、涵育文明乡风、传承乡贤文化等方面的积极作用，从而弘扬家国情怀、向善之道，使之成为新时代加强精神文明建设的宝贵资源。

最后，“新乡贤带富”落到实处需地方党委政府加强政策引导。新乡贤群体作为以乡情乡愁为纽带而凝聚起来的乡缘性社会力量，汇聚了来自本土本乡的各类贤能人士，许多还是“非党员、非体制内”人员，而且在现实中难免还存在桑梓之情与利益权衡相互交织或者相互冲突的问题。为此，浙江推进“新乡贤带富”的创新实践，主要是在各级党委统战部门的牵头下开展的，以政策引导和团结一切可以团结的共富力量。这既有利于将党的领导贯穿于整个实践过程，保证相关工作符合党的大政方针和国家的政策法律，也有利于维护新乡贤的相对独立性地位，通过民主协商的工作机制和平台发挥其助力共同富裕的积极作用。

低学历人口流入对浙江共同富裕示范先行的影响及应对策略

陈旭东[①]

一、问题的提出及相关文献综述

浙江高质量发展建设共同富裕示范区是习近平总书记亲自谋划、亲自推进的重大举措。共同富裕离不开高知识、高学历人才群体引进流入带来的创造性驱动力，这一紧缺而特殊人力资源产生的重大影响带有根本性、全局性作用。通过对人口流入相关文献的梳理发现，从优化产业结构、促进城市经济发展、区域差异影响人口流入分布等视角的研究居多。而现实社会存在的情况表明，共同富裕不可避免省域外相对低学历人口的大幅流入，这一普通又特殊人力资源产生的影响带有基础性、约束性作用。现有文献多围绕这一群体在流入地城市乡村的生存状况、生产经营、生活质量以及精神文化需求，对于低学历人口流入与高质量发展建设共同富裕示范区这对矛盾共同体彼此间的深刻影响，以及加快瓶颈突破的应对策略的相关研究较为少见。为此，既要充分调动低学历人口融入浙江投身示范区建设的积极性和创造性，又要全面保障低学历人口与常住人口共建共享共同富裕成果，从而寻求统筹实现共同富裕示范先行与浙江所有人的全面发展的制度与体系建构，这是一个值得深入研究的课题。

一些学者认为，中国式共同富裕是马克思主义财富观下的共同富裕，要在物质财富高度发展情境下实现人的更好的生存和发展。沙勇认为人口与经济的双向互动促进高质量发展，人的能力和素质是决定贫富的关键。刘培林等学者提出，以“提低扩中层”为主要突破口缩小生活水平差距，在高质量城镇化和乡村振兴中缩小城乡差距，在人口充分流动中推动各地区协调发展，进而实现全民共富。魏波指出新阶段需要完善实现社

① **作者简介**：陈旭东，中共金华市委党校副教授。

会和人的全面发展的体制机制,提升健康型和创新性人力资本,激发亿万民众的创造热情。王道勇从共同富裕实现主体和实现途径来分析,认为在实现共同富裕的过程中,如何统筹社会各个层面层级群体,形成强大的社会合力,构建一个强大的共同富裕共同体。在高质量发展促进共同富裕过程中,劳动力分布是否合理,对优化社会人力资源配置,提高区域的均衡发展具有积极意义。西方学者对于人口素质和经济发展理论的研究比较成熟,对国内研究有一定的借鉴意义。巴格纳率先提出了推拉理论,他认为流入地有利于改善生活条件的因素就是拉力,而流出地不利的生活条件就是推力,人口流动就由这两股力量前拉后推所决定,但他相对忽视了人口流动中的阻碍因素。E.S.Lee在此基础上改进了推拉理论,加入了第三个因素,并称之为中间障碍及个人因素。认为人们在比较过流入地和流出地的推力和拉力之后,才做出流动的决定。他的推拉理论对我国学者分析国内人口流动现象发挥了较大的启发作用。随着社会经济的发展和城市化进程加快,我国学者从中国的具体时代背景和整体社会来思考推拉理论的合理性。刘风和葛启隆提出引入流动人口主体性的概念,重新建构了推拉理论,认为流动人口主体性和其他障碍因素,在个人能力限定和理性选择能力大大提升的双重影响下,进行融入和疏离城市的流动决策,最终实现自己既定的生存发展目标。

综上所述,目前研究成果更多倾向于共同富裕的内涵、实现路径以及分领域的现状分析与对策研究等,对新时代共同富裕背景下低学历人口流入的统筹控制并推动人口全面发展还缺乏深入探讨。故此,本研究将以浙江低学历外来流入人口增长对建设共同富裕示范区的特征、影响及应对策略等展开研究。

二、浙江省外人口大幅流入的动态特征

在浙江共同富裕示范先行背景下,人口流入出现了一系列值得关注的新特征、新动向,呈现出规模、结构、分布、质量、转化等多方面交织交错、互动互补的新格局、新趋势。

(一)省外人口流入总量大、增速快,在全省人口占比不断攀升

据2021年浙江省统计局发布的浙江省第七次人口普查数据显示,从2010至2020年的十年间,浙江省域外人口流入快速增长,2020年与2010年相比,增长幅度达到36.9%,仅次于广东省,居全国第2位。至2020年底,省外流入人口1618.6万人,占全部常住人口的25.1%,即每4个常住人口中就有1人来自省外(见表1)。与2010年相比,年均增长3.2%,比常住人口年均增长1.7%的增幅高出1.5个百分点。这表明,浙江人口流入在动态爬高中,占全省人口比重高。

表1　2010—2020年浙江省外人口流入状况

年份	人口规模(万人)		总增长(%)		年均增长(%)	
	省外流入	常住人口	省外流入	常住人口	省外流入	常住人口
2010	1182.4	5442.7	—	16.4	—	1.53
2020	1618.6	6465.8	36.9	18.6	3.2	1.7

数据来源:浙江省统计局。

(二)省外流入人口以劳动年龄人口为主,适应可塑性增强

根据浙江省第七次人口普查数据显示,2020年,省外流入人口中,男性人口为947.0万人,占58.5%,女性人口为671.6万人,占41.5%,性别比为1.41∶1,与2010年的124.8相比,省外流入人口总性别比上升明显(见图1)。分年龄段看,16—44岁性别比大大高于2010年同年龄段性别比。这表明,近10年来省外人口流入中青年人口和男性人口居多,有利于流入地生活环境的适应和可塑功能的强化。

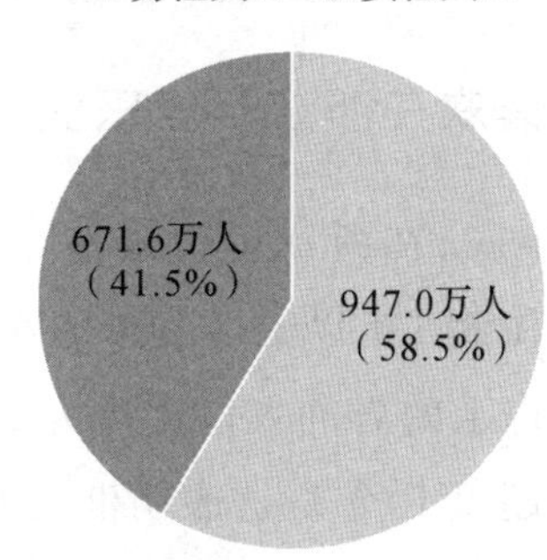

数据来源:浙江省统计局

图1　2020年浙江省外流入男女人口比例

(三)省外流入人口向都市区集聚明显加快,杭甬温金集聚超过2/3

浙江省第七次人口普查数据显示,省外人口超过2/3流向杭州、宁波、温州和金华。这四个地区恰好是浙江省重点规划建设的四大都市区,也是人口流入的第一梯队,其中杭州和宁波均吸纳300万以上省外人口,温州和金华紧跟其后。嘉兴、台州、绍兴、湖州位居第二梯队。第三梯队的是舟山、丽水和衢州,合计占全部省外流入人口的3.1%。除温州市外,各市省外流入人口与2010年相比均不同程度增长。

(四)省外流入人口平均受教育年限明显提升,但受教育程度偏低

近些年浙江省流入人口呈现高学历人口流入比例大幅提升和低学历人口总量依然

庞大的现实问题。一方面,大学专科及以上高学历人口从2010年的45.3万人(占比3.9%)增加到2020年的146.8万人(占比9.2%),其中杭州人才的流入率连年居全国第一(详见图2)。流入人口平均受教育年限从2010年的8.4年提高到2020年的9.0年,提升明显,但仍低于广东、江苏和上海的9.8年、10.0年和11.0年。另一方面,初中及以下低学历人口比重合计为77.5%,占省外流入人口的绝大多数。

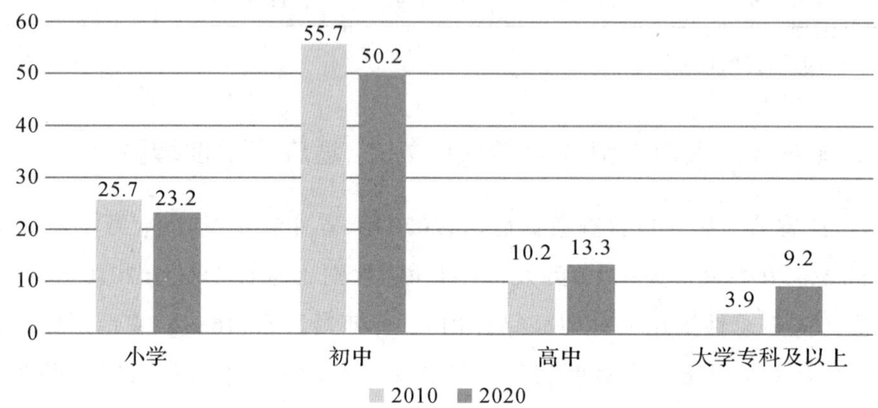

数据来源:浙江省统计局。

图2　2010年与2020年省外流入人口受教育程度对比

(五)省外流入人口喜欢在浙江安居乐业,融入当地城市加快

图3显示,截至2020年底,在浙江暂住半年至一年的省外流动人口占21.0%,比2010年低5.5个百分点,居住满5年以上的省外人口比2010年高14.4个百分点上升至38.2%。其中,居住满10年以上的省外人口比重为21.6%。也就是说5个外省籍常住人口中,就有1人在浙江居住超过10年。这表明浙江开放活跃的经济氛围和公平包容的社会环境对省外人口有较大吸引力,更多人愿意选择在浙江安家落户,有利于外来流入人口新生子女一代无差别融入城市。

(六)省外流入人口从依赖低成本生成端向多元化服务端持续转移

从浙江发展历程看,浙江工业主要从发展农村工业和农民创业起步,这种习惯于在原有技术水平的基础上采取扩大产能、薄利多销的策略的"低小散多轻"企业形成了对低成本劳动力的依赖性。随着"六个浙江"和浙江大湾区、大都市区建设的推进,省外流入人口更多向多元化市场化行业领域转移。如义乌发布的第七次人口普查相关数据显示,近10年间,义乌人才数量从20.4万增至34.5万,专业技术人才从5.8万增至10.6万。2020年,仅电子商务行业就新招引大专以上学历超1.2万人,平均年龄25.2岁,其中外来人口占九成。

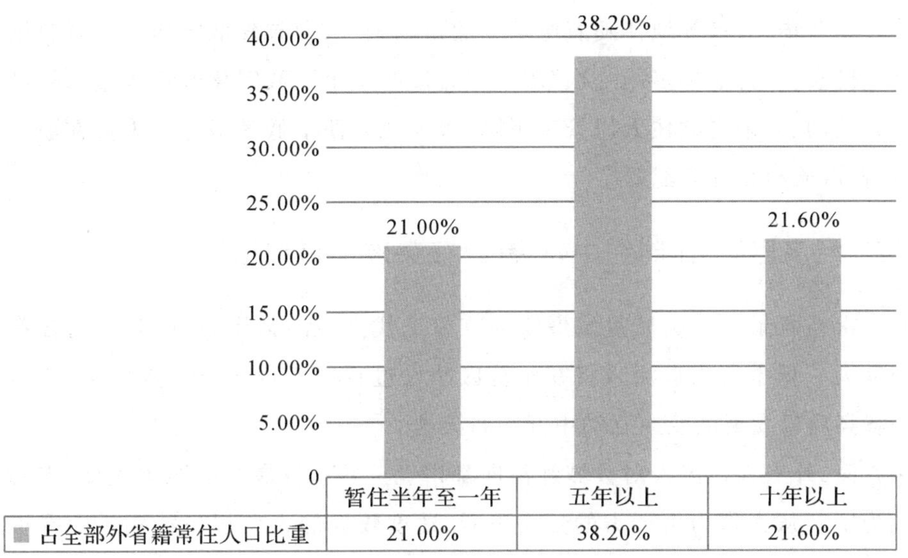

数据来源:浙江省统计局。

图3　近10年省外流入人口居住浙江年限

三、低学历人口流入对共同富裕示范区建设的多重影响层面分析

浙江人口流入与浙江经济社会加快转型和共同富裕示范先行产生的虹吸效应交互作用,其影响在当前和未来示范区建设的各个层面渐进积累并逐步显现。有别于高学历人口流入的正面拉动,低学历人口流入带来了多重新挑战,也孕育不少新机遇。

(一)社会层面:缓解老龄化与推进阶层融合碰撞

共同富裕背景下,浙江将面临更广泛地涉及外来流入人口与常住人口社会、家庭各层面的系统性、针对性的民生改善、社会保障以及自我发展的持续深刻的挑战,需要统筹协调各方面关系,以促进示范区社会全面发展。

一方面,以年轻人为主体的低学历流入人口,有效缓解浙江人口老龄化程度超前于经济发展带来的人力资源不足等多重影响。以年轻人为主的外来人口流入较大程度填补了经济社会快速发展对年轻人口的巨大需求。浙江区域制度创新和大量适合本地实情的法规制定完善为低学历外来人员就业创业和生活提供制度和环境保障,这些创新加快了外来年轻人落户,又进一步提升了人口出生率。

另一方面,以年轻人为主体的低学历人口流入快速融入浙江民营经济发展全链条,促进各阶层在动态发展中融合。浙江在专业市场、信息、金融、科技和商务服务业的发展成熟度及工资水平均领先全国其他省份,吸引并加快了流入人口在流动中合理配置资源。如杭州伴随着全产业走向数字经济,人口增量大幅上升,人口增量超越深圳位居全国第一。金华、义乌等地伴随着电商专业市场繁荣,为省外低学历劳动者提供了大量就业创业机会。浙江"最多跑一次"改革、"无证明城市"、数字化改革等重大举措打通了城乡二元结构、外来与常住人口管理阻隔,极大地方便了低学历外来人员在浙江创业就业,促进自由流动和有序配置。

(二)经济层面:在制约中有突破,在突破中有制约

共同富裕背景下的高质量发展既面临着迭代升级的强压力,同时也内含着破茧蝶变的强动力。低学历人口流入将在示范区建设过程中实现人口结构优化、整体素质提升与经济高质量发展的双向互动中开辟新天地。

一方面,外来人口流入对县域经济向都市经济转型发展影响至关重要,需要对标补短化危为机。从人作为生产力的角度来看,适度较大的人口规模特别是中青年人口流入,将为省域经济发展提供充足的劳动力和不竭动力,同时学历偏低束缚人口更多流入中低端产业和社会基层,不利于加快产业转型升级。从人作为消费者的角度来看,流入人口总量和质量将给区域住宿、餐饮业、交通运输业和房地产业等第三产业的发展带来积极的刺激作用,但这种刺激更多停留在GDP增长和社会面外延繁荣。另一方面,浙江县域经济向都市经济转型发展不仅需要大力提高高素质人才占比,而且也需要大量外来中青壮年劳动力来共同创造财富。流入人口素质的经济实现,即人力资本的提升、开发、利用也越来越成为经济社会持续发展的动力源泉之一。省域经济发展,不仅能为各层面人口提供更多的就业机会,而且也需要更多的中青年人口来创造社会财富,从而对本区域人口质量和人口结构产生深刻影响。

总之,以年轻人为主的低学历人口流入既有利于社会面基础的扩大夯实,也有利于各层级要素、资源的承接贯通,与此同时,低学历流入人口需要不断实现自身的发展性瓶颈的全面和根本性突破。

(三)技术层面:技术的适应与适应的技术

浙江低学历人口选择性流入与高学历人口引进流入是同步的,整个外来人口流入与科教兴国战略、科技强省战略的实施是相协同的,有望在人口的迁移中实现化不利为有利,倒逼人口与技术在双向互动中实现素质提升与技术进步。

目前关于低学历人口的创新效应存在理论分歧。虽然有研究表明,低学历人口分摊和挤压研发投入、束缚和降低社会创新活力。但是我们更要看到以年轻人为主的低学历人口流入与浙江技术创新推广之间存在通过良性的双向互动激发可能的重大机遇。首先,以年轻人为主的低学历流入人口是促使各方面经济体更多推广应用实用技术、技能技术的主体,是实验技术到实践技术转移并产生实际生产力的实践承接者,而

智能化生产和技术推广对经济增长起到正面推动力。其次，浙江终身学习型社会、"技能浙江"建设、数字化改革等重大举措对以年轻人为主的低学历流入人口进行特别赋能，疏通成长过程中知识技能"中梗阻"，化解医疗、健康等公共服用的供需矛盾，减轻低学历流入人口适应性发展负担，形成更具包容度和共建共享的发展模式。

总之，新时期科技革命新旧动能转换将为浙江在共同富裕示范区建设中应对外来人口流入变局提供机遇与条件，显然这些技术推广创新及环境创设对低学历流入人口具有强大后发优势，更重要的是以年轻人为主的低学历流入人口在掌握和运用推广技术中实现人口素质的全面提升，又反过来为技术整体升级提供有力支持。因而，加快低学历人口学历提升与技能培训，加快形成学历持续提升、技能不断提高，甚至人人拥有一技之长的外来流入人口的浙江样本。

（四）文化层面：对区域文化的包容适应与对传统家庭价值观的冲击

外来人口流入使原有的区域文化、代际文化、城乡文化之间的碰撞更趋频繁，外来人员家庭离散的生成逻辑加快了家庭层面传统价值观念的转型。共同富裕示范区建设中必然面临共同重塑包容性区域文化、重塑不同群体间共享性社会认同、重构外来流入人口的适应性社会文化价值观念体系。

第一，共同富裕进程中，外来人口流入使城乡文化在失衡中寻求平衡。基于城乡二元结构带来城乡文化失衡，特别是乡村文化断层断续、内生动力不足等，实施乡村文化振兴是弥合乡村传统文化与现代都市文明断裂的有力抓手。外来人口流入和在城乡间流动又使传统城乡二元格局延伸为城市本地人与外来人口的新二元结构，既使不同群体之间对文化资源竞争加剧，又使群体间促进共享社会文化认同加快，因而面临一体两面的新挑战。

第二，共同富裕进程中，外来人口流入使公共文化加快同城化和共域化步伐。公平包容的教育、医疗、就业等公共服务和社会环境，提升外来人口的获得感和幸福感。浙江对于外来人口的落户政策宽松。比如外卖员可以通过积分在浙江落户，为他们以后的生存和就业创造更加有利的环境。各级政府着力密集出台各项政策，新建、迁建、扩建中小学、幼儿园项目，精准解决入学入园需求与教育资源供给不足的矛盾，让他们尽快融入当地生活。近年来陆续出台《浙江省基本公共文化服务标准（2015—2020年）》及其行动计划、《关于推进"五个百分百"建设加快实现基本公共文化服务标准化的通知》等文件，还率先全国开创性地把外来务工人员科普经费列入财政预算，极力改善和丰富外来务工人员的精神文化生活。

第三，外来流入人口家庭团聚需求与离散抉择促使传统文化家庭价值观念发生重大变化。以青年人为主和男性居多的外来流入人口，自然而然产生对家庭团聚的价值伦理需求,同时又不可避免地产生家庭离散所带来的家庭伦理破坏。从个体来讲,这是共同富裕幸福分配过程中的不平等,不利于外来人口实现家庭团聚和权利自由可行能力的培育和提升。外来人口家庭层面价值伦理体系的转型与重构,将使共同富裕示范区的稳定与发展受到冲击。构建有助于外来人口获得享受家庭美好生活的平等和谐、责任共担的实质自由,将是共同富裕背景下促进外来人口全面融入社会发展和谐的重要目标。

(五)治理层面:对多元主体协同现代共治体制的需求与挑战

流动人口发展进入新阶段,职业高流动性、家庭不稳定性和社会认同的不一致等社会形态特征的深化发展是诸多潜在的社会问题和潜在风险逐步浮现,凸显对高水平共享型现代治理成果的需求和现有社会现治理体系转型滞后的矛盾。

面对共同富裕人口流动与发展需求,现代治理体系着力应对人口流动带来的多重挑战。第一,不同地区、不同群体的流入人口成长中形成的价值观念的不同会阻碍共同富裕共享型社会认同的形成与建立,并成为现代治理体系改革的深层障碍;第二,人户分离、人地分离的常态化对现有社会治理体系提出挑战;第三,防疫等公共危机应急管理中流动人口条块分明的管理模式已经越来越不适应新形势新变化。

随着我国社会主要矛盾发生转化,外来人口不仅对物质文化生活提出了更高要求,而且在民主法治、权益保障、公平正义、安全环境等方面的要求日益增长,需要通过多元主体参与全面创新社会治理来满足其日益增长的美好生活需要。

四、应对思路与策略

低学历人口选择性流入是浙江建设共同富裕示范区的客观必然现象,一定程度反映了浙江经济的活力、发展潜力和前景。坚持共同富裕示范先行目标,以低学历人口流入特征、影响作为问题导向,充分调动全省各地和吸引全国各地的资源、人才、市场、资金等要素,制定实施流动人口分类引导与迭代升级的政策体系,切实提升低学历人口的发展能力和共享共同富裕的获得感和幸福感,是共同推动示范区大发展与人的全面发展的具有战略性、系统性、前瞻性的应对理念。鉴于新时代共同富裕背景下浙江人口发展问题正在经历从数量压力与结构性问题并存到质量动力与结构性压力主导的历史性转变,下一步应对策略应当从以下几个方面调整。一是重视对流入人口质量和结构的关注,在指导思想和思维方式上坚定确立起人的全面发展的强烈意识;二是突出对流入人口变化趋势的宏观把握和动态监测,建立清晰系统的中长期发展规划;三是明确对低学历流入人口的提升方向、重点、焦点,并置于与社会转轨、经济转型、文化变革等环境的多重互动中超前谋划，积极寻求适应性基层上的创造性发展；四是重视流入人口的多元主体作用，凝聚更多推动共同富裕示范先行的积极而稳健力量。

（一）按照共同富裕高质量发展的内在要求

高质量发展是建设共同富裕示范区的本质要求，也是推动示范先行的前提基础。众多研究表明，高学历人口引进力度和流入幅度越大，对低学历中青年人口的适应性提升程度越高，有利于形成领富与共富相衔接共促进的良好格局。低学历人口与高学历高素质人才虽然层级分布与作用大小不同，但都是共同富裕整体框架中不同层级的重要生力军，同时共同富裕示范先行又促进低学历人口自身的发展和走上共富道路。显然，浙江共同富裕示范区建设是他们实现自身价值和共同富裕梦想的舞台。为此，需要立足浙江产业转型升级和社会转型发展，以发展平台与准入门槛来吸引和引导具有更高学历更高素质更优化结构的外来人口流入，使人口红利从数量优势向质量优势转变。第一，充分发挥政府这只“有形的手”的作用，积极部署抢占未来市场与区域经济竞争的制高点，出台更多前瞻性政策措施，坚定不移地加大对高素质人才的引进，配套储备更多更全面的各级各类人才，以高素质人才汇聚集成带动各个层面与层级的青年人口的转型发展。第二，充分发挥市场这只“看不见的手”的作用，推动专业市场数字化集约化国际化发展，引导外来人口自由流动、向上流动和合理配置。第三，充分发挥中小微企业专精特发展平台的作用，推动低学历人口人群在实战中提升专业素质与增强技能。

（二）聚焦共同富裕普遍富裕的鲜明特征

破解高收入人群依靠知识和资本率先富裕和低学历人口依赖人力与基本技能逐步富裕形成的循环滚动机制带来的结构性制约，需要更高水平地保障低收入群体的增收能力、福利水平和发展机会。深化收入分配制度改革，可以多渠道有效促进外来人口特别是低学历人口、低收入人口的收入增长，促进外来人口与本地人口、城乡居民之间的收入均衡。第一，支持企业通过提质增效拓展所有从业人员增收空间，合理提高劳动报酬及其在初次分配中的比重；第二，健全工资合理增长机制，合理调整提升“两低”人口最低工资标准；第三，完善创新各类要素参与分配机制，加快探索低学历流入人口依靠提升知识、技术、管理、服务以及资产、资本等要素价值的实现形式。

（三）创设协同共富的实现路径

从浙江外来人口流向看，高学历人口流向中心城市和高新产业，低学历人口更多流向城乡接合部和集镇。因而，缩小城乡区域发展差距，推动新型城镇化与全面推进乡村振兴战略的有机对接，实现公共服务优质共享至关重要。第一，在构建新型工农城乡关系中推动更多低学历人口参与现代化建设,畅通向上流动通道,形成人人参与、人人享有的发展环境。第二,在实施基本公共服务均等化中推动更多低学历人口共享优质服务。坚持在发展中保障和改善民生,为低学历人口提高受教育程度、增强发展能力创造更加普惠公平的条件,给更多人创造致富机会。第三,在加强基础性、普惠性、兜底性民生保障建设中推动更多低学历人口共享资源配置。推进城乡区域教育、医疗等基本公共服务更加普惠均等可及,稳步提高保障标准和服务水平,形成运行共建共享一体顺畅的服务链体系。

(四)凸显共同富裕共享共富的本质性体现

积极回应外来人口对共同富裕背景下社会治理转型的新需求,需要以理性化、法治化和公共性的精神,重构多元主体关系,完善共建共治共享的社会治理共同体。随着浙江共同富裕示范区建设各项政策举措的出台完善,愈加淡化省内常住人口与省外流入人口的界限,在改革突破诸多瓶颈中加快一体融合。第一,把坚持党的领导贯彻到社会治理全过程,把基层党组织的服务管理触角延伸到外来人口基层社会治理各个方面,不断增强基层党组织在外来人口中的政治引领力和社会号召力,使基层党组织成为防范化解社会矛盾的"主心骨",形成防范化解人民内部矛盾的强大合力。第二,把坚持以人民为中心落到外来人口管理实处,动员外来人口广泛参与社会治理,让外来人口与常住人口一道成为维护社会和谐稳定的主体力量,不断增强其获得感幸福感安全感。第三,加快完善共同富裕示范先行地法律保障体系,聚焦破解低学历流入人口共享共建发展中的制度空白点、机制隔离带和矛盾冲突点,确保政治引领上下贯通、德治教化全面覆盖、智治支撑整体突破,激发外来人口主体参与基层自治的活力和合力。

(五)顺应可持续共富的目标导向

在新发展阶段,浙江惠及省外流入人口的政策面越来越宽泛细致,人文环境愈加包容开放。这就要求我们准确把握和持续推进低学历人口均衡发展和高质量发展,从而推动经济可持续高质量发展。第一,共同筑好引领未来的精神家园。打造新时代文化高地,理所当然包括低学历流入人口的精神文化生活。重在挖掘传承好习近平总书记留给浙江的宝贵思想理论财富,推动与时俱进的浙江精神融入所有人的血脉,[17] 用浙江精神来培养低学历外来人口的创新意识和创业精神。第二,建设人民满意的公共文化服务体系,大力完善惠及所有外来流入人口的基层公共文化设施网络和优质公共文化服务供给。第三,推动社会主义核心价值观深入所有人人心,进一步擦亮"最美浙江人"品牌,提升全民文明素养。第四,加大职业培训和再教育的广度、力度和深度。对接浙江工匠建设和全民终身学习体系构建,探索实施精准学历教育及职业技能培训,培育与市场主体相匹配的具有较高素质、较强技能的劳动者大军，促进外来流入人口在学中干、在干中学，不断提升他们依靠技能成才、技能致富的创业素质，为共同富裕示范区建设储备人力资源和智力成本，并不断转化为现实生产力。

共同富裕视域下农民收入增长与农村政策支持耦合研究
——以浙江省山区26县为例

胡俊青　刘燕珂[①]

党中央在新中国成立之初就提出要实现农业国向工业国的转变,现代化进程中不能忽视农业、农村、农民。改革开放至今,农村也进行众多领域的改革;十七届三中全会再次提到农村改革问题,农民收入问题再次明确受到关注;再到十九届五中全会提出"优先发展农业农村"。浙江省山区26县陆域面积约为浙江省的45%,人口接近全省的24%,而26县"三农"问题是困扰浙江省实现"全民共富""全面共富""共建共富""逐步共富"发展的现实问题,因此在谋划推进农户"扩中""提低"中实现共同富裕、全面建设社会主义现代化强国必须解决"三农"问题,其中包括农村政策支持、农民增收问题,农民收入问题业愈发受到学术界专家的关注。

一、研究综述与问题提出

农民收入不仅是关乎农民生计的重要因素,还是测量农村区域是否实现"全民共富"的关键指标。而农业政策的制定和实施在农村经济的增长和产业结构优化过程中发挥很大的作用,对于农村可持续发展具有重要的实践意义,因此有必要梳理学术界对于农业政策与农民收入增长之间的相关成果。国外方面,一是指定区域性农业政策的优先事项以及经验教训研究。Escobar和Glave(2013)研究了拉丁美洲在小农农业方面进入市场的机会增加和收入来源多样化的政策和经验[②]。Pitale(2016)提出了农村部门

---

① 作者简介:胡俊青、刘燕珂,中共衢州市委党校教师。

② Escobar G , Glave M ."Latin America's rural family farmers: evolutions in access to markets and rural income structure",Evidence & Lessons from Latin America,2013.

适合印度人口过多的农民收入政策设计，介绍了农场经济的结构和为其设计的农民收入政策类型①。二是将农业收入和农业政策作为分开领域研究。Zinabu Wolde，Tekalegn Tadesse和Tegegn Tadesse（2020）等人将埃塞俄比亚南部Gedeo地区作为研究地发现了无耕种地和低收入农民面临的主要问题是粮食不安全和农村脆弱性②。Reddy，Raju和Bose（2020）的研究表明农民收入低的主要原因是农产品价格低、投入成本高和经营规模小③。Ogunniyi，Omotoso和Salman（2021）等人研究了尼日利亚农村家庭粮食安全的社会经济驱动因素④。国内方面，一是省域层面农业收入与农业政策的关系研究。张德华（2013）⑤、李博（2016）⑥的研究表明黑龙江省农民收入的主要来源于家庭经营收入；河南省农民收入水平低于全国水平，因此要在注重基础设施建设、产业化发展等措施上下功夫。周海燕（2018）[⑦]以江西省作为研究地，提出该省的新农业政策的推行应与农民收入增长之间融合促进发展。王云凤和白占峰（2020）研究了国家粮食政策对吉林省农民收入影响⑧。二是农业收入细分领域的政策支持背景研究。周振（2016）⑨等提出农具购置补贴政策带来的农业机械化致使农民收入有所增加。刘景景（2018）透过美国补贴政策的演进分析了美国农民收入政策的总体思路和背后逻辑⑩。李泉和张涛（2020）发现经济政策不确定性对农村投资增长产生负向影响并会弱化缩小城乡收入差距的功能，农村投资增长正向影响农民收入增长⑪。王鑫和夏英（2021）探讨了日本收入保险政策的形成背景以及政策落地的实践依据和理论根据⑫。三是多重要素对农民收入增长的影响。王永仓（2021）数字普惠金融总指数及各维度指数对农民收入增长的影响均具有双重门槛效应，数字普惠金融发展水平越高，对农民收入增长的促进作用越

---

① Pitale R L . India Rich Agriculture Poor Farmers: Income Policy for Farmers，2016.

② Wolde Z ，Tadesse T ，Tadesse T ，et al. Land size and landlessness as connotations for food security in rural low-income farmers: A case of Gedeo Zone，Southern Ethiopia.2020.

③ Reddy A A ，Raju S ，Bose A . *Farmers' Income，Indebtedness and Agrarian Distress in India*，2020.

④ Ogunniyi A I ，Omotoso S O ，Salman K K ，et al. "Socio-economic Drivers of Food Security among Rural Households in Nigeria: Evidence from Smallholder Maize Farmers"，*Social Indicators Research*，2021.

⑤ 张德华：《黑龙江省农民收入影响因素及对策研究》，东北农业大学硕士学位论文，2013。

⑥ 李博：《河南农民收入的影响因素分析及增收策略研究》，《中国农业资源与区划》2016年第11期。

⑦ 周海燕：《江西省农民收入增长与农村政策支持耦合研究》，《中国农业资源与区划》2018年第10期。

⑧ 王云凤，白占峰：《国家粮食政策对吉林省农民收入影响研究》，《吉林师范大学学报(人文社会科学版)》2020年第2期。

⑨ 周振，张琛，彭超，等：《农业机械化与农民收入：来自农机具购置补贴政策的证据》，《中国农村经济》2016年第2期。

⑩ 刘景景：《美国农业补贴政策演进与农民收入变化研究 》，《亚太经济》2018年第6期。

⑪ 李泉，张涛：《经济政策不确定性、农村投资与农民收入增长》，《福州大学学报(哲学社会科学版)》2020年第4期。

⑫ 王鑫，夏英：《日本农业收入保险：政策背景、制度设计与镜鉴》，《现代经济探讨》2021年第3期。

大[①]。刘洋和颜华(2021)县域金融集聚不仅可以直接作用于农民增收,还可以通过农业机械化间接"部分地"影响农民增收[②]。刘赛红、杨颖和陈修谦(2021)信贷支持和农村三产融合均能显著地促进农民收入增长,信贷支持对农民收入增长的促进作用受限于农村三产融合,且存在"双门槛效应"[③]。刘琪、李宗洙和PARK Jeng-woon(2022)指出农村金融发展水平对农民收入增长有促进作用,但并不十分明显,且在一定的时期内具有滞后性,随着稳健且持续的冲击后,农民收入得到改善[④]。

综上所述,国内外学术界现有研究基本上认为宏观领域农村政策推动了农村的发展。理论层面分析,中央、省市域不同层面的农村政府及相关部门都会对农村发展产生多角度的政策作用。政策层面分析,细分领域的农村政策的出台颁布、落地实施都是为了促进农村更好地发展。宏观层面分析,自进入21世纪以来,粮食直接补贴、良种补贴、农机具购置补贴等一系列的政策的施行一定程度上有助于农民务农积极性的调节和收入的增加[⑤-⑥]。所以,农民收入的增加很大程度上依赖于农业政策的推行。如今,鲜有学者研究市域层面农民收入增长与农村政策关系,在"优先发展农业农村"、浙江省着力打造"共同富裕示范区"的背景下,有必要探讨山区26县农业政策与农民收入增长之间的关系,并进行进一步的研究。

二、案例地概况和研究方法

(一)案例地概况

26县是作为浙江重要的组成部分,解决地区、城乡、收入"三大差距",突破点在山区26县,如何补上这块"短板",已经列入省委、省政府的中心工作之一。山区26县特指衢州、丽水两市的所辖县(市、区),以及淳安、永嘉、平阳、苍南、文成、泰顺、武义、磐安、三门、天台、仙居等26个山区县(见图1)。如何把构建新发展格局聚焦到26县跨越式发展上来,加快补齐山区26县发展短板,成为各个发展领域的新课题。因此,把浙江山区26县作为研究区域,分析浙江山区26县农民收入增长与农村政策支持的互动关系,以期为

① 王永仓:《数字普惠金融影响农民收入增长的门槛效应研究》,《金融理论与实践》2021年第6)期。

② 刘洋,颜华:《县域金融集聚、农业机械化与农民收入增长——基于河南省县域面板数据的经验分析》,《农业技术经济》2021年第12期。

③ 刘赛红,杨颖,陈修谦:《信贷支持、农村三产融合与农民收入增长——基于湖南省县域面板数据的门槛模型分析》,《云南财经大学学报》2021年第6期。

④ 刘琪,李宗洙,PARK Jeng-woon:《中国农村金融发展对农民收入增长的影响研究——基于2009—2018年数据的实证分析》,《湖北农业科学》2022年第2期。

⑤ 全世文,于晓华:《中国农业政策体系及其国际竞争力》,《改革》2016年第11期。

⑥ 钟真,孔祥智:《经济新常态下的中国农业政策转型》,《教学与研究》2015年第5期。

进一步浙江山区26县农业共富、农村共富、农民共富提供一点启示。

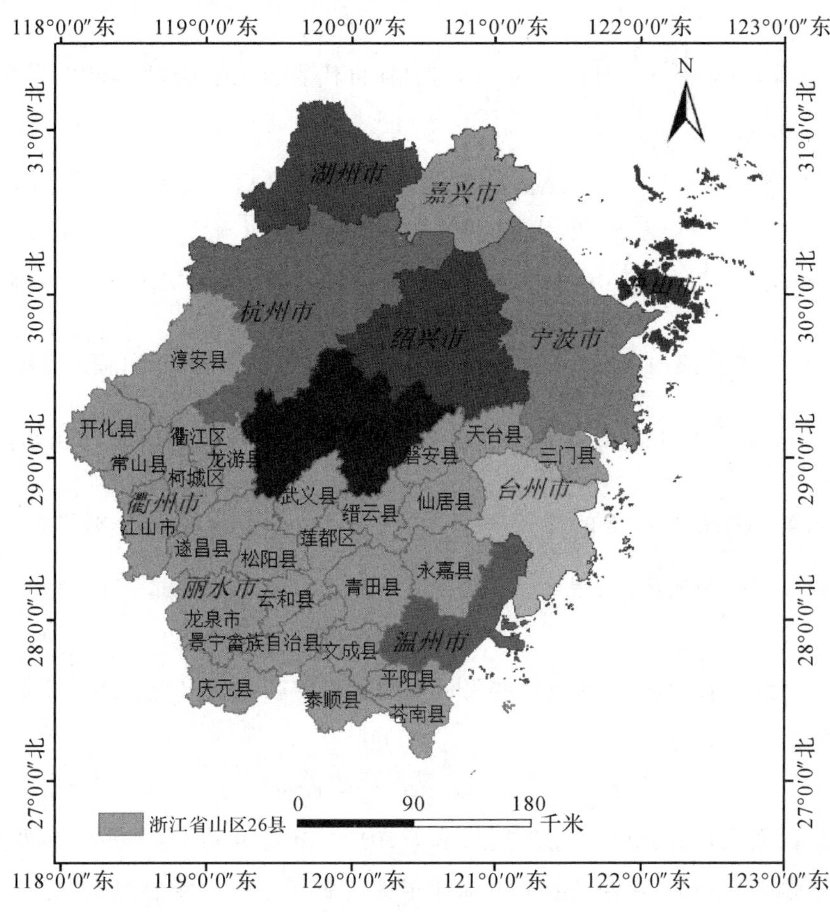

图1 浙江省山区26县研究区域图

（二）研究方法

农民收入和农村政策呈现动态性、阶段发展性，存在定量研究和定性研究，是以可采用定量分析、构建模型方程探讨农村政策对农民收入的贡献率和两者的耦合程度[①②]。

1. 模型的设计

设生产函数为

$$Y = Y(F_t, L, T) \tag{1}$$

式(1)中 F_t 为 t 时期，Y 代表了农村居民可支配收入，L 代表了从业人员，T 代表了经营投入。

把(1)式中，求全微分得到

① 杨茂：《农业新政与粮食主产区农民增收研究》，天津大学博士学位论文，2006年。

② 高明秀：《土地整理与新农村建设耦合关系及其模式创新研究》，山东农业大学博士学位论文，2008年。

$$\frac{\mathrm{d}Y/dt}{Y}=\frac{\mathrm{d}F/dt}{F}+\alpha\frac{\mathrm{d}L/dt}{L}+\beta\frac{\mathrm{d}T/dt}{T} \tag{2}$$

把(2)式中,$\alpha=\frac{\mathrm{d}Y}{dT}\cdot\frac{T}{Y}$,$\beta=\frac{\mathrm{d}Y}{dL}\cdot\frac{L}{Y}$,$\alpha$和$\beta$各自代表投入和劳动的产出弹性,用差分替代为微分,令$\Delta \mathrm{t}=1$,则(b)式运算为:

$$\frac{\Delta Y}{Y}=\frac{\mathrm{d}Y}{dt}\cdot\frac{1}{Y}+\alpha\frac{\Delta L}{L}+\beta\frac{\Delta T}{T} \tag{3}$$

(3)式中,$\alpha=\frac{\mathrm{d}Y}{dt}\cdot\frac{1}{Y}$,$\frac{\Delta Y}{Y}$为整体产值,拆解成3项,通过每一项的计算得到索洛技术进步增长模式,如下:第1项α中的$\frac{\mathrm{d}Y}{dt}$代表了T和L定值时Y的加量,而α是增加的相对百分率;第2项$\alpha\frac{\Delta L}{L}$代表了劳动力增加形成的弹性系数出现的增加率;第3项$\beta\frac{\Delta T}{T}$代表了资金投入的弹性系数出现的增长率,令$\mathrm{y}=\frac{\Delta Y}{Y}$,$l=\frac{\Delta \mathrm{L}}{\mathrm{L}}$,$\mathrm{t}=\frac{\Delta T}{T}$,分别代表了产出值、投入资本和人力的增加速率,得到

$$y=a+\alpha t+\beta l \tag{4}$$

该文结合浙江省山区26县农村居民可支配收入的客观状况与已经修正后的索洛余值模型建立其增长方程

$$y=a+\alpha t+\beta l+\gamma d \tag{5}$$

思虑到数据的可查找性、可获得性,基于2012—2021年《浙江省统计年鉴》《杭州市统计年鉴》《温州市统计年鉴》《金华市统计年鉴》《衢州市统计年鉴》《台州市统计年鉴》《丽水市统计年鉴》,把农民收入增长分成三块内容,农村政策发布、农业从业人员和农作物播种面积,因此方程中y代表了农村居民可支配收入和农家乐全年营业收入,f代表了农村政策变动情况(研究中农村政策变动情况用农业总产值和全年营业收入代替,因为政策变动与农业总产值和全年营业收入紧密相关),l代表了农业从业人数和农家乐直接从人员,d代表了农作物播种面积和农家乐特色村数量或者创建特色精品村数量。α代表浙江山区26县农村政策变动弹性值0.49,β代表浙江山区26县农村收入从业人员的弹性值0.26,γ代表浙江山区26县农作物播种面积和农家乐特色村数量弹性值0.20,农业政策对农村居民可支配收入增长的贡献指代索洛余值a,a与y的比值指代农业政策的直接贡献率。

2. 耦合系数的计算

为确定浙江山区26县农民收入增长和农村政策的耦合关联,基于2011—2021年浙江山区26县相关省级、市级、县级统计年鉴获取浙江山区26县农村数据,计算农民收入和政策递变速率测量农村政策推行是否影响农民增收:

$$H = \left| \sqrt[t]{H_t / H_0} - 1 \right| \tag{6}$$

式(g)中 H_t 和 H_0 各自代表探究进程的开始时间，t为时间段；以下为政策递变速率公式：

$$Q = \left| \sqrt[t]{Q_t / Q_0} - 1 \right| \tag{7}$$

式(e)中 Q_t 和 Q_0 各自代表探究进程的开始时间，t为时间段；耦合系数计算公式：S=H/Q，当S代表了农民收入和农村政策变化速率相对保持一致，当S>1时，代表了农村政策的变化对于提高农民收入发挥了重要作用。

三、农民收入增长与农村政策支持耦合分析

（一）2011—2021年浙江山区26县农民收入与农村政策演变

自改革开放以来，浙江山区26县农村经济得到了很好的发展，农民人均收入也保持稳定增长，一定程度上这得益于国家层面诸多农村政策的推行。从图2可以看出，2021年浙江山区26县农村居民可支配收入、低收入农户人均可支配收入增速正向上涨。从图3可以看出，2011—2020年浙江山区26县农民人均可支配收入和第一产业产值分别从5000余元至10000余元、280余亿元增长到427亿元，得益于众多农业政策出台、落地实施，该阶段农业方面推行两减免、三补贴、政策性农业保险、“工业反哺农业、城市支持农村”、完善农村基本经营制度、乡村振兴、农业供给侧结构性改革、绿色兴农、科技兴农等措施。十八大至今，党和国家不断完善与“三农”相关的政策法律法规，例如“三权分置”重大思想改革、农村土地经营权流转、土地承包经营权登记制度、生态工业等农村政策；“十三五”期间，山区绿色发展、生态富民发展步伐加快，26县中有18个县经济增速高于全省平均水平，25个县城乡居民收入高于全省平均水平。在一定程度上促使农村

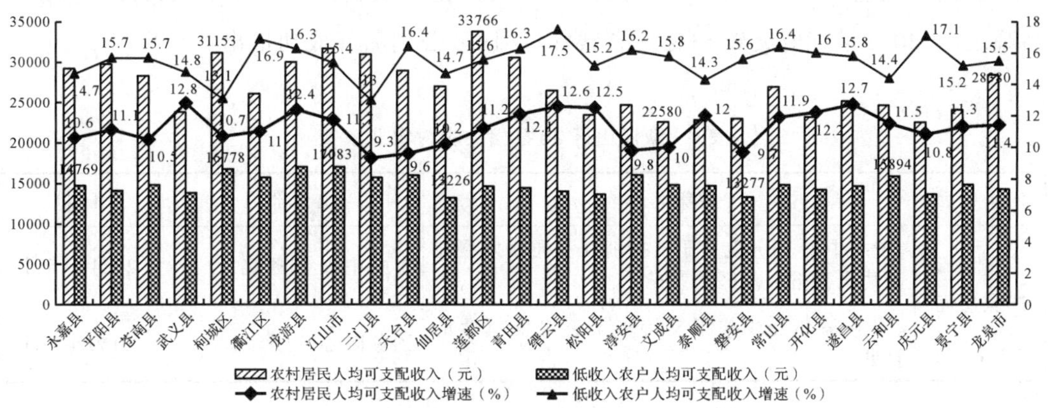

图2　2021年浙江省山区26县农村主要经济指标

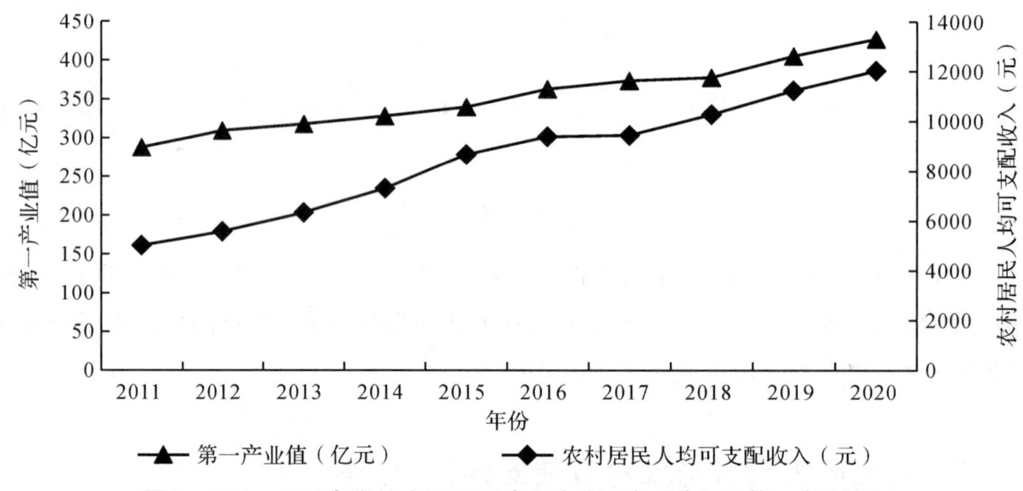

图3　2011—2020年浙江山区26县农民人均可支配收入和第一产业产值

政策的细分领域针对性增加,且随着农业和其他农村政策的快速增长,有效提升农民收入和提高农民生活质量。

尤其是《中共中央国务院关于支持浙江高质量发展建设共同富裕示范区的意见》出台以来,浙江省陆续出台多领域多层次多行业"含金量"高的举措赋能山区26县跨越式高质量发展(见表1),由于篇幅限制,国家层面、省级层面、市级层面和县级层面每个层面最多只列举部分在文章中呈现。此外,2021年底,浙江省已将实现山区26县"一县一策"全覆盖,例如衢州6个县(市、区)分别编制发布"一县一策"实施方案,培育主导产业,加快推动经济高质量发展。柯城加快运动休闲产业发展,2021年旅游业增加值39.22亿元,同比增长15.14%;衢江培育做强商贸物流产业,衢江航道提升三级航道列入省水运发展"十四"规划;龙游2021年碳基纸基新材料、精密数控和轨道交通装备两大主导产业产值同比增长29.8%和18.1%;江山木门行业"轻量化智改+样本化推广"智能制造新模式全省推广,2021年时尚门业规上工业总产值同比增长22.8%;常山"两柚一茶"2021年全产业链产值达35.43亿元,同比增长28.37%;开化龙顶获评全国三个最具发展力茶叶品牌之一,2021年产值突破13亿元,"钱江源"区域公用品牌成功推出。

表1　浙江山区26县相关农村农业政策

四个层面	政策名称	出台部门	日期
国家层面	《中共中央 国务院关于支持浙江高质量发展建设共同富裕示范区的意见》	中共中央 国务院	2021年5月
	《国务院办公厅关于支持多渠道灵活就业的意见》	国务院办公厅	2020年7月

续 表

四个层面	政策名称	出台部门	日期
省级层面	关于公开征求《浙江省山区26县跨越式高质量发展实施方案(2021-2025年)(征求意见稿)》意见的通知	浙江省发展和改革委员会	2021年5月
	浙江省生态环境厅印发《关于支持山区26县跨越式高质量发展生态环保专项政策意见》	浙江省生态环境厅	2021年5月
	《关于加强山区26县结对帮扶工作 促进巩固拓展脱贫攻坚成果同乡村振兴有效衔接的指导意见》	浙江省农业和农村工作领导小组办公室	2021年11月
市级层面	《丽水市人民政府关于加快生态工业高质量发展若干政策的意见》	丽水市政府办公室	2021年4月
	衢州市人力资源和社会保障局等18部门《关于支持多渠道灵活就业的实施意见》	衢州市人社局等	2021年11月
	《关于进一步支持山海协作“飞地”高质量建设与发展的实施意见》政策解读及对策建议	衢州市协作中心	2021年9月
县级层面	《淳安县农村集体经济组织“三资”管理制度》	淳安县委组织部、淳安县农业农村局	2021年12月
	《杭州市支持淳安特别生态功能区建设农业专项资金项目管理办法》	淳安县农业农村局、淳安县财政局	2021年8月
	《武义县农业产业高质量发展扶持若干政策》	武义县人民政府办公室	2022年3月

(二)2016—2020浙江山区26县农村政策变化对农民收入的贡献率

通过颁布、实施农村相关政策制度以此作用于农民收入增长、农业结构的调整及农民经营性生产条件的改善,期望最后实现农业收入与经营性收入的增加。农村的政策贡献是指多领域农村政策产生了多层次收益的合理分配,调动多要素投入农村区域、提高建设农村的积极性,从而带动农村农民收入其他产业方面有所扩充。农村政策贡献率是指广义农业农村政策的推出实施对农民收入增长的贡献份额,即扣除了投入资金和人力之外的其他因素对农业收入增长的贡献。由于数据的获取性和数据口径需要统一一致进行计算,26县农村从业人员统一按照第三次农业普查主要数据涉及的农业从业人员进行计算。2016—2020年26县农村居民可支配收入增长率呈现正增长,农业政策正向影响农业收入的增加,其中26县农业政策的贡献率保持稳定水平,由此可见农民收入的增加与农村政策贡献率有密切联系(见表2)。由于考虑数据的可获取性,在这里只探讨浙江山区26县2016—2020年农村农业政策直接贡献率。

表2　浙江山区26县2016—2020年农村农业政策直接贡献率

地区		农村居民可支配收入增长率(%)	农业总产值增长率(%)	粮食总产值增长率(%)	农作物播种面积增长率(%)	政策贡献率(%)
杭州市	淳安县	39.45	-23.32	-40.12	-14.63	60.0
金华市	武义县	42.08	4.83	-20.57	18.31	61.3
	磐安县	42.94	6.11	-32.86	9.61	62.7
台州市	三门县	38.58	30.71	5.79	-4.24	58.6
	天台县	39.18	24.66	12.00	-5.36	59.7
	仙居县	40.11	10.10	15.22	-16.27	59.3
温州市	永嘉县	43.48	14.41	-13.78	-2.95	63.0
	平阳县	41.75	7.32	-4.49	-8.45	60.6
	苍南县	38.77	-13.69	-24.99	-20.79	58.9
	文成县	42.42	16.55	-1.55	2.30	62.2
	泰顺县	44.00	18.77	30.22	9.18	62.0
丽水市(9个)		43.61	9.42	2.59	-12.87	61.5
衢州市(6个)		42.72	2.18	-0.32	-17.89	10.9

农业在我国的产业结构中非常重要,但是并非意味着农民仅仅依靠农业生产可以赚钱生计。中国农民依靠种植业的收益只占到总收入的60%,部分地区种植业收益持续下降,收益不到50%。众多的农民依靠出外务工赚钱,而非凭借种地赚钱。据中国统计年鉴统计口径,农民收入构成囊括农业生产经营性、务工、财产性和转移性收入。浙江山区26县拥有5A级旅游景区6个,世界遗产8处,国家级风景名胜区8处;空间分布上集中在浙西南地区,生态环境突出,有11个县属于国家重点生态功能区,占山区26县比例的42%;省级生态经济地区8个,占到全省省级生态经济地区的53.3%。同时考虑到数据的可取性,研究浙江山区26县农民的农业生产经营性收入、务工收入,当然其中也包括发展乡村旅游所带来的经济收入。表3为26县中衢州市和丽水市近五年乡村旅游经营情况,可以看到在数量规模和全年营业收入基本都在保持稳定增长,2020年受疫情的影响营业收入有所缩减。

表3 浙江山区26县部分地区乡村旅游政策直接贡献率

(衢州市)乡村旅游政策直接贡献率							
年份	农家乐特色村(个)	特色点(各类农庄、山庄、渔庄)(个)	经营农户(户)	直接从业人员(人)	接待游客(万人次)	全年营业收入(亿元)	政策贡献率(%)
2017年	161	221	2803	12100	3921.45	21.17	8.01
2018年	183	229	3017	12858	4934.81	27.40	8.46
2019年	193	247	3055	12893	5412.11	30.78	9.85
2020年	206	211	2648	24590	3186.06	25.94	11.46
(丽水市)乡村旅游政策直接贡献率							
年份	创建特色精品村(个)	创建省级美丽乡村示范县(个)	经营农户(户)	直接从业人员(万人)	接待游客(万人次)	全年营业收入(亿元)	政策贡献率(%)
2017年	29	1	3881	—	2787.8	31.20	—
2018年	32	1	4394	—	3451.14	41.46	—
2019年	33	1	3765	—	3609.5	37.59	—
2020年	27	1	3380	2.9	2205.1	22.70	8.98
2021年	28	1	3507	2.9	2660.92	24.61	9.35

(三)浙江山区26县农民收入增长与农村政策的耦合

浙江山区26县农民收入增长和农村政策的耦合系数如表4所示,2016—2020年两个时间段的农民收入增长和农村政策耦合系数在数值1以下,说明对于浙江山区26县来说这两个时间段内政策的变动不大,但仍旧有利于农民收入的增长,也就是说该时间段内农业政策的变化对农民收入的增长影响较小。尤其是2022年中央一号文件中提到,要扩大乡村振兴投入,继续把农业农村作为一般公共预算优先保障领域,中央预算内投资进一步向农业农村倾斜,压实地方政府投入责任。随着农民减负政策等多种惠农政策的实推行,农民收入得到了较大程度的增长。

表4 2007—2019年浙江山区26县农民收入增长与农业政策的耦合系数

年份	农民收入递变速率	农村政策递变速率	耦合系数
2016—2018	0.0041	0.1023	0.0367
2019—2020	0.0198	0.1069	0.1042

因山区26县区域广泛,存在乡村旅游相关数据口径无法统一。选择以衢州市为例,根据计算公式得出农民收入增长和乡村旅游政策的耦合系数(表5),2017—2020年的农民收入增长和乡村旅游政策耦合系数在数值1以上,说明四年时间段里乡村旅游政策的变动较高地带动了农民收入的增长,而2020年农民收入增长和乡村旅游政策耦合系数在数值1以下,即该时间段内乡村旅游政策的变化对农民收入的增长未产生较大影响,受到了2020年新冠肺炎疫情的影响,导致衢州乡村旅游的收入有所下降。

表5 2017—2020年山区26县部分地区农民收入增长与乡村旅游政策的耦合系数

(衢州市)农民收入增长与乡村旅游政策的耦合系数			
年份	农民收入递变速率	乡村旅游政策递变速率	耦合系数
2017年	0.0337	0.0401	1.9201
2018年	0.1213	0.0798	1.1680
2019年	0.0826	0.0426	1.8890
2020年	0.0689	0.0395	0.6845

四、结论与讨论

(一)结论

第一,农村政策实施后,浙江山区26县农民人均收入和农业收入均取得显著成就。特别是农业减免税、三补政策的实施,以及鼓励民宿经济和乡村旅游的相关政策的实施,在一定程度上极大地激发了农民的积极性。农民想通过种植业增加收入,一是要保证农民种植收益和城市工人的收益至少同速增长;二是种植规模化的发展,以确保农民收益逐步增加;三是因种植规模不同程度上受到制约,有效的收益保障制度要跟上规模扩大的速度,两者互相配合发展。

第二,提高农民收入是农村区域实现共同富裕的重要问题,农村政策的支持益于逐步实现农民收入增长。农村政策的实施对于对农民收入存在直接层面和间接层面的影响作用,由于宏观、中观、微观不同的政策落地程度有所不同,政策的间接支持性突出一些。故而,基于国家、省级、市级、县级层面的农村政策支持,依据浙江山区26县农村和农民的具体问题与情况,推进城乡区域融合统筹发展。

第三,浙江山区26县因地制宜推进生态优势向经济优势转变,积累了农林、文旅、生态工业等特色产业,但也存在潜能释放不足、绿色发展不充分等短板。山区县方位不同,却拥有一个多山的共同特点,多地呈现"九山半水半分田"风貌。但是浙江山区26县的乡村资源有待挖掘,通过深度开发市场、拓宽发展空间,念好新时代山海经,深入推进山区26县的优势产业成为撬动高质量发展的支点,率先破解发展不平衡不充分问题。

(二)讨论

共同富裕背景下浙江山区26县农村区域农民增加收入的路径探索,一是通过产业振兴增加农民收入。以“一县一策”推动“一县一业”,把产业振兴作为农民增收的重要途径,凭借乡村产业发展促使农民增加收入。二是通过扩大就业增加农民收入。通过就地就近就业和外出务工就业增加收入。三是通过深化改革增加农民收入。唤醒农村的“沉睡”资源,增加浙江山区26县农民财产性收入。四是通过完善政策增加农民收入。主要关注小农户和低收入农户的再分配调节机制,增加农民转移性收入。此外,坚持科技兴农,充分利用区域相关农村发展的科研院校、研究所,利用专家和学者强化农业农村服务机构对农村农民的辅助能力,尝试数字农业应用推广基地建设,让广大农民享受数字科技成果,实现收入的精准性、持续性的增加及农村绿色发展。

虽然尝试以浙江省山区26县为例对农民收入增长与农村政策支持耦合进行研究,但也存在一些不足。第一,主要运用二手数据进行分析研究,因为涉及区域较广,获取统一口径的数据较为困难,计算缺乏精准性。第二,农民收入增长分成农村政策发布、农业从业人员和农作物播种面积三块内容,是否还存在其他因素影响。第三,农民收入增长与农村政策如何进一步量化对农民、农村发展的影响是本文所未讨论的。为此,下一步的研究可继续扩展提出的农民收入增长与农村政策量化概念模型,例如农民收入增长、农村政策的相关制约问题研究。其中,对于浙江省山区26县农民收入增长、农村政策演变在未来共同富裕共建中的主体赋权、需求驱动、影响因素等研究应给予更多关注。